全球金融与投资
佳|作|精|选

THE DEBT TRAP
HOW LEVERAGE IMPACTS PRIVATE-EQUITY PERFORMANCE

杠杆收购

私募股权债务杠杆双刃剑

[英] 塞巴斯蒂安·坎德里◎著
（Sebastien Canderle）

刘寅龙◎译

清华大学出版社
北京

北京市版权局著作权合同登记号　　图字：01-2019-5768

Sebastien Canderle
The Debt Trap: How Leverage Impacts Private-Equity Performance
EISBN: 978-0857195401
Copyright © 2016 by Harriman House Ltd. All rights reserved.
Originally published in the UK by Harriman House Ltd. in 2016, www.harriman-house.com.
本书原版由 Harriman House Ltd. 出版。版权所有，盗印必究。

Tsinghua University Press is authorized by Harriman House Ltd. to publish and distribute exclusively this Simplified Chinese edition. This edition is authorized for sale in the People's Republic of China only (excluding Hong Kong, Macao SAR and Taiwan). Unauthorized export of this edition is a violation of the Copyright Act. No part of this publication may be reproduced or distributed by any means, or stored in a database or retrieval system, without the prior written permission of the publisher.

本中文简体字翻译版由 Harriman House Ltd. 授权清华大学出版社独家出版发行。此版本仅限在中华人民共和国境内（不包括中国香港、澳门特别行政区及中国台湾地区）销售。未经授权的本书出口将被视为违反版权法的行为。未经出版者预先书面许可，不得以任何方式复制或发行本书的任何部分。

本书封面贴有清华大学出版社防伪标签，无标签者不得销售。
版权所有，侵权必究。举报：010-62782989，beiqinquan@tup.tsinghua.edu.cn。

图书在版编目（CIP）数据

杠杆收购：私募股权债务杠杆双刃剑 /（英）塞巴斯蒂安·坎德里 (Sebastien Canderle) 著；刘寅龙译．—北京：清华大学出版社，2021.5（2024.1 重印）
（全球金融与投资佳作精选）
书名原文：The Debt Trap: How Leverage Impacts Private-Equity Performance
ISBN 978-7-302-55489-9

Ⅰ．①杠…　Ⅱ．①塞…②刘…　Ⅲ．①股权—投资基金—债务管理—研究　Ⅳ．① F830.59

中国版本图书馆 CIP 数据核字 (2020) 第 085166 号

责任编辑：刘　洋
封面设计：徐　超
版式设计：方加青
责任校对：宋玉莲
责任印制：宋　林

出版发行：清华大学出版社
　　　　　网　　址：https://www.tup.com.cn，https://www.wqxuetang.com
　　　　　地　　址：北京清华大学学研大厦 A 座　　邮　　编：100084
　　　　　社 总 机：010-83470000　　邮　　购：010-62786544
　　　　　投稿与读者服务：010-62776969，c-service@tup.tsinghua.edu.cn
　　　　　质 量 反 馈：010-62772015，zhiliang@tup.tsinghua.edu.cn
印 装 者：三河市龙大印装有限公司
经　　销：全国新华书店
开　　本：187mm×235mm　　印　张：30.25　　字　数：563 千字
版　　次：2021 年 5 月第 1 版　　印　次：2024 年 1 月第 2 次印刷
定　　价：168.00 元

产品编号：080850-01

内容简介

《杠杆收购：私募股权债务杠杆双刃剑》通过14个来自全球顶级企业的案例，全方位展示了私募股权基金从事的杠杆收购业务。通过这些案例，读者可以从实务角度，以更全面的视角认识私募基金、私募股权交易、杠杆收购以及企业估值等重大问题。全书按杠杆收购采用的具体交易策略划分为9个部分，包括了14个案例。作者对每个案例均进行了全面介绍和深刻剖析，介绍了私募股权基金的盈利方式、杠杆收购的交易类型。这些案例为理论分析提供了坚实的基础，而且每个案例又是一个波澜起伏、悬念丛生的故事。

本书既可作为学生、教师和理论研究者理解私募股权及杠杆收购理论的教材和案例书，也为实操者在实践中进行投资分析、规避各种陷阱提供了实务指南。当然，案例的娱乐性也足以吸引那些对资本市场这个大舞台感兴趣的读者。

致　　谢

在与商学院学生和行业专业人士的交流中，我萌生了写作这本书的念头。我要感谢很多不愿公开姓名的贡献者，如果没有他们，就不可能找到很多问题的根源以及这些事件背后的原因。很多学生和专业界朋友提供了大量宝贵建议，让这本书变得通俗易懂，让很多非专业人士也能从中有所感悟。

在此，我要感谢如下机构允许笔者使用他们的版权材料：美国能源信息管理局和美国唱片业协会。本书提及的案例研究采用了来自报纸、杂志和研究资料等多方面的公开资料。相关资料来源以尾注形式予以注明，在此一并对这些资料的提供者表示感谢。

作为本书的出版商，哈里曼出版公司（Harriman House）对本书的整个编辑过程给予了大力支持。此外，还要感谢克雷格·皮尔斯、斯蒂芬·艾克特以及他们的团队，他们以最大的耐心、了解和超凡的技术为笔者提供了指导。书中难免有错误或遗漏之处，由本人全权负责。

推荐语

"私募股权在现代经济中发挥着至关重要的作用。而塞巴斯蒂安·坎德里告诉我们，这个行业的业绩取决于一组非常具体的价值决定要素，其中首要的是杠杆利用效率。本书通过 14 个案例揭示出，如果杠杠配置有误，那么，即便是久经沙场的基金管理人，也会为他们的杠杆收购感到追悔莫及。凭借极富逻辑的分析，《杠杆收购：私募股权债务杠杆双刃剑》将成为 PE 从业者和理论研究者的权威读物。"

——富兰克林·艾伦（Franklin Allen），宾夕法尼亚大学沃顿商学院"日本寿险公司"金融及经济学教授，伦敦帝国理工学院布雷万·霍华德中心主任

"《杠杆收购：私募股权债务杠杆双刃剑》一书以具有金融学知识背景的读者为对象，深刻解析了杠杆收购的基础交易，并全面回顾了杠杆收购自 2008 年金融危机以来诸多演进方式的基本路线图。本书通过对全球重大收购事件的详细剖析，掀开私募股权公司各种收购方式（新旧二者）的神秘面纱，它们看似极度冒险和不透明的方式其实并不神秘。对机构投资专业人士、受托人以及贷款机构专业人员而言，《杠杆收购：私募股权债务杠杆双刃剑》应当会成为他们不可或缺的读物。同时，其流畅清朗的文笔和令人叹服的案例分析，也足以吸引每一位读者。"

——艾琳·阿佩尔鲍姆（Eileen Appelbaum），美国华盛顿特区经济与政策研究中心高级经济学家，《私募股权实务》（Private Equity at Work）一书的作者

"私募股权因债务而蓬勃发展。过度债务可能会伤害公司。这部重要的论著通过一系列精细设计的案例研究，为我们揭示了这个过程及其背后的动机。因此，本书是私募股权从业者和学生的必备读物。"

——弗朗索瓦·德乔治（François Degeorge），瑞士金融学院院长兼瑞士提契诺大学金融学教授

"塞巴斯蒂安·坎德里为我们带来了一本令人叹为观止的巨著，为我们指出当代 PE 投资实践的关键问题。《杠杆收购：私募股权债务杠杆双刃剑》是一部经过深思熟虑且极富启发性的作品，为我们认识另类金融领域的价值创造提供了一个新的视角。"

——帕布罗·费尔南德兹（Pablo Fernández），西班牙纳瓦拉大学 IESE 商学院财务管理教授兼"普华永道"公司金融系主任

"塞巴斯蒂安·坎德里的书应成为所有金融课程推荐读物的首选，它对快速发展中的私募股权行业提出了善意的批评。借助大量研究，《杠杆收购：私募股权债务杠杆双刃剑》以全新的视角让我们一窥全球知名杠杆收购案例的方方面面。因此，它不仅有助于改善我们的金融教学工作，也将有助于金融行业的稳健发展。因此，这本书绝对值得我们一读。"

——雅克·莱格尼兹（Jacques Régniez），纽约州立大学经济与金融学教授

"本书是对私募股权投资研究领域的一大重要贡献，《杠杆收购：私募股权债务杠杆双刃剑》对杠杆的双刃剑效应进行了深度的探究，并告诉我们以敬畏和防备之心看待杠杆。本书对所有私募股权领域甚至整个金融界的从业者而言，都是难得一见的重要参考。"

——雅各比·沃林斯基（Jacob Wolinsky），ValueWalk 首席执行官

作者简介

塞巴斯蒂安·坎德里（Sebastien Canderle），曾在法国和美国接受教育。坎德里在纽约和伦敦的咨询和金融领域拥有超过 20 年的实战经验，曾担任过多家私募股权公司的投资顾问。他还是《私募股权的上市困境》（*Private Equity's Public Distress*）一书的作者，这本书深度解析了 2008 年金融危机对并购行业的影响。此外，塞巴斯蒂安·坎德里也是多家金融博客的撰稿人及私募股权公司的培训讲师。坎德里先生是英格兰和威尔士特许会计师协会的会员，拥有沃顿商学院颁发的 MBA 学位。

塞巴斯蒂安·坎德里的其他代表作：

《私募股权的上市困境》（*Private Equity's Public Distress*）

关于注册估值分析师（CVA）认证考试

CVA 考试简介

注册估值分析师（Chartered Valuation Analyst, CVA）认证考试是由注册估值分析师协会（CVA Institute）组织考核并提供资质认证的一门考试，旨在提高投资估值领域从业人员的实际分析与操作技能。本门考试从专业实务及实际估值建模等专业知识和岗位技能进行考核，主要涉及企业价值评估及项目投资决策。考试分为实务基础知识和 Excel 案例建模两个科目，两科目的内容包括会计与财务分析、公司金融、企业估值方法、私募股权投资与并购分析、项目投资决策、信用分析、财务估值建模七个知识模块。考生可通过针对各科重点、难点内容的专题培训课程，掌握中外机构普遍使用的财务分析和企业估值方法，演练企业财务预测与估值建模、项目投资决策建模、上市公司估值建模、并购与私募股权投资估值建模等实际分析操作案例，快速掌握投资估值基础知识和高效规范的建模技巧。

- 科目一　实务基础知识——是专业综合知识考试，主要考查投资估值领域的理论与实践知识及岗位综合能力，考试范围包括会计与财务分析、公司金融、企业估值方法、私募股权投资与并购分析、项目投资决策、信用分析这6部分内容。本科目由120道单项选择题组成，考试时长为3小时。
- 科目二　Excel案例建模——是财务估值建模与分析考试，要求考生根据实际案例中企业历史财务数据和假设条件，运用Excel搭建出标准、可靠、实用、高效的财务模型，完成企业未来财务报表预测，企业估值和相应的敏感性分析。本科目为Excel财务建模形式，考试时长为3小时。

职业发展方向

CVA 资格获得者具备企业并购、项目投资决策等投资岗位实务知识、技能和高效规范的建模技巧，能够掌握中外机构普遍使用的财务分析和企业估值方法，并可以熟练进行企业财务预测与估值建模、项目投资决策建模、上市公司估值建模、并购与股权投资估值建模等实际分析操作。

CVA注册估值分析师的持证人可胜任企业集团投资发展部、并购基金、产业投资基金、私募股权投资、财务顾问、券商投行部门、银行信贷审批等金融投资相关机构的核心岗位工作。

证书优势

岗位实操分析能力优势——CVA考试内容紧密联系实际案例，侧重于提高从业人员的实务技能并迅速应用到实际工作中，使CVA持证人达到高效、系统和专业的职业水平。

标准规范化的职业素质优势——CVA资格认证旨在推动投融资估值行业的标准化与规范化，提高执业人员的从业水平。CVA持证人在工作流程与方法中能够遵循标准化体系，提高效率与正确率。

国际同步知识体系优势——CVA考试采用的教材均为CVA协会精选并引进出版的国外最实用的优秀教材。CVA持证人将国际先进的知识体系与国内实践应用相结合，推行高效标准的建模方法。

配套专业实务型课程——CVA协会联合国内一流金融教育机构开展注册估值分析师的培训课程，邀请行业内资深专家进行现场或视频授课。课程内容侧重行业实务和技能实操，结合当前典型案例，选用CVA协会引进的国外优秀教材，帮助学员快速实现职业化、专业化和国际化，满足中国企业"走出去"进行海外并购的人才急需要求。

企业内训

CVA协会致力于协助企业系统培养国际型投资专业人才，掌握专业、实务、有效的专业知识。CVA企业内训及考试内容紧密联系实际案例，侧重于提高从业人员的实务技能并迅速应用到实际工作中，使企业人才具备高效专业的职业素养和优秀系统的分析能力。

- 以客户为导向的人性化培训体验，独一无二的特别定制课程体系
- 专业化投资及并购估值方法相关的优质教学内容，行业经验丰富的超强师资
- 课程采用国外优秀教材，完善科学的培训测评与运作体系

考试专业内容

会计与财务分析

财务报表分析，是通过收集、整理企业财务会计报告中的有关数据，并结合其他有关补充信息，对企业的财务状况、经营成果和现金流量情况进行综合比较和评价，为财务会

计报告使用者提供管理决策和控制依据的一项管理工作。本部分主要考核如何通过对企业会计报表的定量分析来判断企业的偿债能力、营运能力、盈利能力及其他方面的状况，内容涵盖利润的质量分析、资产的质量分析和现金流量表分析等。会计与财务分析能力是估值与并购专业人员的重要的基本执业技能之一。

公司金融

公司金融不仅包括用于考察公司如何有效地利用各种融资渠道，获得最低成本的资金来源，形成最佳资本结构，还包括企业投资、利润分配、运营资金管理及财务分析等方面。本部分主要考查如何利用各种分析工具来管理公司的财务，例如使用现金流折现法（DCF）来为投资计划作出评估，同时考查有关资本成本、资本资产定价模型等基本知识。

企业估值方法

企业的资产及其获利能力决定了企业的内在价值，因此企业估值是投融资、并购交易的重要前提，也是非常专业而复杂的问题。本部分主要考核企业估值中最常用的估值方法及不同估值方法的综合应用，诸如 P/E、EV/EBITDA 等估值乘数的实际应用，以及可比公司、可比交易、现金流折现模型等估值方法的应用。

私募股权投资与并购分析

并购与私募股权投资中的定量分析技术在财务结构设计、目标企业估值、风险收益评估的应用已经愈加成为并购以及私募股权专业投资人员做必须掌握的核心技术，同时也是各类投资者解读并购交易及分析并购双方企业价值所必须掌握的分析技能。本部分主要考核私募股权投资和企业并购的基本分析方法，独立完成企业并购分析，如私募股权投资常识、合并报表假设模拟、可变价格分析、贡献率分析、相对 PE 分析、所有权分析、信用分析、增厚 / 稀释分析等常见并购分析方法。

项目投资决策

项目投资决策是企业所有决策中最为关键、最为重要的决策，就是企业对某一项目（包括有形、无形资产、技术、经营权等）投资前进行的分析、研究和方案选择。本部分主要考查项目投资决策的程序、影响因素和投资评价指标。投资评价指标是指考虑时间价值因素的指标，主要包括净现值、动态投资回收期、内部收益率等。

信用分析

信用分析是对债务人的道德品格、资本实力、还款能力、担保及环境条件等进行系统分析，以确定是否给予贷款及相应的贷款条件。本部分主要考查常用信用分析的基本方法及常用的信用比率。

财务估值建模

本部分主要在 Excel 案例建模科目考试中进行考查。包括涉及 Excel 常用函数及建模最佳惯例，使用现金流折现方法的 Excel 财务模型构建，要求考生根据企业历史财务数据，对企业未来财务数据进行预测，计算自由现金流、资本成本、企业价值及股权价值，掌握敏感性分析的使用方法；并需要考生掌握利润表、资产负债表、现金流量表、流动资金估算表、折旧计算表、贷款偿还表等有关科目及报表钩稽关系。

考试安排

CVA 考试每年于 4 月、11 月的第三个周日举行，具体考试时间安排及考前报名，请访问 CVA 协会官方网站 www.cvainstitute.org。

CVA 协会简介

注册估值分析师协会（Chartered Valuation Analyst Institute）是全球性及非营利性的专业机构，总部设于中国香港特别行政区，致力于建立全球金融投资估值的行业标准，负责在亚太地区主理 CVA 考试资格认证、企业人才内训、第三方估值服务、研究出版年度行业估值报告以及进行 CVA 协会事务运营和会员管理。

联系方式

官方网站：http://www.cvainstitute.org

电话：4006-777-630 E-mail: contactus@cvainstitute.org

新浪微博：注册估值分析师协会

序　言

　　2014年秋天，我曾为一群商学院的研究生开办了一个私募股权系列讲座。作为讲座的部分内容，我们讨论了现实的交易，深入探讨了杠杆收购融资及架构设计的复杂性。很快，我就意识到，学生对商业实践的兴趣远远超过对理论的关注。因为他们给我的理由是：这样，他们可以轻而易举地理解这些概念是如何在现实世界中兑现的。于是，我几乎立即开始做一件事——撰写完整的案例研究。其中的一部分成果就是出现在您面前的这本书。

　　本书的核心是私募股权交易的基本原则在实践中的执行方式。为此，我们将介绍近年来发生的重大杠杆收购（LBO）事件，并重点强调债务融资交易的基本面。因此，它具有相当的独特性。目前，从内部视角专门研究杠杆对PE出资企业影响的书籍还很有限。贯穿全书，读者将会了解到影响基金管理人及其所投资公司业绩的各种价值触发因素，我们将在第一章对这些因素做总括性介绍。此外，我们将这些案例研究划分为不同的主题，之所以这样分类，主要是为了让读者对收购出资方采用的基本手法进行批判性分析。

　　我们不应孤立地考虑每个部分，而应将它们看作行业持续发展和再造过程中的一个组成部分。不同于会计和公司金融等变化有限的其他学科，私募股权本身就是一个处于不断发展中的领域。金融创新、新的税收制度、政治影响、不断升级的监管制度和强大的游说，导致针对某些具体PE主题的描述尚未面世就胎死腹中。

　　从某种意义上说，本书整合并扩展了我在第一本书《私募股权的上市困境》中提出的部分观点。两者的不同之处体现为具体交易分析的深度和广度。本书内容不仅涉及PE的投资阶段，而且覆盖了PE对目标公司的整个持股期间以及后期的退出阶段。尽管差别细微，但意义重大，因为很多PE投资企业都经常会面对难以退出杠杆收购的尴尬局面。

　　本书不仅适用于PE行业的从业者、企业管理者和投资者，也适用于那些有兴趣了解杠杆收购艺术并希望从所有案例研究中获得经验和教训的学者及商学院学生。我们希望这些观点能在确保所有利益相关者的利益、企业界的理性经营以及金融市场稳定性的同时，促进整个行业的价值创造能力。

2016年9月

前　言

"忘记过去的人注定要重蹈覆辙。"[1]
　　　　——乔治·桑塔亚娜（George Santayana，1863—1952，美国哲学家和文学家）

　　债务是最致命的一种金融武器。如果你希望毁掉一个企业，那么，确保它熬不过下一个经济周期的最有效手段，就是在它们的资产负债表里塞进成本高昂的贷款。

　　带来问题的不是只有债务成本（利息费用），这种成本通常与银行间利率挂钩，因此，多少会因经济衰退时期经常实施的宽松货币政策而有所缓解。相反，最大的问题还是债务的绝对体量——也就是需要偿还的本金规模，即便是最节俭的公司，也会因为这些债务的到期而绞尽脑汁、牵肠挂肚。在经济放缓期间，公司的收入通常趋于下降，而盈利能力和现金流也会随之而动，但债务负担（到期需要偿还的本金以及由此带来的利息费用）却不会减少。正如本书案例研究所强调的那样，这往往是杠杆负债企业陷入困境的时刻。长期债务会锁定借款人在未来的一系列现金付款义务。如果未能履行这些义务，那么借款人有可能遭受严厉处罚。

　　但债务也是一种极其有效的价值创造工具。通过债务融资，可以将初始投入的股权资金减少到最低程度，从而扩大了投资者的总投资规模，因此，投资者可以实现远超过高速成长型科技公司或强劲增长性新兴市场企业的收益率。由于债务的成本通常远低于股权成本，因此，贷款的绝对规模越大，公司的加权资本成本就越低。由于股权收益率会随着财务杠杆率的增加而上升，因此，在私募股权中，债务的使用无疑对成功至关重要。业绩超越同行最简单也最快捷的方法就是大量使用负债，而通过改善运营来提升基础投资业绩显然要艰难得多。因此，绝大多数杠杆收购（LBO）基金会尽可能地使用杠杆，而不是按最优化原则使用杠杆。对此，一位普通合伙人（GP）是这样说的：

　　　　"我们的基本理念就是尽可能利用杠杆来放大交易规模，从而为我们的有限合伙人创造最高水平的收益。"[2]

本书介绍了形形色色的交易类型，包括上市、上市公司退市（PTP）、股权回购、私人投资上市公司股权（PIPE）、快速变现（quick flip）、资本重组和二级市场收购（SBO）。所有14笔收购交易均有一个共同点：它们的业绩主要归结为从第三方借到的大量资金。投资是为它们的私募股权（PE）出资者创造可观的收益，还是最终落入债权人的怀抱，在很大程度上取决于他们对债务的处理方式，因此，这个问题至关重要。

有些收购项目凭借良好的管理，通过提前退出或再融资而提高了投入资本的内部收益率（IRR），如塞拉尼斯化工集团（Celanese）、德本汉姆百货（Debenhams）及赫兹租车（Hertz）；有些项目会在出现不能如约偿还的明显迹象时进行重组（因此，贷款被展期或重组的现象屡见不鲜）；有些项目因市场复苏、中央银行或是政府的支持而获得银行救助，如福克斯顿公司（Foxtons）。还有些不幸的投资，最终落入缺乏理解的贷款人手中，如百代唱片（EMI）、弗朗斯·邦霍姆管材（Frans Box homme）、加拉·科洛尔博彩（Gala Coral）、PagesJaunes及意大利电信黄页（Seat Pagine Gialle），甚至是申请破产，如得州电力（TXU）以及凯撒娱乐（Ceasars Entertainment）。这些企业往往要花费数年时间才能摆脱杠杆收购的影响，走上正常发展的轨道。但无论是在杠杆收购期间，还是在收购成交之后，所有企业都会毫无例外地受到债务压制，因而，这也是本书标题的内涵。

债务和股权世界的交融

虽然对某些读者而言，"私募股权（private equity）"或许仅仅是一个词，但这个词正在被人们越来越多地误用。导致杠杆交易分析变得愈加棘手的一个重要原因，就是这个行业最近发生的转型。2007年夏天，全球金融市场陷入僵局。虽然这次信贷危机的直接诱因是美国的房地产市场泡沫——更具体地说，是这个领域的非理性膨胀、低质量以及毫无根基的次级贷款市场，但信贷危机对收购领域的影响却是直接的，毕竟，这些收购依赖于银行系统的正常运行。

为避免2008年金融危机重演，各国政府、央行行长和监管机构对"大而不倒"的机构执行更严格的贷款制度，尤其是大型商业银行。这就迫使商业银行大规模收缩其贷款活动，加强风险管理程序，并推行更严格的贷款条件。

与此同时，全球大型PE参与者也纷纷采取措施，以缓解它们在2004年到2007年市场泡沫期间犯下的诸多错误。截至2015年年底，PE行业管理的资金规模已超过4万亿美元，[3] 尽管整个行业的业务类型五花八门，但无不在追求高收费的公开市场和房地产基金（至少对基金管理人来说是这样的）。很多私募股权基金管理人也是活跃的私人债务提供者，而且这种趋势正在愈演愈烈。正如部分案例研究所表明的那样，造成这种现象的部分原因可以归结为，非银行类贷款人开始越发希望利用这样一个事实——他们无需遵守银行业新规则，而且很多公司依旧债台高筑，其中就包括阿波罗（Appolo）、黑石（Black Stone）和科尔伯格·克拉维斯（Kohlberg Kravis Roberts & Co. L.P.，KKR）这样的传统私募股权投资机构。

自 2009 年开始，各国中央银行不约而同做出执行史上最低水平利率的决定，而且传统贷款机构也表达了同意重新安排杠杆收购（LBO）贷款的强烈意向，以便于无需在账面上确认贷款损失。正如我们在部分案例中所强调的那样，很多传统贷款机构都愿意将其杠杆收购贷款余额转让给私人债务管理者——也就是所谓的影子银行，原因很简单，后者可以在监管范围之外进行操作。

尽管急于淡化杠杆收购活动过度扩张带来的影响，但 PE 公司仍试图通过持有负债方股份来维持控制权。即便如此，低估这些参与者对主流并购（M&A）的持续影响仍是错误的。实力强大的 PE 基金管理公司可通过其杠杆收购部门拥有多家企业，这些公司的收入规模可达数十亿美元收入，在世界各地雇用数百万员工。此外，它们在任何一个年份的并购活动和首次公开发行（IPO）中均占据较大比例。鉴于其对整个金融市场和经济的影响越来越大，因此，PE 显然是一个值得我们深入探究的行业。

天使还是恶魔？

在其发展历程中的最初 30 年里，PE 总能通过炫目的成功故事和强劲的回报让批评者张口结舌，但后金融危机时代却重新掀起一轮喋喋不休的争论：并购行业是否真的能创造价值。换句话说，在看待收益率时，如果考虑到负债使用的泛滥成灾以及裁员、资产处置和工厂关闭等各种经济和社会溢出效应，那么 PE 在长期内是否还能创造宏观经济财富呢？或者说，杠杆收购只是一种被基金管理人利用的工具，用来将大部分资本收益转移到自己的口袋，而侵害被投资公司员工和整个社会的利益呢？[4]

遗憾的是，完整回答这个问题的唯一方法，就是回顾过去 40 年全球范围内的杠杆收购所得，从而在净效应的基础上，确定私募股权投资是否创造了就业机会，带来经济效益，并为 PE 全体利益相关者带来前所未有的贡献。然而，这样的任务几乎是不可能的。

一方面，只有少数公开上市的投资信托和持股公司才需完整披露被投资公司的审计后经营成果，绝大多数私募股权基金管理机构均为私人合伙企业，它们所遵循的原则就是沉默。因此，它们不必而且也不会主动向公众披露信息。可以想象，即使是在决定公开披露信息时，它们也会格外谨慎，选择性地借助异常强大的公关机器，刻意宣传已经得到市场证明的成功投资案例。在这个问题上，成功的定义就是为资金提供者（被称为有限合伙人，或 LP）带来可观的投资收益，或是通过交易的规模或形象提升 PE 公司的企业形象。

以前曾有机构发布过几份报告，强调杠杆收购在创造就业机会、促进收入增长和提高研发的积极性等方面具有无可争议的优点。但这些研究几乎毫无例外地来自行业协会（如美国全国风险投资协会）或是行业赞助的研究机构（如私募股权增长资本委员会），甚至直接出自可从支持 PE 发展中取得既得利益的企业，毕竟，它们的很大一部分收入来自杠杆收购公司——因此，我们经常可以听到四大会计师事务所和几家战略咨询公司对这个行业的歌功颂德，自然也就不足为奇了。在市场的趋利导向下，以偏爱有加的眼光欣赏它们，应该也是可以原谅的。

无论如何，现在也确实有不少大学教授和咨询师发表研究论文，指出私募股权公司的诸多缺点，其中最主要的就是它们在信息披露、金融和信贷风险敞口以及促进就业方面的不充分或不恰当。比较有说服力的，是全球知名管理咨询公司贝恩公司（Bain & Company）发布的《2014 年全球私募股权投资报告》（*Global Private Equity Report* 2014），通过对全球范围内的近 2 700 宗杠杆收购交易进行分析，贝恩指出，业绩最差的 PE 公司（净投入资金内部收益率低于 5% 的公司）的损失约为交易总额的一半。但贝恩的分析中最引人注目的事实是，即便是业绩最佳的 PE 公司（净投入资金内部收益率超过 15%），它们也只是在 1/4 以上的交易中难以达到收支平衡。但这样的成绩是所谓的投资老手也难以企及的。

无论你支持哪个观点，但不可否认的一点是：并购行业不仅是 20 世纪 80 年代中期债务狂欢以及后期恶意收购和垃圾债券大潮的重要参与者，也是它们最强大的始作俑者。在这 20 年的时间里，没有哪个行业能面对这两次泡沫危机而做到独善其身。

以真实案例作为分析工具

鉴于其对保密性几乎病态的追求以及交易的多样化和复杂性特征，我们很难完整勾勒出私募股权的全貌。因此，笼统地用善或恶来评价整个行业是没有意义的——除此之外，由于缺乏可靠、不偏不倚而且可独立核实的证据，我们也无法证明它到底是天使还是恶魔。很多专业人士承认，根本就找不到一贯、完整的绩效数据，以合理地将 PE 基金与其他另类基金或公开市场收益率进行合理对比。无论怎样看，我们都不能笼统地说某个实体或行业是好是坏，而且非上市股票本身就非常复杂，不能简单归结为几个类别。我认为，更直观的方法应是透过真实交易的复杂性来解析这个行业带来的收益和问题。

我不愿意片面讨论孰是孰非，因此，我选择了一种不同的方法——案例研究法，在介绍整个行业面貌和基本策略的同时，以近年来发生的 LBO 案例揭示这种模式的瑕疵和不当行为。在现实交易中，行业的每一个细微之处几乎都弥漫着对业绩最大化的追求。

通过 14 宗真实的交易，本书或将帮助读者了解 PE 的盈利方式以及 LBO 基金管理者采取的某些手段会出现哪些问题。这些案例来自并购实践，重现故事情节，再现人物风采。此外，我们还将针对解决和消除负面行为提出若干建议，因此，与标准案例研究方法不同的是，我在书中提出了自己的个人观点，以便于帮助读者全面认识我们熟悉的 LBO 各个环节。

但我必须声明的一点是，细心的读者可能会注意到，在本书提及的大多数案例中，相关公司均处于其历史发展的某个特殊时刻：或是在证券交易所上市时（杠杆交易之前或之后），或是采用高收益债券或其他公开发行证券进行部分融资时。对此，我们将给出一个非常简单的解释。同样，杠杆收购基金管理机构属于非上市的私人合伙企业——这些公司基于显而易见的原因而通常设立在避税天堂，因而不必披露其交易和财务业绩的相关信息。在这种情况下，要撰写关于这些公司及其投资的未上市公司的案例研究，我们只能完全依赖二手消息和新闻报道。但这些信息来源显然做不到完全中立客观。为阐述这种方法的局限性，我们在书中纳入了弗朗斯·邦霍姆管业（Frans Bonhomme，见第八章）的案例，这家公司在整个杠杆收购过程中始终保持非上市状态，因此，外界可免费获取或公司愿意提供的信息非常有限。

因此，收集关键交易信息最理想的方式，就是查看公开披露，最好是经过独立审计或接受监管的信息。

由于只有在交易所公开发行股票或债券的公司才有义务披露这些信息，因此，它们在本书案例中占据了绝大多数比例。

当然，我也很清楚，要从屈指可数的几个孤立事件中提取出具有普遍性的规则和建议，显然还是有风险的。但通过这种方式，我可以让自己的观点接受更多的探讨和批评，同时也为这个行业的拥护者提供一个理由：无论如何，这些出现问题或失败的交易并没有让整个行业丧失信誉，它们只是意料之外而且无法预测的孤立事件。我们必须承认，所有投资者都会在他们投资生涯中的某些时刻犯错，而且我们也不能指望任何人始终能保持正确。因此，我们不能因为 14 宗过度使用负债的交易惨遭沉重打击，或是让基础业务受到严重损害，便以偏概全地贬低所有私募股权交易。但正如读者将会看到的那样，由于这些案例中所描述的错误以及这些错误在全部交易中出现的频率不断增加，它们在很大程度上也成为这个行业的一种有代表性的现象。

本书隐含的一个目标就是帮助投资者远离那些失败可能性非常高的交易，不管这种失败是因为目标企业本身或是所涉及行业的内在风险，还是因为基金管理者的投资方法没有遵循最佳实践所造成的。

本书的结构

笔者撰写本书的根源在于这样一种认识：在现代经济生活中，越来越多的投资活动正发生在监管范围之外。由于这些投资活动明显缺乏透明度，再加上相关术语晦涩难懂，边界模糊，当然，这个行业本身就喜欢杜撰形形色色的新规则和新词汇，因此，也让私募股权活动在外界眼中显得神乎其神，令人迷惑不解。

人们每天都能听到有关私募股权的财经新闻。在当今世界中，无处不在的经济和金融信息已随处可见，但是要破解特定事件的发生方式以及因果却要曲折得多。要真正理解杠杆收购对市场经济的影响，除了需要掌握相关术语之外，杠杆交易所固有的复杂性，也让掌握市场理论和金融工具的知识成为不可或缺的前提。

笔者的目的，就是通过采用案例分析法唤醒我们对杠杆收购的重大失误及过度操作给予关注。也就是说，本书的主旨并不在于为读者提供一个掌握私募股权基本知识的速成课程。因此，我们的前提是假设读者已对目前使用的关键行业术语、基本原则和实操模式有了比较深入的认知和理解。为此，如果读者对PE领域中某些晦涩难懂的术语感到陌生，不妨了解一下本书开头部分的词汇表，并在需要时加以参考。有的时候，我可能对业绩数据或其他财务信息（包括负债倍数和股权收益率）刻意取整或是做简化处理，以避免不必要的细节使理解难度加大。笔者认为，这样的做法并不会分散读者对核心信息的关注。

在简要介绍当前PE投资采取的主要方式和方法之后，我们将全书划分为9个部分。在21世纪首个10年的信贷繁荣期，众多从事杠杆收购的公司各有不同，而在本书的每个部分中，我们将分别聚焦于这些LBO公司经常采用的某一种具体实践，尽管当初并非刻意而为之，但这些方法却由此成为范例。我们以详细的案例研究揭示出行业实践中所隐含的主要问题和风险。在第一部分的加拉·科洛尔博彩案例中，我们探讨了二次收购的过度使用甚至是滥用，同样值得关注的还有交易模式的衍生品：第三轮、第四轮乃至后续的杠杆收购。

第二部分讲述了在杠杆收购投资者中呈现出的一种新趋势，即，由以往热衷于追求基本面增值能力和长期投资策略，转而开始寻求"快速倒手"和定期资本重组来推动投资收益的早期兑现——赫兹租车和塞拉尼斯化工的情景就属于这种情况，尽管我们的介绍可能略显简单，但不乏启示价值。

第三部分讨论了一个始终被媒体和学术界热炒的观点：以提高收益率为目标而采用的金融工程技术，尽管这个目标的实现要受到市场变化的影响。要阐述这个话题，恐怕最有说服力的莫过于已经破产的能源巨头得州电力（TXU）和早已不复存在的音乐巨人百代集团（EMI）。这些交易将有助于我们厘清"风险金字塔（Risks Pyramid）"的概念。也就是说，金融风险（杠杆）将依次堆积在企业具体事务、运营转型、市场转型和技术转变等环节，从而将这种多层次的风险转化为摇摇欲坠的纸牌屋。

第四部分推出了一个基于行业不断成熟而出现的概念，即，PE管理者回购以前拥有并已经处置的公司。我们将此类交易称为"重复性收购（RBO）"。

第五部分主要涉及与该行业成熟度相关的若干因素及其对杠杆业务的长期影响。本章提及的两个案例为德本汉姆百货公司（Debenhams）和英国DX快递公司，旨在介绍21世纪以来不断盛行的上市、退市及重新上市趋势。

第六部分探讨了私募股权与公开市场之间通过私人投资上市公司股票（或PIPE）而形成的另一种互动方式。在这个方面，我们将通过法国电信黄页集团（Pages Jaunes）和意大利电信黄页集团（Seat Pagine Gialle）的案例，提出公司治理和社会责任等方面的问题。

第七部分将对PE和股市之间的关系作出结论性总结，选用的是两个已陷入困境并由PE出资的IPO的案例。eDreams和福克斯顿（Foxtons）的经历毫无疑问地表明，在某些时候，更明智的做法就是远离那些被PE股东推入证券交易所的公司。

第八部分介绍的公司向我们展示了当代资产剥离操作者采用的基本技术和强力手段。从事赌场运营的哈拉/凯撒娱乐（Harrah's/Caesars）当然是我们透视这些问题最理想的候选者。本书的最后一部分还包括我对行业未来发展的评述、建议及个人观点。

介绍案例研究的名称最初看上去可能有点随意。但我的目的是解释私募股权交易的原因和理由，以及最能反映这些交易实质的案例研究。诚然，我们完全可以将德本汉姆百货和英国DX快递案例包含在介绍PE出资的IPO部分，但第五部分的主要目的还是描述频繁的公司转型（包括采用杠杆的私有化和重新上市）可能给基础业务带来的影响。事实上，塞拉尼斯化工（Celanese）也可以被列入到有关退市交易的案例研究中，但这家公司的快速变现更适用于反映资金时间价值的概念。同样，我们也可以把加拉·科洛尔放在介绍金融工程和风险金字塔的部分，但是在第四部分中，它显然是我们理解第四轮收购所需要的典型案例。

我希望本书能帮助读者更深入地认识到，财务、运营和战略决策是如何破坏被投资负债企业的价值的，如何通过更合理的实践帮助业内专业人士为投资者创造真正卓越的回报。

以前，这个行业的坚定支持者们始终在不遗余力地强调，私募股权在创造就业机会和经营业绩方面拥有无与伦比的优势，而批评者们则措辞严厉地将那些收购企业定义为乘人之危谋利的卑鄙小人和愚蠢的资本主义蝗虫。在与私募股权投资者合作了12年之后，我认为，现实中的PE应该介于两者之间。无论是支持者还是反对者，他们都不乏有说服力的论据，但有一点毋庸置疑：本书即将开启的案例分析告诉我们，在某些情况下，杠杆收购专业人士确实应该为他们的无能、渎职或不良行为而受到指责。但私募股权基金管理人会辩解说，他们的失败在很大程度上归结于运气不佳。这的确是一个有争议的问题。归根到底，我认为还是应该由您、我的读者作出裁决。

目　录

第一章　交易秘籍　1

第一部分　资产转移：二级收购及其影响　11

第二章　加拉·科洛尔博彩——游戏开始！　15

第二部分　资产变现：重组返利和快速变现——快手赚大钱的秘诀　45

第三章　赫兹租车——速度至上　48

第四章　塞拉尼斯——神奇的化学反应　73

第三部分　金融工程和风险金字塔　91

第五章　得州电力——权力之争　94

第六章　百代唱片——与市场脱节　130

第四部分　回购或重复性收购：卖家的后悔药　169

第七章　PHS——不归的绝路　171

第八章　弗朗斯·邦霍姆——前功尽弃　190

第五部分　上市、退市、再上市：徒劳无功的折腾　213

第九章　英国 DX 快递公司——涉足邮政业　216

第十章　德本汉姆百货——借钱是投资圈的永恒时尚　236

第六部分 私募股权投资已上市公司股权：PIPE——梦想还是梦魇？ 257

第十一章 法国电信黄页集团——支离破碎的历史 260

第十二章 意大利电信黄页集团——来自意大利的案例 296

第七部分 由 PE 基金主导的 IPO：寻找替罪羊 337

第十三章 eDreams——来自现实的反击 340

第十四章 福克斯顿——市场择机 365

第八部分 资产剥离：现代版的创造性破坏 385

第十五章 美国凯撒娱乐集团——PE 版的脱衣扑克赛 387

第九部分 不给糖，就捣乱——我是幽灵 423

后记 治安官和牛仔 424

缩写和词汇 433

参考文献 436

第一章
交易秘籍

"我们在这里谈论的不是脑部手术,而是金融学——加减乘除。"[1]

——斯蒂芬·施瓦兹曼(Stephen Schwarzman),黑石集团董事长

对于那些熟悉基本公司财务准则的人来说,可以把下面的内容仅仅当作一堂复习课程,为他们进行案例研究提供相应的背景知识。但如果读者还不甚熟悉这个精彩纷呈、光怪陆离的金融世界,那么,本章将帮助他们更好地理解私募股权基金管理者的所作所为。

在本书中,我们将杠杆收购(LBO)经营者定义为金融投资者、普通合伙人(general partner,GP),他们都有着一个共同的终极目标,即,为他们代为管理的机构投资者(前面提到的有限合伙人,或简称为"LP")的资金创造最大化的收益。这是他们的基本责任所在。而且鉴于下文所示案例研究给出的证据,任何其他原因都不足以让他们偏离这个目标。

而铸就这个强制性目标的基本原因就是竞争压力。PE公司需要面对大批类似专家投资者的挑战。在现实中,不同的普通合伙人之间的差异非常有限:他们的工作人员都来自银行或管理咨询公司,很多人还是特许会计师或MBA毕业生,他们需要说服相同的有限合伙人为他们出资。与此同时,所有普通合伙人都在使用相同的金融魔法去实现业绩。简而言之,不管后果如何,他们都需要不遗余力地去争取更高的收益,只有这样,他们才能打败竞争对手。

需要提醒的是,从理论上说,绝对收益是没有任何意义的,因为在公司金融的术语中,投资者应始终以风险调整后的收益为标准。如果一家杠杆收购公司取得的收益高于所有同行,这可能是因为它从外部取得或是内部培育出超凡的能力,让它在选择、管理收购目标以及寻求退出价值最大化等方面拥有不同寻常的优势;也可能是因为它的投资管理者承担了远高于同行企业的风险。在现实中,要明确区分到底是哪种情况,几乎是不可能的。普通合伙人很清楚这一点。因此,他们唯一不避讳的目标,就是瞄准最高的内部收益率,而

且无需披露太多如何实现这个目标的细节。

提升内部收益率（IRR）

为了实现他们的目标收益率，LBO 基金管理者可以使用多种工具，而且他们经常采用这些工具的组合，以期创造出最令人炫目的业绩。从普通合伙人角度看，以下驱动因素已成为价值创造（或价值触发）的五大支柱。

1) 以最大限度的杠杆投资并频繁进行资本结构再融资（maximising leverage at inception and frequently refinancing the capital structure，即资本重组）：不断筹集债务资金用来支付股息，因而才会有"股息资本重组"一词（dividend recap，也称为"股息回收"，即被收购公司进行对外融资，并部分融资偿还股东的收购资金）。通过这种方式，PE 公司可以部分变现其投资。正是这"第一支柱"，成为信贷紧缩形成时期引发争议最多的话题。因为过度负债和频繁的资本重组往往会导致基础公司的资产负债表捉襟见肘，无法履行其贷款偿还义务或是为进一步成长提供资金。

2) 追加收购（add-on acquisition）：按低于最初收购的估值倍数继续收购被投资公司的股份，这就为他们带来了价值增值。此外，PE 公司还可以通过合并收购方及目标公司带来的协同效应而创造价值。在针对企业价值（EV）为 5 000 万美元到 5 亿美元的中小市场上，这个"第二支柱"通常是杠杆收购借助买入培育策略创造的主要驱动因素。

3) 基础业绩的改善和现金流的最大化（underlying performance improvementsand cash-flow maximisation）：从传统上看，第三种价值触发因素才是杠杆收购投资者在持股期间使用的基本工具，这种经营收益可通过如下方式实现。

（1）通过改进成本管理（比如说，将生产设施转移到成本更低的国家）以及数量增长带来的规模经济效应，提高盈利能力。

（2）通过减少营运资金需求数量、削减资本性支出、最大程度减少现金流漏出以及售后租回等安排，提升现金创造能力。

（3）停止或处置亏损或利润率较低的业务。这种做法也让一些早期杠杆收购者获得了"资产剥离者"的绰号。这种策略在 20 世纪 70 年代和 80 年代的企业集团分拆过程中极为常见，在这些集团中，表现不佳的不相干的业务比比皆是。目前，这种缺少关注的公司已屈指可数。在凯撒娱乐的案例研究（见第十五章）中，我们将看到，这种措施会激励金融投资者锐意创新。

（4）增加销售额，例如采取更为精细的定价或新产品上市策略。

4）乘数套利（multiple-arbitrage，或称价值创造的"第四支柱"），其含义是指，在退出被投资公司，向接盘方收取的收益倍数高于初始买入投资时支付的收益倍数。这种套利策略依赖于经济周期的变化，因而不应成为PE从一开始就赖以生存的支柱。相反，如果发生这样的事情，也只能把它视为运气带来的免费赠品。很多PE投资者急于展示他们推动被投资公司价值提升的能力，而一旦这种套利让他们成为受损者，他们就会怪罪于市场条件的恶化。坦率地说，乘数套利严重依赖经济周期。

5）投资持有期的持续时间（duration of the investment holding period）：它是最后、同时也是最重要的一个价值创造因素。基于货币时间价值这一概念，大多数普通合伙人的目标是尽早部分或完全退出投资。因此，"第五价值触发因素"不仅仅是赫兹租车和塞拉尼斯化工案例的理论基础，也解释了很多金融投资者痴迷于股息资本重组的根源。所有经验丰富的私募股权公司都会将这个因素置于其投资策略的核心，以达到尽快退出投资的目的，但这种方法也因此而引发巨大争议——既然要寻求快速退出，那么，他们又如何将自己标榜为长期价值的创造者呢？显而易见，所有杠杆收购经理都不愿承认他们是市场的短期操作者。但如下讨论会告诉我们，为什么尽早退出（全部或部分股权）有助于实现投资收益率的最大化。

IRR最大化的本质体现为杠杆交易的总规模。为取得对资产的多数股权，收购公司就必须投入股权资金，它们投入的股本越少，这笔投资的潜在收益率就越高。因此，甚至在考虑以上述其他支柱提高内部收益率之前，PE管理者就已开始寻求规模最大、成本最低的债务融资方案，以最大程度地减少股权融资的比例。

为更好地理解PE投资者为什么会采用这种方式，揭示本书案例研究中种种怪象的深层次原因，我将使用一些图表，以便于读者更直观地理解如何以杠杆和现金流的实现时间来塑造IRR。如下几组图表是杠杆收购可能实现的各种潜在收益率。在此，我们不妨考虑由3个变量不同的组合构成的8种情景。

（1）变量1=投资进入时的杠杆率（即债务/股权比率）。我们采用两种不同的情景：杠杆率为60%或90%。

（2）变量2=杠杆收购期间内进行股息重整回收的时点。我们同样考虑两种可能性：在第2年或第4年进行股息重整回收，同时假设其他所有现金流保持不变。

（3）变量3=退出投资的时间。我们假设在杠杆收购完成后的第5年或第6年完全处置投资。

在所有这些情景中，我们始终保持的假设之一是：在交易期间，没有偿还任何债务，但是在现实中，显然会有一部分债务是已经偿还的。无还款假设会让我们设计的情景更易于分析和比较。

前两组情景（见表 1.1）着眼于第 3 年和第 4 年的股息重整回收以及 PE 投资者在第 6 年的退出。在这两种情景中，企业价值在进入时点和退出时点保持相同。这两种情况仅在一个方面有所不同：情景 A 采用的债务比率为 90%，而情景 B 的债务比率仅为 60%。

表 1.1　第 3 年和第 4 年派发股息并在第 6 年退出投资

	情景 A			情景 B		
	债务 / 权益 = 9/1			债务 / 权益 = 3/2		
	股权	债务	企业价值	股权	债务	企业价值
第 0 年	-100	900	1 000	-400	600	1 000
第 1 年	0	0		0	0	
第 2 年	0	0		0	0	
第 3 年	50	50		50	50	
第 4 年	150	150		150	150	
第 5 年	0	0		0	0	
第 6 年	100	1 100	1 200	400	800	1 200
IRR	29%			8%		

在接下来的两个方案（见表 1.2）中，我们将看到的情景是 PE 投资者在第 2 年和第 3 年进行股息资本重组，并在第 6 年退出投资。在这两种情景中，企业价值在进入时点和退出时点保持相同。两种情景仅在一个方面有所不同：情景 C 采用的债务比率为 90%，而情景 D 的债务比率仅为 60%。

表 1.2　第 2 年和第 3 年派发股息并在第 6 年退出投资

	情景 C			情景 D		
	债务 / 权益 = 9/1			债务 / 权益 = 3/2		
	股权	债务	企业价值	股权	债务	企业价值
第 0 年	-100	900	1 000	-400	600	1 000
第 1 年	0	0		0	0	
第 2 年	150	150		150	150	
第 3 年	50	50		50	50	
第 4 年	0	0		0	0	
第 5 年	0	0		0	0	
第 6 年	100	1 100	1 200	400	800	1 200
IRR	44%			9%		

表 1.3 显示了在第 3 年和第 4 年进行股息资本重组并在第 5 年退出投资的情景。在这两种情景中，企业价值在进入时点和退出时点保持相同。两种情景仅在一个方面有所不同：情景 E 采用的债务比率为 90%，而情景 F 的债务比率仅为 60%。

表 1.3 第 3 年和第 4 年派发股息并在第 5 年退出投资

	情景 E			情景 F		
	债务 / 权益 = 9/1			债务 / 权益 = 3/2		
	股权	债务	企业价值	股权	债务	企业价值
第 0 年	-100	900	1 000	-400	600	1 000
第 1 年	0	0		0	0	
第 2 年	0	0		0	0	
第 3 年	50	50		50	50	
第 4 年	150	150		150	150	
第 5 年	100	1 100	1 200	400	800	1 200
IRR	31%			9%		

在最后一组情景（见表 1.4），我们将看到的情景是 PE 投资者在第 2 年和第 3 年进行股息重整回收并在第 5 年退出投资。在这两种情景中，企业价值在进入时点和退出时点保持相同。两种情景的唯一不同之处就是采用了不同的杠杆率。

表 1.4 第 2 年和第 3 年派发股息并在第 5 年退出投资

	情景 G			情景 H		
	债务 / 权益 = 9/1			债务 / 权益 = 3/2		
	股权	债务	企业价值	股权	债务	企业价值
第 0 年	-100	900	1 000	-400	600	1 000
第 1 年	0	0		0	0	
第 2 年	150	150		150	150	
第 3 年	50	50		50	50	
第 4 年	0	0		0	0	
第 5 年	100	1 100	1 200	400	800	1 200
IRR	47%			11%		

从这些例子，我们可以得出如下几个结论。

（1）更可取的方法是尽可能多地利用资产负债表，因为在假设其他全部参数保持不变的情况下，在债务比例为 90% 的资本结构中，股权持有者实现的内部收益率明显高于 60/40 债务权益比率的情况，也就是说，情景 A 优于情景 B，情景 C 优于情景 D，情景 E 优于情景 F，情景 G 优于情景 H。

（2）在杠杆收购的整个周期中，尽可能提前进行股息重整回收，对股东而言更有利——第2年进行股息支付带来的平均年收益率高于在第4年支付股息情况下的收益率，即：情景C优于情景A，情景D优于情景B，情景G优于情景E，情景H优于情景F。

（3）尽早退出投资带来的收益更高——在这些情景中，我们假设企业价值在第5年和第6年保持不变，也就是说，增加一年持股不会创造额外的价值（这显然不能精确反映所有杠杆收购的实际情况）。尽管如此，在第5年退出带来的收益率还是能比推迟一年退出更高——正如我们将在下文中看到的那样，这也是"快速变现"在业界被普遍使用的主要原因：情景E优于情景A，情景F优于情景B，情景G优于情景C，情景H优于情景D。

在上述结论的第一点（1）中，我们强调的是杠杆效应，以及PE投资者为什么会最大限度地减少股权资金注入量。但有必要提醒的是与债务融资有关的其他两个优势。

首先，我们看看加权平均资本成本的概念。由于债务成本通常远远低于股权成本，因此，可取的策略是PE公司至少通过贷款筹集部分投资资金。听到这句话，很多业内专业人士会毫不犹豫地跳出来指责：债务是一种会让人上瘾的毒品。但需要提醒的是，我们的目的应该是优化杠杆率，而不是追求杠杆率的最大化。尽管这些观点很可能会胎死腹中，但我们的很多案例研究还是以有力的佐证表明：在某些时候，出现违约或破产的风险会超过低成本债务所带来的任何收益。

其次，和税收有关。在大多数国家，支付的债务利息是免于纳税的，而支付股息则需要纳税。因此，借款有助于公司减少纳税义务。由于债务利息不是支付给政府的，并因用于基础设施、学校或医疗保健等公开用途而形成现金漏出效应，因此，更合理的方式应该是将这笔钱支付给贷款人，用于改善被投资公司的财务状况。PE基金管理者只需对LP负责，而不用面对其他任何利益相关者——无论是整个社会还是税务机关，这至少是众多出资者所愿意看到的。

在上述8种情景中得出的观点（2）和观点（3）中，我们可以看到货币时间价值的概念。提到时间的价值时，我们的意思是说，今天的1美元比一年后的1美元更有价值。从根本上说，这是因为我们可以把一笔钱用在接下来的12个月时间里。也就是说，你在今天收到的美元，可以在未来一年里带来利息。因而，这1美元的价值会在一年之后增长到1美元以上。

尽管PE投资者强烈反对放弃时间价值的做法，但是在现实中，他们更宁愿尽快收回资金，这往往会使金融投资者（早期退出意味着更高的内部收益率）和被投资公司当前管理层以及员工（对于他们来说，业务的长期持续经营比任何其他考虑都更重要）之间产生利益冲突。话虽如此，但金融投资者可以轻易改变公司高管（和关键员工）的观点，比如为他们提供足以改变其生活水平的杠杆公司股权，这种诱惑的吸引力很难让他们拒绝。

含混不清的报告

对于那些不了解内部收益率报告形式的人来说，最重要的就是要记住，除非基金已完全兑现——这意味着所有被投资公司均已被处置，否则，我们所看到的数字就是所谓的中期内部收益率（interim IRR）。这个数字取决于已实现和部分实现的资产以及未实现资产的预期收益率。

实际收益率的计算方法非常简单：在典型的杠杆收购中，在出资或者说交易开始时出现的是现金流出，而现金流入则反映为随后进行的股息重整回收、部分退出投资或完全实现。其中，部分退出投资在IPO过程中最为常见，即金融投资者不能一次性出售其持有的全部股权；完全实现可采取股权转让或整体出售方式（trade sale，PE投资者将自己所持有的标的公司的股份全部转让给第三方公司），以及标准模式的二级市场收购（secondary buyout，SBO）。在PE二级交易市场上，目标公司的股份也可以在PE投资者之间进行买卖，这种交易也被称为"二级收购"。尽管在某些二级收购案例中，也出现PE公司对其部分投资进行"上翻"（rollover，是私募基金收购中常见的一种方式，被收购公司的部分股东或持股管理层将股份转换为收购公司收购后目标公司的股票，这种策略既可减少PE公司的出资额，也能让这些股东或管理层参与到目标公司收购后的运营中。——译者注），这种情况应视为部分实现投资。实际的内部收益率只是全部现金流出和现金流入按时间调整后的年化收益率。

被投资公司中实现部分和未实现部分到底有多大，这种计算与其说是科学，还不如说它是一门艺术。由于所有现金流都尚未发生，因此，普通合伙人唯一能确定的就是投资的原始价值（第一笔现金流出）。为取得计算IRR所需要的未实现投资部分，我们可以采用比较估值法。

将用于比较的收益倍数乘以退出日期相近的相关被投资公司的收益，即可得到目标公司的预期收益率。虽然很多数据服务机构发布此类标准，但它们的基本准则都是相同的。只有在目标公司可以出售的情况下，才适用于以可比公司确定该目标公司的预期收益率。此外，如上所述，这些数字对时间极为敏感。比如说，如果企业因环境问题而面临诉讼，谁能知道它的价值是多少，它在什么时候可以被处置呢？被投资公司并不是问题的全部。还有一个与经济形势相关的未知因素。如果股票市场或整体经济处于大幅衰退状态，那么，IPO、股权转让或二级市场收购的时机自然也难以控制。

简而言之，依赖中期内部收益率数据是不安全的，因为它们毕竟出自最初完成交易的基金管理人之手。绘制一幅前程似锦的画面、选择对估值最有利的可比公司并及时出售资产,这本身就符合他们的既得利益。虽然基金管理人每年都会聘请会计师事务所审计计算 IRR 报告的方法和结果,但是从理论上来说,外部审计师所依赖的假设同样是无法证实的。2006 年底的时候,谁会知道信贷危机会在几个月后突兀而至呢?谁又会知道,这场金融危机会彻底打乱几年后的退出时机呢?当泡沫处于高峰期时,使用任何可比法得到的结论往往都是乐观的。

当普通合伙人急于宣传他们的卓越战绩时,往往会刻意采用定义不当的 IRR 报告标准。因此,在下次阅读有限合伙人发布的季报或行业协会发布的年度审核报告时,切记,他们引用的 IRR 数据多包含了未实现资产收益的中期内部收益率。但是,在中期和后期这段时间里,很多事情都有可能发生变化。而这些专业金融人士采用的方法很少考虑一致性。

重点提示

我们会通过几个案例研究,对部分 PE 基金按发起年份实现的收益率与同期主要上市公司股票指数收益率进行比较。由于 PE 公司可通过最大化债务融资优化其投资的资本结构,而且能人为控制投资的退出时间,因此,从严格意义上说,这些收益率并不具有可比性。此外,如果对某一家目标公司的投资已实现(转让或出售),那么,这笔投资的内部收益率即可最终锁定。相比之下,对于公开市场报告中披露的年复合增长率,它们首先假设全部投资均无杠杆,而且投资总额在整个持有期内保持不变。这样,由于不受货币时间价值的影响而且不存在杠杆和价值触发因素,因此公开市场投资者所能实现的收益率应明显低于金融投资者。不过,了解一下主要 PE 投资工具大多落后于股市大盘这一事实,显然会让我们对 PE 投资有更深刻的认识。

借债成瘾

在阅读这本书时,我们将会注意到,让杠杆收购公司为自己及其有限合伙人勾勒出梦幻般收益的手段,并不是什么秘不可宣的锦囊妙计,不过是一种被称为"杠杆(leverage)"的东西,也就是上文所述抬高内部收益率的基本要素之一。这就可以解释,在 2001 年到 2007 年间的美国中型市场杠杆收购领域,负债与息税折旧及摊销前利润(简称为"EBITDA")之比为什么会从 3.4 倍上升至 5.6 倍,而同期的负债占杠杆收购资金总额的比例从 57% 增长到 63%。

在金融危机后的 2009 年，负债已降至 EBITDA 的 3.3 倍，仅相当于企业价值总额的一半。由于负债融资是 PE 公司能否跑赢股市大盘的关键，因此，没过多久，杠杆率就开始缓慢上升，到 2014 年，美国的债务与 EBITDA 比率已达到 5.7 倍，而杠杆率也小幅提高到 60% 至 65%，具体数字就取决于您认为值得信赖的论文或报告了。[2]

欧洲地区的情况也不例外。2001 年，平均杠杆率为 EBITDA 的 4.3 倍。综合多方面数据，到 2007 年，贷款已达到杠杆收购总价值的 60% 以上，相当于被投资公司 EBITDA 的 5.85 倍到 6.6 倍。和美国一样，进入 2009 年，欧洲国家的杠杆比率也开始下降（降至 4 倍）。但欧洲地区的企业价值倍数中位数在 2014 年达到 EBITDA 的 10 倍（与 2007—2008 年度的峰值相当或略高一点），债务同时也达到收益的 5.5 倍。随着经济形势的企稳和信贷市场逐渐恢复信心，杠杆收购交易的债务比例很可能持续提高。[3] 如果没有了债务，PE 的魔力就不复存在。

模仿游戏

在任何 PE 公司的工具包中，最简单的伎俩就是模仿同行的策略。如果看到竞争对手收购某个板块的公司，那么金融投资者往往就不愿意多费时间——这个板块马上会成为杠杆收购机构的"宠儿"。

1997 年 10 月，日本 PE 机构野村银行（Nomura）收购了英国赌马机构布伦特·沃克公司（Brent Walker）旗下的威廉·希尔博彩公司（William Hill）。布伦特·沃克是一个业务非常繁杂的企业集团。于是，英国赌博业立即成为杠杆收购投资者眼中炙手可热的目标；同年 12 月，英国保诚集团（Prudential）旗下的 PE 部门收购了经营博彩俱乐部的加拉博彩集团（Gala）；12 个月后，德意志银行（Deutsche Bank）旗下从事私募业务的摩根·格伦费尔投资公司（Morgan Grenfell Private Equity）收购了博彩连锁店科洛尔股份（Coral）。我们将在第二章介绍当时发生的事情。几年之后，整个（或者说至少感觉是）欧洲的黄页目录出版业也经历了一轮杠杆收购大潮，而参与其中的 PE 公司还不到 10 家。

大多数（甚至是全部）金融投资者对这种照猫画虎的政策趋之若鹜，这足以表明，他们的技能并不是在识别特殊资产的基础上发挥其行业和运营特长，而是基于同行所采取的措施并竭力效仿他们的做法。如果股息重整回收策略适合英国汤姆森黄页公司（Thomson Directories）和黄砖之路（Yellow Brick Road）这样的黄页服务企业，那么，无论在什么样的市场形势下，这种策略也应该适用于法国黄页集团（见第十一章）和意大利电信黄页集团（见第十二章）。但这只是一厢情愿而已。

* * *

多年来，这些交易秘籍为 PE 基金管理者赢得了"市场上最精明的投资者"的名号。正如我们将在第九部分中所阐述的那样，他们的成功，在很大程度上还要归功于诸多可能不会长久的因素：有权优先获得低成本和约束松散的债券、自我监管、有限的信息披露要求以及薄弱的公司治理。但在探讨这些问题之前，我们不妨认真剖析研究几个案例。

* * *

第一部分
资产转移：二级收购及其影响

> "二级收购"（secondary buyout，SBO）也被称为"二次收购"或"次级收购"，这个词描述了金融投资者通过杠杆收购方式取得由另一家 PE 公司对目标公司持有的股权。有些对此不屑一顾的专业人士甚至直接将这种模式称为"倒手转让"交易（pass-the-parcel）。二级收购在 20 世纪 90 年代还极为罕见，可以说，这种发生在投资者与投资者之间的交易，是欧美国家在 21 世纪第一个 5 年信贷繁荣时期的直接产物。毫无疑问，它也是表明该地区整个行业趋于成熟（有些人甚至认为是"衰退"）的标志。投资者进行这类交易背后的动机各有不同，具体还要取决于你是买方，还是卖方。

- 对买方而言：目的就是想方设法地找到收购目标。由于心仪的目标公司不想出售，或是贷款人不愿提供有吸引力的条款，使得他们找不到合适的收购对象。在这种情况下，PE 公司有时可能会别无选择，只能寻求已经被其他 PE 收购的企业。二级收购通常只需要进行资本重组即可，对于那些不熟悉债务市场的企业来说，这种做法远比常见的贷款承销和辛迪加贷款简单直接得多。

- 就卖方而言：目的是竭尽所能地退出处于衰退状态的被投资公司，但如果无法找到愿意按其预期估值支付对价的公司买家，或是股票市场剧烈震荡以至于无法保证 IPO 过程有序完成，那么，PE 基金管理人就可以寻求由其他 PE 公司接手被投资公司。

早在 2001 年，以二级收购方式完成的并购交易还不到 5%。但是在 10 年之后，这种交易模式已成为某些市场的主流，此类交易的数量增加了 10 倍以上。根据公开渠道获取的信息，在全球范围内，二级收购占 2014 年 PE 公司退出交易的 40%。事实上，除 2009 年接近 30% 以外，卖方（实现对被投资公司的退出）这个数字自 2006 年以来一直保持稳定状态——每 5 笔退出交易中既有 2 笔是通过二级收购方式退出的。[1] 而在收购方面（相当于买方），超过 1/4 的全球收购交易通过二级收购方式完成。[2] 在 20 世纪 80 年代敌意企业分拆和竞争性资本重组盛行的时代，深陷于这种被人们戏称为"资产剥离"（asset-stripper，通过低价买进经营不善的公司，然后通过拆分资产并进行出售而获利）的交易中，昔日耀武扬威的交易商们也变成了苦工，他们的工作开始变得单调乏味，经常要赶着夜间航班到处去寻找和撮合交易。

2003 年 1 月，马修·特纳（Matthew Turner）还是 PPM 风险投资公司的股东董事，当时，他正忙于将从事博彩业务的加拉博彩集团（Gala）转让给当时欧洲最大的 PE 投资公司康多富和胜峰（Candover & Cinven）。对此，特纳做出了实事求是的解释："这实际上已经是三级收购（tertiary buyout）的时代了。"[3] 但二级收购和三级收购现在也只有 10 年的历史。相当一批被投资公司已进入被第四次收购的过程，或者说四级收购（quaternary buyout）；还有一些被投资公司甚至已不可思议地被第五次转手收购。

你肯定能找到支持这类交易的人，他们会给"瘾君子"找出各种各样的理由——每个阶段都能给被投资公司带来新的现金注入，让目标公司转变成他们所期待的国内乃至国际顶级企业。毋庸置疑，他们会引用形形色色的轶事来证明他们的观点。在业内，大多数经营者都曾遇到过已成功完成若干次背靠背收购（投资者在无目标公司参与情况下进行的交易）的高质量中小型企业。采取以收购促发展战略的目标公司是二级收购最理想的对象，因为这些公司需要长期性的成长培育，而这显然不符合私募股权公司常见的 4 到 5 年投资持有期。

但达到这个目的是有条件的：这些交易要求公司创始人或高管团队继续做公司的大股东，或者至少是持有相当数量股份的少数股东。只有这样，才能让企业高管始终关注业务的长期增长，而不是给金融投资者带来短平快的收益回报。因此，维持公司发展进程并确保公司不会参与过度杠杆化，是避免二级收购被滥用的有效途径。

有了持有相当数量投票权或合同保护的创始人兼公司所有者，就可以确保公司不会被 PE 投资者拖入深陷成本不菲的高收益债券陷阱中，让他们每年拿着可观的股息，然后不计后果地提高公司杠杆率。在本书的第一个案例中，我们将会看到，对于持有公司少量股份的管理者——比如加拉·科洛尔的约翰·凯利（John Kelly）和尼尔·古尔登（Neil Goulden），他们很快就会成为这盘棋局中的苦力，彻底丧失对棋局的影响力。

通常而言，二级收购的后续操作会衍生出三级或是多级收购，再加上随之而来的无数次资本重组，将对基础资产带来不良影响。这就相当于对农田进行过度深耕，但却从不安排休耕，让土地得以休养生息。每个接盘的投资者都想绞尽脑汁地从基础资产早多榨出一点钱，给自己发放股息，向贷款人偿还借款，（而不是重新注入企业，为企业成长输血），而且会让被投资公司始终维持高位资产负债率，这种做法必然给企业带来长期性的恶性后果，在就业创造、竞争实力和战略重点等方面让企业遭受打击。

这本案例专辑的其他部分还将涉及其他两种情景。弗兰斯·邦霍姆管业（见第八章）的情况属于四级收购，而 eDreams 的情况（第十三章）则属于风投（VC）进入之前的二级收购。这两个案例强调了与 PE 实务有关的其他问题，我们将在本书后面提到这些问题；两个案例均未提及二级收购的缺陷以及为我们将在下一章里介绍的一系列交易。

商业圈里流传着这样一种说法：第一代家族创业者的使命是创建和发展企业，第二代的责任是巩固这个企业，而他们的继承人则是这个企业的破坏者和掘墓人。同样的规则是否也适用于杠杆收购？如果一家公司始终处于高负债的重压之下，而且这种高杠杆率不只出现在短期，而是成年累月、一贯如此，其间又接二连三地被杠杆收购所打断，它会怎样呢？不妨让我们看看加拉·科洛尔博彩集团的故事吧。

第二章

加拉·科洛尔博彩——游戏开始！

1994年11月19日,星期四,英国公众接触到了一种新的宾果游戏。多年来,英国政府对博彩业采取了越来越宽容的做法。但是在我们将要看到的案例中,博彩游戏的出资者却是政府本身。那天晚上,英国首次对全国彩票抽奖活动进行了电视直播,这也是自1826年以来的第一次,有2 500万观众收看了英国广播公司BBC第一频道的这场直播。据报道,有1 500万人购买了价值1英镑的彩票,总计收入达到3 500万英镑。[1]

幸运的中奖彩票持有者并不是唯一的受益方。彩票面值中的很大一部分将被用于支持社会公共事业,包括艺术、文化遗产保护以及体育。对政府而言,对每张彩票按面值征收彩票税,也是通过隐形税收筹集资金的一种简单方法。但输家却是显而易见的,即从事赌场及博彩业务的运营商。英国巴斯集团(Bass PLC)就是其中之一。

当时的巴斯还是正处于艰难发展中的综合企业集团,公司的成立可以溯源到18世纪晚期。它最初以一家啤酒制造厂起家,而此时的巴斯集团已成为英国最大的啤酒制造商和经销商之一,公司市值达到75亿英镑,主要从事休闲领域业务,经营内容包括酒店、酒吧、赌场、宾果游戏俱乐部和彩票店。由加拉(Gala)品牌运营的巴斯博彩业务因政府彩票业的推出而受到重创,俱乐部入场人数在随后两年内持续下降。在此期间,国有彩票业务的打压,导致英国博彩游戏经营者的客户数量减少了16%。[2]

为巩固其在博彩市场上的地位,1997年年初,巴斯集团曾试图收购布伦特·沃克集团(Brent Walker)拥有的英国第二大彩票销售运营商威廉·希尔公司(William Hill),但日本投行野村证券(Nomura's Principal Finance)旗下的直投业务部半路杀出,以更高出价截了胡。在打造博彩业务主导地位的策略受到打击之后,巴斯集团发现,退出这个行业或许更有利。

1997年12月,作为英国博彩行业的领军人物,约翰·凯利(John Kelly)此前在博彩游戏业务上领先其竞争对手麦加集团(Mecca)有五年之久,直到1990年被另一家娱乐集团兰科(Rank)收购——最终,兰科牵头完成了对加拉博彩的外部管理层收购(MBI),为此,兰科合计支付了 2.35 亿英镑,借此取得加拉博彩拥有的 130 家博彩俱乐部连锁店。此次收购的部分资金来自英国保诚集团(Prudential)从事 PE 基金业务的 PPM 风投公司。迫于摆脱这个衰退行业的压力,巴斯接受了低于比加拉博彩账面价值低 2 亿英镑的出价。[3] 收购完成之后,巴斯集团得以集中精力主攻啤酒制造和酒店管理业务。显然,它早已准备好接受出售这项业务带来的亏损了。

科洛尔的故事

约瑟夫·卡加尔利茨基(Joseph Kagarlitsky)于 1904 年 12 月 11 日出生在华沙。[4] 当时还不存在波兰这个国家,华沙还属于沙皇俄国的一个部分。虽然波兰最终在第一次世界大战结束后取得独立,但卡加尔利茨基此时已与母亲和兄弟(约瑟夫的父亲当时已经去世)离开波兰。1912 年,他们举家来到英国。在抵达伦敦后不久,母亲便将一家的姓氏改为科洛尔,以便与英国当地社会融合。在如此幼小的年龄便背井离乡,作为一名沙俄治下的波兰移民成长在英国社会中,这种经历无疑促使约瑟夫更早地学会独立思考,这或许可以解释他后来的"创业"经历。

在 14 岁辍学后,约瑟夫(当时已更名为"乔")来到一家灯具制造工厂做文秘工作。与此同时,他还在赌场兼着一份做洗码员的差事——代表庄家接受赌客的赌注,这在当时是一种非法职业。不过,这份兼职很快就让他丢掉了在灯具厂的工作。后来,约瑟夫进入一家广告公司,但他对投注设赌的兴趣并未中断。1927 年,他在伦敦西北部的白城开设了他的第一个赛狗场——灰狗体育场。[5] 就在前一年,英国的首次现代赛狗会在曼彻斯特 Belle Vue 体育场举办。考虑到公众对这一赛事的热情,1926 年年末,灰狗竞赛协会(GRA)取得对白城体育场的所有权,从此,这座为 1908 年伦敦奥运会修建的体育场成为英国最著名的赛狗场。1927 年,灰狗竞赛协会正式进驻白城体育场,并在这里每周举办一场赛狗比赛。[6]

乔·科洛尔(Joe Coral)在 1936 年最终成为灰狗大赛的赌场登记人,在此之前,他曾尝试过很多份工作。虽然这项活动目前已变得小众化,但在当时,赛狗大会的空前盛况却吸引了大量观众。1939 年的英国灰狗比赛的决赛中,观众人数达到了创纪录的 9.2 万人。除在这些比赛中从事合法业务之外,人们认为,科洛尔还在从事非法的街头博彩以及为赌博俱乐部提供赌资的业务,这部分业务收入的数字不得而知。

第二次世界大战期间,因小儿麻痹症导致双臂患有残疾的科洛尔不能服兵役,而他的生意也在这段时间蒸蒸日上。[7] 随着赛狗会的次数在战争期间被迫减少,科洛尔开始经营体育博彩活动。战争结束后，他成为在英国主要体育报刊上刊登"邮政投注"广告的几个博彩商之一，这几家报刊包括《体育生活》和《体育纪事报》。与此同时，他还继续活跃于赛狗会和赊账投注（由赌场提供赌资，赌客最后与赌场结转，因而不涉及现金倒手）等领域，直到英国政府在1960年颁布《博彩与赌博法案》，现金投注正式被合法化。

该法案使得场外现金投注成为合法业务，并正式向博彩店、宾果游戏厅和赌场发放经营执照。政府实施这项新法案的目的非常明确：让赌博远离街头，结束博彩公司派洗码员四处收集筹码的做法。可以说，这个先河还是由科洛尔开创的。

次年5月，英国政府允许开设博彩店。此后不久，科洛尔便开设了自己的第一家店面。按法案规定，为获得新建博彩店的许可，交易者必须提供不存在"被动创造需求"的证据。一种应对方法就是把现有经营场所转换为持牌的博彩投注点。科洛尔花了一笔钱，将他代理的一家原从事非法投注业务的杂货店变成了正规博彩店。到1962年，科洛尔已经开设了23个彩票销售点。9年后，科洛尔的博彩公司与竞争对手马克·莱恩（Mark Lane）合并，共计拥有589家彩票销售店面。随后，公司快速发展，并在1974年成为一家公开上市的股份有限公司，更名为"科洛尔娱乐公司（Coral Leisure）"，此后，它的业务也迅速扩散到赌场、宾果游戏厅和酒店。到1977年，科洛尔旗下的产业成为英国第四大博彩集团。[8]

但已成为一家上市公司的科洛尔娱乐公司却未能激发出应有的活力，公司的多元化战略对股东的影响微乎其微。因此，它自然会成为大型企业集团容易捕捉的猎物。到1980年，从事餐饮啤酒业务的大都会公司（Grand Metropolitan）和酒吧运营机构巴斯有限公司（Bass PLC），为争夺科洛尔娱乐展开了一轮价格大战。最终，1980年10月，已成长为每年盈利1 500万英镑的科洛尔落入巴斯之手，收购价为8 250万英镑。后来，巴斯还是卖掉了科洛尔旗下经营不善的赌场业务。[9]乔·科洛尔此后的整个职业生涯都在担任博彩登记企业的管理者，也目睹并亲身经历了彩票销售业务的发展。在行业的其他方面，1991年5月，巴斯收购了格拉纳达剧院经营的宾果俱乐部，将其与现有的科洛尔社交俱乐部进行了合并，并更名为"加拉宾果俱乐部（Gala Bingo）"。当年10月，加拉博彩集团正式上市。

和大多数企业集团一样，在20世纪90年代后期的大部分时间，巴斯集团一直在处理以前大举扩张形成的非核心业务。对于一家试图让股东看到更美好未来的上市公司而言，博彩游戏行业的业绩显然不够稳定，这一天会受天气影响，另一天又会受到新游戏的影响（想想国家彩票的出现），而在下一周有可能因为投注者或是新规定而得到的意外收获。

持理性思维的人可能不理解，人们为什么愿意去赔钱赌博呢？毕竟，一个众所周知的事实是，赌场或博彩店永远都是最后的赢家。但赌博的真正意义在于，在我们的生活中，任何事情都是可能的。比如说，在1996财政年度，科洛尔博彩因为一个怪异的比赛结果而赚到了400万英镑：1996年9月28日，在阿斯科特（Ascot）举办的英国赛马冠军锦标赛中，超级明星骑师弗朗吉·戴图理（Frankie Dettori）和他的坐骑连赢7场比赛。我们想过没有，发生这种情况的概率是多少？25 095次中只会发生1次。[10]

在公开市场上，这种变数永远都是家常便饭。按1997年12月以外部管理层收购（MBI）剥离加拉宾果游戏俱乐部业务的方式，在同一个月，这家企业集团也为它的投注业务找到了新买家。英国最大的博彩连锁集团立博（Ladbrokes），以3.755亿英镑的价格收购了科洛尔博彩的900家门店。[11]

遗憾的是，就在9个月之后，英国垄断和合并委员会以及贸易大臣裁定这笔交易违背公众利益，所以，立博不得不转手卖掉科洛尔博彩。[12] 1998年12月，立博集团极不情愿地通过管理层收购方式再次剥离科洛尔，出售价格为3.9亿英镑，德意志银行的投资业务部、PE公司摩根·格林菲尔（Morgan Grenfell）为此次交易提供了资金。[13] 在乔·科洛尔去世将近两年之后，这家公司再次获得独立。

从一级收购到二级收购

在约翰·凯利的领导以及PPM的资金支持下，宾果游戏运营商加拉集团在20世纪90年代后期，彻底巩固了它在该领域第二名的地位，仅仅落后于兰科集团的麦加博彩。1998年夏天，加拉以股权置换方式收购雷兹（Ritz）博彩俱乐部。交易完成之后，雷兹的出资方杜克大街投资公司（Duke Street Capital）取得合并后公司25%的股权。[14] 到1999年9月，加拉博彩集团已拥有149家宾果游戏厅，年销售额达到1.9亿英镑，息税前利润（EBIT）为3 700万英镑——而巴斯集团收购之前的这一指标仅为2 400万英镑。凯利及其他高层管理者给公司带来的业绩快速增长表明，如果继续实行外部扩张战略，就需要为这项业务继续注入资金。

虽然坊间传闻称该业务有可能会上市，但最终却在2000年3月以4亿英镑的价格被转让给另一家金融投资机构：瑞士信贷第一波士顿私募股权投资公司（Credit Suisee First Boston Private Equity）。这一轮二次收购旨在进一步扩大加拉的经营规模。PPM非常赞赏这种做法，以至于收购后继续保留该公司20%的份额。按正常逻辑判断，博彩业并不靠谱，但有迹象表明，金融界似乎对它表现出了越来越大的兴趣，为这次二级收购融资的来源包括2亿英镑的优先级债券和1亿英镑的高收益债券。3/4的杠杆率相对于上年度息税前利润的7倍。正如瑞士信贷第一波士顿私募股权投资公司的投资负责人所言：

"宾果游戏产业正在呈现出井喷式增长的态势,而进一步放松管制也为该行业创造了巨大的增长潜力。在一个高度分散的行业中,加拉集团完全可以进一步巩固其市场领导者的地位,我们对前景感到异常振奋。"[15]

在完成二级收购后的一个月内,加拉集团便重拾大举吞并的策略,以 9 000 万英镑的价格收购了里瓦(Riva)拥有的 27 家俱乐部,一举成为英国最大的宾果游戏运营商。8 个月之后,加拉集团在向希尔顿酒店集团(Hilton)支付了 2.53 亿英镑的收购价款之后,获得该集团拥有的 29 家赌场。就在这一年,加拉博彩开设了网站 bingo.co.uk,并推出了第一次在线抽奖活动。

遗憾的是,瑞士信贷第一波士顿在 2001 年年底作出决定,集团将 PE 业务限制在欧洲地区以外,并最终将 PE 活动全部交由纽约公司经办。随后,公司放走了其他欧洲高管团队。虽然凯利和加拉团队的其他成员已得到瑞士信贷第一波士顿的保证——公司将继续全力支持他们的工作,但是到 2002 年年底,形势已经趋于明朗,进一步扩展显然需要从更多方面获得资金。[16] 这已经是迫在眉睫的事情了。因为英国政府正在起草新的赌博法案,该法案将进一步放松对这项业务的管制。即将实施的管制放松可能会带来像拉斯维加斯那样的大型赌场的创立。凯利本人曾公开建议,他可以将加拉拥有的 166 家宾果俱乐部和 28 家赌场整合到一起。[17]

此外,传闻中英国政府正在考虑实施的部分新法规还包括,放宽开放时间以及允许新成员进入赌场业务之前的 24 小时"静默"期。此外,这些法规还允许运营商通过老虎机提供内容更多的赌博活动,甚至会取消对赌注和基金规模的限制。凯利也在游说政府放宽针对广告播出进行的限制,并提出"赌场集市"的概念,即以美食广场为基础,将赌场、宾果游戏厅、博彩店及其他游戏活动整合到一个地点。[18] 展现在眼前的机会似乎无限宽广。

2002 年 7 月,瑞士信贷第一波士顿私募股权公司承认,它已无力继续推动加拉集团的发展,并委托德意志银行和瑞士信贷两家投资银行制定新的战略方案,包括整体业务出售以及 IPO。[19] 根据瑞士信贷第一波士顿放弃欧洲杠杆收购业务的决策,加拉在 2001 年或 2002 年没有进行过任何一笔收购,因此,管理层当然希望找到更多支持其拓展业务的出资方。

PE 出售方及其顾问最常使用的谈判技巧之一,就是向公关机构支付一大笔钱,并由后者发布企业价值将会大幅增长的消息。这就向市场发出了一个非常强烈的信号:如果买家不打算至少支付这个最低价格,那么就请闭口免谈。奇怪的是,这种方法居然屡试不爽,它就像设定了一个赶走买家的免谈价,以至于让报价方经常会忘记最基本的谈判技巧。

果不其然,加拉博彩的所有者从一开始就明确表示,他们正在考虑按 10 亿英镑或更高的价格进行 IPO。随后,他们启动了双轨流程——在邀请各相关方提交意向性报价的同时,约见有可能想参与上市过程的资产管理机构。废除赌博法带来的价值上涨潜力，无疑是高估值预期背后的最大推手。正如一位市场观察人士所发表的看法：

"加拉注定会成为政府放松管制计划的最大受益者之一，而且任何报价都必须反映出这一点。如果出价不够高，那么，上市仍是最有可能的选择。"[20]

鉴于互联网泡沫破灭及其对全球证券市场的影响，很少有人会将上市视为直接出售的可靠替代方案。公司的竞争对手或是金融投资者都会提供更多关于公司上市的确定性。尽管加拉聘请的顾问机构一直在向专业媒体透露口风——正在紧锣密鼓地为首次公开募股做准备，但是在那个时候，波澜起伏的股票市场还让投资者惊魂未定，因此，在报价方面，自然也没有人敢与口袋满满的私募股权机构抗衡。2002年，私募股权机构在英国国内并购案中的比例为45%，因此，金融投资者自然是夺走加拉的热门人选。[21] 市场分析人士做出这样的评论：

"像加拉这样从事现金收支型业务的公司，是您在市场中难得一见的少数好企业之一。但即便如此，市场给出的估值也很难超过PE买家愿意拿出的现金。"[22]

疑似买家还是不出意料地找上门来——私募巨头KKR（管理着一只价值高达30亿美元的欧洲基金）、璞米资本（Permira，2000年即已筹集到35亿欧元）和BC投资公司（BC Partners，2001年的年份基金规模达到43亿欧元）都放出争夺这块资产的口风。这显然将是一场激烈的厮杀。但是在四个月之后的2003年1月，英国的两家私募股权公司胜峰（Cinven）和康多富（Candover）借助当时刚刚出现的杠杆收购大潮，完成了对加拉的三级收购，最终在这场价格大战中胜出璞米资本，这也是它们和成功者之间的最后一道屏障。[23]

如果按12.5亿英镑的企业价值计算，这笔交易的对价相当于息税折旧摊销前利润（EBITDA）的11.8倍，其中以股权融资方式筹集的资金不到10亿英镑。虽然媒体称交易动用了部分现金，但原公司管理层仍将9 000万英镑收益中的一部分用于再投资，在收购后公司中取得10%的股份。[24] 凯利本人一举赚到了2 000万英镑。[25] 瑞士信贷第一波士顿转让其持有的70%股份。而PPM继续维持15%的股份，这就为管理层和新的PE财团继续推进赌场-宾果游戏业务创造了条件，而公司也就此进入了下一个发展阶段。

三级收购的到来

到2003年，胜峰和康多富已成为欧洲最知名的两家私募股权公司。两家公司的总部都位于伦敦,在20世纪八九十年代风靡英国的杠杆收购大潮中,它们以各自的方式推动了这场热潮的形成和发展。它们的大部分投资活动分布在英国国内。两家公司只是偶尔涉足欧洲大陆市场,尤其是法国和德国这两个最重要的欧陆国家。即便如此,它们的优势仍在英国本土,并对KKR这样的美国竞争对手以及璞米资本和BC投资之类的本土对手严加防范,义无反顾地捍卫公司在国内市场上的领地。

康多富成立于1980年,而胜峰的面世则更早三年,两家公司不仅是英国私募股权领域的先锋,也是相互信赖的合作者。它们以前就有过长期合作的历史。在整个20世纪90年代,它们至少在六次收购中进行了联合投资。两者之间的密切合作关系,至少可以在一定程度上解释这样一个事实:康多富最完美的交易操盘手、时任主席的斯蒂芬·珂兰(Stephen Curran)即来自于胜峰,1981年5月,他离开胜峰转投康多富。在分道扬镳之后的若干年里,它们曾以各自的方式不断发展,争夺欧洲交易皇冠。此时,它们再次联手合作,携手打造英国顶级宾果运营商的地位。

时机恰到好处。两家基金管理机构均在过去12个月里清算了各自的大型基金,并且正处于大规模交易的成交阶段,这些交易的价值在5亿英镑至10亿英镑之间。康多富在2001年设立的基金于2002年5月终值清盘,已筹集了27亿欧元,根据交易规则,它可以在单笔交易中投入全部资金的15%,即4亿欧元。康多富在收购加拉交易中的"帮凶"也通过"胜峰三号"基金筹得44亿欧元,这就意味着,按照单笔交易不超过基金总额15%的规定,胜峰有能力开展单笔规模超过6亿欧元的交易。此时,两家杠杆收购公司刚开始投资各自的最新年份基金。

对于加拉的管理层而言,这显然是个好消息,因为它表明,新的金融投资者准备在未来若干年内提供支持。所有私募股权基金筹集资金的期限通常为10年,也就是说,他们必须在这段时间内进行投资,并将现金收益返还给有限合伙人。对于收购加拉这笔交易来说,10年的时间肯定足够了。

* * *

就在收购加拉的交易成交的那一刻,这起有史以来欧洲最大规模的三级收购案便提出了问题:新的所有权人能否给公司带来此前两次收购未能创造的改进和提高呢?此时,公司的目标已变成做宾果游戏市场的领导者并占有40%的市场份额,且在赌场这个细分市场中取得1/5的市场份额。但创造更多的价值都需要付出代价。从好的方面看,极有可能实施的赌博监管放松政策将给这项业务带来巨大的升值空间。对此,康多富的董事总经理马莱克·古米恩尼(Marek Gumienny)是这样评论的:在他们的目标中,"创造内生式增长的新纪录、实现强大的现金流以及最近向赌场行业的扩张,将确保公司可充分利用游戏行业管制的进一步放松所带来的好处。"[26]

在完成第三次杠杆收购后的6个月内,加拉管理层无视外界的冷嘲热讽,与美国最大的赌场运营商哈拉娱乐公司(见第十五章)签署合作开发协议,双方将斥资10亿美元创建超大型的游戏赌博综合体,建成后的经营规模将达到加拉目前水平的8倍。考虑到距离新赌博法案的颁布仅有几年、甚至几个月的时间,因此,此举似乎有点仓促。但就像凯利本人公开解释的那样,他们希望能在放松管制政策得到批准的第一时间,将新的赌场投入运营,抓住机会,为公司迎来实质性飞跃。每家超级赌场的规模都将达到10万平方英尺。计划中的经营场所将分布在伯明翰、布莱克浦、利兹和纽卡斯尔。支持者声称,该项目在提供就业机会(可提供多达10万个直接就业岗位和25万个间接就业岗位)、为当地创造经济价值(将吸引17亿英镑的外来投资)以及税收收入(每年可达15亿英镑)等方面带来的连锁影响是不可抗拒的,尽管这些数据尚未经过考证。[27]

在即将到来的赌博业管制放松的背景下,一个更现实、更低调的目标,就是让进入赌场和博彩店成为一次更愉快的体验:吃喝玩乐,一应俱全。不管怎样,立法本身确实需要调整,只有这样,才能反映博彩行业基本监管法自20世纪60年代实施以来所发生的变化。比如说,互联网、互动电视和移动电话正越来越多地被用于博彩业,但目前的监管体系尚未涵盖这些方面。另外,博彩赌博业又受益于经济的强劲增长,截至2003年9月30日的财政年度,加拉博彩集团已记录的收入增长率达6.5%,营业利润率更是上涨了7.5%。

但到了次年6月,英国政府却颁布了一系列更为严格的政策,尽管这些政策仍对开设拉斯维加斯式的休闲赌博度假村敞开大门,但还是设置了很多限制性措施:通过限制奖金和老虎机以保护青少年和赌场中处于弱势的赌客;规定地方管理机构有权限制本地区赌场设施的开设和经营。一位政府发言人的解释验证了政策风向的变化:

"我们正在放缓改革的步伐,因为我们确实还有很多担心的地方。我们了解到澳大利亚的情况,因为推进放松管制的步子走得太快,导致出现赌博问题的人口数量激增。"[28]

更让业界雪上加霜的是,到了12月,英国政府对存在有争议的博彩游戏法案提出了一项重大修正案,如该修正案于2005年正式颁布,将会禁止现有的赌场运营商增加营业场所的老虎机数量。[29]

市场对新提案做出的反应显然是明确无误的。在每一项修正案颁布之后,英国主要上市博彩集团的股票都会大幅下跌。这对该行业来说显然是个坏消息,而对康多富和胜峰的利益更是一次巨大打击。它们对加拉的投资能否取得成功，完全依赖于政府是否会兑现放松对博彩业的管制。加拉仍是它们的取款机。按照27%的现金利润率（即EBITDA），集团可轻松偿还债务。虽然自康多富和胜峰完成三级收购以来未进行过任何重大收购，但庞大的客流量和低价格营销策略，仍然让加拉呈现出良好的增长态势。公司的EBITDA已从1997年12月完成外部管理层收购时的3 600万英镑，攀升到2004财年的1.46亿英镑。在此期间，公司经营的宾果游戏厅数量从130个增加到166个，此外，公司此时还拥有30家赌场。[30]

尽管英国政府希望保护公众免受赌博业完全自由化的负面影响，但是在整个2004年秋季，政府仍计划批准新建20到40家"超级赌场"。美国的各大博彩集团——从凯撒娱乐、米高梅到拉斯维加斯金沙娱乐，当然还有哈拉，就在英国各地开设赌场酒店综合体之事签署了协议。一些业内专家质疑，如此多的新建博彩场所商业上是否有可行性，以及它们对现有运营商会带来怎样的影响。一种普遍观点认为，政府也急于推出这项法案，毕竟，它需要通过这些新开展的赌博业务获得更多的税收收入。[31]

2005年年初，在最终政策尚未出台的情况下，康多富和胜峰发起一轮10.25亿英镑的资本重组，用来向它们自己支付股息。其中，向有限合伙人返还部分的金额为2.75亿英镑，接近于他们原始投资的一半。结果，这一轮重组使公司的总债务率从两年前二级收购时的低于6倍EBITDA提高到EBITDA的7倍，优先级负债比率也从EBITDA的4.3倍增加到EBITDA的5.4倍。尽管监管合计尚不得而知，但是对于这种拥有强大现金创造能力且可抵御经济衰退的资产，信贷市场仍给予了溢价。

加拉的杠杆率不仅有所提高——向外界传递出市场支持的信号，公司的债务结构和成本也得到了明显改善：夹层融资的规模从2003年的1.9亿英镑减少到两年后的1.2亿英镑，现金和实物付息债券（即可自动替换部分）部分则各自减少了100个基点（即利率下降了1%）。为补偿减少的夹层部分资金，公司签署了成本更低的4 000万英镑二次留置权贷款（尽管期限缩短了6个月）。[32]

与此同时，它也在考虑撤出对加拉的投资。这家公司在上个年度剥离了出现亏损的马克西姆高端赌场，现在开始进一步专攻规模更大、风险更低的博彩游戏业务。通过和投资银行的讨论，它已经为公司进行IPO确定了18亿英镑的估值。按照这个估值水平，康多富和胜峰可以预期，原始投资有可能会翻番。这当然是一个可以接受的合理结果，尤其是考虑到，两家PE公司在对加拉持股的两年时间内并未进行任何真正的变革。

但是在现阶段退出投资，就不能分享行业管制预期放松可能的潜在升值空间。如果现在卖掉加拉，他们就要承受不能最大程度地实现投资价值的风险，尤其是考虑到赌场活动明显会受到市场冒险意识的影响——2005 财年的销售额已增长 5%，但营业利润却下降了 14%。幸运的是，它采取了一个混合型解决方案：既可以通过持股分享未来企业价值提高带来的收益，又享有将部分股权变现的权利。

在局外人眼中，收购加拉这笔交易同样不乏吸引力，业务遍布欧洲的杠杆收购企业璞米资本一直热衷于加入到这个成功的剧本中。早在两年之前，璞米资本管理的资金就已经达到 51 亿欧元，现在，这只收购大鳄已经瞄准了更大的猎物。有的时候，投入这么多资金的确是一件让人头疼的事情。在英国和整个欧洲大陆，能在一笔交易中投入 3 亿到 6 亿欧元股权资金的企业少之又少。而收购加拉便是这样一笔交易。

璞米资本在 2003 年的上一轮交易中以失败而告终。不过这一次，它手里增加了一张王牌：作为投资合作伙伴，马丁·克拉克（Martin Clarke）于 2002 年夏天直接从 PPM 风险投资公司转投璞米资本，而 PPM 恰恰是巴斯在 1997 年 12 月对加拉进行首轮收购中的重要支持者。克拉克很清楚这笔资产，而且他和凯利的关系很可能是一个关键环节。璞米资本很想做成这笔交议，而且已经准备好掏出一大笔钱。加拉似乎没有理由不接受如此慷慨的出价。

2005 年 8 月，也就是在距离加拉上市还不到一个月的时候，康多富和胜峰采取了甚至让 IPO 顾问都感到意外的举措：将宾果游戏及赌场运营业务 30% 的股份作价 2 亿英镑出售给璞米资本。按这个价格推算，18.9 亿英镑的隐含企业价值已不可思议地达到了 EBITA 的 15.1 倍，债务总额则达到 2005 年全年 EBITA 的 9.75 倍。显然，负债率已岌岌可危。

在经过第四次转手之后，康多富和胜峰从加拉收回的资金已达到初始股权投资的 1.3 倍。[33] 但为了进一步提高这笔投资的 IRR，它们还需要采取极端的措施。但摆在它们面前的最大挑战，就是加拉自身的内涵式发展已经走到了尽头。如果不能等来博彩业管制全面放松并投入几个超大型赌场项目，那么，加拉就无力支撑进一步的升值空间和足够的回报。几轮股息资本重组显然还不能让这个交易达到他们的预期。

随着璞米资本的加入，它们手里已经有了展开下一轮疯狂收购的必要资金。事实上，它们在夏季的一个目标早已尽人皆知，加拉集团的各股东、公司管理层及投资者更是心知肚明：那就是从事赌注登记业务的科洛尔。加拉的三方力量都希望能得到科洛尔，而且已经准备为收购科洛尔而掏腰包。现在的问题已不再是是否会收购、甚至都不是什么收购的；而是需要花多少钱。但首先需要解决一个略微麻烦的问题：科洛尔刚刚经历了一次重大变化。

科洛尔的二级收购

回想一下我们之前对科洛尔历史的简单介绍：科洛尔将被 PE 公司摩根·格林菲尔控制，1998 年年底，在它的资金支持下，立博管理层收购对科洛尔进行了收购。当时的科洛尔已成为英国第三大博彩店的拥有者，在全国拥有 827 家连锁店。和英国的所有博彩公司一样，科洛尔也曾很长时间内增长停滞，背后的部分原因在于税收政策。

为推动公司重新起飞，在收购后的第一年内，摩根·格林菲尔便为收购欧洲博彩（Eurobet）提供了融资，欧洲博彩是一家位于对博彩业免税的直布罗陀的经营在线博彩业务的公司。考虑到此次可直接取得博彩业经营许可证，因此，科洛尔购买欧洲博彩可以说是一条捷径。这家以预测足球比赛结果为主的在线博彩网站发展迅速，是欧洲最大的博彩网站之一。通过这种离岸操作模式，英国赌民在下注时无需按英国规定的 9% 的税率纳税。业内排名第一、第二的立博集团（Lad brokes）和威廉·希尔（William Hill）也计划进行海外扩张。

收购成交之后，摩根·格林菲尔便立即聘请雷曼兄弟协助其进行 IPO，以推动业务的进一步发展。在对这个网站控制了 14 个月之后，2000 年 2 月，雷曼兄弟为科洛尔控制的欧洲博彩给出 10 亿英镑的暂时性估值，如此高的估值，在很大程度上归功于围绕收购欧洲博彩这笔交易进行的互联网炒作。按这个价格，所有 PE 股东完全可以大赚一笔。但随后事态的发展却应验了诸多方面的预测，全球股票市场陷入低谷。互联网泡沫最终走到尽头，泡沫已开始纷纷破裂。截至 5 月，科洛尔的上市进展却陷入僵局。尽管科洛尔的财务业绩非常漂亮，在当年的前 16 周里，EBITDA 已上涨了 39%，但摩根·格林菲尔的退出之路似乎还漫漫无期。[34]

当年晚些时候，寒流再次袭来。而在这一次中，欧洲博彩遭受了严重的非正常损失，此时，摩根·格林菲尔对该业务的估值仍为 5 亿英镑。作为网站的所有权人，科洛尔当然希望继续维持这样的估值，毕竟，网站的部分资金来自于在纽约公开发行的债券。因此，科洛尔必须在 2001 年 1 月的信息披露中告知市场，欧洲博彩已亏损 1 200 万英镑——这个数字几乎是整个集团当年利润的一半，这笔巨亏主要因 2000 年欧洲足球锦标赛在线赌球而来。[35] 尽管遭受如此沉重的打击，但是在截至 2000 年 9 月的财年中，科洛尔集团的总营业额仍增长了 50% 以上，达 13.3 亿英镑，而毛利润则增长了 10%，达到 1.62 亿英镑。

但这样的盈利水平，显然还不足以彻底消除对银行贷款发生违约的风险。欧洲博彩巨大的非正常亏损以及在线平台营销费用的增加，导致整个集团的营业损失超过 400 万英镑。而对于这笔 5 亿英镑的贷款，集团每年需要承担 5 000 万英镑的利息费用。2000 年 10 月，就在科洛尔财政年度结束后不久,摩根·格林菲尔被迫再次注入1 000万英镑资金,以掌握对这家公司的控制权。[36]

对于科洛尔及其PE股东而言,形势还在继续恶化。2001年年初,交易发生变卦:当年前16周的收入总额下降13%,而毛利润持平。在被投资公司层面频频爆发坏消息之后(注入总计4 500万英镑来为欧洲博彩支付营销费用,以避免后者对银行贷款发生违约,只是其中之一),摩根·格林菲尔的母公司、德意志银行对其领导风格已彻底失去了耐心,遂罢免了公司首席执行官格雷厄姆·赫顿(Graham Hutton)。[37]

就在故事情节发展过程中,觊觎科洛尔的竞争对手也在不断试探以更低价格实现收购的可能性。股票市场仍处于低迷状态,因而已不再由摩根·格林菲尔选择退出方案。科洛尔的竞争对手也很清楚这一点。2001年夏天,同样从事博彩业务的斯坦利娱乐公司(Stanley Leisure)高层管理人员开始考虑参与竞购,但是要收购一个价值相当于他们自身体量两倍的庞然大物,以自有资金进行收购的可能性几乎是不存在的。赌场运营商兰科也在考虑收购科洛尔的事情。然而,对于摩根·格林菲尔来说,达成任何一个协议都要面对难以逾越的障碍:由于股票估值和相应的估值倍数已出现断崖式塌方,因此,它对科洛尔这笔持股目前的价值已缩水到仅有2000年年初计划上市时的一半。股权出售计划被暂时搁置,只能拖到六个月之后再见分晓。

到2002年4月,科洛尔旗下的欧洲博彩出现转机:一方面,根据公司发布的半年报中期业绩显示,EBITDA增长了90%,提高到3 900万英镑;另一方面,尽管欧洲博彩已决定放弃在亚洲地区的低利润业务,但营业收入仍然增长1/5,达到8.2亿英镑。[38] 这一轮业绩大幅改善的主要原因,就是英国政府决定取消博彩税。自2001年10月6日起,博彩公司按利润总额承担的税率为15%,这意味着,投注者无需再像以前那样缴纳9%的博彩税。这项政策的原意旨在阻止赌博行业的境外避税行为,但新规却直接让博彩店的老板成为受益者。

摩根·格林菲尔意识到,一个千载难逢的大好时机正在向它走来。于是,它迅速重新启动出售科洛尔股权的进程。但并购的前景仍不明朗。2001年,整个欧洲的杠杆收购交易总额下降了12%。到2002年上半年,融资交易依旧形势紧张。不过,即便是在富时100指数几乎呈现出自由落体式下跌的情况下(到2003年3月初即将创下8年来的历史新低),科洛尔的所有主要竞争对手仍表达了购买其股权的兴趣。2002年8月,英国老牌的PE公司查特豪斯投资开发公司(Charterhouse Development Capital,CDC)开足马力,全力投入,以期在这场收购大战中占得先机——据报道,当时总共有15家机构提交报价,其中也包括英国第二大赌场的所有者兰科。

查特豪斯的报价为 8.6 亿英镑,约为年 EBITDA 的 10 倍,因此,这个报价远远超出市场预期。但查特豪斯的报价未必能带来兰科那样的协同效应。据报道,科洛尔的财务总监米克·玛丽斯科蒂(Mick Mariscotti)已通过部分变现股权赚了 500 万英镑,他承认,查特豪斯和管理层的报价"是完整的价格"。[39] 摩根·格林菲尔一直在耐心等待恢复交易,然后通过二级收购处置这笔资产。尽管此时的估值已低于 2000 年年初的 10 亿英镑最高点,但是按坊间传言,仍可以让摩根·格林菲尔的股权收益率翻番。现在,该轮到查特豪斯尝试一下在这个赌注上赚一笔了。

在查特豪斯接手时,科洛尔的欧洲博彩在英国各地经营了 870 家博彩店,还包括欧洲博彩的互联网赌注登记业务、两个赛狗场和一个小型电话投注业务。它的计划是通过收购当地的博彩店进行内涵式扩张,毕竟,这些博彩店尚不具备科洛尔的规模经济和品牌实力,因此,一旦与科洛尔对接,有可能在业务上实现飞跃。

2001 年,业内推出了新型的自动化投注设备——固定赔率投注终端(FOBT)。很快,英国的博彩店运营机构及其各类竞争对手就感受到了它带来的影响。这种设备可以让英国顾客按固定赔率对各种比赛和事件的结果进行投注。现在,轮盘赌、宾果游戏、赛马、赛狗以及老虎机都只需按几下按钮即可轻松参与。归根到底,极易吸引顾客上瘾的特性使得这些投注终端将被称为"赌场可卡因"。另外,它对于科洛尔及其股东来说却是天大的福音。

在 2003 财年,公司实现了 8 500 万英镑的营业利润,但最令人振奋的消息还是来自于收入:全部赌注金额从上一年的 20 亿英镑增加到本年度的 38 亿英镑,而这主要归功于以前不太赚钱的低利润、小额下赌的投注机。取消博彩税不仅为摩根·格林菲尔全身而退提供了保障,也是直接促成赌注收入激增的主要原因,这让科洛尔电话投注业务的规模足足扩大了一倍。[40] 2001 年之前,博彩公司适用的销售税率为 6.75%,这意味着,如果赌客支付的保证金比例低于这个税率,那么对于赌博公司来说是不经济的。现在,征税的对象是博彩公司的利润总额,而不是客户的赌注,因此,固定赔率投注终端的赌注收入将给公司带来不菲的利润。

不出意料,2004 年 2 月,查特豪斯便启动了一轮 8.3 亿英镑的再融资,以帮助其偿还 1.6 亿英镑的股东贷款。而这家 PE 公司收回了它在 16 个月前收购科洛尔旗下欧洲博彩所耗用资金的 60% 以上。[41] 不可否认的是,这次迅雷不及掩耳的资本重组还要得益于基础资产在财务上的良好表现。此外,科洛尔的收入增长也是收购及开设新店面的结果,此举让它占有的市场份额已超过老牌竞争对手立博集团和威廉·希尔。自查特豪斯实施外部管理层收购以来,已合计扩建了 150 家新店面;2003 年 11 月,集团收购了乔伊斯家族在英格兰东北部拥有的 34 家店面。到 2004 年年初,科洛尔经营的博彩店面总数远超过 1 100 家。[42]

进入 2004 财政年度，随着另外 100 家分店的开设，集团的增长势头有增无减。由于税收政策的变化以及固定赔率投注终端的普及，集团销售额进一步提升。在截至 2004 年 9 月的 12 个月间，科洛尔旗下欧洲博彩总共雇用了超过 6 700 名员工，公司的 EBITDA 翻了一倍，达到 1.8 亿英镑，赌注收入的增幅超过 2/5，达到 54 亿英镑。按收入计算（即收入总额，而不是集团赚取的佣金净额），此时的科洛尔博彩集团已成为英国最大的私人企业。[43]

考虑到科洛尔的交易极为活跃，而且颇受债务市场的青睐，因此，为了进一步体现公司的收益最大化政策，查特豪斯决定启动另一轮资本重组流程。2004 年 12 月，公司进行了一轮规模高达 12.5 亿英镑的再融资，再次融入 4 亿英镑的资本金。这绝对是一系列名副其实的连胜势头：现在，查特豪斯通过资金置换，已完全收回它最初投入的 2.78 亿英镑股权资金，而且依旧持有该公司 75% 的股份。此时，科洛尔的企业价值已达到 16 亿英镑——相当于 EBITDA 的 9 倍，债务净额总额为 11.5 亿英镑——相当于 EBITDA 的 6.4 倍。[44] 在寒冬中蛰伏了三年之后，终于等来了忽如一夜春风来的时刻，此时，查特豪斯开始谋划退出，以兑现它的第二次股息回收。

到 2005 年夏天，科洛尔欧洲博彩已开始准备 IPO。雷曼兄弟担任发行顾问，其实，早在三年之前，雷曼兄弟就曾经为摩根·格林菲尔的上市通过服务。到此为止，这家博彩公司已运营了 1 260 家店面，并在三年内实现了 44% 的增速率。[45] 但也有迹象初步显示，固定赔率投注终端所创造的惊人增速正在放缓。不过，随着股票市场的大规模复苏（主要指数比前 12 个月增长了 20%），杠杆收购交易的规模持续扩大（自 2004 年 1 月以来，欧洲市场的杠杆收购交易总额增加了 1/4 以上），而市场对博彩板块股票表现出了强烈兴趣（在线赌博网站 PartyGaming 新近上市，随即便成为 FTSE 100 指数的成分股，而在线赌注登记网站 Betfair 也在谋求上市），喜人的形势为查特豪斯变现股权、退出投资搭建起了完美的舞台。[46] 现在，该是加拉和它的三家 PE 股东登台表演的时候了。

合 并

鉴于在查特豪斯控制下所创造的惊人业绩，科洛尔集团自然会成为市场上的一笔珍贵资产。相比之下，它最主要的竞争对手、已经公开上市的威廉·希尔的 EBITDA 倍数为 10。这当然是最合理的参照基准。考虑到欧洲博彩具有的互联网背景及其对外国市场的渗透——集团 3/4 的互联网收入来自海外，因此，增长势头似乎注定会延续下去，而这自然也是所有估值都必须考虑的因素。[47] 尽管很多投资者都对这项业务表现出非常浓厚的兴趣，但这场比赛却只有一个严肃的竞争者——着眼于收购带来的预期协同效应，愿意而且有能力按全价支付收购对价。

仅经过短短两个月的谈判，2005年10月，加拉集团便以21.8亿英镑的价格接盘科洛尔欧洲博彩，这个价格足足超过后者EBITDA的10倍，达到EBITA的13倍。通常，追加收购（add-on acquisition）意味着投资者在完成原始投资之后，将部分收益用于向被投资公司追加投资。得益于近期良好的财务业绩，科洛尔欧洲博彩的价值高于最初收购加拉时的12亿英镑。

早在1998年12月，在争夺科洛尔的拍卖中得手后，摩根·格林菲尔实际上就已经打败了一个最关键的金融投资对手——胜峰投资，其3.9亿英镑的出价毫无悬念地超过了胜峰投资给出的3.75亿英镑。[48] 而出价排在第三位的竞争者是另一家PE公司——康多富。随后，到了2002年，后者在出价上被查特豪斯超越，而胜峰当时并没有表现出太大兴趣，原因很简单——在1999年3月到2002年6月间，它还是一家从野村证券旗下PE部门通过外部管理层收购来的企业，一同被收购的还有威廉·希尔的另一股东——从事收购业务的基金管理机构CVC。

可以说，在过去的10年里，大型PE公司对赌博业的热情是显而易见的。也许这正符合它们的经营原则——无论你怎么玩，最有可能赚钱的都是赌场。但康多富和胜峰却经常成为败家。这一次，它们绝不会放过科洛尔欧洲博彩这块肥肉。凭借42亿英镑的企业价值以及28亿英镑的贷款融资，加拉·科洛尔博彩集团将成为2005年英国最大的私募股权企业。在合并时，加拉和科洛尔欧洲博彩就已经是英国最大的非上市公司，两家公司的收入合计达到74亿英镑。[49] 如果当初在伦敦证券交易所上市，其庞大的市值无疑会将它们成为大盘股富时100指数的成分股。想想8年之前的事情：当时，约翰·凯利仅花了2.35亿英镑的价格，便取得巴斯旗下宾果业务的所有权！

此举的意义不仅在于进一步占领市场，也在于防御。就在3个月之前，威廉·希尔刚刚巩固了业内第二名的位置——以超过5亿英镑的价格收购英国第四大博彩公司斯坦利娱乐公司（Stanley Leisure）及其拥有的624家博彩店。只有加拉及其从不言败的金融投资者才有能力抵御威廉·希尔咄咄逼人的攻势，同时，也需要为即将到来的博彩业管制放松做准备。而创建英国最大的赌博和博彩集团，似乎会让它的地位牢不可破。

而就目前情况而言，在科洛尔欧洲博彩，即将卸任的高管人员才是真正的赢家：首席执行官沃恩·阿什唐（Vaughn Ashdown）已将4 000万英镑的财富揽入囊中，财务总监米克·玛丽斯科蒂（Mick Mariscoti）则在公司第三次出售股权的交易中拿到了3 000万英镑。据说，早在2002年的外部管理层收购轮中，阿什唐和玛丽斯科蒂即已分别获得700万英镑和500

万英镑，而后又在 2004 年的再融资中分享了 1 500 万英镑的回报。[50]

越过障碍，继续前行

约翰·凯利和加拉·科洛尔管理团队中的其他成员并没有浪费时间，尽管万事大吉的他们完全有理由安心地享受生活。2006 年 1 月，加拉·科洛尔集团完成了对苏格兰康地俱乐部宾果（County Clubs Bingo）连锁店的收购。尽管它已尽最大努力打造国内龙头的地位，但还是要面对各种不利局面。英国政府筹建一家甚至几家超大型赌场的计划一再推迟，并出台了从 2007 年 7 月 1 日起所有公开场所一律禁烟的法令。对于一个顾客群体中包含大量烟民的公司而言，这无异于一场灾难。虽然批评者和支持者对禁令给公众健康带来的影响各执己见，但对加拉·科洛尔即将进行的收购交易来说，其可能造成的影响是毋庸置疑的。比邻的爱尔兰和苏格兰分别在 2004 年 3 月 29 日和 2006 年 3 月 26 日推出的禁烟令就是最好的证明：它给酒馆、酒吧和餐馆带来了致命的打击。

不过，英格兰和威尔士的禁烟令尚未实施，因此，加拉·科洛尔集团管理层的战略重点依旧是推动增长。通过最初 12 个月的努力（到 2006 年 9 月），新组建的加拉·科洛尔集团便将其拥有的博彩店数量从 1 260 个增加到 1 488 个，赌场数量则从 20 个增加到 32 个，在收购了康地俱乐部之后，它的宾果游戏厅也从 166 家增加到 173 间。[51] 次年，科洛尔的投注销售网点数量达到近 1 600 个，但集团依旧觉得，稳定赌场和宾果游戏业务，让管理层将大部分精力投入到在线和海外市场的扩张上。2006 年 2 月，加拉·科洛尔集团推出了在线宾果游戏平台"galabingo.com"，这是英国最大的在线宾果游戏网站。在截至 2007 年 9 月 29 日的一年时间里，集团的营业额比上一年增加了 7%，达到 13 亿英镑，而 EBITDA 则超过了 4 亿英镑。[52] 也就是从这一刻起，这家博彩集团的命运遭遇了急转弯。

经过由议会国会成员组成的立法前审查委员会审查之后，2005 年通过的《赌博法案》发生了巨大变化。在 2004 年年初托尼·布莱尔执政时期提交的法案草案中，曾为博彩业勾画出一个雄心勃勃的商业远景，而此轮审查则让这些前景彻底成为黄粱一梦。按 2004 年《赌博法案》草案的设想，宾果游戏经营商可以安装更多的老虎机，而赌场经营商可以公开为其产品进行广告宣传——这也是开天辟地的头一遭。从理论上说，这些场所每天可以保持更长的开放时间。虽然业务人士为此四处奔波，极力游说，有的手段甚至很强硬，但终归逃不脱赌博行业的一贯命运，"洗钱"和"赌博成瘾"这两个行业标签毕竟不利于进一步放松管制。

以往的研究表明，像拉斯维加斯和美国大西洋城这样的赌场休闲旅游胜地，确实能为所在地创造财富，但也可能带来问题，比如让部分人赌博成瘾以及性交易增加等。虽然放宽博彩业管制的支持者建议，可以让赌博行业支付特殊费用，作为对赌博成瘾者进行研究和治疗的费用，但鉴于公众的坚决反对，政府还是选择不予考虑。

加拉·科洛尔集团此前曾考虑在伦敦证券交易所上市，但是现在，公司管理层不得不放弃上市的念头。全球性的信贷紧缩令股市感到窒息，加拉的交易量也开始萎缩。2008年1月，集团透露，它已关闭了5个宾果游戏场所，并在当时声称，这只是对业务组合定期审查后作出的调整。但真相还是浮出水面：真正的原因是这些业务明显未达到管理层制订的商业计划（EBITDA在2007财年仅提高了1.8%），而公司的负债额却达到难以承受的水平——EBITDA的7倍。加拉·科洛尔集团的优先级债券甚至在二级市场上以折扣价交易。[53]

在启动IPO路演之前，管理层已经意识到吸烟禁令的不确定性，但是现在，金融危机让这个计划遭到无限期的压制。2月，坊间传言称，美国哈拉博彩集团已考虑收购加拉，尽管后者的资本结构似乎过于紧张，以至于PE股东很难收到有吸引力的报价。[54]进入3月，璞米资本的主要有限合伙人施罗德风险投资集团（SVG）透露，考虑到市场给出的低收益率，已将加拉·科洛尔的估值下调至账面价值的一半。

为了给交易伙伴及顾客送上定心丸，加拉·科洛尔不得不在2007年12月宣布："本集团认为目前的债务水平是可以接受的"，[55]但又在3个月后补充称：

> "我们将持续审查本集团的资本结构，在确保债务水平维持健康的同时，为集团在英国及国际市场继续投资保留空间，以实现业务的持续发展。"[56]

但是，事实很快便证明，这些辞藻是不恰当的，而且完全是一厢情愿的理想化。由于实际业绩大幅落后于预算，这家博彩集团在2008年出现债务违约已形成大概率事件。于是，加拉·科洛尔的贷款人在威胁接管企业的同时，已要求作为股东的康多富、胜峰和璞米资本向公司注入新的资本金。经过与银行几个月的讨价还价，2008年4月4日，这三家PE基金还是采取了强有力的举措，增加注入1.25亿英镑的股权资金，以维持对公司的控制权。据透露，由于2007年下半年出台的新政策，加拉·科洛尔的表现已出现了进一步恶化。按新规的要求，集团必须拆除设在宾果游戏厅的投注机。正如预期所料，吸烟禁令使英国宾果游戏厅的顾客数量大大减少：在截至2008年9月的财政年度中，加拉在这项业务上取得的收入下降了25%，营业利润减少14%。赌场业务也难逃厄运，营业收入和营业利润分别下降16%和50%。

唯一的好消息来自科洛尔欧洲博彩平台的在线业务，销售收入和利润持续增长，但即使这样，也无法弥补赌场和宾果游戏业绩的大幅下滑。整个集团的营业收入下降了3%，EBITDA 则下降了10%，这让集团原本已岌岌可危的资产负债率再次猛增至 7.4 倍。在剔除这次非正常事件的影响之后，集团的债务净额总额是 EBITDA 的 12.8 倍。[57] 而公司正常借款允许的债务净额与 EBITDA 之比则不超过 6.2 倍。[58] 因此，不管怎样削减负债，加拉·科洛尔的违约几乎在所难免。

在 2008 年 6 月的中期报告中，康多富投资股份有限公司（Candover Investments Plc，普通合伙人康多富的同名上市母公司）和主要投资者之一，借鉴了施罗德风投的做法，将对加拉·科洛尔的股权投资价值减记 50%。截至 12 月，施罗德风投和康多富的年度财务报表对加拉投资的价值已减值为零。也就是说，在注入新资金的几个月之后，或者说，在所有权人筹备融资超过 50 亿英镑的 IPO 不到两年之后，他们便完全注销了这笔投资。在结束了投资博彩企业的这一惨淡篇章之后，2008 年 9 月，董事长约翰·凯利（John Kelly）宣布退休。他执掌这家公司长达 11 年之久，但由于企业已终止了成长模式，并进入全面重组阶段，因此，约翰·凯利任命首席执行官尼尔·古尔登（Neil Goulden）接任自己的职务。2009 年 1 月 1 日，古尔登正式登场。

但事态不仅没有得到改善，反而愈加得恶化。2008 年，加拉·科洛尔集团的赌博业务出现了严重亏损，导致管理层对赌场和宾果游戏厅计提了高达 1.4 亿英镑的减值。在接下来直到 2009 年 9 月的 12 个月时间里，集团又对宾果游戏业务的商誉计提减值 2.89 亿英镑，几乎相当于整个集团账面净值的 1/4。在当年的早些时候，政府将针对宾果游戏征收的税率从 15% 提高到了 22%，因此，计提商誉减值已成为不可避免的结局。

不能忽略的还有重组成本：在 2008 年损益表上呈现 4 000 万英镑亏损之后，在截至 2009 年 9 月的财年中，集团又针对裁员以及赌场和宾果游戏厅的停业另外计提了 7 200 万英镑的损失。在集团剩余的 156 个宾果游戏厅中，还有 6 家已被确认为停业关闭。虽然加拉·科洛尔集团在 2009 年的合并收入下降幅度不到 1%，但却出现高达 1.5 亿英镑的亏损。[59] 在康多富和施罗德风投的 2009 年财务报表中，均对加拉·科洛尔的投资减值为零，换句话说，这笔股权投资已一文不值。博彩业的好运气已彻底不再。

从 PE 股权融资到负债融资

加拉的问题并没有被人们忽视。早在 2008 年年底，专业从事不良债务业务的阿波罗全球管理公司（Apollo Global Management）即已开始收购该集团的债务，它采取的收购策略是在二级市场上以 60% 的折扣价格买入加拉集团发行的部分债券。根据投资银行拉扎德公司（Lazard）的建议，在对公司战略方案进行审慎研究之后，加拉集团已开始考虑卖掉 1/3 的宾果游戏场所，甚至准备剥离一个部门，以筹措一些急需的现金，并偿还部分利率较高的债务。[60] 但它抛出的诱饵却没有引来一条鱼。

于是，加拉开始考虑其他能够挽救公司的替代方案，包括债转股，集团主要贷款人之一的苏格兰皇家银行（Royal Bank of Scotland）还提出对公司进行分拆的方案。到 2009 年 9 月，加拉·科洛尔集团即将面临到期需偿还的 8 000 万英镑贷款；到下一年，这个数字将会增加一倍，而且这还只是整个集团承担的一部分债务。[61] 显然，留给它自救的时间确实已所剩无几。

2009 年第三季度，当集团对贷款发生违约似乎已成定局的时候，PE 股东只好与集团的两大夹层债券持有者——公园广场投资公司（Park Square）和中间资本集团（Intermediate Capital Group, ICG），进行谈判。这两家公司都是炙手可热的贷款机构，而且与作为股东的三家英国 PE 公司均有长期合作关系。事实上，康多富投资有限公司还曾是 ICG 旗下几家基金的投资者，其中包括两个刚刚发行的年份基金：2000 年发行的 3.87 亿欧元"ICG 夹层基金"（ZCG Mezzanine Fund）和 2003 年发行的 15 亿欧元"ICG 夹层基金"。

因此，双方的对话气氛至少是友好融洽的，根据 2009 年秋季金融专栏中透露的部分谈判细节，夹层债券持有者同意豁免 5.4 亿英镑的债务，但前提是他们取得加拉集团 50% 的股权。按这个方案，康多富和胜峰以及璞米资本仍可保留一半的股权。[62] 但这种绅士俱乐部式的方法毕竟是先人时代谦谦君子之间的产物。美国人准备彻底破坏这场聚会。

首先，璞米资本想方设法地避免让这笔股权投资因为债转股而消失，于是，它和美国最大的并购机构黑石集团（Black Stone）进行合作。黑石集团最初的提议是单独注入 3 亿英镑，以换取加拉集团 75% 的股权，并将剩余的 25% 的股权留给次级贷款人。按照璞米资本及其新密友的提议，就是通过注入新的股权资本来获得对集团的控制权。但是在 12 月初，80% 的夹层债券持有者拒绝了它们的低廉出价。此外，因为这些夹层债券持有者还拥有公司优先级债务的 40%，因此，他们的目标就是取得其他贷款人的支持，以阻止璞米资本和黑石集团的举动。[63] 如果你认为这都有点让人困惑，那么，多方之间讨价还价的复杂性就更加让人难以想象了。

你或许还记得，阿波罗（Apollo）全球管理公司曾表达过收购加拉集团贷款的兴趣，当时，这些贷款在市场上已处于大幅打折的状态；在最严重的时刻，这家赌博集团的夹层贷款报价仅为面值的 22%。2009 年 12 月 20 日，这家美国不良贷款管理机构提议投入 2.5 亿英镑以换取 50% 的股份，而次级贷款人可凭借其持有的夹层贷款获得其他 50% 的股权操作。当所有人都在圣诞节假期做准备的时候，加拉·科洛尔及其管理层还在考虑摆在其面前的三种选择：直接与次级贷款人进行最简单的债转股操作，换取公司一半的股份；让璞米资本与黑石集团在这家负债累累的企业中获得 75% 的股份；阿波罗以现金注入方式获得 50% 的股份。对加拉·科洛尔的争夺战已进入白热化状态。

新年期间，阿波罗和其他两家美国信贷机构——对冲基金管理人博龙资产管理（Cerberus）和跨国银行高盛（Goldman Sachs），采取了一项决定性行动。当时，三家机构按 31% 的折扣价从 ICG 手中获得对加拉·科洛尔 1.3 亿美元的夹层债务。之后，经过 9 个多月的紧张谈判，新的夹层债务持有者通过债转股的方式控制了这家赌场运营商——阿波罗获得了 25% 的股权，和他们站在一起的还有博龙资产、高盛、不良资产基金管理机构约克资本（York Capital）和专门从事夹层债务管理的公园广场投资公司。64

尽管报纸上刊登的文章称，次级贷款人已同意放弃他们对全部夹层债务的追索权，但是当加拉·科洛尔在 2010 年夏季公布其 2009 年财务报表时，交易的确切条款才最终得以大白于天下。财务数据表明，阿波罗和它的帮手们在这笔交易中得到的甜头远比新闻报道的多得多。实际上，全部 5.7 亿英镑的夹层债务被划分为两个部分：首先是在 2020 年 10 月到期的 4.5 亿英镑的"可持续"夹层债务，按超过 15% 的利率计息；另有次级贷款人发行的 1.2 亿英镑的"不可持续"夹层债务，这部分债务被注销。此外，次级贷款人还注入 2.1 亿英镑的股权资金，并对优先级债务工具进行了调整。65 重组后不久，穆迪（Moody）评级机构便对加拉·科洛尔给出了投机级评级。虽然将部分杠杆收购贷款转换为股权，确实给集团带来了一些资金压力的缓解，但整个集团仍严重负债，债务总额与 EBITDA 之比高达 6.8 比 1。66

在拿出额外的 1.25 亿英镑的股权换来债务重整之后，仅仅过了两年，三家 PE 股东就失去了对加拉·科洛尔的所有权。在这笔交易中，康多富和胜峰的投资均损失了 40%，相当于约 2 亿欧元的股权。如果不是璞米资本在 2005 年慷慨提出购买 1/3 的股份，允许它们在这个时点部分兑现其股权，那么损失可能会更大。璞米资本进入加拉·科洛尔略晚于康多富和胜峰，它的全部投资损失殆尽，价值超过 5 亿欧元。

在过去的 18 个月里，加拉·科洛尔变成了一家僵尸公司，已彻底丧失偿还债务的能力。这家陷入困境的博彩集团已别无选择，只能同意由贷款人开出的条款。在截至 2010 年 9 月 25 日的财年中，由于宾果游戏厅全部停业，再加上高达 5 400 万英镑的重组费用，因此，加拉·科洛尔对宾果游戏业务计提了 1.22 亿英镑的资产减值损失。67 损失是惨重的，管理层已关停了全部业绩不佳的经营场地，宾果游戏厅和赌场的数量分别由四年前的 173 家和

32家减少到现在的145家和26家。但仅仅缩减规模还不足以帮助它熬过黑暗。

在重组已经完成并由其债权人接管时,加拉·科洛尔博彩集团收购案已成为美国有史以来最大的杠杆收购重组案。尽管以互联网为基础的在线投注业务在经济衰退中的表现依旧抢眼,但在线宾果游戏的日益普及、吸烟禁令的执行以及近年来对博彩行业更严格的监管与税收制度,最终导致宾果游戏厅和赌场无力复苏。金融危机和随之而来的大萧条为它书写了最后的句号。毫无疑问,2008年至2010年间,管理层已尽最大努力避免EBITDA利润率出现塌方式下降(仅从30.7%下降至29.2%),但在此期间,集团的营业收入仍下降了11%,这不仅严重影响了集团的盈利能力,更直接导致它无力履行企业偿债义务。如果再考虑计提商誉减值带来的影响,那么,加拉·科洛尔博彩集团在2009财年的EBITDA已出现严重亏损。

坏消息接踵而来,压力已经让集团积重难返,无力翻身。比如说,在2009年1月,信用保险公司突然撤回为加拉·科洛尔供应商不能付款而提供的保单。一系列事件向市场发出信号:这家博彩集团的高杠杆率已引发市场对其偿付能力的质疑。[68]此外,还有迹象表明,虽然约翰·凯利已在2008年12月宣布退休,但或许还没有到他可以听之任之的时候。据报道,2009年10月,在他离开集团仅仅9个月之后,夹层债券持有者曾短暂考虑过让他重新担任董事长。更糟糕的是,在2010年9月1日那个时点上,这样的消息或许可以被视为一种认定,即凯利已不再和加拉·科洛尔站在一起,它们分别代表不同的利益群体。相反,这次再度出山的凯利,将成为前雇主的第一竞争对手立博集团的董事会成员。4个月之前,就在加拉集团进行重组的时候,凯利在加拉集团剩余的股份和康多富、胜峰及璞米资本的股权一并被注销,也就是说,它们确实已经和加拉·科洛尔集团没有任何利益关联了。因此,如何选择完全是他的自由。

至于他的继任者尼尔·古尔登,早已经在2010年11月8日便辞去了董事会主席的职务,当时公司股权变更正式确认已经过了5个月,此举成为大厦将倾的标志。他曾在加拉集团工作了10年之久,曾先后4次担任公司的首席执行官职务。他在董事会主席这个职位上工作了2年,在制定公司财务和运营重组计划的过程中亲力亲为;他在公司持有1 000万英镑的股权,尽管付出了如此艰辛的努力,但这笔可忽略不计的股权还是这波债转股操作化为乌有。在宣布这笔交易时,古尔登的表态将他的心情表达得淋漓尽致:"这是地狱般的一年。我打算将这段经历写成一本书。"[69]他的首席执行官多米尼克·哈里森(Dominic Harrison)在当年7月主动辞职,并于2010年9月30日辞去董事职务。新到位的美国股东已不出意料地完成了对公司管理层的改组。

去集团化

新董事会的董事长由罗伯特·坦普曼（Rob Templeman）担任，他曾是英国知名百货连锁企业、德本汉姆百货公司（见第十章）的首席执行官。他对加拉·科洛尔进行了全方位改造。2011年5月27日，星期五，这是一个大喜的日子，它标志着加拉·科洛尔的一个新起点。那天，集团完成了16亿英镑债务的再融资，偿还了1.5亿英镑的现有优先级债务；对契约性债务净额和总债务净额进行了区分，从而减少了对合同债务发生违约的可能性。更重要的是，集团借款的到期日被延长，很大一部分优先级债务及夹层债务的到期日被延长，为加拉·科洛尔管理层规划退出投资提供了足够的时间。

2011年度年报显示，管理层对盈亏进行了重大调整：亏损5.5亿英镑（其中，与科洛尔相关的亏损为3亿英镑，其余亏损来自在线业务），再加上第四轮重组形成的4 000万英镑非经营成本。实际上，对投注和在线赌博活动进行的特殊调整，是2005年对科洛尔欧洲博彩进行三级收购带来的结果，而不再反映雷曼兄弟入驻后的情况。因此，摆在坦普曼及其管理团队其他成员面前的，是一张干干净净的全新白纸。

在此前的4年时间中，集团已计提了约12亿英镑的相关减值费用。在2011年6月提交给英国文化、媒体和体育议会委员会的书面声明中，加拉·科洛尔的管理层透露，《赌博法案》（撤出安装在博彩经营场所内的投注机）、禁烟令和增加税收带来的费用总额，会导致EBITDA每年减少约1.2亿英镑，相当于从年利润率中扣除30%。[70] 由于集团业绩疲软以及截至2012年9月财年的杠杆率将超过EBITDA7倍的预测，因此，在2011年12月2日，国际信评机构穆迪将加拉集团的评级下调至企业组群，凸显高位违约风险。考虑到消费需求疲软，集团前景依然不明朗；而且据该评级机构称，在目前提出新的商业计划不太可能。[71]

2012年，加拉集团开始专攻古尔登在一年前确定的需要给予特殊关注的领域。管理层通过在直布罗陀运营的"Coral.co.uk, Galabingo.com"和"Galacasino.com"两家网站平台，为英国市场推出新的在线博彩平台。在海外市场，意大利业务的EBITDA增长了23%。科洛尔赌注登记业务的营业额和利润上涨幅度均超过5%。它仍是英国第三大博彩零售企业，在英国的市场份额为20%，拥有超过1 750家店面，员工人数超过1万人。[72] 由于赌场业绩持续低迷，2013年，集团将全部赌场进行了清理；当年5月，它以1.79亿英镑的价格将在英国的19家赌场出售给兰科集团，此次资产处置给集团造成了6 000万英镑的亏损。这表明，尽管加拉集团在过去5年计提了大量的减值损失，但其部分资产仍被高估。双钻游戏（Double

Diamond Gaming）最终将在 12 月收购剩下的全部四家赌场。[73]

尽管有关加拉博彩集团 IPO 的传闻沸沸扬扬，但此时显然还为时尚早；集团仍处于业务整合过程中。据媒体报道，2013 年夏天，集团正在努力卖掉 140 家宾果游戏厅。一年后，集团才第一次公开承认，加拉和科洛尔的组合远未达到共建商业帝国的阶段。相反，它已公开宣布，集团已聘请拉扎德银行作为顾问，负责对加拉的零售业务进行拍卖转让，其中就包含宾果游戏业务。

虽然管理层声称对转型进度感到满意，但实际上，顾客数量、收入和毛利润数据已经三年持平甚至下降。唯一能带来价值的举措就是依靠业务处置而减少运营成本。但时机却恰到好处。春季，根据英国政府通过的预算，针对宾果游戏利润征收的税率减半至 10%，这给宾果游戏业务吃了一粒强心剂，也为加拉改善销售形势提供了急需的动力。[74] 在 2014 年的大部分时间里，集团管理层都在谈判，直到 2014 年 12 月 22 日，由贷款人主导的集团管理层决定，将 47 家宾果游戏场所（相对于总数的 40%）出售给基金管理机构 M&G 投资公司，这笔交易的估计价值为 1.73 亿英镑。[75] 当然，剩下的其他宾果游戏厅也在寻找买家。

1997 年 12 月，在相隔只有几天的时间里，加拉和科洛尔这两家公司先后被它们的主人巴斯集团卖掉；8 年之后，对未来充满期待的 PE 机构，让它们再度团聚；而如今，它们将再次分道扬镳。PE 的创造性破坏过程走过了一个轮回。有报道称，加拉原本已排队等待在夏季公开上市。现在，由贷款人主导的第五轮收购终于让这一切猜想尘埃落定。

2015 年 7 月，人们终于等待最终的消息：这家早已失去控制人的博彩集团确实将要上市，不过不是通过独立的 IPO，而是借助于已公开上市的竞争对手立博集团进行合并。也正是这家立博集团，在 1998 年被英国贸易大臣以反垄断为由勒令其采取拍卖方式卖掉科洛尔。如果这次合并能获得反垄断许可，那么，英国排名第二和第三的两家博彩店面运营商通过合并，将在整个英国市场占据 45% 的份额，按穆迪评级给出的高度投机评级，立博集团对加拉·科洛尔给出的估值勉强高于 20 亿英镑，其中包括 9 亿英镑未偿还的银行贷款。和康多富、胜峰及璞米资本在 10 年前给出的估值 42 亿英镑相比，简直是天壤之别。不过，按这个报价，9.5 倍的企业价值/EBITDA 倍数还算说得过去。根据这项收购提案，加拉·科洛尔的股东将在新成立的立博·科洛尔集团中持有 48.25% 的股份。而立博·科洛尔的股票一经问世，便成为富时 100 指数的成分股。毫无疑问，这些股东的意图不难设想——不久的将来，他们就会逐步变现手中的股份。至于立博·科洛尔集团的董事长职位，作为现任立博集团的高级独立非执行董事，约翰·凯利当然是不二的人选。正如我所言：一切皆为轮回。

在与杠杆收购共舞近 18 年之后，这家博彩集团最终是否会一劳永逸地摆脱 PE 投资者呢？只有最大胆的人才会这么赌。[77] 尽管两个集团都在等待政府发放反垄断许可，但就在立博集团股东以压倒性优势批准合并交易前不久的 2015 年 10 月,加拉·科洛尔股东却作出了一个出人意料的决定——将剩余的 130 多家宾果连锁店出售给集团高管,这轮价值 2.41 亿英镑的管理层收购得到了金融投资者喀里多尼亚投资公司(Caledonia Investments)的支持。尽管宾果游戏厅的客流量呈下降趋势,而且成长中的在线网站"Galabingo.com"的业务也未构成交易的一部分,但据报道称,喀里多尼亚投资还是被连锁店可靠的收入来源所吸引。[78]

深度解析:下错赌注

经历了痛苦的消化不良之后,加拉·科洛尔欧洲博彩的在线平台用了 10 年时间才厘清乱局,走上正轨。然而,从这个"击鼓传花"式的大轮回中,我们能得出哪些结论呢?

1. 企业似乎总是急于忘却过去的教训。尽管加拉·科洛尔三番五次地进行杠杆收购,而又总是让自己陷入困境,然而,人们还是可以简单地将问题归罪于不利的外界环境。谁会预见到,英国政府会出尔反尔,改变博彩业放松管制的决策并且又执行禁烟令呢?但是,赌博业的发展进程注定会充满这样那样的不幸事件:

■ 1990 年,约翰·凯利曾为之工作的麦加休闲(Mecca Leisure)放弃了独立经营权,在经过一系列设计拙劣的收购举措后,被兰科集团接管,而这期间又动用了大量的债务融资。[79]

■ 1997 年,由于并购交易遭遇到来自国家彩票公司(National Lottery)的激烈竞争,使得巴斯集团不得不放弃科洛尔旗下的彩票投注店和加拉集团拥有的宾果游戏厅。在随后的两年里,宾果游戏行业陆续减少了约 100 个俱乐部和 3 200 个就业岗位。在 1995—1996 财年,加拉的营业利润为 3 100 万英镑。但是到了第二年,它仅获得 2 400 万英镑的营业利润,这就导致巴斯集团不得不对这笔投资计提 1.77 亿英镑的资产损失。[80] 难道这还不足以证明,博彩业是一个变化无常、靠运气吃饭的行业吗?

2. 在一个受到严格监管的行业内,最好不要使用过高的杠杆。在对科洛尔追加投资之前的很多年,市场就已经在讨论禁烟令的事情。禁烟令自 2004 年以来对邻国爱尔兰的影响已经非常明显,因此,在公司的债务结构中,原本就应该反映出宾果俱乐部和赌场的客流量在禁烟令实施后会下降的预期。可以说,监管给整个行业带来了异常迅猛的冲击:2007 年(7 月)实施的禁烟令、2007 年(9 月)颁布的《赌博法案》以及此起彼伏的加税浪潮(2006 年针对赔率投注终端、2007 年针对赌场以及 2008 年针对宾果游戏进行的加税)。信贷紧缩确实是一次致命打击,它迫使政府寻求新的财政收入。在 2014 年 4 月的政府预算中,英国政府宣布,将针对投注终端(FOBT 又一次"中彩")征收的税率从 20% 大幅上调至 25%,并授予地方当局以更大的权力,允许其对商业大街上开设的博彩店数量加以限制。税收政策的变化迫使所有行业参与者考虑关闭那些微利的店面。威廉·希尔宣布将关闭超过 100 家店面,而加拉则据信将清理 80 家店面。在经济衰退到来、信贷紧缩或是立法变化时,这类业务将需要成本不菲的贷款,还要受到严格的贷款合同的约束,导致企业只能缩手缩脚。

3. 当杠杆效应发生逆转时,形势可能会以迅雷不及掩耳之势展开——我们将在随后几章里探讨这个话题。在经济衰退时期,违约行为会给债权人带来巨大的议价能力。即使贷款合约会赋予 PE 投资者以某些权利,比如通过新注入股权资金来维护投资价值,但增长放缓归根到底意味着,雄心勃勃的商业计划或将无法实现。一旦错过和某一笔贷款相关的偿付,那么主要债权人几乎可在一夜之间取得企业的控制权。2009 年 3 月,尽管康多富刚刚决定将对加拉·科洛尔的股权投资账面价值减值至零,公司的高级董事总经理马莱克·古米恩尼(Marek Gumienny)便信心满满地解释说:"你今天为什么要卖掉它啊?你应该等到估值倍数恢复时再卖掉啊。我可以向你保证,这家企业注定会给所有投资者带来可观的股权收益。"但仅仅在 12 个月之后,当次级贷款人取得加拉·科洛尔的控制权时,康多富和胜峰及其共同投资者璞米资本便失去了对这家公司的全部股权。像加拉·科洛尔这种具有强大基本面的企业,自然难逃少数有思维、有野心的不良债权投资者之眼,他们只需在二级市场上按折扣价收购这些贷款,即可帮他们按暂时缩水的估值取得优质资产(英国最大的博彩运营商)的控制权。

4. 一旦成为控制者,贷款人就可以对僵尸企业展现出更多的耐心和宽容。对于另类投资公司而言,它可以在金融危机期间采用一种新的战略,即通过股权持有者和债权持有者的双重身份,加强对被投资公司的业务控制。在上述阿波罗实施的债转股交易中,我们可以看到一个印象深刻的特征,即财务重组后,加拉·科洛尔承担的总负债实际上提高了。如图 2.1 所示,按照剔除非正常事项影响的 EBITDA,集团在以前股东领导下的资产负债率始终低于 8 倍。重组之后,自 2011 年起每一年的负债率均超过这个水平,这可以在一定程度上解释管理层为什么一直在不遗余力地推动重整。但注入 2.1 亿英镑的新资本却能使新的所有权人重置借款约定,并重新定义"契约性债务净额"的计算到底应包括哪些债务。正是因为对契约性债务采取了更宽松的口径,才使得加拉·科洛尔能在业绩持续不达标且债务净额与 EBITDA 之间的比率不断恶化的情况下,依旧维持了持续经营。

5. 说得再明显一点，将加拉·科洛尔逼到破产边缘的，并不是监管制度的变化、禁烟令或是经济衰退及其对博彩产品消费的影响，而是因为赌博行业本身的伸缩性就远远超过专家的预料。换句话说，加拉·科洛尔之所以被贷款人接管，是因为与同行相比，它所承担的杠杆率已经高得近乎荒谬。而加拉的竞争对手也向我们证明了这一点：如果资产负债表上没有那么多债务，企业就不需要进行财务重组。与很多企业一样，已经上市的博彩连锁企业立博和威廉·希尔也在大衰退中受到波及，但它们拥有更健康的资本结构，这意味着，它们永远不需要去讨论违约或是监管这个话题。

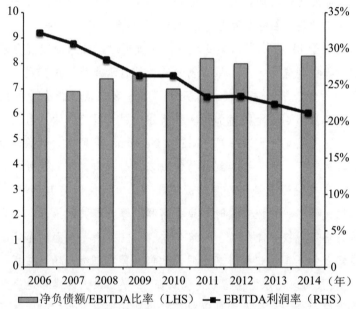

图2.1　加拉·科洛尔的EBITDA利润率与净负债额/EBITDA的比率（2006年到2014年）
资料来源：加拉·科洛尔集团财务数据及笔者分析。

一半以上英国成年人都会参与购买政府彩票以外的某种赌博活动，如果将购买政府彩票的人数考虑进来，那么这个比例将接近3/4。在这些赌博活动中，绝大部分是通过实体经营场所以及基于网络的远程服务相结合的方式进行的。因此，这家集团最理想的定位应是充分发掘这些需求。加拉·科洛尔的所有竞争对手都要面对相同的市场环境，无论是拥有麦加宾果俱乐部和格罗夫纳赌场的兰科集团，还是做博彩业务的立博集团或者威廉·希尔，概莫能外。这三家公司都是上市公司，而且它们的股票价格都从2007年的最高点下跌70%到80%，并在2008年年底达到最低点。从表2.1中，我们可以看到，尽管这三家公司均负债累累，但它们的负债水平都没有像加拉·科洛尔那样，达到了无法承受的水平。在年度报告中，这三家公司都表示，它们的长期目标净负债额与 EBITDA 比率在 3 倍到 3.5 倍之间。但事实上，三家公司的这个指标仅在金融危机期间接近过 2 倍，如表 2.1 所示。威廉·希尔甚至还能在 2009 年完成配股。因此，加拉的这些竞争对手，无一将控制权最终落入债权人手中。

表 2.1　立博、兰科集团以及威廉·希尔在 2007 年到 2012 年期间的财务报表
（除财务比率以外，金额单位均为百万英镑）

	2007 年	2008 年	2009 年	2010 年	2011 年	2012 年
立博集团						
收入	1 235.0	1 178.7	1 032.2	980.1	976.1	1 084.4
EBITDA	470.7	376.8	283.7	251.7	230.5	287.4
净负债/EBITDA	1.9 倍	2.6 倍	2.4 倍	2.0 倍	2.0 倍	1.3 倍
兰科集团						
收入	534.4	522.2	540.0	533.9	580.7	600.5
EBITDA	98.9	86.6	83.9	84.3	97.0	104.4
净负债/EBITDA	3.2 倍	2.6 倍	2.2 倍	1.6 倍	净现金	净现金
威廉·希尔						
收入	940.4	963.7	997.9	1 071.8	1 136.7	1 278.9
EBITDA	325.2	318.6	300.8	314.3	285.4	339.2
净负债/EBITDA	3.3 倍	3.2 倍	2.0 倍	1.6 倍	1.5 倍	1.0 倍

资料来源：公司财务报告和笔者分析。

加拉·科洛尔是唯一一家同时涉足全部三个高端赌博业务（宾果游戏厅、赌场和博彩店）的英国企业，而且这三项业务近年来均受到监管及税收变化的影响。即便如此，如果公司的 PE 股东们能像他们在立博、兰科或是威廉·希尔的同行那样，那么他们仍然能保住对公司的所有权。我们认定的这个最后一点，也是本书很多其他案例的共性：收购基金管理者有能力承担更多的风险，因为他们本身对被投资公司失败所承担的风险是有限的——最多也不过是对自我形象的破坏，至少在金融危机之前，他们是这么认为的。

用别人的钱去赌博——在 PE 行业的术语中被称为"OPM（other people's money）"，永远比拿自己的钱去冒险更有乐趣。这也是加拉·科洛尔不断提高债务比率背后的主要动机，因为这家集团一直生活在外部管理层收购和股息重整回收的漩涡中。正如我们在第一章里解释的那样，尽可能地减少股权资金，可以让 PE 投资者在维持相同内部收益率的前提下，最大程度地获取回报。但这个前提非常苛刻：一切按计划进行。

死期到来

在丧失了这家博彩集团的控制权之后,公司的三方出资者遭遇了不同的命运,但有一点是相同的,它们无一获得超过 8% 的行业最低收益率的回报(在向有限合伙人分配收益之前,必须保证一般合伙人获得的最低收益率;投资的收益率只有超过这个标准,有限合伙人才能分享收益)。

康多富在金融危机后度过了几个糟糕的年头,我们将在第九章的 DX 收购案中对此进行详细介绍。最终,它失去了几家被市场看好的被投资公司的控制权。2008 年,该公司终因未能筹集到新的投资载体而变成一只僵尸基金。2010 年 12 月,公司进入了破产程序,其拥有的资产和企业被出售给部分高级管理人员,但参与加拉·科洛尔三级和四级收购的整个交易团队此时均已离去。即便是这一次交易的领导者马莱克·古米恩尼,也在一年之后不见踪迹。①

胜峰也曾因为为摆脱对加拉·科洛尔的投资而费尽周折。我们至少可以从这家 PE 公司 2010 年度的回顾中了解到这一点。加拉·科洛尔已被贷款人接管,但年报中并未提及这一事实。即便如此,它在老贷款到期时还是获得了新贷款:尽管在金融危机期间失去了对少数被投资公司的控制权(参见第八章关于弗朗斯·邦霍姆的介绍),但胜峰还是凭借其富有韧性的精神走出了困境,勇敢地去适应摆在面前的逆境。

当然,这还远不足以解释它在 2013 年 6 月成交的第五只基金,该基金为它成功筹集到 53 亿欧元的资金。事实上,这家公司在 2006 年创建的年份基金(胜峰 IV 号),到 2012 年 12 月为止已为投资者创造了 8% 的净内部收益率。[82] 这远胜过富时 100 指数的同期无杠杆收益率(在股息再投资情况下的 7 年间收益率超过 4.5%),与富时 250 指数(收益率超过 8%)的收益率不相上下。虽然低于 2006 年的年份基金(胜峰 IV 号已筹集 65 亿欧元)的收益率,但 2013 年的年份基金或许是一个信号:有限合伙人相信,杠杆收购公司已在逆境中收获了很多东西。

作为昔日的大型收购投资机构,璞米资本经过两年多的卧薪尝胆,也终于在 2014 年 6 月成交了一只基金。新的年份基金筹集资金 53 亿欧元,尽管其规模不及 8 年前上一只基金的一半,但足以和胜峰的量子基金平起平坐,这也让璞米资本重返中盘股收购市场。这不难理解:截至 2013 年 12 月 31 日,璞米资本的有限合伙人已凭借 2006 年的年份基金的投资获得了 7.5% 的内部收益率。[83] 按无杠杆收益率计算,相当于有限合伙人可通过投资富时

---

① 有关康多富的更多介绍,请参阅 *Public Distress Private Equity*,Sebastien Canderle(2011)。

100 指数获得 6.2% 的收益率；或者说，如在 2006 年 1 月投资富时 250 中盘股指数，并在随后 8 年保持这笔投资不动，可每年获得 10.7% 的平均收益率。

璞米资本选择了以一种非常独特的方式翻过加拉·科洛尔这一页。在其官方网站的投资栏目中，你找不到任何关于赌场运营商的痕迹（胜峰至少还按规矩提到了这段历史）；当然，你更找不到谁是那次失败交易的负责人。最初的交易团队早已离开公司，其他专业人士、包括那些曾在加拉·科洛尔董事会任职的人，都没有为此而被追究任何责任。正如第十二章提到意大利电信黄页集团的 PIPE 那样，在璞米资本的网站中，也没有对以往的全部交易给出记载。①

但即便如此，PPM 风投集团之所以能在 1997 年成功完成第一次收购，以及三家 PE 投资者因参与三级、四级收购而遭受磨难，其背后最关键的决定因素就是"价值"。PPM 获得加拉股权的对价不及 EBIT 的 10 倍，或者相当于 EBITDA 的 6.5 倍。10 年之后，康多富和胜峰以及璞米资本的收购价格则相当于 EBIT 的 15 倍和 EBITDA 的 10.6 倍。也就是说，它们采用的债务倍数分别为 10 倍和 7 倍，其中，第四次收购的债务倍数已达到第一次收购的总 EV 倍数。[84]

我们可以假设，导致估值倍数不断升级的原因，应该是被投资公司潜在业绩的相应改善，特别是在利润率和成长性方面。但你错了。从内涵式成长角度看（不考虑对外收购），加拉及其随后的替身加拉·科洛尔最多也只实现了一位数的年度利润增长率，除收购带来的一次性协同效应之外，利润实际上没有出现过任何值得一提的提升（事实上，2006 年到 2007 年期间的 EBITDA 仅增长了 1.8%，利润率甚至还从 32.2% 下降到 30.7%）。在经济衰退袭来时，由于杠杆率持续提高，公司陷入困境。到 2008 年，在剔除非正常项目影响的基础上，优先级债务甚至超过 EBITDA 的 11 倍，夹层债务也达到 EBITDA 的 2.4 倍。而康多富和胜峰在 2003 年进行三级收购时，这两个倍数还只有 4.25 倍和 1.4 倍。

加拉·科洛尔的经历告诉我们，仅仅根据企业以往的成长经历，并不足以推断它未来也会继续成长。在一级收购和二级收购中，加拉·科洛尔还能受益于市场基本面的强劲。公司成长的主要原因还归功于英国政府在 2001 年 9 月取消个人投注税、为赌场等游戏场所消费酒品开绿灯以及允许使用信用卡进行赌博等因素。[85] 而三级收购和四级收购就没有这么幸运了，当备受期待的行业管制放松未能如期而至时，成长的故事也随之烟消云散。

一级收购和二级收购往往通过买入并强化的策略创造价值。对于中小型企业的收购而言，尤其如此。而针对大公司的三级和四级收购，则很难通过提高经营效率创造价值，因此，

---

① 根据璞米资本网站在 2015 年 12 月 31 日提供的信息，在介绍璞米资本的历史交易记录时，并未提及对意大利电信黄页集团那次近乎灾难性的收购。

价值源泉往往依赖于进行大规模收购等非正常重大举措。如果期待中的协同效应或市场自由化未能兑现——就像加拉·科洛尔在2010年到2013年间大量关闭宾果游戏厅和赌场那样，那么裁员自然会成为大概率事件。

加拉和科洛尔分别经历了5次和4次收购，其中包括一次由贷款银行主导的收购，在每一次被收购之后，它们的负债都出现了大幅增长，也为它们立即进行资本重组创造了条件。

1997年	加拉进行了2.35亿英镑的外部管理层收购（MBI），企业价值（EV）为EBITDA的6.5倍和EBIT的10倍。
1998年	科洛尔完成了一轮3.9亿英镑的管理层收购（MBO），企业价值约为EBIT的10倍。[86]
2000年	加拉经历了一轮对价为4亿英镑的二级收购（SBO），交易的债务与权益比为75/25，对应的杠杆率为EBIT的8倍，企业价值为EBIT的10.7倍。 科洛尔承诺在违约时实施强制性股权补偿，以避免出现债务违约。
2002年	查特豪斯投资公司通过二级收购方式以8.6亿英镑控制了科洛尔，收购价格相当于EBITDA的10倍。
2003年	康多富和胜峰通过三级收购获得加拉的控制权，对应的企业价值为12.4亿英镑，相当于EBITDA 8.6倍。总的负债率为5.8倍，优先级负债率为EBITDA的4.25倍。
2004年	科洛尔经历了两次再融资，并向查特豪斯支付了5.6亿英镑的股息，也是该行业价值创造的第一及第五支柱（分别为再杠杆化和加速部分实现）的典型示例。
2005年	康多富和胜峰牵头对加拉进行了一轮10.25亿英镑的股息资本重组，合计收到2.75亿英镑的股息收益。交易的总负债率达到EBITDA 7倍，优先级债务倍数为EBITDA的5.4倍。 璞米资本通过四级收购获得加拉集团30%的股权，对应的企业估值为18.9亿英镑，相当于EBITA倍数的15.1倍，债务总额为EBITA的9.75倍。 科洛尔以三级收购方式出售给加拉，估值为22亿英镑，相当于EBITDA的10倍，是EBITA的13倍。 加拉与科洛尔的合并估值为42亿英镑（超过EBITDA的10.6倍），其中的债务融资金额为28亿英镑，相当于企业价值的2/3和EBITDA的7.1倍。
2008年	由于交易不畅，加拉·科洛尔的债务净额总额上升到EBITDA的7.4倍。在剔除非正常事项的情况下，这个比率可达到EBITDA的12.8倍。
2010年	由阿波罗领导的一个贷款财团在5年时间内控制了加拉·科洛尔。22亿英镑的债务净额相当于EBITDA的7倍（未剔除非正常事项）。
2011年	由于加拉·科洛尔的业绩恶化，其EBITDA同比下降15%，新的所有权人牵头进行了财务重组，对契约性债务净额（EBITDA的5.1倍）与债务净额总额（EBITDA的8.2倍）进行了区分。
2015年	贷款人和所有权人接受与立博进行合并的交易，对应的加拉·科洛尔估值为EBITDA的9.5倍，负债净额为EBITDA的4.1倍。

在这18年的漫长岁月中，加拉和科洛尔一再遭受的破坏，让我们对"死刑"（capital punishment）有了新的认识——它们所遭受的，难道不是"资本的惩罚"吗？

第二部分

资产变现：重组返利和快速变现——快手赚大钱的秘诀

对公开市场最主要的批评就是其短期主义。股市监管机构为上市公司制定了不计其数的规则——最基本的规则就是要求最大型的上市公司需按季度披露信息，小型上市公司也需要每半年披露一次信息。人们把PE人气不断旺盛的一个主要原因归结为这些规则。有人说，金融投资者的投资周期比公众投资者更长。但这种观点并非无懈可击。在很多情况下，现实并非如此。

在21世纪第一个10年期间，很多杠杆收购都与上市公司一样，存在严重的短期化现象。出于我们将在随后两章对其进行讨论的原因，PE投资者对IRR最大化的痴迷，必然会导致他们过分强调迅速改善现金流，削减成本，以股息资本重组收回投资，并尽早退出投资。虽然通过PE开展交易的优势是显而易见的——只需披露有限的信息，受到的监管力度远不及公开市场，而且收费潜力巨大，这仅仅是几个例子而已，但这种交易的最大问题就是缺乏流动性。

多年以来，整个行业已形成了一系列推动流动性事件的方法。快速变现和资本重组（recapitalisations）就是最有代表性的例子。在股息资本重组中，被投资公司进行新的债务融资，以便于向PE所有者分配股息收益。对金融投资者来说，这可以让他们在不放弃任何股权的情况下，轻而易举地增加投资收益——也就是说，他们在获得现金回报的同时，不必投入任何现金。

至于到底何为快速变现，在理论上并无明确的定义，但大多数市场人士认为，快速变现是指在杠杆收购完成的两年内处置部分或全部资产。尽管这个定义仍然有点模糊，但是在实践中，大量实证研究表明，这绝不是什么新鲜事物，只不过杠杆收购泡沫（金融危机之前）在近期爆发的频率出现了激增，这也从另一个侧面验证了PE行业的新称谓——"赚快钱"。

在这些研究中，很多专业人士和学者投入大量精力对快速变现这种策略的业绩进行了分析，尤其是在可以获得公开信息的情况下，毕竟，是PE出资者推动了这些被投资公司走进公开市场。或许可预见的是，这项研究会让我们看到，短期持有被投资公司股份会给PE投资者的收益带来明显的积极影响，但是在通过IPO进行快速变现时，作为买入方的公众和机构股东则不能期待好结果了。[1]

但真正值得担心的，不只是这些交易的财务表现，因为作为快速变现和资本重组的对象，被投资公司的员工似乎是最大的受害者。根据研究，被快速变现的企业更有可能陷入财务危机；[2] 反过来，这又会损害公司的市场地位和员工的福祉。

加速退出总是取决于市场需求，因此，这种做法理应在牛市时期更有市场。可以料想，我们的两个案例赫兹租车公司和塞拉尼斯化工集团均发迹于21世纪初的泡沫时代。它们的经历自然也不能动摇一个已经被实践屡次验证的观点：如果杠杆收购公司在完成杠杆收购后不久便选择退出资产，那么几乎不可能给基础业务创造太多的价值。

原因是显而易见的：投资者根本没有足够长的时间在改善企业业绩和公司战略方面有所作为。在重新启动上市交易之前，黑石集团在塞拉尼斯曾有9个月的持股时间，这足以证明这一点。赫兹在完成杠杆收购和IPO之间也有11个月的间隔，道理是一样的，尽管其股东最终退出投资的时间远超预期。

第三章
赫兹租车——速度至上

免责声明：笔者此前曾就职于凯雷集团。为避免违反合同义务，本章不对凯雷集团的行为或公司本身发表任何个人意见。

赫兹租车公司（HERTZ）是世界上最大的汽车租赁运营商之一，在全球150个国家近8 400个地点设立了运营网站。从收入、经营网点和可出租汽车数量方面来看，赫兹是美国的第二大租车服务运营商，仅次于美国企业控股集团（Enterprise Holdings）。[1]但它却是美国排名第一的机场汽车租赁运营商，业务覆盖欧洲100多个主要机场。此外，赫兹租车还经营卡车和货车租赁业务，并建立了规模庞大的设备租赁业务。赫兹设备租赁公司在全球的300多家分支机构，为来自北美、欧洲和中国等地区和国家的工业企业、政府和当地承包商及消费者提供建筑和工业设备、发电及工业泵服务。① 公司的娱乐服务部门主要为电影制片厂和大型活动组织者提供车辆及专用设备的租赁。

赫兹集团的历史始于1918年，这一年，芝加哥本地人沃尔特·雅各布斯（Walter L. Jacobs）创办了美国第一家从事汽车租赁业务的公司，当时的公司拥有一种由12辆"福特T型"车的车队。雅各布斯将这家公司命名为"汽车租赁公司（Rent-a-Car）"，但仅在五年后，他就把公司出售给了黄色出租车公司（Yellow Cab）及后来黄色卡车/大客车制造公司的总裁约翰·赫兹（John Hertz）。尽管后者将公司改名为"赫兹自驾行系统公司（Hertz Drive-ur-Setf System）"，但约翰·赫兹也没有长期持股这家公司。1926年，他再次将公司出售给大型汽车制造商通用汽车公司（GM）。

在新东家通用汽车公司的麾下，雅各布斯继续担任租赁公司的总裁，并推行行业的一项重大创新——机场租车业务。借助这个机会，雅各布斯于1953年从通用汽车公司重新购回这项业务。一年之后，赫兹公司在纽约证券交易所上市交易。虽然雅各布斯在1960年从

---
① 2016年年初，赫兹公司已开始剥离其拥有的设备租赁业务。

公司总裁职位上退休，但他仍继续担任公司的董事直到1968年。在这个阶段，他又为公司引入了租赁行业的另一个重大关键性创新——使用信用卡租车。[2]

频繁变身

这家公司同样未能在20世纪60年代的企业集团热潮中幸免于难，并在1967年落入美国无线电公司（RCA）的手中。美国无线电公司是一家超大型通信电子集团企业，当时，它的业务几乎遍布管理者喜欢的所有领域。后来，赫兹租车再次被转手，1985年，RCA将这家公司出售给美联航的母公司——联合航空公司（UAL Inc.），当时的成交价格为5.87亿美元。[3]

仅在两年之后，赫兹便摇身一变，成为全球最大的汽车租赁企业。公司管理层联手福特汽车成立了收购载体福特·里奇公司（Ford Ridge），以13亿美元的价格从美联航手中再次买回这家公司。此时，赫兹管理层持有赫兹租车20%的股份，福特拥有其他80%的股份，这种格局一直延续到1988年。1988年，瑞典汽车制造商沃尔沃收购了福特所持赫兹租车公司1/4的股份。到1989年5月，沃尔沃将对赫兹租车的持股比例再次增加6%，其总的持股比例提高到26%。[4] 在随后的五年里，福特进一步稀释了对赫兹租车的持股，到1994年初，它在这家公司持有的股份已降至49%。但就在这一年，福特管理层的策略发生了逆转，它开始购买其他少数股东的持股。[5]

尽管在持股结构层面发生了这些明显具有颠覆性的巨大变化，但赫兹租车在经营方面的表现却依旧不凡，它的业务扩展到更多的海外市场，并推出了很多新业务，如更快捷的程序化驾驶导航以及更迅捷的租车预订和退车政策。这家公司作为福特全资子公司的历史一直延续到1997年4月。此时，赫兹租车对其A类普通股的50.6%进行了公开发行——这家汽车租赁运营商再次回归证券交易所。

但随后，福特的高层管理者再次改变主意，他们认为，持有赫兹的全部股份才是更好的选择。2000年，当互联网泡沫破裂时，股票市场也陷入低迷，几乎所有公司都无法幸免于难。无论是互联网创业企业，还是汽车租赁行业的全球领导者，他们的股票都无一例外地遭受重创。2001年3月，福特收购了赫兹租车其他股东持有的全部A类流通股。于是，赫兹租车的股票再次退出纽约证券交易所的上市交易。[6]

到此为止，任何人或许都已经猜到，福特对赫兹的变卦几乎已成为习惯，在不久的将来，它很有可能又会有新的想法。如果说，市场上存在这样一类投机性买家，他们知道该如何利用那些不清楚保险箱里有什么法宝的企业所有者，那么，PE 基金管理者就是这类人。事实也的确如此，仅仅过了 4 年的时间，福特的管理层便改变主意，对赫兹租车重新进行战略审核。

2005 年 4 月，福特公司宣布，公司将公开出售这项汽车租赁业务。[7] 在作为主力的汽车租赁业务经历了多年业务惨淡之后（2004 年，福特的汽车租赁数量下降了 4.5%，而在 2005 年又再次下降 5%），[8] 福特终于痛下决心，它确实没有必要维持这项汽车租赁业务了。

作为美国最大汽车租赁公司的所有者，福特面临的一个重大问题是，它可以出售现有汽车，以便于更新赫兹租赁的车型，但赫兹的竞争对手似乎并不热衷于购买福特的车型。因此，只要剥离汽车租赁业务，这家汽车制造商就可以毫无限制地向整个汽车租赁行业出售汽车。此外，福特也毫不掩饰这样一个事实：出售这项租车业务，就可以提高向赫兹租车第三方股东出售汽车的价格。总而言之，分拆似乎是公司最便捷的致富途径。

2005 年是杠杆收购大行其道的一个年份。尽管互联网泡沫的破裂最初曾让并购与债务市场的热情略有降温，但 2004 年的 PE 交易仍呈现出明显复苏的迹象。在美国，杠杆收购的数量从 2003 年的约 440 起增加到次年的 630 起。自 2001 年以来，收购型交易的价值总额已从 230 亿美元稳步增长到 2004 年的 1 370 亿美元，也就是说，年复合增长率超过 80%。在这 4 年期间，管理层收购在全部并购活动中的比例也从 8% 增长到了 21%。

因此，金融投资者已成为收购赫兹租车主要候选人的说法，确实客观反映了当时交易环境的状况。尤其是考虑到汽车租赁公司的商业模式基本面，比如说，现金流创造能力可预测性较强（必须按月支付利息）和 38% 以上的 EBITDA 利润率（适合承担更多债务）。

毫无疑问，赫兹租车是一笔优质资产。公司收入从 2001 年的 56 亿美元增加到 3 年后的 67 亿美元；同期的 EBITDA 也从 20.6 亿美元跃升至 25.4 亿美元。对福特公司来说，拥有赫兹租车的好处是显而易见的。2004 财政年度，在赫兹租车为其国内租赁业务而购买的汽车中，一半以上由福特及其关联公司所生产；在为海外租赁而购买的汽车中，也有近 30% 来自福特及其关联公司。[10] 但由于美国国内汽车市场状态低迷，需求疲软，导致福特汽车出现严重的产能过剩。因此，坊间普遍认为福特是出于为摆脱困境的目的而出售赫兹租车，而这一观点又因为信用评级机构的举措而得到加强。2005 年 5 月，评级机构标准普尔将福特及其金融服务部门福特汽车信贷的债券评级下调为 BB+ 级，使得两家公司发行的债券成为高收益债券（即垃圾债券）。[11] 要想将资产卖出最好的价格，这显然不是最佳机会。

让形势更糟糕的是，此时，汽车行业的其他交易也在市场上此起彼伏：作为福特和通用汽车的汽车零部件配套企业，伟世通公司（Visteon Corporation）和德尔福公司（Delphi Corporation）分别聘请摩根大通对其业务进行并购调查。因此，尽管整体出售仍是首选方案，但是为了安全起见,福特也在考虑上市,因为也只有这样,才能让潜在收购者不会趁火打劫,肆意压价。进入夏季,拍卖过程变成了两方之间的争夺。一方是由得克萨斯太平洋集团(Texas Pacific Group)、黑石集团、托马斯·李投资(Thomas H. Lee)和贝恩资本(Bain Capital)构成的 PE 基金财团;另一方同样是 PE 三巨头——实力丝毫不逊色的克杜瑞公司(CD&R)、凯雷集团(Carlyle Groupe)和美林证券公司(Merrill Lynch)的私募股权部门。[12] 对于这样的知名投资机构而言,争夺赫兹租车显然是一个再确定不过的信号:赫兹租车是一笔世界一流的资产。

16 年前,老牌杠杆收购巨头科尔伯格·克拉维斯(Kohlbeg Kravis Roberts)以 310 亿美元收购雷诺兹·纳比斯科烟草(RJR Nabisco),成为有史以来最大手笔的杠杆收购案。而 16 年后的 2005 年 9 月,由克杜瑞领衔的财团与赫兹租车的股东达成协议:前者将以 150 亿美元的价格收购这家汽车租赁集团,收购对价中包括超过 110 亿美元的现有债务。[13] 在当时的背景下,所有超大型并购基金都试图以价值数十亿美元的交易来展现自己的实力,而赫兹租车收购案则成为 2005 年最大的交易案之一。

这笔交易于 2005 年 12 月 21 日成交,克杜瑞、凯雷和美林全球私募股权最终支付的价格相当于合并口径 EBITDA 的 5.3 倍,企业 EBITDA 的 13.15 倍(未对与租赁汽车相关的折旧以及和某些融资租赁汽车带来的利息费用进行调整)。尽管买家并未在拍卖期间展开你死我活的竞争,但这些金融投资者确实没有买到便宜货。

* * *

克杜瑞或许可以被视为 PE 领域最古老的公司之一,其成立时间可以追溯到 1978 年。尽管集团总部位于纽约市金融公司云集的宝地,但其经营模式却不同于其他竞争对手,因为它的团队具有极强的运营能力,可深入参与被投资公司的经营。维持公司声誉的职责由资深顾问杰克·韦尔奇(Jack Welch)的领导团队承担。韦尔奇是前美国通用电气集团的传奇式领导者,因其在不影响整体运营的情况下进行裁员而被人们称为"中子杰克"。

赫兹租车完全符合克杜瑞的投资标准——强调被投资公司所在行业必须能展现有利的长期发展趋势,技术过时的风险有限,而且只承受有限的政府监管或大宗商品定价,正如我们将在第三部分所看到的那样,这也是值得行业其他参与者效仿的基本指导方针。克杜瑞收购赫兹租车股权的价格为 8 亿美元,在集团新近筹集的 35 亿美元基金中,这笔投入无疑占据了很大比例。因此,它需要寻找联合投资者。

尽管凯雷集团不像克杜瑞那样有悠久的历史,但它的声望同样不可小觑。这家公司成立于 1987 年,当时,5 位创始人(一群律师和来自上市公司的财务总监)汇聚在纽约凯雷酒店，讨论他们的创业计划，并就此创建了这家公司。公司总部位于华盛顿特区，紧邻美国的政府办公区。作为一家 PE 投资机构，凯雷集团一开始关注的重点是国防工业。多年来，它始终保持了高速的扩张步伐。到 2005 年，它凭借其管理的资产规模成为世界第二大另类投资集团，仅次于黑石集团。目前，集团采取了多元化发展战略，逐步向其他经济部门渗透。在准备与赫兹租车达成收购协议时，私募股权在凯雷集团管理的 300 亿美元资产中占有不到 3/4 的比例，其他部分包括房地产、不良资产和信贷资金。[14]

作为一家超大规模金融集团下属的一个业务部门，美林全球私募股权公司（Merrill Lynch Global Private Equity）确实不必羡慕其他两家联合投资者。该公司于 20 世纪 90 年代中期在纽约创建，母公司拥有的客户网络以及内部杠杆融资部门的存在，让这家新成立的公司受益匪浅。美林全球私募经常与最有名的竞争对手高盛采取相近的战略：与北美和欧洲最大规模的收购集团合作，为数十亿美元的收购案提供债务加股权的一揽子解决方案。早在 2005 年 3 月，集团就已经和法国欧瑞泽基金投资公司（Eurazeo）以及克杜瑞结成财团，以 37 亿欧元的价格收购全球最大的低压电器经销商——法国蓝格赛集团（Rexel）。此外，在两年之前，美林全球私募还在英国完成了一笔令业界关注的杠杆收购交易——使服装零售商德本汉姆百货公司（Debenhans）完成退市（见第十章）。从根本上说，对那些急于获得大量廉价债务融资的金融投资者来说，美林证券确实是一个非常不错的合作伙伴。

三家新股东在总对价中掏出了 23 亿美元的股权资金，合计使用了超过 120 亿美元的贷款——使得这笔交易的杠杆率仅为 85%。一半左右的杠杆收购贷款将通过资产支持证券（ABS）进行融资。这显然是筹集廉价债务资金的理想方式，毕竟，使用 ABS 的资金成本可以低至 400 个至 500 个基点。但贷款人很少为并购交易提供贷款资金。只有克杜瑞、凯雷和美林证券这种深谙业内之道的资产管理公司才能将银行拉进这样的交易。

此外，虽然使用 ABS 工具进行融资在设备租赁行业很常见——租赁汽车的应收账款易于做证券化处理，但拟采取的债务分层在规模上却是前所未有的。通常情况下，针对 ABS 租车交易的证券化总额最多只有 10 亿美元。而在这个案例中，似乎是为了突出贷款人在当时对这笔交易的接受程度，金融投资者居然通过特殊目的载体（SPV）筹集到 43 亿美元的资金，以赫兹租车在美国境内拥有的车辆为债务担保。此外，集团部分海外子公司通过资产支持型周转贷款筹集到 17.8 亿美元的附加债务，其中，周转贷款总额为 29.3 亿美元，以租赁设备和车辆为抵押。

杠杆收购贷款的其他部分则较为常见，主要为 20 亿美元的优先级定期抵押贷款融资，这也是当年美国规模第二大的第一笔高收益债券发行，总额达到 27 亿美元，其中包括：2014 年到期、票面金额 18 亿美元且利率为 8.875% 优先级票据；2014 年到期、票面金额 2.28

亿美元、利率为 7.875% 的优先级票据；2016 年到期、票面金额 6 亿美元、利率为 10.5% 的优先次级票据。[15] 此外，集团还通过对现有优先级票据进行再融资的方式筹集到 37 亿美元，包括 11.85 亿美元的公司间票据和 19.35 亿美元的临时信贷安排等。雷曼兄弟、德意志银行、高盛、摩根大通以及当时的美林证券牵头承销了这些债务工具。[16] 这显然是一项艰巨的任务。

剥离和变现

这个三家 PE 组合正在考虑做一次 BIMBO（原意为傻乎乎的性感女子，但在这里可不是粗话，它是指内部管理层收购和外部管理层收购的结合，也就是说，目标公司的领导团队将同时来自企业的外部和内部）。财务总监的到来让它们很兴奋。这个名叫保罗·西拉库萨（Paul Siracusa）的家伙已经在赫兹租车工作了 36 年，因此，完全有理由认为，他非常熟悉这项业务，也是完成金融投资者削减成本这一宏大计划的理想候选人。现任董事长兼首席执行官克雷格·科赫（Craig Koch）自 1971 年以来一直就职于该集团，但他由于家庭医疗问题而在 2005 年 11 月 7 日宣布退休，媒体报道透露，他将留任至 2007 年 1 月 1 日。[17] 私募财团正在为首席执行官寻找一位经验丰富的接任者。

杠杆收购完成之后的前 6 个月进展异常顺利。因此，在 2006 年 6 月 30 日，克雷格·科赫与德意志银行、雷曼兄弟、高盛银行、摩根士丹利银行、摩根大通银行和美林证券公司签署了新的债务融资协议（关键的一点就是要在华尔街大咖之间尽可能合理地分配安排费用，只有这样，才能确保这些银行对项目保持忠诚）。为此，赫兹租车发行了债券，以便于这三家金融投资者支付 10 亿美元的股息。实际上，这笔收益已超过它们在 8 个月前才刚刚投入的全部投资额的 2/5。[18]

随后，在第一个半年报出台两周之后，这家租赁公司便宣布计划在纽约证券交易所上市。[19]

让人感到不可思议的是，这些 PE 股东，尤其是被业界奉为 PE 投资行业缔造者的克杜瑞，似乎更希望尽早变现这笔资产。但赫兹租车已在公开市场上炙手可热，因此，充分抓住这个机会也是明智之举。仅仅在两天之后，也就是 2006 年 7 月 19 日，PE 股东便挖来当时担任自动汽车零部件制造商天纳克公司（Tenneco）的首席执行官马克·弗里索拉（Mark Frissora），并任命其为赫兹租车的新老板。为尽量避免突然换人带来的影响，弗里索拉最初的身份是总经理兼董事会董事。直到 2007 年 1 月 1 日，他才正式取代科赫上任董事长。

2006 年 11 月 15 日，星期三，在经历了杠杆收购的 11 个月之后，赫兹租车以每股 15

美元的价格完成了IPO。在公司被收购之后便迅速上市，这让市场非常谨慎，因此，其发行价格恰好略低于16美元到18美元的预计发行价格。该集团使用发行收入中的13亿美元偿还了按贷款便利取得的借款，并支付了相关的收费和交易费用。此外，集团还使用发行收入在11月21日按每股1.12美元的价格支付了特别现金股息，支付对象包括在IPO前持有股份的全部股东——简而言之，三家PE金融投资者又兑现了4.25亿美元的投资。[20] 在股票公开发行之后，三家私募机构的合并控股比例从99%降至不到72%。[21] 2006年对于股票市场来说确实是一个非常美好的年份。美国公司通过IPO筹集的资金总额达到6年来的最高点。[22] 这也为赫兹租车的金融投资者退出部分投资提供了一个绝佳的时机。

但不知出于何种原因，赫兹租车的投资变现接二连三地遭到来自各个方面的抨击。最初，在8月，在赫兹租车提交上市招股说明书后不久，《商业周刊》便发表了一个报道，指责金融投资者急于变现部分股份，并提醒公众投资者，根据其他PE基金支持的其他上市公司业绩，赫兹租车不太可能有太好的后市表现。[23] 在2006年11月对赫兹租车定价时，美国广播公司CNBC主持人吉姆·克莱默曾告诫观众，没有必要去考虑这只股票。他认为，汽车租赁行业缺乏吸引力，而且赫兹租车的股价也不会在近期突破20美元大关。[24] 如果他的意思是说，这只股票需要54个交易日才能达到目标定价，那么，他确实说对了。

但大多数指责者都是事后诸葛，他们站在道德角度对快速变现提出质疑，并对赫兹租车在随后几个月里的成本削减运动提出质疑。问题在于，虽然该集团自收购以来实现了强劲的收入增长，但成本却上升得更快。[25] 在杠杆收购模式下，这种趋势是不可持续的。

让批评者沉默的最好方法是取得好成绩。2006年全年，赫兹租车的收入增长了8%。尽管不及上一年实现的12%，但还是远远超过主要竞争对手安飞士租车（Avis Budget）披露的5.4%。令人鼓舞的是，赫兹租车在公司层面的EBITDA已提高了1/5。[26]

众多知名市场评论人士均注意到，在PE控股的情况下，这家集团开始积极寻找提高运营效率的方法，并公开向市场透露，作为实施成本削减计划的一部分，管理层正在着手开展调整，包括裁员、以优化租赁设施业务流程和维护设施为目的的流程改造以及简化后台运营等。可以认为，这些举措是对过去简单粗犷式运营策略的默认。2007年1月5日和2月28日，赫兹租车宣布裁员，此次裁员涉及1 550名员工，他们主要从事美国境内的汽车租赁业务，还有部分新泽西州公司总部、俄克拉荷马城服务中心及海外市场的设备租赁业务。[27] 重组工作已悄然启动。

但这种咄咄逼人的成本管理方法，自然难以为PE股东们赢得众多支持者。4月份，服务业雇员国际工会（SEIU）发布了一份关于PE行业的报告，其中包括一段关于赫兹租车收购案的简单介绍。正如我们对工会所期望的那样，SEIU对汽车租赁公司收购案的报告显然是不支持的。这篇报道的题目是"赫兹租车太棒了：快速变现的隐性成本"，报道对新闻报刊报道的几项调查结果以及赫兹租车自杠杆收购以来提交的文件进行了汇总，并谴责了金融投资者的策略，譬如：为进行收购而使用高杠杆，通过 2006 年初股息资本重组将 IPO 募集的部分资金用于分配特别股息，以及 2007 年第一季度实施的减员 5%。[28] 克杜瑞、凯雷和美林证券的形象正在被一点点地侵蚀，而它们的下一步注定不会让那些愤怒的批评者善罢甘休。

2007 年 6 月，三家投资机构以每股 22.25 美元的价格完成了第二轮公开募集，并获得了 11.5 亿美元的资金。赫兹租车不仅没有得到任何一点收入，但却支付了 200 万美元的费用。在二轮发行结束后，三家金融投资者合计拥有的股权比例进一步下降到 55%。[29] 更重要的是，仅仅在完成收购后的第 18 个月，它们就已经收回全部原始股权投资，并锁定超过 2 亿美元的资本利得。第二轮公开募集的时机无疑是完美无缺的。就在几天之后，由美国投资银行贝尔斯登管理的两只对冲基金宣布破产，这正式拉开了信贷危机时代的大幕，进而引发债券市场和股票市场的双重恐慌。但这还只是初见端倪，实际上，还很少有人能预见到即将发生的事情。

面对强劲增长的经济，进入 8 月，汽车租赁行业再次成为新闻头条。当时，由家族经营的企业租车集团（Enterprise Rent-A-Car）收购了它的两家竞争对手——阿拉莫（Alamo）和国民（National）租车公司，自 2003 年 10 月以来，这两家公司一直由对冲基金管理机构博龙资产（Cerberus）控制。合并后的团队将拥有超过 100 万辆可租赁汽车。[30] 三个月后，租赁互联网汽车共享平台 Zipcar 也进入收购轨道。这家汽车分时共享公司成立已有 7 年，总部位于波士顿，其投资者中包括知名风险投资公司格雷洛克投资公司（Greylock Partners）和本奇马克资本（Benchmark Capital）等机构，该公司还控股了另一家位置最接近的竞争对手——位于美国电信黄页 Flexcar 租车公司。合并集团的业务覆盖范围包括 23 个州的 50 座城市。[31] 毫无疑问，汽车租赁业务正在成为时尚。

当竞争对手还处于业务巩固阶段的时候，赫兹租车已着手规划提高运营效率。在 2007 年第四季度，公司管理层与服务提供商签订了最终版或者说基本条款已敲定的合同，将办公设施管理与建筑、采购和信息技术等相关的业务职能实施外包。此举导致员工人数有所减少。[32] 尽管采取了以价值最大化为目标的举措，但赫兹租车的股票当年收盘价却只有每股 15.89 美元，与 13 个月前的 IPO 价格相比仅上涨不到 6%，更是比 2007 年 6 月 29 日创下的 26.99 美元历史最高点下跌了超过 2/5。在信贷危机爆发后的前几个月里，汽车租赁公司的股票便陷入停滞，甚至开始发生逆转。就目前而言，这看起来或许只是一种过度反应。赫兹租车全年业绩出色，交出了一份强势增长的答卷——收入增加 8%；2 000 名员工被解雇,导致盈利能力稳健增长,合并口径的 EBITDA 上升 12%。[33]

*　*　*

在 2008 年 5 月 28 日召开的一场分析师会议期间,赫兹租车的首席执行官马克·弗里索拉(Mark Frissora)透露,集团的创收行动已创造出 6.4 亿美元的收入。但他的演示稿中最重要的一张幻灯片还是管理层在成本改进方面取得的神奇进展。仅仅在 2007 年,集团就已通过"组织扁平化"(这就意味着裁员)、业务流程外包、业务再造以及对欧洲业务进行重组等措施,一举降低了 1.87 亿美元的成本。而所有这些举措的目标,则是在三年内让成本降低超过 8 亿美元。

这份演示稿还显示出,赫兹租车的 EBITDA 增长达到了 35.5 亿美元。因此,其债务净额与 EBITDA 比率也处于 3 倍这个非常合理的水平。整个集团层面的杠杆率为 78.4%,而公司层面的杠杆率(不包括与租赁车队相关债务和资本)仅为 62%。根据公司债务的到期时间表显示,到 2012 年,到期债务将达到 19 亿美元,2014 年则达到 22 亿美元,除此之外,公司的债务处于非常易于管理的状态。但租赁车队的债务期限则需加倍谨慎,因为 2009 年的还款金额达到 10 亿美元,而下一年将进一步达到 50 亿美元。[34] 按照弗里索拉在这次分析师演示中所描绘的情景,集团的财务状况似乎相当稳健合理。但前方的道路即将变得难以预料。

信贷危机严重削弱了大多数经济领域的融资能力。在 2008 年前 9 个月,美国 GDP 增长开始动摇,这应该是预料之中的事情。随着华尔街第五大投资银行雷曼兄弟向纽约提交破产申请,美国第三季度的国内生产总值出现大幅度修正。这对于赫兹租车来说显然是个坏消息,因为这家租赁公司 2/3 的收入来自美国市场。虽然雷曼申请破产发生在 9 月 15 日,也就是当季结束前的两周,但赫兹租车在截至 9 月 30 日的本季度业绩已显示出明显放缓迹象:汽车租赁收入与上年度持平,而设备租赁收入则因美国住房及建筑业的下滑而下降,收入同比缩减 7%。遗憾的是,同期的费用却小幅上涨了 9%。[35] 显然,公司急需进一步降低成本,尤其是在当年的最后 3 个月里,随着政府对银行业接二连三地实施救援纾困,美国经济大幅下滑 2.1%。[36] 但有一件事情是肯定的:融资形势的持续紧张,会给汽车租赁业带来毁灭性打击。

截至 2008 年,赫兹租车的股价为每股 5.07 美元,比 IPO 价格低 2/3。但公司管理层并没什么值得为此而感到羞耻的。作为赫兹集团最主要的上市竞争对手,安飞士租车的股价已从 2008 年第一季度每股 13.74 美元的最高位下跌至第四季度的每股 0.38 美元的历史新低。[37] 2008 年 11 月 21 日,也就是公司为了在年底前提振股价而采取措施之前,赫兹租车的股价也跌至 1.55 美元的历史最低点。但在那个阶段之前，市值萎缩已导致负债达到企业价值的 86%。当披露 2008 年全年业绩的时候，首席执行官弗里索拉肯定会感到一丝宽慰，因为整个集团的收入只下降了 2%。另外，在计提了近 12 亿美元的商誉和其他资产减值损失之后，合并口径 EBITDA 下降 46%，减少到 19 亿美元。尽管在 3 月的时候，债务净额与收益比还只有令人垂涎的 3 倍，但此时却一跃达到 EBITDA 的 5.5 倍。几乎 2/3 的资产减值损失来自设备租赁业务，房地产市场崩盘对这项业务造成了严重影响。当年 5 月和 6 月，该部分业务陆续关闭了 22 家分支机构，试图通过降低成本来提高运营效率。在整个第三季度，集团宣布进一步关闭在美国和欧洲地区开设的更多经营网点。此外，在第三季度，集团还因关闭 48 家非机场经营网点而对汽车租赁业务计提了特殊减值损失。

迫于维持与收入水平相匹配的成本基础的压力，这家由 PE 出资的公司裁减了 4 500 名员工。[38] 其实，业内所有运营商都不得不压缩车队和员工规模，以适应市场需求不断萎缩的形势。安飞士租车早已经采纳了赫兹的成本节约模式，当年将员工人数减少了 13%，但此举并未阻止颓势的延续，公司当年的 EBITDA 下跌 2/3。出于同样的原因，安飞士还根据市场估值的下降，计提了 12.6 亿美元的商誉及品牌价值减值损失。[39] 实际上，这两个竞争对手都在照搬对方的策略。

漫漫长路

事实证明，有关赫兹租车财务投资者快速变现的争论确实有点为时过早。"大萧条"即将把杠杆收购的体验拉入慢行线。2009 年第一季度，赫兹租车的管理层就已经发现，汽车租赁收入同比下降已超过 1/5，设备租赁业务收入下降幅度超过 1/3，而设备租赁合同额也减少了 1/3。[40] 在雷曼兄弟破产后，金融市场几乎全部瘫痪。租车业务的生存依赖于永久性融资。为了更新车辆，经营者就必须随时获得新的债务融资。在 2009 年的前几个月里，包括安飞士与赫兹在内的最大汽车租赁运营商，都在试水新的贷款发放模式。债务市场似乎正在逐渐回暖，但随之而来的一个事件，注定会进一步动摇整个行业的信心。

2009 年 6 月 1 日，美国最大的汽车制造企业通用汽车公司宣布破产。几个月以来，这家拥有 101 年历史的汽车制造商就已经因财务危机而摇摇欲坠。汽车行业严重依赖消费信贷，但信贷市场的紧缩，已导致整个汽车行业的销售额呈现断崖式下滑。从 2002 年到 2007 年期间，美国的年汽车销售量均超过 1 600 万辆，进入 2008 年的下半年和 2009 年的头几个月，这个数字已大跳水般地跌至 1 000 万辆以下，这也是自 1992 年这个国家经历上一次经济衰退以来，汽车销售量最低的年份。通用汽车也一直努力维护保持自己的市场份额，在这段时间里，它的市场份额也只是从 23.8% 略微降低到 22.6%。但真正的问题在于，总体销售量的减少，已使这家汽车巨头的成本结构难以为继。通用汽车必须保持良好状态，而破产申请或将为管理层提供一种实现这个目标的手段。它迫切需要政府以股权投资的方式出手相助，尽管这笔高达数十亿美元的纾困计划引发了强烈质疑。但救助是有条件的，也就是说，只有将这家老牌汽车上市公司从道琼斯工业平均指数的成分股中剔除，才能得到美国政府 60% 的出资。自 1925 年开始，通用汽车就一直是道琼斯工业平均指数的成分股。[41] 通用汽车的麻烦显然是租赁行业的一个坏消息，毕竟，后者需要依赖这家美国最大的汽车制造商定期更新其出租车辆。但赫兹租车已开始着手调整其资本结构。

在通用汽车寻求破产保护时，赫兹租车正在按每股 6.50 美元的价格完成后续的公开股份增发。此外，在 5 月，这家汽车租赁专业公司还与克杜瑞及凯雷集团订立股份认购协议，这两家 PE 投资者将按每股 6.23 美元的价格认购赫兹增发的 3 210 万股（约占其普通股的 10%），这次发行为赫兹租车团带来 2 亿美元的发行收入——这几乎已经相当于它在 2006 年两次特别股息分配以及次年二次市场增发所得到的净收益总额。通过这次在 7 月 7 日成交的私募发行，两家金融投资者按 IPO 价格每股 15 美元的 58.5% 的折扣再次买进股票。按通过公开发行和私募发行取得的股权计算，两家出资者此时持有的股权比例已达到 51%。遗憾的是，由于过度持有次级贷款，美洲银行以救助目的接管了美国第三大投资银行美林集团，作为集团的子公司以及赫兹租车的第三家 PE 股东，美林私募股权公司也被迫进入企业整合状态。因此，赫兹再也不能指望美林私募股权公司给自己带来任何支持了。同样，通过后续的公开发行以及私募发行，赫兹租车也筹集到了 5.29 亿美元现金。

在这种风云变幻的大背景下，这绝对是一个了不起的成就，也是一个令人欢欣鼓舞的资金来源。但给坊间留下更深刻印象的是，赫兹租车同时还发行了 4.75 亿美元、2014 年到期且利率为 5.25% 的可转换优先级票据。对投资者而言，持有者可以凭借这种可转换债券分享公司股票未来价格上涨带来的收益。而对于赫兹租车来说，这一举措的目标则是强化其信贷指标，因为可转债可以让它为 97 亿美元的贷款进行再融资，其中包括 2010 年下半年到期的 50 亿美元。[42] 赫兹租车可以使用公开募集股份、对 PE 公司非公开发行以及发行可转换债券获得的净资金，从而增加了公司的流动性并偿还购置车辆使用的贷款。[43]

赫兹租车改善资产负债表的努力得到了市场的合理回报，集团的股价从 3 月份的每股不到 2 美元上涨到 2009 年 6 月底的每股 8 美元。资本金的增加为管理层提供了缓冲市场风暴影响的能力。但没有人知道这种经济衰退到底会持续多久，而且交易情况注定还会继续恶化。在当年的第二季度，赫兹的汽车租赁收入同比下降了 19%。由于运营费用没有大幅减少，因此，集团当年前 6 个月的净亏损仍达到 1.5 亿美元。[44]

当年下半年也只是出现了非常有限的缓解。汽车租赁业务的情况在第三季度有所好转，但仍比上一年减少 11.5%。至于设备租赁业务，第三季度的情况甚至还不如上半年。但由于汽车租赁业务出现了小幅改善，而且成本控制非常稳健，因此，集团在下半年还是迎来了净利润。赫兹租车已恢复盈利。尽管美国经济在上季度开始回暖，但是在整个 2009 年，美国国内生产总值却缩水了 2.8%。[45] 然而，作为汽车租赁业务的主要收入来源，航空业依旧在水深火热中挣扎。赫兹租车和安飞士等汽车租赁运营商的收入约有 3/4 来自机场车辆运营。全球航空运输量面对的是史上最大幅度的需求下降，同比下降幅度达到 3.5%。[46]

赫兹租车发布的全年数据表明，大衰退对业务的影响非常明显。2009 年，管理层面对的形势极为恶劣：集团收入减少至 71 亿美元，比 2008 年下降了 14 亿美元。但也不是没有好消息：管理层采取的成本控制措施还是让它尝到了甜头，让企业的 EBITDA 降低了 1.2 亿美元，至 9.8 亿美元。由于管理层在 2008 年设法减少了 10 亿美元的债务净额，因此，公司负债已降至 EBITDA 的 3.5 倍。面对需求的放缓，集团缩减了人员规模。直接经营费用下降了 17%，减少到 41 亿美元，销售、一般行政管理费用（SG&A）也减少到 6.41 亿美元。[47] 此外，集团也不存在需要进一步计提资产减值的事项。

尽管通用汽车公司破产，美国整体经济衰退，但债务市场还是开始向汽车租赁行业敞开大门，使得赫兹能在 9 月完成一笔 21.4 亿美元的 ABS 发行。与此同时，同行安飞士租车也分别在 7 月和 9 月发行了 5.5 亿美元和 4.5 亿美元的 ABS 票据，并在 10 月筹集到 3 亿美元的可转换债券，从而完成了对资本结构的重建。[48] 此外，这些租车运营商均已为投资者作出了提高运营效率的保证。在过去的三年里，赫兹租车削减了 8 500 个工作职位，到 2009 年年底，集团员工人数为 23 050 人。而它的竞争对手、安飞士采取的措施更为激进。在危机爆发之前的几年里，安飞士采取的是相对宽松的成本管理方法，但是在 2008 年到 2010 年第一季度的危机高峰时期，为缓解经济放缓带来的冲击，安飞士采取了极端性的对策，一举削减员工人数 8 000 人，这也是它们能在 2009 年取得 EBITDA 增长 50% 的创纪录成就的一个重要原因。[49]

并购高潮

通过在上半年补充库存，赫兹租车向市场发出了正确的信号，2009 年，公司股价上涨了 135%。同样，赫兹租车在这一年也迎来了收购机会。4 月，集团按 3 300 万美元的价格收购了陷入困境的竞争对手优势租车（Advantage Rent-A-Car）。优势租车的规模要小得多，它在2008年的收入仅为1.46亿美元，但它可以让赫兹租车增加20个经营网点。[50] 就在同一个月，赫兹租车还收购了西班牙的活动及媒体资源供应商第一租赁公司（Rent One）。而在8月，赫兹则将业绩稳定的Automoti集团纳入囊中，Automoti是一家专门为消费者提供按折扣价直接购置二手车的在线交易平台。[51] 然后，在接下来的几个月中，更大的机会又在等待着它。

有了春季通过股权和发债筹集的10亿美元资金，赫兹更是如鱼得水。自2009年11月以来，赫兹租车一直在与低成本租赁运营商廉美租车（Dollar Thrifty）进行商讨。2010年4月，赫兹租车最终按12.7亿美元的价格收购了这家竞争对手。这显然是一个大胆的决定。这也让赫兹进一步稳固了自己的市场地位——通过2010年第一季度完成的交易，赫兹的汽车租赁收入增长幅度超过10%，但由于固定成本基数相对较低，而可变成本在业务拓展过程中大幅增长，因此，公司仍处于亏损状态。根据管理层的说法，全部成本中的可变成本比例高达2/3。[52] 但四处出击、大举收购永远是PE行业最典型的操作手法。收购廉美租车，可以让赫兹集团有资本与债权人平起平坐，重新商讨设计新的资本结构；在盈利能力不能在短期内迅速形成的情况下，对外收购这一举措自然就变得不可或缺。由于资产负债表上有超过100亿美元的债务，而且其中的57%与购置车辆的资金相关，因此，赫兹租车将在未来几年面临几笔到期债务要偿还的情况。再融资显然是值得期待的选择。

但交易也逐渐有所回升。在截至2010年6月30日的财务季度中，赫兹集团竟然再度实现盈利，取得了500万美元的税前利润。这确实非常令人欣慰。业绩的改进有助于公司进一步追求外延式增长。尤其是在7月，当赫兹对廉美租车提出收购报价时，安飞士也做出了反击，对廉美租车报出13.3亿美元的收购价格。面对更高的出价，廉美租车的管理层不得不考虑安飞士的提案。毫无疑问，无论哪一方成为最后的赢家，标的价格都将更加昂贵。

一年前已经走到穷途末路的租车行业现在正处于整合大战中。由于廉美租车股东拒绝了赫兹的14.4亿美元报价，于是，安飞士和赫兹在整个夏天陷入了一场一决高下的缠斗之中，直到9月30日，这场较量似乎才尘埃落定。之前不久，安飞士又在上调后的15.3亿美元的报价中增加了协议终止费。10月，安飞士和廉美租车进入合作流程，以取得监管机构对反垄断的批准。[53] 此时，追逐已宣告结束。

2010年，市场发出好消息：美国经济终于在2009年第四季度实现正增长：GDP增长率增长了2.5%。在过去的一年里，赫兹租车重新夺回的本土市场仍然是迄今为止其最大的收入来源，这在推动集团收入增长方面发挥了重要作用，这也是2007年以来的首次增长。

由于收购提高了集团的整体盈利能力，因此，赫兹租车的增效活动终于带来了收益。在2006年3月到2010年12月期间，管理层采取了最激进的裁员措施，大幅削减员工人数：从32 200缩减到22 900人，减员幅度达到了不可思议的29%。在美国，赫兹集团的减员措施更为激烈，减员数量达到全部员工总数的1/3。如此激进的减员措施确实给股东带来了实惠：2010年，公司的销售收入增长6.5%，合并口径EBITDA和母公司EBITDA分别增长了7.1%和12.4%。[54] 自大举实施杠杆收购策略以来，集团的杠杆率首次跌破60%，债务净额与EBITDA之比也降至适时的最低点——仅为3.1倍。虽然收购廉美租车的失败确实让它有点失望，但整个集团实力的增强已成为不争的事实。

缓慢侵蚀

大衰退和金融危机破坏了集团的扩张计划，高负债需要管理层加倍小心。对车辆租赁业务而言，再融资实际上已成为一种常规性事务，因为车队的很大一部分债务均属于短期债务。由于2011年将有50亿美元的贷款需要偿还，因此，管理层绝对无法容忍车辆的闲置。在2010年9月到2011年2月期间，赫兹发行了总额17亿美元的优先级债券。随后，赫兹再使用这笔债务资金置换了现有的短期贷款。[55]

自2008年1月以来，赫兹租车的股票一直顽固地盘踞在首发价格之下。经过三年漫长的岁月，金融投资者的耐心已消耗殆尽，2011年2月，股票价格终于触及15美元大关。投资者不会放过如此宝贵的时机，一个月后，PE投资者向唯一的承销商高盛出售了5 000万股赫兹股票（不到全体PE投资者联合持股比例的24%）。[56] 虽然此次出售的收益未被披露，但是按15美元左右的股价计算，三家PE投资者应该可以将7.5亿美元左右的资金收入囊中。随着成长题材的强势回归——2011年第一季度的合并收入增长了7%，赫兹租车的管理层也再次将对外扩张纳入公司的头号议题。[57]

为了给收购廉美租车的工作扫清障碍，安飞士早已开始争取反垄断机构的批准。到当年春季，安飞士获得政府的批准似乎还遥遥无期，于是，赫兹租车采取了一种近乎卑鄙的手段——对廉美租车提出了超过20亿美元的最新报价。[58] 因为安飞士还需要很长时间才能获得反垄断批准，而且合并后的安飞士与廉美租车在低价位市场中能否占据主导地位尚不得而知，因此，安飞士的管理层开始关注其他并购方案。据报道，在6月，该集团最终完成了安飞士欧洲业务的收购，从而为强化其国际业务做好了铺垫。由于监管障碍非常有限，因此，这笔交易已于9月完成。同月，考虑到股价持续攀高，安飞士正式终止了与廉美租车的收购谈判。[59] 这也让赫兹租车收购廉美租车的道路更加宽广。

7月,在与廉美租车管理层进行讨论的同时,赫兹还收购了另一家车队租赁管理公司Donlen,收购价格包括2.5亿美元的现金并承接6.8亿美元的车队现有债务。[60] 这家PE出资的集团之所以能在短时间内大举并购,最重要的原因就是整个行业在2011年经历了强劲复苏。汽车租赁收入增长率达到9%,设备租赁活动增长12%。汽车租赁业务的业绩最终让其在2007年的巅峰记录作古,但设备租赁业务的收入仍较以前的最高纪录少了1/3。EBITDA更是实现了两位数的增长,与2006年的表现不分伯仲。尽管要彻底消弭"大衰退"的影响还有待时日,但它的痕迹正在逐渐消失已成不争的事实。

在三家PE公司决定在2006年11月将赫兹租车推向公开市场时,还有很多人认为,福特在前一年卖出股权时,显然未能体验到赫兹租车的升值潜力。但随着2011年即将结束,赫兹租车的企业价值却只有150亿美元,基本福特在6年前买入时的价值相仿。现在看起来,这家汽车制造商巨头确实作出了正确的决定。实际上,金融投资者在尝试快速变现股权时,更多的是依赖于金融工程,而金融工程则要求债务市场发挥作用。不过,自信贷危机爆发以来,发行债券似乎已成为要不急的事情。如果不能为杠杆收购承担的债务进行全面再融资,那么,克杜瑞、凯雷和美银美林(Bank of America Merrill Lynch)最终将受市场支配。

但形势最近已开始趋于明朗,在2012年的前6个月里,赫兹租车的业务进一步改善。两个部门都实现了自信贷危机爆发以来的最快增长。集团在税前利润和税后净利润两个指标上反映的盈利能力均保持稳定增长的势头;2011年的同期业绩还是。[61] 但稳定的交易是管理层向市场展示公司信誉和抗风险能力的最有力的佐证:2012年3月,赫兹轻而易举地为一笔2019年到期、利率为6.75%的优先级债券筹集到了2.5亿美元还款资金。[62]

受到这一表现的激励,到了8月,也就是在经过两年多反反复复、停停走走的谈判之后,赫兹租车终于确认,将以26亿美元现金收购一向强调散客和价值的竞争对手——廉美租车,这个价格相当于合并EBITDA的3.63倍和单体EBITDA的8.6倍。与赫兹租车在2005年年末实施的杠杆收购相比,这样的倍数是非常有吸引力的,尽管廉美租车在2009年到2011年间并未展示出收入增长的迹象,因此,很难将它视为一家有活力的企业。尽管与安飞士的竞购战早在2010年初就已拉开帷幕,导致廉美租车的股价翻了一倍多,但赫兹租车最终还是成功完成了这笔交易。在美国境内的市场上,赫兹与廉美租车合并后将占据24%的市场份额,尽管尚未超过企业集团(Enterprise)的38%,但却远高于安飞士的18.5%。[63]

收购于2012年11月19日完成交割,这无疑给股价上涨提供了动力,成长的故事无疑是公开市场如饥似渴的粮食。在当年的大部分时间里,股价均维持在12美元至14美元之间,12月,赫兹租车的股价小幅上涨,并突破15美元关口。金融投资者当然不会错过这个机会,将其持有的另外 5 000 万股股份出售给唯一的承销商——摩根大通,这部分股票是他们当时所持股份的 31%。[64] 按当时的股价,这笔交易让他们将 8 亿美元收入囊中。

到此为止,大萧条的影响几乎已被完全弥补。美国航空公司的乘客数量已恢复到 2008 年达到的水平。[65] 美国国内生产总值企稳上涨,并在 2012 年实现了 2.3% 的增长率,超过 2008 年的峰值。[66] 汽车和设备租赁集团也已为充分体验经济复苏做好了准备。截至年底,赫兹与廉美租车的员工人数总和达到 3 万人,收入超过 90 亿美元,合并后的 EBITDA 为 34 亿美元。[67] 债务净额为 EBITDA 的 4.4 倍,基于 73 亿美元的再融资活动,集团的杠杆率已回升至 68.5%。在收购廉美租车之后,赫兹集团巩固了其第二的市场地位,也为并购后的协同效应提供了保证。

可以理解,市场喜欢成长和盈利的故事,在 2012 年 12 月 31 日到 2013 年 5 月初期间,赫兹股价的上涨总幅度超过 50%,达到每股 25 美元。这也是金融投资者们期待已久的时刻。最初,他们在 3 月就已经把持股比例从 26% 降至 12.5%。考虑到当时股票交易的价格为 20 美元,因此,通过此次变现,三家金融投资者合计收回了 12 亿美元。[68] 此外,在 5 月 9 日,克杜瑞还公开表示,它已清空对这家租赁集团的剩余全部股份。当时,它与凯雷及美银美林共同抛出了 4 980 万股。由于股价事前已上涨到 24.96 美元,因此,这笔交易再次给这三家财团带来 12.4 亿美元的收益。

在经过 8 年持股和一系列分红、二次发行以及四次大宗交易之后,三家金融投资者最终全身而退。[69] 就在他们清空最后一笔持股前不久的 4 月,赫兹租车对 C.A.R. 公司进行了战略性投资。这家公司的前身为中国汽车租赁公司——中国最大的汽车租赁公司,其收入达到 2.5 亿美元。在这个全球增长最快的市场上,通过投资 20% 以及建立合资企业等方式,赫兹租车正在不断巩固其全球领导地位。[70] 公司管理层已经让人们看到,它不仅能让 PE 成为控制者,还能公开上市并通过收购实现发展壮大。

对于这家集团来说,2013 年无疑是它大获全胜的一年。在这一年里,公司股价飙升 76%,收入飞涨了 1/5,公司层面的 EBITDA 增长了 29%——尽管大部分收益来自廉美租车在合并后第一年的贡献,但也包括两家公司通过收入协同效应带来的 1.6 亿美元。[71] 通过使用自有品牌,定位于特殊的细分市场,再加上分享同一个车队、维护设施、系统、技术和管理基础设施,预计将会带来更显著的收益增长。合并后的集团将体验互补性需求模式,周末散客需求与工作日的商务需求相互补充。前途一片光明。

私募股权展现出的优势

我们完全有理由认为，在由 PE 持股并控制的 8 年中，这家租车集团经历了翻天覆地的变革。甚至在对廉美租车收购完成转型之前，赫兹管理层就已经采取了旨在维持盈利能力的举措。正如我们所看到的那样，在廉美租车交易最终交割之前，员工人数从 2006 年 5 月的 3.22 万人减少到不足 2.4 万人。

在某种意义上，我们可以将赫兹在运营方面的灵活性归功于效率计划的实施恰逢最佳时机。通过 2006 年到 2008 年间的持续减员以及业务流程再造的实施，这家集团的规模得到了有效精简，这足以让它熬过这场大衰退。由图 3.1 中可以看出，在 2011 年对汽车租赁和车队管理品牌东伦（Donlen）的收购以及次年廉美租车的收购中，尽管与大规模的减员策略背道而驰，但是按照 2014 年创造 110 亿美元收入所使用的相同员工数量，在 9 年前却只实现了 75 亿美元的收入。集团的生产效率连续 29 个季度实现增长——2006 年到 2013 年间，效率合计提高了 34.5%。同期通过削减成本为集团带来了 30 亿美元的收益。[72]

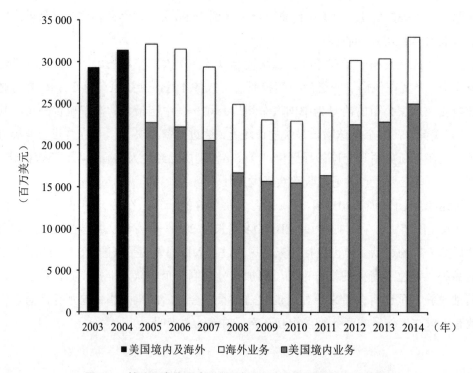

图 3.1　赫兹租车集团在 2003 年到 2014 年期间的员工总数

资料来源：公司财务报告及笔者分析。

通过此前的快速变现，PE股东已完全售罄手中持有的股份，这种行为更像是一种对企业健康的缓慢侵蚀，但赫兹管理层却利用从福特集团分拆出来的机会，减少了对这家汽车制造商的依赖。赫兹租车始终没有浪费时间去刻意追求车队的多样化。在2004年的时候，福特还是排在第一位的汽车供应商——你或许还会回想起，福特公司的汽车占赫兹租车在美国境内车队汽车数量的一半以上，占其国际业务使用车辆的1/3；但是在10年之后，福特却只能排名第五位，落后于通用汽车（占赫兹全球车辆总数24%的）、菲亚特-克莱斯勒（Fiat Chrysler）、日产（Nissan）和丰田（Toyota）。在赫兹全球车队的车辆总数中，只有1/10来自福特公司，远远落后于其他竞争对手。[73] 杠杆收购让赫兹拥有了更强大的讨价还价能力。而收购廉美租车——拥有大量克莱斯勒集团车辆的运营商，自然而然地提高了车队车辆品牌的多元化程度。

除2008年之外，赫兹租车的收入和盈利能力均显示出强大的弹性，如图3.2所示。这就可以解释，这家公司为什么会成为杠杆收购最理想的目标。事实上，如果扣除当年计提的12亿美元资产减值损失，赫兹租车在2008年实现的EBITDA利润率可达到36%，与其他年度的37%至39%的利润率相比，只差了一点点。正如公司在2011年年度报告中所披露的那样，其收入在过去20年中实现了5.2%的年复合增长率，而且在其中的17年里实现了增长。[74] 而这些成就的答案就在于行业结构。

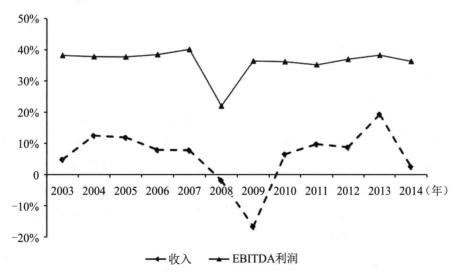

图3.2 赫兹租车集团在2003—2014年的收入增长率及EBITDA利润率

资料来源：公司财务报告及笔者分析。

汽车租赁市场的本质最适合用卖方的寡头垄断来描述。少数供应商控制着市场，尽管这对消费者来说绝对不是好事，但却是股东们最梦寐以求的。它可以让运营商充分利用自己的讨价还价能力。事实上，由于未明确披露其为提供服务而收取的各种费用，赫兹租车及其竞争对手经常被消费者告上法庭。[75] 鉴于这个实行自律性监管的行业经常出现各种近乎偏执的做法，因此，它们也成为欧洲消费者保护委员会定期调查的对象。[76] 此外，2015年7月，英国政府的竞争和市场管理局在其发布的报告中明确认定了这个寡头垄断市场的常见问题：预订时核收的总价格、租赁合同条款、油料政策、评估和收取车辆损坏的费用以及如何处理纠纷等方面缺乏透明度。当然，问题还在继续增加。

在美国，三大运营商的主导地位是不可否认的。在赫兹租车于2012年年底收购廉美租车之后，三大汽车租赁运营商（企业集团、赫兹租车及安飞士）合计控制着美国租车市场4/5的份额。[77] 而在安飞士于2013年年初收购汽车共享公司Zipcar之后，市场集中度又得到了更进一步的加强。[78]

在经济大萧条之后，这种高度依赖经济增长的行业，居然能实现如此迅速的复苏，这似乎有些不可思议。但要解释这种可能性并不困难。首先，与企业客户之间的商业合同具有高度的黏性，汽车租赁合同的续签率通常在90%以上，而且经常会超过95%。其次，在对老客户推出用户奖励卡之后，零散客户也比过去更加忠诚。虽然他们有可能在2008年和2009年的金融危机时期放弃赫兹租车及其竞争对手，但只要经济反弹，并且有了再次出行的需求之后，他们还会找到以前打过交道的运营商。最后，为了保留现金，所有运营商都会决定推迟车队车辆的升级换代，延长车辆的更新时间和使用时间。虽然这样做风险较大——延长车辆的使用时间会增加维修成本，并降低二手车的转售价值，但这种策略却有助于维持正的现金流。虽然2009年的经营现金流比2007年低45%，但仍高达17亿美元。[79]

正是为了追求这种弹性，法国PE投资公司欧瑞泽基金（Eurazeo）才会在赫兹收购后不到6个月便采用了相同的投资策略。2006年3月，欧瑞泽同意以31亿欧元的价格收购欧洲汽车租赁运营商欧洲汽车租赁公司（Europcar）。通过一场激烈的价格大战，它击退了包括安佰深基金（Apax）、黑石集团、博龙资产（Cerberus，当时仍拥有阿拉莫和国民租车公司）、胜峰、甚至是凯雷集团和美林私募等一长串顶级PE同行，接盘原股东德国汽车制造商、大众汽车公司的股权。[80]

遗憾的是，这家法国投资集团根本就没有机会像美国同行那样，以有效的方式将欧洲汽车租赁公司的股份兑现。不仅如此，欧瑞泽始终深陷于被投资公司这个陷阱而不能自拔。直到2015年6月（此时已持股超过9年），它才按35亿欧元的企业价值将这家公司送到巴黎泛欧证券交易所上市。[81] 按照欧瑞泽最初支付的收购价格，这个上市价格似乎并不令人振奋。事实的情况远比看上去更糟糕,因为欧洲汽车租赁公司已于2006年年底购买了阿拉莫和国民租车公司在欧洲的业务。因此,2015年上市时其业务体量要远大于2006年。[82]

> **深度解析:被丢弃的遗产**
>
> 在完成杠杆收购10年之后,赫兹租车已成为一家拥有强大经营实力的企业,并彻底巩固了它在美国市场上第二名的位置。2008年,集团进入汽车共享市场,在全球的各大城市、大学校园和企业园区开展汽车共享业务。2009年,赫兹集团推出了线上出租车业务平台Rent2Buy,购买在美国部分地区运营的二手出租车。2012年,赫兹还通过廉美租车进入低价位租车市场,实现了收入流的多元化。另外,集团通过对中国汽车租赁公司(C.A.R.)持股,得以在快速增长的中国租车市场上占有一席之地。
>
> 但是在其他方面,这家集团似乎并没有太大起色。2004年,集团3/4的汽车租赁收入来自机场网店的租金收入;而10年后,它在美国境内收入的72%来自机场租车业务。[83] 不可思议的是,尽管公司在PE控制下采取了大规模的裁员措施,但EBITDA利润率却并没有好转。2005年的这项指标为38%,6年后却几乎没有任何改变。
>
> 人们或许可以解释说经济危机削弱了他们的经营业绩,但正如此前曾经提到的那样,在集团的总成本中,有很大一部分属于可变成本,这在一定程度上应该有助于它在经济衰退中维持利润率。到2011年,赫兹租车的收入为83亿美元,而2005年的收入还不到75亿美元,因此,1/3的成本应属于固定成本,这应该会带来更高的利润。也就是说,规模经济并没有实现。
>
> 如果运营效率不能转化为盈利增长,那么,这种效率自然不会让公众股东受益。对于来自PE行业外部的参与者来说,在未来的交易中,他们必将将交易的某些方面铭记在心。首先,虽然赫兹租车于2006年11月上市,但未能在接下来9年中的任何一年分配现金股利。对那些曾帮助三家PE大腕变现股权的公众投资者而言,这显然是一个令人不安的故事。
>
> 对如此吝啬的行为,管理层给出了这样的解释:"债务协议严重束缚了我们支付股息的能力"。但这家集团从未尝试过缩减债务。相反,它一直在为杠杆收购贷款进行再融资、修正和展期。此外,优先级债券和优先级附属债券也包含了限制股票赎回的约定。除2013年用于购买库存股的5.55亿美元以外,在2007年到2014年期间,赫

兹租车的管理层从未浪费过一分钱来赎回普通股。[84] 这对支持股价来说显然是不够的。

在集团的资本结构中，始终积存了过度的债务成分。虽然车队的债务与交易同步增加属于正常现象，但公司债务也从 2007 年的 48 亿美元增加到了 2014 年收购廉美租车之后的 64 亿美元。债务之所以并未实现可持续的收缩，可能是因为公司市值自 2011 年以来出现的稳步上升，因此，公司有充足的股权资金作为缓冲，如图 3.3 所示。在如下即将讨论的 2014 年中期股价调整之后，截至 2015 年年底，债务净额占其资本结构的 70%。

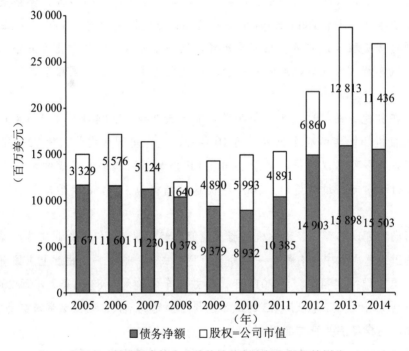

图 3.3　赫兹租车的企业价值按债务净额和股权的划分

资料来源：公司财务报告及笔者分析。

在资产负债表上存在大量债务，永远都不是一个企业健康的信号。一方面，它限制了公司业务的灵活性。债务的大量积存会导致公众股东无法取得应有的的股息收益。也许这就可以解释，在 2014 年 3 月，集团为什么会宣布剥离其设备租赁业务——通过此举筹集到的 25 亿美元，偿还到期债务并为 10 亿美元的股票回购提供资金。[85]

PE 留下的东西之所以会如此破烂，主要不是因为它在杠杆收购后一年里精心策划的快速变现或是股息重组返还，也不是因为公司没有对公众分配股息收益。在金融投资者最终退出企业的几个月内,赫兹租车的管理层宣布,公司发现重大会计差错。根据结果的重要性,公司需要重新编制2011年、2012年和2013年的财务报表,而2014年财务报表的最终提交时间也因此而被推迟。2014年6月,著名的激进投资者、持有赫兹租车公司8.5%股份的卡尔·伊坎(Carl Icahn)牵头发出反对声音,这无异于一枚重磅炸弹,并最终导致由PE基金推选的董事长兼首席执行官马克·弗里索拉(Mark Frissora)在9月初引咎辞职。[86]

最令公众股东感到懊恼的是,这些会计差错导致设备租赁部门的剥离不得不被推迟,再加上收购廉美租车带来的收益非常有限,迫使赫兹租车不得不重新评估公司股票的价值,如图3.4所示。到2015年12月底,市场交易价格已跌至每股15美元首发价格之下。对耐心等待股价上涨的股东们而言,这显然不是他们愿意看到的结果。

图3.4　赫兹租车股票在2006年11月16日IPO到2015年12月31日期间的价格变动

在2009年到2014年期间,赫兹租车的业绩与中盘股罗素1000指数基本持平,但是在租赁和租赁服务基准收益率增长两倍的情况下,赫兹的股票价值同期仅翻了一番。[87]考虑到赫兹租车不支付股息,因此,股东们只能自认倒霉了。

业内专业人士可能会辩解说,安飞士也没有在2007年到2013年期间支付股息,因此,认为由PE控制的赫兹租车对股东们的态度不及安飞士的高管层,是一种不公平的指责。但是在图3.5中,我们可以看到,两家公司之间存在着一个基本差异。在

2010年12月30日（安飞士集团的股票从纽约证券交易所转入纳斯达克交易所交易的当天）和2013年第二季度（克杜瑞、凯雷和美银美林完全退出赫兹时），两只股票在股东收益率上显示出明显的差异。赫兹租车的股票在此期间上涨了80%，而安飞士的股价则上涨了117%。

在图3.5中，最引人注目的是，在PE股东退出之后，两家租车运营商之间的差异出现了大幅偏离。赫兹租车的股价形势低迷，不仅是由于2011年、2012年、2013年和2014年季度及年度的财务重述——尽管这些错误的会计记录确实向公众投资者发送了误导性信息。对廉美租车的整合也未带来交易的提升：2014年，集团收入仅增长了2.4%，而公司层面的EBITDA甚至下跌了1/3。进入2015年前9个月，业务形势进一步恶化，全球汽车租赁和设备租赁收入同比分别减少了5%和2%。[88]

图3.5 安飞士与赫兹租车的股票价格（以2010年12月30日的股价作为基准指数100）

尽管所有管理层都在谈论改善运营，但是在2010年到2014年期间，赫兹租车却始终未能找到提升效率的途径。在此期间，赫兹租车的EBITDA增长了1.5倍，与收入保持同步。相比之下，安飞士则是在收入增长1.65倍的情况下，EBITDA增长了4倍以上。[89]此外，赫兹在这段时间还增发了10%的普通股，从而稀释了股东们持有的股权和每股收益，而安飞士的流通股数量则始终保持稳定。赫兹租车的股票业绩明显落后于同行，这也是最让卡尔·伊坎感到不满的主要原因之一。

至于赫兹租车的股价表现不及安飞士和租赁业基准，在一定程度上还可以用另一个原因解释：尽管创造收益能力较弱，但其交易价格却通常较高。2010年，赫兹租车的企业价值与EBITDA之比为5.26倍，而安飞士的这一比率则是3.8倍。2012年，当安飞士按4.5倍的企业价值与EBITDA之比进行交易时，赫兹租车的该比率达到6.4倍。到2014年，尽管安飞士的交易倍数上升至5.8倍，但赫兹租车却达到了6.7倍。赫兹为其用户提供了一种优质产品，以至于市场认为，它的股票理应出现溢价。截至2015年12月，赫兹的企业价值倍数已恢复至行业平均水平，为收益的5.7倍，而安飞士的企业价值与收益之比则是5.6倍。

坊间普遍认为，赫兹租车在2012年末到2014年上半年期间经历的股价大幅上涨，主要归功于收购廉美租车带来的协同效应和战略收益。但会计重报和2014年的严重亏损还是让价值提升的前景消失殆尽。而在这个阶段，三家PE股东早已经溜之大吉了。

满载而归

克杜瑞及它的两个交易合作伙伴合计获得了63亿美元的股权转让收入（全部收入在三家机构之间差不多均分），或者说，这笔收益相当于它们最初对赫兹租车投资额的2.5倍。[90] 这显然比美国政府为救助通用汽车而做的投资赚得更多：在这次不温不火的计划经济式收购中，政府显然让超过110亿美元的纳税人资金打了水漂。

但如果没有政府的介入，谁会知道美国经济接下来会发生什么呢？汽车行业、赫兹这样的高杠杆化企业，或者更具体地说，PE行业将面临怎样的命运呢？在某种程度上，赫兹的PE股东们应该感谢这些救世主，他们在交易中所收获的巨大回报，还要归功于政府官员和央行行长解救金融和汽车行业于危难之中的决心。

截至2014年12月31日，克杜瑞已凭借"克杜瑞VII号"基金创造了10.5%的净内部收益率，该基金是为投资赫兹租车而在2005年创建的年份基金。[92] 而这只基金的成功还要归功于赫兹租车的优异表现，因为整个基金本身创造的收益仅为有限合伙人初始投资的1.4倍，而赫兹租车带给股东的则是2.5倍于初始投资的收益。但考虑到道琼斯工业平均指数和标准普尔500指数在同期的总无杠杆收益（将股息用于再投资）为8%，因此，克杜瑞在这只基金上得到的回报算不上优异。

至于"凯雷IV号"基金——也就是其他PE投资者用于收购赫兹租车的载体，在2014年年底之前就已经为有限合伙人带来了 2.2 倍于原始投资的回报。截至当年 12 月 31 日，这只仅做美国境内投资的 2005 年的年份基金实现了美国记录的 14.6% 的净内部收益率。[93] 同样，赫兹租车是这一成绩的最大贡献者。

美林全球私募股权公司的运气就没那么好了。作为一只专属基金，它的收益水平只能依赖母公司的资产负债表。令人遗憾的是，作为全球的顶级投资银行，美林并未通过所谓的最佳实践公司治理进行自我管理，因此，在 2009 年 1 月，它居然连哄带蒙地被远离华尔街、位于北卡罗来纳州夏洛特市的美国银行收入怀中。对于美林的 PE 部门而言，由于业务活动被转移给美国银行旗下的资本投资者（Capital Investors），因此，它也就立即丧失了实施进一步投资的资格。一年之后，作为全行业业务清理工作的一部分内容，PE 业务被美国银行再次剥离，以便于在全球借贷业务与赌场式的银行投资业务之间建立防火墙。

* * *

如上所述，围绕 PE 公司快速变现股份的愤怒显然有点大惊小怪。在那个时候，很多其他交割的杠杆收购均采取了相同策略，有些 PE 投资者甚至因此而受到市场吹捧，赫兹租车的股权转让为什么却要遭受如此严厉的拷问呢？

其他很多基金也采取了相同的退出策略——尽管有些基金变现股权的速度似乎没有这么快，比如说，卫星服务提供商泛美卫星公司（PanAmSat）在 2005 年 3 月公开上市，则此时距离 PE 股东 KKR、凯雷集团和普罗维登斯基金（Providence Equity）取得公司控制权只有 7 个月的时间。据报道，这些私募机构当时获得了 3 倍以上的回报。[94] 事实上，早在收购成交仅仅一个月之后的 2004 年 10 月，三家基金就几乎已经清空了全部股权。[95]

卫星服务领域似乎更适合这种对公众股东不负责任的投资实践，因为早在 2005 年 2 月就已经出现了这样的案例：在收购国际通信卫星公司（Intelsat）的交易成交仅 6 天之后，由阿波罗投资、麦迪逊迪尔伯恩（Madison Dearborn）、安佰深和璞米资本等知名机构投资的宙斯控股（Zeus Holdings）便开始从被投资公司领取股息，而且收取的股息竟然达到原始股权投资总额 5.15 亿美元的 60%。[96] PE 股权的加速退出已成为司空见惯的事情，如果我们将赫兹租车的案例视为极端情况，那么，我们又应该如何定义泛美卫星和国际通信卫星（Intelsat）的情况呢？

正如我们即将看到的那样，当这些卫星运营商的金融投资者们赚得盆满钵盈时，PE 巨头黑石集团则通过收购塞拉尼斯化工集团，为我们上演了一幕教科书式的股权变现大片。这个案例将显示出，在不被下行周期粗暴打断的情况下，充分利用货币的时间价值会带来怎样令人瞠目结舌的投资回报。

第四章

塞拉尼斯——神奇的化学反应

2003年12月16日,黑石集团宣布,它有意收购德国著名化学公司塞拉尼斯化工集团（Celanese）。实际上,在发布这条消息时,黑石集团已获得目标公司最主要的非控股股东科威特石油公司（KPC）的承诺。科威特石油持有塞拉尼斯化工29%的股份。按照每股32.5欧元的报价——与3个月的平均股价相比,足足有13%的溢价,这家目标公司的市值达到16亿欧元。企业价值合计为31亿欧元（38亿美元）,其中包括承担4.46亿欧元的债务以及10亿欧元的养老金债务。因此,这也是当时德国最大规模的一起杠杆收购案。此外,此次收购也是德国有史以来最大的一次退市交易。[1] 但是很快,这笔交易还将陆续打破其他纪录。

事实上,塞拉尼斯并不是一家典型的德国企业。该公司收入只有不到一半的部分来自欧洲,2/3的资产分布在北美洲。为增加认识,我们不妨回顾一下这家公司的发展历史。

这家从事特种化学制造的集团诞生于20世纪最初10年。1912年12月,瑞士兄弟卡米尔·德莱弗斯（Camille）和亨利·德莱弗斯（Henry Dreyfus）博士合作创建了一家名为Cellonit Gesellschaft的股份有限公司。此前,亨利一直在霍夫曼罗氏（Hoffmann La Roche）化学公司工作。新公司的业务就是使用醋酸纤维素生产防火塑料。公司位于瑞士的巴塞尔,随着业务的发展,它们开始生产用于飞机涂层材料和涂料的化合物。从1916年开始,公司接受英国政府邀请,亨利经营的英国纤维素和化学制造公司开始生产新型飞机涂料。

两年之后,随着第一次世界大战即将结束,飞机油漆的专供合同逐渐减少。于是,卡米尔在纽约创建了美国纤维素和化学制造公司,并在马里兰州兴建了一座生产醋酸纤维素的工厂。作为纱线和纤维生产者,这两家公司不仅重塑了英国和美国企业的形象,也为它们的生存奠定了基础。

1927年,他们将这家企业更名为美国塞拉尼斯公司,3年后,新公司在纽约证券交易所公开上市。此时,这家公司在英国和美国的经营仍采用家族式管理。在亨利去世后,两家公司均由卡米尔一手负责，直到他在1956年去世。公司（Hoechst）一直维持独立实体的地位，直到1987年2月被来自德国的竞争对手赫斯特化工（Hoechst）所收购，后者是纤维、有机和特种化学品领域的市场领导者。随着时间的推移，这家集团企业已在化学品和药品领域占据了强大的市场地位。

作为塞拉尼斯最近的化身，这家销售额超过40亿欧元的公司还是发迹于赫斯特的化工业务。赫斯特集团同意将旗下的生命科学部门与法国制药巨头罗讷·普朗克公司（Rhône-Poulenc）进行合并，从而创建了这家从事工业化学业务的新公司——塞拉尼斯，并在1999年7月通过向新投资公司提供股份进行了分拆。自1999年10月25日开始，塞拉尼斯在法兰克福和纽约证券交易所上市交易，首发价格为每股16欧元。这个价格相当于黑石集团在4年后收购报价的两倍。[3]

这家德国集团的业务分为四个部分：化学产品、醋酸纤维产品、高科技聚合物"泰科纳（Ticona）"和功能性化工产品。为解释每个产品大类的具体含义，我们不妨按最终用户市场对它们进行定义。公司开发的化学产品主要用于生产油漆、涂料、黏合剂、润滑剂和洗涤剂。根据这些产品细分市场的规模，化工产品业务为整个集团销售额贡献了2/3的份额并不让人意外，汽车行业是公司最重要的客户群来源。醋酸酯产品的销售额约占集团销售总额的12%，该产品主要用于动力传送带、安全带和电子元件等。"泰科纳"系列产品主要用于过滤器，集团的其余收入则来自功能性产品，如饮料、糖果、烘焙食品和乳制品行业使用的甜味剂等。

如果只是简单地说杠杆收购的资本结构必定非常复杂，这显然只是一种温文尔雅的轻描淡写。在对塞拉尼斯进行的价值31亿欧元的收购中，收购资金中有25.8亿欧元来自发债，其中的12.8亿欧元属于债券的次级过桥融资，而过桥融资本身又包括对从属债务的6.81亿欧元过桥融资和对次级从属债务的6.0亿欧元过桥融资。简而言之，这是一个分割式的高收益债券。此外，这笔交易还包括了2.5亿欧元的5年期周转贷款和1.5亿欧元的5年期信用证贷款，利率均高于伦敦同业拆借利率Libor 250个基点；而5亿欧元的7年期定期贷款B则以欧元和美元计价，其利率高出伦敦同业拆借利率275个基点。

它远非普通的借款，因此，为了体现交易过于繁杂和夸张的结构，评级机构穆迪和标准普尔均对这个打包发债方案下调了一两个等级，使之成为标准的次级债务。如果这项方案获得塞拉尼斯全体股东的批准，那么，黑石集团在这笔交易中的总股本敞口将略低于7亿欧元。在由摩根士丹利和德意志银行分别牵头债券和优先级贷款发行的前提下，这一轮银团发债程序于2004年年初开始启动。[4]

黑石的炼金神功

黑石集团是一家超级强大的另类资产管理公司。1985 年，来自雷曼兄弟的投资银行家彼得·皮特森（Peter Peterson）和斯蒂芬·施瓦茨曼（Stephen Schwarzman）创建了这家金融顾问公司。皮特森是雷曼兄弟的前董事长，1983 年夏天，他被首席执行官刘易斯·格卢克斯曼（Lew Glucksman）赶下台；而施瓦茨曼一直是雷曼兄弟并购业务的牵头合伙人之一。此外，施瓦茨曼是美国前总统乔治·W. 布什（George W.Bush）的朋友，而且和布什一样，施瓦茨曼也是耶鲁大学和哈佛商学院的毕业生，更是黑石集团在 PE 投资领域崛起的领导者。正是凭借施瓦茨曼的旺盛斗志和庞大的社会关系，黑石集团旗下管理的资产规模从 1995 年的 30 亿美元增长到 8 年后的 270 亿美元。虽然 PE 投资业务仍占集团资产管理业务的一半以上，但是自 20 世纪 90 年代以来，黑石集团已开始实行多元化经营的策略，目前管理的资产还包括对冲基金、房地产和信贷基金。[5]

收购塞拉尼斯对黑石集团实现在欧洲市场的野心非常重要。3 个月之前，黑石集团才在汉堡开设了它的第一个德国办事处，因此，迅速收购这家化工公司，无疑就会向市场释放出强烈信号。在宣布收购消息的几天之前，黑石集团与欧洲同行安佰深合作，以 5 亿欧元的价格收购另一家德国企业——从事废物处理业务的苏洛集团（SULO Group）。

这家公司的股权原来由黑石集团旗下的"资本合伙人 IV 号"基金持有，这也是当时规模最大的机构型私募股权基金，已筹资 64.5 亿美元。"资本合伙人 IV 号"基金于 2002 年 7 月创建，始终保持活跃状态，曾帮助公司完成了 2002 年全球最大的收购案：以 47 亿美元的价格收购美国天合汽车集团（TRW）的汽车系统部门。这些明星级基金都在期待着塞拉尼斯的交易。[6]

* * *

尽管有塞拉尼斯管理层和少数股东 KPC 基金的支持，但黑石集团还是认识到，这个报价还不够慷慨到足以服众的地步。因此，在 2004 年 3 月，黑石集团决定，降低公司认为有必要获得的最低持股比例，将待收购的股权下调至 85% 到 75%。几个星期后，这次调整的必要性便显现了出来。到 4 月初，由于一些激进的股东的抵制，尽管收购要约得到了大多数投资者的签字认可，但这些投资者的持股比例仅占塞拉尼斯流通股总数的 83.6%。

尽管如此，这家美国 PE 集团还是宣布，它将继续推进这笔交易的进行。[7] 随后，它开始在美国市场发行债券，以最大限度提高标的公司的流动性。牵头银行发行的 B 类定期贷款马上即出现超额认购。毫无疑问，市场对由塞拉尼斯资产担保的债券确实存在旺盛的需求。直到交易得到足够数量的股东的确认之后，15.7亿美元的高收益债券才最终于5月8日正式发行。[8]

遗憾的是，要约收购得到股东认可的比例并没有达到德国对上市公司退市所要求的95%的最低比例，因此，黑石集团只能延迟启动对少数股东行使强制收购权的程序。德国的《收购法》规定，只有在潜在收购方至少获得目标公司95%的股本之后，才能强行使不同意被收购的少数股东接受其收购要约。7月，塞拉尼斯的股票已从纽约证券交易所摘牌退市，但仍在德国证券交易所上市交易。同月，黑石集团发布了所谓的控股和损益表转移协议，以此告知塞拉尼斯管理委员会其准备收购德国少数股东的股份的愿望。该协议于2004年7月30日至31日召集的特别股东会议上得到批准。

虽然形势初现明朗，但整个程序依旧非常烦琐，收购方必须保证，向选择不出售所持股份的少数股东支付特定的最低股息。作为协议的一个部分，这家美国PE集团同意，按已生效的控股和损益表转移协议，向所有希望保留塞拉尼斯股份的股东每年支付每股2.89欧元的现金股息。此外，黑石集团还需要向股东提供现金补偿，从而最终达到按每股41.92欧元的价格收购其所持有的股票。这个最新定价由安永会计师事务所通过估值程序确定。收购要约的有效期开放至10月1日，因此，股东们有三个月的时间确定是否接受要约。[9]

尽管如此，PE投资者略显贪婪的方法自然未能获得全体股东的一致支持。8月，部分持反对态度的少数股东提起诉讼，试图推翻最初投票时大多数人同意的结果。但塞拉尼斯的新东家显然急于追求更高的投资收益率，因此，时间成为至关重要的因素。现在黑石集团已在某种程度上控制了这家公司的命运，而且能够影响其管理层，因此，它要求塞拉尼斯再次发行一轮垃圾债券，并将发行收入转移给PE股东。

美国债务市场对这种债券的好胃口，使得最初为杠杆收购提供融资的双币种高收益债券的联合发行取得了巨大成功，因此，黑石集团能否充分利用这种需求——尽管可能只是暂时的旺盛需求，至关重要，只有加大债务力度，才能进一步提高目标公司的杠杆，并通过债券发行收入提取更多的股息。而现金股息的支付则出现在2004年6月下旬，当时，这笔收入采取了2.25亿美元的附加债务形式，主体债券是按当月早些时候价格发行的10亿美元、利率9.625%的优先级附属债券。所得发行收入用于偿还对控股公司的1.65亿欧元实物支付债券，并允许PE公司在约定时间内向有限合伙人支付收益，而这个时间之短恐怕绝无仅有。

截至2004年3月31日，在短短12个月的时间里，这种超级激进的做法便将负债与EBITDA之比推高至5.4倍，导致穆迪将该公司垃圾债券的评级下调一级，降至B3，而且进一步稳定了该债券的"高度投机"特征。在解释此次突然下调信用等级的合理性时，穆迪的分析师指出，他们以前曾天真地相信，该化学公司及其所有者的目标会审慎地使用杠杆：

> "在穆迪此前进行的分析中，尽管曾认为塞拉尼斯控股公司具备增加发行债务的能力，但仍预计该公司会保持克制态度，致力于不断改善信贷指标。"[10]

在降低塞拉尼斯债券评级的同时，穆迪还警告称，按照该化工集团发行优先级附属债券的约定，塞拉尼斯可以在不受两倍固定费用偿付比率限制的情况下，增加发行超过5亿美元的债券。①这项约定意味着，黑石集团愿意承担这笔费用。2004年9月，塞拉尼斯发行了一份包括两个组成部分的优先级折扣票据，其中，系列A票据为面值1.66亿美元（1亿美元）、期限为10年期且5年内不可赎回的票据，票面价值61.275美元，收益率为10%；系列B票据为面值6.9亿美元（发行收入4.13亿美元）期限为10年期且5年内不可赎回的票据，票面价值59.829美元，收益率为10.50%。

对于不熟悉这些术语的人来说，"期限为10年期且5年内不可赎回"的意思是说，该债券将在10年后到期，且发行人不得在发行5年内买回（即赎回）债务工具，否则将受到严厉处罚（即需支付高额的提前赎回费）。而采用折扣或者说贴现定价的方法，其目的则是为债券提供一定的收益率。因此，如果折扣率为61.275%，且对票面价值1.63亿美元的债券按10%的折现率进行折现，那么，投资者只需支付1亿美元即可持有这些债券。

但新发行的债券根本就无助于改善塞拉尼斯的财务比率。但这并不重要，重要的是，在完成对目标公司收购仅仅3个月之后，黑石集团实际上就已经完全套现，之前在6月收回了2.25亿美元投资，通过这轮发行又再次收回5亿美元，也就是说，向有限合伙人支付的投资回报已远远超过最初投入的6.5亿美元。如此短暂的回收期注定会大大提高这笔投资的内部收益率。[11]

而塞拉尼斯的管理团队也没有闲着，一直忙于梳理醋酸盐业务并寻找新的收购目标。10月份，按照雷曼兄弟的建议，这家化工集团决定以4.92亿美元的价格收购加拿大的爱思泰克斯化工集团（Acetex），后者是一家生产多种有机化合物和高科技聚合物的制造商。在接下来的一个月里，塞拉尼斯将目光转向英国帝国化学工业集团（ICI）旗下生产乳液聚合物业务的Vinamul Polymers公司，并给出了2.08亿美元的收购价格。尽管两笔交易均未达成，但这些举措显示了塞拉尼斯提升企业实力的意愿。但这一切对投资者来说都是次要的。黑石集团唯一关心的，就是为投资者创造更多的价值，当然，还要越快越好。

---

① 固定费用偿付比率是衡量公司支付固定融资费用的能力。

黑石的脱身秘籍

就在黑石集团于 2003 年 12 月宣布有意收购塞拉尼斯后不久,来自 Trusco 投资公司的行业专家詹姆斯·贝尔(James Behre)对此发出了愤怒的声音,其用词刻薄,显然已超出分析师的正常语气:

"这太荒唐了。我们正进入这家公司所处行业经营周期实现复苏的阶段,我敢肯定,两年之后,就会有人让我们在 IPO 中以更高的价格买回其股票。"[13]

但黑石显然不愿意等那么久。2004 年 11 月初,这家 PE 公司便向美国证券交易委员会(SEC)提交了塞拉尼斯部分 IPO 的申请。当时,距离这家化工集团从纽约证券交易所退市仅过了四个月。[14] 在以迅雷不及掩耳之势完成两次股息重组回收之后,黑石集团已经为快速变现、全身而退做好了准备。

两个月之后的 2005 年 1 月 21 日,塞拉尼斯再度上市,成为一家在纽约证券交易所重新上市的公众公司。这家化工公司的高杠杆率导致投资者需求冷淡,因此,其股票的定价已从最初每股 19 到 21 美元的区间至 16 美元左右。在总共 10.8 亿美元的发行收入中,约有 8.03 亿美元被用于向黑石集团支付股息,而不是偿还塞拉尼斯的债务。[15]

当黑石集团在 2003 年年底宣布对这家化工公司进行私有化时,收购方的董事长斯蒂芬·施瓦兹曼对此给出了这样的理由:"对塞拉尼斯进行退市私有化,将给公司带来更大的灵活性,以便于更主动地实现其战略目标。"[16] 然而,它在正式获得目标公司的所有权 6 个月之后,便让这家公司重新上市,这也让黑石集团完成了私募史上规模最大、速度最快的股权变现。正如当时很多同行一样,金融投资者已成为名副其实的短期投机者。

在最近的这几个月时间里,债务市场的需求出现稳步增长。此时恰值信贷泡沫的早期阶段。但是在当时的情况下,这种突兀而至的杠杆收购贷款需求到底会持续多久,自然还不得而知。从投资的内部收益率角度来看,投资升值的潜力实在是太大了,以至于决不允许错过。也正因为如此,在实施重新上市计划的同时,塞拉尼斯又发行了一轮价值 2.4 亿美元的永久可转换优先债券,这种可转换债券采取了固定的股息,而不是像普通股那样支付不固定的股息。可转债的票面利率为 4.25%。此外,塞拉尼斯还通过额外的 11.4 亿美元借款完成了现有部分债务工具的再融资,并使用了 2 亿美元的发行收入为收购 Vinamul 提供资金。[17] 债务市场似乎有无穷大的胃口,而塞拉尼斯也在不断试探其资产负债表的负债极限。

非常有趣的是，就在黑石集团将塞拉尼斯的股票返还到美国公众手中的时候，在德国，这家 PE 股东却未能获得少数股东的支持。2005 年 1 月 3 日，塞拉尼斯被迫延长强制要约的接受期。截止日期被推迟到 2005 年 4 月 1 日，但要约收购的价格仍是每股 41.92 欧元。[18]

面对约 16% 的顽固不化的股东，黑石集团将塞拉尼斯股份公司（包括欧洲和亚洲地区的业务）和塞拉尼斯美洲公司（北美业务）合并为塞拉尼斯控股公司，并将总部设在美国。凭借这家全球最大 PE 公司近乎不可动摇的信用，黑石集团很快就通过控股公司发行股票，以迫使其对大西洋对岸的业务进行清算，而且也给自己带来一笔丰厚的红利。但是，真正阻止塞拉尼斯在法兰克福证券交易所退市的一个事实是，交易中的一方为抬高黑石集团的报价，而刻意从少数股东手中征集了大量股份。

考虑到让塞拉尼斯在德国退市带来的负面反应，那么，持反对意见的投资者多为德国人自然也不值得大惊小怪。但事实却并非如此，真正的反对者反而是激进的美国对冲基金保尔森公司（Paulson），这家由创始人兼总裁约翰·保尔森（John Paulson）领导的公司控制了塞拉尼斯公司 11.4% 的股份，也正是它要求黑石集团提高报价，这种情形却是不同寻常。保尔森认为，安永会计师事务所最初给出的每股 41.92 欧元的估值显然不足以体现公司价值，因此，塞拉尼斯公司独立聘请了自己的估值顾问苏萨特投资公司（Susat&Partners），而后者声称，塞拉尼斯股票的公允价值应超过 65 欧元，或者说，应该是黑石集团 2003 年 12 月报价的双倍。

2005 年 5 月 19 日和 20 日，塞拉尼斯公司的年度股东大会在法兰克福召开，会上，股东聚集在一起分享了各自的观点。保尔森基金的一位代表认为，公司的出售过程"充斥着利益冲突和公司治理的失败"，而这恰好可以解释，为什么说黑石公司的报价"严重低估"。现在，塞拉尼斯在美国已重新上市，这家善于积极参与的公司认为，塞拉尼斯公司原有股票的价值实际上应该是每股 72.86 欧元，比黑石集团修正后给出的 41.92 欧元的报价仍高出 74%。在双方分歧得以解决之前，塞拉尼斯始终处于一种不常见的状态，即同一家公司按不同价值在两地同时上市交易。但可以理解的是，公司在德国发行的股票交易价格开始超过黑石集团给出的 41.92 欧元报价，并在 2005 年 5 月底接近 49 欧元。[19]

在 2005 年 5 月底和 6 月，27 名少数股东向法兰克福地方法院提起诉讼，对 5 月 19 日到 20 日年度股东大会期间通过的股东决议提出异议。[20] 但最顽固的反对者最终还是被摆平了：8 月，经过双方在法律框架内进行的小规模较量，作为世界上最有侵略性的对冲基金和规模最大的 PE 投资集团，保尔森和黑石集团最终达成协议。和其他所有持股时间超过一年的公众股东一样，保尔森按每股 51 欧元的价格获得补偿，比黑石集团在 2003 年年底提出的第一个方案中的价格高出 57%。此外，这个反对者还享受到了套利者的好处——按每股 2 欧元的价格解决未决索赔。21

现在，这家充满活力的金融投资者已彻底解决了全部分歧，为成功铺平了道路。因此，人们或许可以想象，塞拉尼斯本会在黑石集团的全力支持下专注于公司的运营和成长战略。但事实却恰恰相反，在接下来的两年里，黑石集团开始了有条不紊的退出投资计划。2005 年 12 月，由瑞士信贷第一波士顿担任唯一的账簿管理人和承销商，黑石集团按每股 18 美元的价格出售了 500 万股股票。其实，黑石集团曾试图在 11 月初卖出 2 000 万股股票，但是在抛出 8.2% 的股票之后，它推出了原来提议的增发股份。最终，在当月晚些时候，黑石集团再次卖出 1 200 万股——约相当于其全部持股的 12%。正如当年年初艰难的首次公开发行，黑石公司发现，要摆脱这家过度负债的被投资公司并非易事。

有趣的是，就在 12 月出售股份之前，塞拉尼斯已上调了 2005 年的盈利预期，并预计公司盈利将在 2006 年出现大幅增长。这只会有助于稳定其股价，并为黑石集团增发股份铺平道路。22 6 个月之后，也就是在 2006 年 5 月 15 日，这家 PE 集团通过由高盛承销的隔夜公开发行，再次变现了 3 500 万股股票——约占其所持股份的 1/3。全部发行收入（7.44 亿美元）均被黑石集团纳入囊中，而 200 万美元的发行费用则由塞拉尼斯承担。23 11 月 7 日，金融投资者再次卖出 3 000 万股。此次发行由摩根士丹利承销，又让黑石集团回收了 6.03 亿美元，从而帮助它将其对这家化工公司持有的股份减少至 14.1% 左右。24

显然，出资者义无反顾的脱身决心已昭然若揭，但这似乎并未影响塞拉尼斯管理层自行其道。按照剥离非核心业务的策略，塞拉尼斯于 2006 年 12 月宣布，公司已同意将乙酰基中间体部分的含氧产品和衍生品业务出售给另一家 PE 公司安宏国际（Advent International），作价 4.8 亿欧元（约合 6.36 亿美元）。25

在接下来的一个月里，这家化工集团终于对德国公司反对退市的 2% 的股东采取了强制购买措施。自 2005 年 11 月以来，塞拉尼斯控股便已持有德国公司 98% 的股份，但由于持续不断的法律纠纷，导致公司在德国退市花费了很长时间。塞拉尼斯集团公司不得不为此支付反对者要求的全部价格（当然，有些人会说这是公允价格）：每股 66.99 欧元。价格就是最好的证据，保尔森公司或许是对的。26

2007 年 5 月，黑石集团通过一种交易清理了对这家化学品集团的最后一笔投资，为快速变现画上了一个完美句号。在退出对塞拉尼斯的全部投资之后，这家顶级金融投资者凭借所持有的 2 210 万股该公司股份，最终收回 7.848 亿美元。摩根士丹利之所以能轻而易举地卖出这么多股票，在很大程度上还要归功于塞拉尼斯刚刚启动的 4 亿美元股票回购计划，既然被投资公司愿意帮助其前任股东退出，那么，收下这份好意又何乐而不为呢？27

深度解析：黑石集团的魔术

当黑石集团在 2007 年卖出最后一批股票时，它已经收回了 6 倍于原始投资的回报（而且还不包括上市后分配的股息和监管费用）。在完成投资的 3 年内，收购方合计取得了 40 亿美元的收入，扣除投资期间获得的股息和收费，它似乎在一夜之间就赚到了 34 亿美元的净利润。

黑石集团是怎样实现如此不可思议的回报的？

第一，同时也是最重要的是，在让塞拉尼斯退市私有化的过程中，这家美国收购公司仅支付了 7.1 倍的 EBITDA。[28] 尽可能压低对塞拉尼斯收购成本的意图，在 2004 年 3 月的决策中彰显无遗——将继续实施收购而愿意接受的最低持股比例从 85% 下调至 75%。在面对目标公司股东的反对意见时，潜在收购方往往会选择增加报价，但黑石集团却选择了维持低位报价，并始终坚持这个原则与现有股东进行消耗战。

除对冲基金保尔森公司和少数改变主意的股东之外，黑石集团的策略确实收到了良好效果，最终，该集团还是设法说服了持股比例共达 84% 左右的机构和个人投资者，使他们相信每股 32.5 欧元的价格是可以接受的。保尔森认为黑石集团之所以能廉价收购塞拉尼斯，是因为与高盛银行的密切关系，高盛银行是塞拉尼斯的顾问，同时也是黑石集团的两只基金的投资者。不管是当时还是现在，对于很多并购银行家来说，高盛都是黑石集团在其他收购交易中最经常合作的投资顾问，因此，这样描述高盛和这家 PE 集团的关系，似乎难以自圆其说。[29]

但是，如果不能以更高的价格退出投资，那么无论以多低的 EBITDA 倍数获得这笔投资，都是毫无意义的——毕竟，多重套利是最关键的价值触发因素之一。2005 年 1 月，塞拉尼斯的企业价值为 75 亿美元，足足超过 EBITDA 的 9 倍。投资盈利不仅依赖于被投资公司创造出更优异的经营业绩，而且正如传统套利行为那样，还来自于美国可比倍数较高而进行的重新估值——这意味着，塞拉尼斯的美国同行——例如杜邦和道氏化学，它们在传统上会采用高于欧洲同行的收益倍数，而总部位于法兰克福的塞拉尼斯欧洲公司显然属于后一个类别。正因为这样，在短短的 13 个月内，塞拉尼斯的企业价值会仅仅因为地点的变化而上涨 97%。而且在提高估值时，黑石集团甚至根本就没有考虑到按 5 亿美元收购的爱思泰克斯化工，实际上，这笔交易早在前一年的10月即已宣布，只是到2005年10月才得到欧盟委员会的批准。30

第二，在对塞拉尼斯进行退市私有化时，黑石集团只需动用38亿美元的企业价值总额中的6.5亿美元股权。31这绝对是再精彩不过的杠杆率——83%。毋庸置疑，黑石集团已掌握了PE第一个价值创造支柱的艺术——也就是说，以最少的股权投资撬动更多的廉价债务资金。只要不断试探债务市场的需求，PE公司就能持续不断地改善杠杆率。

归根到底，黑石集团及其承销商的策略就是随时把握当前市场形势，并审时度势地及时调整债务规模。比如说，尽管在进行杠杆收购时的计划是发行15.7亿美元的高收益债券，但是在意识到可采取成本更低的打包贷款时，它便减少了2.5亿美元的债券交易，转而发行同等规模以美元计价的第二留置权贷款，利率仅比伦敦同业拆借利率高出425个基点。这笔垃圾债券的定价为9.625%，因此，按美元计算的利率只有2%，优先留置权摘取的成本确实要便宜很多（比伦敦同业拆借利率高出330个基点）。32

第三，同时也是让收益率高到令人怀疑人生的一个重要原因，就是黑石集团在很短的时间内就收回了投资成本。回想我们在第一章讨论的货币时间价值概念，这家PE投资者在取得控制权的6个月之内便收回超过7亿美元的回报，而且第一年合计收回15亿美元，这显然有助于促成投资取得超乎寻常的收益率。请记住，内部收益率不只是适用于某个行业的绩效标准，它也是PE公司建立8%最低收益率门槛并向员工分配附带收益的起点。正如我们所看到的那样，在塞拉尼斯2005年1月通过IPO募集的10.8亿美元资金中，有很大一部分被用于向黑石集团分配股息。

完成收购后不久的几次再融资，也为提高收益率作出了巨大贡献。其中，第一次再融资发生在2003年6月，另一次则是在次年9月，塞拉尼斯发行垃圾债券获得的5亿美元收入早已不声不响地送到PE集团的口袋里。此外，这家被投资公司还在一年的时间里向PE股东支付了1.11亿美元的咨询费。33塞拉尼斯在美国再次上市时，复兴投资（Renaissance Capital）的凯瑟琳·史密斯（Kathleen Smith）是这样说的：

"塞拉尼斯根本就没有将IPO募集到的钱用于偿还一分债务。这显然不利于股东，但同样显而易见的是，黑石私募股权集团只考虑自己的利益。按照我们的标准，这绝对是公司治理不善的一个典型事例。"34

第四，这家化学产品制造商的业务存在明显的周期性。面对天然气（该行业的主要原材料）价格的上涨，这个行业的市场需求放缓，导致塞拉尼斯持续多年业绩不佳，而黑石集团就是在这样的背景下对其进行了收购。也就是说，PE公司在行业周期的底部收购了这家德国企业。在黑石集团报价收购时，塞拉尼斯还在忙于对出现亏损的醋酸纤维和技术聚合物业务进行重组，因此，重组可能带来的收益并没有完全反映在化工集团的股价中。但2004年全年业绩的取得，则来自于公司创纪录的收益增长，就像塞拉尼斯首席执行官克劳迪奥·松德（Claudio Sonder）在2004年2月解释的那样：在2005年1月IPO之前，塞拉尼斯的营业收入在5年内连创新高。[35]

第五，作为金融投资者的一种常态，黑石集团理应最大限度地减少现金流出，或者说，必须控制现金漏出，其中也包括与纳税相关的支付。在取得塞拉尼斯的控制权之后，PE公司作出的第一个决定，就是将塞拉尼斯的总部从税收饥渴的德国（当时的公司税可能高达全球收入的39%）转移到统一税率仅有8.7%的美国特拉华州。

此外，黑石集团还从财务角度对杠杆收购的结构进行了优化。集团的最终控股公司黑石水晶控股投资公司（Crystal Holdings Capital Partners）位于开曼群岛，而欧洲业务的控股方则是位于税收通道卢森堡的BCP Caylux控股公司。由于美元疲软，因此，只需将公司注册地址从德国变更为美国，经营业绩即可因税率降低而受益——而且集团60%的收入来自以美元计价的国际市场。点点滴滴，最终汇成令人瞠目结舌的收益。

第六，虽然观察人士纷纷猜测，黑石集团对塞拉尼斯会毫不留情地削减成本（价值创造的第三支柱），但事实上，这家PE公司只是将目标公司管理层在退市之前通过重组获得的好处归为己有。虽然黑石集团完全有能力强制推行自己的经营策略（其中有5名来自黑石集团的员工在塞拉尼斯董事会中任职，而且这种状况一直持续到2007年完全清理持股时），[36]但这家化工集团的高管已经对集团部分业务进行了重组，从而带来额外的成本，比如说，仅在2001年就因为员工遣散费、工厂关闭损失和商誉减值等形成了4.16亿美元的特别费用；而将员工人数从2001年12月的10 600人减少到两年后的9 500人，同样需要一大笔支出。

当然，在黑石集团的指导下，员工人数出现了进一步的减少，但财务投资者的持股时间太短了，根本就不足以对运营改善带来影响。[37]如图4.1所示，在2004年到2007年期间，塞拉尼斯的盈利能力稳步提升，这足以证明，全球经济增长的巨大影响以及公司员工人数的减少和管理层推行的全面重组，确实收到了成效。

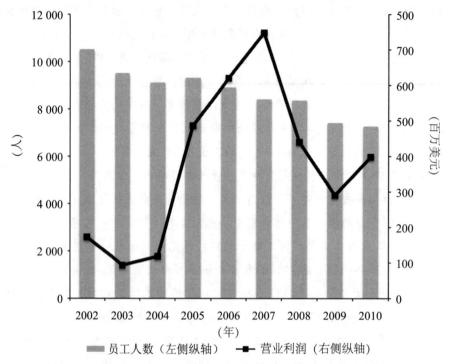

图 4.1 塞拉尼斯在 2002 年到 2010 年期间的员工人数和营业利润

资料来源：公司信息。

在收购塞拉尼斯的这笔交易中，黑石集团取得的天量收益在一定程度上还要归功于这家化工公司的财务复苏——在 2003 年到 2007 年间，塞拉尼斯的毛利率足足攀升了 700 个点。这个幸运的时机又因为 2007 年 5 月信贷危机的爆发而显得更加宝贵——也就是在同一个月，这家 PE 投资者完全退出投资，收回现金。不可否认的是，金融危机和随之而来的经济萧条导致塞拉尼斯的毛利率出现下降，从 2007 年的 22% 下降到一年之后的勉强超过 10%。但此时的黑石集团已全身而退，而且赚得盆满钵盈。

重要的是，收购塞拉尼斯的交易再次凸显了黑石集团等全球收购集团在杠杆收购泡沫之前（乃至之后）对华尔街的巨大影响力。可以看到，为获得主要投资银行的全力支持，黑石集团毫不犹豫地大举出击，四处散财，成功争取到多家财务顾问和承销商的鼎力支持，这些人成为黑石集团在塞拉尼斯的收购及退市以及随后的再融资、重新上市和二次股票增发中的同道者。

摩根士丹利以及作为黑石集团联合创始人的前雇主雷曼兄弟，都是塞拉尼斯于 2005 年 1 月在美国重新上市时的接盘方。此外，雷曼兄弟还在黑石集团收购 Acetex

的过程中为其提供咨询，而摩根士丹利则是其在 2006 年 11 月和次年 5 月进行股票增发的管理者。瑞士信贷于 2005 年年底牵头承销了塞拉尼斯的二次发行，高盛则是其在 2006 年 5 月配售时的承销商。在债务发行方面，德意志银行是优先级银团贷款发行业务的牵头银行，而摩根士丹利则是债券银团业务的牵头者。正是有了如此多的华尔街银行的支持，黑石集团才能在杠杆收购的有序执行和后续退出中做到游刃有余。

回想一下，在 2005 年 5 月塞拉尼斯股东会议召开之前，对冲基金保尔森公司作出的反对决议同样具有启发性。尤其值得一提的是，这家对冲基金管理机构曾指出，黑石集团在 2003 年底买入塞拉尼斯股权时的估值数字，并不是这家 PE 集团在 2005 年年初启动塞拉尼斯公司的 IPO 时采用的数字，两者之间存在一个有趣的差额，因此，这显然是由卖方主导的高估值。保尔森公司对当年业绩做出了这样的评述：

"根据塞拉尼斯德国公司的财务报告以及安永会计师事务所的估值报告，其 2003 年的 EBITDA 为 4.15 亿美元（黑石集团在 2003 年 12 月给出的收购对价数字却是 38 亿美元）。但是在 IPO 招股说明书中，塞拉尼斯公司却告诉未来的美国投资者，其 2003 财年的 EBITDA 为 5.02 亿美元，高出了 21%（这是作为卖方的黑石集团在 2005 年 1 月给出的塞拉尼斯上市招股说明书中使用的数字）。而黑石集团在塞拉尼斯债券发行募股声明书中却称，塞拉尼斯 2003 财年的预计调整后 EBITDA 为 6.81 亿美元，又比塞拉尼斯德国公司提供的数字（垃圾债券发行声明书中使用的数字）高出 64%。"[38]

从来就没有人说，会计是一门精确的科学。

塞拉尼斯的杂耍式运营

作为当时德国历史上规模最大的杠杆收购案和上市公司退市事件的主角，塞拉尼斯在如此之短的 PE 持股期内以及之后又表现如何呢？在黑石集团的控制下，塞拉尼斯的高层管理者已不再全身心地致力于化学品业务的长期发展。为最大限度地提升这笔投资的内部收益率，他们必须帮助公司的新股东尽早变现股权。于是，他们不再将经营现金流和债券发行资金用于长期发展项目（除用于具体的收购、资本支出和偿还周转性贷款之外），而是将其抽走以向 PE 股东支付股息。正如我们所看到的那样，仅在 2004 年 6 月至 9 月期间，他们就向这家 PE 机构支付了超过 7 亿美元的股息。

在黑石集团的短暂持股期内以及之后不久，塞拉尼斯还保持着非常靓丽的财务状况。但这家化学品集团显然已陷入了完全丧失主动性的依赖之中。只有通过定期更新的借新债还旧债，它才能得以苟延残喘。2005 年 11 月，公司聘请德意志银行担任主承销商，牵头完成 14 亿美元定期 B 类贷款的再融资，以期通过将利差从 225 个基点减少到 175 个基点来降低成本。³⁹ 2007 年 4 月，塞拉尼斯再次进行再融资，对信贷额度进行了修正和展期，包括 2011 年到期的 16 亿美元定期贷款、2009 年到期的 6 亿美元循环信贷额度以及 2009 年到期的 2.28 亿美元信用挂钩周转贷款。到 2009 年，塞拉尼斯的债务总额依旧不可理喻地高达 35 亿美元，而在这一年，金融危机让那些过度依赖杠杆的企业举步维艰。

考虑到企业已出现可能无法履行其全部贷款约定的风险，因此，在 2010 年 9 月 29 日，塞拉尼斯与贷款人签署了另一项修订和展期协议，协议规定由贷款人重新确定 2007 年 4 月安排的优先级担保贷款协议，将定期贷款额度从 27 亿美元下调至 25 亿美元，并将到期日从最初的 2014 年调整为 2014 年、2016 年和 2018 年渐次到期的安排。之后，经济复苏为公司带来了可观的经营现金流，塞拉尼斯也最终在 2011 年到 2013 年期间设法将债务水平降至 30 亿美元。但事实再次证明，公司的贷款规模确实已让它难以承受。于是，在 2014 年 9 月 14 日，塞拉尼斯再次同意进行第三次贷款修订及延期，这一次的调整对象是部分 C 类贷款和循环贷款额度，新设定的到期日为 2018 年。

塞拉尼斯的业务有一个特殊之处，那就是公司需要经常接受所谓的"商业债务"；在这个业务板块中，这种做法被称为"无条件购买义务"。这种义务是指某些长期购买协议中包含的"收购或支付"条款。在企业承担此类合同义务时，大举举债是不明智的。这种商业负债的规模取决于经营活动的规模，因而与经济周期密切相关。就塞拉尼斯而言，在 2006 年承担的这种购买义务为 22 亿美元，2007 年高达 31 亿美元，在 2009 年全球经济衰退时期降至 16 亿美元，而在 2011 年和 2014 年均为 34 亿美元。在这种情况下，使用传统的银行债务收益比似乎有点风马牛不相及。由图 4.2 中可以看出，塞拉尼斯的"固定契约性合同债务"（包括金融债务和商业债务）总额在 70 亿到 100 亿美元之间。由此不难理解，塞拉尼斯的高管为什么认为有必要争取调整展期程序，以便给他们留出回旋余地。他们不希望让银行贷款束缚自己公司的日常运营。

必须明确的是，在重新上市后的几年时间里，塞拉尼斯从未拖欠过任何银行贷款。但可以毫不夸张地说，公司董事对业务的管理在很大程度上是围绕如何偿还贷款而展开的。以上述 2007 年 4 月进行的再融资及调整展期交易为例：一方面，塞拉尼斯签署了新的贷款协议，包括 2014 年到期的 22.8 亿美元和 4 亿欧元的定期贷款，以偿还现有的 2004 年 4 月 6 日到期的 24.5 亿美元信贷额度；另一方面，这家化工公司又发起一轮收购要约，回购其部分普通股——很自然，这项计划会让黑石集团受益。作为这次再融资的部分内容，塞拉尼斯使用 2 亿美元自有现金偿还了部分信贷额度。管理层的这次融资又是一轮杂耍般的操作，而这样的操作很难让公司有所进展。

考虑到杠杆收购后的塞拉尼斯债务缠身，因此，在美国重新上市整整 8 年之后，也就是在 2013 年之前，其普通股的股息收益率始终低于 1%，也就不足为奇了。此外，在公司的年报甚至是后期 2014 年的财务报表中，管理层也做出了解释：公司可用于支付现金股息的现金数量取决于现有优先级信贷工具和针对优先级无担保票据订立的契约。此外，由于这家"财富 500 强"企业在 2005 年 1 月 IPO 时已发行了可转换的永久性优先股（一种无到期日的优先股），因此，在 2010 年 2 月赎回这批优先股之前，塞拉尼斯必须先按季度支付约定的固定股息，之后才能向普通股东支付分红。

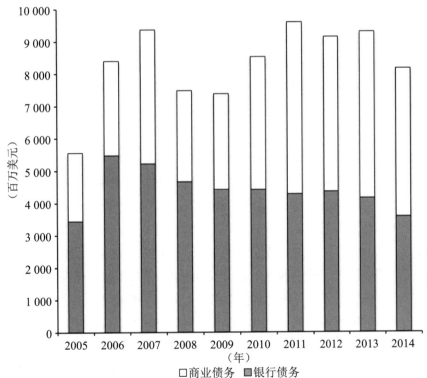

图 4.2　塞拉尼斯 2005 年到 2014 年的固定合同债务总额

资料来源：公司财务报告。

因此，只要这家集团仍负债累累，购买塞拉尼斯普通股的公众股东们就永远不会得到公正的补偿——除非点点滴滴的分红就能满足他们的愿望。对于这些散户股东来说，他们唯一的希望就是塞拉尼斯的股票能不断上涨。这样，他们可以得到资本收益，但永远不应期待现金回报。值得他们庆幸的是，管理层已推出积极的股票回购计划，以支持塞拉尼斯的股票价格。仅在 2008 年——股价在金融危机期间暴跌 70% 的这一年里，这家化工集团就回购了市场上价值 3.78 亿美元的普通股。从 2008 年到 2012 年，这项计划的总执行金额达到 5.01 亿美元。正如上文提到的那样，集团也偶尔利用经营现金流偿还债务。[40] 这有可能是因为，将有限的现金用在研发、资本支出或开发项目上能带来更好的效益。管理层或许认为，支撑股价和市值是有必要的，只有这样，才能保证公司的杠杆率是可接受的。

尽管有贷款义务的限制和频繁的资本重组，但综合考虑各方面因素，这家化工集团的业绩还是相当不错的。公司高管的努力还是值得称道的，他们对公司运营进行了彻底的改造升级：通过重新调整制造流程带来了前面提到的大幅减员；加大了向新兴市场进行战略转移的步伐，包括适时进入高速增长的中国市场。凭借严格的成本管理，塞拉尼斯在 2009 年全球经济衰退期间得以维持 25% 的收入小幅降低率。

尽管如此，塞拉尼斯的传奇仍旧无助于维持 PE 在欧洲大陆的正面形象。随着越来越多的德国公司成为金融投资者的赚钱工具，这个行业成为德国媒体在金融危机爆发之前的几年里狂轰滥炸的目标。当然，黑石集团确实从塞拉尼斯的交易中获得了异乎寻常的高额财富，但这个事实显然不会逃过德国媒体的眼睛，尤其是每周出版的著名新闻杂志《明镜周刊》。[41]

更糟糕的是，就在黑石集团忙于从其被投资公司收取现金时，政客们也开始关注到这个行业的非常规手段。2004 年 11 月，德国执政的社会民主党主席弗朗茨·明特费林（Franz Müntefering）指责 PE 基金是无恶不作的"蝗虫"，他宣称："我们必须帮助那些为企业未来利益和员工未来着想的企业，抵制那些不负责任的蝗虫群体，它们的成功标准就是每个季度的收益，它们残酷无情地榨取企业的血液，一旦榨干企业，它们就会让企业自生自灭。"[42] 明特费林在国家事务中有很大的话语权，甚至在第二年加入安吉拉·默克尔（Angela Merkel）政府，并担任了劳动和社会事务部部长职务。尽管他并没有具体提到塞拉尼斯，但德国发生的其他杠杆收购案例也引发了政治精英们的担忧。需要说明的是，本案例研究的观点无意于对他的观点作出评判。

2007 年，黑石集团最终关闭了它设在德国的办事处，这倒不是因为这家 PE 集团出于在德国的声誉不佳而感到尴尬——它当然会对投资于塞拉尼斯获得 6 倍回报的成绩引以为豪，而是因为它决定加强其在英国以外其他欧洲国家的业务。然而，在三年之后，黑石集团却重返德国，再次设立办事处，只不过这次选择的地点是杜塞尔多夫。

或许是出于对审慎行事信条的尊奉，也可能是对塞拉尼斯事件的公平报应，2012 年夏天,这家美国投资公司将德国克罗克纳包装集团(Klöckner Pentaplast)的控制权拱手交给次级贷款债权人。对于这笔在 2007 年收购泡沫高峰时期完成的交易,在试图为黑石集团遭遇 2.2 亿欧元股权亏损找出原因时,有人是这样猜测的:这家 PE 公司为收购克罗克纳的股权给出了过高的价格,而且自有资金投入太少,大量依赖负债为收购融资,又进一步加大了这笔投资的风险,实际上,整个收购交易的负债达到 EBITDA 的 7.3 倍。

然而,导致这家包装公司变成僵尸企业的主要原因,不仅仅是因为过高的杠杆率——毕竟,依赖债务融资也是大多数杠杆收购的共同特征。在交易交割后不久,这场债务狂潮便因为信贷危机的到来而告终。因此,收购克罗克纳与收购塞拉尼斯形成了鲜明对比——区别不在于风格,而在于所处债务周期的时机。如果收购克罗克纳的时间是在 2004 年,而不是 2007 年,那么,这笔投资注定会成为黑石集团的又一个经典案例。在收购塞拉尼斯时,负责融资的黑石"资本合伙 IV 号"基金实现了近 37% 的内部收益率。黑石集团的"资本合伙 V 号"基金于 2006 年筹集完毕,并用于为收购克罗克纳包装集团提供资金,最终实现的净收益率为 7.6%,略低于 8% 的最低基准收益率。[43] 可见,PE 的投资具有明显的周期依赖性。

第三部分

金融工程和风险金字塔

下面的探讨可能会让某些读者感到惊讶：PE 投资者根本就不使用风险管理工具。尽管也对估值结果和相关的尽职调查进行敏感度分析，但他们的财务模型却存在明显的偏见，有些偏见源自使用者的主观性，但有些偏见却来自于无知。

然而，PE 投资决策系统的最大弱点，就在于它缺少对投资程序进行风险调整的工具。信息的收集完全是临时性的；对数据的输入和分析也不是自动完成的，而是在个别判断基础上进行的。因此，对风险的评估自然是不完整的，因而也往往是不准确的。

PE 公司不仅不能合理评估风险，而且似乎很少愿意从过去的经验中汲取教训。和航空业一样，PE 也是通过反复摸索和试错而发展的。但是与航空公司不同的是，负责杠杆收购的基金管理者根本就不打算为了找出错误原因而收回"黑匣子"。这让人深感遗憾，因为失败是最好的学习机会。1974 年，每百万飞机乘客的死亡人数接近 300 人。40 年之后，死亡率已降至每百万人次不到 50 人。这就是从错误中学习的效果。[1]

大多数杠杆收购的基金管理人都无法指出他们投资失败的原因在哪里，也无法指出投资之前的关键不确定因素是什么——是技术创新（EMI）、监管制度的变化（加拉·科洛尔），还是突兀而至的替代品（TXU）？即使能识别出这些风险，他们也不知道该如何将这些风险体现在决策过程之中。因为他们只是在对未来进行赌博，因此，收购管理者的常用的分析工具就是情景规划。这是项目融资中常见的一种投资分析方法。毕竟，在基础设施和开发性项目中，存在着大量的不确定性，因此，可以利用这种综合性工具对投资的风险状况进行系统分析。

通过在投资委员会层面引入制约机制，基金管理人可以避免随后两个案例研究中出现的赌博式决策。在下面的风险金字塔中，我们归集了并购交易所涉及的常见风险，其中，杠杆位于金字塔的顶部。如果赌注太多——也就是说，杠杆率过高，那么这座金字塔就会变得摇摇欲坠。

我所说的"风险金字塔"，是指所有投资固有的各种不确定性的集合。任何企业始终都要面临形形色色的不可预测性：它可能源自固定成本的水平、市场定位、在经济周期所处的阶段、管理能力低下、技术创新或是监管环境，还有可能与其他诸多因素相关（如下图所示）。任何公司都不可能奢望无风险的投资机会。因此，如果投资者未能对标的公司、目标公司所处的市场或是其他不计其数的不可控因素进行适当的调查，那么，杠杆收购遭遇失败的概率就会大大增加。如果不能采用适当的分析框架对各种参数的风险敞口进行评估，我们也就无权确定，70% 或是 80% 的杠杆率是否合理。

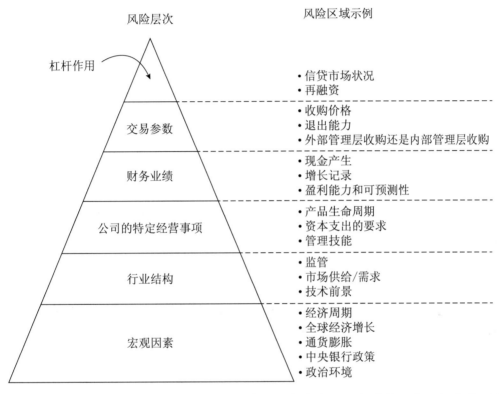

尽管杠杆收购失败显然是司空见惯的事情，但它确实不乏失败的理由。很多普通合伙人没有考虑目标公司的特有风险，而是沉浸在他们深谙财务真谛的信念中不能自拔。自杠杆收购行业出现以来，他们就一直试图从资本结构的角度为这种行为穿上一件道德外衣。

在接下来的两个案例研究中，我们将会看到，当金融投资者决定在已经摇摇欲坠的风险金字塔上增加金融风险（杠杆）时，会出现怎样的情形。能源巨头美国得克萨斯州 TXU 电力公司在进行收购时，正处于一个部分放松管制且周期性极强的电力行业中；而作为昔日全球最大的音乐制造厂商，百代唱片公司（EMI）则面对着来自数字产品的强大攻势。我们将看到，两家公司的 PE 投资者大大低估了被收购对象面临的不确定性。对于这些金融大咖来说，风险管理问题远不及交易能力重要。我们希望以下两章可以成为他们的黑匣子，帮助他们避免重蹈覆辙。

第五章

得州电力——权力之争

2014年4月29日,得克萨斯州最大的一家公司申请破产保护,而让这家公司陷入危机的导火索,就是高达400亿美元的高成本贷款,而且其中的很大一部分将在几个月内到期。该公司即是总部位于达拉斯的未来能源控股公司(Energy Future),其前身为得州电力公司(TXU)。这是美国历史上第十大破产案,也是得克萨斯州的第二大破产案,仅次于因财务造假而破产的安然公司。但这家公司至少在一个方面是独一无二的:这是有史以来规模最大的杠杆收购破产。

未来能源的真正源头可以追溯到1882年,也就是在托马斯·爱迪生发明白炽灯泡后不久。那一年,达拉斯电力照明公司将电灯引入得克萨斯州北部。三年后,邻近的沃斯堡市也通过沃斯堡电灯及发电公司而取得这项特权。1912年,得克萨斯中北部及东部的电力市场也因得克萨斯电力照明公司的创建而出现。该公司由通用电气公司旗下的电力债券股份公司整合13家电力公司成立。在接下来的30年里,电力债券股份公司成为整个得克萨斯州电力供应网络的缔造者和巩固者。1929年,它又组建了得克萨斯电力服务公司,专门为沃思堡地区提供电力服务。在第二次世界大战结束后不久,该公司在达拉斯的业务与得克萨斯电力照明公司进行了合并,合并后的实体被更名为"得克萨斯电力公司(Texas Utilities Company)"。

在接下来的半个世纪中,得州电力引入了几种解决方案,这些方案使其成为得州电力行业的先驱者。这些解决方案包括:在1948年安装行业内的第一台室外发电机;使用褐煤(即普通煤炭)为铝厂提供电力;1963年,在达拉斯和休斯敦之间首次实现345千伏输电互联。此外,在1974年12月,得克萨斯电力公司还开始建设得州的第一座核电站。

进入20世纪90年代,得州电力集团进行海外扩张,但集团的核心业务仍以得克萨斯为中心。在通过收购进入天然气领域之后,这家电力集团在1999年更名为"得州电力",此前不久,它刚刚按得州政府颁布的新规,将受监管的输电业务(多年来,这项业务一直由 Oncor 或得州电力传输公司承担）与竞争性的发电和输电业务分开开来。按新的政策规定，从 2002 年 1 月 1 日起，以前的综合性电力运营商必须进行业务分拆，对发电、零售电力供应和输配电业务进行独立经营。

作为最大的老牌公司之一，当市场解除管制时，得州电力的业务理应会受到影响。在全力以赴迎击新竞争对手的同时，公司的高管层选择了剥离非核心和亏损业务，或者用行话来说，就是"发掘弱势业务的价值"。随后，在短时间内陆续建成得州电力欧洲和澳大利亚公司之后，它们果断处置了天然气业务。重组后，尽管竞争活动导致客户大量流失，但由于天然气价格上涨，再加上外部扩张，在 2004 年到 2006 年期间，公司的营业收入依旧稳步增长。

无论如何切割这些数据，从 2006 年底的情况来看，得州电力都是一家了不起的企业。它披露的当年营业收入为 110 亿美元，营业现金流为 50 亿美元，旗下管理了 19 家发电厂，其中包括得克萨斯州两家最大核电站之一。此外，在得州的十大发电厂中，得州电力占据了其中的三家，其发电量是全州总发电量的 18%。得州电力的零售部门则是得克萨斯州的第二大零售企业，提供了该州 23% 的住宅用电量和 13% 的工业用电量。

这样一家拥有如此令人骄傲的市场地位的公司，为什么竟然在 2014 年春季申请破产保护呢？要回答这个问题，我们还要回顾一下 10 年前的情况，回想那段它大把大把赚钱、疯狂进行杠杆收购的日子。

不可避免的自我冲突

谈到交易，就像美国的很多事情一样，规模很重要。在新千年的第一个 5 年里，杠杆收购的规模已出现稳定增长的势头。而在新千年的第一个 10 年走到一半时，这种现象呈现出井喷的苗头。所有主要参与者都希望能在大规模收购的排行榜中占据一席之地。

在 2005 年，出现了赫兹租车（见第三章）以及 KKR 收购卡普马克投资（Capmark Financial）等企业价值超过 150 亿美元的重磅交易。但这只是这场并购大潮的热身。2006 年 1 月，博龙资本宣布了准备以超过 170 亿美元价格收购零售商艾伯森百货（Albertson）的意向。为了稳扎稳打，行业内的热门机构展开了激烈竞争，纷纷拿出令人咋舌的预测。1 月 26 日，在参加瑞士达沃斯世界经济论坛期间，PE 行业领军人物、安佰深董事长贺马汀（Martin Halusa）声称，他甚至认为在 10 年之内可以出现融资规模达到 1 000 亿美元的项目。[2] 随着黑石集团即将关闭业内有史以来最大规模的基金——融资规模达到 130 亿美元的年份基金，我们很难看到，在10年之内，杠杆收购管理机构如何能筹集到一只规模超过7.7倍的投资载体。但实事求是这个词永远都和激情澎湃的金融家格格不入。关键的一点就是要告诉全世界：任何人都不可能远离风险。

即使资金筹集者喜欢想入非非，他们的想象力也远远不会超越交易者。到5月，凯雷和高盛完成了216亿美元收购石油生产商金德·摩根（Kinder Morgan）的交易。在跨过200亿美元的门槛之后，价值低于这个水平的交易，自然也就无足挂齿了。紧接着，美国医院医疗公司（Hospital Corparation of America，327亿美元）、赌场运营商哈拉娱乐集团（超过275亿美元，见第十五章）和通信集团克里尔频道（Clear Channel，257亿美元）的杠杆收购消息分别在2006年7月、10月和11月见报。但真正需要的还是最后致命性的一击：交易的规模必须足够大，以至于其他交易看起来就显得微不足道了。如果说有哪个人有能力尝试一下，那么，这个有可能创造新历史的人或许只能是亨利·克拉维斯（Henry Kravis）。

长期以来，KKR集团一直是PE行业的开拓者和标志，而作为集团创始人之一的亨利·克拉维斯显然是这个行业最有名的领袖级人物。KKR集团的全称是"科尔伯格·克拉维斯公司（Kohlberg Kravis Roberts &Co.）"，1976年，三位来自前贝尔斯登的投资银行家一起创建了这家公司，他们是数十亿美元杠杆收购的缔造者，并让这个细分市场成为一个与众不同的领域。从1988年12月到2006年，该公司以310亿美元的价格收购了食品和烟草集团RJR纳比斯科，成就了有史以来最大规模的杠杆收购案。虽然这笔表现平平的交易让KKR和其他金融投资者认识到，在可能的情况下，还是要尽力避开超大型交易，但就在最近一段时间，航母级杠杆交易再度让PE公司蠢蠢欲动，他们的目标或许只是争夺收购规模这顶王冠。这些高大上的收购不仅非常吸睛，而且确实有助于满足这个行业对虚荣和光环的渴望，但交易的成功及其咄咄逼人的收购技术，却取决于行动者能否避开公众目光进行操作。他们所得到的利润也是无比丰厚的。

KKR的高管要完成数十亿美元交易的唯一手段，就是首先筹集到数十亿美元的资金。截至2007年3月，集团管理的资产规模已超过530亿美元，远远超过2003年12月的170亿美元。多年以来，真正促使KKR及其高管取得成功的基础，就是他们的持续收费能力：为有限合伙人提供资产管理及其他服务，并通过与基础投资有关的交易和监督委员会进行投资管理。但是能否收取更高的费用，资产规模至关重要。

因此，随着公司管理的资产规模不断扩大，其费用收入也在2003年到2006年间增加了8倍。最近的筹资活动更是令人震惊。虽然KKR筹集的2006年的年份基金尚未关闭，但已经筹集到超过166亿美元的资金，比2002年的年份资金整整多了2.8倍。到2007年年初，这家公司雇用了近400名员工，筹集了16只基金，并在31年内为有限合伙人完成了超过300亿美元的投资。它可以在自己的IPO招股说明书中声称，公司是美国、荷兰、丹麦、印度、澳大利亚、新加坡和法国等国家最大规模收购交易的执行者。同样，它还会在2007年中旬发布的招股说明书中指出，它投资了40多家公司，这些被投资公司的年收入超过1 000亿美元。

如果规模是KKR投资策略的核心决定因素，那么，其他任何竞争对手都没有资格声称自己拥有这场泡沫中的最大型交易。凭借在20世纪70年代以来建立的无与伦比的关系网，KKR在竞争性拍卖中始终能做到游刃有余，因此，它在争取项目方面的能力令人惊叹。

一段时间以来，投资者就一直纷纷传言，称这家美国大型能源集团有可能成为潜在收购标的。但很少有人会相信，杠杆收购会出现在受到监管的电力传输行业中。但KKR从来就不是一家循规蹈矩的企业。而且在美国的几个地区，发电和输电业务的管制放松，也让这个行业具有吸引力。在这种情况下，唯一需要的，就是一种有助于减轻监管层担心的政治手段。

但是，KKR首先需要找到一个规模足够大的目标，只有这样，才能保证这种参与所带来的影响。公司的交易团队最终找到了一个规模确实够大的收购标的，其规模大到连如此强大的KKR也无法独享果实。2006年11月，在全球能源和自然资源专家马克·利浦斯图尔茨（Marc Lipschultz）的指挥下，这家总部位于纽约的投资公司与得克萨斯太平洋集团（Texas Pacific Group）联起手来，发起了收购TXU的行动。作为一家拥有综合发电和电力传输能力的公用事业公司，这个标的企业并不是最理想的候选者，因为收购它就有可能经历冗长的监管审批程序。但TXU的管理层还是对这两家PE公司主动提出的建议表示了欢迎，[3]并对它们在行业内的信誉给予了认可——两家PE机构曾在3年前与黑石集团合作，按36.5亿美元的价格收购了发电企业得州电力公司（Texas Genco）。在15个月之后，它们便以83亿美元的价格变现了这笔投资，并取得了6倍于原始投资的收益回报。[4]

对得州电力，得克萨斯太平洋集团了如指掌，它希望通过将资金投入到这个它再熟悉不过的领域，从而与之分享未来的成长果实。集团总部位于沃思堡，高管深耕于能源发电领域，积累了广泛的人脉。更有利的是，集团的两位联合创始人大卫·邦德曼（David Bonderman）和詹姆斯·库尔特（James Coulter）都曾为罗伯特·巴斯（Robert Bass）工作过，巴斯是一名投资者，他的父亲和大伯曾在20世纪上半叶石油行业的疯狂开采中发了大财。在1993年成立得州太平洋集团之前，邦德曼曾担任罗伯特·巴斯集团的首席运营官。得州电力是一个再明显不过的收购目标，而邦德曼本人也将成为董事会董事。考虑到这笔收购需要大量资金，因此，KKR并没有选择与小机构合作，毕竟，得州太平洋刚刚向有限合伙人筹集了 150 亿美元，而且已经准备好将这笔实收资金投入高收益项目。

KKR 和得州太平洋都渴望引入第三方进行联合投资。值得庆幸的是，它们都认识一家和它们一样的全球顶级机构，这家机构还是一个在业内颇具影响力的 LBO 债务资金提供者。这笔交易要求采用复杂的信贷产品，因此，只有少数参与者有能力构建这样的融资方案，而它们准备邀请的投资合作者就是其中之一。更值得庆幸的是，这个第三方不必严格局限于竞争对手，因为它需要经常使用自有资金与牵头的 PE 投资者进行联合投资。而这个潜在的盟友就是全球最知名的投资银行高盛。随着高盛的加入，KKR 和得州太平洋知道，他们永远都无需再为缺少资金而担心了。高盛在全球雇用了 30 000 名员工，在过去的 10 年中，公司的利润增长了 6 倍，在同一时期，它拥有的资产规模也从 1 500 亿美元增长到 1 万亿美元。这个数字足够惊人，当然也完全符合 KKR 严格限定的规模标准。

选择高盛作为交易合作伙伴的一个决定性因素，就是高盛在资产管理、并购、市场研究、当然还有杠杆融资方面的实力（高盛曾在 3 年前为 KKR 和得州太平洋收购得州电力的交易提供了债务融资）。[6] 尽管具体融资业务是通过高盛集团直接投资部进行的，但这家提供全方位金融服务的银行早已成为高级金融投资者俱乐部的成员——通过对企业持股，高盛可以向被投资公司及合作投资者销售贷款和并购咨询服务等其他产品。高盛旗下的 PE 基金频繁与 KKR 和得州太平洋进行合作，2005 年，高盛、KKR、得州太平洋及其他四家公司共同投资 118 亿美元收购 SunGard 数据系统公司；次年，它们与黑石集团合作，以 108 亿美元的价格收购了医疗设备制造商 Biomet。

无论如何，高盛总能凭借其强大的资产负债表和交易获取能力，出现在大多数最大规模的杠杆收购交易中。目前，这家银行正在筹集最新的 PE 投资工具 "GS Capital Partners VI" 基金，已投入资金规模超过 200 亿美元。

对天然气巨头的超级赌注

经过与目标公司管理层进行数周谈判，2007 年 2 月下旬，KKR、得州太平洋和高盛最终给出每股 69.25 美元的收购价格，使得得州电力的总市值达到 320 亿美元。这个价格比前一交易日的收盘价高出 15%，对前 20 天收盘价均价的溢价比例为 25%。作为交易的一部分，PE 机构还将承担超过目标公司 120 亿美元的现有债务——相当于 EBITDA 的 2.2 倍。

根据公开渠道的信息，传闻 KKR 和得州太平洋正在考虑筹集 50 亿美元，其中由高盛出资 15 亿美元。美国银行、雷曼兄弟、花旗集团和摩根士丹利也参与了这笔投资，为交易提供所谓的"股权过桥融资（equity bridge）"，这已成为金融投资者近期引入的常规手段，其目的是在减少自有股权投资的同时，保留对标的公司的控制权，并将风险在更多投资者之间进行分散，并确保债务提供者始终与投资者站在一起，避免未来有可能出现的流动性问题。这显然是一个聪明的想法，颇有先见之明。

当媒体头条新闻报出这笔总价值达到 430 亿美元至 460 亿美元的收购案时，也让这笔史上规模最大的杠杆收购交易公之于众。[7] 此次收购的目标是得克萨斯州最重要的能源生产企业，而得克萨斯州本身又是美国天然气生产量最大的州。[8] 按收入排名，得州电力在 2006 年"财富 500 强"中排在第 228 位，因此，得州电力绝对可以被归入企业巨人这一类。根据《福布斯》杂志的报道，按市值计算，它是全球第 273 大上市公司和美国的第 111 大上市公司。而这次收购的出价估值，则让这家公司进入 2007 年美国 100 大估值企业的行列。

这笔交易的理由非常简单：天然气价格连续几年稳步上涨，而且和其他大宗商品一样，人们普遍预计，天然气价格还会持续上涨若干月。

为确保这笔收购交易能获得监管机构的批准，收购方还聘请了众多名人为自己服务，包括美国前国务卿詹姆斯·贝克（James Baker，担任公司的顾问主席）、美国环境保护署前署长和世界自然基金会名誉主席威廉·赖利（William Reilly，在购买一家能源公司时，绝对不伤及"绿色"方面）以及前商务部长唐纳德·埃文斯（Donald Evans）。他们将和部分当地政治人士共同出任董事会成员。此外，得州电力还将筹建一个独立的可持续能源咨询委员会，并因为环境保护主义者的反对而承诺，放弃拟兴建的 11 家煤炭发电厂中的 8 家，并以"更清洁"的核电站取而代之。至于从能源政策角度看，这笔美国历史上最大规模的能源公司杠杆收购交易是否谨慎，是否符合消费者的利益，甚至是否有助于得州电力各项业务的长期生存能力，就需要由得克萨斯州公用事业委员会（PUCT）、联邦能源监管委员会和政府核管理委员会来判断了。

在 4 月 16 日之前有一段为期 50 天的"询价期（go-shop）"。按照老牌投资银行拉扎德（Lazard）的建议，得州电力的独立董事找到了 70 多家有收购意愿的机构。[9] 显然，包括黑石集团和凯雷集团在内的财团也已在考虑报价，但它们随后还是意识到，它们还差得太多，以至于根本就无法满足得州电力管理层、监管机构和公众股东的要求。[10]

但出乎意料的是，7 月 24 日，就在该集团经历向监管机构提请审批并争取股东大会批准的最后关头，得州电力董事长兼首席执行官约翰·威尔德（John Wilder）却宣布了即将离职的决定。细读这背后的用意，人们可以猜想到，如果杠杆收购交易继续进行，那么 3 年前才加入能源巨头的威尔德似乎有权获得 2.8 亿美元的控制权变更补偿。[11] 这笔钱足够他退休养老了。

收购获得了 2/3 股东的支持，但随着信贷危机不断发酵，到 2007 年 9 月 7 日星期五，这笔交易便得到了超过 95% 的股东的大力支持。同月，监管机构对收购作出批准，目标公司同意对旗下从事输电业务的 Oncor 公司进行限制——将该部门的最高杠杆率限制为 60%，并从净利润中支付全年股息。障碍已全部清除，交易最终于 10 月交割完毕。

金融投资者及其他参与投资的银行通过得克萨斯控股公司成为得州电力的最终控制者，并将后者更名为"未来能源控股公司"，具体的持股方式如图 5.1 所示。整个集团包括三个不同的业务部门。作为集团的摇钱树，得州电力传输公司被更名为"奥科电力传输公司（Oncor）"，并将集团内受监管的业务纳入其中。

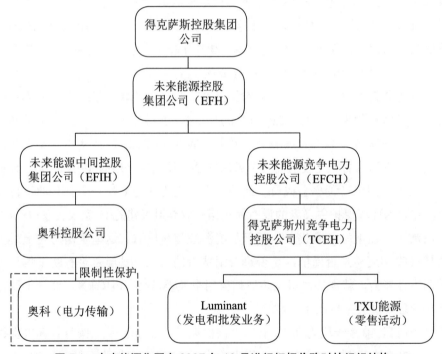

图 5.1 未来能源集团在 2007 年 10 月进行杠杆收购时的组织结构

资料来源：未来能源控股集团公司。

得州电力能源公司将成为得克萨斯竞争电力持股公司（Texas Competitive Electric Holdings，此后一直被称为"得州竞争"，或简称为"TCEH"），公司拥有整个集团 3/4 的资产，收入贡献比例则超过 80%，包括了全部从事竞争性电力市场业务的子公司，该公司分为两个主要部门：得州电力能源，为 200 多万住宅和工业客户提供服务；集团内最大的一个部门 Luminant，负责发电以及新电厂的开发和建设任务。根据得克萨斯控股公司向州公用事业委员会作出的承诺,得州竞争和奥科电力已实施了某些结构和业务上的限制性保护措施。到此为止,未来能源已为下一步做好了准备。

尽管近期信贷市场的动荡让这个债务集团感到紧张,但是在这些银行中,仍有三家进行了股权投资,而它们的支持也让这笔收购交易比当时的其他任何交易都有保证。对于选择放弃交易的任何一方,无论是投标人、债务提供者还是公司本身,都需要支付10亿美元的终止费。这就为相关各方坚持到底提供了额外的动力。由于大部分投资银行以不同方式参与到这次融资安排中,因此,交易各方对全部贷款进行了切割和分层,并通过证券化将其重新包装成便于交易的抵押贷款债务(CLO)。[12] 投资银行甚至设计了一轮由三个部分构成的75亿美元债券发行——这也是历史上规模最大的一笔高收益债券,因而也是这笔收购交易的又一历史性创举。[13] 此时,市场泡沫尚未破裂。

债务筹资过程最终进展顺利,让发行人在绞尽脑汁之后还是抓到了大鱼。12月初,来自内布拉斯加州奥马哈的投资大师沃伦·巴菲特找到了高盛,他从高盛手里购买了得州电力新发行的债券,其中包括11亿美元利率为10.25%、折扣率为5%的现金支付票据和11.5亿美元利率为10.5%、折扣率为7%的实物支付债券(PIK toggle note,请参阅本书缩写和词汇的解释)——也是能源集团此次新发行的两种垃圾债券。[14] 既然高盛是这笔债券的承销人,那么巴菲特还有什么好犹豫的呢?但只有时间才能做出最终判断,谁是这笔交易的受益者。

在当年年底,得州电力的企业总价值达到401亿美元(其中包括53亿美元的未偿还债务),使此前的所有杠杆收购相形见绌。目标公司当年的EBITDA为39亿美元,对应于超过10倍的投资倍数,而行业基准通常在8倍到9倍之间。[15] 这些金融投资者的股权出资总额为83亿美元,资本结构中的杠杆率略高于79%,或者说,契约性债务约为EBITDA的8倍。[16] 穆迪和标准普尔均对此次债务方案给出了投机级评级。

尽管杠杆率确实很高,但债务结构的设计却非常简单,至少从PE角度来评价是这样的。大部分债务(286亿美元左右)由得州竞争电力(TCEH,及其母公司未来能源竞争电力控股公司)承担,而得州竞争电力也是整个集团主要业务的承担者。该部门只需要履行一项义务契约——这笔债券以截至2008年9月30日季度为初始日期,且最高担保杠杆比率为7.25倍于EBITDA。在集团控股层面,未来能源控股集团承担了65亿美元的贷款。至于奥科,由于监管要求,该公司只承担了38亿美元的债务(通过其母公司未来能源中间控股集团公司)。

这绝对是一件非常惬意的事情。而不太令人欣慰的,则是所有债务的偿还时间表:2014年到期的债券总额超过200亿美元,这也创造了公司历史上罕见的"集中到期债务"。[17] 在这个阶段，发行人的股东和债权人可能会认为，按照惯例，投资者会在债务集中到期之前退出得州电力，或是为这些债务进行再融资。事实证明，这笔交易的进程将远离常规。

* * *

在运营方面，在新任首席执行官和行业资深人士约翰·杨（John Young）的领导下，公司在接管后的初期经营平稳，在2008年的前两个季度，集团合并收入同比增长11%。在截至6月30日的三个月时间里，增长同样喜人，零售、批发和受监管的电力传输等三个部门的收入均增长强劲。但由于上半年天然气价格上涨的预期不断加强，因此，公司计提了市值减值损失61亿美元。尽管这个数字并不影响现金，但仍反映了整个行业的波动性。[18]

尽管如此，但随着大宗商品（包括石油和天然气）的价格预期仍将保持强劲的上涨势头，因此，形势对股东们而言非常有希望。2008年5月6日，油价达到每桶122美元，当日，高盛的行业专家们发布了一份让这家能源集团的股东们浮想联翩的研究报告。据高盛的专家们称，由于预计供应量无法跟上新兴市场的需求，因此，在未来两年内，原油价格将达到每桶150到200美元。[19] 随着信贷危机持续发酵，美国经济正在经历着严重收缩，因此，未来能源集团能否充分受益于石油价格的"超级峰值"尚不得而知，但其他大宗商品，尤其是天然气，预计将紧随石油价格的走势。

由于2008年全年的利息费用达到49.4亿美元，因此，这家集团的财务状况显然还无法让人羡慕。未来能源控股公司（从事竞争性业务的部门）的杠杆率从2007年底的8.5倍猛增到2008年12月的10.1倍。[20] 在这场还深深铭记在人们记忆中的最严重的金融危机中，为了避免流动性被耗尽，这家能源集团已开始使用信贷额度，并对某些债券行使实物支付（PIK）期权——在2012年11月之前，未来能源和得州竞争控股集团每6个月即可选择行使这种期权。正因为这样，信贷条款在债务泡沫高峰期开始更趋于弹性。[21] 实物支付债券（PIK）期权意味着，集团无需使用现金按期支付利息，而是推迟支付利息，从而将利息累积起来。

出售奥科少数股权所带来的12.5亿美元收入，在一定程度上缓解了未来能源集团的流动资金状况，其现金余额仅从2007年年底的49亿美元略微下降至一年后的不到45亿美元。但由于当时经济衰退的形势已定，因此，集团可能需要动用所有可以使用的闲置现金。2008年下半年，市场需求持续疲软，所有部门的收入均在第四季度低于同期水平。实际上，这家集团的业绩和其他经济门类如出一辙：美国的GDP增长率已从2008年第一季度的3%持续下降至当年最后三个月的负0.9%。[22]

令人失望的是，高盛设想的石油飙升的情形并没有出现。相反，由于需求基本面疲软，原油价格在7月至12月期间下跌了71%，一举下跌了100美元，收于每桶40美元。

在同一时期，天然气价格也下跌了57%，到当年年底，"亨利港"（Henry Hub，指芝加哥商品交易所旗下 NYMEX 亨利港天然气期货价格，目前已成为天然气市场的价格基准）每 MMBtu 的价格为 5.71 美元。[23]

符号"MMBtu"的含义是 100 万英热单位（等于 1 磅纯水温度升高 1 ℉所需的热量），它是衡量天然气能量含量的常用指标。在美国，所有天然气期货合约以"亨利港"为名在纽约商品交易所（NYMEX）进行交易。"亨利港"一名取自位于路易斯安那州的同名配送中心，该配送中心是一个由 13 个主要输气系统构成的传输枢纽，也是美国北部地区天然气配送系统中交易量最大的天然气交易点。发电企业将"亨利港"的天然气现货价格作为基准，按照这个标准，发电厂决定是继续增加发电量，还是让效率最低的发电设施处于闲置状态，直到边际价格上涨可带来毛利时再重新启动。但是和大多数大宗商品一样，天然气价格主要依赖于市场供需关系，而近期的市场需求已出现下降。在整个 2008 年，美国的用电量减少了 1.6%。

根据谨慎性会计原则，未来能源必须在年底计提 88.6 亿美元的商誉减损损失，以充分体现市场状况对其经营活动的影响。在一年前的杠杆收购交易中，未来能源控股集团确认了 230 亿美元的商誉，但被收购公司目前已贬值了近 2/5。进入 9 月中旬，在二级市场上，甚至连得州竞争电力的定期贷款（考虑到贷款人可取得基础资产作为担保，因而往往是资本结构中最安全的部分）也因为雷曼兄弟的破产而受到市场调整的冲击。到了 10 月底，这些贷款的交易价格已跌至 75% 左右，也就是说，比面值折价了 25%。[24] 此时，股票和部分（甚至是大部分）次级债券几乎已分文不值。它们的价值仅能体现为期权价值。

濒临破产的电力行业

收购之后第一个完整年度的运营即显示出能源发电市场的诡异，而经济衰退极有可能让 2009 年的情况同样令人捉摸不定。在当年的前三个月里，美国经济总量减少了 9%。未来能源当季度的营业收入同步减少了 9%，而业绩不佳的得州竞争电力甚至减少了 11%。金融危机持续升温，这也是多年信贷盛宴之后等来的必然归宿。在截至 2009 年 6 月 30 日的季度中，美国国内生产总值再次下降 3.2%。未来能源控股集团的收入也随之下降，与 2008 年同期相比，大幅下降了整整 22%。竞争性业务的结果同样令人气馁，得州竞争电力的收入下降了 24%，而受监管业务则逆势上涨了 4%。令人担忧的是，整个集团当季度的纯现金支出已达到 5 亿美元。

由于人均电力需求的持续萎缩，全年的天然气交易价格已跌至每 MMBtu 不到 6 美元，尽管公司依旧可以收获交易带来的利润，但却无助于杠杆收购企业的基本面。人们很快便发现，当下最关键的问题是，如此低的天然气价格，虽然有助于计算非预期对冲利润并确定与 EBITDA 相关的债务契约，但对收入增长却没有任何影响，进而导致营业利润和现金流短缺。这个原因在一定程度上促使评级机构穆迪在 2009 年夏天将得州竞争电力的几笔债券信用等级进一步下调为高度投机类。[25]

为改善流动性，减少未偿债务并延长贷款的加权平均到期日，集团在 10 月启动了 49 亿美元的再融资，试图让贷款人以 30 亿美元的价格将现有的债券置换为未来能源控股新发行的担保债券（据报道，按现有债券面值折扣 40%，部分债券系列的价格甚至不到发行面值的 50%）。在此轮债务置换中，仅有 3.57 亿美元的旧债券被偿付，而对剩余债券的强制性修订和展期则遭遇惨败。

如果继续维持过去两年的状况，也就是说，这家电力集团每年仅能创造 15 亿至 17 亿美元的营业现金流，那么，它就必须采取一切手段安排债务的偿付顺序，为不同债务设置不同的偿付优先性，尽管这有可能会导致部分贷款人陷入困境。不出所料，得州竞争电力在 2009 年对待付债券采取实物支付利息的形式，这就为它节省了 5 亿美元左右的现金支出，但此举却也带来了需要在以后偿还的债务。

这才是债券持有人真正关注的问题。部分债券持有者可能更倾向于卖出债券而退出，但出售价格往往需要大打折扣。遗憾的是，市场对这种不良债券的需求很有限，而且未来能源控股缺乏现金，因而无力回购这些廉价债券：仅在 2009 年的最后一个季度，这家集团便继续烧掉了 5 亿美元的现金。在 20 世纪 80 年代，高收益债券又获得了一个新的绰号——"垃圾债券"。如果有什么能让债券持有人感到些许安慰的话，那就是在杠杆收购完成两年之后，KKR 在账面上确认了其在未来能源这笔投资上的巨大损失。[26]

* * *

2010 年年初，美国经济稳步复苏。这可以解释，公司为什么能在 1 月份新发行 5 亿美元的优先级担保债券，这次发行的收入在一定程度上弥补了上季度的现金损失。由于未能妥善安排好现有债务的置换和偿付计划，因此，要解决流动性危机，留给公司的只有一种选择：在原本已数量可观的债务基础上继续增加新贷款。在这个阶段，市场仍接受以合理的价格发放贷款，支持 PE 股东维持对公司的控制权：1 月份的债券已按非常便宜的价格发行完成——考虑到未来能源控股的债务已处于不良状态——本次发行的债券的期限为 10 年，票面利率为 10%。

经济复苏对交易产生了积极影响，竞争性业务和奥科在 2010 年前三个月实现了两位数的收入增长率。尽管盈利能力持续改善，但新发行债券以及因实行实物支付方案而推迟利息支付，仍导致杠杆率继续恶化。令人担忧的是，在第一季度，经营现金流继续下降，得州竞争电力的营业现金流较去年相比下降了 80%。而受限制性保护机制和进入门槛的保护，奥科的现金流继续维持高位，但考虑到未来能源不得使用这部分现金流，因此，奥科的良好态势几乎没给集团的 PE 出资者和贷款人带来任何益处。

迫于解决流动性问题并维持偿付能力的压力，公司在当年剩余时间里只能忙于拆东墙补西墙：发行新债券，对旧债进行调整和展期；然后又是一轮新的发行债券，继续对旧债进行调整和展期。从当年的 4 月至 7 月，公司发行了利率为 10% 且在 2020 年到期的 5.27 亿美元票据，以置换 2014 年到期的未偿付的 6.84 亿美元优先票据。在 8 月的公开债券交易中，未来能源中间控股集团（奥科的母公司）发行利率为 10% 且在 2020 年到期的 22 亿美元票据，并支付了 5 亿美元现金，以偿还未来能源控股现有的 36 亿美元优先票据。但接二连三到期的债务仍让它手忙脚乱，10 月，得州竞争电力发行了利率为 15% 且在 2021 年到期的 3.36 亿美元优先级担保债券，用以置换 4.77 亿美元的优先票据。同月，得州竞争电力再次发行 3.5 亿美元的优先级、有担保的第二留置权票据，利率为 15%，2021 年到期，发行所得款项用于回购得州竞争电力和未来能源的 5.23 亿美元票据。

穆迪将此作为信用降级的信号，并将该集团的信用评级进一步下调至高度投机级的 Caa3，仅比最低的违约级高两个等级。[27] 但公司管理层和金融投资者并不在乎。11 月，得州竞争电力发行了另一个系列的 8.85 亿美元的第二留置权票据，到期日为 2021 年，用来置换得州竞争电力待偿还债券：包括利率 10.25% 的 8.5 亿美元票据和 4.2 亿美元的实物支付债券。

这一系列措施无非强化了这样一个事实：负债管理成为它的全部职业，而得州控股的股权依旧一文不值。在其提交给美国证券交易委员会的文件中，KKR 继续计提减值损失。相对来说，这家总部位于纽约的 PE 公司已经算是相当乐观的了，2010 年 6 月底，它将得州电力的股权估值确定为 30 美分。[28]

动力全无

投资者对新发行的高息票据趋之若鹜，显然，吸引他们的是这些无担保票据所提供的高额收益。由于部分票据在二级市场上按大幅折扣价进行交易，因此，实际收益率已超过 20%，这意味着，每投入一美元，债券持有人即可获得超过 20% 的年利率。由于联邦利率已接近于零，因此，这绝对是一笔不菲的溢价。但它显然也意味着这些票据持有人将面临巨大风险。如果天然气价格不能马上反弹，那么未来能源的业绩和现金流必将受影响，从而导致负债不可持续。2010年，天然气价格每MMBtu低于4美元，创下8年来的最低价。

值得庆幸的是，当年下半年的运营状况便出现了明显改善。奥科维持了令人称叹的业绩。从事竞争性业务的得州竞争电力也等来了需求的回暖，零售业务收入增长2%，批发业务的增长率更是高达21%。如果说，未来能源集团仍被其孱弱的资产负债表所拖累，那么，市场的潮汐正在让它迎来盈利的曙光。得州竞争电力最终还是兑现了一系列债务约定。这不仅得益于10亿美元的对冲收益，还因为它赢得了贷款人的慷慨救助，对部分债务进行了豁免。截至2010年12月31日，得州竞争电力的有担保债务与调整后EBITDA比率稳稳地降至5.19，远低于6.75的约定标准。良好的经营业绩，再加上整个年度内采取的一系列再融资措施，使得得州竞争电力的债务与EBITDA之比从一年前的9.5降至8.5。

但未来能源的境遇就没有那么乐观了。由于业绩明显未达到预期，而且天然气价格也低于预期，未来能源集团已别无选择，2010年年底，它不得不进一步计提商誉减值损失。据报道，这次减值导致公司的账面价值减少了41亿美元。所有调整均来自于集团的竞争性电力业务。因此，2011年2月25日星期五，奥莱留斯投资公司（Aurelius，投资于得州竞争电力发行的一笔5 000万美元定期贷款）对融资牵头人花旗银行宣称，一笔不符合信贷协议的公司间贷款发生违约。当然，发生这样的事情并不意外。得州竞争电力一笔2015年11月到期、利率为10.25%的无担保债券，市场交易价格的折扣率达到了40%。[29] 虽然奥莱留斯的说法遭到未来能源管理层和花旗银行的公开否认，但这次事件足以说明，对一家业绩不佳的公司来说，它始终要想方设法地让提心吊胆的贷款人保持冷静。

两个月之后，得州竞争电力对期限为2014年10月到2017年10月的164亿美元的定期贷款和2013年10月到2016年10月的14亿美元周转贷款进行调整和展期，使得这个问题有所缓解。同年4月，得州竞争电气再次发行17.5亿美元的优先级担保票据，利率为11.5%，2010年到期，用来偿还2011年到2014年期间到期的7.7亿美元现有定期贷款、6.46亿美元的周转贷款和1.88亿美元的信用证贷款。[30] 此时，经营业绩迅速落后于管理业务计划的预期，尽管令人难以接受，但却是不可避免的事情。

2011年前两个季度的形势足以说明，管理层为什么要迫不及待地重新安排还款计划，大幅削减待偿债务的总额。由于销量增加，奥科的收入增长了3%，但得州竞争电力则由于销量疲软、客户流失和价格下降的原因，利润同比下降了16%。显然，这导致影响到EBITDA利润率——奥科上涨5%，而竞争性业务（得州竞争电力）则下跌了10%。进入下半年，受监管业务（奥科）的收入增长了8%，而得州竞争电力的收入则出现两位数的下滑。

竞争性业务细化的原因是深层次的,而且是完全可以理解的:2011年,天然气的平均价格比去年下降了9.2%,从2010年每MMBtu4.34美元降到2011年的3.94美元。[31]

诸多因素造成了这种情况。首先,2010年的美国国内生产总值增长了2.5%,而2011年则出现了明显的经济增长放缓现象,增长率仅为1.6%。反过来,当年的人均用电量下降幅度超过1%。但天然气价格持续下跌的背后,还隐藏着更重要的根源。在过去的5年多的时间里,新型能源已投入使用,并已基本形成产能。美国页岩气年产量从2007年的不到2万亿立方英尺增加到4年后的7万亿立方英尺,它对包括未来能源所在地得克萨斯州等地的供应链造成了极大破坏。

能源企业之所以能长期利用美国巨大的页岩气储量并从中牟利,依赖于两种技术的应用。而直到最近,人们才认识到这两种高成本、低效率的技术:水平钻井法和水力压裂法(即压裂式采油法)。如图5.2所示,在得克萨斯州中北部的巴内特页岩区,这些技术的广泛使用最初曾带来过产量的快速增长。因此,到了2011年,美国天然气能源的产量30年来首次超过了煤炭产量。[32]

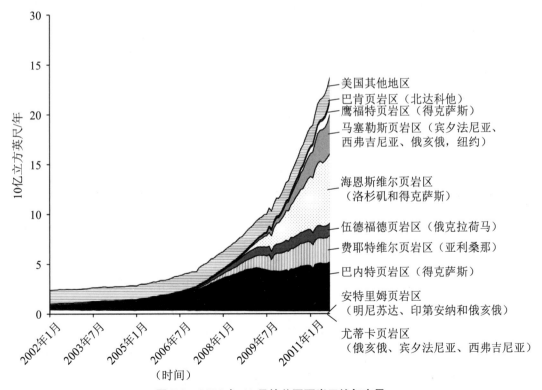

图5.2　2002年11月的美国页岩天然气产量

资料来源:美国能源情报署(2012年3月)。

KKR早已认识到压裂技术的巨大潜力，它在一份行业研究报告中指出，页岩气的增长促使美国天然气产量在2005年到2011年期间提高了27%。[33] 因此，尽管对未来能源的投资已失去光彩，但这家位于纽约的PE公司已开始在新领域内寻觅机会，而且这显然是一个千载难逢的好机会——或者说，至少它希望这次是个好机会。2011年1月，未来能源控股集团宣布，收购大型能源集团康菲石油公司（Conoco Phillips）拥有的巴内特页岩区；5个月之后，它又出售了所持有的页岩开发商Hilcorp能源公司40%的股权，仅仅在一年之后，这笔投资就为它净赚了11亿美元。[34]

天然气价格进一步下跌，跌势远远超过预期，现在，价格已完全取决于供需的失衡。随着天然气消费需求的增长，整个得克萨斯州能源市场的产量也开始有所上升，但得州竞争电力的形势依旧令人沮丧。收入的下降表明企业已前途黯淡。未来能源所面临的需求短缺已不同于"大萧条"时期，今天，它面对的是低成本燃料替代品的过度供应，而这种新型廉价能源正在让消费者逐渐抛弃得州竞争电力。

未来能源的所有者或许早已发现利用这次水力压裂技术革命的巨大商机，但2011年对于未来能源来说却异常糟糕，得州竞争电力的营业收入下降了14.5%。该部门的EBITDA在过去12个月中下滑幅度超过7%。原本有希望在2010年下半年迎来的复苏也是昙花一现。

按照预期，得州竞争电力唯一的维持性条款（maintenance covenant，有担保债务与调整后EBITDA之间的比率）在2011年4月进行了修订。贷款人对公司采取了非常宽容的态度，他们同意放弃在12月底必须满足6.50的最初门槛，而是将标准放松到并不严格的8。尽管实际杠杆率已从2010年年底调整后EBITDA的5.19倍提高到一年后的5.78倍，但从事竞争业务的业务部门目前仍可得益于高额毛利润。然而，包括有担保债务和无担保贷款在内的债务总额与EBITDA之比已从8.5上升至9.3倍。在向美国证券交易委员会提交的文件中，KKR承认，截至2011年年底，它所持的未来能源股份的价值仅为账面价值的10%。[35]

***

尽管得州竞争电力确实有必要停下来休息一下，但2012年前几个月的情况表明，这个时机尚未到来。当年第一季度，得州竞争电力的形势进一步恶化，收入同比下降27%。天然气价格一路下跌，使得该部门得以计提更多的对冲收益：4月份，"亨利港"天然气价格实际上已达到13年来的最低点——每MMBtu仅为1.95美元，造成这种情况的部分原因是美国当年遭遇特殊的暖冬现象。因此，在对定期贷款展期后不到12个月，得州竞争电力的经营现金流量便已减少了一半。公司定期担保贷款交易价格的折扣率低于60%，这并不意外。[36] 但真正的问题是，公司根本就无力与价格更便宜的供应替代品竞争。因此，自杠杆收购以来，零售业务已经失去了 17% 的客户。[37] 而面对相同的市场条件，奥科则维持了收入和 EBITDA 增长率达到两位数。[38]

2012 年夏天，穆迪将未来能源控股的债务评级降至仅次于违约级的第二危险级别——与违约仅有一步之遥。由于担心该集团被监管业务受到市场风险的传染，一次，穆迪评级甚至将奥科的债务评级降至 Baa2，仍为投资级别，但仅比投机类别高两个级别。华尔街分析师似乎找到了一种新的消遣方式：预测得州竞争电力的违约日期以及随之而来的申请破产时间。

于是，在整个夏季和秋季的最初一段时间里，管理层都在忙于帮助奥科的母公司未来能源中间控股发行 13 亿美元的第一留置权和第二留置权债券，以换取 17.6 亿美元的待偿还贷款。这是为什么呢？这背后有三方面的原因：首先，大部分旧债券的购买价格和到期赎回价格均有 20% 至 40% 的折扣。其次，通过这种做法，未来能源控股可以将其持有的债券转移给更接近于奥科的集团实体，毕竟，后者拥有现金流创造能力（这有助于鼓励贷款人交出尚未到期的原有债券），而不是让得州控股公司（KKR 和其他股权投资者已持有股份的集团母公司）和即将破产的得州竞争电力来承担这些债务。未来能源集团的部分已到期贷款由未来能源竞争电力控股公司（得州竞争电力的直接母公司）担保，如图 5.1 所示。简而言之，这表明，股权投资者不愿意看到业绩强劲的奥科受到得州竞争电力的拖累，通过取消公司间的贷款担保，最大限度维持对受监管业务的控制权。

最后，这种做法的第三个原因是可以推迟不可避免的违约事件。未来能源控股通过债务置换赎回的超过 3 亿美元的贷款将在 2014 年到期偿还。

到此为止，我们很可能会因为眼前貌似无助的境遇而感到困惑：既然相关各方都认同得州竞争电力正在走向绝境这个无可争议的事实，那么，以发行新债务的方式（甚至是按折扣价发行）来偿还旧债又有什么目的呢？显然，得州电力反复被同一块石头绊倒。过度使用杠杆和天然气价格低廉的问题并没有得到解决，已让这个欠债不还的公司无处可藏。但 KKR 和得州太平洋集团还在为自己争取时间，它们还抱有希望：一旦天然气价格反弹，就会让它们在与集团贷款人的谈判中占得先机。

非常规能源（尤其是页岩气）供应量的激增，导致天然气价格已低于最坏的预想，2012 年下半年，其价格已稳定在每 MMBtu2.5 美元至 3.5 美元的低位上。自第一次杠杆收购以来，得州竞争电力 2012 年的财务报表上，经营活动产生的现金流首次转为负。营业收入下降了 20%（前一年还只下降 15%），再加上经营利润率的减少，使这个昔日的现金"牛"变成了现金"流"。

已经到了生死存亡的时候了。得州竞争电力及其母公司未来能源竞争电力均承认，企业价值已进一步受到侵蚀，2012年年报再次计提12亿美元的商誉减值损失。[40] 此时的KKR已别无选择，只能继续减记投资，截至2012年12月31日，这笔股权的价值已计提减值损失95%。[41]

为了让所有相关方都知道，集团业绩的颓势绝不是管理层的责任，2012年，公司年报中披露，为提供与同行其他企业类似职位可比的高管薪酬待遇，并维持管理层与其他利益相关者之间的高度协调，首席执行官约翰·杨的现金奖励基准将提高至2014年以来基本工资的125%。此外，他的薪酬也将从120万美元提高到135万美元，比2009年增长35%。2012年，约翰·杨赚取的绩效奖金近230万美元。但真正有意义的是，9月份，约翰·杨收到了600万美元的递延补偿金，这也是他的一部分长期激励性薪酬。

首席财务官保罗·凯格勒维奇（Paul Keglevic）的收入当然也不会落后，他的工资从2012年的65万美元提高到次年的73.5万美元（相比2009年增长了22.5%）。2012年，凯格勒维奇赚到了105万美元奖金，并以递延补偿的形式另外获得了超过240万美元。[42]

考虑到这么多的现金流出，因此，你完全有理由认为，这家公司的生意还没那么糟糕。2012年，集团收入同比下降超过10%，而EBITDA则下降了50%。这些PE股东当然知道该如何让管理层对公司保持忠诚。

权利转换

由于营业收入仅为2010年的1/3，因此，此时的得州竞争电力已成为僵尸企业。由于无法履行债务承诺，它只能依赖于尽可能多的对贷款利息采取实物支付形式，发行期限更长的新票据，并尽可能地对现有债务进行修正和展期，以期等到天然气价格走出泥潭，并永久性地稳定在每MMBtu 6美元的水平上。只有恢复到这个价格，集团才有可能获得足够的可用于偿还债务的现金。但留给它的时间已屈指可数，因为到2014年10月，得州竞争电力就将面对40亿美元到期需偿还的定期贷款。除非天然气价格快速上涨，否则，它只能得到一种结局。

管理层可没有等待这种可能性化为现实的时间了。2013年1月，约束得州竞争电力优先级担保贷款的信贷协议被修订，2013年10月到期的6.45亿美元被展期到2016年10月，这样，2016年到期的贷款总额就达到了20.5亿美元。仅展期费用就有3.4亿美元，结算方式采用了到2017年10月到期的附加定期贷款形式。

有点不可思议，但你的确没有看错：为推迟偿还这6.45亿美元贷款，它已经向贷款人支付了 3.4 亿美元的费用。[43] 这表明，三家作为股东的 PE 机构对延迟违约事件的愿望有多么迫切。凭借强大的谈判地位，贷款人居然开始教训这些一向对佣金如饥似渴的 PE 机构，让它们知道什么才是收费最大化。

而且到这时候，形势已变得愈加混乱。2013 年 1 月，奥科的母公司未来能源中间控股集团发行了 13 亿美元 2020 到期的抵押票据，用来置换未来能源控股集团和中间控股集团到期日更早的现有 13 亿美元担保票据。对于这些债务置换，集团已获得票据持有人的同意，这样，就可以让得州竞争电力和未来能源中间控股集团成为不受限制的子公司，从而进一步消除公司间担保。实际上，这种方式可以使所有实体相互独立，而其中的一个关键点，就应该是由得州竞争电力申请破产并启动重组。在所有人看来，这种情形已变得确定无疑。

可以理解的是，鉴于如此频繁的资本重组，谈判也开始变得越来越有趣。谈判的一方是这家举行能源集团的股东——KKR、得州太平洋集团和高盛，另一方则是贷款人，包括对冲基金管理机构和不良资产专业机构富兰克林（Franklin）、阿波罗（Apollo）、橡树基金（Oaktree）以及黑石集团旗下的信用业务机构 GSO。这些信贷投资者持有的部分无担保票据，其市场交易价格的折扣率已低于 30%。这就意味着，他们的年收益率可以达到 45% 甚至更高，具体收益取决于票面利率。高收益率是这种垃圾债券的明显特征，而另一种信号则是集团正在接近债务违约的边缘。

第二年，债务违约已成为市场的普遍预期。各方都在为这场即将到来的暴风雨做准备。比如说，未来能源、奥科、PE 投资机构和贷款人都已聘请了各自的重组顾问。在这场较量中，讨价还价的天平开始不知不觉但却不可逆转地倒向贷款人一方，除了程式化但基本无效的财务再造之外，管理层和股东几乎已无能为力。通过贴现票据来继续减少债务，已成为负债方别无选择的最后手段。没有人怀疑，未来能源已四面楚歌，彻底失去退路。

与此同时，由于天然气价格小幅上涨，得州竞争电力的交易也开始有所回暖。进入 2013 年，得州竞争电力的营业收入呈现逐季度上升的趋势。遗憾的是，天然气价格的上涨显然还不足以弥补它在民用和商业零售业务领域的客户流失。消费者仍然青睐于比得州竞争电力更便宜的替代品——页岩气。页岩气让煤发电和核发电彻底丧失了竞争力。在得州竞争电力公布的年终数据最后，EBITDA 同比下降了 18.5%。[44] 于是，管理层再度计提 10 亿美元的商誉减值损失。由此，自杠杆收购以来，商誉减值损失总额已达到 144 亿美元。金融投资者们显然打错了算盘。鉴于资产负债表上超过 320 亿美元的债务——相当于 EBITDA 的 11.3 倍，这个竞争性电力企业只能做一件事——准备破产。

未来能源与贷款人展开谈判，试图为已经失控的资本结构找到一个解决方案。随后，未来能源决定向其得州竞争电力的无抵押票据持有人支付 2.7 亿美元利息，以此为自己及其PE持股者争取更多的缓冲时间。但这个方案并未被公司第一留置权债权人接受，他们已经迫不及待地想得到公司控制权了。[45]根据债权人富达基金（Fidelity）提出的初步条款清单，这些第一留置权贷款人的索赔总额约为244亿美元，相当于公司股权价值的94.2%。在控股公司层面（未来能源控股集团），无担保票据持有人将获得公司3.8%的股份，这就只能给KKR、得州太平洋集团和高盛留下2%的股份。其他重组计划也陆续浮出水面，这些计划无一例外地都试图采取免税的分拆结构，但同样也无一例外地不能说服相关各方。[46]

不可否认的是，未来能源的破产必然会损害集团的受监管业务。于是，到了8月份，信用评级机构穆迪照例发布夏季报告，但这一次无异于末日宣言，它将奥科母公司（未来能源中间控股集团）的信用级别下调为Caa1，即投机类的中间级别。可以确定的是，未来能源中间控股集团已无法避免被危机波及。[47]由于资产负债表上躺着超过70亿美元的贷款，因此，监管业务发生的任何风吹草动，都会给金融投资者带来损失。实际上，已经有很多债权人赶在他们之前对奥科资产索赔。KKR和得州太平洋集团只能认输，在2013年年底，它们最后一次对股权进行了减值：这家来自纽约的PE巨无霸对21亿美元的投资账面价值计提了99%的减值损失，而大卫·邦德曼（David Bonderman，得州太平洋集团的创始人兼董事长）则将在得克萨斯的这笔15亿美元的投资估值为6 800万美元。[48]其实，他们只是无法让自己承认：他们的投资已分文不值。

放弃生机

2013年年底，每MMBtu天然气价格超过4美元，并在2014年的前几个月继续攀升，到2月份一直徘徊在6美元附近。形势似乎非常有希望，但页岩气这场游戏的竞争却越来越白热化。这就意味着，即便是在最乐观的情况下，天然气价格也只能维持在第MMBtu 6美元左右，得州竞争电力的零售业务要赢回过去三年失去的客户，几乎已没有任何希望。因此，对于未来能源的煤炭发电和核发电业务而言，页岩气燃料发电正在成为一种有吸引力的替代品。

当年第一季度，就在未来能源的管理层准备申请破产保护的时候，由于批发和居民业务的价格和销量均出现大幅度增长，使得得州竞争电力的收入增长了20%。但这个增长还远远不够，而且为时已晚。这项业务本身就无法创造出足够的现金流，来满足不断增长的贷款偿还需求。综合考虑受监管业务和竞争性业务的情况，未来能源控股集团的债务从2011年的363亿美元增长到两年后的超过402亿美元——尽管管理层采取了大量的修正展期以及贴现贷款回购措施，但巨额利息还是导致债务总额出现了剧增。

在 2014 年第一季度即将结束的时候，《金融时报》发表的一篇文章暗示，未来能源控股集团违反了针对第一留置权的债务收益约定。如果确实这样的话，除非新注入现金或是相关贷款人放弃债权，否则，违规行为将导致负责 2013 财年审核的审计师无法判断未来能源的持续经营能力，进而触发技术性违约，在这种情况下，债权人有权提出强制性破产申请。[49] 此后，集团没有按期偿付 4 月 1 日到期的 1.09 亿美元贷款利息。在通过修订获得 30 天宽限期的情况下，管理层推迟了提交年度报告的最后期限，并与债权人展开了最后一轮关系生死的谈判。

沉迷于借钱的未来能源最终在 2014 年 4 月 29 日走到尽头，在经历杠杆收购六年半之后，它在这一天向特拉华州申请破产保护。资金受到限制的奥科并不在破产保护的范围之内。天然气价格（自收购以来已下跌了 2/3）对集团经营业绩的影响，已对企业价值形成了严重的侵蚀。得州竞争电力的经营现金流在 2008 年还是 16.6 亿美元的净现金流入，但是到 2012 年和 2013 年，则分别变成 4.39 亿美元和 1.74 亿美元的净现金流出。

对于这项业务的债券持有人来说，该是他们面对现实的时候了。按可比估值倍数，价值蒸发不仅体现在股权方面，高收益、无担保票据的价值几乎也一文不值。使用其他能源公司的现行 EV 倍数，得州竞争电力 2013 年的 11 亿美元 EBITDA 最多也只能对应于 100 亿美元的估值。得州竞争电力所承担的定期贷款账面价值已超过 150 亿美元，这意味着，即使是优先级有担保贷款的持有者，也只能收回不到 2/3 的本金。而第二留置权和无担保债券持有人则坚决反对破产保护；对于他们来说，唯一的收获就是得到一个最宝贵的教训：信任 PE 基金管理人的投资智慧，很可能会让他们付出高昂的代价。

由于多数贷款在过去 4 年的大部分时间里均处于非正常状态，因此，这家能源集团熬过这么长时间才宣布破产，这的确令人感到不可思议。究其背后的原因，很可能就是贷款人允许杠杆收购投资者在信贷泡沫最后几个月内拿到的低门槛贷款。为了换取高额费用，这些贷款几乎不设置任何违约触发事件。这就让得州竞争电力的债权人逐渐成为公司缓慢垮台的附属品。在因为频繁修订、展期和置换高成本贷款而浪费数年之后，这家能源集团的悲惨命运几乎无法让人理解它的名字——未来能源，这确实太具有讽刺意味了，因为它已经彻底丧失了现金创造能力，而且根本就没有任何希望可言。相反，它正在走进 PE 投资者为自己挖掘的坟墓，它的事例也是超大型并购领域未能呈现任何增长迹象的少数案例之一。

在过去的两年里，持有得州竞争电力的债券无疑是一种煎熬的等待，因为无担保票据的投资者只能接受 30% 至 70% 的折扣价格，而最终的结局无一例外的是债务违约。由于一些知名债权人均反对其申请破产保护，其中就包括安克雷奇（Anchorage）、阿帕卢萨（APPaloosa）、布鲁克雷斯特（Bluecrest）、摩根大通、摩根士丹利和橡树山基金（Oak

Hill）等，因此其在 11 个月之内退出破产的目标时间表看起来似乎很有希望。2014 年夏天，处置奥科的拍卖流程正式启动，但这并没有让未来能源集团的高管层受到影响。此时，希望或许是他们唯一拥有的财富。

* * *

在提出破产申请数月后，各方通过谈判协商，同意对陷入困境的公司进行分拆，结果就是让奥科与从事精装修业务的 Luminant 和得州电力能源相互分离。由于从事受监管业务的奥科在 2007 年即已被采取限制性保护，因此，它和 Luminant 及得州电力能源实际上就是独立运营的。幸运的是，在杠杆收购之后，这些公司的业绩与 PE 投资者一开始的期望截然相反。根据现行的解决方案，得州竞争电力将归属于拥有第一留置权的贷款人，其中包括一些从事不良债权业务的知名机构，如阿波罗、橡树基金和中桥基金（Centerbridge）。对于奥科的母公司未来能源中间控股集团，其股权也将落到债权人的手中，包括艾威基金（Avenue）、约克投资（York Capital）和 GSO 资本，它们持有的打折债券将被置换为股权。

不管破产裁定结果如何，理解未来能源两个主要部门的业绩都是有必要的。图 5.3 显示，得州竞争电力的经营业绩受大萧条的负面影响较为明显，2009 年，公司收入下降了 1/5。

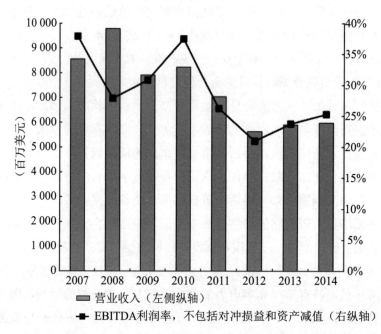

图 5.3　得州竞争电力（TCEH）在 2007 年到 2014 年期间的营业收入和 EBITDA 利润率

资料来源：未来能源竞争控股集团公司的年度报告。

虽然经济衰退在某种程度上已成为市场普遍预期，但 KKR、得州太平洋和高盛所押注的关键预测——天然气价格将维持历史高位，却从未实现过。相反，天然气价格已在每 MMBtu 仅有 4 美元的水平上达到均衡。反过来，这又带来如下两个方面的影响：低水平的现货价格进一步压低了批发价格，而经济复苏缓慢，又导致无法通过成交量增加来补偿价格的下降。正如我们所看到的那样，价格维持低位带来的第二个影响，就是导致低成本供应商（主要创新者）更具竞争力。

因此，自 2002 年 1 月市场放松管制以来，得州竞争电力零售业务所面对的客户流失现象持续不减。从 2002 年到 2006 年，得州电力能源所服务的零售客户数量从 270 万下降到 220 万。截至 2013 年年底，这一数字已降至 170 万。在截到 2012 年的 10 年期间，得克萨斯州的人口增长率达到 21%，[51] 因此，如果顾客数量按这个规模衰减，那么，只能说，得州电力的市场份额可能已受到严重侵蚀。消费者开始另寻高就。

但是，虽然杠杆收购期间的业务衰减或许可以归因于页岩气的出现，但是在被收购之前出现的客户群衰减，只能说明，这家集团的产品缺乏有竞争力的价格。正是出于这个原因，2005 年、2006 年和 2007 年的零售总销量分别下降了 17%、11% 和 5%。按照这一趋势，到 2013 年，得州电力的零售电力收入已经比 2008 年的水平下降了近 1/3。[52] 可以想象，这绝不是金融投资者所期待的情景。市场价格降低带来的全部影响，在得州竞争电力 2006 年到 2012 年期间的盈利能力上显露无遗：EBITDA 利润率从 42% 持续下滑至 18%。

尽管得州竞争电力每年都会向外界透露，它的债务与 EBITDA 比率始终远远低于约定的维持性约定，但杠杆率偶尔也会超过收益的 30 倍。KKR 和得州太平洋已经跟杠杆收购贷款的提供商（正如我们看到的那样，主要银行不仅为收购提供贷款，还直接参与股权投资）进行了谈判，约定债务契约不应过于严格，而且还应扣除某些贷款和成本项目——因而被称为"调整后的 EBITDA"。由于得州竞争电力在随后几年中经历了若干次的贷款条款修正和展期，因此，金融投资者仍要求，将新发行的贷款排除在契约约定之外，这意味着，这部分贷款不参与债务和 EBITDA 之比的计算。

此外，KKR 等 PE 投资者还通过与大型银行的协调，在长时间内充分利用史无前例的低水平利率。如果不是这样的话，未来能源或许早已经走到绝境。只有那些在信贷泡沫高峰时期完成的超高杠杆收购才能幸免（或者至少还能苟延残喘），最主要的原因，就是量化宽松和低利率造成的金融市场兴旺，使得它有能力进行再融资并延长债务偿还期限。这就给 PE 投资者节约了时间，让他们依旧可以奢望杠杆收购前景的改善。但再融资毕竟是一种代价昂贵的金融工具。对每一次贷款的修正和展期，贷款人都会以认可费的形式获得补偿，有时，这些费用甚至高达 350 个基点（3.5%）。此外，还要考虑保证金的大幅增加，这是贷款人同意重新安排或豁免他们的债务价值的前提。尽管未来能源的风险确实令人生畏，但是在美联储利率接近零的情况下，其债券的高额收益依旧足以让投资者趋之若鹜。

对于贷款人来说，他们的唯一控制形式是确保债务人维持契约约定，并以此作为评估借款人是否能赎回债务的手段。因此，他们之所以为了金融投资者的利益而甘愿放弃这么多权力的一个关键原因，就是他们能通过（重新）安排贷款而收取高昂的费用。与此同时，他们还能将这些贷款打包出售给不知情的第三方（甚至沃伦·巴菲特有时也会暂时放松警惕）。尽管如此，我们仍可以自图 5.4 中看到，按有利于 PE 的维护性契约定义的杠杆率（仅适用于某些有担保的贷款），并不等同于与包括全部杠杆收购债务且不调整收益计算的总杠杆率。在图中，我们使用了分别包括和不包括对冲收益的两套 EBITDA 数据，并以此来证明，如果不是因为这种非经营收益，从完成杠杆收购的第一天起，债务就将超过 EBITDA 的 10 倍。随着对冲收益从 2013 年开始持续减少，两套 EBITDA 数据开始趋同，这也解释了按两种方法定义的杠杆率为什么不断接近的原因。

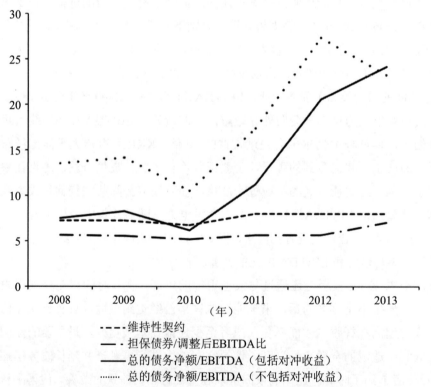

图 5.4　得州竞争电力（TCEH）2008 年至 2013 年的杠杆率和维持性契约

资料来源：未来能源竞争控股公司的年度报告和笔者分析。债务只包括得州竞争电力贷款，但不包括未来能源、竞争电力或未来能源控股集团的贷款。

未来能源确实得益于低门槛的贷款结构。在收购完成后的三年内，公司的 EBITDA 便已不够支付贷款利息。比如说，在 2011 年，得州竞争电力就出现了 37 亿美元的净利息支出；不包括对冲收益在内的 EBITDA 为 14 亿美元，不到前一年的一半。假如杠杆收购是在正常信贷环境中完成的，那么，只要出现利息保障倍数（EBITDA 与净利息之比）低于 1 的情况，就会触发违约。截至 2013 年 12 月，未来能源的息覆盖率已降至 0.65 倍。这可不是普通银行人士每天都能看到的事情。非监管部门的表现揭示了杠杆收购技术在金融危机之前带来的全部影响。

* * *

相比之下，受监管且限制性保护的奥科的业绩表现强劲，如图 5.5 所示。在 2004 年到 2014 年间，这家电力分销商的收入实现了 5.5% 的年复合增长率。即使在大衰退最严重的时期，它仍实现了正的增长率。现货汽油价格对奥科的收入增长和盈利能力的影响非常有限，在整个观察期内，其 EBITDA 利润率始终保持在 50% 至 52.5% 之间。

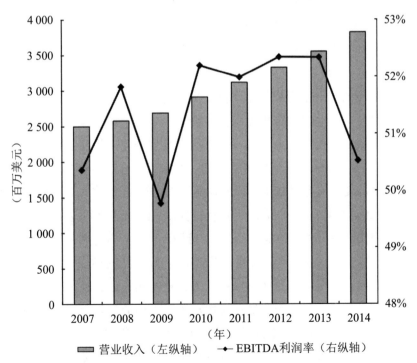

图 5.5　奥科在 2007 年到 2014 年期间的营业收入和 EBITDA 利润率

资料来源：奥科电力传输有限公司年度报告和笔者分析。

因为金融投资者是被迫对奥科采取限制性保护的,因此,未来能源的传奇最终演化成一个悲喜两重天的故事。在得克萨斯州的市场上,得州竞争电力遭受了价格战和供过于求(受页岩气激增的影响)的双重打击;奥科则在监管模式下蓬勃发展,收入从2008年的26亿美元增加到三年后的31亿美元和2014年的38亿美元,而年度经营现金流也从2008年的8.28亿美元增加到2011年至2014年的13亿美元。

奥科的限制性保护措施也有助于过度负债,从2008年到2014年,其债务与资本比率始终保持在非常合理的40%至43%范围内。而对于得州竞争电力,这个数字在杠杆收购之后的每年均超过100%,并在2011年年底达到135%,一年后更是高达152%,到2013年12月,居然增加到188%。这个阶段,显然是适可而止的最佳时机。奥科之所以能拥有如此坚实的经营成果,根本就是其市场结构——它经营了得克萨斯州的绝大部分输电网,约为85%。像奥科这样的输电配电企业主要负责提供对配电网络的一般性接入。而包括未来能源旗下Luminant在内的所有批发市场参与者,均有权接入得克萨斯州的配电网。这就可以解释,为什么Luminant会成为得克萨斯州最大的电力批发商和发电企业,它也是奥科总收入中贡献最大的——从2008年到2010年间,其贡献的收入比例在35%到40%之间;而2012年到2014年期间的收入贡献率则徘徊在25%至30%之间。

对奥科来说,好的消息是它的业务不受现货价格影响,只依赖于天然气的消费量。显然,消费在一定程度上又取决于能源的成本,但市场对输配电的需求则具有非常高的黏性,因为住宅用户在寒冷的冬季使用加热器,在炎热的夏季使用空调,而日常的家庭照明用电则具有持续性。另外,工业客户在机器闲置时会减少电力消耗,但除非破产,否则,它在经营中仍需要或多或少地使用电力。另一个有利因素就是电力传输系统与客户无关。不管输配电的电力来自Luminant还是页岩气供应商,对奥科而言都不重要。只要使用它的系统进行电力传输,就需要向他支付费用。因此,尽管Luminant的收入在奥科总收入中所占的份额在2008年到2014年期间逐年减少,但奥科仍可以轻易分配其他发电企业生产的电力。这就可以解释,为什么奥科的业绩能和GDP保持同步。作为得克萨斯州最大的输配电系统运营商,随着经济活动的复苏,奥科自然可以坐享能源消耗增加带来的好处。

奥科的情况表明,公用电力企业何以会成为杠杆收购的理想目标:可预测的现金流、受到管制的定价和高门槛。但这个案例也说明,监管机构的参与会给企业带来非常积极的影响,它可以保护基础资产免受PE投资者的干扰,从而避免这些企业过度负债。正如奥科在其年度报告中所披露的那样,它通过限制性保护来提高信用质量,但这些措施也降低了资产和负债在破产时与得州竞争电力进行合并的风险。[54] 也就是说,限制性保护措施完美无缺地发挥了风险隔离作用。

深度解析：超级失误

据报道，伯克希尔·哈撒韦公司（Berkshire Hathaway）的首席执行官沃伦·巴菲特曾表示，持有公用事业股份绝不是一种创造财富的方式，但却是一种保住财富的方式。虽然这个至理名言依旧适用，但巴菲特在购买未来能源发行的高收益债券时，显然未能记住他曾多次阐述的座右铭：他更愿意避开由 PE 控制的企业。但就是因为这样的疏忽，伯克希尔·哈撒韦公司的投资者最终付出了沉重代价。在 2011 年的致股东信中，巴菲特满怀歉意地承认自己的错误，并称购买这些债券是"一次重大的非受迫性失误"。伯克希尔的这笔投资带来了 8.73 亿美元的税前亏损。[55]

KKR、得州太平洋以及高盛并没有采取巴菲特的做法——对它们的投资失败公开道歉。但显而易见的是，以下三个关键因素在收购和得州电力私有化退市的失败中扮演了核心角色。

1. 错过最佳时机，等来最差的机会

这笔交易背后的理由是，天然气价格将持续上涨，并有助于公司创造现金、偿还杠杆收购签下的债务。在被收购和退市的前几年里，得州电力之所以业绩良好，只要是源自如下两个方面的原因。

（1）天然气价格稳步上涨（和原油价格显示出非常高的相关性），因此，在得克萨斯州批发电价与天然气现货价格挂钩的情况下，发电企业和配电企业必然同时受益。

（2）得州电力的大部分发电主要采用效率更高的煤炭及电厂（也就是说，比气体燃料的成本更低）。

首先，我们看看天然气的价格变动趋势。从 2001 年 9 月到 2005 年的第四季度，路易斯安那州"亨利港"的天然气现货价格从每 MMBtu 2 美元左右大幅上涨到每 MMBtu 超过 13 美元（见图 5.6）。这是一次惊人的飞跃式增长，上涨幅度足足超过 6 倍，或者说，年均增长率超过 65%。天然气价格的另一个属性，是它取决于市场的供需规律，而供给和需求本身也会受到宏观因素的影响。贸易协定、自然灾害、GDP 增长率、政府储存以及出口政策等因素，都会直接间接影响到天然气的供需。

按照这种观点，天然气价格理应呈现出高度的不稳定性。比如说，在 2003 年，"亨利港"的天然气现货价格波动率达到 119%。[56] 当年，美国入侵伊拉克，给中东这个全世界最主要的石油生产地带来极大破坏。可以说，推动 2001 年到 2005 年天然气价格大幅上涨的原因，就是 9 月 11 日发生的美国恐怖袭击事件以及美国随后对阿富汗和伊拉克发动的战争。无论怎样夸大这些事件对全球能源价格的影响，都不为过。这种影响具有极端性，而且不同寻常，因而造成天然气价格出现了飙升。面对无所不能的供需法则，包括页岩气勘探者在内的替代品供应商都认为，每 MMBtu 13 美元的价格确实太诱人了，因此，新供应商的出现只是时间问题。

2007 年第一季度，当 KKR、得州太平洋和高盛的咨询师与顾问们还在忙于预测分析和商业计划时，得州电力持有的对冲仓位按市值计价遭遇了 6.97 亿美元的损失。自 2005 年 10 月以来，集团便启动了一项长期对冲计划，以对冲未来天然气价格变化的风险。[57] 但此时，这个对冲计划的效果却适得其反。

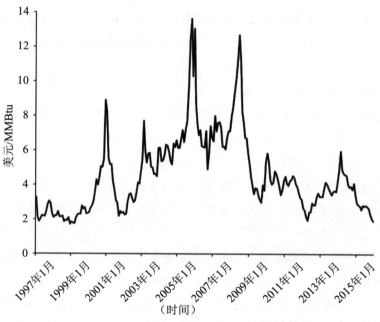

图 5.6　1997 年 1 月到 2015 年 12 月期间的 "亨利港" 天然气每 MMBtu 价格（美元/MMBtu）

通读 2007 年 8 月按杠杆收购流程发布的得州电力投资者报告，即可看到管理层和 PE 投资者是如何犯下这个错误的。该演示文稿列出了他们在未来几年即将面临的众多挑战，其中也提到，使用对冲工具将会给 Luminant 在未来 5 年内受益于预期天然气价格上涨的能力带来限制。[58] 对冲交易的理由是天然气价格（确定电力成本的基础）将上涨并保持在历史高位。但事实却恰恰相反，在 2008 年到 2012 年期间，天然气价格暴跌了 60% 以上，已跌至 20 世纪 90 年代后期以及 2001 年和 2002 年每

MMBtu 只有 2 美元至 4 美元。要看看这个问题到底有多严重，不妨听听管理层是怎么说的：天然气价格每变动 1 美元，就会给利润带来 24 亿美元的影响。[59] 2008 年第三季度，仅凭借对冲交易，按市值计价，该公司就创造了 40 亿美元的税后未实现收益。

但这家公司只是能源的交易商，而不是电力生产商和经销商。2002 年实行放松管制以来，套期保值一直是缓解天然气价格变动影响的关键机制。正如该公司在 2003 年度报告中所披露的那样：

> "2003 年，天然气价格大幅上涨，但从历史上看，由于天气、工业需求、供应可用性及其他经济因素的影响，价格处于波动趋势。因此，销售价格管理和对冲活动对实现目标毛利率至关重要。"[60]

总之，天然气价格和所有商品一样，都是不可预测的。2008 年，美国能源情报署预测，在接下来的几十年里，美国的天然气产量将维持高度稳定的状态。但他们的预测和所有经济学家一样，是完全不可靠的。这种不可靠性导致能源生产商和经销商成为杠杆收购最糟糕的候选人。通过不断追求最高的债务权益比，三家 PE 股东在天然气价格的意外下跌中实现了他们的目标。

* * *

得州电力近期取得成功的第二个因素，是它依靠自己的煤炭发电和核电厂生产廉价电力。在行业层面上，供应商的产量检测取决于市场热耗率（按电力批发市场价格除以天然气市场价格计算）。该比率也被称为"盈亏平衡的天然气市场热耗率"，它衡量了一家发电厂将天然气转化为电能的效率，以每兆瓦时（MWh）电力消耗的百万英热单位（MMBtu）表示。安排这个指标，可以判断一家发电厂是应该继续营业，还是应该停产。只有在热耗率低于市场价值的情况下，天然气发电机使用天然气发电才是盈利的。

在金融危机爆发之前，经济增长刺激了像得州电力这样的生产商通过投资新工厂来提高效率（在当时的情况下，貌似取之不尽的廉价债务也是刺激投资的另一个重要因素）。实际上，在和 KKR 以及得州太平洋讨论收购的时候，公司管理层就已经计划兴建 11 家新的燃煤电厂。公司已制定提高发电容量的计划，因为按他们的预测，天然气价格应继续维持高位。而天然气价格高企，则意味着市场供热率普遍较低。

但完成杠杆收购之后的形势却改变了这一切。信贷危机以及随之而来的大萧条，可再生能源生产的日益普及，再加上压裂技术在一夜之间便被认可的经济可行性，最终导致天然气价格持续崩盘（需求减少和替代供应品的增加）。

　　由于部分天然气发电厂的效率低于成本更低的替代品（页岩气），因此，未来能源控股选择让这些电厂停产，这也带来了市场耗热率的增加。2009年和2010年，有19家电厂被关闭，另有4家停产。相比之下，天然气价格变化对未来能源集团核电及煤炭/褐煤发电厂的发电成本的影响却有限。于是，未来能源决定投资兴建核电及煤电产能，而使用天然气发电厂作为市场需求上涨时的补充产能，通过产量的弹性调整来适应电力供需的变化。

　　就在得州电力被收购后不久，美国的石油和天然气行业便进入供给的持续增长期（反过来，这又导致石油价格和天然气价格的降低）。页岩气产能在短时间内的大幅暴涨，加剧了能源产品的供需失衡。图5.7显示出市场失衡对美国国内电力市场的影响。水力压裂技术带来的革命，基本只影响到美国天然气的现货价格（"亨利港"的期货价格）。日本和欧洲的天然气价格在经济大萧条期间大幅下跌，但最后便逐渐恢复，或者至少已接近之前的价格。

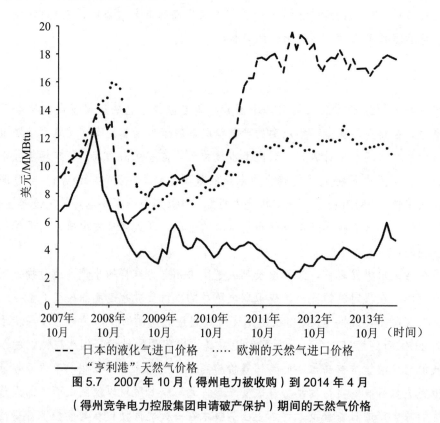

图5.7　2007年10月（得州电力被收购）到2014年4月（得州竞争电力控股集团申请破产保护）期间的天然气价格

现在，再回头看看我们的问题：天然气和批发电价的上涨，是否有可能抵消为杠杆收购融资而带来的债务成本上涨？在 PE 机构控股期间，天然气的价格走向完全是不可知的。即使不是大宗商品市场的权威人士，我们也知道，价格上涨只是因为它之前一直在下跌。有升必有降，反过来，有降也必有升。

阅读该行业有关的报告，可以发现一个显而易见的事实：在推动经济增长方面的重要性，使得石油和天然气行业处于风险金字塔的最顶端。为理解其中的复杂性，不妨看看石油行业专家丹尼尔·耶尔金（Daniel Yergin）撰写的《石油大博弈》（*The Prize*），这本书对石油领域进行了全面的分析。石油（以及其他可延伸到的大宗商品）的价格取决于诸多政治和经济因素（仅举一个例子，比如它们当前对可再生能源的推动作用），因此，任何预测它们的企图都是宏观经济研究领域的无解之谜。

由于战争或地缘政治紧张局势（如 1979 年的伊朗革命）、税收及相关法规的变化、技术创新和新近出现的替代品，使得能源和大宗商品行业频繁地经历剧烈转变（相对于发现石油对美国 19 世纪下半叶和 20 世纪上半叶工业发展的影响，页岩气的影响几乎不值一提），这些变迁必然会影响到供需定价模式。耶尔金对此作出了精辟的解析：这个行业就存在于在起伏波动之中，从泡沫走向崩溃。如果说这个行业有什么是不变的，那么，它只能是这样一个事实：能源价格存在于毫无规律的趋势当中，它依赖于诸多变量，以至于我们唯一可以肯定的，就是价格永远是不可预测的。

总之，早在 2007 年的时候，KKR、得州太平洋和高盛根本就不知道，天然气价格将在 6 个月或 5 年后下降。它们只是用投资者的钱在这个行业里玩一次大赌。这也和耶尔金在其论著中强调的另一个观点高度吻合：由于能源在经济和工业发展模式中的中心地位（没有石油，就没有汽车和飞机行业以及涂料、肥料和塑料等各种产品的存在），能源行业吸引着一批又一批贪婪的投机者。但周期性行业显然不适合高杠杆交易。

2. 资本结构过于复杂

很自然，对于这场杠杆收购的失败，三家 PE 投资者会把责任归咎于投资后 7 年里天然气（异常）的低价位。尽管这对他们来说确实是不可预见的，但正如我们刚才解释的那样，碳氢化合物的历史永远都充满了不可预测性。

在试图挽救这笔投资时，三家知名 PE 投资者面临的最大障碍，可能就是一揽子债务计划的复杂性，而且每一个层级的贷款都会被众多贷款专业机构在二级市场上打包和收购，每个机构都会有自己的标准和策略，因此，未来能源根本不可能达成一项令所有方面都满意的财务重组方案。据报道，为得州竞争电力提供资金的贷款财团由

500 多家贷款机构组成。[61] 由于要满足各家的不同需求，最终，未来能源把自己变成了一个佃农。

只要 PE 股东还在尽力维持对企业的唯一所有权，而且债权人又不能取得不低于全部贷款人 50% 的投票来行使其权利，那么公司就并未走到绝境。但是当管理层在 2013 年试图推行预先订制的管理程序时，他们依旧无法被债权人接受。前面已经解释过，很多次级贷款人均对公司在 2014 年 4 月提交的破产保护申请表示反对；此外，他们还要求，将破产案的审理地点由特拉华州转移到集团业务所在地达拉斯。早在 2013 年 4 月，这些债权人就曾反对公司及其股东提出的破产议案，该议案的原意是避免漫长的破产保护给企业带来伤害。[62]

参与谈判的各方均聘请了各自的法律和财务顾问——有些票据持有者甚至在提交破产申请的几周之后便对该公司提起诉讼，声称其管理层与拥有第一留置权的债权人相互勾结，以达到降低得州竞争电力集团企业价值的目的，从而让无担保债权人享有的破产企业的权利被一笔勾销。[63] 至少律师们可以摆脱这种混乱状态，赚取财富。所有权变更会引发税收后果，同样，债转股也会带来税务影响，到底应由哪一方承担这些税负，这些问题的存在，在很大程度上导致各方无法在 2014 年 4 月就破产保护申请达成任何协议。

所有人都不会感到奇怪，未来能源管理层原想承担 20 亿美元的"债务人持有（DIP）"贷款，这样，便可以对奥科的母公司未来能源中间控股进行资本重组。但是就在不久之后的 2014 年夏天，公司便和部分债权人在法庭上赤膊相见了。此外，作为赎回这些 DIP 贷款的代价，本应将公司 60% 的股份转让给一组对冲基金贷款人，而相关费用由其他债权人承担。[64] 可以猜想到这些人该有多高兴！

这种类型的 PE 交易与美国抵押贷款行业在 2002 年到 2007 年信贷泡沫期间采取的做法有着惊人的相似之处。从理论上来说，杠杆收购贷款可以被分解为无数个层级（比如说，得州竞争电力将全部贷款划分为 30 层，每一层贷款均有不同的收益率，并在资产负债表上显示为不同的到期日），此外，还可以修订贷款契约的定义，这些措施无非是为了达到避免出现技术性违约的目的。承销银行通过特殊目的工具（SPV）对这些债务进行组合，从而让各层债务的组成部分尽可能地分散到整个金融系统——其中，每个细分部分至少由十几家债务投资者、贷款抵押债券/抵押债务凭证（也就是所谓的 CDO/CLO）和对冲基金持有。这些衍生中间债务的出现，导致公司高管与债权人的沟通更加困难。借款人承受的债务如此巨大，足以让相关各方对原始还款计划产生严重分歧。因此，对得州竞争电力最终遭受的混乱结果，应该没有人会感到意外。再次,我不打算深究得州竞争电力所面临的天量债务——案例研究本身已经说明了一切。

3. 超循环理论

考虑到天然气价格对杠杆收购后续业绩的重要性,在 2007 年 8 月发布的一份报告中,未来能源的管理层指出:按照 9 美元 /MMBtu 的"亨利港"价格,PE 投资者的投资收益率将达到 20%;当每 MMBtu 的价格下降到 6 美元时,他们的收益率则是负的 36%。然而,管理层甚至根本就没有考虑天然气价格低于 6 美元的情况,但这个价格却是市场在 2008 年年底便已刺破的底价,而且永远都无法恢复。[65]

收购得州电力的主要驱动力源于这样一种观点:天然气价格在不久的将来持续低迷是不可想象的事情。因此,和当时大多数大宗商品专家一样,三家投资集团都认为,发电行业将迎来一轮长达数十年的"超级周期"。

石油、天然气或其他自然资源等大宗商品根据基本模式呈现出长期稳定上涨或下跌的观点,始终得到行业专家的支持。随着石油价格从 1998 年的 10 美元上升到 2007 年 11 月 21 日的 99 美元峰值,以及很多石油储备将在 21 世纪中叶耗尽的观点逐渐成为共识,短缺现象由此出现,而且新兴市场的消费需求将会大幅上升,因此,在未来几十年内,油价将永久性地维持高位或上涨趋势。

你应该还记得,在历史上,天然气的现货价格与原油价格保持着高度相关性。所有这一切使大家形成了一种共识——无论是公司管理层、金融投资者及其顾问以及贷款人,都无一例外地认为,在整个杠杆收购期间,天然气价格将维持足够高的水平,从而让未来能源有足够的资金偿还债务,并为投资者创造一笔可观的财富。

当然,坊间很容易将失败的责任转嫁给这些收购投资者,毕竟,他们没能预见到页岩气在得克萨斯州及美国其他地区的未来能源的生产中扮演的重要角色。但公平地说,在 2006 年和 2007 年,没有一份行业报告预测到,水力压裂技术会在短期或中期的电力市场上占据重要地位。在对 2009 年作出的展望中,美国能源情报署甚至没有提到页岩气。然而到了 2012 年,该机构发布的报告却说,已经有超过 1/4 的美国天然气产量来自页岩。KKR、得州太平洋和高盛是否会将投资失败归咎于这种"黑天鹅"事件?

经济学家和投资者都喜欢模型,甚至会在随机波动中去寻找所谓的规则。自 20 世纪 30 年代以来,善于利用图表的投资专家就开始在投资股票和大宗商品市场时使用技术分析。进入 20 世纪 90 年代,人们使用数理金融学开发出模式识别算法,试图以自动交易工具取代人类进行投资。交易员和套利者是这些工具的狂热用户和信徒,他们坚信，赌中趋势就可以为他们带来财富。

长期资本管理公司（LTCM）就曾使用量化金融技术进行套利，比如说，购买期限为29.75年的债券，做多或做空30年期债券，因为从历史上看，这两种债券之间的市场价格差往往会显示出归于一致的趋势。但就是这个为创始人赢得关注的做法，最终让这家公司在1998年9月走到绝境——当时，它的杠杆率已超过资本金的30倍（如果考虑到表外业务，还需要将这个比率乘以10）。这家对冲基金管理人在建立仓位时，依赖的是波动性可通过多元化投资抚平的假设。但事实却证明，算法只能在一定程度上摆脱混乱，如果市场基本面长期超出预期，那么历史趋势对未来没有任何借鉴意义。1997年亚洲金融危机的影响以及1998年夏季俄罗斯政府对国内债券的违约，让长期资本管理公司的"收敛"（利差套利）深受其害，因为它等来的不是收敛，而是价差的不断扩大。

尽管预警信号早已出现，但这种新千年模型理论已经在PE投资领域根深蒂固。收购得州电力的成功依赖于这样一种观点：价格下行的风险可通过对冲工具予以规避，从而消除它对收益的任何影响；而价格上涨自然会转化为公司利润的增加。未来能源和长期资本管理公司之间有很多共同点，包括投资的理由以及任何趋势的不规则都具有暂时性这一错误认识。但是按照模式理论，两者都不能解释对范例的持续性背离。

我们显然可以放心地假设，金融市场会遵循某种预定过程、易于衡量且具有可预测性。这样的假设有助于制定投资决策，否则，决策会显得过于冒险。但正如我们之前所看到的那样，另一种观点同样令人信服：能源市场具有高度的随机性，它受到诸多特殊因素的影响——从军事冲突到新储备的探明，因此，要预测未来几年后的大宗商品价格几乎是不可能的。

譬如，在《石油大博弈》一书中，丹尼尔·耶尔金是这样解释的：在1979年第二次石油危机爆发后不久，原油价格在不到一年的时间内便翻了一番，此时，页岩油的生产已具有经济可行性，并在美国各地迎来了一个短暂的繁荣期。然而，在两年之后，随着石油价格的下跌，页岩油的生产便几乎戛然而止。

虽然"亨利港"天然气价格最初回归常态极有可能是大概率事件（当页岩储量减少到不会对市场供应造成重大影响时，或是现货价格降低至水力压裂技术在经济上不再可行时），并再次与油价变动保持同步，但不留余地地假设价格会因为顺应已知趋势而保持在高位，显然是一厢情愿的痴心妄想。依赖假设或是直觉去下赌注，最终让得州电力重蹈LTCM的覆辙。[66]

强力重置

2013年，奥科实现了17.5亿美元的EBITDA，根据电力行业同行的可比估值倍数，奥科的企业价值约为150亿美元（2014年中期，竞争对手NextEra就曾给出175亿美元的报价，但最终遭到拒绝）。将得州竞争电力和奥科的企业价值EV相加，即可得到未来能源在破产当天的企业价值总额——约为250亿美元。在收购得州电力时，这个数值则是400亿美元。在短短7年的时间里，150亿美元的价值被侵蚀殆尽。

早在2007年，得州电力的价值就有3/4（即300亿美元）是来自于从事竞争性业务的电力部门，而监管业务的企业价值仅为100亿美元。在天然气和电力行业经历了一场近乎残酷的市场调整之后，得州竞争电力已失去了2/3的企业价值，而此前一直平平淡淡却稳扎稳打的奥科，却在这轮震荡中让自己的价值增长了一半。

由于破产程序偶尔会超过11个月的预期退出时间，因此，在这个过程中，会出现一些奇怪而有趣的现象：未来能源处置奥科的时间越长，它就越可能得到更高的价值。早在20世纪90年代，这个受政府监管的公用电力公司始终能带来稳定的现金流与合理的回报，也让它成为杠杆收购的理想目标。在进入新千年的前5个年头里，PE专业人士对这种没有挑战性的业务已不再有兴趣。事实上，甚至有报道称，KKR和得州太平洋的意图是剥离业绩平庸的奥科，这就可以解释，它们为什么会如此煞费苦心地让这家公用电力公司与集团其他实体脱离开。有的时候，PE投资者创造价值的最佳方式，就是远离基础资产。

很多针对大型企业的交易往往会以灾难性结果而告终，比如说，沃达丰在1999年以2 000亿美元的价格收购德国曼内斯曼电机（Mannesmann），美国在线（AO）次年动用1 650亿美元收购时代华纳（Time Warner），最终的结果都是分崩离析。收购得州电力同样是一次当代并购专业人士出于自身意愿而推动的典型企业交易。收购管理者并没有在收购方面表现出比一般企业高管更出色的能力。如上所述，KKR曾经缔造了20世纪80年代规模最大的杠杆收购案——收购RJR纳贝斯克。但后来的事实却证明，这是一次非常糟糕的行动，尽管KKR将目标公司分解为更容易被潜在买家接受的部分，但KKR还是赔了一大笔钱。[67] 得州电力同样是KKR在并购狂潮中完成的一笔航母级交易，但结果也更为糟糕。规模越大，就越难以搞定。

KKR在20世纪80年代后期以及新千年市场泡沫这两个时期的投资收益率有很高的可比性。截至2014年12月，KKR 2006年的年份基金的净内部收益率只有7%，这个水平远谈不上优异（必须承认的是，部分被投资公司的收益尚未实现），而1987年的年份基金收益率也略低于 9%。[68] 在 2007 年 1 月到 2014 年 12 月这段时期内，2006 年基金的业绩与标准普尔 500 指数 7% 的年收益率相当。

当然，公开市场的业绩还是在无杠杆情况下实现的。如果我们假设，公开市场投资者将杠杆率提高到 50%（按 PE 标准衡量，这是一个非常合理的比率），那么，在按债务成本调整后，标准普尔 500 指数的年收益率将超过 10%。那么，KKR 1987 年的收益率和同一公开市场基准相比又怎样呢？从 1988 年到 1997 年，标准普尔 500 指数的收益率为 18%（同样假设无杠杆）。

得州电力是金融危机之前过度负债的一个典型。比如说，KKR 从这场崩溃中汲取的一个宝贵教训，就是要远离高度周期性的能源企业。现在，我们再考虑一下，同样是 KKR 在大萧条之后进行的一笔投资——参股从事石油和天然气勘探、生产的萨姆森控制设备公司（Samson），后者的业务也包括当时最受追捧而且前景光明的页岩。萨姆森资源的总部位于俄克拉荷马州塔尔萨市，顺便说一下，KKR 联席董事长亨利·克拉维斯（Henry Kravis）就出生在这里。2011 年，KKR 以 72 亿美元的价格收购萨姆森资源，成为当年全球规模最大的杠杆收购案。在萨姆森这笔交易发生时，KKR 已将未来能源的股权价值下调至账面价值的 10%。因此，同样是由马克·利浦斯图尔茨负责的执行团队，原本应该会从这次教训中得到一些启示：这是一个危机四伏的行业。但是在收购萨姆森时，这家 PE 集团仍选择用债务融资的形式为这次收购提供一半的资金。

到此为止，我们或许应该已经猜到会发生什么了：天然气价格的持续下跌严重影响了萨姆森的盈利能力，在 2012 年到 2014 年期间，其收入出现停滞，整整比 2011 年降低了 10%，经营现金流仅为杠杆收购之前的 1/3（也促使信用评级机构一再下调其信用等级），而 EBITDA 仅在 2014 年就减少了 15%。最终，萨姆森的管理层被迫开始对"非核心"资产进行甩卖，同时对集团承担的贷款进行了大规模修订和展期操作。2014 年 12 月，KKR 不得不将其传闻中的 20 亿美元股权价值减记 95%。但这一切都是徒劳的，41 亿美元的应付贷款终于让这家页岩气勘探公司难以为继，2015 年 8 月，公司宣布准备申请破产保护——这让它变成了不折不扣的 2.0 版得州电力。[69] 应该从这些失败中汲取一点教训了！

在这笔充满投机色彩的得州电力并购交易中，得州太平洋投资作为联合牵头人，理应承担一定的责任，尤其是这家公司联合创始人之一的大卫·邦德曼，也是未来能源控股集团的董事会成员。作为一家得州本地的投资公司，而且又是由熟悉能源行业的高级管理人员领导，为什么没能看到这场史上最大规模杠杆收购案失败的风险呢？投资公司筹集的"TPG 合伙 V 号"基金和 KKR 投资得州电力所用的载体都是 2006 年的年份基金，该基金的净内部收益率甚至比总部位于纽约的合作投资者（KKR）的还低。截至 2014 年 12 月 31 日，得州太平洋这笔投资的年化收益率为 3.5%，仅相当于有限合伙人投资标准普尔 500 指数所能获得收益的一半。在收购凯撒的案例研究（见第十五章）中，我们将看到得州太平洋的另一个失败赌注，可以说，它再次刷新了这家得州企业的投资底线。

作为收购得州电力案中的一个重要参与者，高盛的角色是财务顾问。它牵头完成了这笔有史以来规模最大的高收益融资交易，并通过制订创新性大宗商品风险管理计划为收购提供支持。但高盛从未透露得州竞争电力破产对其业绩的影响程度。在此期间，金融危机已迫使这家投资银行巨无霸将资产规模收缩了 1/4，总杠杆率刚刚超过 60%。[70] 这段时期无疑是令人沮丧的。

第六章
百代唱片——与市场脱节

这一年是1931年，整个经济仍在大崩溃和随之而来的银行危机中挣扎煎熬。但两家植根于音乐录制业务的企业，注定要在音乐产业未来的发展中扮演重要角色。

同年3月，德裔美国人埃米尔·贝林纳（Emile Berliner）于1897年在伦敦成立的留声机公司同意与哥伦比亚唱片公司合并。合并后的企业从事录音、录音及播放设备等业务，并被命名为"电子音乐工业有限公司（Electric and Music Industries Ltd.）"。在熬过"大萧条"之后，这家公司在20世纪50年代和60年代实现了井喷式发展，网罗了一大批知名艺术家，包括美国知名歌手兼演员弗兰克·辛纳屈（Frank Sinatra）、摇滚乐队"海滩男孩（Beach Boys）"以及大师平克·弗洛伊德（Pink Floyd）等。这家公司历史上最明智的决策或许出现在1962年，当时，它与披头士乐队签约，并发行了他们的第一首单曲"Love Me Do"。最终，公司被重新命名为"百代（EMI）"，体现出公司正在和录制及广播设备业务渐行渐远。到20世纪70年代早期，公司已无可争议地成为世界上最具代表性和最受欢迎的独立唱片公司。

1979年年底，百代被英国索恩电子产业集团（Thorn Electrical Industries）收购，其独立地位也渐渐失去一些光彩。当时，它与索恩旗下的自由唱片（Liberty Records）及帝国唱片（Imperial Records）合并，后来又分别在1989年和1992年与索恩收购的Chrysalis和Virgin两家唱片公司进行了合并。随着规模的扩大，百代不可避免地因官僚主义和难以管理而受到批评。为了在一定程度上解决这个问题，该公司于1996年在证券交易所公开上市，从而再度恢复独立地位。同年，百代与辣妹组合签约。从索恩集团分离出来之后，这家从事音乐录制和发行业务的公司更名为"百代集团有限公司（EMI Group PLC）"。此时，整个行业开始融入互联网，尤其是在线音乐商店、音乐电子零售商、数字点唱机、音频下载、点对点文件共享等产品的出现，当然，还有它们的孪生兄弟——网络盗版。

数字技术的发展速度，远远超过基于版权的行业（包括音乐）避免资产被非法下载的能力的提升速度。当互联网音乐共享网站Napster在1999年成为最早的点对点在线平台时，非法复制 CD 已经得到了普及。Napster 对版权置若罔闻，允许用户在其平台上免费复制和分享音乐文件。2001 年，专业音乐公司对这家网站提起诉讼，并获得关闭该网站的禁令。此前，跨境盗版已大大减少音频载体（磁带、唱片和 CD）的出货量，几乎已彻底摧毁了整个音乐产业的价值链。新一代十几岁和二十几岁的年轻人已经养成免费在线获取音乐的习惯，他们将文件共享视为既定权利。从 2000 年到 2005 年，美国的 CD 出货量减少了 1/5 以上，总收入降至 105 亿美元。而后，这种趋势急速加剧，仅 2006 年的实物出货量就同比减少了 11%，次年甚至出现了 19%，这个衰减速度显然是行业无法忍受的。[1] 要想生存，唱片公司就必须立即采取行动。

2003 年，整个行业意外遇到了自己的大救星——史蒂夫·乔布斯（Steve Jobs），著名计算机制造商苹果公司的首席执行官。当年，乔布斯推出在线音乐商店 iTunes，帮助唱片公司销售数字产品。在同一个月，百代率先通过提供 3 000 多位艺术家的超过 140 000 首曲目，进入 iTunes 在线销售。[2] 但所有这些举措都没有彻底改变现实：在 1999 年到 2007 年期间，美国的实体音乐媒体出货量再次减少了一半。而合法数字产品在音乐市场中的收入份额，则从 2004 年的 0.9% 增加到了 11.2%。[3]

事后看来，以消费者可接受的价格提供便利和可靠的服务，iTunes 的这种做法只会进一步加速侵蚀实体产品的市场，并削弱专业音乐机构对行业的控制力。而苹果则引入固定费率模式（每首曲目收取 79 美分或便士），不仅取消了唱片公司的定价能力——这也是所有产品或服务的关键特征，对数字相册进行了分类，从而粉碎了音乐集团获取收入的传统方式中的核心部分——出售高定价的实体专辑。[4] 唱片公司逐渐失去了对发行过程的控制，当艺术家的作品出现在全球最大的在线音乐平台上时，唱片公司的选择已经很有限了。面对如此混乱的市场，百代高管正在手忙脚乱地寻找生存之路。

安 慰 奖

2007 年 4 月 24 日，从事收购业务的泰丰资本（Terra Firma）的员工接受了退出争夺英国联合博姿保健集团（Alliance Boots）的决定，后者是一家在伦敦证券交易所上市的超大型医疗保健批发零售商，也是英国富时 100 指数（FTSE 100）的成分股。这场由 PE 投资者策划的交易成为英国乃至欧洲有史以来最大的退市交易——也是一场艰苦卓绝的战斗。为了赢得这个"奖品"，KKR 的出价足足比泰丰资本高出了 1 亿英镑（最终以 110 亿英镑的价格成交）。

更令人沮丧的是，交易的完成将给予泰丰资本及其喜欢虚张声势的大股东、董事长兼首席执行官盖伊·汉得斯（Guy Hands）梦寐以求的声誉。在当天发布的声明中，泰丰资本不无伤感地称：

> "联合博姿是一个举足轻重的全国性机构，没能让我们为公司设计的大胆愿景付诸实践，让它在英国医疗保健供应方面扮演关键角色，自然是一件非常令人失望的事情。"[5]

但他们也并非一无所获。汉得斯和他的团队已开始不分昼夜地进行另一笔退市交易——全球知名的百代集团有限公司退市，它本身就是一个非常"重要的全国性机构。"泰丰资本决心不再放过这个机会。

* * *

当潜在的追求者在 2007 年年初开始审核百代的财务账目时，没有人知道，这次的尽职调查过程是否会促成并购交易的完成。近年来，这家唱片公司频繁被卷进并购传闻，因此，没有人敢猜测，这次的结果会怎样。事实上，自进入新千年以来，整个行业就一直沉浸在整合大潮中，似乎大家抱团取暖会有助于抵御在线产品的威胁。

2000 年，华纳音乐曾试图收购百代，但时代华纳和美国在线 3 500 亿美元的巨型并购带来的余波，还是让监管层叫停了此次交易。时代华纳和美国在线的合并案后来被称为"企业历史上最大的错误"（基本意思是这样的）。[6]百代和德国贝塔斯曼音乐集团（BMG）随后也曾尝试过合并，但两者的约会同样因监管障碍而在 2001 年 5 月告吹。2003 年 9 月，华纳音乐和贝塔斯曼就一直在进行合并谈判。但是在独家谈判期结束后，百代以 16 亿美元的报价再次向华纳示好。贝塔斯曼最终于 2004 年 3 月选择与索尼音乐娱乐公司（Sony Music Entertainment）合并。同年，前宝丽金（Polygram）和环球集团（Universal）大股东兼董事长小艾德加·布隆夫曼（Edgar Bronfman Jr.）以 26 亿美元的价格完成了对华纳音乐的杠杆收购，此次交易得到 PE 投资机构托马斯李氏投资（Thomas H. Lee）、普罗维登斯基金（Providence Equity）和贝恩资本（Bain Capital）的出资。

在 2005 年 5 月以部分业务上市后，华纳开始公布相关业绩的公开信息。这自然引来更多外人的关注。一年之后，百代公司向华纳音乐提出了 42 亿美元的收购报价，但后者却反其道而行之，转而试图以每股 315 便士的价格收购百代，这个报价比现行股价溢价 20%。事实上，合并对这家英国公司和华纳音乐都有着重大意义——前者是全球第四大唱片公司，2006 年占有 13% 的全球市场份额，而后者则以全球市场 14% 的份额排名第三，两家公司的资产合并将有助于它们和行业领导者环球音乐以及排名第二的索尼一争高下。百代拥有令人羡慕的曲目，并在欧洲市场上形成了强大的影响力，而它们的美国同行（华纳音乐）则拥有更成功的唱片部门，而且是美国第三大音乐集团，更重要的是，美国市场在全球行业出货量中占据了30%以上的市场份额。[9]

似乎只有自我意识才能阻止两家公司的联合。百代董事长埃里克·尼科利（Eric Nicoli）和华纳音乐的布朗夫曼（Bronfman）都希望成为合并后实体的一把手。2006年6月下旬，在华纳公司回绝了对方增加到46亿美元的报价之后，百代也拒绝了对方25.4亿英镑的还价。最终，面对再度出现的监管不确定性，百代和华纳之间针锋相对的竞购大战不了了之。

在如此长的时间里经历了拉锯战式的多轮招标之后，公司员工自然也迷失了方向，并对企业产生了严重的不信任感。在网络盗版的冲击下，自千禧年开始以来，百代便业绩低迷，并且陷入被行业抛弃的危险中。没过多久，管理层就对公司未来彻底失望了。在截至2006年10月31日的半年度业绩中，公司迎来了6%的负增长，其中很大一部分原因是专辑被延迟发行。而且一个显而易见的事实即将摆在面前：全年业绩将远远低于分析师的预测。

在集团发布盈利预警的同时，为显示决心，尼科利在2007年1月11日宣布，作为大范围重组行动的一部分内容，他将亲自执掌音乐录制业务的帅印，与此同时，解雇首席执行官艾丽恩·莱维（Alain Levy）和副董事长大卫·穆恩思（David Munns），他们是尼科利6年前为扭转局面而聘请的两位部门主管。但是在一个月之后，百代不得不再次发布盈利预警，承认管理层并没有完全控制这些数字。随着英国同行的崛起，华纳音乐在3月提交了修改后的出价。在这种明显处于弱势地位的谈判中，百代似乎表现得过于傲慢——百代的董事会正式回绝了华纳的新提议。[10]

在正常情况下，总是不能找到心仪者的一方往往会心灰意冷，但非常奇怪的是，这些屡屡夭折的报价却引来了其他追求者。这些一贯的机会主义者成为潜在买家。由于收入增长缓慢和盈利能力的持续下降，百代已被很多人视为囊中之物。大多数有意进行深入讨论的投资者都是从事不良资产和特殊业务重整的专业机构。对冲基金管理者博龙资产和峰堡投资（Fortress）以及不良资产专家阿波罗基金都是传闻中有意向收购百代的参与者。不过，在它们当中，除一家公司之外，均为美国机构。[11]

出售方和有意收购方面临的主要问题是，在百代拒绝华纳每股260便士的报价时，公司财务业绩却在快速恶化，以至于在数月内连续两次作出盈利预警，并暂停派发股息。2007年1月和2月，评级机构穆迪和标准普尔分别下调了百代的债务评级。

以往在面对弱势的"猎物"时，金融投资者们往往会扮演"食腐者"的角色。但是，眼下的信贷泡沫让这些"底层渔民"调整了捕食方式。为了赢得更美味的"猎物",他们经常会给出超过企业买家的报价。廉价、无附加条件债务的泛滥成灾,让杠杆收购机构在所有竞购战中都拥有不可企及的优势。2007年5月21日,在争夺联合博姿的战斗中败北近一个月后,泰丰资本通过新组建的投资载体马太比投资(Maltby Capital),向百代提出了每股265便士的收购提议,按照这个价格,百代的市场估值达到24亿英镑。这个提议对这家音乐集团的股东相当有引力:和所有杠杆收购一样,泰丰资本的提议是采用现金支付方式,而华纳音乐的所有方案均包括以股票支付部分对价的内容。重要的是,汉得斯的现金收购报价无需等待耗时数月的监管机构审批,这就大大减少了监管环节的不确定性,因为汉得斯的公司未持有其他音乐资产。两个月前,百代刚刚拒绝了华纳公司"不合适"的报价——仅给出不超过2%的溢价,而此时,百代的董事马上为泰丰资本的提议作出了"公平合理"的评价。后续事件将表明,在此过程中,已没有其他任何方面愿意给出有约束力的报价。

在保卫联合博姿的战斗中,喜欢卡拉OK的汉得斯和他的同事或许是败给了来自美国的掠夺者,但他们还是成功保住了英国的另一个国宝。在留声机公司成立和录音技术诞生的110年之后,百代仍然是英国人的企业。不过,它需要马上进行自我重塑。

当心你的欲望

汉得斯有一个简单但绝不简化的计划。2007年4月中旬,无疑是感受到了追求者关注带来的压力,百代的高管层聘请了顾问机构,对其音乐出版资产进行证券化的可能性开展研究,他们试图以此来发掘曲目资产的潜力。与此同时,管理层还在绞尽脑汁地降低公司的债务成本。截至2007年3月31日,该公司的债务总额为9.1亿英镑,相当于EBITDA的5.2倍。[12] 而证券化显然是实现这个目标的一种方式。而且盖伊·汉得斯也深谙证券化之道。

就在几年之前,要说清楚这种创新产品还要费一番口舌。但金融危机为我们这代人提供了一个亲身感受次贷危机余威的绝佳良机。证券化就是将非流动资产或资产组(如抵押贷款)打包改造成可销售证券(比如,住宅抵押贷款支持证券,或者说RMBS)的过程。然后,就可以在公开市场上自由交易这种金融工具(我们将在第十四章福克斯顿的案例中进一步探讨这个话题)。长期以来,汉得斯一直是这种金融工程技术的热心倡导者和实践者。实际上,业内普遍认为,汉得斯是欧洲最早开展证券化业务的先驱之一。

在1994年加入日本银行野村(Nomura)之前,汉得斯曾担任高盛银行的欧洲债券交易员。由于证券化包括在债券市场上筹集资金,并以酒店或零售店面等有形资产带来的现金流作为还款来源，因此，这正是汉得斯展示实力的地方。他已经失去了对发行债券的兴趣，但却热衷于开展证券化业务。这只是因为他的雇主高盛，未能看到他在上一家日本银行开设网店方面的潜力。20 世纪 90 年代后期，在负责野村证券的股权投资部门时，他曾使用证券化技术为重资产行业的有形资产提供流动性，这些资产包括：机车车辆（英国安吉尔列车公司，1995 年，证券化金额 6.72 亿英镑）、住宅房屋（德国 Annington 房地产，1996 年，价值 16 亿英镑）、酒吧（Inntrepreneur，1997 年，2 亿英镑）和博彩店零售店（威廉·希尔，1997 年，7 亿英镑；有关 PE 投资者在博彩行业的投资，可参见第二章和第十五章）。

在 2001 年上半年价值 18.5 亿英镑的艾美酒店的拍卖过程中，汉得斯和野村证券都意识到，它们的利益存在分歧。对野村证券而言，股权投资部门急需资金，这对投资银行来说绝不是一件好事。在 1994 年加入时，汉得斯就已经说服野村证券，允许他使用银行庞大的资本金，将资产转移到公司账簿上，并通过证券化卸载资产风险，但资产绑定的资本金却并不因此而增加。从事专属投资业务需要受到限制，而汉得斯绝不是那种喜欢为自己设定限制的人。7 年多来，双方均在证券化业务中赢得了一席之地——根据报道，证券化业务总额已达到 15 亿英镑。现在，汉得斯觉得单飞的时候到了。[13]

* * *

当百代这个好机会横空出世时，汉得斯已在泰丰资本准备了 5 年。可以说，这家唱片公司拥有行业内最抢手的音乐目录。由于实体销售的不可预测性以及新在线分销渠道竞争带来的威胁不断加剧，因此，录音唱片公司显然不是杠杆收购的理想对象，而音乐出版类资产因凭借其长期版权协议和具有高度忠诚的歌迷，极其适合于汉得斯最钟爱的金融工程技术。有报道称，汉得斯曾将证券化业务称为"金融服务业的可卡因"。[14] 现在，证券化的机会已经摆在面前，而且机会似乎越来越多。

这笔交易最终在合适的时间出现了——在 2007 年 5 月，也就是在泰丰资本完成最近一只基金"泰丰资本合伙 III 号"基金的同一个月。该基金已筹集到了 54 亿欧元，比三年前完成的上一个年份基金增加了 157%。[15] 基金规模大幅增长也是整个行业泡沫即将破灭的另一个迹象，但是就当时的情况而言，这对于百代的董事会来说绝对是个好消息。

对于一家试图吸引 PE 投资者的公司而言，说服它为自己配置资金的最佳时机有两次：一次是在基金刚刚成立的最初阶段，此时，基金需要为新筹集的资金找一个归宿，并且投资团队正急于表明，急需有限合伙人承诺的出资；另一次机会出现在基金生命即将结束时，此时，基金几乎已配置完毕，而且普通合伙人正准备发起新的募集计划。

收购百代这笔交易确实太重要了，它会让泰丰资本一举两得：一方面，将 2004 年的年份基金（即所谓的"泰丰资本合伙 II 号"基金）剩余的未投资资本配置完毕；另一方面，开始对刚刚筹集的"泰丰资本合伙 III 号"基金的大部分资产进行投资。目标公司的企业总价值为 32 亿英镑——包括 24 亿英镑的市值和百代账面上的 8 亿英镑贷款，由此看来，这显然算不上一家明星级的公司，而泰丰资本却给出了一个令人难以置信的报价——2007 年 EBITDA 的 18.4 倍（或者说，相当于 EBITA 的 21.3 倍）。截至 2007 年 3 月的最后一个财年，百代的营业收入下降了 16%，降至 17.5 亿英镑，而 EBITDA 则下跌了 37%，跌至 1.74 亿英镑。百代的音乐录制业务早已跌下巅峰，其盈利能力比上一年下降了 2/3。在考虑重组费用后，集团合并口径的亏损为 2.64 亿英镑。[16]

在 2007 年的年度回顾中提到这次收购时，泰丰资本不无自豪地声称，这次经历将为公司高管提供一个千载难逢的机会，展现他们在战略性业务转型、资产重新定位以及创造现金流等方面的专业能力。[17] 汉得斯打算采取的策略被称为"机构收购（institutional buyout，IBO）"——也就是说，现任管理团队不参与收购。这种策略的目的，就是在交易结束后选择并引入新的管理层。在宣布这笔交易后，汉得斯发表了一系列公开声明，对百代公司的企业文化以及公司人事部门的权力意识大加指责。他必须打破现状，让一切重新开始。而当时最主要的问题，就是很难找到在重组重量级音乐公司方面有经验的管理者，而要在一个依赖人才的行业里削减成本，往往是一个无法实现的虚假命题。

考虑到这个重组计划的一个主要目标就是将员工人数减少 1/3，汉得斯必然要面对来自高管、艺术家和代理商的反对。

当然，他对音乐企业以往管理方式的判断是正确的，即这些企业严重管理不善。泰丰资本对外宣称的特长是重整陷入困境的企业。在正常情况下，它的特长或许可以得到回报，但诸多却导致此次重组出了问题。在取得公司控制权不久，这位前高盛的投资高手就开始接连炮轰这笔交易。

2007 年 9 月，在皇家电视协会的演讲中，汉得斯介绍了泰丰资本的投资策略，并声称，他和他的同事似乎"在这个最具挑战的行业中找到了最糟糕的企业，如果它真这么糟糕的话，我们确实应该开心"，但他随后又补充了一句，"我们只是希望百代能如我们想象的那么糟糕。"[19] 他确实希望自己的愿望得到认可。

* * *

进入 2007 年夏季，随着全球信贷市场的萎缩，花旗银行也深陷百代的贷款陷阱而不能自拔。境况无比惨淡，组织银团贷款的环境已不复存在，留给这家美国银行的是高达 26 亿英镑的债权。从泰丰资本在 5 月的第三周提交报价书起，到 8 月 1 日百代股东接受报价为止，百代的信用状况已严重恶化。其实，花旗银行也不是唯一对百代拥有大量债权的银行。显然，所有贷款人都难逃厄运。在百代被收购的前一个月，公司债务的价值已超过600亿美元，而它在2006年还没有债务。[20] 美国次级抵押贷款市场的违约已引发了全面的信贷危机。

出于这个原因，花旗银行已承诺按最低门槛条款提供贷款，但前提是泰丰资本必须得到百代90%以上股东的同意。通常情况下，即使PE投标人没有达到强制收购水平，银行也会放弃这个最低门槛条款，并承诺为收购提供融资。所谓的强制收购（squeeze-out）水平，是指收购方有权迫使少数股东向它们出售股权，从而使上市公司达到退市所要求的最低持股比例。双方当然愿意在监管当局批准的情况下推迟截止日期。花旗银行显然不希望泰丰资本错过这个90%的最低门槛，因为这会给银行提供放弃交易的权利。花旗银行坚持立场，要求泰丰资本按融资协议的规定达到最低持股比例。

由于很多百代股东指望会有另一方的出价超过泰丰资本，因此，他们并没有急于表示支持，而是选择等待。于是，在收购公告后的几天内，百代股价便被市场推高到271便士。截至7月14日，泰丰资本仅向公众股东购得3.8%的股份；截至7月20日，这个比例提高到26%；但是到7月28日，也只有80%的投资者愿意将所持股份出售给泰丰资本。令花旗银行无法接受的是，就在截止日期到来之前的几天，汉得斯及其聘请的德利佳华投资公司（Dresdner Kleinwort）从天而降，并一举获得91.5%的股东的支持。[21] 在按照合同付款之后，花旗银行投入的26亿英镑被深度套牢。交易完成后，花旗银行成为此次交易的最大输家。但它总有机会收回本钱。

在此之前，现金注入总量和贷款规模都达到了惊人的水平。花旗银行提供了11.8亿英镑的优先级贷款、14.1亿英镑的证券化过桥贷款（用于偿还百代现有的贷款）以及价值1.55亿英镑的夹层贷款。除7.04亿英镑的优先股外，泰丰资本还认购了2017年到期的10.5亿英镑股东贷款，并按8%的年利率计息。[22] 总而言之，花旗银行已经向收购载体马尔比（Maltby）投资注入了近43亿英镑的资金，以便为音乐资产提供足够现金，进行汉得斯所设想的重组。此时，公司的资产负债表上已债台高筑。此外，花旗贷款的低门槛结构意味着，一旦发生违约，贷款人很难有机会参与破产清算。主要限制条件就是债务必须维持在收益的某个倍数内，且每隔6个月对这个倍数进行一次测试。如果超过这个倍数，泰丰资本可以通过注入新的股权资金来消灭违约行为。对于百代和泰丰资本来说，这似乎是一笔甜蜜的交易，但对花旗银行来说就不那么美妙了。

火上浇油

在宣布已获得百代公司股东批准后的第五天,泰丰资本就收到了来自被投资公司的坏消息。在新财年的第一季度,百代的 CD 销售额下降了 20%,音乐录制业务的营业额减少了 13%。虽然规模相对较小的出版业务的收入增长了 12%,新创建的数字业务销售增长了 26%,但仍不足以弥补主营业务收入的减少,集团的总营业收入额下降了 5%。显然,公司需要采取紧急补救措施。[23]

所有非执行董事成员都已认同泰丰资本取得公司的控制权。[24] 大约一半的高级管理人员在交割几周内被解雇或辞职。集团 56 岁的老板埃里克·尼科利和财务总监马丁·斯图尔特(Martin Stewart)甚至都不愿意等到公司从伦敦证券交易所退市,便拿着慷慨的"金色降落伞(golden goodbyes)"华丽退出。[25]

汉得斯提名自己为新一届监事会主席,并将担任泰丰资本董事总经理之一的克里斯·罗林(Chris Roling)提升为收购公司的总裁兼首席运营官,同时让他负责公司的财务工作。作为一名在美国和欧洲都有着辉煌职业生涯的美国人,罗林曾在帝国化学工业集团、华盖创意和食品制造商家乐氏担任过财务总监。显然,他从未有过涉足音乐行业的经验。作为业务转型的负责人,汉得斯还将泰丰资本董事总经理阿什利·安维(Ashley Unwin)空降到新公司,安维此前曾在安达信和德勤担任咨询师,还是泰丰资本 PE 公司的人事总监。罗林和安维都是泰丰资本成立初期加入的。

朱莉·威廉姆森(Julie Williamson)之前曾在野村证券任职,作为汉得斯的高级副手,此番被任命为收购后百代公司的投资总监,并负责这家音乐出版公司的对外关系。罗德·波特(Lord Birt)曾在 1992 年到 2000 年期间担任英国广播公司执行董事,并从 2005 年开始担任泰丰资本的咨询师,此次被选入百代音乐监事会。和他一同担任公司监事的还有前北方食品公司首席执行官帕特里夏·奥德里斯科尔(Patricia O'Driscoll),此外,后者还被任命为业务重组负责人,这项任命为应该不会让任何人感到意外。值得一提的是,这些新任命的高管以往均没有与音乐业务相关的实战经验。

问题或多或少就在这里。汉得斯一向偏爱困难企业的重整,这一次,他希望采取一种新的方式在这个行业实现盈利。在他看来,百代是迄今为止音乐行业中业绩最差的企业,只有投入强大的情感去呵护它,它才有可能生存下去。而当务之急就是削减成本。乔布斯也在承担风险,这不是什么新闻。在截至 2007 年 3 月的一年中,尼科利及其团队已经为重整承担了超过 1.5 亿英镑的成本。泰丰资本希望走得更远。

在过去三年中，华纳音乐在三家 PE 机构的指导下已进行了类似的尝试。这家美国音乐企业与百代的规模相近，2007 年的收入为 35 亿美元（约合 18 亿英镑），但它只雇用了 4 000 名员工，比英国对手整整少了 1/3。在音乐录制业务中，百代的利润率为 3.25%，而华纳的利润率却足足高出 3 倍。华纳早已经意识到，发行新 CD 并不是有效的盈利手段。它开始尝试从旅游、商品销售和艺人管理等方面寻求新的收入来源。自千禧年以来，华纳同样还控股了两家全球顶级音乐集团——新索音乐（Sony BMG）和维旺迪环球（Vivendi Universal），在左右其战略决策的同时，它多年来一直致力于整合两家公司的业务并着力削减管理费用。这就是泰丰资本致力于提升经营业绩的方式：改变在百代中仍普遍存在的传统经营模式。

收购一经完成，汉得斯便试图减少泰丰资本在百代持有的 15 亿英镑股票。这部分股权对应着杠杆收购集团旗下总资产的 1/3，这种过度持仓显然是汉得斯及其团队急于解决的问题。泰丰资本试图将资产转售给其他 PE 集团、对冲基金和它自己的有限合伙人，以借此减少 5 亿英镑的持仓，但是在外界看来，这无疑是投资者对收购感到失望的信号。在经过数月努力之后，它终于找到几家准备上钩的投资者——他们投入了 2.5 亿英镑，而收获就是百代 16% 的股权。

对于精明的旁观者来说，百代显然是一家举债过度、业绩不佳的公司，它正在经历一场真正的变革。很少有人敢于预测音乐行业的发展方向或是百代的估值区间。自夏季以来，肆虐整个市场的信贷危机也阻碍了公司的证券化企图：以出版曲目作抵押，以期为未偿还债务再融资、支付股息或是创造多余现金以对核心业务进行再投资。尽管完成了部分股权的整合，但事情并未按泰丰资本设想的方式进行。[27]

此外，已经深入角色的汉得斯在交易结束后不久，便向所有百代员工发出了一封内部备忘录。在这封备忘录中，他表示，某些艺人并没有尽力推广自己的音乐，而只关心如何让百代支付给他们更多的报酬，因此，集团应做好与艺人解除签约的准备。但更吸引评论员注意的，则是拟提议的战略审核，其中就包括减员计划。汉得斯曾公开指责以前管理层的奢侈浪费，将大量资金用于企业排场和娱乐等方面。比如说，他曾公开披露，百代每年花费 20 万英镑为西伦敦办事处购置水果和鲜花，花费 2 万英镑装饰原来招待艺人的洛杉矶公寓。而泰丰资本团队很快通过调查发现，这些被冠名为水果、鲜花和蜡烛的费用，实际上只是行业会计对毒品、酒品和妓女的委婉说法，这就可以解释，为什么费用账户会如此之大。

新上任的高管很快就发现，形势甚至远比他想象的还要糟糕。多年来，百代一直因为给予离职经理高额的离职费而在业内声名远播：2001 年，在公司辞去音乐录制部门首席执行官肯·贝利（Ken Berry）时，据称支付了 500 万英镑的赔偿，而他的继任者艾丽恩·莱维（Alain Levy）在 2007 年 1 月被尼科利解雇后，也收到了一份略显吝啬的 300 万英镑补偿金（尽管有媒体报告称这笔钱是 700 万英镑）。而在被泰丰资本收购之后，尼科利居然拿到了总计 330 万英镑的离职费。

为减少企业的管理费用，新管理层启动了一项总额为 1 亿英镑的削减成本计划。但随着 2007 年即将结束，坏消息却接踵而来，甚至连汉得斯自己也开始怀疑，他是否能让这笔交易取得成功。[28]

* * *

在所领导的部门经历了灾难性的一年之后，百代英国和爱尔兰录音部门的负责人、资深人士托尼·沃兹沃斯（Tony Wadsworth）于 2008 年 1 月辞职。此前不久，该部门的首席运营官、集团首席信息官和人力资源负责人已经先后离职。此前，沃兹沃斯已在百代工作了 26 年，其中的 10 年是担任英国唱片公司的董事长兼首席执行官。他曾一手捧红了电台司令乐队（Radiohead）、酷玩（Coldplay）、污迹乐队（Blur）和街头霸王（Gorillaz）等全球顶级乐队。对于他来说，当整个英国实体唱片专辑销售市场在这一年下降 13% 的情况下，让他为公司业绩不佳而背锅似乎是不公平的。百代的问题也是整个行业的问题。沃兹沃斯在业界声名显赫，绝对是一位受人尊敬的高管，因此，他的离职很难被艺人们和公司管理者们接受。

无论如何，企业还是要生存的，他的职责马上由麦克·克莱斯波（Mike Clasper）接替，后者拥有剑桥大学圣约翰学院的两个工程学位，并且是泰丰资本负责运营的执行董事兼百代监事会成员。在担任英国机场管理局主席之前，这位新任高级管理人员还曾在制衣和家庭护理行业担任过各种高级职务，但是和其他人一样，他也从未涉足过音乐界。同月，百代及其新的 PE 所有者的裁员 2 000 人（包括 400 名中层管理人员）计划成为媒体的头条，而且裁员对象主要来自音乐录制部门，只是此时尚不清楚裁员的具体时间和地区。

尽管这项每年 2 亿英镑的成本削减计划在细节上还不够清晰，但汉得斯的计划显然正在全力推进。为此，他组建了一个由 50 名顾问组成的专项小组，该小组负责业务提升。但一大串高层管理者的离职名单还是引发了艺人们的担心。他们中也不乏罗比·威廉姆斯和酷玩乐队这样的国际顶级明星，他们以罢工来回应泰丰资本无情的资产剥离策略。他们认为，某些管理变革增加了百代有效营销和未来专辑发行能力的不确定性。汉得斯对此给予了近乎粗鲁的回应，这些言辞也被新闻媒体广泛传播——包括对某些活动支付的预付款过高，艺人和曲目（A&R）制作人员都是懒蛋，以及公关人员太差劲等。在处理酒吧和酒店等实

物资产时，汉得斯认识到，管理创意人才需要用和风细雨式的手段。²⁹

截至 2008 年 3 月 31 日，收购载体马尔比投资的账户显示，在包括非正常项目的情况下，EBITDA 同比小幅上涨 5%，但收入却下降了 17%，减少至 14.6 亿英镑。泰丰资本的股东贷款已在持股公司层面减少了 30%。³⁰ 如果贷款减值，那么，处于从属地位的 PE 公司优先股将变得一文不值。对于这家集团雄心勃勃的重组计划来说，这显然不是最理想的开端。

汉得斯已宣布，在截至 2008 年 6 月 30 日的 12 个月内，如果公司没有创造出超过 1.5 亿英镑的基本收益，那么，百代员工就不会获得任何奖金。观察人士推测，一旦出现这种情况，作为贷款人的花旗银行应首先获得利息偿付。而在新闻报道随后猜测百代未能完成 6 月份的 1 700 万英镑目标利润时，情况就变得更糟糕的，因为这会让截至 9 月 30 日的 12 个月内目标收益更高——达到 1.8 亿英镑。所有这一切，都加剧了艺人们及其经纪人的担心——这家企业正在由一群只会数豆子的笨蛋领导，而不是由集团 A&R 部门知人善任的精英管理。尽管如此，改善业务合理性的决策显然是无可置疑的：这家唱片公司的名册上有 14 000 名签约艺人，这些人的表现良莠不齐，有些已名存实亡，而且大多数已经彻底失去赚钱的能力。汉得斯声称，只有不到 15% 的艺人还能赚钱。还有 30% 的艺人在拿到预付金之后，却根本拿不出任何作品。他认为，必须停止这种滥用股东资金的做法。³¹

与此同时，花旗银行不太关注百代的财务和运营困境也是可以理解的。2008 年 1 月 15 日，媒体披露，这家美国贷款人在 2007 年的最后三个月亏损 98 亿美元。此外，花旗银行还对次级抵押贷款计提了 181 亿美元的减值损失。由于流动资金不足，银行已收到新加坡政府投资机构 GIC 和科威特投资局的注资，它们共计注入 100 亿美元来购买股权。随后，又有一笔来自阿布扎比投资的 75 亿美元的投资。花旗的高管们并不担心百代的生存，他们唯一关心的就是保住自己的饭碗。³²

地震袭来

2008 年 4 月，刚刚获得贷款的百代终于宣布了一些好消息。泰丰资本想方设法从环球影业集团旗下的小岛唱片公司请来业界资深人士尼克·盖特菲尔德（Nick Gatfield，他的职业生涯也是从百代公司起步的），让他负责百代在北美和英国市场的艺人和曲目业务，这些地区的各家唱片公司也都由盖特菲尔德领导。盖特菲尔德绝对是一位受人尊敬的业界老手。在曲目管理和艺人签约方面，公众都认为盖特菲尔德是灵魂歌王艾米·怀恩豪斯（Amy Winehouse）的伯乐。他代表环球影业签下怀恩豪斯，成为指引后者走进音乐殿堂的领路人。

他的加入受到专业媒体的一致好评。同月，前谷歌首席信息官道格拉斯·梅丽尔（Douglas Merrill）被任命为百代新音乐公司总裁兼首席运营官，负责集团的数字战略和业务开发活动。在百代被收购8个月之后，终于有一位深谙行业精髓且经验丰富的高层管理人员走进人们的视线。[33] 进入夏天，泰丰资本又设法说服另一位高手接管录音部门，他就是消费品专家埃利奥·李奥尼·塞迪（Elio Leoni Sceti），担任陷入困境的百代音乐部门首席执行官。当然，李奥尼·塞迪也从未有过音乐界的实战经验——如果说这是一波空前绝后的操作有冒犯之意，那么我愿意为之道歉。

到2008年年底，由汉得斯最初任命的大部分团队成员不是离职，就是被替换，但也有一名汉得斯的亲信被委以重任。这个人就是斯蒂芬·亚历山大（Stephen Alexander），曾负责对百代收购交易的业务尽职调查，并曾跟随汉得斯对百代的高级团队进行了改造。2009年1月20日，亚历山大被任命为马特比投资公司的董事，与李奥尼·塞迪成为搭档。[34] 同月，前电视广播公司ITV的老板查尔斯·艾伦（Charles Allen）接替汉得斯，担任百代的非执行董事长职务。[35]

在泰丰资本控股的第一个年头里，即在截至2009年3月31日的12个月里，这家音乐集团向外界传达了一个强有力的信息新的股东决心重建业务。当年，百代集团计提10.4亿英镑的减值损失和1.36亿英镑的重组费用。在战略审查中，新股东提出了一揽子振兴计划，包括大幅裁员、将某些非核心业务外包、建立一个整合40个音乐品牌的后台职能部门以及与供应商重新谈判合同。但痛苦的煎熬才刚刚开始。为了提高2009财年的收入，公司对市场策略进行了调整：与艺人建立新的合作伙伴关系，增强数字服务等以增加新的收入来源，以及争取企业融资安排等。

百代之所以有机会披露收入上涨8%的消息，首先还要感谢一本新专辑的问世——《生命3岁》（Viva la Vida），该专辑的主唱是当之无愧的全球顶级艺人英国酷玩乐队，当然，还有凯蒂·佩里新单曲《我吻了一个女孩》（I Kissed a Girl）的一炮打响。酷玩乐队向参加乐队夏季巡演的歌迷免费赠送了这张新专辑，而这也引来了一个值得关注的信号：盗版问题和数字技术迫使艺人必须以创造性方式开展营销。新专辑在全球大获成功，并成为iTunes的畅销专辑，这为百代及其股东赢得了喘息时间。但这显然还不足以解决问题。

重组和非正常减值还是影响了公司的财务结果，这也让公司的外部审计师毕马威（KPMG）陷入两难境地。2008年，它最终还是勉强接受了百代运营的有效性和持续性，但这一次，却别无选择，只能在审计报告中插入"主要问题"段落。由于2009财年的经营亏损已大幅增长到10亿英镑，因此，毕马威发出了最严厉的警告，并解释称"本集团持续经营的能力取决于是否能持续取得现有银行的融资，且融资要求集团遵守这些贷款协议的各项约定"。此外,虽然毕马威还在报告中补充指出,股东需对股权融资作出批准,但是在发表审计意见时,公司尚未与出资方签署任何融资协议。自从被泰丰资本收购以来,审计公司还提到了媒体上广泛报道的另一个问题:养老金受托人一直要求百代补充现金注入,以弥补百代集团对养老金基金出资不足的缺口。但杠杆收购所有者却拒绝支付任何款项,并称,根据他们自己的计算,养老基金已显示出多交盈余。对此,毕马威干脆称,如果贷款人和股东不能达成妥协,那么双方分歧有可能导致集团面临债务违约风险。36

同样是在 2009 年 3 月,泰丰资本创始人放弃了他在这家投资公司的 CEO 头衔,转而担任董事长兼首席投资官的双重角色。虽然有观察人士指出,在对百代这笔交易作出误判之后,这只是汉得斯为安抚投资者所作出的姿态,但这份公告仍旧表明,这种职务上的转变可以让他更好地专注于被投资公司的管理和国际业务开发。简而言之,他仍然牢牢控制着百代集团的命脉。但事态的发展很快就让人们意识到,他之所以选择卸下关键管理岗位的职务,是为了减少英国业务的拖累,以便专注于海外业务的拓展。正是因为不满于工党领导的英国政府对富人征税的决定,汉得斯才搬到根西岛这个弹丸之地,这个避税港隶属于不列颠群岛,位于离英格兰海岸仅 75 英里的地方。在这 18 个月的大好时光里,他大多数时候都在抱怨百代给高管们的高额薪酬,此举只能引发人们对其个人财富的关注。37

* * *

对百代来说,庞大的债务进一步加强了问题的复杂性。2009 年 3 月,在不提出非正常事项的情况下,公司的杠杆达到 EBITDA 的 9.5 倍,相当于 EBITA 的 16.6 倍;而在后信贷危机时代,这样的比率自然难以为继。正如审计报告中所强调的那样,该集团的流动负债超过流动资产 4 亿英镑。尽管重组前的 EBITDA 已从 2008 财年的 1.83 亿英镑上升到次年的 3 亿英镑,但这样的业绩还远远未达到原计划设定的目标。如果降低成本和重组意味着需要通过提高收益来解决经营问题,那么资产负债表方面也需要处理(即减少负债)。

至少可以说,这家音乐集团的债务负担正在变得越来越沉重。作为投资公司,泰丰资本在其 2008 年的年度回顾中也公开承认,对百代投资的价值已发生严重损失,其账面价值几乎已损失一半。虽然这家 PE 公司刻意在报告中回避已被注销的两家被投资公司的资产价值,但是损失的绝对数量(14 亿欧元)无疑告诉外界,百代投资的损失占据了其中的大部分。38 汉得斯的泰丰资本和百代之间的罗曼史注定只是过眼云烟。2009 年夏天,在完成百代收购整整两年后,泰丰资本聘请黑石集团的债务咨询团队,就百代的负债问题为它提供解决方案。

据传,在泰丰资本与唯一债权人花旗银行的讨论中,核心问题始终围绕着这样一个问题：到底是通过筹集高收益债券以偿还现有贷款，还是由花旗银行购买百代新发行股份，以换取这家美国银行仅需对部分债务计提价值的结果。媒体披露的大部分细节毫无意义。但却有一份报道专门提及，百代将使用发行债券获得的现金收益，按账面值20%至40%的折扣价格偿还花旗银行的贷款。除马上改善百代的流动性之外，很难看出花旗银行能从这样的交易中得到什么，因为在2008年年底，美国政府启动了450亿美元的经济刺激计划，花旗银行作为政府主要救助对象，自然也不再需要百代这点杯水车薪的收入。经过此次救助，美国政府随后成为花旗银行最大的股东，而且可以提供几乎无限的信用额度。因此，泰丰资本必须让花旗银行看到更有价值的东西。谈判预计需要数月。[39]

正如百代年度报告中所提供的细节，公司需要满足的唯一契约测试就是债务与EBITDA比率。简而言之，这个比率的含义是指，在债务和EBITDA保持不变的情况下，公司需要多少年才能还清这些负债。显然，两者都不是常数，而契约测试本身也是可变的。对于百代来说，这种测试每季度进行一次，每次测试均覆盖滚动计算的12个月，而且测试要求按季度不断收紧。这意味着，每个季度末，约定的债务与EBITDA比率都会减少，有时甚至会大幅下降，这就会导致负债公司越来越难以达到要求的比率，并通过相应的偿付能力测试。由于泰丰资本承诺在收购后将大幅提高EBITDA，因此，花旗会预期（更准确的说法应该是要求）杠杆率应达到更容易管理的水平。

因为百代取得的大部分贷款均具有到期一次性还本并按期计提利息的特征（也就是说，本金和利息在退出或到期时一次性偿还，而不是按还款进度表逐季度分期偿还），因此，债务规模持续扩大，这使得百代管理层面对着不断提高收益的压力。

杠杆收购推崇者解决这个问题的一种技术，就是向公司注入更多股权资金（在做契约测试时，贷款人允许将这种资金视为EBITDA，因而会降低负债与EBITDA的比率）。这种现金注入被称为"股权疗法（equity cure）"，而且事实证明，在难以兑现唯一要求的情况下，百代确实曾屡屡得益于这种方式：在截至2008年9月30日的三个月内，公司取得了1 600万英镑的新股权融资，下一季度为1 275万英镑，截至2009年3月31日获得了3 925万英镑，随后一个季度为3 700万英镑。

当然，提振EBITDA的另一种方法，就是消除管理费用，并减少丧失盈利能力艺人的数量。从2007年到2009年年初，公司人员数量再次减少2 000人，下降到3 800人。另有400人则在截至2010年3月的财年结束时离职，其中的大部分来自录音部门。在被泰丰资本控股的前三年里，尽管员工人数减少了40%，但未扣除重组成本之前的EBITDA仅仅略有改善。泰丰资本重组百代花费的时间远远超过计划。

现在，这家英国投资公司控制百代的唯一方法，就是大量增加股权融资。根据多种消息来源，它需要筹集大约5亿英镑的股权资金。为筹集到这笔资金，要么需要百代引入新的投资者，要么需要处置部分唱片公司或是将各个地区的分销网络进行外包。只有这样，这家音乐集团才能不再承受未来违约行为的威胁。此时，泰丰资本只能承认，它已进一步对百代的股权投资计提减值损失。截至2009年年底，泰丰资本对这笔投资计提的减值已达到账面价值的90%，但是在年度报告中，这家PE公司并未具体说明，进一步计提的2.56亿欧元减值损失到底对应于哪些资产。[40]

互相指责

随着被投资公司缓慢但却毋庸置疑地脱离掌控，成为贷款人花旗银行的囊中之物，盖伊·汉得斯开始变得越来越激动，越来越好斗。但这一次，这场战斗却不是在公开市场竞争中爆发的，而是体现为一种怪异的举措，按照某些人的解读，这项举措的核心就是采取一种迫使花旗接受债务赦免方案的谈判策略，2009年12月，汉得斯提起诉讼，向音乐公司的贷款人提出损害索赔。

诉讼的目的就是要证明，尽管泰丰资本是一家由拥有多年交易经验的高级投资专业人士领导的企业，并为收购百代花费了数百万英镑进行尽职调查、支付咨询费，但是在2007年春天担任这家音乐公司的卖方顾问时，花旗银行教唆收购方，导致它像个新手一样被出售方玩弄和欺骗，并为收购百代支付了过高的价格。牛津大学毕业的汉得斯将矛头直指昔日老友、剑桥大学毕业的大卫·沃尔姆斯利（David Wormsley）——后者在交易时是花旗银行投资银行部门的负责人，坊间人称"小蠕虫"。汉得斯指责沃尔姆斯利刻意隐瞒另一个竞标者的存在——对冲基金博龙资产，他参与了最后一轮竞买。

汉得斯称，花旗银行的"不当陈述"直接导致他的公司为收购百代而支付了"欺诈性的虚高价格"。这位杠杆收购兼资产证券化大师想要回这笔钱，包括初始投资和随后补充支付的股权资金，当然，还有损害赔偿金17亿英镑。因此，他合计向对方提出了高达50亿英镑的赔偿金。此外，他还在诉讼中指出，花旗意在将被收购公司推向破产边缘，并设计通过此举与竞争对手华纳音乐进行合并。[41]

在双方谈判陷入僵局之后的几个月里，法院作出裁定。坊间传闻，在此过程中，泰丰资本及其投资者已提出向百代再行注入10亿英镑的股权资金，但前提是花旗豁免一定数量的贷款。美国银行当然顺理成章地拒绝了这项提议，因为该提案未提供任何股权交换选项——也就是说，通过债务转股权，在摊薄泰丰资本持股比例的同时，让花旗银行取得大股东的地位。作为 PE 行业的大机构,泰丰资本自然不愿妥协,于是,它试图在政治上赢得同情,并出人意料地打出爱国牌:任何人都不应忘记,百代是一家英国公司,而花旗银行是一家美国银行。

这家音乐集团似乎并没有走到尽头,有报道称,花旗银行已开始接触潜在买家,以便在百代可能对利息支付出现违约之前,促成百代的股权出售。此外,唱片公司及其股东也在考虑出售或出租基础曲目等资产的可能性,但拆分业务将导致签约艺人有权终止合同。而作为主要贷款人的花旗银行,本来就拥有否决权,毕竟,它的部分贷款是以这些资产做抵押的。因此,处置资产并不是可行的方案。谈判破产似乎已成为定局。[42]

考虑到被告的国籍,汉得斯选择在纽约提起诉讼,但还有一点需要牢记的是,如果案件由美国陪审团审理,那么,一旦赢得这场官司,他就能拿到一大笔不菲的赔偿。但花旗银行热衷于将案件的管辖地转移到英国,也就是说,按原告所称的损害发生地。但媒体推测,如果在英国进行审理的话,考虑到汉得斯已迁至避税天堂根西岛,因此,他很难作为证人出庭,这需要他永久离开英国或丧失非居民纳税人的身份。在戈登·布朗(Gordon Brown)担任英国首相的工党政府领导下,英国当局已开始打击税收外逃。但如果英国海关与税务总署将汉得斯定为逃税目标,那么其结果仍是难以理解的。毕竟,自 2008 年以来,公司的董事长是麦克·克莱斯波,他曾在 2006 年到 2008 年期间担任百代监事和泰丰资本的运营董事总经理。最后,法院接受了汉得斯的请求,选择在纽约审理此案。

* * *

在截至 2010 年 3 月的 12 个月时间里,尽管 EBITDA 达到 3.33 亿英镑,但这家英国唱片公司仍面临着更大压力。运营绩效确实有所改善,但百代的负债仍维持在 EBITDA 的 8 倍水平上,相当于 EBITA 的 12.6 倍。作为独立审计师,毕马威几乎别无选择,只能再次重申对百代财务基础缺乏稳定性表示怀疑——包括未来取得银行信贷的可能性,以及百代股东尚未就亟待进行的股权融资签署任何协议。截至 2010 年 3 月,由于银行贷款从长期负债被重新分类为短期债务,百代的流动负债已超过流动资产 33 亿英镑。[43]

在重新定义百代商业模式的过程中,管理层再次计提了 6 亿英镑的减值损失,并因为调整不动产业务、进一步外包和合同重新谈判等新举措产生了 7 000 万英镑的成本。由此,又增加了 6.7 亿英镑的经营亏损。[44] 因此,如果泰丰资本和联合投资者不能在本财年最后一个季度注入 8 750 万英镑股权资金,那么,百代将不可避免地对贷款发生违约。

随着契约限制的解除,集团进行下一轮管理层洗牌的时机似乎已经成熟。2010 年 3 月,刚刚入职只有 18 个月左右的李奥尼·塞迪便宣布离职。集团董事长、电视广播行业资深人士查尔斯·艾伦接替他的职位，成为音乐录制部门的新掌门人。[45] 对于刚刚上任的艾伦来说，当务之急就是要证明，公司战略为音乐录制行业提供了一条穿过债务迷宫和价值侵蚀的出路。而花旗银行的舆论大军则宣称，李奥尼·塞迪的观点根本就没有出路，因而才选择退出。

此后，坏消息接踵而来：仅在4月份，独立精算师就透露，百代的养老金赤字已达到2.5亿英镑——这是监管机构以官方姿态要求泰丰资本必须解决的资金缺口；作为艾伦5年商业计划的一部分，还需要继续裁员数百人；而且著名歌手保罗·麦卡特尼也决定，取消与百代的合作，收回他离开披头士乐队后、在1970年到2006年期间发行的50张专辑曲目所有权，并将它们交给加利福尼亚州的唱片公司协和音乐公司（Concord Music）。也就是说，在未来3年内，百代不得发行这些专辑。[46]

在公司即将迎来6月的季度末契约测试之前的几周，为消弭预期的违规影响，公司通过增发股票追加了1.05亿英镑股权融资。显然，泰丰资本试图再筹集到总计3.6亿英镑的资金，以填补养老金的欠缴缺口，并确保百代能在2015年之前顺利通过契约测试，但它的努力还是失败了。当时考虑的一种方案就是以2亿英镑的价格，将已发行唱片的特许经销权授予环球音乐或索尼。在谈判破裂后，泰丰资本的投资者再次接受了现金返还。最终，百代的股东们会明白，他们只是在把好钱花到坏地方，但是至少在眼下，他们依旧在盲目支持。[47]

随着契约限制的解除，集团进行下一轮管理层洗牌的时机似乎已经成熟。（对这句话，你是否有种似曾相识的感觉？）6月将和前3个月一样都是多事春秋。就在提出他的5年商业规划之后，查尔斯·艾伦辞去执行董事会主席之职，同时和他一起辞去百代比控股企业（马尔比）董事会职务的，还有负责重组的罗德·波特和帕特·奥德里斯科尔。汉得斯最得意的副手斯蒂芬·亚历山大被任命为主席。

但最大的消息是：罗杰·法克森（Roger Faxon）随后被晋升为集团首席执行官，罗杰自2007年起便一直担任音乐发行业务的负责人，而且在2001年到2005年期间担任百代的财务主管。自从被收购以来，这两个部门（音乐录制和唱片发行）首次接受同一个人的领导，而且这个人确实是业内资深人士。显然，这是朝着正确方向迈出的一步。重组似乎正式进入日程。[48]

然而，在2010年夏天，泰丰资本最终还是承认，在可预见的未来，被投资公司会对银行贷款发生持续性违约，这种状态至少会延续到2015年。[49] 虽然PE公司和花旗银行正在进行调解，以避免将事情闹到纽约法院，但被投资公司给它们带来的伤害似乎还看不到尽头。不过，公司股东和贷款方之间的诉讼期似乎是处理其他问题的好时机，刚刚到第9个月，第三次管理层替换便翩然而至。已经坐稳首席执行官职位的法克森选择提前动手：9月，百代北美音乐公司负责人尼克·加特菲尔德（Nick Gatfield）、集团首席运营官罗恩·威尔（Ronn Werre）和新音乐业务总裁比利·曼恩（Billy Mann）被解职。

经过一番口水战，向法庭提起诉讼已不可避免。于是，百代的股东和贷款人各自组建了律师团队，为最后的摊牌做准备。泰丰资本一方聘请了Boies, Schiller&Flexner律师事务所，这家位于东海岸的律师事务所擅长经济纠纷和解和诉讼。汉得斯请到该律师事务所的联合创始人之一的大卫·博伊斯（David Boies）亲自担任代理律师。只把博伊斯说成是一位优秀的律师显然还远远不够。博伊斯曾在大名鼎鼎的Cravath律师事务所工作多年，1997年，这位耶鲁大学法学院的毕业生创建了自己的合伙企业。他的职业生涯可以用"辉煌"这个词来概括，当然，他最有名的经历，就是在"布什诉戈尔"一案中担任副总统艾尔·戈尔（Al Gore）的代理律师。2000年那场充满争议的美国大选大大提高了博伊斯的公众形象。

辩方花旗银行聘请的律师事务所也丝毫不逊色——总部位于纽约的宝维斯律师事务所（Poul, Weiss, Rifkind, Wharton &Garrison），代理律师是哈佛大学法学院的毕业生泰德·威尔斯（Ted Wells），他也是这家律师事务所的诉讼业务合伙人。让威尔斯声名鹊起的案件数不胜数：1989年在前德崇证券"垃圾债券大王"迈克尔·米尔肯（Michael Milken）被控欺诈罪后，担任其辩护律师团成员；近期为前纽约州州长兼检察长（也是宝维斯律师事务所的前雇员）艾略特·斯皮策（Eliot Spitzer）辩护成功，后者因涉嫌性骚扰罪而被提起诉讼。可以说，花旗银行和泰丰资本都找到了重量级帮手。

法庭于2010年10月18日开庭。控辩双方各执一词，都指责对方有违诚信精神。威尔斯称，这起诉讼只是为了挽救盖伊·汉得斯的财产和面子，并向法庭提出，收购百代的交易只能证明，汉得斯确实是一位很有成就的投资者，但这次交易却让他的光环被彻底打破。

而博伊斯则强调，作为卖方的顾问，花旗银行所扮演的角色存在明显的利益冲突，它为自己的老客户泰丰资本提供了过度宽容的债务。经过三周激烈的公开辩论，11月4日，星期四，由八人组成的纽约陪审团认定，泰丰资本未能提供足够的证据证明，它所遭遇的困境并不是因受到银行诱使而导致的。因此，对花旗银行的欺诈指控被法庭驳回。已经为这场官司准备了两年半的盖伊·汉得斯，最终还是未能挽回面子。[50]

百代的宿命

由于账面上积压的巨额债务，百代的灭亡很快到来，而且已无药可治。自2007年7月被泰丰资本收购以来，每一轮雄心勃勃的成本削减运动都因为债务负担的加重而归于无效。利息支付迅速吸干了它辛苦赚到的现金流，而且使原本就已经让集团无法承担的债务与日俱增。显而易见，未来的贷款偿还会让这家音乐公司与盈利彻底告别。在过去两年与花旗银行你来我往的冲突中，汉得斯也一直在寻找解决方案。他曾向华纳音乐、贝塔斯曼、KKR、环球、索尼、加拿大养老金计划等机构寻求援助，坦率地说，在这些机构中，任何一家都有可能让他和百代走出困境。只要能生存下去，确实可以做不择手段的事情——对两个部门进行分拆，出售发行权，注入新的股权资金，对债务进行再融资。然而，似乎没有任何解决方案能拯救这家公司。

2011年2月1日，百代进入债务重整，通过债转股，花旗银行将成为这家陷入困境的唱片公司的唯一股东。在与银行的谈判和对抗中，汉得斯曾一厢情愿地奢望，花旗银行会像所有贷款人那样，不愿意控制一家病入膏肓的公司。但事实证明，他的愿望是错误的。债转股可以让百代的贷款从34亿英镑降至12亿英镑，这也成为英国有史以来规模最大的非打包债权出售交易。根据交易的安排，普华永道（PwC）提前两周被任命为重整管理人，负责与主要债权人谈判债权出售事宜。

一年多以来，泰丰资本和花旗银行一直在为百代财务的稳定性争执不休。在接受聘请之后不久，普华永道专家就对百代进行了一些资产负债表和现金流测试。他们的结论是，这家控股公司因债务权重过高而不能通过偿付能力测试。根据英国法律的规定，一旦确认一家公司丧失偿还能力，就不得进行股权交易，这就最大程度减少了管理层向花旗银行出售的干扰，确保花旗银行以22亿英镑贷款减值为代价而取得百代的控制权。最终的债转股协议是在公司管理层与花旗银行之间签订的，并没有考虑泰丰资本的观点或意见。盖伊·汉得斯当时正在印度度假。

在3个月前的纽约审判期间，汉得斯就已经当庭承认，这家公司的股权已没有任何价值，因此，百代的命运早已尘埃落定。在2007年年初的拍卖会上，汉得斯向法庭指证花旗银行在交易中同时充当买方和卖方，因而存在利益冲突，并向所有出席记者透露了更多这家被投资公司的财务状况信息。他承认，百代的企业价值已降至18亿英镑，远远低于最初承担的债务总额。最终，急于报复的心态或许让他彻底失去了百代的控制权。泰丰资本倾力投入1/3本金的这笔投资在没有他参与的情况下被出售，这绝对是对盖伊·汉得斯最大的羞辱，尤其是当这条新闻传出时，他的团队还在垂死挣扎地寻找十几亿英镑新资金。在2010年的年度回顾中，泰丰资本最终计提了11.3亿欧元的最后减值损失。由此可以推算出，这笔投资带来的损失总额为17.5亿英镑——至少从投资者的角度看，对百代的这笔投资已经不复存在。但汉得斯与花旗银行的法律纠纷才刚刚开始。[51]

为应对纽约曼哈顿法院对它们指控花旗银行欺诈案的裁决，泰丰资本及其法律团队足足花了两个多月的时间。2011 年 1 月 11 日，汉得斯再次发难，居然对陪审团的裁决提出上诉。由于上诉过程需要花费几个月的时间，这让汉得斯有足够的时间准备另一项诉讼：9 月，由于花旗银行计划对百代进行业务分拆，并有可能试图破坏拍卖过程，因此，汉得斯开始采取法律行动，对花旗银行在 7 个月前取得的所有权及其对 EMI 的查封提出质疑；声称花旗银行没有有效地任命管理层，并在出售中人为地低估公司价值，但这些诉求均被法庭一一驳回。52 此时的泰丰资本已声名狼藉，因此，打官司也不会有什么损失。2016 年 6 月，盖伊·汉得斯和泰丰资本最终决定放弃对花旗银行欺诈行为的诉讼。

* * *

百代岌岌可危的财务状况已影响到了公司的正常运营。在杠杆收购之前以及成交后的几个月里，艺人们纷纷与百代解约。2010 年和 2011 年，有更多艺人放弃了与百代的合作。考虑到股权补充以及独立审计机构毕马威会计师事务所频繁发出的警告，公司股东和贷款人之间的分歧和诉讼愈加地公开化，还有自 2007 年以来多位董事会主席和首席执行官之间的频繁更迭，百代需要喘息一下。

花旗银行的债转股将负债收益比降至可接受的水平——6.1 倍于 EBITA，相当于 3.9 倍于 EBITDA。在完成转股之后，百代的新股东开始有条不紊地寻找新的接盘者，如果有可能的话，他们会寻找多个买家。2011 年 5 月，花旗集团开始叫卖这家唱片公司。同月，在被 PE 股东华纳持股了 7 年之后，百代的美国竞争对手华纳音乐也被 PE 股东再次转手出售。华纳的新东家是俄罗斯亿万富翁莱恩·布拉瓦特尼克（Len Blavatnik），后者显然将收购百代当做一个赌注。但独立唱片公司和行业协会坚决反对将英国唱片公司出售给另一家大型同行企业。百代首席执行官罗杰·法克森发表了自己的观点：这家集团更适合于作为一个实体来运营，而出售给竞争对手只会让它自取灭亡。

无论如何，作为一家拥有 80 年历史的音乐先驱，百代唱片最终被切割为三个部分，并以这样的方式彻底消失。2011 年 11 月 12 日，环球音乐集团以超过 12 亿英镑的报价收购华纳，获得百代的音乐录制业务，从而进一步巩固了它在欧洲和北美市场的领导地位。同一天，索尼/ATV 携手 PE 财团击败贝塔斯曼版权管理集团（BMG Rights Management），以 13.7 亿英镑的价格收购百代的发行出版业务，此举让它立即获得了超过 200 万首曲目，从而占据了全球市场份额的 31%。按照监管机构的反垄断要求，要获得音乐录制业务，环球音乐必须剥离百代旗下的三家唱片公司——百代经典、维尔京经典和德国帕洛风唱片公司（Parlophone）。作为条件，2013 年 7 月，华纳以 4.87 亿英镑的价格从环球公司手中接管了这三家公司。

出售三家公司的总收入远不及银行在 9 个月之前取得控制权时的贷款账面价值（34 亿英镑，包括未支付的复利），但基本相当于进行杠杆收购时被展期的贷款金额。在这种岌岌可危的情形下，花旗银行只能不顾一切地尽可能减少损失。但归根到底，多年以来的管理不善，让这家全球第四大音乐集团不复存在，也让这个名字成为历史上企业失败的代名词。[53]

虚假的辉煌

实际上，考虑到唱片公司在杠杆收购下的业绩，百代的前 PE 股东与贷款管理者花旗银行之间的法律纠纷已经无足轻重了。乍一看，泰丰资本在不良企业重整方面的声誉多少会因基本业绩而受到影响。如图 6.1 所示，虽然百代的收入在杠杆收购期间持续下降，但盈利能力仍达到了 1999 到 2007 年由尼科利领导期间所未达到的水平。在尼科利执掌大权时，集团的 EBITDA 利润率从未超过 15%。正是因为有了汉得斯，在泰丰资本控股百代的最后 3 年里，其利润率接近甚至超过 20%。

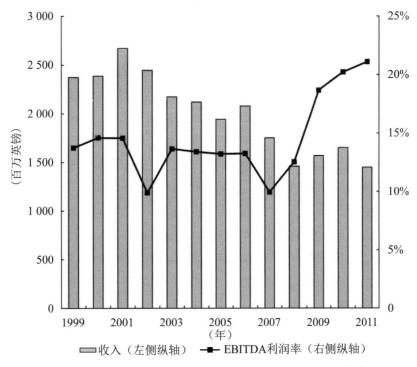

图 6.1　百代集团 1999 年至 2011 年的收入和 EBITDA 利润率

资料来源：公司财务报告及笔者分析。

但对这种观点还需谨慎看待。导致收入下降的原因，不仅有盗版行为对全行业余震和音乐消费向在线模式转移的因素，还有艺人们因为希望破灭或是担心而与百代解约的原因。在杠杆收购时期，百代在国内和国际市场上的份额双双跌落这一事实表明，泰丰资本怪异的领导风格并不适合音乐录制这个同样怪异的行业。

某业内专业人士认为，汉得斯雄心勃勃的改组是造成悲剧的罪魁祸首。有的时候，他确实在微观管理上存在问题，在发现每年因为退货而损失数百万英镑之后，他曾一度要求百代高管只出售他们想买的CD。[54] 他对很多艺人收取的高额预付款和某些曲目管理人员的懒散颇有微词，他的这些言论在一定程度上促成了几位顶级艺人的离开。泰丰资本负责交易的高管在削减成本方面的想法确实没有错，但是在消除冗余的过程中，也让这家音乐公司伤筋动骨。

在这个技术创新突飞猛进的时代里，咄咄逼人的重组只是让百代在堕落的轨道上越陷越深。在2007年3月到2010年3月期间，这家音乐集团的员工人数从5 500多人降至不到3 400人。[55] 随着员工人数减少，公司也失去了一些高级人才，而取代它们的——正如我们在前面所提到的那样，都是运营人员，而不是商业和战略专业人士。很多人认为，游戏的计划始终强调发行出版部门，并在剥离音乐录制业务之前尽快消除奢侈费用账户等浪费行为，并解除与过气艺人的长期合约。不管这是不是它的目的，但随着金融危机的到来以及业务的迅速恶化，PE公司始终没有机会使这个为百代奉献3/4收入的部门扭亏为盈。

当泰丰资本争夺唱片公司的控制权时，有两个事实是无可争议的。第一点，音乐产业具有高度的不可预测性（并且一直以来都是如此）。要成为大赢家，就必须发行知名艺人的专辑。畅销专辑收入是实现收入增长的主要来源，更重要的是，它也是所有唱片公司最大的利润来源。如果在某个年份里，只有少数几个艺人推出新专辑或是卖了100万张唱片，那么，音乐录制部门的收入就会大打折扣。新专辑的延迟推出可能会严重影响唱片公司的业绩。

但第二点，也是更基本的一点是，自20世纪90年代末以来，音乐市场便开始遭受网络盗版的冲击。盗版对CD销量的影响无疑是毁灭性的：在美国，实物出货量在1999年到2007年间下降了43%。[56] 其他地区的市场遭遇了类似的命运。盗版行为已扩散到全球范围，并直接威胁到整个行业的生存：仅在2006年，就有200亿首曲目被非法下载。

由于管理层未能及时采取对策，因此，百代的业绩始终处于自由落体状态。在1996年从索恩集团拆分出来的时候，百代集团获得了80亿英镑的估值，但是到11年之后被泰丰资本退市收购的时候，这家集团的企业价值已蒸发了60%。[58] 在长期引领唱片行业的历史中，百代也培育了一种非常保守的企业文化。公司管理层在接受互联网服务带来的威胁方面，表现得过于迟缓。

其他主要唱片公司和规模较小的独立企业同样举步维艰：在 2002 年到 2007 年间，环球音乐集团的收入从 63 亿欧元降至 49 亿欧元；考虑到为收购独立品牌以巩固这个困境行业而花费的数亿美元，它的利润还要下调 29%。另外，华纳音乐的收入也从 2003 财年的 34 亿美元降至 4 年后的 28 亿美元。[59] 行业中的所有参与者都受损。

至于百代，即使不考虑 2001 年到 2004 年期间计提的超过 5 亿英镑的重组成本，公司的财务状况和经营业绩也在不断恶化。仅在 2002 财年，公司就产生了超过 2.4 亿英镑的非正常费用。当时，刚刚被招来的百代录音业务负责人阿雷恩·莱维曾信誓旦旦地承诺，将通过裁员 1 800 人并减少 1/4 表现不佳的签约艺人来"重新打造"这个部门——这进一步证明，盖伊·汉得斯的重组计划没有任何新意。但是在整个过程中，如果按截至 2007 年 3 月 31 日的 12 个月计算，集团的年收入已减少到 17.5 亿英镑，而 2001 财年的收入则是 26.7 亿英镑。面对不可避免的数字化趋势，传统的企业重组工具只能暂时缓解财务状况恶化。

在进行杠杆收购的三年（2008—2011 年）时间中，盈利能力的提升完全归功于简单粗暴的成本削减。同样，此前在尼科利担任董事会主席期间（2002—2004 年），重组确实曾引起利润率暂时改善（见图 6.1）。但这种改善是短暂的，它未能根本性改变收入下降的局面。在这样的基础上，百代的音乐录制业务显然已病入膏肓。没有一家企业能在价值链上陆续爆出如此怪异而动荡的业绩，那么，它显然不应成为加大财务杠杆的理想对象。[60]

在截至 2006 年 12 月 30 日的季度中，计算机制造商苹果公司披露的音乐相关收入为 6.34 亿美元。这只是三个月的收入，而且全部来自 iTunes 商店的销售收入（即该数据不包括 iPod 设备的销售收入）。所有这一切均源自一家在 6 年前还和音乐领域没有任何关系的科技公司。在截至 2007 年 3 月 31 日的财年中，百代在网络销售方面也取得了令人瞩目的进展——销售收入从 2004—2005 财年的 6 500 万英镑增加到 1.64 亿英镑（占集团收入总额的近 10%）。但百代是采用旧的集成模式实现这一目标的，也就是说，尽可能地对所有制作和播送流程进行统一控制。这种方法确实适合某些艺人，但有些艺人已开始彻底摆脱中间人，并直接与 iTunes 和其他类似服务平台签约，这可以让他们在自己的作品收入中获得更大份额。因此，一刀切的主张显然不再符合实际情况。2007 年，处于市场领先地位的音乐集团环球公司披露，其收入中仅有 14% 来自数字唱片，总额约相当于 6.8 亿欧元。[61] 业内有影响力的音乐企业一直在努力适应数字革命和网络盗版泛滥的形势，即便是环球音乐这种专业运营的音乐企业也不例外。在 2011 年之前担任环球音乐董事长兼首席执行官的多格·莫里斯（Doug Morris）是作曲家出身，而他的继任者露西亚·格雷奇（Lucian Grainge）在毕业之后的第一份工作竟然是猎头顾问。

泰丰资本在 2007 年夏天开始接手百代，摆在它面前的一个显而易见的问题就是：面对来自像苹果公司这种现金充裕的创新者带来的严峻挑战,一家 PE 公司和一大群没有任何行业经验的高级咨询师及董事会成员,为什么就应该比谙熟行业点点滴滴的高管更好地拯救这家全球音乐集团呢?对于非法下载、移动投放和内容发送平台这些最基本的市场变迁,他们怎么知道该如何应对呢?在埃里克·尼科利的主持下,百代经历了三个重组阶段,并在截至 2001 年 3 月 31 日的一年的时间里,将集团员工人数从 10 000 人减少到 5 500 人。再削减另外 1/3 的员工也不会对收入产生影响。当然,这并不是说已经不存在需要进一步剔除的冗余,或是没有需要梳理和解决的内部关系以及诸多品牌之间的恶性竞争。不过,尽管公司过度铺张和人员冗余的言论依旧存在,但公司还是大幅减少了人员规模。虽然百代和所有大型唱片公司都有铺张浪费的名声,而且在很久以前就对娱乐开支采取了摇摆态度,但技术创新对行业的扰动显然需要一种新的商业模式来应对,而不仅仅是在基础结构上追求精益化。因此,百代所需要的与其说是重整,不如说是模式再造。

收入尤其是数字销售收入的提高,不仅被普遍认为是更有价值的成长,并且能比一次性削减成本带来更持久、同时也更高的利润率。对于以促进销售收入为目标的计划,它的最大问题就是需要一定的时间。一向奢侈的百代绝对承受不起 30 亿英镑贷款给资产负债表带来的影响,这绝对是一个让它无法填补的无底洞。尽管百代仍在凭借音乐享受公众带给它的赞誉——2008 年,获得了 14 项"格莱美奖",而在 2009 年再次赢得 25 个奖项,而且这两年中,百代每年均获得 7 项英国大奖,但百代却被困在"鼠笼"中,拿不出利润的管理层和外部顾问急需想办法满足日趋严格的偿债能力测试。

技 术 突 破

在互联网出现之后,音乐产业令人惨不忍睹的经济状况变得显而易见:在无需数字版权管理的情况下(也就是说,消费者可以在他们的任何便携式设备上播放获得的音乐)在线频道即可提供直接推送和成本更低廉的录音。音乐的下载和之后流媒体音乐的成本只相当于传统唱片或 CD 的一小部分。实际上,很多流媒体产品都是在"免费增值"的基础上进行销售的,只有少数高端功能需要付费,并且艺术家、歌曲作者和出版商均需要支付版税。

因此,在 2005 年到 2013 年期间,美国 CD 的销售额令人瞠目结舌地下降了 80%,降至只有 20 亿美元,而同期的数字销售额却翻了两番,达到 43 亿美元。市场才是最有发言权的主宰者。唱片行业最初曾拒绝承认互联网有权让消费者自由选择下载哪些曲目。现在,这些大腕们需要做的,就是逐渐停止采用 CD 模式,并以单个歌曲的数字唱片下载的方式而代之。这也是消费者需要而且多年来一直要求的东西。正如那句已变成陈词滥调的老话：顾客永远是对的。

但依旧有一些音乐唱片公司低估了这件事的紧迫性——它们最容易犯的错误就是，从凭借每张 CD 向消费者收取的 15 美元中，拿出少得可怜的 1 美元给艺人。另外，他们却让那些在音乐领域毫无信誉的初创企业，在完全漠视数字版权的情况下试图去改变这个行业。最终，业内的老大——环球音乐集团，最早制定了完整的在线战略，并成为 2007 年 YouTube 上观看次数最多的频道，一年后，它与同名社交网络 MySpace 合作，共同创建了 MySpace 音乐网站。2009 年 12 月，环球音乐又联合谷歌，以合资方式推出基于广告的视频托管服务 Vevo 平台，该公司在 2010 年即被评为全球第一大在线音乐平台。在 Napster 创建并推广盗版音乐 10 年之后，环球音乐终于在网络创新方面扮演了主角。[62]

消费者并不是唯一热衷于推行低价位网罗音乐的当事者。有些艺人也以极大的热情接受了这种新的范例。2007 年 10 月，就在泰丰资本的团队还认为它可以重塑百代的时候，超级巨星麦当娜已退出华纳音乐，并与音乐会组织机构"直播国度"（Live Nation）签订了一份价值 1.2 亿美元的 10 年合约，由后者负责发行她的音乐专辑，为她的巡回演唱会征集赞助商，并直接负责出售其产品。通过这种所谓的"全方位交易"，麦当娜满心欢喜地意识到，现在，她的音乐会和商品价值远远超过唱片，这种协议可以让她在自己创造的蛋糕中分享更大的一块。

同一个月，出现了一个标志数字化给音乐发行带来革命的事件——英国著名摇滚乐队"电台司令"（Radiohead）拒绝与唱片公司签订一份价值 300 万英镑的单张专辑的合约，因为在他们看来，百代的新老板盖伊·汉得斯及其领导下的泰丰资本帮手根本就不"理解音乐产业"。于是，他们毅然选择通过自己的网站"radiohead.com"来销售这张新专辑。在拥有版权的情况下，电台司令乐队可以让歌迷自行决定为专辑支付的费用。事实上，根据之前与百代签订的合约，该乐队不享有数字下载的收入，在这种情况下，直接面向市场自然对他们更有吸引力。

在实施数字化战略时，像百代这种音乐制作企业不欣赏或是想方设法视而不见的一个关键因素，就是它的传统模式（将录音与发行分开运营）已寿终正寝。网络让艺术家和初创企业得以应用一站式解决方案，在制作和发行方面实现无缝融合。时代瞬息万变，新的环境似乎更惠顾电台司令乐队和麦当娜的开创性行为。循规蹈矩的录音制作集团已彻底失去了对音乐制作过程的控制力。

在实体方面，英国音乐零售商维珍大卖场（Virgin Megastores）仅在 2007 年就损失了 5 000 万英镑，而它的竞争对手 HMV 的盈利也在这一年减少了一半——实际上，这家创建于 1899 年使用"主人声音（His Master's Voice）"标识的音乐制造企业，曾经是仅次于百代的业内第二名，这无疑成为实体 CD 销售收入将遭遇永久性下滑的另一个信号。顾客所关注的产品属性已从质量和拥有实物转向价格和便利。由官方唱片公司制作发行并由音乐零售商销售的 CD 专辑，在受版权保护的情况下可以卖到 20 美元，每张可能只包含 12 首曲目——但其中可能只有两三首曲目是消费者真正喜欢的，但消费者也可以在点对点网站或是 iTunes 商店下载这几首歌曲，他们可以在几秒钟的时间里下载免费的盗版单曲，或是为每首歌曲支付不到 1 美元的费用。2007 年，也就是在 iTunes 商店推出 4 年之后，该平台即占据了全球合法下载量的 80%，毋庸置疑，就是因为它为用户提供了购买单曲的自由，而不是一张包括全部 12 首歌曲的专辑。[63]

在音乐爱好者影响价值增值方面出现的这些改变，要求对成本结构、版权管理和组织架构做出相应的巨大调整。显然，它需要一家更精于效率和创新的企业，该企业愿意拆分甚至是放弃现有业务。大型国际唱片公司仍拥有庞大的传媒设施，而音乐界的后起之秀们已开始涉足这个快速增长并由技术驱动的细分市场。

汉得斯和他的高管人员不仅缺乏音乐行业的经验，也缺乏相关的技术背景。无论是 Napster 的肖恩·帕克（Sean Parker）还是苹果的斯蒂夫·乔布斯，作为业内的新军，他们浸淫网络文化已久。诚然，泰丰资本也认为，埃里克·尼科利及其他现任百代高管团队未能适应新的市场规则，因而需要被替换。这种评估显然是正确的，但汉得斯不应任人唯亲，只提拔手下的亲信。相反，他应该意识到，百代所需要的，是一直借鉴硅谷技术类型的完整的文化变革，而不是来自伦敦金融圈的大腕。

如果汉得斯读过《创新者的困境》（*The Innovator's Dilemm*）——这是 10 年前由哈佛大学教授及创新专家克莱顿·克里斯滕森（Clayton Christensen）出版的一本开创性著作，那么，他就会认识到，互联网代表的是一种"破坏性"技术，它导致百代为保住老牌唱片公司声誉的努力注定要失败。以前所取得的进步——无论是从机械留声机到电子录音，还是从黑胶唱片到录音带（大规模音乐盗版的第一批载体），再到 CD，根据克里斯滕森的定义，都可以被称为"持续性"技术。

尽管详细定义持续性技术与破坏性技术的区别超出本案例研究的范围，但我们需要澄清的是，只有后者才能给现有产品或服务功能带来变化，而主流客户最初往往又不需要或是不愿意接受这些新的变化，这就导致已定性的经营者难以识别这种威胁并对产品做出相应调整。还有些专业人士将突破性技术归结为颠覆性创新的特征。除了咨询业术语外，这个词本身的重要性远不及技术变革的性质和影响。

通过彻底改造音乐产业的价值链，互联网初创公司和苹果公司从根本上改变了音乐产品与服务的营销方式,以及将产品送到最终用户手中的送达方式,从而向老牌音乐公司发出严峻的挑战——除非不准备重新定义自己的商业模式,否则这些传统企业的市场领先地位将不复存在。唱片公司拥有的是能力、组织结构,以及围绕音质、大量可选择的音乐和艺人、可靠性等价值观的企业文化。而互联网则向消费者展示了一系列全新的价值观:低价和便利。

起初,音乐下载平台的质量和速度非常糟糕,而且只能提供数量有限的歌曲和艺人。事实上,在整个20世纪90年代,全球大多数地区的互联网普及率仍处于相对较低的水平。1999年,还只有36%的美国人拥有互联网接入口,其他发达国家更是远远落后于美国。在英国、日本和德国,这一年只有1/5的人口可以访问互联网。[64] 绝大多数家庭使用的是速度极慢的拨号连接上网。有线、光纤和DSL等宽带服务最初也仅仅是为企业提供的,随后才开始有意识地向家庭进行推广。5年后,随着互联网用户数量在美国、日本、德国和英国达到了人口数量的2/3,基于网络的服务才成为向终端用户提供音乐的一种最主要的新型方式,而且这种方式不仅远比CD便宜得多,而且更加便利。CD是在20世纪80年代早期出现的,它凭借音质的明显改善而极大地推动了市场需求。但这种高品质音乐的代价就是价格的大幅提升。尽管网络连接缓慢,但数字下载仍在蓬勃发展。归根到底,它还是能以仅相当于CD价格一小部分的成本提供同等质量的音乐。在短短10年间,互联网革命已摧毁了音乐巨头在制作和发行方面的寡头垄断地位,让它的模式变得多余、笨重而且过时。[65]

当然,行业的局外人更有可能成功地再造百代,而不是像尼科利这种谙熟内幕的内部人士——这种观点也被克里斯滕森的研究结果所支持。汉得斯所犯的错误,就是相信任何局外人都会这样做。如上所述,要解决收入增长难题,汉得斯不应该去求助于财务专业人士或企业专家,而是应该有针对性地招募网络专家。只有他们才能建立一个新的业务架构,将百代转型为一个基于互联网的音乐传输平台,并为消费者提供与百代现有价值网络形成鲜明对比的服务(低价格与质量、便利性和可靠性并存)。相反,在经过数月为唱片公司寻找新主管之后,2008年7月,泰丰资本等来的却是意大利消费品行业管理者埃利奥·李奥尼·塞迪。他擅长哪个消费领域呢?健康、卫生和家居产品,他曾在宝洁公司和利洁时集团工作了20年。[66] 一个在新媒体、音乐和互联网领域没有任何背景的新人,怎么能引领为迎接数字时代的挑战而进行的一场企业巨变呢?这显然难以解释。

汉得斯此前在科技界没有任何经验的确是事实,这当然有助于解释他自己为什么不敢走数字产品这条路。相反,他使用或考虑的方法,只是他本人和大多数老牌PE业内人士习以为常的技巧:削减成本、资产处置(减少签约艺人的数量)、合同重新谈判、再融资和证券化。面对颠覆性创新,所有出色的财务和运营工具都将一无是处。

四面楚歌

与传统观点相悖，百代无法采用基于网络的模式并非已成定局。20世纪30年代，这家公司的唱片业务，甚至是它的生存，就曾经历过类似的威胁，不是因为经济大萧条——尽管萧条肯定会对销售产生明显影响，而是因为无线广播的出现。在人们开始通过收音机收听音乐时，留声机的优势逐渐被削弱，导致唱片的销量大幅下滑。但公司的高管和员工还算幸运，由于百代还是一家无线电设备制造商，因此，它还是设法熬过了这场风暴。遗憾的是，进入20世纪90年代后期，在互联网不断普及的情况下，公司并没有做好准备。但如果管理层对网络带来的威胁和机遇作出准确判断，那么，公司仍可以在网络制作和发行中扮演重要角色。

除极少数特例之外，在数字音乐领域中，真正成功的企业全部出现在新千年第一个10年的中旬左右——比如iTunes（2003）、视频网站YouTube（2005）、法国在线音乐网站Deezer（2006）和流媒体音乐服务平台声田（Spotify，2008）。这告诉我们，和其他唱片企业一样，在互联网音乐服务出现的5年里，百代也有机会在流媒体和下载这个新兴领域中重建其商业模式。实际上，到2004年，数字产品的下载收入仍然只占美国工业收入的1.5%。[67] 但不幸的是，这些音乐巨人并没有尽早地投资于尚处于亏损但却大有前途的数字频道和平台，而是忙于争夺对方最赚钱的艺人。令人遗憾的是，正如克里斯滕森所阐述的那样，在颠覆性创新这个主题上，尽早涉足自然会带来巨大的竞争优势，使后来的竞争对手难以企及。这个非常有说服力的论点足以解释，在数字音乐出现9年之后的2012年，iTunes商店在美国数字音乐销售收入中的份额仍高达63%。[68]

当然，这些行业巨头们在那些年里也没有闲着：2001年，德国媒体巨头贝塔斯曼收购了MP3下载平台Napster的资产；也就是在同一年，百代、美国在线、贝塔斯曼和RealNetworks联合推出基于订阅的MusicNet平台；一年后，环球和索尼创建了一家名为Pressplay的合资企业，同样是在订阅基础上为顾客提供音乐。唱片公司已在这些平台上提供了少量艺人的作品，但却无权获得竞争对手的曲目，这就会让它为维护传统业务而过分强调数字版权的管理。当它向律师支付高额费用来起诉非法文件分享的时候，这些大公司显然没有认识到，消费者最关心的是价格和便利性（全球的盗版音乐下载量在2008年达到400亿次，也就是说，95%的在线音乐消费是非法的，因此，除价格和便利性之外，很难解释这种现象）。而艺人们更关注音乐会及其产品的推销，以建立稳固的歌迷群体，并促进其音乐销售收入。[69]

与无线广播一样，互联网也是市场中的一种非连续现象。它不仅具有破坏性，而且还取代了唱片公司核心业务的一个关键要素：音乐的有形分配。在收音机出现之后，唱片的销量曾一度下降。但经过一段时间之后，唱片销量出现反弹。虽然按最初的迹象，无线电广播似乎有取代唱片播放的趋势，但事实证明，这两种模式具有互补性。

而互联网则带来了更剧烈的改变：它在确保最终用户产品所有权的前提下，通过替换现有发行业务而让唱片公司退出舞台。数字下载是有形 CD 发行的一种替代方式。因此，要解决这个问题，百代就需要投资互联网发行平台，尽管这对它来说意味着亏损，但这确实是问题的根源。

对大型音乐企业和独立唱片公司来说，推出自己的互联网解决方案就意味着向底端市场迁移（这是克里斯滕森的说法）。由于所有基于网络的数字下载产品都缺乏收入创造能力，而且盈利能力远不及传统的音乐录制业务——在绝大多数情况下，这些业务是亏本的，而且声田音乐（Spotify）等平台的一些产品，在发布多年后依旧没有盈利。在这种情况下，百代、索尼、维旺迪环球和华纳音乐等上市公司的高管人员如何向他们的股东解释呢？公司的股价会受到影响，而且这些高管的股票期权也会遭遇滑铁卢。但是在非法点对点下载呈现爆发式增长的情况下，他们所面对的盈利压力绝对是不可抗拒的。

但大型音乐公司并没有对其商业模式进行重新配置，而是无一例外地选择了削减成本这一快捷修复方式。此外，现有主流企业向高端市场迁移，进入直播和出版等利润率更高的业务，这显然是现实中更合理的选择。毕竟，这些活动（在百代，这些业务的 EBITDA 利润率超过 30%，而音乐录制业务的利润率还不到 10%）具有高度重复性的好处，带来了现金流——如前所述，这是泰丰资本收购百代的理由。此外，这也是 KKR 在 2009 年投资贝塔斯曼版权管理集团的原因，后者是一家与贝塔斯曼媒体集团合作创建的合资出版企业，4 年后，这家美国 PE 集团带着利润退出投资。既然可以在其他领域找到极具盈利能力的业务，那么向未经证明、尚处于亏损的互联网方面转型又怎么可能在董事会层面获得批准呢？

遗憾的是，在面对颠覆性的技术革命时，这种短期目标决策太过于频繁了。虽然压缩成本结构是与精益化互联网创业企业展开竞争的必要条件，但任何事情都有两面性，而这个硬币的另一面就是需要对互联网企业进行大量投资，而且有可能需要进行多年的货币投入。对短期回报的过度关注以及迅速扭转百代形势的压力，导致泰丰资本几乎不可能有耐心去忍受这种向低端市场的艰难转型。百代高级人才的大量流失，泰丰资本在人事任命方面的快速更迭，均表明高管人员很快就已经失去了进取心。在最初进入汉得斯改组项目的外部人士中，能留下来经历整个过程的人寥寥无几：麦克·克莱斯波在任职 6 个月之后，成为英国收入和海关总署署长；负责重组架构设计的克里斯·罗林作为首席运营官和财务总监也只待了一年多时间；北美业务的首席运营官罗恩·威尔任职 18 个月之后离开百代；从环球公司挖来的艺人及曲目业务负责人尼克·加特菲尔德（Nick Gatfield）在百代待了两年半；莱昂尼·塞迪（Leoni Sceti）担任音乐录制业务的时间也不到两年；道格拉斯·梅里尔（Douglas Merrill）待在高科技负责人职位上的时间还不到一年。[70]

可遇不可求的心想事成

在信贷泡沫时期，收购百代无疑是最丰富多彩的交易之一，而且在泰丰资本收购联合博姿保健集团失败之后，这无疑是给它颁发的一个安慰奖。但结果却证明，这是一次令人沮丧的失败。它承诺的振兴从来就没有发生过。2007 年，在第一次踏入音乐这个五彩缤纷的世界时，盖伊·汉得斯承诺他将拯救百代，而且这将是百代自身的再生。但是到了最后，他错了。

他给百代的是"业绩最差行业中业绩最差的公司"的评价，或许有点夸大其词，但即使是很多经验丰富的音乐企业高管都不会反驳。[71] 然而，经过多年的努力，在经历了多年与华纳时断时续若分若离的合并谈判、一系列的亏损预警、三次重组计划、在数字产品冲击面前表现出的无能以及市场份额遭遇的不断侵蚀之后，对百代这次不明智的收购最终促成这家令人尊敬的英国公司走向灭亡，尽管令人唏嘘不已，但也确实让人拍手称快。

对于一家身处全球舞台和巨变行业中的企业来说，除了要经受不可避免的市场检验之外，多年来，百代还要面对不断被全球顶级艺人抛弃的尴尬境遇。如前所述，保罗·麦卡特尼（Paul McCartney）在 2010 年春季撤回了他的全部作品。皇后乐队也在 2010 年年底离开百代，一年之后，罗宾·威廉姆斯跟随他们去了环球集团。[72] 2010 年 3 月，公司甚至在官司中输给平克·弗洛伊德。作为拥有多张最畅销专辑的顶级乐队，这场诉讼的起源是对专辑的分拆以及互联网销售的版税计算方法出现争议。百代始终未能留住在美国市场上有影响力的新艺人，毕竟，这是全球最大的音乐市场。在这种情况下，百代的竞争地位不可避免地会被蚕食，而在被花旗分拆时，百代甚至已经失去了在英国本土市场上的领导地位。

所有这些遭遇都让人们笃信这家公司长期以来的一个绰号——"你能想象到的每个错误"，这个称呼已成为记者、竞争对手和员工的口头禅，反映了公司历史上的一系列失误。[73] 在经历了欧洲历史上最大规模的杠杆收购失败之后，这个令人蒙羞的标记或许真得成为百代历史中一个无法泯灭的印记。它的历史显然不缺少诗情画意：在"大萧条"那个最需要憧憬的时代里，这个伟大的企业应运而生，它给那一时期带来了最需要的东西，开启了"猫王"埃尔维斯·普雷斯利（Elvis Presley）和披头士乐队等传奇经典的职业生涯；而在仅百年之后的"大衰退"时期，它又成为当代经济追求杠杆的代表，并因此而不情愿地遭到解体。随着唱片逐渐被数字下载所取代，在线音乐和移动流媒体悄无声息地让百代销声匿迹。作为旧式音乐标准的遗迹，百代似乎已经丧失了存在的理由。

对泰丰资本来说，事实证明，这远非一笔合理的交易。百代也不是盖伊手中的第一笔灾难性交易：早在 2001 年 9 月 11 日恐怖袭击事件之后，身在野村证券的汉得斯就曾以 19 亿英镑的价格收购从事酒店经营的艾美酒店集团。在当时的环境下涉足酒店行业，其结局不得而知。这次失败也促使他在 2003 年离开野村证券。在 2011 年初失去对百代的控制权之后，泰丰资本的这位董事长认为，百代之所以会以如此举世瞩目的方式轰然倒地，一个重要原因是时机的选择问题——也就是说，当时恰值信贷市场和辛迪加市场遭遇突然崩盘。这个借口或许合理解释了艾美酒店的失败——毕竟，谁能预见到"9·11"恐怖袭击及其对酒店入住率的影响呢？但这显然无法解释对 EMI 收购的失败。在一个行业处于泡沫的高峰期或至少已接近高峰期时，拿着有限合伙人 1/3 的资金进入一个此前从未涉足过的陌生领域，即便是汉得斯本人，也不得不在 2013 年公开承认自己的过失："始终希望以更多的被投资公司来确保投资的多样性。"[74] 在 4 年最好的时光里没能说服有限合伙人，以至于泰丰资本无法筹集后续基金，使得汉得斯在 2015 年不情愿地承认：从现在开始，他只能采取逐笔交易的方式，使用公司自有资金进行未来的收购。

在经历了百代这场冒险之后，他对危机企业公司的胃口无疑大打折扣，显然，汉得斯未来的一大任务就是重建声誉。有公开信息显示，"泰丰资本Ⅲ号"基金的业绩确实很差。截至 2015 年 3 月 31 日，该年份基金的内部收益率仅为 11.5%。[75] 假设对股息进行再投资，如果将这笔钱投资于蓝筹股富时 100 指数，那么，基金有限合伙人在 2007 年 1 月到 2014 年 12 月期间可以获得 4.5% 的年股息率。

此外，富时 250 指数也是一个不错的判断标准。但让人难过的是，该指标并不能缓解这种打击，因为英国中型上市公司全部收益的年化利率已达到 7.6%。当然，这些市场收益率是不加杠杆的，因此，泰丰资本投资者的境遇甚至比这还糟糕。

* * *

如果我们有必要总结一下汉得斯及其团队到底犯了哪些错误，不妨将关键点归结于如下几个方面。

1. 他们凭借一面之词就推测百代被低估，汉得斯本人也公开表示，他坚信百代被低估。正如前述得州电力案例以及退市交易提及的个别案例研究（见第五部分）所揭示的那样，如果认为追踪股票数年的市场专家会因为对公司作出过低估值而错过机会，那将是非常危险的。暂时性的错误定价完全是有可能的，尤其是在发生市场崩盘之后，但很少会出现2007年那样的泡沫时期。事实上，百代以前的管理层（由尼科利领导）并没有完全认识到，2001年起市场增长过程中的重大翻转，导致企业价值出现重大减损，因此，环球音乐仅在2003年就计提了13.7亿欧元的减值损失；而在这一年，百代却只计提了1 200万英镑的商誉减值损失。当它在2009年3月计提10亿英镑的资产减值损失时，整整比市场反转时点落后了6年。在2007年退市时，百代的资产价值已被明显高估。按照泰丰资本在收购后公开披露的信息，百代确实被过高估价，而绝不是什么便宜货。直到来年之后，汉得斯才公开承认，他"付了过高的价钱"。[76]

2. 说得明白一点，让任何一家企业承担两倍于EBITDA的负债，都将给它带来沉重打击；面对破坏性创新，当一家公司连续5年收入下降时，这样做无疑是在自找麻烦。鉴于其平庸的财务业绩和薄弱的战略定位，因此，百代显然不是杠杆收购的理想对象。一个在衰退行业中失去市场份额的企业，必然会陷入旧秩序的恶性循环——在并购之后，经历减员、理顺产品、流程协同和商业模式再造等一系列大规模重组。我们已经看到，泰丰资本试图在这场重建游戏中碰碰运气，但是在目标公司负债累累时，这样的尝试显然是危险的。

重整是一种高风险的探索，它需要足够的灵活性，而这种灵活性显然是高杠杆企业所无法提供的东西。收购百代的命运从一开始就已经注定。对于像盖伊·汉得斯及其同事这样经验丰富的投资者来说，他们早就应该认识到这个事实。但这些人似乎用了代价最高的方式才认识到这一点：在2009年年底向花旗提起诉讼时，汉得斯也承认，百代的潜力"受到债务的制约。"[77]由于现金被用于支付利息，并通过注入股权资金以避免即将发生的贷款违规行为，因此，百代已无力投资和新艺人签约、完善现有方式或开发数字解决方案。

3. 泰丰资本没有必要去拼命地试图完全控制百代，或是对贷款人提起诉讼。相反，一旦认识到重整时间会远远比预期更长，那么，泰丰资本就应该与花旗进行谈判，协商用一部分、但总量相当可观的贷款从后者手里换取百代持有的多数股权。到2009年年初，在重组团队打包收工并对马尔比董事会改组后，唯一的出路无疑就是恢复平衡。通过债转股分享所有权确实可以带来必要的喘息空间。如果泰丰资本和花旗能更好地合作，本可以给百代带来恢复偿债能力、维持独立并实现转型的第二次机会。

4. 在杠杆收购的主要参与者中，无论是汉得斯、被临时任命为运营者的泰丰资本员工、首席执行官莱昂尼·塞迪，还是负责监督或重组事务的顾问，都没有音乐界的实战经验。虽然问题不完全在于汉得斯不是音乐圈人士，对人才管理的了解很有限，但无可否认的是，基本认识这个领域独特的创造力确实会有所帮助。此外，汉得斯和他的同事对互联网带来的影响知之甚少，而互联网恰恰是推动21世纪音乐发展的基本驱动力。2007年，唱片公司面对的最大战略挑战就是技术创新。数字盗版已形成一个根深蒂固的产业，无论是音乐行业自身，还是监管机构，都没能找到消除盗版现象的有效解决方案。在全球的大多数地区，2012年的免费非法音乐下载量仍占到全部下载量的1/2到2/3，全球20%的固定互联网用户经常访问提供侵权音乐的平台。[78]

关于音乐数字化，对互联网及其各种可能性的认识远比快速消费品方面的专业知识更有价值。在这个领域里，唯一的高级运营人员还得算是前谷歌首席信息官、37岁的道格拉斯·梅里尔（Douglas Merrill）。2008年春天，他成为百代在线业务的负责人，但他在这个职位上也只待了不到一年的时间。如果没有高层管理者坐镇董事会并领导百代的数字计划，那么互联网解决方案永远都是传统录音模式和有形产品发行方式的替补。[79]

5. 克里斯滕森的研究告诉我们，在破坏性技术变革期间，现有企业实现成功业务转型的手段，就是建立独立于主体公司的独立实体。同样，百代也需要建立一家全新的公司，而不是创建一个集中控制的新数字部门，而且最好是将基地设在美国，毕竟，只有在这里，互联网服务才能以最快的速度被市场接受。此外，在美国，前景远大的初创企业推出了很多互联网产品，因此，这里的人力资源技术也最为先进。这种结构在运营和文化上不同于百代现有的企业。此外，它还可以按独特的价值网络实施运营，为一个单独的消费者群体提供服务（热衷于以低成本的便捷方式获得音乐，而且对收集CD丝毫不感兴趣）。在单一组织内试图建立两种拥有不同利润模式的不同的企业文化，显然是非常困难的，甚至是不可能的。[80]

6. 汉得斯建立了一个复杂、头重脚轻的矩阵式组织，这也符合他对其他被投资公司资产所采取的方式。监管和重组委员会的成员以及更多初级员工以空降方式进入百代，并被赋予特殊使命（据报道，仅在2008年，就有35名泰丰资本的工作人员被借调到百代），但他们的行为经常会脱离面向客户的员工和艺人管理机构等第三方。在德国慕尼黑举办的一场名为"超级回报"的PE行业年度聚会上，汉得斯在发言中曾毫不掩饰地声称："我们所做的事情就是收回管理艺人曲目的那些家伙手中的权力，并使之与公司结构相匹配。"这种高度官僚主义的层级式权力配置，必然会造成实施者和财务顾问之间的矛盾。实际上,对于酒吧和酒店这样拥有大量有形资产的公司来说,其组织再造应该完全不同于针对创意人才的管理。艺人及其经纪人肯定不喜欢被别人发号施令,或者让新专辑发布的营销预算因成本削减策略而受到限制。[81]

汉得斯最初之所以会作出收购百代的决定,有可能是对华纳音乐进行杠杆收购的三个买家在 2007 年 5 月百代拍卖高潮期时所取得的短期业绩。在完成投资 3 年之后,贝恩资本、普罗维登斯和托马斯·李投资集团已在 13 亿美元的初始股权成本基础上净赚了 32 亿美元——其中,在出资后的 6 个月,以股息形式获得了 3.5 亿美元;在两个月之后,通过发行垃圾债券收回 6.8 亿美元;2005 年,在公司 IPO 时,他们又通过出售部分持股获得收益。而获得这些收益的很大一部分原因,就是裁掉华纳 20% 的员工以及与近一半艺人解约。[82] 泰丰资本的路线图确实没那么有想象力,但是在退市之后便很快流产了。

与其说是快速变现还不如说是迅速完败

PE 领域有一条不成文的规矩:收购的成功在交易的前 6 个月里即已尘埃落定。如果在这段关键期结束时,被投资公司的业绩能达到预期并履行债务约定,其管理者按收购前制订的商业计划完成业绩指标,那么,杠杆收购就有可能顺利完成。当然,意外事件总是难以避免的,但如果排除这种意外,此类交易基本应该为投资者提供可观的回报。

在百代被收购和退市之后的半年时间里:

- 泰丰资本只筹集到 15 亿英镑股权资金之后的一小部分;
- 花旗银行仍是唯一的贷款人,因为没有其他机构想为百代提供贷款——当然,主要原因是信贷市场的形势突然恶化,但也有百代资本的风险状况及其以最低门槛标准大量举债的缘故;
- 像电台司令乐队、保罗·麦科特尼以及滚石乐队这种杰出艺人纷纷倒戈,加入竞争对手的唱片公司。流行歌手乔斯·斯通甚至不惜采用法律诉讼的方式,试图废弃与百代签订的三张专辑合同;[83]
- 当 PE 机构华盖资本(HgCapital)在 2008 年 4 月决定出售布西·豪克斯音乐公司(Boosey&Hawkes,代理伊戈尔·斯特拉文斯基等知名作曲家的曲目),百代集团并没有借此增强实力,没能将这家全球顶级古典音乐发行机构纳入囊中。也是在同一个月,英国发行机构 Chrysalis 拒绝了百代超过 1 亿英镑的收购报价。如果没有战

略积累，任何音乐产业都难以实现实质性的增长；[84]
- 汉得斯始终未能找到一位称职的新任首席执行官，也没有以严肃的态度去聘请一位能带领这家音乐公司沿技术路线进行自我改造的领路人。
- 百代的经营成果从第一天起就大大落后于预期，这也导致泰丰资本在2008年3月31日——即PE集团取得音乐集团控股权7个月之后，对15亿英镑股东贷款按账面价值的70%作价。

在取得百代控股权第一年的中途，对经验丰富的PE专业人士来说，百代收购的失败已不可避免。在已经预见到事态结局的情况下，泰丰资本从一开始即试图就贷款条款与花旗银行进行重新谈判。鉴于市场的混乱和公司内部的激烈震荡，百代无力在紧张的还款计划下正常运营。在收购唱片公司时，汉得斯和他的团队给外界的总体印象就是在赌博，而随着交易细节逐渐浮出水面，这种印象又被意外地加深：他们给这笔杠杆收购交易流程设置的代号居然是"下注项目"，而与竞争对手华纳音乐合并的内部长期计划则被称为"扑克牌计划"。[85] 这一切或许当初就是一场赌博，而不只是回首过去得到的结论。

表演还得继续

虽然泰丰资本的目标是发挥其不良资产重整的优势，趁行业混乱涉足音乐产业，但剩下的三家音乐巨头在10年或20年还能否存在，则完全不得而知。有证据表明，它们所拥有的曲目（过去20年的现金牛）仍有足够的吸金力，这也为它们进行证券化和杠杆收购交易提供了理由。而音乐录制则是另一回事。2011年，在经过多年的持续下滑之后，有形音乐产品的销售额在美国音乐产业收入中所占的比例已降至不到1/2，远远低于3年前的2/3和2001年的98%（见图6.2）。

音乐始终是人类精神生活的核心部分，它不仅是一种沟通方式，还具有娱乐价值，更是区分不同文化与不同文明的标志性要素，并赋予每一种文化以独特的身份。

如果说音乐永远是构成社会的一个基本组成部分，那么，这种说法绝对是毋庸置疑的。唯一谈不上永恒的，就是我们播放音乐的技术。在19世纪末期之前，音乐的表现形式是现场表演。也就是说，只有在表演者的声音传播距离范围内，你才能欣赏他们的表演。到了1877年，天才发明家托马斯·爱迪生（Thomas Edson）发明了第一台留声机，这也是最早能录制声音的仪器。19世纪90年代，在爱迪生的发明基础之上，埃米尔·贝利纳（Emile Berliner）设计出了唱片式留声机。而后，便是音乐历史的开启。

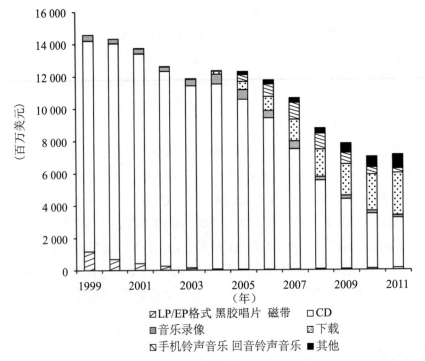

图 6.2　1999 年至 2011 年不同格式录制音乐产品的收入

资料来源：美国唱片业协会（RIAA）。

作为一种艺术形式，音乐产业的未来是光明的，其制作和传播无疑将被新兴的数字革命放大。今天，艺术家们有更多的选择来传播他们的作品，而终端消费者必将热衷于接受成本最低的获取渠道。因为特许权泄露而导致唱片公司市场份额持续减少，说明行业的价值链已转向以订户为收费基础的新型服务，比如订阅服务供应商 Rhapsody、音乐点播供应商 Deezer（部分股权资金来自三家音乐巨头和华纳音乐集团的老板莱恩·布拉瓦特尼克，2015 年其估值已明显超过 10 亿美元）、流媒体点唱机声田（2015 年 6 月的企业价值为 85 亿美元，尽管公司在 2014 年的销售收入只有 13.5 亿美元，亏损 2 亿美元）、点播下载平台 iTunes 商店和亚马逊 MP3 以及无线服务供应商潘多拉（Pandora，2015 年 4 月的市场估值为 35 亿美元）。2010 年，全球最大的音乐会组织机构"全国直播"和美国票务销售平台 Ticketmaster 完成了合并，从而扩大了对现场音乐业务的控制范围。和传统唱片公司提供的产品相比，新一代制作商和发行商提供的服务更实惠，也更可靠，因而必将在音乐产业中占据主导地位。[86]

在当下的科技泡沫大潮中，尽管很多新参与者仍在赚钱，而且似乎估值过高，但正是这些新的成长型参与者，才有可能吸引未来杠杆收购基金管理人的兴趣，因为一旦它们能带来可预测的现金流，就可以被重新包装为可交易的有价证券。在这种情况下，环球音乐、索尼和华纳等行业统治者必须设计出可持续的收入模式，否则，它们最终就有可能会被人们称作三家音乐"诱饵鱼（Minnows）"，成为那些高科技内容供应商的附加物。很多像 HMV 之类的音乐零售连锁店（1921 年，它们大张旗鼓地在伦敦最繁华的牛津街购物大道上开设了第一家店面）在世界很多地方已销声匿迹。随着在线发行平台的出现，这些实体供应链能幸存下来的已屈指可数：2006 年，美国音乐零售商 Tower Records 唱片店申请破产；在英国，最大的零售音乐企业 Zavvi（前维珍大卖场）和 HMV 分别于 2008 年和 2013 年被监管机构接管。那些传统音乐制作机构会步它们的后尘吗？曾几何时，唱片公司曾是现金流可预测性的范例，而在不久的将来，它们或许只能留在人们的记忆中，成为互联网时代之前的遗物，并以百代这样的方式消失。

第四部分
回购或重复性收购:卖家的后悔药

我们已在本书第一部分中指出，经过40年的活动，杠杆收购在本质上已呈现出明显的多样化趋势。它的所有基本要素都无一例外地证明，在某些交易中，PE公司已迷失了方向。然而，鉴于这个行业对交易不可救药的痴迷，最有说服力的证据无疑是回购的兴趣日渐升温——也就是说，金融投资者回购一家以前，而且往往是不久之前曾持股的公司。在饱经蹂躏的美国和欧洲市场上，卖方的悔恨或是我所说的"复发综合征"，似乎正在以越来越高的频率出现。

和二次收购一样，重复性收购（relapse buyout，RBO）是这个行业进入成熟阶段的副产品。如果说PE投资者也会遭受像卖方那样的悔恨，我自己都会觉得有点滑稽。毕竟，现实情况要糟糕得多：有些杠杆收购基金管理人已经黔驴技穷，变得越来越懒惰，或是彻底丧失竞争优势。无论重复性收购背后的原因是什么，都无法掩盖当事者看似忙碌的绝望，毕竟，只有让他们手里的钱投入使用，才有机会赚取更多的收费。

尽管回购的频率越来越高，但它的真正经济影响和绩效却不得而知。没有人知道，这种操作是否对有限合伙人有利，或是有限合伙人是否应该在投资协议中加入禁止、控制或者设置限制这种做法的条款。当然，也有很多事例表明，重复性收购不仅能按计划进行，而且会超出预期。尽管如此，与这些交易相关的风险还是经常被金融投资者所忽视，因为正如我们的案例研究所示，投资管理者总是认为他们对资产了如指掌，这必然会促使他们对所有感兴趣的目标公司均给出更高的报价。

将弗朗斯·邦霍姆（Frans Bonhomme）归入与二级收购或与快速变现相关的案例研究中，似乎更合乎情理。同样，PHS应该属于第五部分有关上市和退市或是第二部分关于资产剥离的章节，似乎更说得过去。但两者都是说明为什么说回购没有那么诱人的绝佳事例。如果在阅读了PHS和弗朗斯·邦霍姆的案例后，你仍不相信，回购只是过度自信的产物，那么，请直接阅读第十二章，意大利电信黄页的故事肯定会帮助你下定决心。

第七章
PHS——不归的绝路

PHS 被人们戏称为"工作场所服务提供商"。简而言之,它提供的是能为组织提供辅助性支持的产品和服务。尽管这些活动被认为是非核心的,甚至是与客户的业务毫无关系的,但它们确实有助于提高工作人员的生产力、最大化效率并降低成本。工作场所服务提供商的业务范围包括:废物的回收和清除(如医院使用过的注射器),数据的扫描、存储和粉碎(你还记得你丢弃的文件最终放在哪里了吗),包装箱的出租和打包,室内外的环境维护(这里是你办公室的所在地),公共设施的测试及合规(想想雇主的火灾报警系统),洗衣设备和工作服的清洗,水冷却器和洗手间服务(想想卫生间里的纸卷),等等。

PHS 最初的名字是塔克零售咨询公司(Tack Retail Consultants),这家成立于 1963 年 8 月 14 日的公司当时从事的是洗手间卫生清洁服务。公司的创始人是阿尔福莱德·塔克(Alfred Tack)和乔治·塔克(George Tack)兄弟,在他们一点一滴地辛勤扶植下,这家英国公司通过自我发展,业务逐渐扩大到肥皂分发器、卫生纸分发器以及干手器等多种产品。

初次收购与二级买断

PHS 的全称为"员工卫生服务公司(Personnel Hygiene Services)",总部位于威尔士加的夫市以北 7.5 英里的卡尔菲利镇,在创始人去世后,公司于 1995 年 10 月成为管理层收购的对象。伊莱克特拉·弗莱明投资公司(Electra Fleming)为这家卫浴产品供应商支付了 4 290 万英镑的收购对价,此后又通过收购其他几家企业——包括 1996 年收购的专业地板制造商 Stardust Mats 以及两年后得到的工厂服务提供商 Interscape,这些收购带来了集团的外延式增长。

1999 年 7 月,伊莱克特拉通过二级收购的方式,以 2.15 亿英镑的价格将 PHS 转手卖给另一家投资公司——查特豪斯投资发展公司（Charterhouse）。这笔交易给伊莱克特拉带来超过1.2亿英镑的收益，或者说，足足实现了6倍的现金收益率。PHS收购案也就此成为20世纪90年代最典型的杠杆收购案例，这次收购不仅巩固了它在这个高度分散的办公服务行业中的市场地位，也因基础业绩的改善为PE投资者带来了可观的价值——在伊莱克特拉控股期间，公司的营业利润从410万英镑剧增到1 210万英镑，而且没有增加任何无意义的杠杆。伊莱克特拉的收益来自于退出投资时主动采取的多重套利：1995年，它按10.5倍于EBITA的价格购得这笔资产，而在4年之后，则以EBITA的17.8倍的价格转手出售。[2]

查特豪斯的外部管理层收购同样没有偏离伊莱克特拉设定的发展路径。PHS继续收购规模较小的竞争对手，并不断涉足后勤服务市场的新领域。1999年10月，PHS为Jardinerie园艺公司支付了640万英镑，Jardinerie是一家在伦敦初级另类投资市场（AIM）进行股票交易的工厂服务供应商。第二年，该集团又收购了Waterlogic的英国分销权，Waterlogic是一家从事主电源水冷却器制造、安装和销售的公司。[3]

2001年6月，在被查特豪斯收购后不到两年，PHS便在伦敦证券交易所公开上市，市值为4.14亿英镑，相当于每股80便士，作为退出通道，查特豪斯出售了其持有的84%的股权中的大部分，就此兑现了8 500万英镑现金。尽管持有期较短，但这家PE公司依旧收回了两倍于原始投资的回报，并继续保留上市实体12.7%的股权（一年后，查特豪斯以每股94便士的价格清空股权）。在查特豪斯控股时期，PHS的现金创造能力大为增强，营业利润率从前两个财年的不到20%一举上升到27.5%。毫无疑问，这说明，集团的高管人员正在得益于收购带来的垂直整合战略，比如说，通过交叉销售方式，将洗手间产品、水冷却器和地板服务同时展现给他们的82 500名客户。

在2.36亿英镑的总发行收入中，PHS的高管团队使用5 500万英镑偿还部分债务，并以剩余资金继续其雄心勃勃的收购战略。比如说，以640万英镑的价格收购饮用水供应商英国水务集团；2002年，以1 530万英镑的价格收购专业从事货箱租赁业务的Teacrate；在2001到2002财年，公司完成了总价格高达4 000万英镑的对外收购；之后，又在第二个财年花费3 750万英镑购得16家公司；在截至2004年3月31日的财年中，它继续在18次收购中花费了6 100万英镑；[4] 2003年，它分别以2 500万英镑和1 370万英镑的价格收购了洗手间服务提供商Airstream-Johnson以及废物管理公司Wastetech；2004年，它再次收购了从事数据粉碎业务的企业Securishred。

在这一系列近乎狂热的收购活动中，这家集团偶尔也会有让分析师大跌眼镜的表现。2003年4月，公司股价跌至每股61.5便士，较2001年6月IPO时的价格低23%。当时，公司宣布将无法实现市场预期的 22% 的利润增长率。2004 年 10 月。管理层再次让投资者大失所望，他们宣布，产品组合的变化（在总销售额中，低利润率业务收入的比例将有所增加）以及改善客户服务计划的推行，将对公司盈利能力带来消极影响。股价随之下挫 5%，降至每股 72 便士，比上市价格低 10%。

尽管面对的定价压力巨大，但 PHS 仍具有强大的现金创造能力。公司的资产负债状况极为稳健。管理层在挑选有增值潜力的收购交易方面始终坚守原则，也让公司的市场地位得以增强。在这个阶段，有必要指出的是，公司的业绩在一定程度上得益于主要竞争对手、市场领导者能多洁集团（Rentokil）遭遇的交易问题。我们稍后将会详细介绍这个案例。除股票表现之外，PHS 本身的业绩也值得称道。被 PE 公司抛下后，它还要不断寻找有能力偿还大量债务的新目标。

据报道，2005 年 5 月 18 日，摩根大通股权投资公司（JPMorgan Partners）、美国银行旗下的 PE 部门已开始接洽这家商业支持服务集团。随后，其股票价格上涨 12% 至 98 便士。⁶ 为了履行对股东的信托义务，PHS 的高管聘请投资银行美林证券作为顾问，组织了正式拍卖。在不到一个月的时间里，传闻有一长串 PE 大户开始打探这项资产，其中就包括总部位于美国的克杜瑞、英国的 BC 投资公司和有可能得到公司管理层垂青的查特豪斯。

在作为上市公司的 4 年时间中，PHS 总共花费了超过 1.6 亿英镑进行收购，但结果却是在资产负债表上留下了超过 1.4 亿英镑的贷款。由于管理层采取的整合策略，收入从 2001 年 3 月的不足 1 亿英镑猛增到 4 年后的 1.9 亿英镑，而营业利润率却只是从 27.5% 勉强提高到 29.3%。不过，公司的股价在此期间几乎没有变动，依旧停留在摩根大通出价之前的水平，期间围绕 80 便士波动。另外，企业价值已从 IPO 时的 4.6 亿英镑增加到摩根大通报价前的 6 亿英镑，因此，企业价值倍数从同期的 17 倍下降到 11 倍。从理论上讲，这也让 PHS 成为杠杆收购的理想目标。

在截至 2005 年 3 月 31 日的财政年度报告中，PHS 不得不承认，作为核心业务部门的清洁卫生部门，其盈利能力正在下降持续，营业利润率同比下降 45% 至 43%。尽管整个集团的收入增长仍呈现出两位数趋势，但 13.6% 的水平还是远不及前一年的 18% 和两年前的 22%。但最引人注目的，或许是集团的营业利润自 IPO 以来，首次出现了个位数增长——而前 5 年的增幅均超过 20%。⁷

不过，这些消息对潜在买家的震慑效应微乎其微。经过为期 6 周的拍卖过程，2005 年 7 月 8 日，查特豪斯以每股 116.36 便士的出价（包括最后一期的股息）成为最终买家。在卖出 PHS 4 年之后，查特豪斯再次按照 6 亿英镑的市值让这家以前的被投资公司退市。收购价格之后包括超过 1.4 亿英镑的债务，按照 7.4 亿英镑的企业价值，目标公司的 EBITDA

倍数已达到 10.7 倍。可以预见，杠杆收购结构已发生了很大变化：包括 5 亿英镑的银行债务和一笔由查特豪斯提供的股东贷款。查特豪斯获得公司 80% 的股份，管理层持有剩余部分的股权。[8] PHS 的债务权益比率也从 20/80 上升至 67/33。但这只是故事的开始。

查特豪斯的回头路

由于英国经济出现强劲增长，在退市交易完成两年之后，这家清洁服务集团再次恢复昔日的风采，业绩表现强劲。当然，管理层依旧坚持将在收购之后获得的大部分杠杆资金和闲置现金去收购较小竞争对手。因此，在截至 2006 年 3 月的财年之后，集团收入增长了 19%，而次年则继续增长了 22%。集团的营业利润—现金转换率（管理层用于强调和监控企业现金创造能力的一个关键绩效指标）始终高于 110%。尽管营业利润率保持在 28% 到 29% 之间，略低于 2002 年到 2004 年间的 29% 至 30.5%，但依旧算得上强劲有力。

在如此稳健的业绩支撑下，进入 2007 年上半年，查特豪斯便向 PHS 的贷方提出实施股息重整回收程序的动议，这也是 PE 机构追求价值最大化的第一个支柱。但时机非常不巧。在 5 月和 6 月这两个月，债务市场大幅降温，以至于坊间流出传言称，由于难以获得再融资，查特豪斯可能不得不放弃分配股息的计划——尽管杠杆收购可以提供可预期的贷款，但信贷危机也开始发挥效力。[9]

即便如此，在 2007 年 7 月 31 日，这家集团还是成功地对资产负债进行了资本重组，偿还了按旧贷款协议应付的 6.87 亿英镑银行债务以及查特豪斯的 1.235 亿英镑股东贷款。新的杠杆率反映了公司当时的形势：银行债务现在占资本结构的 75%。虽然承销商最初也曾努力组织新的贷款组合，但是在 10 月，他们还是重新下调了融资方案，推出了 9.55 亿英镑债券发行交易，价格折扣在 96.5% 到 97.5% 之间。[10] 截至 2008 年 3 月 31 日的一年时间里，查特豪斯已设法将股东贷款敞口从截至 2007 年 3 月 31 日财年的 3.33 亿英镑减少到 2.5 亿英镑。[11] 至此，查特豪斯已设法回收了约一半的初始投资，现在，它可以期待着在这笔交易中获得可观的利润，尤其是考虑到，股东贷款已累计创造了 15% 的年利率。但无论初衷有多么美好，事情未必总会如愿以偿。

* * *

公平地说，PHS 公司在 2005 年 7 月进行的退市交易发生在估值的高峰点，而且两年后的资本重组没有给管理层的商业计划留下任何出错余地。然而，尽管信贷环境极其不利，但 PHS 依旧表现抢眼。在截至 2009 年 3 月的 12 个月中，公司的营业收入再次增长 16%，也使得所有盈利标准均超过历史最高纪录：EBITDA 和营业利润均增长了 12%。此外，集团收购 18 家规模较小的企业这一事实也是不可否认的利好消息，这帮助它很快在一个全新领域内——医疗设备的测试和校准，站稳脚跟，确立了稳固的市场地位。但这一轮并购狂潮也让它花费了 7 000 万英镑，迫使集团不得不动用很大一部分收购贷款。

在没有获得更多外部资金的情况下，公司在第二年的并购速度明显放缓：只收购了 4 家公司，而且价格总额也只有 1 400 万英镑。并购交易低迷背后的另一个因素，是整体经济的"大衰退"。在雷曼兄弟破产以及随之而来的金融海啸之后，公司在 2008 年下半年已开始受到影响。这种减速的效应是立竿见影的。在 PHS 发布的截至 2010 年 3 月的年度报告中，人们看到，其收入和营业利润均出现停滞。管理团队的成长故事正在面临第一道障碍。

奇怪的是，在近期业绩表现平平的时候，查特豪斯竟然决定将企业推向市场。2011 年 1 月，高盛按高达 15 亿英镑的估值或 12 倍的 EBITDA，明码标价出售这家保洁服务提供商。这个标题的有趣之处不仅在于查特豪斯试图通过积极的多重套利策略（4 年前按 10.7 倍 EBITDA 的报价将公司退市）推进被投资公司，还有坊间所称高盛将按 6 倍 EBITDA 为其提供贷款计划的传闻，毕竟，公司彼时资产负债表上的银行贷款已达到 EBITDA 的 7.5 倍。这家美国银行实际上已承认，PHS 出现了过度负债。[12] 在 PHS 宣布截至 2011 年 3 月的年度业绩公报之后，其销售收入和收益的增长率均下降至个位数，这让公司过度负债的观点进一步坐实。尽管收入收益双增长的消息还算令人鼓舞，但是远不足以吸引更多竞标者，因为经济整体疲软：2010 年，英国经济曾实现了令人振奋的 1.9% 的增长率，但是在进入 2010 年下半年和 2011 年上半年之后，增速已明显放缓。

整个 2011 年，查特豪斯和高盛都在想方设法地为资产寻找买家，但并没有人准备冒这个险。欧元区危机已初见端倪，尤其是希腊，由于可能被迫对其主权债务出现违约而被要求放弃欧元，恢复使用原有的本币——德拉克马，这使得国际债务市场再次陷入冰天雪地之中。因此，一些 PE 交易要么终止，要么被推迟。同样显而易见的是，按目前的市场交易状态，PHS 的价格已被严重高估。因此，在 2012 年 1 月，收购公司终于作出了正确决策——降低收购报价。如果不考虑这一点，报价只能降低微不足道的 1 亿英镑。[13] 但即便是这一点点降价，也是不切实际的，因为这家卫生服务集团在两个月后发布的年度指标太精彩了。集团的表现不佳曾迫使董事会对某些部门实行内部重组，但事实却证明，这根本就不足以让 PHS 恢复健康。

就在财政年度结束前不久的 2012 年 3 月，已在任 14 年的首席执行官彼得·科恩（Peter Cohen）被解职。按照彼得的观点，公司业绩不佳的责任就在于考虑不周的以收购促发展的战略,长年累月的收购已导致公司丧失进取心,而且对于一家拥 7.3 倍 EBITDA 和 8.9 倍营业利润的公司来说,这些收购并未带来它所需要的业绩。[14] 在截至 2012 年 3 月的 12 个月中,尽管收入较上一年增长了 6%,但 EBITDA 却停滞不前,而营业利润甚至下降了 2.7%——这也是 PHS 在 20 世纪 90 年代放弃家族所有权结构以来的首次下降。在对现金不择手段的疯狂追逐中,2011 年 2 月,这家债务缠身的办公服务集团不得不选择搬出家底,对位于南威尔士的价值 360 万英镑的总部签订了售后回租协议。[15]

摧枯拉朽的巨变

在长期任职的首席执行官(也是持股 10% 的股东)离职后,PHS 不得不停下生意,重新评估方案。此时,公司的销售已受到损害。无论如何,生意还在继续恶化,因此,查特豪斯必须审慎考虑这件事。毕竟,接下来的 12 个月是杠杆收购重组的重要时段:下调资产估值、裁员并对某些业务进行重组。从 2012 年 5 月开始,[16] 由新任首席执行官加利斯·莱斯·威廉姆斯(Gareth Rhys Williams)领导的管理团队制定了新的战略——尽管仍然接受在某些市场实施补充式收购,但追求外部增长已不再是公司的核心,相反,新的核心将转移到改善运营效率方面。新战略的目的,就是改善客户服务水平和推动产品创新,减少客户流失,并致力于强化交叉销售。就在不久之前,这家集团被爆出一系列有损公司形象的丑闻:经营废物收集和回收业务的废品科技公司(Wastetech)出现了令人震惊的客户服务记录,而清洁业务公司(All Clear)则出现了客户流失大量增加的现象。英国广播公司 BBC 进行的一项调查甚至披露,废品科技公司卷入了 92 起诉讼案件,客户称受到公司的不公平待遇。[17]

在 2013 财年,新管理团队宣布,已决定收紧"收购程序并提高最低收益率指标"。正如公司在发布财务业绩时所述:

> "多年来,PHS 长期保持着优异的财务状况和业绩增长。但带来这些成果的模式却是不可持续的,尤其是在市场环境日趋艰难的情况下,有机增长已步履蹒跚。在所提供的服务水平和定价同时面对更严峻的竞争情况下,整个行业所承受的成本压力已在很大程度上被转移给客户。为应对这种情况,新的管理团队必须专注于制定新战略,以实现未来的可持续增长。"[18]

这一策略的基本目标,就是最终让整个集团作为一个实体来运营,以确保客户不必应对诸多销售人员或是收到 PHS 旗下各单位的不同发票。考虑到自伊莱克特拉控股以来完成的大量收购交易，因此，不应感到意外的是，通过不同客户群（2011 年有超过 25 万家客户，而在 10 年之前还不到 8.5 万）之间的规模效应和产品垂直化，这家集团在支持服务业务上实现了良好的整合。

然而，PHS 目前的业务已覆盖了 17 条服务线——从中间工厂、洗手间服务、迎宾垫、废物粉碎和记录管理，到医疗设备测试、灯泡和气溶胶等专业废物服务以及水冷却器。公司的管理团队几乎从未停下来思考，合理调整运营，取得短期效应以外的协同效应，也从未考虑各项收购是否都能带来相同水平的增值。例如，开展废物收集和处置业务已导致 PHS 的股票被重新评级。作为集团的主营业务，清洁卫生业务的毛利率约为 45%，而废物管理的 EBITA 利润率只有 25% 左右。2008 年之后的经济衰退已迫使政府和企业勒紧腰带，这就要求 PHS 等服务供应商降低价格。集团的传统清洁卫生业务始终对逆境有着非常强的适应能力。毕竟，无论经济衰退的严重程度如何，洗手间都需要干手器，盆栽植物、档案柜、迎宾垫和废物回收等，都是客户不可或缺或是只能略有压缩的产品和服务。

在截至 2012 年 3 月和 2013 年 3 月的财政年度，PHS 的财务和经营业绩呈现出持续下滑的局面，这已导致其资产负债表迅速恶化。因此，在 2012 年 10 月，公司与贷款人就贷款修订和展期提案达成协议，对银行贷款进行了重新调整，并将还款期限推迟到 2016 年。2013 年 1 月，首席执行官彼得·科恩领导的财务总监约翰·斯基德莫尔（John Skidmore），因为要对公司混乱不堪的财务状况负责，而被毫不客气地撤职。

尽管新的管理团队出台了种种措施，但公司的业绩依旧没有改善的迹象。最令人尴尬的是，仅仅在对债务契约和还款计划作出调整的 6 个月之后，PHS 便交出了未达到预期的业绩。自 1995 年完成第一次管理层收购（MBO）以来，公司首次出现负增长。在截至 2013 年 3 月 31 日的年度内，营业收入下降 0.2%，扣除收购带来的收入后，实际下降幅度达到 1.5%；EBITDA 下降了 9%，而营业利润则下降 13% 以上。除 7 000 万英镑作出减值损失（部分来自清洁部门因西班牙和爱尔兰业务出现问题带来的损失）以外，非正常重组费用总计达到 1 900 万英镑。扣除这些非正常费用，PHS 实际上已出现了经营亏损。问题的罪魁祸首来自废弃物管理部门，该部门的销售收入下降了近 6%，营业利润更是腰斩折损了一半。包括股东贷款票据在内的债务净额总额已达到 14.4 亿英镑，也就是说，相当于 EBITDA 的 12.7 倍和营业利润的 16.3 倍。仅仅是银行借款，就已经高达 9.3 亿英镑，或者说，达到 10.4 倍的营业利润。整个集团的财务状况令人极度不安。在新财年开始两个月之后，查特豪斯被迫注入 1 300 万英镑的现金，以缓解集团的债务—收益比指标。然而，PHS 还是正式陷入偿债危机，其债务—收益比指标最终还是超过了约定的测试标准。

尽管债台高筑的被投资公司正在走向崩溃，但查特豪斯并没有忘记按新发行的股权收取约定的15%复利。[19] 然而，曾在1999年和2002年期间为收购基金管理人带来100%收益率的PHS，在第二次收购中注定不会重复这样的成功。在年度报告"持续经营"部分的表述中，公司董事确认，在成功地对集团债务进行重组进而减少了应偿还的债务之后，他们坚信，公司将"拥有足够的资金保证交易得以继续进行。"[20] 但这显然过于乐观了。俗话说："好事多磨"。

管理团队为迅速恢复PHS的健康而采取的各种尝试均以失败告终。在整个2013年和2014年初，公司交易情况进一步恶化。于是，莱斯·威廉姆斯接受邀请，负责带领公司重返增长轨道——按照他的计划，公司规模将在未来10年内扩大3倍。[21] 但PHS需要的是一场彻底的重组。公司扩张的速度太快了：从1998年到2012年，营业额从不到5 000万英镑猛增到4.2亿英镑。显然，应该是关注业务合理化和利润最大化的时候了。这需要的是一种新的领导风格，而更重要的是，需要一种非常不同的资本结构——必须减少债务权重。

2014年3月底，公司收入进一步下降0.5%（如果扣除收入合并带来的收入，则是1.1%）。但盈利却出现断崖式下跌：EBITDA下降了20%，EBITA减少27.7%。两者均回到2006年的水平，当年的销售收入仅相当于2014年的一半。除数据存储部门之外，其他业务均出现大幅下滑：卫生清洁业务的利润下降了10%，而工作场所业务（包括绿地、包装箱和水冷却器）和废物处理业务的利润则分别减少了1/4和1/3。当年，PHS只成交了两笔收购交易，因此，公司自然无法利用收购来掩饰固有营业能力的不足了。

2014年夏天，PHS的贷款人和查特豪斯终于结束了漫长的讨价还价。在截至2014年1月5日、2014年3月30日和2014年7月20日的测试期间，公司均突破了针对债务与收益比率设定的最高限额，说这家集团迫切需要财务重组，已绝非客套之词。7月初，有报告称，PHS已聘请投资银行和重组专业机构罗斯柴尔德（Rothschild）作为代理，寻找潜在收购方，并借贷款人的帮助，在债务重组谈判之前确定公司价值。在几个月的时间里，先后有几家信贷基金管理人曾考虑过控股这家陷入困境的清洁服务提供商。不可避免的接管最终还是在9月出现了，当时，由PE集团KKR牵头的几家不良债务投资者——包括资产管理公司M&G以及Monarch、Anchorage和Halcyon等对冲基金，同意帮助公司将银行债务总额减少到3.735亿英镑。[22]

作为注销5.6亿英镑贷款并将剩余债务转为实物支付（PIK）贷款的交换，贷款人取得对PHS的控股权。后者最终陷入杠杆收购的常见模式：资本结构紧张、债务收益比标准在不经意间被压缩以及对利润持续增长的迫切需要。在2013年6月接受《威尔士商业》杂志采访时，莱斯·威廉姆斯宣称，公司账面上的9亿英镑的银行债务是"完全可以控制的"。[23] 但事实证明，情况远非如此。

2014年11月20日，莱斯·威廉姆斯被新股东的贷款方免职，这背后的部分原因在于他是由前任PE股东任命的，还有一部分原因是他关注增长的作风。在不到3年的时间里，PHS便完成了首席执行官的第二次更迭——任命贾斯汀·泰德曼（Justin Tydeman）为新一届首席执行官。泰德曼是一位经验丰富的经营者，曾担任过首席执行官和财务总监等职务，绝对不缺少改善利润和现金流方面的经验。莱斯·威廉姆斯的10年增长计划成为过眼烟云。PHS需要对利润倾注极大的专注度，这不仅是公司最终偿还银行贷款的前提——考虑到这些贷款采取的实物支付（PIK）形式，因此，只有在PHS被出售时才能得到偿还，也是创造价值的基础。

价值问题

当2015年被查特豪斯收购退市时，人们很容易就会接受PHS被市场低估的观点。毕竟，每股85便士左右的股价与2001年中旬上市时的80便士相差无几。但我们经常的情景却是（譬如德本汉姆百货、英国DX快递、eDreams和福克斯顿等案例研究），由PE支持的IPO似乎已估值过高。2001年6月27日，在它的第一个交易日，PHS的估价甚至比80便士的上市价格低了5%。当潜在机构投资者认为每股110便士到150便士的估值区间过高时，查特豪斯不得已将定价下调到这个水平每股（80便士）。与很多由PE出资且被过高定价的IPO一样，2001年夏天设定的17倍营业利润最终也回归到均值水平。[24]

考虑到7.5亿英镑的总体价格仅相当于债务融资的2/3，因此，查特豪斯在2005年7月支付的倍数（EBITA的13.6倍）是否有点贵了呢？当时，一位跟踪该股票的分析师曾声称，每股110便士的价值将成为"推动事物"。[25]但查特豪斯并没有被吓倒，它给出了每股115便士的报价。正如我们在私有化案例研究中所解释的那样（凯撒、DX、百代和得州电力），PE投资者认为公开市场经常对资产进行错误定价的观点，在实践中往往会被人们严重误读。

PHS之所以从未得到公众市场的高度认同，有着多方面的原因。首先，两位数的增长速度基本源自管理层寻找新收购目标的能力。否则，对门垫、肥皂分配器和废物回收等日用品和服务的需求应取决于经济形势。因此，它的增速不应比GDP快很多。在最初几年里，管理层的疯狂收购显然无法让我们对PHS的内部增长能力作出准确评价，但至少可以作出这样的判断：如果不能在收购中压倒竞争对手，那么收入扩张的潜力并不大。分析PHS在查特豪斯控股期间的年报（如图7.1所示），如果排除收购带来的收入增长，那么，2008年到 2014 年期间的收入增长幅度是最小的。

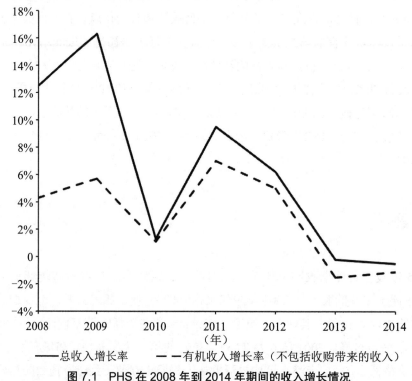

图 7.1 PHS 在 2008 年到 2014 年期间的收入增长情况

资料来源：公司财务报告及笔者分析。

其次，这种业务的进入门槛非常低。即使在新千年初期，PHS 还在吹嘘其卫生清洁部门的客户更新率超过 85%，但交叉销售的拙劣业绩表明，导致交易合同重新谈判的动因最有可能是价格，而价格必然会影响到利润。再次，正如我们在本案例研究开始时所提到的，工作场所服务属于非核心业务。因此，一旦公司陷入困境，卫生保洁支出往往是最早被削减的间接费用。按照这样的逻辑，虽然说 PHS 确实是一家具有超强现金创造能力的企业，但合同的重复性肯定不如查特豪斯设想的那么可靠。

最后一点，95% 的客户每年只花费几千英镑购买 PHS 的产品，长期以来，人们将这当做一种积极因素，因为缺乏客户集中度为企业在收入方面提供了一种保护机制。[26]遗憾的是，反面观点才是正确的：很多小合同不能发挥规模效应，也就是说，相关业务的利润率很低，甚至有可能是亏损的。在商业领域，人们更多地会看到"80/20"规则，也就是说，如果管理层能开发出正确的数据分析工具，他们就有可能会得出如下结论：20% 的客户给公司带来了 80% 的收益。PHS 并不认为 25 万家客户是它的资本，反而认为需要缩减运营规模和客户群，而不是一味地坚持并购策略。

在 2001 年上市后的几年里，只要感觉到（而且经常会公开宣称）证券交易所的股票交易价格低估了公司价值，那么，首席执行官彼得·科恩和他的财务总监约翰·斯基德莫尔就会毫不犹豫地按低于 IPO 价格 80 便士的价格抛出部分股票。2003 年，斯基德莫尔以每股 75 便士的价格出售了部分股票。次年夏季，彼得·科恩以每股 78 便士的价格卖出了 80 万股股票。这些董事的交易再清楚不过地表明，PHS 可能已被公开市场准确估价。当查特豪斯在 2005 年 7 月决定给出每股 115 便士的报价时，这不仅对应于过高的收益倍数，也为股票设定了历史上的最高价，比报价前的价格给出了 33% 的溢价。到目前为止，读者应该不会感到惊讶，就在 PHS 得到摩根大通股权投资公司收购意向的几周之前，它的欧洲同行、丹麦的 ISS 集团刚刚完成退市，来自斯堪的纳维亚的收购专业机构 EQT 和高盛以 21 亿英镑的价格收购了这家集团。这笔交易的溢价水平与查特豪斯对英国卫生间服务提供商提供的报价相当。[28] 因此，收购 PHS 的交易只是 ISS 退市交易的另一个版本。

如果现在回头再看这家集团在退市时的估值，那么，查特豪斯在 2011 年初出售被投资公司时的估值过高显然是不容置疑的。在 2005 年（对 PHS 进行私有化退市的那一年）到 2011 年期间，PHS 的营业利润率从 29% 下降到 26.5%。然而，查特豪斯对 PHS 给出的企业估值为 15 亿英镑，从而让这家商业务企业的 EBITA 倍数达到 14.3 倍。不仅 PHS 的财务业绩不能为多重套利提供保证，而且被金融危机、疲软的国民经济和欧元区主权债务危机所折磨的宏观环境也不支持这种溢价。

以收购促发展战略

从根本上说，在 20 世纪 90 年代中期由 PE 公司控股之前，PHS 始终保持有机增长状态。直到伊莱克特拉出资对这家公司完成首次收购之后，PHS 才开始通过收购进行外延式扩张。之所以这么说，是因为 PHS 在网站上就是这么说的。从这个意义上讲，公司经历了传统的并购整合策略——这也是第一章所述 PE 创造价值的第二个支柱。这种方法在查特豪斯的外部管理层收购（SBO，1999—2001 年）中被延续下来，并且在伦敦证券交易所（2001 年 5 月）上市交易期间以及 2005 年被查特豪斯回购时始终如一地被坚持下来。但整合策略依赖于稳定的现金流收益或外部融资。

随着金融市场和整体经济的发展在雷曼破产后陷入停滞，PHS 也用完了它的银行贷款，比如说，在截至 2009 年 3 月 31 日的一年中，公司需要减少 9 000 万英镑的收购资金投入，才能为当年的公司运营提供 7 000 万英镑的资金。2008 财年，PHS 购买了 27 家企业，在接下来的 12 个月中，又陆续购买了 18 家公司，这使得公司只能依赖经营现金（即通过日常交易产生的现金）。因此，企业经营活动和收入增长速度大幅放缓。PHS 在 2010 年进行了 4 次收购，在 2011 年进行了 15 次收购。收入增长率从 2008 年的 12.5% 和 2009 年的 16.3%，下降到 2010 年的 1.3% 和 2011 年的 9.5%，而随后一个财政年度再次降至 6.2%。然而，这些新收购的业务，利润率大多低于 PHS，因而造成 PHS 的总体盈利能力受到拖累。如图 7.2 所示，在截至 2010 年 3 月的三个财政年度中，EBITA 的增长率分别为 12.4%、11.7% 和 0.1%。如果剔除收购带来的影响，盈利增长速度显然会更慢，如图 7.1 所示。我们似乎可以得出这样一个合乎逻辑的结论：按这样的趋势，从 2011 年开始，PHS 将受到贷款契约的限制。这在一定程度上可以解释，管理层为什么会推出重组和削减成本计划，而首席执行官科恩却在 2012 年初被赶下台。

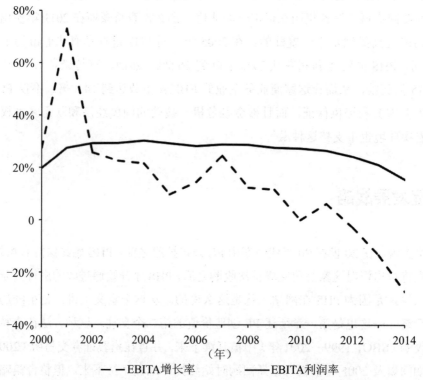

图 7.2　PHS 在 2000 年到 2014 年期间的营业利润增长率和利润率

资料来源：公司财务报告及笔者分析。

通过这个案例研究，我们可能会想到的一个问题，那就是管理层对收购的态度。负责查特豪斯重新收购案的管理团队始终热衷于以收购促发展的策略，借此增加收入，但更重要的是创造更多收益，以跟上杠杆收购债务的成本累积速度，这似乎不难理解。但让人难以理解的是，2012年年初，即便是在相关各方（管理层、查特豪斯和贷款人）都很清楚PHS已无力履行债务承诺的情况下，PHS的高管仍没有停下收购的脚步。在2013财政年度，尽管公司已宣布将收紧收购程序和投资最低收益率标准，但仍然交割了13笔交易，并为此继续投入了2 000万英镑的收购成本。莱斯·威廉姆斯及其团队并没有专心梳理彼得·科恩和约翰·斯基德莫尔时代留下来的历史问题，而是继续收购资产——即使是看似毫无意义的小型企业，这也让它的业务合理化调整任务变得更加复杂。经过2012年10月的贷款修订和展期流程，以及查特豪斯在2013年5月完成的股权修复（注入股权资金已降低债务-股权比），它很可能觉得问题已经得到了解决。显然，它误判了集团财务状况到底有多可怕。

在任何情况下，我们都可以把PHS收购失败的责任归咎于其天真的观点：收购和发展计划可以无限期地带来利润提升空间。实际上，当集团业绩在2010财年出现下滑时，查特豪斯和PHS就应该正视现实，它们需要放慢前进的脚步，积极采取改善盈利能力的措施。依赖收购实现发展的策略带来的问题是，它需要改变企业的管理方式，因而需要任命一个拥有必要能力的新管理团队。查特豪斯的投资负责人曾在公司董事会任职5年，而且这位首席执行官又恰好在1999年到2001年的第一次杠杆收购中目睹了公司迎来的丰厚回报，他肯定不愿意告诉彼得·科恩：留给他的时间已经不多了。这家商业服务集团在2007年到2012年期间进行了100多次收购。而在2007年到2014年期间，尽管英国经历了金融危机和经济衰退，但集团仍为对外收购投入了3亿英镑的资金。因此，人们很容易得出这样的结论：用这笔钱偿还债权人的贷款和降低杠杆率，才是更好的选择。

债务问题

2007年到2013年期间，扣除现金后的债务总额已从EBITDA的10倍增加到12.7倍以上。至少和新千年前5年绝大多数杠杆收购所采用的结构相比，银行债务没那么复杂。一笔定期贷款可以分解为两个部分，两个部分均按Libor上调2.25%到3%合理定价，而第二留置权的保证金为4.5%。然而，查特豪斯股东所持债券支付的年利率却高得让人瞠目结舌，高达15%，而且在贷款赎回时支付。[29] 进入新千年，大多数PE公司的股东债券只能带来8%

到 10% 的收益率。为了在不增加股权投资风险的前提下提高内部收益率，查特豪斯这样的投资者也养成了坏习惯：提供（更像是强加）由自己承销的超高利率贷款，从而成为夹层贷款的提供者。正因为如此，PHS 面临着一场维持还款义务的攻坚战。

图 7.3 表明，尽管遭遇经济衰退，但 PHS 的净负债率仍居高不下。在经历杠杆收购时，公司需要逐步降低杠杆率，以通过每季度和每年一次的指标测试。每个季度，PHS 都需要满足三项财务指标：债务收益比、利息保障倍数和资本支出限额。在 2008 年 3 月（进行再融资的财政年度）到 2011 年 3 月期间，债务净额/EBITA 和债务净额/EBITDA 始终维持在 9 倍和 7.5 倍甚至更高的水平上，PHS 的管理层似乎已无力让盈利率的增长速度超过债务成本的增速。

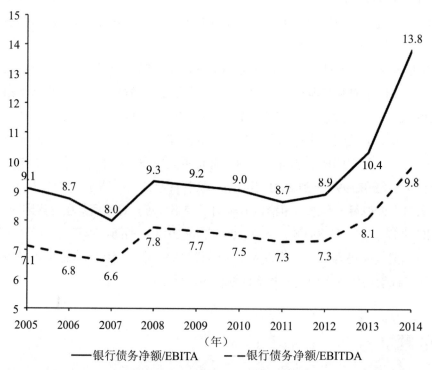

图 7.3　PHS（2005 年到 2014 年）的银行债务净额 * 对 EBITA 及 EBITDA 的倍数

注：* 不包括查特豪斯股东持有的债券。

资料来源：公司财务报告及笔者分析。

杠杆比率之所以会达到这么高的水平，部分原因是应计利息成本，但主要问题还是以收购促发展策略的固有缺陷。除非与彻底的成本管理计划相结合，否则，永远也无法创造与债务成本速度保持同步的盈利能力提升,尤其在以新贷款为收购融资时,比如 PHS 就是这种情况。

另一种揭示 PHS 资本结构紧张的方法,就是将查特豪斯的股东债券加入到集团的债务净额/收益的计算公式中。图 7.4 显示,该比率在 2007 年到 2011 年期间基本维持稳定。但由于盈利增长率赶不上查特豪斯贷款收取的 15% 复利率,因此,杠杆比率在 2012 年出现了上升。这些贷款的账面价值已从截至 2008 年 3 月 31 日财年的 2.5 亿英镑增长到 4 年后的 4.6 亿英镑——2.1 亿英镑的差额完全由应计利息形成,也就是说,利息导致同期的债务净额总额从 EBITA 的 12.2 倍增加到 13.3 倍。正是在这个时间点,查特豪斯选择罢免首席执行官,并在当天晚些时候对公司运营进行强制性审查。

此外,图 7.4 还显示,如果贷款人没有在 2014 年接管 PHS,那么,考虑到利息负担对查特豪斯股东贷款的复合效应,总杠杆倍数将达到当年营业利润的 23.3 倍,而不是实际的 13.8 的比率(相当于 EBITDA 的 16.6 倍,而不是 9.8 倍)。一旦收益下降或未能达到足够的增长速度,PHS 马上就会感受到债务成本的负面影响。

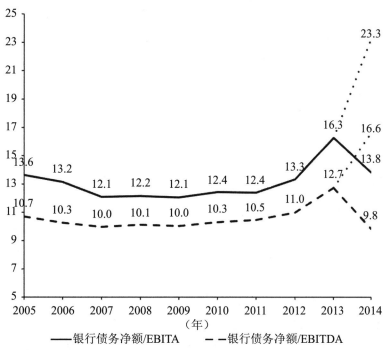

图 7.4 PHS2005 年到 2014 年的总银行债务净额 * 相当于 EBITA 及 EBITDA 的倍数

注:* 包括查特豪斯股东持有的债券。

资料来源:公司财务报告及笔者分析。

深度解析：抄袭策略的缺点

PHS 的失败会在某种程度上让人联想到其主要竞争对手、能多洁集团（Rentokil）所经历的挫折。在整个 20 世纪 90 年代，能多洁领导了商业服务行业若干领域的整合，对行业发展产生了深远影响。在雄心勃勃的首席执行官克里夫·汤普森（Clive Thompson）的带领下，这家从病虫害防治业务起家的公司依靠外部收购实现了快速增长。在 1992 年到 1999 年期间，公司营业收入 4.74 亿英镑增加到超过 30 亿英镑。公司的首席执行官也凭借多年来至少 20% 的盈利增长率，为自己赢得了"20% 先生"的绰号。在从 1992 年开始的 10 年时间里，能多洁的税前利润从 1.22 亿英镑跃升至 5.4 亿英镑以上。

遗憾的是，和 PHS 一样，能多洁集团的故事也没能迎来童话般的结局。2000 年，当时从事卫生、保安、热带植物栽培和会务服务并开始涉足捕鼠业务的能多洁，接连发出利润预警信号。彼时，这家业务高度分散的集团已开始从事快递等低利润率业务（有关这个主题的更多内容，可阅读关于 DX 案例的第九章，能多洁旗下连城快递的业务也属于这个竞争激烈的板块），因此，它必须合理协调各项业务。随后几年的形势几乎令人绝望，利润持续下降，并最终导致克里夫·汤普森在 2004 年 5 月离开这家他亲手创建并领导了 20 多年的企业——这一系列变故与 8 年后 PHS 的境遇是多么相似啊。为解决问题，能多洁也曾做了最后一次尝试，这家病虫害防治企业甚至曾在 2005 年考虑过收购 PHS，但是在当时，任何理性机构都不可能给出比杠杆收购投资者更高的报价。因为能多洁是富时 100 指数的成分股，因此，它的垮台成为众矢之的：在经历痛苦的重组之后，2007 年，能多洁最终还是被这个著名的股票指数淘汰出局。

PHS 也经历了与这家规模够大的市场领导者相似的"以收购促增长"模式，只不过它的经历更曲折，也更微妙。当进入新千年不得不停止大举收购的脚步时，能多洁拥有的债务净额总额还只有营业利润的 2.5 倍到 3 倍。而在 2013 年 3 月，PHS 的银行债务与 EBITA 之比已经达到了令人不安的 10.4 倍。也正因为这样，能多洁至少还有能力对其业务进行重组，而且或多或少地取得了一些成功。而 PHS 则最终走到了尽头，在找不到可以粉饰收入和利润的并购目标时，它至少在债务偿还方面已彻底无退路。需要强调的是，作为中型市场杠杆收购的一个关键要素，收购和发展策略有时被滥用了。PHS 的整合计划最终无疾而终。图 7.5 描述了公司多年以来的收入增长率逐渐降低的趋势。

还有一个因素也可以解释，查特豪斯为什么会在复发性收购中犯错。在第一次控股 PHS（1999 年到 2001 年）时，它肯定会注意到，除了巨大的现金创造能力之外，这家公司的业务基本没有受到网络股崩盘后经济疲软的影响。它似乎错误地认为，这家商业服务集团可以自行解决经济问题。遗憾的是，1999 年到 2001 年期间的外部管理层收购和上市，以及 2005 年的回购退市，诸多因素已发生了变化。

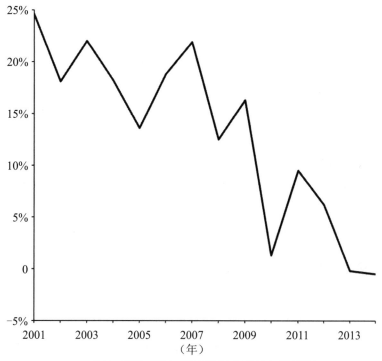

图 7.5　PHS 2001 年至 2014 年的收入增长率

资料来源：公司财务报告及笔者分析。

首先，雷曼倒闭之后发生的"大萧条"，其规模之大，远非新千年伊始时经历的经济衰退可比——尽管商业活动的疲软已成为普遍预期，但也没有人能预见到它的全部影响。如果仅从价格方面来看的话，这场"大萧条"几乎涉及所有经济门类，包括洗手间分配器等工作场所的服务外包等。其次，在刚刚进入新千年时，PHS 受益于主要竞争对手能多洁的困境。集团仅在 2002 年就和零售商 Asda、劳埃德银行和手机运营商 Orange 签订了几份大合同。在这些新客户中，有些可能愿意与小型供应商合作，以换取更有利的性价比。但两个时期的第三个、也是最引人注目的区别在于，到 2005 年左右，PHS 的经营已不再局限于清洁卫生业务。和能多洁一样，PHS 的管理层实际上已无法在核心业务领域找到可供收购的目标企业,于是,他们开始进入新的领域探险。

这种多元化战略可以解释,集团为什么会采用PHS这个品牌,而放弃"员工卫生服务公司(Personnel Hygiene Services)"这个具有限制性的称呼。这种改变可不只是为了装门面;它表明公司进入废物管理、水冷却器、货箱租赁和办公设施等非相关但互补的业务。虽然2007年的洗手间服务达到公司当年收入总额的70%,并贡献了利润的80%,但是在5年之后,这项业务对收入的贡献率勉强超过一半,而利润贡献率甚至还不到2/3。30 如上所述,通过这种横向扩张(可与卫生用品进行交叉销售的相邻业务),公司进入了毛利率较低的业务领域。但令人失望的是,2004年,只有12%的客户采购PHS服务或产品的次数超过一次,而在9年之后,这一比例也只有25%,究其背后的原因,或许是因为集团高管关注的是做生意,而不是经营管理吧。31 毋庸置疑,公司原本应该大力推行交叉销售策略。

顺便说一下,这些新收购的业务根本就不具有抵御衰退的能力,当然,这只是委婉的说法。大量收购暂时掩盖了公司业绩的糟糕。这种自欺欺人的行为最终让查特豪斯及其有限合伙人付出了沉重代价。

一笔勾销,重新开始

查特豪斯的2002年"查特豪斯投资VII号"年份基金取得了令人咋舌的佳绩。当年,它通过这只规模为27亿欧元的基金完成了对PHS的回购。该基金的内部收益率为37%,现金收益率为1.9倍。如此之高的内部收益率来自于几次股息收益和快速退出,比如说,2005年,它将仅仅持股4年的被投资公司科洛尔Eurobet在线平台迅速倒手给加拉博彩集团(见第二章)。但2006年筹集的第八只基金就没有这么好的运气了,受金融危机的影响,这只基金的表现差强人意。截至2015年3月31日,"查特豪斯投资VII号"基金的内部收益率为-0.55%。这远低于富时250指数在2006年到2014年期间10%的无杠杆年收益率。32

如果在查特豪斯的网站上查询与PHS投资相关的内容,我们会一无所获。的确,查特豪斯对这家商业后勤服务集团的回购带来了太多的痛苦回忆,闭口不谈或许是最明智的选择。在它的营销材料中,英国权威PE机构曾经拥有过两次、而不是一次的企业已彻底消失。而曾经进入PHS董事会的三位合伙人也在他们的个人在线档案中对此只字不提。似乎曾让查特豪斯损失大约 2 亿英镑的公司从来就未曾存在过。①

不过，PHS 现在还算不错，而且确实还活着。作为英国工作场所服务提供商的领导者之一，2013 年，这家公司还在忙于生计，以至于根本就没机会庆祝自己的 50 岁生日。实际上，它正在从查特豪斯第二次回购带来的纷扰中渐渐恢复过来。但新任高管确实不应该放松警惕。很快，这些嗜钱如命的不良投资者就有可能将公司卖给出价最高者。后者依旧有可能是一个金融投资者。不要忘记的是，PHS 具有极强的现金创造能力。为证明这一点，2016 年 1 月，PHS 的水冷却器部门被出售给 Waterlogic，该公司也是一家由 PE 公司 Castik 投资控股的水分配系统供应商。这是收购方在过去 12 个月内的第六笔交易。[33] Waterlogic 负责以收购促发展战略的首席执行官就是彼得·科恩，前 PHS 的一把手。旧习难破啊。

---

① 来自查特豪斯网站，2015 年 12 月 31 日。PHS 的员工和管理者不应为此感到委屈。法国时装零售商 Vivarte 是它在 2007 年收购的一家被投资公司。2014 年 9 月，查特豪斯通过一笔 28 亿欧元的重组交易，放弃了对这家公司的控制权——这也是法国有史以来最大的债转股交易。这段故事同样也未出现在查特豪斯的网站上。

第八章

弗朗斯·邦霍姆——前功尽弃

免责声明：弗朗斯·邦霍姆（Frans Bonhomme）始终是一家非上市私人企业，公司没有义务自愿或强制性公开披露任何信息。因此，本案例研究中的部分相关信息是根据市场研究报告、媒体以及公司股东和贷款人介绍等方面资料汇总而成。因此，笔者提醒：谨慎使用二手或三手信息。

下一次你冲洗便池的时候，不妨想想，虽然这只是一个再简单不过的动作，但它却是发达国家经历 200 年经济和社会进步才养成的一种重要习惯。实际上，绝大多数国家直到 19 世纪末才开始出现相应的污水处理系统。在此之前，在处理这些排泄物时，人们采用的方式往往是打开门或窗户，把夜壶或马桶里的东西随手倒在街道上。于是，人的粪便与马粪掺杂在一起——记住，在人类发明汽车并抱怨汽车尾气带来的温室效应之前，马始终是最主要的交通工具，因而也是带来环境问题的一个重要因素。可以想象，这种情况会导致疾病、细菌和病毒传播。

西欧的大多数国家在 19 世纪下半叶开始使用室内浴室，并引入污水收集、主管排水以及包括氯化等系统的水处理方式。这对降低死亡率、促进人口增长和提升幸福感带来的影响不容小视。现代文明的繁荣在很大程度上归功于人类在清洁卫生方面取得的巨大成就，而这些成就又在一定程度上源于更完善的污水处理和处置。如果说，即便这些道理听起来掷地有声，你也不会觉得废物疏散体系多有吸引力，那么，你或许就不会在 PE 公司工作。因为如果你从事 PE 行业，就必然会垂涎于这些配水管道和副产品所带来的巨大现金流，毕竟，它是社会福利和未来 GDP 增长所不可或缺的要素。

塑料至上

毫无疑问，污水管网已成为经济发展中一个不可缺少的组成部分。不过，早期官网采用的材料基本以金属为主。这些材质的一个特殊之处是它们的极端危害性，我们的祖先显然不知道这些。铅是一种对人体有毒害作用的重金属。被摄入人体后，它不仅会给中枢神经系统带来极大危害，而且会侵入红细胞和消化系统，引起体重减轻、呕吐、慢性疲劳及其他很多难以忍受的症状。铅中毒会导致儿童出现严重的生长和认知障碍。铅溶解在水中，会引发水质污染。使用铅管输送或使用铅容器盛水时，就会出现这种情况。但我们都知道，早在罗马帝国时期，人类就已经使用铅质材料。

有几种材料可用于替代铅。从历史上看，最主要的替代材料就是铸铁和铜。铜材通常被视为最好的替代品，因为它具有抗菌特性——这显然是远古以来就被人类所掌握的事实，那时，人类使用铜制材料治疗疾病或预防感染。而现代社会则从成本低廉和可塑性更好的角度出发，而更偏向于使用塑料。在 20 世纪 50 年代，塑料得到了广泛认可。由于其耐腐蚀性好，因此塑料管线很少需要维护。尽管早期塑料部件具有较高的磨损率和强度限制，但随着工程技术的改进，它们在很多行业中逐渐取代金属。但支持塑料最令人信服的观点是，在大多数用途中，塑料均拥有较低的原材料、运输、装配和制造成本，因而比使用金属材料便宜得多。市场研究表明，淡水在配送系统和室内连接件的输送过程中，因管件泄漏而造成的流失率达 25%，因此，采用成本效益最大化的技术至关重要。

* * *

对于法国的建筑和公共工程市场以及本地贸易商来说，规模最大的塑料管材和配件经销商当属弗朗斯·邦霍姆（Frans Bonhomme）。当然，这家公司不只提供管道来排出人们丢弃的各种废弃物。它的产品涵盖水处理、排水和灌溉等各种用途，包括排水沟、下水道、水暖管线、泵业、通风、供暖、地板设施、卫生设备、农业、公共道路交通以及垃圾倾倒等诸多方面。管道不仅适用于水和废物输送，事实证明，它同样适用于气体运输，还可作为通信电缆和电线的载体。2015 年，弗朗斯·邦霍姆公司拥有 2 200 名员工和 800 名销售人员，为 20 万家企业客户提供服务，客户包括地方政府、住宅建筑商和基础设施开发商。集团拥有最齐全的现场施工产品系列，在法国拥有 30% 的市场份额。[1]

该公司成立于 1935 年，最初是一家出售建筑材料的贸易商和批发商。公司创始人弗朗斯·邦霍姆先生此前从商 20 多年，在参观米兰的一次交易会期间，他看到一款由意大利的竞争对手 Gresintex 公司生产的产品。Gresintex 不使用金属管材和配件，而只提供塑料材质的管材和配件。弗朗斯·邦霍姆通过谈判取得这些产品在法国市场的独家经销权。在接下来的10年中，弗朗斯·邦霍姆通过在多地创建批发仓库实现了业绩有机增长。1965年，弗朗斯·邦霍姆将部分业务出售给专业从事供暖和空调业务的西布朗齐公司（Blanzy Ouest）。即便是在公司创始人退休并在几年后卖掉所持剩余股份之后，公司仍维持了继续扩张的脚步。到1989年，西布朗齐公司又被法国波洛莱集团（Bolloré）旗下从事烟草和运输业务的宝乐公司（Sofical）收购。1992年，弗朗斯·邦霍姆的股权被转移给波罗雷集团新收购的法国戴尔马维埃热航运公司（SCAC Delmas Vieljeux）。

多年来，尽管所有权发生过多次变更，但这家公司及其管理层和员工始终驻扎在一座安逸而祥和的法国小镇——茹埃莱图尔，这里位于法国中等城市图尔的郊区，东北方向距离巴黎240公里。在这里，他们过着平和而与世无争的生活。如果不是老板想给这家公司一点鞭策，它或许仍是一家经营稳健但盈利能力却平淡无奇的企业。1994年，急需现金为其产业集团减少负债的商业大亨文森特·波洛莱（Vincent Bolloré）出售了旗下的几项业务，其中就包括弗朗斯·邦霍姆，尽管他此前曾宣称，他永远不会放弃这样一个稳定的现金提供者。

1994年12月，法国拉扎德投资银行旗下子公司基金管理公司Fond Partenaires Gestion获得这家管道分销商49%的股份，一同参与收购的还有法国水务燃气投资公司（Gaz et Eaux，占18%）和安佰深投资（Apax Partners）在当地设立的私募机构（占17%）。三家机构合计为弗朗斯·邦霍姆管理层收购提供了11.5亿法郎的资金——约合1.8亿欧元，当时的弗朗斯·邦霍姆已拥有107个网点，聘用的员工数量达到1 140人。这家目标公司在1993年的销售收入为14亿法郎，并创造了1.14亿法郎的EBIT。在进行杠杆收购时，该公司销售额达到了16亿法郎。这表明，公司两位数的收入增长态势带来了喜人的盈利。因此，这个成长过程远没有那么痛苦，毕竟，波洛莱实现的收入达到历史营业利润的10倍，即1994年EBIT的9.3倍。杠杆收购的债务融资结构非常简单，采用7 000万法郎的优先级贷款，包括一笔按7.5年摊还的定期贷款（利率在Libor基础上上浮1.75%），一笔循环贷款，以及一笔由英国专家夹层融资专业机构中间资本集团（ICG）提供的1.5亿法郎（2 300万欧元）的夹层贷款。[3] 按这个融资方案，杠杆率低于EBIT的7倍。

与在最初创始人以及后来产业机构领导下一样，由PE基金控股的弗朗斯·邦霍姆再次让市场认识到，它就是一台超级稳定的增长机器，在随后的5年里，公司的营业网点和收入增长了2/5。除非标的企业未能达到业绩目标，否则，持有期限不超过5年是在PE投资领域常见的事情。因此，到了1999年年末，Fonds Partenaires、安佰深和燃气水务（现改名为"Azeo"）再次将弗朗斯·邦霍姆推向市场，寻找买家。2000年2月，英国胜峰投资公司与法国收购机构苏伊士资本（Suez Capital）及法国巴黎银行旗下直投部门PAI资产管理公司（PAI Management）合作，牵头进行了 3.9 亿欧元的二级收购。收购完成之后，胜峰和 PAI 各持有目标公司 1/3 的股份，由苏伊士管理的 Astorg 基金则获得 17.9% 的股份，剩余股份由被收购公司管理层和其他金融投资者持有。

考虑到标的资产在过去 5 年中的良好表现，因此，二级收购可以在资本结构方面有更多的选择。优先级债务的总额为 13 亿法郎（接近 2 亿欧元），其中包括一笔 9 亿法郎的 7 年期 A 级定期贷款，利率按 Euribor（欧洲同业拆借利率）上调 200 个基点；一笔 3 亿欧元的 3 年期 B 级定期贷款，利率按 Euribor 上调 2.50%；1 亿法郎的 7 年期循环信贷额度，利率为 2%。收购贷款已发放，银团牵头人为本土的法国农业信贷银行，而 4 亿法郎（6 100 万欧元）的夹层融资则由中间资本集团提供。[4] 债务融资占融资总额的 2/3。可以想象，随着整体经济在随后 3 年中实现了年均 2% 的增长率，建筑业业绩喜人，这反过来又推动了弗朗斯·邦霍姆的国内扩张。由于集团收入在 2002 年增长 25%，达到 4.4 亿欧元，因此，仅在 3 年之后，金融投资者就开始乐此不疲地考虑按适当的价格退出了。

* * *

2003 年 9 月，安佰深法国公司决定与美国高盛银行、英国巴克莱银行和法国里昂信贷银行、本土的 PE 公司 Quilvest 以及通用电气养老基金携手回购这家以前的被投资公司。其中的每一家机构投资者都听说过这家 PVC 管经销商无与伦比的现金创造能力，而且似乎想加入这场盛宴。考虑到这几家新股东，在过去 10 年中，弗朗斯·邦霍姆已迎来 10 家金融机构参与到它的扩张战略中。在 12 月以 5.2 亿欧元成交的三级收购，交易价格达到了 EBIT 的 10 倍，通过这次交易，安佰深帮助以前由胜峰牵头的金融投资者们实现了 3 年回收 2.5 倍投资收益的目标。[5]

按照高盛和法国对外贸易银行（Natexis）联合通过的 3.01 亿欧元优先债务，以及由法国对外贸易银行作为账簿管理人安排的 8 855 万欧元夹层资和初级实物支付债券（PIK），第三次收购的债已接近 EBITDA 的 5.7 倍和 EBIT 的 7.5 倍。[6] 此时，弗朗斯·邦霍姆的负债已达到企业价值的 3/4。从很多指标上看，目标公司均处于紧张状态，但为了拿到自己的那份回报，各方似乎都准备突破底线。高盛这一次尤为慷慨，它既是收购方财团的并购顾问，又同时提供债务和股权资金。这样，它既可以让员工拿到适当的收费，又能收获潜在的资本利得收益。[7] 此外，这家美国银行还提供了价格相当慷慨的夹层融资。[8] 正是这些投资者所表达的信念，才让这家经销商快速扩张的精彩故事得以延续。

在过去的 20 年里，弗朗斯·邦霍姆一直保持增长状态，这样的结果似乎没有理由。其财务业绩的基本面和一个关键要素密切相关：通过增加在国内各地的经营网点，挖掘出以前尚未开发的需求，尤其是在人口较少地区，从而巩固了公司的市场竞争地位，并在大巴黎地区有了长足进步，过去由于发源地的影响，公司在这里一直没有起色。规模和市场份额是市场准入的强大壁垒。弗朗斯·邦霍姆对很多客户如议价能力有限的本地小规模建筑商的影响力出现较大改观，这一点非常重要。此外，增长还来自于产品范围的扩大，比如说，公司推出了安全设备和锅炉。通过分布在法国南部地区的分销商 CNCP Bordet，集团还涉足园艺和灌溉等分支行业，这为它提供了实现收入多元化的渠道。由于这些原因，公司利润和现金流呈现出持续增长状态。毫无疑问，这是杠杆收购取得成功的重要因素。

在进行第三次杠杆收购的当年，新的 PE 财团进行了一轮股息重整分配，并回收了很大一部分股权投资。金融投资者最初认购的 8 000 万欧元次级可转换债券已得到预付，而一半夹层融资也得到偿付。这轮股息重整由高盛和法国对外贸易银行牵头，并在 2004 年 12 月完成，合计筹集了 4.03 亿欧元优先级债务，并配套筹集了 9 000 万欧元的 D 级定期贷款和 3 000 万欧元的第二留置权债券，成本更高的夹层债券仅保留了 4 800 万欧元。因此，尽管这一轮重组让资本结构更加复杂，但债务成本却有所降低。稳健而可靠的现金流为其进行再融资提供了保障，这也再次证明弗朗斯·邦霍姆在贷款人中享有的良好声誉。

距离产生美，别久情更深

由于不断创建新的销售网点，弗朗斯·邦霍姆在 2003 年和 2004 年的销售额分别增长了 8% 和 15%，而这两年的营业利润率也达到 35%。看涨的建筑市场使得弗朗斯·邦霍姆可以提高价格。到 2005 年年底，集团的仓储站已超过 300 个，相当于 4 年前的 2 倍。由于规模经济效应，EBIT 稳步上升，从 2003 年的不到 11% 上升到次年的 12.6%，预计 2005 财年的利润率将达到 13.5%。凭借如此令人瞠目结舌的骄人成就，在安佰深领导的财团完成第三次收购两年之后，该是考虑退出的时候了，毕竟，这比耐心培育更有利于提升投资的内部收益率。

在这一系列类似击鼓传花的游戏中，胜峰设在巴黎的投资团队满怀希望地对弗朗斯·邦霍姆进行了第四次收购，让标的再次成为市场明星。这个过程很可能充斥着竞争。只有具有独特视角并对目标管理团队的动机有深刻理解的潜在收购者，才敢声称他们能对这家管线批发商的增长潜力作出全面定价。到 2005 年 10 月的第三个星期，胜峰的高管们已胜券在握，他们从安佰深及其他联合投资者手中夺回了这把金钥匙。这家法国集团不断改善的盈利能力，为提高财务杠杆率提供了有力的保证。[10] 最终，胜峰以无现金、无债务的方式获得目标公司，收购价格达到 8.93 亿欧元，即达到了 EBIT 的 10.76 倍；只要一想到买回在两年前卖掉的公司，它就感到无比振作。毫无疑问，胜峰已经准备好付出大价钱。这种决心还体现在，它将承诺为弗朗斯·邦霍姆的泛欧扩张提供资金支持，而扩张的出发点是西班牙。2004 年 7 月，集团收购了 S.O.T.（Subministres a Òbres i Tennerys），这家位于法国边境的公司在加泰罗尼亚拥有四家分支机构。

收购由设在法国的收购载体邦霍姆有限公司负责，该公司由在卢森堡注册的邦霍姆卢森堡有限公司控股，而后者则是由胜峰管理的基金控制，通过这种安排，这家专门从事收购的英国公司可以充分利用债务市场提供的低成本资金。尽管苏格兰皇家银行已为此安排了总额达 5.25 亿欧元的优先级贷款，但如果没有相当数量的次级票据，那么杠杆收购的债务组合将是不完整的，因此，一个由全球银行组成的辛迪加集团认购了 1.3 亿欧元的夹层债券。[11] 这笔期限为 11 年的夹层债券付款的利率按 Euribor 上调 4%，实物支付债券（PIK）的利率按 Euribor 上调 5%。[12] 因此，整体资本机构的总杠杆率仅为 3/4。2006 年年初，苏格兰皇家银行与英国本土的凯雷集团和法国对外贸易银行共同牵头组织此次银团贷款。[13] 优先级债务包括一笔 1.6 亿欧元的 A 级定期贷款，期限为 7 年，利率按 Euribor 上调 2.25%；1 亿欧元的 B 级定期贷款，期限为 8 年，利率按 Euribor 上调 2.75%；1 亿欧元的 C 级定期贷款，期限为 9 年，利率按 Euribor 上调 3.25%；50 亿欧元的 D 级定期贷款，期限为 10 年，利率按 Euribor 上调 3.75%。

但这还不是全部。融资组合中还有一笔 4 500 万欧元的第二留置权贷款（被定义为 E 级定期贷款，期限为 11 年，利率为 5.50%）和一笔 7 000 万欧元的过桥贷款（7 年，0.75%）。如果公司决定在西班牙或其他地方寻求扩张，那么，公司还可以使用 5 000 万欧元的收购贷款（与 A 级贷款采取相同的上浮利率）。此外，还有一笔 3 000 万欧元的周转贷款，利率按 Euribor 上浮 200 个基点，专门用于满足非正常营运资金需求；另有一笔 3 000 万欧元的借款基数贷款（borrowing base facilities），它是可按公司资产基数提取的贷款金额。① 少数贷款仅适用于优先级债务。1.3 亿欧元的过桥贷款以此为基础。优先级负债为 EBITDA 的 5.45 倍；总负债为 EBITDA 的 7.4 倍。[14] 除银行债务外，资产负债表上还有一笔典型的股东贷款。

显而易见的是，这家管材批发商不仅深受杠杆收购基金管理人的欢迎，也是杠杆融资领域的宠儿。在完成四级收购之后，苏格兰皇家银行和凯雷集团彻底坐实了对法国公司的控股地位。仅在 2005 年，两家银行就牵头完成了超过 40 亿欧元的杠杆收购贷款流程。和它们最接近的竞争对手——法国巴黎银行，被远远甩在后面，落在持股第三名的位置上，

---

① 请注意，借款基数贷款通常按基础资产金额的一定折扣比例发行。在这个例子中，弗朗斯·邦霍姆可以用应收账款账面价值的 80% 为抵押获得贷款。

其信贷额不到 30 亿欧元。尽管弗朗斯·邦霍姆的资产负债表也在不断膨胀，但这样的交易无疑是令人垂涎的。

  这项业务的一大优势，就是它在资本投资方面的要求非常低；它根本就无需设置资本支出限额。在任何一个年度内，资本支出占销售收入的比例均只有 1%。在过去的 3 年中，每年的资本支出都在 400 万欧元到 550 万欧元之间。[16] 开设新店面的投入只需 2 万到 10 万欧元，而且由于公司在过去 3 年中每年均开设了 30 个左右的新网点，因此，旨在实现内部增长的融资很容易得到满足，根本无需外部融资。但这也意味着，公司创造的大部分现金流均可通过现金清算来偿还债务，或是按贷款人的意愿用于支付股息。虽然市场在债务金额和利润要求方面的要求已趋于松动，但各种形式的信用风险管理工具仍然存在。弗朗斯·邦霍姆必须满足三套偿债能力指标：债务净额/EBITDA，EBITDA/净利息支出比，现金流量/需要偿还的本息额（债务覆盖率）。但这家法国经销商的靓丽业绩早已让它成为欧洲杠杆收购基金管理人和贷款人的宠儿，在这种情况下，很少会有人对这些问题给予足够的重视。

  与之前的每次重复一样，主要 PE 股东也并非孤军奋战。除了胜峰外，法国安盛保险公司（Axa）也获得了 5.6% 的股份，而且高盛也已经选择释放部分收入继续持有 3.36% 的股份，而管理层则持有约 4% 的股份（见图 8.1）。新股东的部分投资采用了 1.45 亿欧元的 10 年期可转换债券形式，这些债券每年可以为投资者带来 12% 的丰厚回报。[17] 考虑到弗朗斯·邦霍姆能带来足够的股价上行空间，因此，对于新的 PE 财团（连续第四次收购）来说，这绝对是一种实现最低收益率的简单方式。但没人真正担心这样的风险。就在股权出售协议还墨迹未干的时候，被投资公司便在 2005 财年再次报出一套令人钦佩的收益数据：收入增长 14%，而营业利润则增长了 1/5。此时的弗朗斯·邦霍姆已拥有 306 个营业网点，是 1993 年的 3 倍，同时，员工人数翻了一番。毫无疑问，该公司稳健的业绩和广泛的市场占有率是对金融支持者信心最大的保证。

  2006 年夏天，这家法国公司进行了一轮筹资活动，为员工提供了一次千载难逢的机会——认购价值高达 2 500 万欧元的弗朗斯·邦霍姆股票。在此次发行中，公司管理层和胜峰似乎极为慷慨，让员工有机会分享公司注定会实现的未来资本收益。近年来，越来越多的法国杠杆收购者开始鼓励员工和管理层以及金融投资者一道成为公司股东。之所以积极鼓励这种做法，就是为了避免工会行动。法国一向是一个以拥有强大工会和审慎对待盎格鲁-撒克逊资本主义而著称的国家。2005 年 9 月，瓷砖制造商特力集团（Terreal）1 700 名员工中的绝大部分人发起了一场罢工，这让投资法国的 PE 公司惊慌失措。在凯雷集团（Carlyle）和欧瑞泽基金（Euraz）以相当于 4.7 亿欧元的价格收购该公司仅仅两年之后，便通过二级收购变现股权，以 8.6 亿欧元的价格将其股权转手出售给法国的杠杆收购机构。这次变故立即引发 14 家工厂的员工掀起一场罢工行动。最终，特力集团全体员工各获得一笔 500 欧元的一次性奖金和 1% 的加薪——对于 PE 基金管理人来说，这样的付出绝对是慷慨之举。[18]

毫无疑问，弗朗斯·邦霍姆的管理层和新股东希望避免出现类似情况。因此，他们咨询 1 800 名法国员工是否有意和他们一起投资。预计筹集的 2 500 万欧元将不会再投资于公司，而是用于偿还邦霍姆有限公司（Bonhom SAS）发行并由胜峰认购的 2 000 万欧元股东贷款。另外筹集的 828 493 欧元资金将用于偿还这些贷款截至 2006 年 6 月 30 日按年利率 8% 计算的累计应付利息。[19] 实际上，如果认购公司发行的新股，那么弗朗斯·邦霍姆的员工就是在替公司偿还 12 月 15 日再次收购时由胜峰提供的过桥贷款。在收购集团其他实体的同时，这笔贷款已被指定用于为邦霍姆管理公司（Bonhom Management）提供融资。如果完全认购的话，员工将持有邦霍姆有限责任公司（Benhom SAS）8% 的普通股，由此得到的持股结构如图 8.1 所示。

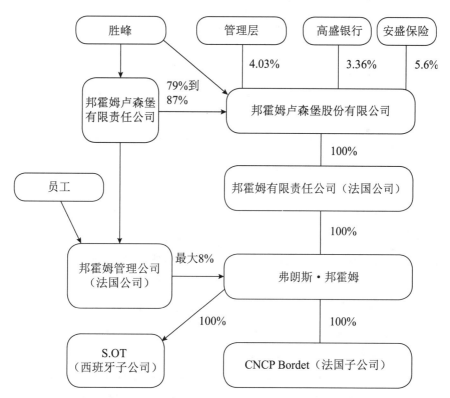

图 8.1　弗朗斯·邦霍姆在 2006 年 6 月增资后的集团结构简图

资料来源：邦霍姆股份有限公司的增资招股说明书。

暴风雨前的平静

2006年，弗朗斯·邦霍姆的收入增长了15%，达到7.11亿欧元。[20] 在法国和西班牙陆续开设新店面之后，公司业务的推动力主要来自如下三个方面：土建工程设备与公共实体的支出；欧盟关于水处理方面的规定——基本有利于使用塑料替代品；以及一般性的建筑、维护、修理及改善活动。简而言之，正是它的地域扩张为集团带来了规模经济和推动利润率的好处。尽管公司的服务对象包括超大规模的公共实体，如：国有铁路运营商法国国家铁路公司（SNCF）、电信服务供应商法国电信，以及从事公用事业的法国电力公司和法国燃气公司。但是，最让这家管件批发商受益的还是低水平的客户集中度。弗朗斯·邦霍姆的第一大客户为集团营业额的贡献率仅为5%，而前10名客户贡献的销售额也仅为销售总额的17%。

弗朗斯·邦霍姆拥有9万多家活跃客户，其中包括很多的个体管道和建筑企业，因此，公司对他们中的绝大多数人拥有至高无上的谈判权。[21] 本地农民、建筑工人、电工和其他建筑企业家基本没有能力和公司在价格上讨价还价，这就让公司可以轻而易举地提高利润率。在采购方面，规模效应同样发挥着作用，只是在程度上有所不同而已。公司面对的是约300家供应商，但前五大供应商仅占弗朗斯·邦霍姆全部采购额的1/3，而前15名供应商的比例也只有一半多一点。显然，这种商业模式的优势就在于客户和市场的高度分散性。

在业务进展如此顺利的情况下，还有什么比提高杠杆更好的庆祝方法呢！而再融资似乎是将资金返还给胜峰及其有限合伙人的最佳方式。2007年2月，苏格兰皇家银行牵头领导了一轮新的资金重整，这轮总额为8.16亿欧元的债务融资方案帮助夹层贷款机构收回了全部投资。[22] 在回购一年之后，胜峰就已经收回了初始投资的50%。显而易见，PE创造价值的第五个支柱（尽早收回投资）在弗朗斯·邦霍姆的辉煌中尽显无疑。尽管有关新贷款计划条款的信息几乎没有外泄，但我们还是知道，B级优先级债务部分的定价已从2.75%降到了2.125%。[23] 因此，其他债务工具当然也得到了类似的优惠待遇。法国经销商再次用魅力征服了银行。2007年底，弗朗斯·邦霍姆披露的数据显示，销售额增长了15.7%，这也验证了贷款人的信任绝非毫无来由。随着业务网点逐渐遍布全国各地，西班牙业务的销售额增长了160%。[24] 凭借拥有本土市场27%的份额，[25] 这家管道专业公司继续扩大在西班牙的业务。2004年，弗朗斯·邦霍姆收购了在加泰罗尼亚拥有业务的S.O.T，并以此为突破口进入西班牙市场，而在前一年创建于西班牙的新事业部，目的则是将业务扩展到加泰罗尼亚以外的地区。

***

弗朗斯·邦霍姆主要服务于两个行业：建筑业和公共工程。由于（地方和国家）政府为避免社会和政治波动而维持了稳定的预算，因而公共工程对经济衰退有更强的抵御能力。相反，私营建筑业则是最先受经济衰退影响的行业之一。房地产市场具有高度的周期性，因此，在金融危机中，信贷状态的打压必将对建筑和水管工等小型承包商以及房屋建设和购买等业务带来不利影响。

在完成第四次收购之后的前两年里，被投资公司的收入增加了1/3，营业网点增加了1/5。到2007年年底，公司开始面对第一次真正的考验。在夏季就已经开始的信贷危机到底会给客户造成什么影响，尚不得而知，毕竟，很多客户极易受到房屋和基础设施融资的影响。如果银行贷款形势紧张，它就有可能改变发放贷款的条款。整体经济形势和消费者信心必定会受到影响，进而对传统抵押贷款的需求、房屋购置和维修带来连锁反应，并最终损害市场对管道的需求。

2008年第二季度，法国和西班牙的GDP增速较前几个季度明显放缓，法国经济萎缩0.5%，西班牙也仅仅增长了0.1%。相比之下，两国在当年第一季度的增长率均为0.5%。和其他发达国家一样，这场经济衰退在2008年下半年结束：两国经济规模均下滑了近2%。[26]"大萧条"已拉开帷幕。在整个2008财年，弗朗斯·邦霍姆集团的销售额为8.37亿欧元，较去年同期增长了1.8%。

集团的业绩可以划分为两个部分。在这个2008年财年内，随着时间的推移，集团及其客户均感受到金融危机的发展势头。在当年的后6个月中，经济放缓已严重损害了公司在法国和西班牙两国的生意。尤其是在西班牙，集团不得不关闭40个营业网点中的4个；而在法国本土，尽管公司已完成了现有项目的实施，但未来开设新营业网点的计划全部被搁置。[27]在这个阶段，尽管建筑业正在经历重大调整，但很少有人会认为弗朗斯·邦霍姆正在遭遇一场严重的危机。在欧盟的27个国家中，2008年发放的住宅建筑许可证数量减少了1/4。虽然法国的市场调整并不明显，但17%的下降幅度是显而易见的。而西班牙市场则遭遇了57%的断崖式暴跌。[28]

在开始本案例研究的时候，我们就曾讨论过为什么说管道对经济至关重要。没有它，我们的道路将被淹没，厕所会被堵死，路面将泥泞不堪。但对于这种需求与经济同步增长的产品和服务来说，它的主要特点就是容易遭受经济衰退的影响。2009年，法国国内生产总值下降了2.9%，新房购买量下降了8.7%；法国建筑业生产指数在2008年小幅下降0.9%之后，当年大减了6.1%。[29]基于对建筑业形势的严重依赖性，2009年，弗朗斯·邦霍姆的销售额减少了 15%，降至 7.11 亿欧元。事实上，由于集团决定剥离无增长的非核心部门——CNCP Bordet 合作，其他业务的销售额进一步减少到 6.83 亿欧元，较去年下降了 18.4%，使得弗朗斯·邦霍姆再次被打回 2006 年的交易水平。[30] 经济衰退已让过去 3 年的增长荡然无存。

62 岁的迈克尔·皮克（Michel Pic）已在弗朗斯·邦霍姆集团任职 8 年，并在其中的 6 年中担任首席执行官，他选择了"大衰退"的最初几个月作为退休日期。[31]2009 年夏天，他已将集团的领导权交给从外面聘请的接任者——卡洛琳·格利戈尔·圣玛丽（Caroline Grégoire Sainte Marie）。据报道，这位即将离职的首席执行官在公司拥有股份，从 2003 年到 2005 年——也就是安佰深进行第三次收购的两年时间里，他的股权价值已翻了 7 倍。他在这一轮收购开始时投入约 100 万欧元。[32] 自然，2005 年年底，公司的新股东会要求皮克将收益转换为新公司股份，但他还是变现了价值 700 万欧元的股权，以备不测之用。到 2009 年中期，形势发生逆转。在不愿用自有资金为这家困境企业下赌注的情况下，尽管格利戈尔·圣玛丽已不太可能重复以往的精彩，但她接手后的最大问题，显然已不是能否创造出 7 倍的股本回报，而是这种浸淫建筑行业多年的经历是否足以振兴弗朗斯·邦霍姆——毕竟，格利戈尔·圣玛丽此前曾一直负责混凝土产品和材料制造商塔马克（Tarmac）在法国和比利时的业务。

当弗朗斯·邦霍姆的市场在 2008 年遭遇金融危机的严重影响时，胜峰投资和公司管理层已开始采取措施维护它们的投资。它们的突破口就是控制成本和最大化利润，削减新的开发项目，减少库存和资本支出，处置非核心资产，以维持正的现金流并减少债务，与此同时，与贷款人就债务重组进行讨论。[33] 采用当地投资者机构 Avenir 的出资，子公司 CNCP Bordet 以管理层收购方式被出售。由于该公司从事园艺和游泳池项目，与母公司之间的协同效应非常有限，因此，通过处置该公司不仅可以带来宝贵的流动性（这家小规模子公司的出售收入超过 500 万欧元），也为它的 157 名员工提供了更好的生存机会。

在西班牙市场上，弗朗斯·邦霍姆的表现令人失望。最初，管理层试图以大力增加网点密度的方式扩大市场份额。但由于当地经济增长乏力，再加上本地企业信誉不佳，迫使公司不得不关闭不赚钱的网点，并重新调整场地租赁协议。2009 年，弗朗斯·邦霍姆在西班牙市场的收入下降了两成以上，为此，管理层毫不留情地实施了一项收缩计划，关闭了该国 40 个营业网点中的 16 家，解雇了 300 名员工中的 80 人。尽管处境还没有达到绝望的地步，但法国业务还是损失了 15% 的收入。[34] 对于这家负债累累的公司及其 PE 股东、贷款人和最近任命的首席执行官来说，这两个地区的经济前景尽在迷雾中。

万变不离其宗……

这场危机带来的连锁反应在建筑业中尤为明显。按年度看，法国的新房开工率已从 2006 年的超过 45 万套下降到 2010 年第一季度的不足 35 万。[35] 弗朗斯·邦霍姆似乎要长期套牢胜峰，当然，也可以说，胜峰要长期与弗朗斯·邦霍姆为伴了。

大多数观察人士都应该知道，就在一年之前，这家法国管线批发商首席执行官的变更只是公司走进动荡时代的起点。胜峰及其联合投资者安盛投资和高盛都是久经沙场的老牌机构，它们当然会知道，在经济衰退期间，杠杆收购很有可能会陷入。这意味着，债务重组很快就会成为议事日程的首要任务，而财务主管则变成"替罪羊"或是"出气筒"，具体就看你喜欢怎么称呼了。在担任财务总监的 9 年之后，56 岁的菲利普·林格斯坦（Philippe Ringelstein）于 2010 年 10 月被胜峰内部的投资负责人杰弗里·威劳姆（Geoffroy Willaume）取代。3 个月之前，人力资源和信息系统负责人也被新加入者取代。[36] 在回购 5 年之后，胜峰面临着截然不同的局面。除了在集团任职 40 年的首席运营官让-路易·奥特（Jean-Louis Ott）之外，整个高管层的成员均已更替完毕。在随后几年里，主要负责人的更迭依旧没有停步。

尽管法国经济在 2010 年增长了 2%，但建筑商依旧止步不前。建筑生产指数在当年年底下降了 5.5%。[37] 在一个毫无增长迹象的市场中，扩大营业网点似乎是没有理由的——实际上，在此之前的两年里，集团已将西班牙的仓库和配送中心数量裁减了 2/5 左右。在法国很多地区，这个市场已达到饱和状态。即使是在 2006 年 6 月对员工发布的招股说明书中，弗朗斯·邦霍姆的管理层也承认，产品渗透率已经很高。[38] 即使出现增长，也只能是对现有管道的改造和更换所带来的，而不是新施工建筑。任何市场份额的增加都需要以牺牲利润为代价，因为只有通过降价才有可能增加市场份额。

由于整个建筑行业处于低迷状态，因此，公司在 2010 年的国内市场销售收入减少了 2.1%，降至 6.18 亿欧元。当年 10 月，法国很多部门和地区的市场需求均受到工会运动的影响。而集团的真正麻烦却来自于唯一的海外市场。2010 年，西班牙整体经济陷入停滞，和 2009 年出现 3.6% 的大幅收缩相比，这已经是巨大的改善了，但这显然不足以阻止经济血液的流失。当年，弗朗斯·邦霍姆在西班牙市场的收入下降了 16.5%，而且没有任何迹象表明形势将很快得到扭转。尽管海外市场形势令人失望，但管理层依旧保持乐观，在 2010 年的年报中，公司预计国内业务将在 2011 年初开始复苏。

事实上，法国经济在 2011 年已进入上升通道，第一季度实现了 1.1% 的增长率。由于政府计划通过货币刺激计划和财政措施推动需求，因此，建筑和公共工程部门终于得以复苏。尽管经济环境有了很大改善，但几个月以来，公司一直在与其贷款人进行谈判，以期换取更宽松的债务条款；由于集团的经营业绩远低于预期，使得它无力履行还款义务。2011年4月15日，相关各方终于就一套新的贷款协议达成一致。当时，集团首席执行官格利戈尔·圣玛丽乐观地宣称，新的贷款条款可以让集团"在更安全的金融环境下运营"。[39] 但现实马上就让她颜面全无。当年9月，资产管理公司亨德森全球投资公司（Henderson Global Investors，对债券市场持悲观态度的弗朗斯·邦霍姆的一家贷款人）决定火速变现所持被投资公司债券的3/4，这让外界第一次感觉到，这家法国公司的境况有多么可怕。据报道，弗朗斯·邦霍姆的债券交易价格已跌至面值的65%左右，贬值幅度超过面值的1/3。[40]

在典型的困境企业中，管理层通常会走马灯似地更迭。在仅仅两年的时间里，格利戈尔·圣玛丽也被撤职，让她重启集团繁荣的梦想彻底变成一场梦。空降而来的新任首席执行官多米尼克·麦森（Dominique Masson）急于向外界传达这样一个信息：在经过多年成本控制之后，收入增长再次成为集团的首要任务，在当年的年底，麦森任命了新的商务总监。[41] 公司完全有理由去憧憬未来。在整个2011年，法国的国内生产总值增长了2.1%，而建筑业的许可证发放数量和新房屋开工率分别增长了12%和10%。[42] 弗朗斯·邦霍姆的能量再次被激活，这一年，集团收入一举增长了4%，达到6.86亿欧元。尽管收入仍较2008年的水平低了18%，但管理层及其股东满怀希望：他们马上就会迎来转机。

但这种势头显然没出现在西班牙市场，公司在西班牙的销售额减少了1/4，降至3 250万欧元，而且弗朗斯·邦霍姆还在执行关闭西班牙门店的计划。到2011年12月底，公司在西班牙的营业网点数量已降至23个，可以说，西班牙业务就是它前车之鉴的翻版。3年前，它曾拥有40家配送站，销售额已增加到6 600万欧元。[43] 西班牙经济已长期处于疲软态势——国内生产总值在过去3年中减少了4%以上，而弗朗斯·邦霍姆管理层在商业和运营方面采取的措施几乎都是枉费心机。

形势逆转直下

遗憾的是，对胜峰投资、集团管理层和债权人来说，2011年出现的交易增长只是短暂的。在极力推行经济刺激措施之后，进入2011年下半年，法国政府又转向其他欧洲国家的阵营——实施经济紧缩政策。为弥补公共赤字，政府推出了大量新税收政策，从增加对含糖饮料征收的"苏打税"，到提高对房地产收益的纳税，这些新的增税政策均在2012年1

月1日开始实施。而雪上加霜的是，很多试图摆脱金融危机的银行也收紧了贷款条件。政府的"关系计划"已让位于其"严格计划"，[44] 这对法国经济以及中小企业（如弗朗斯·邦霍姆）的影响将是深远的。

首先，2012年第二季度的国内生产总值下降了0.3%，第三季度基本维持相同降幅。[45] 法国正在经历一场双探底式的衰退。建筑业出现了立竿见影的萎缩，导致市场对建筑材料的需求降至新低，这种形势让弗朗斯·邦霍姆的生存变得岌岌可危。经过与集团债权人进行更多讨论之后，胜峰被迫向企业再次注入1 500万欧元股权资金，以维持其对公司的控股权，并修订了银行贷款协议，以避免公司陷入违约境地。在贷款重组过程中，贷款协调委员会由多家知名银行和信贷资产管理公司组成，其中包括美国的阿尔桑特拉投资公司（Alcentra）、英国阿沃卡投资公司（Avoca）、法国农业信贷银行（Crédit Agricole）以及由英国政府控股的苏格兰皇家银行（Royal Bank of Seotland）。[46] 自2008年以来，市场形势始终异常艰难。胜峰的股权增资方案让谈判再次陷入僵局。

但弗朗斯·邦霍姆远非安全。前一年的经济复苏并没有维持下来，法国经济的2012年全年增长率仅为0.2%。同样，建筑业也再次陷入低迷，住宅建筑许可证的发放数量已下降了7.5%。因此，与经济周期相关性较强的弗朗斯·邦霍姆遭遇逆转，合并销售收入下降了5%——其中，法国业务的收入下降了4%，而西班牙业务的收入再次下降了23.5%。[48]

这家批发商身负大量成本高昂的有毒杠杆收购贷款，现在，它再次操起习以为常的管理层改组——在集团工作了42年之后，经验丰富的首席运营官让-路易·奥特离职，负责开发和关键客户的主管也在2012年底纷纷离职。2010年刚刚上任的首席信息官也在2013年3月被替换。这显然是一种近乎绝望的境地。毕竟，无论谁来负责，经济形势都不太可能反弹。

到2012年年底，即使是最痴情的杠杆收购支持者也很难认为，第四次收购将为弗朗斯·邦霍姆的市场领先地位和未来前景带来什么好处。在2008年以来的5年中，这家法国经销商的收入下降了1/5，在法国的门店数量从407个减少到380个，员工人数减少10%。尽管同期的客户数量从12万增加到20万，但由于价格压力的存在，客户数量的增加并未带来收入的增加。同样，尽管公司采取了以减员和关闭店面为主的成本削减措施——仅在西班牙，店面数量就从40个减少到18个，而公司在西班牙的销售收入则减少了55%，但也不足以避免债务违约。这最终导致公司在2011年4月不得不就贷款进行重新谈判，而胜峰则在2012年对其进行了增资。[49] 然而，更大的痛苦即将到来。

* * *

在整个2011年，法国的新建房产开工数量稳步增长，12个月的累计数量达到40万至45万套。遗憾的是，截至2013年第一季度，这一数字再次回落到35万套，这也是"大衰退"以来最糟糕的阶段。[50] 法国建筑业的双探底式下跌是导致弗朗斯·邦霍姆2012年生意低迷的基础原因。在正常情况下，2011年的债务重组以及次年的资本重组原本可以带来平稳的业绩。但这并不是正常时期：法国和西班牙遭遇了有史以来最糟糕的经济形势。问题的关键在于，即使股东和贷款人已经历了反复较量，但弗朗斯·邦霍姆的杠杆率依旧保持不变，为EBITDA的9.3倍。事实上，这家法国批发商的资产负债表已在金融危机中彻底被毁，因此，这家公司几乎已无回旋余地。但最后一击不会来自经济大势或是竞争格局，也不可能解释为管理层的过错。政府的突然变卦彻底断绝了弗朗斯·邦霍姆第四次收购的未来。

2013年5月，这家管道经销商对贷款人发出预警，在法国针对员工持股和利润分享退出新的税收政策后，公司将无力偿还债务。管理层对此的解释是，新的税收政策将导致公司一次性支出1 000万欧元现金，如此大的现金流将违反公司的现金清算契约。由于债务与EBITDA之比已超过9倍，再加上债务违约的可能性持续发酵，因此，弗朗斯·邦霍姆的形势不容乐观。2014年，约有4 500万欧元的循环信贷和定期贷款到期。[51] 恢复与贷方的谈判已刻不容缓。很快，谈判的焦点便集中在债转股的话题上，转股金额约为尚未偿还杠杆收购贷款余额5.27亿欧元中的70%。2013年6月，在转股过程中，据称美国国著名的多策略对冲基金安吉洛·高登资产管理公司（Angelo Gordon）和PE公司中桥资本（Centerbridge）在二级市场上收购由贷款抵押债券（CLO）持有者和银行对弗朗斯·邦霍姆拥有的贷款，收购价格约为账面价值的80%。据传闻，截至7月中旬，中桥资本已持有公司1/3的债务，因而有能力阻止任何重组提案。虽然有人猜测，胜峰将再次像上一年度那样进行一轮新的股权增资，但更有可能的结果是，在双方接受重组的前提下，英国PE公司已在心理上为低调退出做准备，否则，就只能接受股权遭遇重大稀释的结局，毕竟，作为处理不良贷款的专业机构，中桥资本已准备发起突袭。[52]

面对现代版的敌意收购，弗朗斯·邦霍姆经历了一场企业防卫的变革。不同于苏格兰皇家银行和法国农业信贷银行，作为投资者，这些银行并不关心"关系型银行业务"。相反，它们把自己视为局外人，只考虑企业的偿还能力。它们很清楚，控制权变更对集团的生存前景而言是个好消息，而且在11月的交易中，弗朗斯·邦霍姆的优先级贷款确实在二级市场上有所升值。[53] 2013年12月底，中桥资本成为这家法国集团的大股东，而安吉洛·高登资产管理公司也成为有重大发言权的少数股东，而胜峰的持股比例已微不足道。另外，集团的债务总额减少了一半以上，低于3亿欧元，从而降低了融资成本并延长了债务期限。包括苏格兰皇家银行、法国农业信贷银行和大道资本（Avenue Capital）在内的贷款人均同意，对剩余未偿还债务作出重新安排。⁵⁵ 尽管在欧洲债市上仅有两年的历史，但中桥资本的业绩却不容小觑，就在 12 月这一个月里，它刚刚交割另一笔"贷款重组"交易。通过此笔交易，中桥资本从原股东 KKR 手中接手了德国汽车维修集团 ATU 的控股权。一位身穿私募投资外衣的安全维护者出现了。

2013 年，法国 GDP 仅增长了 0.7%，这显然不足以为建筑业带来转机。新住宅房屋开工数量下降 5%，公共工程则下降 4%。此时，公共工程的生产指数比 2008 年的水平足足降低了 5%。⁵⁶ 弗朗斯·邦霍姆在 2013 年的合并收入为 6.16 亿欧元，较上一年减少 5.5%，比 2008 年减少了 1/4 以上，具体如图 8.2 所示。与经济衰退以来的趋势保持一致，西班牙业务的跌幅最为明显，销售收入同比下降 22%。尽管市场环境仍令人担忧，但有希望的是，财务重组或将为弗朗斯·邦霍姆迎来等待反弹所需要的空间。

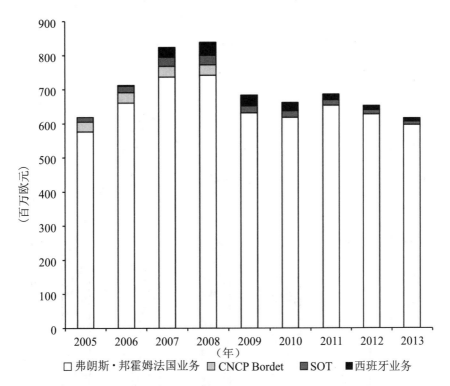

图 8.2　弗朗斯·邦霍姆在 2005 年到 2013 年期间的收入结构

资料来源：公司披露文件。

重复性收购的局限性

2014年1月,中桥资本正式取得控股权,弗朗斯·邦霍姆开始了金融投资者控股的时代。此时的公司价值约为5亿欧元,[57] 较胜峰在2005年12月给出的估值减少了45%。要最大限度地扩大股权分布范围,就不能不提及2006年增资时制定的一个要求:在集团员工中,必须保证至少有400人持有公司股份;现在,它的投资已大打折扣。

在过去10年中,弗朗斯·邦霍姆的估值倍数走过了一个完整的巡回。图8.3显示,2014年,弗朗斯·邦霍姆的企业价值与销售额之比与1994年相似(分别为0.81和0.75)。市场最终将回归平均水平,因此,公司的估值有望接近中桥资本在2000年和2003年退出时支付的1.1倍营业额的价格。但新的股东已不太可能回到胜峰资本在2005年给出的1.44倍收益率。正如管理层在当时给出的警示:"弗朗斯·邦霍姆集团在最近一笔交易中的EBITDA倍数,未来有可能会遭遇调整。"[58]

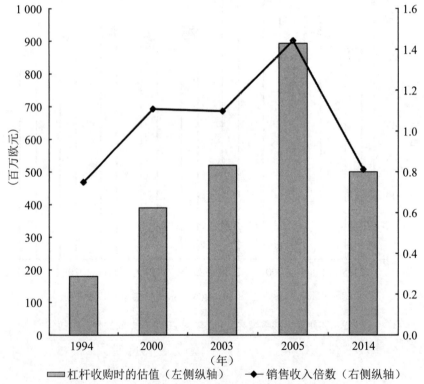

图8.3 弗朗斯·邦霍姆的估值指标(企业价值与销售额之比)

资料来源:公司披露文件和笔者分析。

2014 年 7 月，胜峰退出对弗朗斯·邦霍姆的投资，这距离它完成第四次重复回购的时间已超过 8.5 年。[59] 留给中桥资本的任务，就是修复 20 年杠杆交易带来的损失。有一件事是不容否定的：新的大股东不会从经济形势中得到任何帮助。在 2014 年的前两个季度，法国国内生产总值分别下降了 0.2% 和 0.1%，并经历了罕见的三次探底。虽然当年下半年的增长趋势有所改善，但也只能抵消上半年微经济衰退带来的下跌。弗朗斯·邦霍姆连续第三年遭遇收入下降，其中，法国业务的收入较 2013 年减少了 4.8%。最终，这家塑料管道经销商还是解决了资本结构过度臃肿的问题，并促使公司管理层解决了一个难题：在市场萎缩时，应该如何偿还杠杆收购贷款并满足财务契约呢？

很多被杠杆收购的僵尸企业管理者都在纠结于一个脑筋急转弯式的问题。2014 年，法国杠杆收购不良投资业务异常活跃，其中，法国服装集团时尚零售商 Vivarte（时尚品牌"蔻凯"的所有者）和目录出版商 Solocal（见第十一章）分别进行了 28 亿欧元和 16 亿欧元的债务重组。相比之下，弗朗斯·邦霍姆对 5.7 亿欧元贷款计划的谈判只能算得上小型会谈。但胜峰的法国团队一直在忙于另一笔不良资产。

2007 年 5 月，在"信贷危机"爆发前几周，也就是弗朗斯·邦霍姆完成资本重组的 3 个月之后，胜峰巴黎子公司取得欧洲女性时装零售商 Camaïeu 的 65% 股份，它以外部管理层收购方式向安盛私募基金支付了 15 亿欧元的收购对价，此外，安盛还和胜峰共同参与了对弗朗斯·邦霍姆的第四次收购并成为少数股东。可见，私募确实是一个小圈子。在部分业务上市后，Camaïeu 在随后四年中完成了一轮杠杆式 PIPE（私募股权投资已上市公司股份，我们将在第六部分讨论此类交易），最终，胜峰说服公众股东放弃了股权，让这家公司退市。尽管面对"经济衰退"和几近停滞不前的欧洲经济，但截至 2014 年 12 月，这家时装集团的商店数量还是增加了近一倍，大手笔的现金支出，迫使 Camaïeu 不得不与贷方重新讨论债务条款。虽然 12 亿欧元的杠杆收购贷款到期日已从 2012 年年中旬延长到 2014 年 2 月，但这仍让 Camaïeu 难以承受。相比之下，[60] 弗朗斯·邦霍姆绝对算得上是一家好企业。

* * *

新的一年亟需新的管理变革。2015 年 1 月 13 日，弗朗斯·邦霍姆宣布，两个月之后，前瓷砖制造商特力集团的负责人帕特里克·戴斯唐（Patrick Destang）（也就是在 2005 年遭遇罢工的特力集团，由于杠杆收购债务遭遇危机而在 2013 年被贷款人接管）将取代现任首席执行官多米尼克·马森。[61] 在 4 年掌舵弗朗斯·邦霍姆的时间里，马森未能为集团注入新的活力——这进一步证明，对僵尸企业来说，管理层变更未必能给企业带来预期复苏。戴斯唐在特力集团遭遇的失败经历，或许能给他提供解决上述难题的工具。2014年，公司在法国业务的收入已达到5.68亿欧元，但息税前利润和净利润则分别下降1/4和1/3以上。⁶² 无论按哪一项财务业绩指标衡量，弗朗斯·邦霍姆的业绩均回落到2004年的水平。如果戴斯唐真有诀窍，这或许是派上用场的时候了。

2015年春季，弗朗斯·邦霍姆在短短10年内迎来了第四任首席执行官，但2007年2月不合时宜的大规模再融资以及法国和西班牙两国经济形势低迷相结合，仍让这家公司深陷困境。在这家管材经销商广泛使用的若干银团贷款中，有一种是B级定期贷款。这笔贷款最终以低于票面价格的价格进行了交易，折扣幅度为80%到90%。⁶³ 这表明，市场对该集团恢复市场地位的能力持谨慎态度。经过这么多年不温不火的增长，弗朗斯·邦霍姆的核心市场迫使其几届高管团队不得不放慢扩张计划。从2001年到2005年，集团的网点数量增加了一倍，达到306家——年复合增长率达到19%。但是在2015年，集团管理的门店为380家，也就是说，在过去10年内的年均增长率仅为2%。

导致增长速度急剧放缓的背后原因来自三个方面。首先，如我们在前面讨论的那样，法国经济始终未能完全从金融危机中恢复过来。其次，弗朗斯·邦霍姆的网点遍布法国大部分地区，因此，能为开设新网点提供理由的地方已经寥寥无几。最后一点，原本高度分散的建筑产品分销市场在集中度方面有所提高。弗朗斯·邦霍姆的主要竞争对手——PUM塑料制品集团，其门店数量在过去10年中增加了一倍，达到205家，并在这个过程中赢得了市场份额。⁶⁴PUM是全球建筑材料专业机构圣戈班集团（Saint Gobain）的子公司，因此，母公司良好的资产负债状况让PUM受益匪浅，圣戈班在西班牙管材分销市场上的领导地位自然也惠及它的子公司。弗朗斯·邦霍姆的两位数增长历史已寿终正寝，这也是很多三级收购和四级收购的宿命。在发生这种情况时，一个关键点就是不要持有大量债务，这只会给人带来压力和不安。

深度解析：罕见的发现

弗朗斯·邦霍姆的境遇反映了当代私募股权的诸多特点。公司的艰难境地源于我们所熟悉的各种弊端：

使用的杠杆太大。在2003年被安佰深回购期间，这家拥有杠杆收购贷款的企业的价值为EBITDA的5.7倍，仅仅在两年之后被胜峰回购时，其价值就增加到7.4倍；而随着业绩的下滑，到2012年则变成了EBITDA的9.3倍。因此，在2006年的增资过程中，管理层可以说，公司有点资本：

"邦霍姆股份有限公司在 2005 年 12 月 15 日进行的杠杆收购,已经是自 1994 年以来弗朗斯·邦霍姆集团经历的第四次杠杆收购了,这些交易是在企业价值持续增长的基础上相继进行的。因此,这些收购的融资造成集团所承担的债务不断累积,而且最后一次杠杆收购的 EBITDA 倍数远高于此前的杠杆率。"[65]

草率的拍卖。对收购标的的估值过程充斥了各种简化和近似的假设。就弗朗斯·邦霍姆而言,招标过程显然影响了结果,因为匆忙的过程不允许胜峰认真评估与第四次杠杆收购相关的风险。在 2011 年的年报回顾中,胜峰承认,当安佰深等股东选择在 2005 年出售股权时,胜峰的高管只能凭借他们"对这家公司以前的了解以及管理团队的牢固关系"而迅速作出判断。即便是在 10 年之后,他们对这笔资产的了解似乎也并未加深多少,这可能导致胜峰高估他们为有限合伙人创造价值的能力。

复杂的债务结构。正如我们所看到的那样,在 1994 年的第一次杠杆收购中,仅使用了单一层级的定期贷款提供融资,而持续不断的交易必定会提高采用债务产品的复杂性,首先是增加优先级债务的层级(2000 年的 B 级债务、2003 年第三次收购采用的 C 级债务、2004 年的红利重整返还期间的 D 级债务、2005 年重复回购期间的第二留置权 E 级债务),随后是收购贷款和借款基数贷款等附加债务。这家公司强大的现金转换能力确实非常诱人。后来的 PE 股东们前赴后继,无一能抗拒诱惑,试图通过拨弄一番资本结构来试试运气。其实,他们唯一的希望就是这种运气到底能延续多久。

公司的成长战略开始动摇。正如我们在第二章中看到的那样,这是外部管理层收购常有的弊端。胜峰的战略是通过提高法国和西班牙开设门店的密度来推进业务增长。然而,一旦遭遇经济危机,企业就会被负债拖垮,丧失继续扩大营业网点的能力。

为保证偿债能力,管理层和胜峰不得不考虑现金流最大化和去杠杆,包括成本控制和库存减少等计划。但有些人马上会指出,在经济衰退期间,继续扩大网点数量是毫无意义的。不过,作为弗朗斯·邦霍姆最主要的竞争对手,PUM 塑料却一直通过收购战略扩大市场份额,这又作何解释呢?

进一步深究最后一点,有人或许会说,在持股期间,正是由于胜峰对被投资公司的严格控制并通过任命胜峰内部人员担任 CFO 职位,才使得弗朗斯·邦霍姆在销售部门的效率、定价政策、网络优化、客户关系管理、客户细分和库存优化等方面得到了完善。但肯定也有人会提出质疑,毕竟,这家法国管材集团在 10 年内先后经历了 4 次杠杆收购,如果以前的股东没有采取这些措施,他们又能做些什么呢?换句话说,这些措施不可能是只有胜峰才会想到做到的。无论如何，随着公司在经济衰退期间渐显疲惫，仅依靠激励销售人员已无法扭转这种颓势，因此，节省成本始终是不可或缺的对策。

在这种情况下，胜峰对弗朗斯·邦霍姆的重整策略遵循了被投资公司所采用的另一种方案；也是建筑业的一种基本操作手法。为提高利润率，胜峰在阿尔塞尔（Ahlsell）采取大刀阔斧的减员政策。后者是北欧地区从事供暖和管道、电气及制冷产品销售的一家大型分销商，公司饱受经济衰退的拖累，收入从 2008 年的 220 亿瑞典克朗（SKr）减少到两年后的 193 亿瑞典克朗。为优化成本结构，胜峰和公司管理层将阿尔塞尔的员工人数裁减了约 15%。[66] 而在弗朗斯·邦霍姆，员工人数也从 2009 年的 2 500 人减少到 2012 年的 2 200 人。但胜峰最终找到了退出阿尔塞尔的解决方案，2012 年 2 月，它通过二级收购的方式将股权出售给了英国同行 CVC 基金；在六年半的持股期间，胜峰取得了惊人的 1.9 倍投资倍数，但弗朗斯·邦霍姆似乎就没有这么好的运气了。[68] 2005 年 10 月，一位 PE 业内人士曾自信满满地对弗朗斯·邦霍姆作出如此下评述："这是一个罕见的发现。有了它，我们就可以完成一系列无休止的杠杆收购。"[69] 值得庆幸的是，这一评论是匿名发表的，使得这位业内人士不至于太尴尬。

重在细节

在 2005 年回购资产期间，胜峰并没有显示出太多的创意。由于安佰深在回购之后便轻而易举地退出投资，因此，胜峰高管也试图采取这种 PE 行业乐此不疲的传统策略。然而，成功依赖的是强大的经济背景。在 1994 年到 2005 年期间，法国经济增长了 37%。在其他欧洲国家经历了 20 世纪 90 年代初的经济衰退之后，法国则经历了一段持续的长期性增长。尽管期间也有市场纠正行为，但由此带来的波动是有序的。在 2005 年决定以大规模贷款计划扩充弗朗斯·邦霍姆的资产负债表并在 15 个月后进行股息重整时，胜峰似乎没人意识到，这场增长盛宴迟早会结束。

在 2000 年到 2003 年第一次对弗朗斯·邦霍姆持股期间，胜峰确实得益于法国经济的恩赐——期间的年均收益率达到 2%。在这段时期，这家英国私募投资公司对弗朗斯·邦霍姆实现了 2.5 倍的投资率。[70] 在闪电般的第三次收购中，由于法国经济在其持股的两年内年均增长率为 2.2%，因此安佰深、巴克莱、高盛和其他财团成员的投资增值了一倍。胜峰的第四次收购则存在较大波动,在第一阶段的两年中,法国经济在 2006 年和 2007 年实现了 2.4% 的年增长率,超级宽松的信贷融资环境让弗朗斯·邦霍姆受益匪浅。这显然是它在 2007 年启动再融资的原因——毕竟,此轮再融资让胜峰收回了投资的一半。[71]

在 2007 年收回股息的时候,胜峰难道会不计代价、丝毫不考虑对基础资产带来的后果吗?或者说,基金管理人是否会预见到,债务狂潮的终结会给弗朗斯·邦霍姆的交易造成怎样的影响呢?而在 2008 年到 2013 年期间,法国的 GDP 年均增长率仅为 0.3%。新的经济形势当然不利于交易,导致这家管道分销商无法创造足够的现金流用来偿还贷款。事实上,弗朗斯·邦霍姆在 2013 年的销售额较 2008 年低 26.5%,这个金融投资者和贷款人心目中以前的宠儿,如今变成了"现金荒"的代名词。按照 PE 行业的惯例,在 2014 年退出投资时,胜峰已经撤换了它曾在 2005 年鼎力支持的整个弗朗斯·邦霍姆管理团队。首席执行官、首席运营官和首席财务官相继离开。留下的角色只有胜峰这个股权交易者。

胜峰在 2001 年筹集的年份基金("胜峰 III 号"基金)表现异常出色,截至 2014 年 12 月 31 日,该基金的净内部收益率接近 32%。[72] 对于第三只基金令人瞠目结舌的收益率,理由众说纷纭,但最重要的原因当属快速变现对欧洲电信卫星集团(Eutelsat)的投资——2004 年 12 月,胜峰收购该公司 11% 的股份,仅在 12 个月后,这家卫星运营商便进行了 IPO;在 2006 年 12 月卖出这笔投资的时候,收回的投资相当于初始投入的 4.6 倍。[73] 胜峰凭借这只基金取得的另一场超级速胜出现在 2007 年 4 月,在持股德国时装零售商 CBR 服装集团 2.5 年之后,它便退出投资,并给胜峰带来了 4 倍于初始投资的回报。[74] 此外,依靠同一只基金,胜峰在持股 3 年之后,凭借对英国停车场运营商 NCP 的投资实现了 3 倍的投资回收。[75] 因此,在弗朗斯·邦霍姆这笔回购上遭遇的失败,并不足以泯灭"胜峰 III 号"基金的骄人业绩。胜峰对这笔交易采取的唐吉柯德式的做法,似乎并未让它付出太多代价。尽管胜峰损失了 50% 的初始投资,但却凭此实现了充分的多元化模式。

或许只有那些参与 2006 年中旬增资的弗朗斯·邦霍姆员工,才会对他们的投资作出这样的评价。但如果当初提醒他们杠杆收购可能带来的典型风险,这些员工或许就不会这么想了。和所有投资决策一样,决定投资成败的往往在于细节。在 2006 年 6 月提供给全体员工的 227 页招股说明书中,管理层在第 28 页上指出:"鉴于债务规模,只有稳步提高公司盈利能力,才能确保顺利还款。"[76] 一语中的啊!

第五部分
上市、退市、再上市：徒劳无功的折腾

在私募投资者的诸多工具和频繁操作中，到底哪个方面最能变现他们这种枉费心机、周而复始的折腾呢？这确实难下定论。无论是在 PE 股东之间进行的外部管理层收购，还是对以前曾持股公司进行的回购，抑或是快速变现，都有资格成为当选者。但是在我看来，最能反映这个特性的操作手法当属毫无意义的上市、退市、再上市，因为这往往表明，PE 股东无心在重新配置标的公司方面下功夫。

自 20 世纪 80 年代以来，杠杆收购蓬勃发展，对此，人们经常听到的一种说法就是：私人控股的非上市公司可以给投资者带来比公开上市公司更多的收益，因为这些公司不会遭受来自外部世界的各种干扰，例如激进投资者、股票分析师或记者们都有可能向管理层毫无顾忌地提出质疑。的确，如果真是这样的话，我们确实很难理解，PE 公司为什么会乐此不疲地出资进行退市—再上市的交易，对局外人来说，这种先退市、再上市的旋转木马般的交易，完全是毫无意义的浪费资源。而在近期的杠杆收购泡沫高峰时期，退市—再上市模式似乎越来越受欢迎。股票市场扮演了与 20 世纪 70 年代和 80 年代企业集团进行业务剥离的相同角色：它已成为杠杆交易的主要源泉和动力。仅在 2006 年，就估计有 4 600 亿美元市值的美国上市公司通过私有化退市。这种狂潮确实太迅猛了，以至于连凯雷集团的大卫·鲁宾斯坦都发出预测，市场很快就会看到 1 000 亿美元规模的大手笔收购。[1]

尽管对这个主题还鲜有深入的研究，但本书提到的几个案例研究或许可以证明，私有化退市交易的成功并不是普遍现象。在第五章、第六章和第十五章里，我们分别通过得州电力、百代和凯撒等收购案例，指出了公开市场低估资产价值这一假设的风险。这或许可以解释，这些交易在每年全球杠杆收购总量中的比例为什么不足 5%。[2]

但如果退市风险巨大的话，那么，投资者应如何把握机会，投资于随后将由同一 PE 股东重新上市的企业呢？不妨回想一下第四章塞拉尼斯化工的加速再上市或是第七章查特豪斯对 PHS 的上市—退市交易，但另外两个案例或许更能揭示退市—再上市交易的风险。第一个案例涉及一笔业内典型的中小规模交易。英国 DX 快递公司（DX Delivery）

是一家在英国本土运营的邮政集团,它的最大竞争对手就是以前的垄断企业——皇家邮政集团(Royal Mail)。如果说 DX 快递采取的退市和随后的 IPO 未能创造价值,显然是太客气了。我们提到的第二个例子德本汉姆百货同样可以说明这一点。在三家 PE 公司共同持股的情况下,这家百货连锁店在重新上市后不久便陷入困境。甚至在 10 年之后,它仍在为生存而挣扎。

第九章

英国 DX 快递公司——涉足邮政业

到1971年1月20日邮政业大罢工开始的时候,战后英国始终被一种令人失望的经济氛围所笼罩——至少与法国和德国等欧洲大陆国家相比是这样的,毕竟,这些国家在二战后经历了稳定的复苏与重建过程。熬过了20年的贫困时期,英国邮政工人感到压力重重,终于提出加薪15%到20%的要求。这次罢工是英国邮政服务史上的第一次全国性大罢工,整个罢工事件持续了7周的时间。由于国有垄断企业停摆,有营业执照和无营业执照的私人经营商乘虚而入,填补国有邮政服务留下的空间,开始大规模从事国内和国际快递业务。在邮局不得不强行关闭的情况下,整个国家强烈呼唤有能力持续运营的专业公司和企业的出现。这种需求也让企业客户意识到,必须引入新的替代性邮件快递服务模式。

皇家邮政总局的起源可以追溯到1516年。当时,为保证皇室的信件在整个王国实现安全有序地传递,亨利八世任命了一名邮政大臣。直到1635年7月31日,查尔斯一世才将邮政总局的业务对公众开放。在经历了上述罢工事件之后,基于1969年《邮政法案》的通过,邮政总局的地位才从政府部门转换为公司。皇家邮政总局对英国民众和企业正常运转的重要性是不言而喻的。除了对全部邮件服务的垄断之外,皇家邮政总局还负责运营整个国家的电信网络及服务,并拥有英国国家 Giro 银行(the National Giro bank),此外,它还经营了一项规模巨大的包裹快递业务。虽然这个政府机构用了35年时间才失去对新建传送业务的垄断权,但利润畸高的包裹快递业务却很快就将面临竞争。在1971年罢工事件后的几年时间里,私人快递服务运营商开始浮出水面,当时,这些企业以从事高价值物品交付业务为主。它们的客户通常是专业人士,如律师和商业顾问,经营宗旨就是确保将紧急、重要的邮件及时送达目的地。在这些新型的独立包裹传送服务运营商中有一家名为"文件交换"(Document Exchange)的公司(也就是今天的英国 DX 快递公司)。

DX 快递成立于1975年,最初是一家从事法律文件传送的律师俱乐部。[1] 在20世纪

70 年代末和整个 80 年代，DX 快递公司的主营业务就是企业与企业之间的文件和包裹递送。1996 年 9 月，DX 快递的母公司翰纳仕集团（Hays）以 6 500 万英镑的价格收购了 Inkhold，后者是 ICS 的管理层收购控股公司，是一家年收入 6 000 万英镑、营业利润为 300 万英镑的企业。ICS（"安全快递服务"的简称）通过全国性仓储网络提供一系列清晨交付邮件业务，公司每晚可处理约 80 万个邮件。ICS 处理的邮件主要是光学镜片、门票和护照等，客户来自保险、旅游、光学健康和政府部门等领域，因此，它在服务内容和客户群上与翰纳仕 DX 快递公司有较强的互补性。[2]

为进一步扩大 DX 快递公司的业务覆盖范围，翰纳仕在 2001 年 9 月取得由英国邮政管理局颁发的、向商业企业投送邮件的许可证。[3] 此外，英国邮政管理局还在 2002 年 6 月 1 日宣布，私营部门和外国邮政组织申请在英国境内投递大宗邮件的长期经营许可证，翰纳仕旗下 DX 快递公司成为众多候选者中的一员，有望受益的公司还有《商业邮报》的子公司英国邮政、荷兰邮政服务公司 TNT 邮政以及德国的邮政垄断企业德国邮政集团。这些公司均确认，它们将申请取得从 2003 年 1 月起发送大宗邮件的许可证。[4] 垄断权的丧失，在一定程度上导致英国邮政局的邮件发送部门也经历了名称变更，并就此更名为"皇家邮政集团（Royal Mail）"。①

到 2003 年 3 月，作为"富时 100 强"企业之一的翰纳仕集团，年销售额已超过 3 200 万英镑，销售额更是高达 1.3 亿英镑。虽然 25% 的利润率比国有竞争对手、皇家邮政的巨亏要好看得多，但它在 2001 年下半年遭遇收益下降 23% 的厄运，导致盈利大减的部分原因，就是 DX 快递与皇家邮政之间激烈的商业纠纷。因此，翰纳仕集团管理层表示，有意出售邮件和包裹快递部门。事实上，翰纳仕集团管理层的预期是处置四项业务中的三项，并保留最有希望的猎头服务。尽管结果令人失望，但集团处置邮政业务预期不会遇到太多困难，毕竟，从 1 月起，DX 快递就将成为少数拥有接受和发送大宗邮件资质的企业之一。当年年初，监管机构已放开了 4 000 件以上邮件的大规模快递市场，这些企业占英国整个邮递市场总额的 30%。

在翰纳仕发布重组计划的几个月里，一大批潜在买家找上门来。首先，管理层以超过 2.2 亿英镑的价格出售了存档和业务流程外包部门；然后，又在 2003 年 11 月以 1.02 亿英镑的价格出售了物流业务；最后被兜售的是 DX 快递，分析师对这项业务给出 2.5 亿至 3 亿英镑的估值。[5] 早期，英国邮政集团曾表示有兴趣接管这家直接竞争对手，试图以此来对抗国有

---

① 最初在 2001 年时，英国邮政总局为这个新快递业务选择的名称是"Consignia"。但是公众的强烈抗议（英国人一直对邮政局怀有深厚的情感，毕竟，它所提供的是通用邮件服务），因此，在一年后之后，名称又被改为"皇家邮政"。

的皇家邮政。但很快有传言说其他买家也有接盘意愿。而皇家邮政也在一份公开声明中，彻底撤弃了以往垄断者高高在上的姿态："我们将继续力争取每一封信，而且必将尽一切努力给我们的竞争对手施加压力。"这显然是不祥之兆。[6]

然而，一个无法预料的事件最终将促使翰纳仕重振此前曾试图处置的 DX 快递。自 2003 年夏天以来，皇家邮政和邮政工会便一直争执不下。这个国有邮政集团正在遭遇屠城之灾——据报道，截至 2002 年 3 月，公司已亏损了 11 亿英镑。这迫使其管理层启动了一项为期 3 年的减亏计划，其中包括大规模成本削减和裁员。但工会显然不买账，于是，他们采取了工会的对策：2003 年 10 月和 11 月，英国各地爆发了一场近乎疯狂的罢工，导致一些主要城市的邮政服务陷入瘫痪。[7] 邮政工人遭受的痛苦不难理解。按照管理层实施的经营调整计划，皇家邮政每天的邮件交付量将从每天两次减少到一次，雇用的劳动力人数将减少 3 万人左右，此外，预计将有 3 000 家邮局被关闭。皇家邮政的员工可以感觉到，他们的工作条件将因此被改变，于是，成千上万的人走上街头。虽然罢工给英国社会带来了巨大的破坏性，但持续不到一周。但罢工并非一无所获，它让皇家邮政的企业客户有了新的诉求——寻找一个新的替代品。

2003 年 12 月，前 DX 快递董事总经理尼尔·特莱加森（Neil Tregarthen）宣布有意收购公司的股份。[8] 而急于为集团股东带来最大化价值的翰纳仕管理层则决定采取另一种方式，他们宣布，将对 DX 的业务进行分拆并上市，这样，股东可以同时持有翰纳仕和 DX 快递的股份。翰纳仕支持 IPO 的理由是，可以让股东获得 DX 快递业绩提升的全部好处，而不是让它在 PE 公司控制下再行上市。

DX 快递的订阅型服务具有良好的稳定性，因而可以在业绩下行时提供有效的支撑，而且这项业务的商业合同续约率超过了 90%。[9] 正是有了可预测性，DX 快递才成为金融投资者垂涎欲滴的投资目标，毕竟，它有足够的现金流可用来偿还未来的贷款。果不其然，多家机构接踵而至，其中有蒙塔古私募股权基金（Montagu Private Equity）。2004 年 6 月，传言英国杠杆收购公司 HgCapital 给出了 2.5 亿英镑的报价。

潜在买家纷至沓来。除前面提到的《商业邮报》旗下的英国邮政公司之外，2004 年 8 月，前荷兰国有垄断企业 TNT（当时已在英国形成相当势力，销售额达 12.5 亿英镑，并拥有 1.8 万名员工），据称也在考虑收购。但翰纳仕的高管层已在认真考虑上市计划，因此，将这些不请自来的客人拒之门外。

试水市场

DX 快递拥有 1 200 名员工，每年处理约 3.5 亿件邮件，主要业务是为专业机构传送文件。一方面，它声称自己已成为英国领先的私营邮件递送企业，但考虑到遍布英国各地的业务网络，因此，管理层计划在未来 3 年到 5 年内再增加 1 亿件邮件的业务量。公司的客户多为大名鼎鼎的专业机构，针对小型律师事务所以及大型客户（包括土地登记局、法院和警察）提供的隔夜快递服务，已让公司成为这个细分市场的领导者。在截至 2003 年 6 月 30 日的财年中，DX 快递的销售收入为 1.29 亿英镑，营业利润为 3 300 万英镑。一旦上市，这个拥有强大盈利和现金创造能力的企业至少可以为潜在投资者带来大量不菲的股息收益。而且它还处于转型模式中，因此，在上市之后，其股票持有者极有可能等来股价的上涨。

但最好的利好消息无疑是政府对进一步放松管制的承诺。在对 30% 的邮政业务放开管制之后，皇家邮政仍在英国市场上占据着 99% 的份额。2006 年 1 月，英国邮政管理局和英国政府计划全面放开这个拥有 50 亿英镑市场价值的信件和包裹快递市场，以便让这个前垄断集团的竞争对手们有机会重塑行业格局。[11]

在私营业务领域，DX 快递的主要竞争对手就是《商业邮报》旗下的英国邮政公司，该公司每年可处理约 2.5 亿件物品。英国邮政公司已在伦敦证券交易所上市，其股票在过去 3 年中上涨了 200%，这表明，这家机构已受到机构投资者和公众股东的高度认可。但最关键的不确定之处在于，邮件快递业务是否能永久维持盈利状态。[12] DX 快递追求的目标就是通过受监管的邮件业务增加营业额——从 2003 年 6 月的 280 万英镑增加到 2005 年 6 月的 600 万英镑。这样，该部门在上市的 12 到 24 个月内即可实现收支平衡。[13] 从某种意义上说，DX 快递业务的公开上市完全有理由受到市场追捧。而事实也证明了这一点。

2004 年 11 月 1 日，DX 快递公司正式进入伦敦证券交易所公开交易。上市之前的初始价格为每股 220 便士，上市价格为 265 便士，按这个价格计算，公司的市值为 2.3 亿英镑，上市交易第一天收盘于每股 287 便士。在上市 10 天之后，股价便因《商业邮报》的做多而突破每股 300 便士，到次年 1 月，DX 快递的股价已上涨到 350 便士，尽管此前因为没有买盘而略有下降。在拥有 7 亿英镑市场规模的企业邮件市场上，拥有 13% 市场份额的 DX 快递显然还有很大增长空间。2005 年 3 月，DX 快递发行自己的邮票（以前仅是皇家邮政集团的垄断业务之一），在两个月之后，公司在零售商 Mail Boxes 的营业网点设立了自己的蓝柱邮箱，接受企业之间发送的信件和包裹，直接和皇家邮政的红柱邮箱展开竞争，这表明，管理层对发展邮件业务的态度是严肃的。[14]

然而，人们很快就发现，尽管当局决定从 2006 年 1 月开始全面放开邮政行业，但是建立一个能与更强大竞争对手相匹敌的营业网络，显然不是一件轻而易举的事情。2005 年 9 月，DX 快递第一次以独立经营企业的身份发布了年度业绩公告。当年的营业利润同比下降 6%，减少到 3 100 万英镑，销售收入为 1.3 亿英镑。尽管彼时的市场仍认为，DX 快递约 3.7 亿英镑的企业价值是有保证的，但是到了 11 月份，DX 快递便发布了首个盈利预警，并对集团首席执行官三个月前辞职的公告给出了迟来的解释，此时，距离 DX 快递进入证券交易所公开交易的时间还不到一年。[15] 遗憾的是，实际结果甚至低于修正的业绩下跌预测。2006 年 1 月，这家邮件集团发布公告称，作为公司文件交换业务的主要服务客户——房地产行业，遭遇市场增长放缓，从而导致公司在上半年的营业利润下降了 12%。就在新任首席执行官将业绩不佳的原因归咎于成本上涨的当天，公司股价再次应声下跌近 17%，降至每股 287 便士。不出所料，财务总监步前任首席执行官的后尘，被扫地出门。面对不可回避的现实，集团宣布决定，不发行自己的邮票。

有趣的是，还有其他企业也感受到 DX 快递的处境。显然，和以前的国有垄断企业展开竞争是一种巨大的挑战：作为同行，在陆续发出两个盈利预警之后，《商业邮报》的老板保罗·卡维尔（Paul Carvell）在第二个月便被迫辞职。此时，这个深受民众推崇的行业突然遭遇评级下调。[16] 有评论人士指出，来自电子通信的竞争以及提供全国性或跨区域运营网络的要求，让 DX 快递和《商业邮报》这样的小规模企业处于劣势。不管怎样，到 2006 年 3 月，DX 快递的市场价值仍超过 3.25 亿英镑，其中包括 7 000 万英镑的债务净额。如果不考虑杠杆，公司的市场价值对应于 16 倍的市盈率，这显然是一般企业难以企及的高度，但实际上，和已陷入困境的《商业邮报》的 21 倍市盈率相比，DX 快递的估价仍存在相当大的折扣。[17] 如此大的折扣也在一定程度上解释了接下来将要发生的事情。

市场整合

考虑到客户中包含了像超市连锁店特易购（Tesco）和光学零售商视觉快车（Vision Express）这样的蓝筹股大公司，因此，虽然近况不佳，但 DX 快递仍被一些机构视为理想的标的资产。毕竟，约 2/3 的公司利润来自文件交换业务，这些业务具有较强的可预测性和现金创造能力，而且对时间要求极为苛刻，因而成为律师和房地产经纪人普遍接受的服务供应商。但问题的核心在于，这家公司是否有能力在包裹信件快递业务上与皇家邮政、德国邮政或 TNT 等大型企业展开面对面的竞争。

尽管如此，这个巨大的未知数并没有阻止有人试水。2006年6月，坊间传言称，一家PE公司已开始接触这家陷入困境的独立邮政公司。7月4日，在公司确认收购谈判的消息后，其股价当天大涨24%，创下历史新高的每股410便士。3天后，潜在收购者的身份被披露——英国最有实力的杠杆收购机构之一康多富（Candover），它已向DX快递给出了每股415便士的收购报价。也就是说，如果按这个报价计算，康多富的出价给出了26%的溢价，相当于DX快递的市值已达到3.5亿英镑；如包括债务，DX快递的企业价值为4.2亿英镑。

这家PE投资机构之所以支付了20倍的税前收益，是寄希望于通过DX快递与安全邮件服务（Secure Mail Services）的合并而实现显著的协同效应。安全邮件服务公司是一个相对较小的竞争对手，主要提供护照、支票簿、信用卡和其他贵重物品的快递服务，它是康多富从另一家PE投资机构霸菱投资（Baring Private Equity）手中同时收购而来的。按照康多富的计划，合并后实体由来自安全邮件服务的首席执行官詹姆斯·格林贝利（James Greenbury）负责。[18] 在宣布退市后，康多富负责这笔交易的负责人——高级董事总经理马莱克·古米恩尼（Marek Gumienny）对此给出的解释是："我们有很多机会。随着市场监管的放松，我们的唯一当务之急就是迅速在市场上站稳脚跟。"[19] 尽管这是一种彰显自信的观点，但即便是DX快递以及合并后公司的首席执行官保罗·凯赫（Paul Kehoe）也对此公开表达了非常谨慎的立场，他称，自己将"不参与新业务"。[20] 合并公司的收入为1.75亿英镑，拥有员工1 840人，面对更强大的竞争对手，它或许更有活力。至于这场合并背后的关键驱动因素，自然是通过以收购促发展战略并改善服务效能，与皇家邮政集团一争高下。

但市场分析师对这笔交易却颇有微词，他们认为，康多富为DX快递支付了完整价格（没有享受任何折扣），而作为目标公司的核心业务——文件交换业务，却刚刚经历了负增长，并且自公开上市以来，该公司已两次发出盈利预警并经历了一次管理层更换。如果单从表面上来看，很难理解这家邮件快递企业为何会有3.5亿英镑的市值，毕竟，在20个月前进行IPO时，它还只有2.3亿英镑的价值。也就是说，DX快递在上市之后并没有出现增长。而且事实也很快就证明了市场的普遍观点：康多富确实为收购DX快递支付了过高的价格。尽管在收购安全邮件服务时披露的信息非常有限，但透露出的细节足以清楚地表明，霸菱投资从这笔交易中获取的收入，让它最初的投资足足翻了几番。此外，如能满足某些对赌指标，霸菱投资还有希望拿到更多的回报。[21]

不过，或许DX快递的新主人康多富就是有运气。在2007年的6月、7月和10月，皇家邮政的服务因为另一系列的罢工事件而受到严重影响。劳资双方的争议集中在公司的现代化改造计划上，按照皇家邮政的说法，这些计划是公司保持竞争力的基础——自4年前放松管制以来，已有 2/5 的商业大宗邮件成为竞争性业务。而工会则坚称，此举将导致 4 万个就业岗位受到威胁。尽管双方最终还是达成了妥协，但由于 90% 的小企业完全依赖于皇家邮政的服务，因此，这场行业对峙最终还是让这家国有邮政集团损失了 1 亿英镑。另一方面，独立邮件服务运营商的业务据称增长了 10% 至 30%。DX 快递集团的首席执行官格林贝利承认，公司的销售收入确实得到了提升，而且由于放松管制，未来几年的收入或将继续增长一倍。其他邮政集团也信心大增，TNT 在英国多个城市开展了隔日门到门服务的全面试点，以期推出完整的竞争性服务，包括对自有邮递人员的使用。然而，尽管遭受打击，但皇家邮政的市场主导者地位并未受到撼动：在整个英国，97% 的信件交付仍需它的邮递员完成"最后一英里"的服务。而 DX 快递则是唯一能通过自有服务网络提供到门服务的竞争对手。[22]

市场调整

一年之后，整个邮政行业经历了一场名副其实的冲击。虽然信贷市场在 2007 年下半年的震颤并未明显扰乱经济增长的步伐，但随之而来的金融危机，却彻底将经济走势引上衰退的轨道。"大衰退"给整个行业带来了严重冲击，大幅减少了对市场邮件投递服务的需求，并导致客户通过增加电子邮件的使用来削减成本。因此，在截至 2008 年 6 月的整个财年，DX 快递集团的销售额为 1.74 亿英镑，与两年前 DX 快递和安全邮件服务合并时相比，收入没有任何增加。[23] 首席执行官格林贝利（Greenbury）接受了公司经营失败的现实，并在年初离职。

在这样一个艰难的时刻，DX 快递急需稳定可靠的现金注入来抵御市场风暴，并不惜一切代价保持它在文件交换和包裹投递方面的竞争地位。但它的 PE 股东也自身难保——他们经历的是一场咎由自取的危机。随着信贷危机愈演愈烈，康多富的高管作出的选择是加快投资进度，尽快完成大手笔的收购交易，而手段自然是减少对尽职调查的投入并接受居高不下的债务倍数。仅在 2008 年的前 7 个月——也就是坊间普遍认为收购泡沫高峰期已过的时候，康多富已经完成了价值超过 25 亿英镑的交易。对于一家经常被归类为"中端市场"的投资公司来说，这显然不是一种平淡无奇的成就。相比之下，它更习惯于处理类似于 DX 快递这种在 5 亿英镑规模的交易。但令人费解的不只有新完成的交易。它在几年前进行的投资——如加拉·科洛尔博彩集团（见第二章），也开始变得黯淡无光。

在 2009 年 3 月下旬，DX 快递的资产负债表似乎已招架不住，整个公司陷入困境，已成为尽人皆知的事情。此时,公司管理层只好承认,他们正在与贷款方就宽限3月31日的偿债能力测试进行谈判。接近公司的消息灵通人士称,公司并未出现流动性问题,只是在市场疲软形势下的暂时性回落,而当前的业绩回调只能表明,康多富的被投资公司所从事的是周期性行业。[24] 但当月早些时候发生的事件并不支持这样的说法:DX快递的形势绝非暂时性挫折。康多富的母公司在伦敦证券交易所上市,因而必须按规定发布年度报告。而2009年3月2日发布的2008年财务报告却清清楚楚地显示,康多富投资股份有限公司已决定完全注销DX快递的账面投资价值。

此时,投资于DX快递的股票价值甚至已低于二类邮票的面值。而这家专业收购机构则表示,价格调整反映了公司相对于公开市场其他可比公司的劣势,不过,它也不得不承认,经济衰退已严重侵蚀了DX快递的营业量,进而降低了公司的销售和盈利能力。随着房地产交易的冷淡以及信用卡发行量的减少,这家邮政公司的核心业务、文件传送业务遭遇沉重打击。3年前,公司在2.5亿英镑贷款(不包括由安全邮件服务公司承担的债务)的融资帮助下完成了退市,而今,它体验了在债务重压下从事经营的艰难。随之而来的是关于公司和银行就债务重组进行谈判的传闻,这将大幅稀释康多富对DX快递的持股比例。[25]

不过,DX快递很快就从常规渠道获得支援。经历了6个月工业大罢工的两年后,皇家邮政在6月和秋季再次面对罢工。这一次,无论能否得到工会的同意,管理层都执意推进他们的升级计划。2009年10月爆发的两次罢工,导致公司分别积压了3 000万份和5 000万份信件及包裹。劳资双方直到第二年春天才最终达成一致。但这些动荡无一例外地再次让私人运营商渔翁得利,其中就包括DX快递。尽管如此,但还远不足以将康多富的这家被投资公司从债务噩梦中解救出来。

拨乱反正

2010年4月,在经过与DX快递的银行代表进行了长时间谈判之后,银行宣布决定向公司注入更多现金,而康多富只能不情愿地将快递集团49%的股份交给次级贷款人,以换取对公司进行全面的资本重组的机会。据了解,在截至2009年6月30日的财政年度中,DX快递的EBITDA已降至不足3 500万英镑,比贷款方预期的数额少了数百万。遇到麻烦的还不只是偿债能力指标测试。由于尚未偿还的银行和股东贷款超过3.5亿英镑,因此公司在2009年6月的杠杆率已达9.2倍的EBITDA——远远高于两年前的6.6倍。合并资产负债表显示,公司承担的负债头寸净额为7 000万英镑,而损益表则出现了非常规的商誉减值 2.37 亿英镑。[26] 重组资本结构已成为无法避免的当务之急。

与此同时，DX 快递公司借此机会展示了另一种让 PE 公司乐此不疲的技巧：改组管理层。在 2008 年 2 月接过集团指挥棒的首席执行官约翰·科格兰（John Coghlan）将职位交给佩塔尔·茨韦特科维奇（Petar Cvetkovic），同时，集团还聘请了一位新的董事长，完成这次几乎是赤裸裸的以融资为目标的二次管理层收购。[27]

康多富和 DX 快递的贷款方已经向这家公司扔出了一条救命绳，它们安排了一次完整的（而且极其复杂）资本重组，其中包括：

- 康多富通过发行零息票担保贷款的方式，向公司注入 1 500 万英镑的现金，从而帮助岌岌可危的 PE 公司保住 51% 的持股比例。
- 将现有的 A 级和 C 级定期贷款等优先级债务工具还款日期延长到 2014 年，B 级和 C 级定期贷款的还款日期延长到 2016 年，D 级定期贷款的还款日期延长到 2017 年，并制定了一套更为宽松的、新的贷款还款协议。
- 由康多富、过桥贷款机构和 DX 快递的管理团队收购公司尚未偿还的过桥债务工具，收购价格以面值 6 860 万英镑为准。与此同时，对过桥贷款停止支付现金利息。
- 注销 DX 快递未偿还的 8 690 万英镑投资者贷款。
- 将现有的优先股和应计股息转换为递延普通股，转股价值为 2.369 亿英镑的名义价值。

按照全面再融资计划实施的结果，这家邮政集团的债务总额约为 2 亿英镑，仍高达 EBITDA 的 7.4 倍。但是在扣除现金余额之后，杠杆倍数略有下降，相当于 EBITDA 的 6.1 倍。现有的过桥贷款以及投资者所持债券在 2010 年 7 月 19 日终止确认，并在当日对新的负债金额予以确定。这两种新债务工具的公允价值被评估为零——作为对价，过桥贷款持有人将获得 DX 快递 49% 的股份。在 2010 年的年度报告中，康多富投资股份有限公司正式披露，已用现金方式向 DX 快递公司进行了增资，但这笔股权的账面价值仍然为零。[28]

这一轮资本重组的彻底性不容置疑：在金融危机之后，整个行业都在经受经济衰退的全力冲击，更有重量级对手皇家邮政和 TNT 近乎残酷的价格竞争，而 DX 快递已被其成本高昂的融资工具所制约，无法继续奉行最初的以收购促发展、以创新为核心的战略。DX 快递的管理层曾试图进一步扩大全国范围内的经营网络，建立 350 个包裹收发站、4 500 个私人邮件室和分拣作业室，但偿债成本却导致他们无力全面推行本地化收件点。[29] 重组资产负债表或许可以为 DX 快递带来第二次生机。

然而，康多富就没有这样幸运的脱身机会了。在金融危机爆发前夕，拙劣的策略、运营和投资决策最终让它分崩离析。2010 年 8 月，这家投资集团宣布了分拆计划。2011 年 4 月，公开上市的康多富投资股份有限公司发布公告，披露了公司的分拆和资产处置计划，并宣布将子公司康多富合伙有限公司（Candover Partners Limited）的资产出售给艾尔投资（Arle Capital），后者是前康多富高管组建的一家独立合作企业，这些高管既是 DX 的新股东，也是 2001 年、2005 年和 2008 年的年份基金管理人。

凭借更易于管理的资产负债表，DX 得以屏蔽康多富自身危机带来的影响，并规避了开发快递服务和物流业务而给传统邮政服务造成的拖累。随后，DX 快递延续了原来的收购策略，并鼓起勇气进军另一个新的细分市场：2012 年 3 月，作为扭转公司颓势的一种手段，它按净资产价值收购了隔夜货运公司（Nightfreight），这家业绩不佳的公司主要从事尺寸不规则的货物和超重货物的运输。由于现金流充裕，在截至 2012 年 6 月 30 日的财年中，DX 快递集团按低于面值的价格收购了隔夜货运公司的部分银行债务：通过拍卖程序，它以 400 万英镑的现金收购了该公司 590 万英镑的债务。这笔交易为 DX 带来了 190 万英镑的收益。但如果管理层真想重新点燃集团的幸运之灯，完成杠杆收购的价值创造使命，那么，他们还需要找到一种能一劳永逸解决资本结构过度臃肿问题的方案，为股东提供一条洁净的退出路径。

重做信使（再度试水市场——二进宫）

自皇家邮政集团丧失垄断地位以来，私有化这个话题始终在英国政府的议事日程上占据重要地位——首先是 2002 年对大宗邮件快递业务的私有化，而后是 2006 年对其他邮递业务的私有化，但这种改变却因为几块绊脚石而无法兑现。首先是邮政集团存在大量未支付的养老金负债。经过多年的公开质询和议会辩论——这也是英国政客最喜欢的一件事，2012 年，英国政府最终批准，皇家邮政将成为一家有效率的私营企业，而最好的转型方式就是将养老金相关的 280 亿英镑资产和 380 亿英镑债务转移给政府。此次重组扫除的其他障碍还包括：将邮政局的零售业务和集团其他部门分离开，并部分取消价格管制。凭借最后一项措施，皇家邮政可以对邮件运营商"最后一英里"到门业务收取更高的费用，并在 2012 年 3 月将一类邮票的价格提高了 30%，将二类邮票价格提高了 40%。[31]

经过这种深层次的改革，下一步自然而然的就是出售企业。为实现纳税人价值的最大化，鼓励皇家邮政员工积极成为公司股东，政府选择了公开发行。皇家邮政在 2013 年 10 月 11 日进行了 IPO。股票的后续市场表现非常抢眼，以至于政府人士，尤其是商务大臣文斯·凯布尔（Vince Cable）饱受非议。评论人士声称，政府严重低估了这家公司的价值，在上市过程中导致纳税人的利益受损。然而，在股票强劲上涨的同时，出现了一个最令人意想不到的后果，即突然激发出市场对邮件和包裹投递业务的强烈兴趣。[32] DX 快递管理层及其股东很清楚，他们期待已久的机会窗口不太可能长久开启。于是，他们不失时机地启动了公司出售流程。在作为所有者持股 7 年之后，康多富和它的转世化身艾尔投资不期而遇。

在准备登陆伦敦另类交易市场 AIM 时，DX 快递的资产负债表再次恶化。由于负债融资在过去 3 年中增加了 26%，达到了 2.1 亿英镑，因此，债务金额与 EBITDA 比率在 2013 年 6 月达到 6.4 倍。即使以 2014 年的预期 EBITDA 数据计算，债务倍数仍高达 6.24 倍。此外，公司的近期收入增长率只有微不足道的 2%，而 EBITDA 的年增长率也不到 2.5%。我们或许会猜想，这样一家低成长的公司为什么还要背负如此多的债务——尽管正在进行的债转股会减少债务负担，但是和债务总额相比，这似乎还不足以解决问题。[33] 实际上，如果康多富和 DX 快递的贷方没能在 2010 年对豁免部分贷款达成一致，那么，后者在 2013 年承担的债务总额将为 3.83 亿英镑。如果扣除现金余额，其杠杆倍数将接近 10.7 倍。

然而，真正令人担忧的是，一部分债务的成本非常高。虽然三个层级的银行定期贷款均为普遍债务工具，利率以 Libor 为基础上浮 3% 至 3.75% 确定，但夹层贷款的成本就没那么便宜了——基本符合市场基本水平，以 Libor 为基础上浮 8.25%，至于优先级和次级债券（由康多富发行）的成本就更高了。这些债券的票面年化利率分别达到了 15.25% 和 15.50%。尽管利息费用属于非现金支出项目，但在截至 2012 年 6 月和 2013 年 6 月的两个财政年度中却给损益表带来了毁灭性打击，基本让营业利润消失殆尽。但它可以用一种简单的方案解决这个问题，那就是让 DX 快递上市，邀请机构和公众投资它的股票，这有助于偿还贷款，并最终消除公司承担的财务费用。

2014 年 2 月 27 日，也就是在第一次登陆证券交易所的 9 年半之后，这家从事包裹和文件邮递业务的集团最终以每股 1 英镑的价格再次上市。按这个股价计算，DX 快递的企业价值为 2.12 亿英镑。这次上市让 DX 快递从股票市场上筹集到 2 亿英镑，这也是它在 AIM 市场（英国高增长市场，相当于国内的创业板）上市 8 年来最大规模的配售，这显然是一个令人鼓舞的迹象——它表明，在皇家邮政集团 IPO 之后，市场再次看好邮政业务。尽管 DX 快递在近年来未能实现大幅增长，但是按过去 12 个月的 EBITDA 计算，DX 快递的杠杆率似乎还算过得去——为 6.3 倍。

因为这个价格与其同行皇家邮政和英国邮政相比出现了大幅折扣，而且又承诺分配高额股息，因此，DX 快递的股价在 IPO 当天大涨了 30%，收盘于每股 130 便士。这让人们联想起这家公司在 2004 年 IPO 后所经历的后盘上涨，只不过在那个时候，人们还能用投机性竞价来说明股价泡沫的合理性。但无论如何，公司已经将这笔融资收入用于全额偿还杠杆收购贷款，因此，其债务金额已降至净利润 0.35 倍的低水平。这样一来，相比皇家邮政这些行业巨头，强健的资产负债表已成为 DX 快递的一个重大优势。皇家邮政的 EBITDA 超过 9 亿英镑（或者说是 DX 快递的 27 倍），而净资产却达到 24 亿英镑——与 DX 快递在上市之前的净负债水平相当。即便如此，皇家邮政依旧是 DX 快递在包裹快递和包装领域的一个强大竞争对手。34

不同寻常的是，金融投资者持有的全部 DX 快递股票均已上市交易——管理层也只保留了 3.6% 的股份。35 显然，公司的机构股东已经没有耐心或是信心等到 IPO 之后择时退出。艾尔和康多富已经抛出了持有的全部 51% 的股份，回收了 2.1 亿英镑的收入，与扣除减值损失后的投资账面价值相比，它们获得的收益少得可怜——2006 年，为了让公司退市并与安全邮件公司实现合并，它们投入了 2.1 亿英镑。需要强调的是，我们在前面已经提到，DX 快递已实现了收入来源的多元化，在涉足快递和物流服务的同时，还在此期间完成了一系列的收购。

当然，我们还可以从另一个角度考察这笔交易的失败以及对价值的破坏程度，在截至 2013 年 6 月 30 日的财年中，尽管这家邮件集团的收入较 2009 财年增长了 80%，但 EBITDA 却下降了 5%。换句话说，EBITDA 利润率在过去 4 年中已腰斩，下降至 11%。从 2004 年被翰纳仕剥离到 10 年后再次上市，在此期间，DX 快递的估值已从 2.75 亿英镑下降到 2.1 亿英镑。

当康多富在 2006 年为 DX 快递退市给出报价时，一位分析师曾这样解释：从 PE 公司的角度来看这家公司，其吸引力是显而易见的——拥有强大的市场地位、高利润率和强劲的现金流收入，因而支持更高水平的债务。但如果考虑到康多富持股期间所发生的故事，这个观点显然是错误的。对一家以前有过增长经历的企业，收购方显然支付了过高的价钱，并在这个过程中浪费了有限合伙人超过 1.5 亿英镑的钱财。

公开市场的警报

看看 DX 快递在 IPO 后前 20 个月的表现，再看看公司自退市/再上市之间的折腾及其在 PE 支持下进行的股票发行。两者形成鲜明对比。实际上，只需简要分析一下图 9.1，就足以让读者相信，一定是某个地方、某件事情出了大问题。

DX 快递上市后前 6 个月的进展非常顺利。事实上，由于市场突然被眼前出现的这个与邮件服务有关的企业所倾倒，因此，DX 快递的股价始终高于 IPO 时的发行价。而在 2014 年

3月24日发布的中期业绩公告中,市场的反应就已经非常冷淡了,当日股价下跌0.8%,但是在收入增长3.2%和EBITDA与上一年持平这一消息的支撑下,股价仍比100便士的IPO发行价累计上涨了25%。[36] 当年7月15日,管理层发布的最新业绩公告称,截至6月30日的全年数据与预期相符,而市场的反应却异常紧张,导致当日股价下跌0.9%,但与IPO发行价相比仍有20%的累计涨幅。然而,到2014年9月29日,在公司发布2013—2014年财年的最终财务成果时,销售额增长2.1%和EBITDA持平的消息却未能使市场产生太大的反响。实际上,DX快递的股票当日仅上涨了1.6%。[37] 对于一家估价按7倍EBITDA价格交易的集团来说,这样的市场反应的确算得上非常稳健了。但是在接下来的几天里,市场最终开始重新评估这种形势的影响。

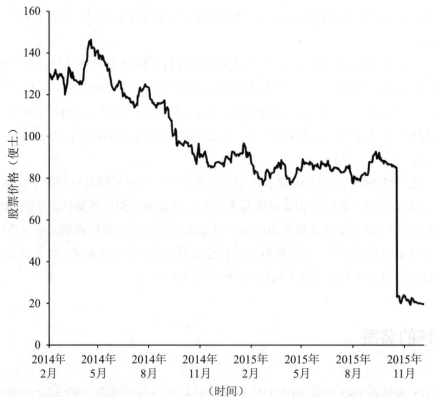

图9.1 DX快递集团股份有限公司自IPO(2014年2月27日)以来到2015年12月31日期间的股价走势

DX快递生存在一个竞争激烈的市场中,而且已经失去了继续成长的潜力。在IPO时应考虑的因素需要在几个月之后才能体现在股价中。在截至2014年6月的全年业绩发布后的第四天，公司股价才下跌4.5%。一周之后，在10月10日星期五的交易时段内，公司股价自IPO以来首次跌破发行价，下跌近8%。在10月16日以每股96.5便士的价格收盘之后，DX快递的股价再也没能达到IPO时的价格水平。市场重新评估了公司的基本面：在过去7年中，公司最多也实现了不足5%的一位数有机增长，而EBITDA利润率则从2007年的25%下降至截至2014年6月30日财年的不足11%。在此后12个月的大部分时间里，由于股价始终在80便士到90便士之间的低位上徘徊，因此，这只股票可能会让投资者误以为，这是一场典型的价值游戏：股息收益率超过5%，但股票的升值空间却非常有限。对于那些认为市场有效的支持者来说，这肯定是一种理想的情景。但多年业绩不佳的企业很少能成为值得信赖的蓝筹股。

对于外界来说，只有经历一段时间之后才有可能认识到，DX快递从一开始就不应该上市，因为它根本就无法按公开市场的规则去运行。上市公司必须具有规律性和稳定性（这是其吸引价值投资者的特征）或是强大的上涨潜力（成长型投资者关注的标准）。但事实证明，DX快递显然不具备这样的特征。根据其在2014年2月中旬发布的财务报告，在截至2014年12月31日的6个月内，公司收入增长为负的5.6%，EBITDA持平，在随后的一周里，股价仅下跌了6.5%，毫无疑问，这家公司应该感谢自己的运气。而在此后的一个月内，其股价累计下跌了16%，在2015年春季的大部分时间里，DX快递的股价始终徘徊在每股80便士左右。

由于集团业绩始终处于低迷状态，因此，市场似乎应该给出令人失望的未来预期。但股票分析师们却争先恐后地对DX快递给出"买入"建议，原因就是，公开发行12个月后它的股票价格比IPO发行价低20%。2015年9月21日，该公司管理层发布了另一份截至2015年6月的全年业绩公告，报告再次称业绩继续下降，而EBITDA则延续持平态势。DX确实具有高度的可预测性，只不过这种高度一致性的结果并不是市场所期待的。但股票价格还是在超过80便士的低点开始缓慢上行，并最终上涨到接近90便士的高位。这或许是市场释放压力的一个迹象，而证券公司则不失时机地再次发布"买入"建议，并将预期目标价上调至每股110便士。[38]

就在DX快递管理层准备发布下一次公告时，公司股价还一直徘徊在市场已经习惯的85便士左右。但随后，公司在2015年11月13日周五发布了最新的利润数据。而就在当天，管理层验证了一个所有市场评论人士早就应该作出的判断。公司所面临的市场环境非常恶劣：首先是处理企业对企业的邮件及文件的核心业务，这项高利润率业务所遭受的交易量侵蚀远比预期快得多。其次，定价压力持续不减，而招聘货运司机的难度则增加了营业成本。[39]尽管EBITDA在过去3个报告期内维持稳定，但盈利下降的趋势似乎正在形成。只不过市场这一次并不是有条不紊地呈现其威力：DX 快递的股价当天居然一举暴跌了 73%（见图 9.1），将这个星期五变成了一部彻头彻尾的恐怖片。在当年的剩余时间里，其股票交易价格始终徘徊在 20 便士到 25 便士的区间内，也就是说，整整比 IPO 发行价折损了 2/3 以上，这家以前由 PE 控股的集团为所有当事方提供了血淋淋的教训。

退市—再上市操作模式依赖于一种假设：主要的 PE 专业机构将它们的运营和财务能力应用于企业，以前表现不佳的上市公司将在第二轮上市中做得更好。我们将 DX 快递在一段时间内的业绩汇总于表 9.1，从中可以看到，事实并非如此。正如我们将在第十三章和第十四章里看到的那样，公众投资者往往是对 IPO 作出错误判断的一方，因而也是受害最深的一方。实际上，很多参与者——投资银行、律师、证券公司和投资顾问，把企业上市当做自己的生财之道，更不用说包括管理层在内的出售方股东了，因此，在上市公司的真正价值这个问题上，公众投资者几乎不可能得到真正公正独立的建议。如表 9.1 所示，在尝试出售企业股权时，出售方自然而然地会向外界展现出一幅美好画卷：尽管 DX 快递的有机增长非常有限，但还是通过持续不断的收购，让过去 3 年的收入呈现出一片欣欣向荣的景象。

如果投资者认真阅读 IPO 招股说明书中的几个关键数据点，他们就应该认识到：英国的信件发送数量正在呈下降趋势，自 2008 年以来，每年的包裹发送数量仅增加了 3.7%，而且可以预见，未来 10 年的增速将进一步放缓；公司的 EBITDA 利润率在过去 3 年中出现了明显下降（尽管这种大幅下滑趋势在 2007 年就已经开始了，但它并未向潜在投资者披露这些信息）；而在最大的邮件包裹部门，过去 3 年的有机收入增长率仅为 3%。[40] 在此基础上，6.3 倍 EBITDA 的交易价格似乎是完全不合理的。

表 9.1　DX 集团的财务状况（除利润率和比率外，金额单位均为百万英镑）

截至 6 月 30 日	2007	2008	2009	2010	2011	2012	2013	2014——IPO 之后
收入	172.0 *	173.6	170.4	164.9	164	206.6	305.7	312
EBITDA	43.5 *	46.0 *	34.6	27.9	27.1	30.9	32.9	33.7
EBITDA 利润率	25.30%	26.50%	20.30%	16.90%	16.50%	15.00%	10.80%	10.80%
债务净额 **	285.3	298.6	316.2	314.9	166.2	187.9	210.4	11.8
债务净额/EBITDA	6.56 倍	6.49 倍	9.14 倍	11.29 倍	6.15 倍	6.08 倍	6.40 倍	0.35 倍

注：* 估计；
** 包括对股东发行的次级债券、零息债券和夹层贷款。
资料来源：公司财务报告及笔者分析。

深度解析：没有回报的投资

在 2004 年年末上市时，DX 快递还是一家拥有无限美好未来的企业，但是在重新上市之后，它最终却成为康多富和公众股东的一笔令人失望的投资，原因何在呢？

1. 从以前的垄断企业手中夺取市场份额，是一件代价沉重的事件，它需要长期保持充足的可用现金。对所有新的市场进入者来说，一个必须提醒的先例就是英国天然气行业在 20 世纪 90 年代进行的自由化。即便是德国 E.ON 和法国电力公司（EDF）这种现金充沛的跨国集团，也花费了很多年时间，才从现有的英国天然气公司（British Gas）手中抢到一定数量的市场份额。在电力和水供应领域，英国政府则采取了更为主动的立场——将原来的垄断集团分割为若干独立的区域性企业。这就带来了激烈的市场竞争，并造就了几家实力强大的市场参与者，确保市场处于良性的竞争环境中。

但那些热衷于涉足邮政行业的公司就没这么幸运了，考虑到只有通过无缝连接的网络才能提供通用邮件服务，因此，政府难以将皇家邮政拆分为若干相互独立的本地实体。政府别无选择，只能采取类似于针对天然气市场的管制放松战略，维持国家对行业的垄断地位。在这种情况下，最有可能的结果是，只有大型的行业参与者才拥有能与皇家邮政相抗衡的资本实力和技术实力。随着本土市场出现的竞争，敦豪全球邮政快递（DHL Global Mail，在德国拥有垄断地位的德国邮政集团设立于英国的分支机构，2005 年 4 月，该公司在伦敦以外开设了第一个配送中心，和皇家邮政在商业邮件领域展开竞争）[41] 和 TNT 邮政（2014 年更名为"Whistl"）等大型新进入者渔翁得利。这样，它就可以尝试在英国采取低利润和低增长的经营模式，通过长期积累，循序渐进地增加市场份额。DX 快递负担不起这样的巨耗。最终，即便是德国邮政也不得不在 2010 年初举手投降，将敦豪英国业务出售给霍姆快递网络（Home Delivery Network）。

2. 在英国对邮政行业解除管制时，市场评论人士就曾指出，在已失去管制的海外市场上，人们就已经看到，现有企业仍稳稳地将市场主导权攥在手里。比如说，在 1993 年的瑞典，也就是邮政市场开放 10 年之后，94% 的邮件仍由国有垄断企业瑞典邮政集团处理。在失去垄断地位 5 年之后的 1998 年，新西兰邮政公司仍控制着 98% 的市场份额。因此，要取代皇家邮政，很有可能是一场漫长的战斗。而要做到这一点，任何挑战者都需要有强大的现金储备。[42]

3. 尽管在历史上一向以低效率和高成本而著称，但是在市场放开后，皇家邮政依旧强势回归。在 2003 年出现亏损 2 亿英镑的情况下，这家前国有垄断企业在 2004 年便交出了盈利 2.2 亿英镑的满意答卷，而下一年的利润更是增加到 5 亿英镑。2006 年年初，政府发放了 17.5 亿英镑的救济性补贴，以填补养老金缺口，这并未给该公司带来任何影响。尽管要面对难以驾驭的全国性工会组织和遍布英国的普通邮件服务，但是在现金流管理就位之后，皇家邮政立刻显示出它的威力，成为让所有市场参与者不寒而栗的竞争对手。在 2013 年 IPO 时，皇家邮政雇用的人员数量为 15 万——比前 10 年减少了 5 万人，而每年创造的自由现金流则超过 3.3 亿英镑。即使在 2009 年，它还是欧洲地区盈利水平最低的邮政集团之一，但政府定期对皇家邮政给予的补贴支持，为普通邮政服务畅通无阻提供了保证，也确保了其养老金账户的适当资金来源——2010 年 3 月，该集团的养老金缺口估计高达 80 亿英镑。2012 年 3 月，皇家邮政集团历史积累下来的养老金赤字终于被一笔勾销，从公司的资产负债表转移给政府——所有这些举措，都是英国加入欧盟的必要条件。但对于像 DX 快递这样小规模的公司来说，豁免养老金责任显然是不可想象的。[43]

4. 此外，在和皇家邮政展开竞争时，新的市场进入者挑选了利润更丰厚的包裹邮件业务，这就把没有利润的"最后一英里"业务留给皇家邮政独自经营。为此，英国政府同意，在位者（皇家邮政）在定价和营销政策方面有更大的自由度，以此作为对它承担低利润通用邮件服务的补偿，毕竟，这项业务关系着整个国家的正常运行。2012 年 3 月，英国政府实施了更宽松的监管制度，将对皇家邮政设置的价格控制范围从业务总量的 60% 降至只有 5%，这就让皇家邮政拥有了更强大的议价能力。在放松管制的初期，英国邮政和 DX 快递等竞争对手承担的税收成本远低于皇家邮政，但随着政府逐步取消针对这家前国有垄断企业的价格控制，它的竞争优势也受到侵蚀。在 2013 年上市时，皇家邮政的一半以上的收入来自包裹快递业务。[44]

5. 商业邮件占英国邮政市场业务量的 4/5 左右，但也是整个行业唯一的利润来源（因为普通邮件业务服务处于亏损状态）。因此，可以理解，大多数新的市场进入者会选择利润更丰厚的行业高端业务。在市场完全放松管制之前，已经有 14 家公司在 2005 年底向英国邮政管理局登记注册。[45] 一旦管制完全放开，必将在商业信件、邮件和包裹业务上引发激烈的价格大战——正是这个原因，导致隔日包裹快递运营商连城快递在 2014 年 12 月破产，而 Whistl 则在 2015 年 5 月决定放弃在伦敦及英国其他主要城市开展的门到门邮递服务。由于行业参与者误判了低准入门槛对包裹投递业务的影响，因此盈利压力陡然加大。而小型快递公司则有更大的灵活性，它们在不签订工作时间合同的基础上雇用兼职货车司机（这样，公司就雇用不受最低工作保障保护的员工),将业务集中于无需建立区域或全国性网络的本地包裹投送。多年以来,这些一向拥有较高利润率但对时间要求较高的业务,一直是DX快递和英国邮政等独立企业的财源。

6. 皇家邮政已在英国国内建立了完善的投递网络。而竞争对手公司收集和分拣的大部分邮件,最终还是要由皇家邮政完成"最后一英里"的交付。因此,这就让在位者(皇家邮政)可以有能力选择自己中意的竞争领域,并将保留最有价值的商业客户作为业务核心。

7. 对于邮政市场而言,最重要的变革并不只是放松管制的过程,而是电子邮件的广泛采用。如果一家快递公司2/3的销售收入来自律师事务所与其客户之间的文件交换,那么,它所面对的真正的威胁并不是来自电子邮件,而是其他实物交付业务。此外,2007年和2009年爆发的皇家邮政员工罢工事件,也大大削弱了实物邮件的吸引力,转而鼓励人们采用更快捷的电子格式的票据和银行对账单。从2005年到2011年,英国的人均信函量下降了25%。[46] 由于皇家邮政的传统信件传送业务遭遇了无纸化通信带来的毁灭性打击,因此,这家曾经的国有垄断企业自然要祭起市场主导地位这个法宝,发展利润率较高的包裹投送业务。而规模较小的参与者,无论是快递公司,还是像DX快递这样的隔日包裹快递服务提供商,必将受到市场主导者的打压。

8. 在中长期内,皇家邮政及其他邮政集团还将面对另一种威胁:在线零售商(不妨想想亚马逊)选择将产品快递服务进行内部化,以达到控制成本的目的,并将质量和可靠性保证延续到最后1英里。竞争对手的强大,自然不是DX快递股票的利好消息。

9. 在2004年之前,DX快递一直是翰纳仕集团的子公司,而翰纳仕也曾经是康多富的投资道具:在1987年至1989年期间,这家PE机构一直是翰纳仕控股的股东,直到翰纳仕在伦敦证券交易所的小企业板块上市,康多富推出这笔投资。或许是之前对DX母公司的投资经历,让康多富对自己在这笔投资上获得成功的能力太过于自信了——实际上,在第四部分介绍重复性收购时,我们就已经提到了这一点。

10. 让公司退市,显然不是一种可靠的赚钱方式。它依赖于两个假设:首先,公开市场投资者不知道如何对一家公司进行估值——但是现在,考虑到对冲基金管理人的庞大数量,以及除了作为价格套利者之外,他们几乎无所事事,以至于估值成了他们的看家本事,因此,这显然是一个非常危险的假设;其次,竞标方拥有判断目标公司退市后价值的独门绝技。除非投资者能在收购之后创造出协同效益,或是通过总体规划确保目标公司在退市后出现大幅增值,否则,这些以前经历过杠杆收购的目标公司,很难让投资者为退市而支付的溢价得到回报。康多富也曾认为,在将DX快递和

> 安全邮件服务公司合并之后，它就可以坐享不可限量的协同效应。但现实根本就不支持它向 DX 支付的 26% 溢价。

康多富以及为收购 DX 快递提供融资的贷款人显然低估了英国邮政市场的持续变化性，更没有意识到监管环境的复杂性。他们误判了电子邮件给企业邮件数量带来的影响，更没有想到政府的决心——只有保证皇家邮政的健康和资金充沛，才能确保普通邮件服务的正常运转。虽然其他主要邮件和包裹运营商、TNT、德国邮政和英国邮政也会在不同程度上犯同样的错误，但它们无一犯下如此不可承受的错误——让成本高昂的贷款充斥于它们的资产负债表。用于帮助 DX 快递退市的债务融资显然已让它们积重难返。

DX 快递的现金流最终也远没有人们想象的那么稳定可靠。面对一个全方位放松管制的市场，DX 快递在未来增长潜力和利润率提升方面的前景，丝毫不容乐观——这也让它丧失了杠杆收购获得成功的先决条件。而皇家邮政和其他参与者带来的竞争招致了巨大的价格压力，并大幅挤压了整个行业的利润率。此外，过度地使用负债，也让 DX 快递管理层彻底失去了打造可替代皇家邮政的新型服务的希望。为提高投资的内部收益率，康多富一味地依赖于价值创造的第二个支柱——持续不断的对外收购。内部资金的危机，已在一定程度上导致这个杠杆收购集团无力兑现以收购促发展的策略；而在 2008 年后的信贷危机期间，它甚至丧失了通过股息重整回收投资的机会。

在康多富完全退出对 DX 快递的投资时，公开市场已对该企业进行了估值调整。在这种情况下，这家 PE 公司的回报必然要受到多重套利的负面影响，6 倍于 EBITDA 的退出价格整整比进入价格低了 1/3。究其原因，很大程度上归咎于被投资公司的利润率大幅下降以及缺乏有机增长前景等因素。而造成 DX 快递业绩不佳的一个重要原因在于邮件服务业务：早在决定将四个部门中的三个部门剥离之前，翰纳仕集团就已经在 2003 年 9 月对邮件服务业务计提了 6 亿英镑的减值损失。一个像翰纳仕这样的大型企业集团都能意识到，与皇家邮政正面竞争不会给股东带来什么好结果，那么，作为一个独立的小企业，DX 快递还在执迷不悟地一往无前，岂不是以卵击石？宿命早已注定。

当然，我们也不能完全淡化"大衰退"给这个行业带来的消极影响。从 2008 年到 2010 年，作为 DX 快递的核心业务，文件交换业务的销售收入下降了 16%，而快递部门的销售额也锐减了 17%。但全面彻底的市场尽职调查应该会让康多富和贷款人清楚地认识到，在这个行业下注绝不安全。他们至少是可以参照先例的——DX 快递的一个主要竞争对手已公开上市。在康多富决定向 DX 快递提交收购报价前的几个月里，作为富时 250 指数的成分股，英国邮政的股票表现已经糟糕透顶。在公司业绩突然恶化之后，英国邮政的市值也在 2005 年

8月中旬到2006年2月下旬之间遭遇断崖式下跌，股价从680便士跌至305便士，累计跌幅超过55%。它应该为康多富敲响警钟。[47]

诞生于20世纪70年代英国邮政行业罢工时期的DX快递，也未能建立有效的业务规模和足够的现金储备，而这恰恰是它与国有竞争对手对峙时所不可或缺的武器。尽管四个独立的管理团队确实竭尽全力，尽管它们的竞争对手、皇家邮政不断遭遇罢工潮，但DX快递还是因为缺乏深思熟虑而陷入盲目的上市—退市怪圈，而这个怪圈仅仅发生10年之内。DX快递最初只不过是一家在低端AIM上市的公司，流动性不足、业绩不佳和能力低下是AIM上市公司的基本特征。按理说，这样一家公司不太可能成为公众投资者心目中的宠儿。尽管它作为一个利基市场参与者（niche participant）有自己的生存空间，但只要挡了皇家邮政的发财路，麻烦自然就来了。在股票上市后的两年内，DX快递的股价跌幅就已超过IPO发行价的3/4，因此，这家专营文件交换业务的小公司只能将吸引那些以获取股息为目标的投资者，而它的命运自然不难判断——要么被收购，要么自生自灭。它留给人们的唯一印记，就是成为PE投资IPO失败的另一个典型案例。

第十章
德本汉姆百货——借钱是投资圈的永恒时尚

2015年1月13日,德本汉姆百货股份有限公司(Debenhams plc)首席执行官迈克尔·夏普(Michael Sharp)发布了一系列令人失望的业绩数据,而这家英国最大百货连锁店的股价也应声下跌8%,降至每股69便士。10天之后,零售行业投资者迈克·阿什利(Mike Ashley)——英国最大体育用品连锁店Sports Direct的老板,最终亲口证实了坊间关于他打算整合服装零售业的传闻,他承认,自己已经同意与高盛银行签订了一份看跌期权协议,而期权标的则是德本汉姆百货10.5%的股份。协议生效之后,阿什利对这家经营不善的零售商的持股比例马上超过16%。

阿什利一向被人们描述为一位亲善勤奋的亿万富翁,在过去的12个月里,尽管他已经确立对德本汉姆百货的控制权地位,但丝毫没有透露他的真实意图。虽然德本汉姆百货已经在两家店面试行Sports Direct的特许经营权,但这种合作关系的目的还停留在商业角度,而非财务。[1]这或许会让德本汉姆高管层感到不悦。实际上,考虑到时尚零售连锁企业在过去10年间所经历的长期动荡和种种挫折,现在确实是他们反省变革的时候了。

从店主到零售帝国

德本汉姆的起源可以追溯到1778年,当时,托马斯·克拉克(Thomas Clark)在伦敦市中心的威格莫尔大街44号开设了一家商店。这也是英国最繁荣的时期。尽管美国在两年前宣布独立,但是乔治三世统治时期——也就是1760年到1820年这段时间,英国已成为欧洲的主导力量,这种实力不仅体现在政治上(由于大不列颠和爱尔兰在1801年联合建立大英帝国,而法国则因为1789年的大革命以及随后的拿破仑战争而实力大减),也反映在经济上(英国率先开启了"工业革命",而这场革命的一个重要标志就是詹姆斯·瓦特发明的蒸汽机）和文化上（这就要感谢简·奥斯汀、拜伦、雪莱和约翰·济慈等英国文学大师的作品）。

1813年12月，克拉克和19岁的威廉·德本汉姆成为肩并肩的合作伙伴，并一起打理他们的生意。后来，他们将商店延伸到威格莫尔街的另一侧，这样，他们就同时拥有了两家店面。于是，他们将一个店面称为"克拉克-德本汉姆"，并将另一家商店叫做"德本汉姆-克拉克"。到1823年，这两位商业伙伴在切尔滕纳姆市的步行厅3号（3 Promenade Room）开设了一家小型布帘商店，出售各种丝绸、棉布、披肩、手套、蕾丝和装饰物。这家新店生意兴隆。到1837年，克拉克从公司退休，德本汉姆提拔自己信任的两位员工威廉·普雷（William Pooley）和约翰·史密斯（John Smith）作为公司的合伙人，以"德本汉姆-普雷-史密斯"的店面名称继续在伦敦和切尔滕纳姆两地做生意。

到1840年，切尔滕纳姆分店的管理权交给了德本汉姆的姐夫克莱门特·弗里鲍迪（Clement Freebody）的手里。大约在1843年左右，他们在北约克郡的哈罗盖特市开设了另一家分店。1844年10月，扩建和翻新的店面在切尔滕纳姆市重新开业。普雷和史密斯在1851年退休，于是，生意的合伙关系也进行了调整，新的合伙人包括威廉·德本汉姆的儿子——也叫威廉，另一个就是克莱门特·费里鲍迪，而新公司的名称也就系被改成"德本汉姆-萨恩-弗里鲍迪"。1905年，这家企业最终被新成立的德本汉姆有限公司（Debenhams Limited）所替代。同年，公司开设了第一家百货商店。之后，这家零售集团的生意蒸蒸日上，并通过几次收购实现了长足进步，其中包括在1920年收购位于伦敦骑士桥的时尚零售商哈维·尼克斯百货（Harvey Nichols）。

1928年，公司进入了一个新阶段——已经没有任何家庭成员继续参与集团的运营。也就是在这一年，公司在伦敦证券交易所上市交易。以收购促增长仍然是其战略的核心手段，并且也屡屡被实践所验证，到1950年，德本汉姆已成为英国最大的百货商店集团，拥有84家公司和110家店面，其中很多店面依旧保留独立经营的身份。这家企业也逐渐演变成一个高效运行的零售帝国，但是在痴迷并购的20世纪80年代，它最终还是丧失了独立性。和发达国家其他地方一样，在放松管制、国有企业私有化以及企业掠夺者（corporate raider）发起的收购推动下，当时的英国也经历了一段风起云涌的并购大潮。

到1985年，也就是成为竞争对手波顿集团（Burton Group）的恶意收购目标时，德本汉姆股份（Debenhams plc）已拥有了67家百货商店，通过其品牌店和子公司为1 200万客户提供服务。公司的税前利润较两年前增加了一倍，达到4 000万英镑。[2] 它当然不甘心公司被一个名声和业绩不及自己的对手收购，而且可以肯定的是，一旦波顿集团在投标中获胜，它就会被一脚踢开，于是，德本汉姆百货的董事长及其高管团队对管理层收购的可能性进行了仔细研究。³ 波顿集团在上一财年的销售收入为 4.16 亿英镑，并实现了 5 600 万英镑的税前利润，可见，波顿的实力并不比德本汉姆百货大多少。但是最后，波顿还是以略低于 6 亿英镑的价格将德本汉姆百货纳入囊中。⁴ 此时的波顿旗下吸纳了一大批知名品牌，包括创建于 1831 年的哈维·尼克斯百货、成立于 1760 年的玩具店 Hamleys 和 1759 年诞生的鞋类连锁店莲花。毋庸置疑，伯顿正在打造英国最大的服装零售集团。

回归公众视线

在波顿集团的控制下，德本汉姆百货对自身业务进行了重新定位，在关键产品领域推出自有商品，并增加了店面。但是从德本汉姆百货的角度来看，这次收购并不成功，因为和波顿集团的其他连锁店的经营思路相比，德本汉姆有更好的市场形象和关注点。20 世纪 90 年代初的经济衰退中，让这个拥有十多个独立服装品牌的企业集团颇有感触——集团旗下既有符合年轻人口味的 Topshop 和 Topman，也有经营女性高端时装设计品牌 Dorothy Perkins。⁵ 事实上，将德本汉姆百货纳入到伯顿服装连锁店这个企业集团的羽翼下，本身就不符合逻辑。经营德本汉姆这种商场概念的最大优势，就是能提供覆盖面更广泛的多种品牌，不仅有服装，还要纳入家居用品、备品、电子产品以及家用电器等商品。它与伯顿集团有着完全不同的价值主张。

到 1998 年，波顿管理层将德本汉姆百货从集团中剥离的决定得到了投资者的拥护。在当年的 1 月下旬，德本汉姆再次成为独立运营的企业。⁶ 尽管这确实令人欣慰，但转型过程也颇为痛苦：在 1999 年的财政年度，也就是被分拆出来后的第一年，德本汉姆百货销售收入同比出现负增长，税前利润为 1.38 亿英镑，与上一年持平。在接下来的一年到 2000 年 8 月，德本汉姆百货始终鲜有令人振奋的消息，1.8% 的销售增长率聊胜于无，但税前利润却降至 1.3 亿英镑。面对如此糟糕的表现，集团首席执行官特里·格林（Terry Green）于 2000 年 9 月引咎辞职，业务总监贝琳达·厄尔（Belinda Earl）随即接替了公司最高管理者的职位。就在宣布管理人更替消息的当天，德本汉姆百货的股票收盘价下跌 17.5 便士，报收于每股 182.5 便士。这表明，尽管集团在格林的带领下的表现差强人意，但投资者对新老板同样不买账。⁷

它的焦虑很快就被现实所打破。厄尔上任之后，公司业绩立即出现好转，销售额在接下来的两年中分别增长了 8% 和 4.8%。在此前两年由格林领导时期，包括新店开张在内的总销售额平均增长率仅有 1.2%。而在厄尔的掌控下，前 3 年销售额的复合年增长率达到 9%。

到 2003 年年初，公司股价已完全恢复，并超过了每股 270 便士。厄尔用行动向外界表名，她对管理百货商店确实有一套自己的经验。目睹如此令人咋舌的火爆生意，诸多杠杆收购公司已开始磨刀霍霍，准备一试身手。

当潜在收购方于 2003 年春季开始对德本汉姆百货出手时，这家百货商店运营商已在伦敦证券交易所交易了 5 年。在此期间，它始终强调通过品牌提升和零售定位、商店扩张以及技术升级等手段实现有机增长。此外，公司还启动了一系列新举措，如开展"德本汉姆的设计师"业务。这项活动不仅给公司带来超过 2 亿英镑的营业额，还为设计师在零售商店面展示新作品提供了机会。于是，集团对广告营销、产品创新和整体购物环境等方面进行了升级，开设了 19 家新店面，并对其中的 40 家进行了现代化改造。公司销售的产品系列早已超越服装的范畴，涵盖了化妆品、香水、护肤品、美容产品以及电子产品和家具等。自分拆以来，尽管英国的整体经济形势持续恶化，但德本汉姆百货的年均销售额却增长了 3.4%。在截至 2003 年 2 月 28 日的中期业绩报告中，该上市公司称企业经营状况良好，税前利润和销售额分别同比增长了 4.8% 和 5.8%。[8] 而有些准备择机而入的 PE 投资者认为，他们还可以做到更好。

重回私营——退市

5 月 12 日最早传出消息，称英国璞米资本已经和德本汉姆进行接洽，准备与首席执行官贝琳达·厄尔以及财务总监马修·罗伯特斯（Matthew Roberts）合作，按每股 425 便士的价格收购该公司。璞米资本的团队已花费了 6 个星期的时间进行尽职调查，并按整体企业业估值提出报价，报价已得到目标公司管理团队的认可。潜在收购方的先发制人或许已无法阻挡。但是股东对德本汉姆高管与金融投资者之间"勾肩搭背"的做法提出质疑，这种过于亲密的工作关系，显然容易引发公司治理方面的问题。[9] 考虑到首席执行官和财务总监自身的利益冲突问题，股东强烈要求这家零售集团的非执行董事公开招募收购方，吸引更多竞争对手参与投标。到 6 月底，有两家 PE 公司表达了收购意向——业务覆盖欧洲的 CVC 投资和美国的得州太平洋集团（TPG）决定联手参与收购，并获准对公司账目开展尽职调查。

就在两个后来者还在赶进度的时候，璞米资本已完成尽职调查，并在 7 月底向德本汉姆确认，它的最终报价为 15.4 亿英镑，其间将与两家大型金融集团黑石和高盛合作。[10] 在与璞米资本牵头的财团就最终细节进行谈判时，为了始终让对手感受到压力，德本汉姆百货的董事会采取了一项大多数教科书不会有的行动：主动承担由 CVC 和 TPG 竞标组合进行尽职调查所产生的 500 万英镑的费用。德本汉姆已对璞米资本作出承诺：如果董事会不向股东推荐璞米资本的报价，则需向后者支付 600 万英镑的违约金；如果璞米资本的最终报价输给另一方，它将获得一笔更慷慨的违约金——850 万英镑。因此，要追究标的公司的责任很困难。[11]

但承担 CVC 和 TPG 部分交易成本的策略确实发挥了作用：它促使德本汉姆的公众股东没有接受璞米资本的要约收购，拒绝将持有的股票交给璞米资本。到 8 月 28 日，在集团的全部流通股当中，只有 2.22% 的股份接受每股 425 便士的价格。因此，在 9 月 3 日，人们得以看到管理层披露的截至 2003 年 8 月 31 日的财年数据——销售收入大幅增长 8%（这进一步表明，在贝琳达·厄尔的领导下，这家零售集团确实表现优异），这就为 CVC 和 TPG 给出更有竞争力的报价提供了足够的时间和动力。9 月 12 日，这个后来的竞争对手最终报出了每股 440 便士的收购价格，按此计算，它对德本汉姆百货的估值达到了 16 亿英镑。[12] 但随之而来的却是一场恶战。在 9 月剩下的时间里以及 10 月的上旬，两个财团都全力以赴，试图超越对手。双方你来我往地不断抬高报价，以至于高盛甚至一度想退出璞米资本的收购团队。[13]

可以说，正是高盛的这个决定，导致璞米资本将胜利拱手让给对方。经过"恋爱"与"对抗"相互交错的 4 个月，在 10 月下旬，通过一家名为 Baroness 零售的新公司（为此次收购专门创建的投资载体），CVC 牵头的双人组合最终以超过璞米资本最初报价 20% 的价格取得胜利。与此前传言相吻合的是，最终报价以 4 月 8 日的每股 256.25 便士的市场交易价为基础，并给出 83% 的溢价。[14] 按这个报价，这家零售商的市场估值已超过 19 亿英镑，相当于 EBITDA 的 8 倍。此后，CVC 和 TPG 以及随后加入的美林银行旗下 PE 基金，共同在 2003 年 12 月完成了这家百货连锁店的退市，此时距托马斯·克拉克和威廉·德本汉姆合作创业已有 190 年。

* * *

CVC 牵头完成了这笔以退市方式完成的收购交易。按已完成交易的总价值衡量，CVC 是欧洲最大规模的杠杆收购基金管理者。公司总部位于英国伦敦，并设有 12 个欧洲办事处。最近，该公司又在亚洲开设了前哨基地，2000 年，它已筹集 7.5 亿美元资金在亚洲地区进行投资，这一切都显示出它的全球性战略思维。但是对德本汉姆百货的退市收购却完全是英国人之间的事情。CVC 伦敦办事处的合作伙伴之一乔纳森·富尔（Jonathan Feuer）最早发现了这个机会，并与他熟悉的几位 CVC 高管——罗伯·坦普曼（Rob Templeman）和克里斯·伍德豪斯（Chris Woodhouse），合作完成了这笔交易。

自 2003 年 2 月以来，这两个人分别担任哈尔富德集团股份有限公司（Halfords Group）的董事会主席和副主席。8 个月之前，CVC 刚刚完成了对这家汽车维修零部件和摩托车产品零售商的收购。在 2003 年的整个夏天，两位高管与富尔密切合作，合力进行了对德本汉姆百货的尽职调查，并最终通过目标公司的主要财务和运营参数得出结论：投资将在短时间内带来非常可观的回报。此次收购不仅是英国有史以来最大规模的退市交易之一，也是 CVC 迄今为止在英国完成的最大一笔收购。因此，在退市之前，它必须尽最大努力揭示目标公司的价值创造能力。

富尔本人是一名注册会计师，1988 年，他离开英国巴林兄弟银行加入该公司，他很清楚，由于收购目标公司的价格可能非常高，因此 CVC 不可能依赖自有资金完成收购。但有利的方面是，CVC 在两年前已完成了"欧洲股权合伙III号"基金的 47 亿欧元筹集工作，因此，这为它获得资金支持创造了良好的基础。但股权部分的融资总额可能超过 6 亿英镑（相当于 9 亿欧元）。按照 CVC 对 2001 年的年份基金设定规则，对任何一家被投资公司的投资总额不得超过基金实收资本的 15%，这也是 PE 基金的惯例。因此，如果对德本汉姆的收购要求股权融资部分为 6 亿英镑，那么，CVC 的出资额将达到 CVC III号基金实收资本的 19%，这显然超出了投资上限。当然，公司也可以随时与有限合伙人进行沟通，要求他们以书面方式同意放弃该限制条款。但如果交易失败，那么为此付出的代价将是惨重的，甚至会直接危及整个公司的未来。在面对这种两难困境时，绝大多数杠杆收购机构更愿意引入联合投资者。因此，CVC 找来了得州太平洋集团和美林银行两家机构。

PE 风格的价值创造模式

在取得德本汉姆百货集团的控制权后，作为直接股东的 Baroness 立即更换了此前支持璞米资本的首席执行官厄尔和财务总监，并任命坦普曼和伍德豪斯接替两人的职位。在此过程中，CVC 已先行解除了他们在哈尔富德负责的事务。这个决定来得如此之快，表明新股东丝毫不掩饰他们的意图：他们不愿意浪费一点时间，尽早从被投资公司回收价值；而他们在未来几年内从德本汉姆百货获取价值的方式，也成为投资者不择手段追求收益最大化的教科书式案例。我们不妨重新回顾一下他们实现这个目标的方法。

重要的事情当然也是首先要做的事情。很自然，大部分用于收购的资金来自债务融资——在 19 亿英镑到 20 亿英镑的总价值中，约有 70% 的资金来自债务，其中，优先级贷款 6.96 亿英镑、高收益债券 3.25 亿英镑、不动产融资 3.55 亿英镑。[15] 这显然与德本汉姆集团在私有化之前的杠杆率大相径庭，在退市之前，这家零售集团的杠杆率仅有 7.5%。不过，这也是为什么这笔交易被称为杠杆收购的原因。后来，高收益债券部分因市场需求不足而被缩减，但债务总额仍为总资本的 70%，包括 1.25 亿英镑的循环信贷额度以及开设新店和改造现有店面所需要的资本支出。

在完成对这家零售商退市后的第二天，新股东便开始商讨对 26 套房产开展售后回租业务。通过这笔交易，公司可以筹集到 4.5 亿英镑的现金。[16] 在对德本汉姆控股 6 个月之后，2004 年 7 月，公司通过修改债务融资方案向股东支付了股息 8 000 万英镑。而它之所以能在如此短的时间内收到股息，完全归功于德本汉姆的超强盈利能力，在银团贷款启动和完成这段时间里，EBITDA 便增加了 3 000 万英镑，达到 2.7 亿英镑。股息资金来自公司按两个月前所募集 2.75 亿英镑 8 年期债券配售的 1.6 亿英镑。发行之后的杠杆率保持不变，债务维持非常合理的水平，为净负债总额的 3.6 倍，其中，优先级债务为 EBITDA 的 2.4 倍。不过，为了让贷款人同意股东在这么短的时间内收取股息，交易的出资方（PE 股东）为后者提供了 25 个点的奖励费。

之所以能如此快地进行再融资，最主要的原因，就是公司在短短 3 个月内完成了原本需 3 年完成的成本削减计划。在这 3 个月里，管理层将运营资金缩减了 1.15 亿英镑，并完成了 4 500 万英镑的成本削减任务。此外，在完成融资之后，新公司还将自持和长期租赁的物业出售给了一家关联公司，获得 1.6 亿英镑收益。[17] 最终，售后租回协议的实际影响在 2005 财年中得以体现，其中，有形资产的账面价值较上一年减少了 3.7 亿英镑。

为了刺激收入增长和创造现金流，2004 年初，管理层处置了 3 000 万英镑的库存物资。此外，管理层还大力投资于扩大店面和延伸产品线。考虑到公司有机增长乏力，因此，在 2005 年 3 月，德本汉姆百货从倒闭的奥德斯百货商店集团手中接管了 8 家商店的所有权。不久之后——也就是为退市融资的银团贷款流程交割的一年后，管理层便开始集中力量展开一轮 20.5 亿英镑的资本重组，此次重组涉及发行 17.5 亿英镑的优先级债券和 3 亿英镑的第二留置权贷款，并以筹集到的资金再次向 CVC、得州太平洋团和美林银行支付股息——这笔超级慷慨的 8 亿英镑股息直接进入金融投资者的口袋。这一次，德本汉姆的杠杆倍数开始上升，这与信贷市场日趋宽松的趋势相一致：债务净额总额达到 EBITDA 为 5.6 倍，而优先级债务净额也增加到 EBITDA 的 4.7 倍。[18]

公司大力推行的成本削减计划初见成效，尤其是在退市后的第一年，总部员工减少了 12%，店面装修翻新费用减少了 3/4，积极向供应商争取更优惠的付款条款，甚至将付款时间延长一倍。[19] 借助这些举措，公司毛利润从 2003 财年的 2.48 亿英镑增加到次年的 2.56

亿英镑，而在截至 2005 年 9 月 3 日的财年中再次增加到 3.36 亿英镑。在 2003 年到 2005 年间，公司的营收飙升了 1/3。随着盈利能力的增强，德本汉姆在 2005 财年充分发挥了它在债务市场上的再融资优势，将成本高昂的深度折扣债券、高收益债券和抵押贷款替换为成本更低的优先级定期贷款。[20]

重回公众视线——二进宫

凭借如此强劲的业绩提升，2005 年年底，PE 财团决定，准备出售投资。实际上，德本汉姆百货退市后不到两年，CVC 等机构股东就已经开始盘算退出了。考虑到德本汉姆百货拥有超强的现金创造能力，因此，他们不仅希望能尽快变现这笔投资，还希望能尽享股价上涨的收益，毕竟，他们已经充分意识到，整个经济正处于一轮常规性的牛市时期。股票市场一片繁荣——富时 100 指数在 2005 年之前就上涨了近 17%，PE 行业在过去 12 个月内的交易总额整整增加了 2/3。谁知道这轮牛市会延续多久呢？变现对这家中档零售商的股权，不仅有助于提高投资的内部收益率，而且还能立即实现它在两年持股期内实施的价值兑现方案。这个方案的核心，就是让德本汉姆百货重新上市。

但处置过程不太可能这么简单。让很多机构投资者拭目以待的是，即将再次 IPO 的这个德本汉姆百货是否还是 2003 年卖给三家 PE 股东时的那个德本汉姆。大多数人对这项投资的前景持谨慎态度。毕竟，德本汉姆百货没有强大的特许经营权，并且考虑到三家金融投资者的背景，它们极有可能在重新上市时以完全价格出售股权。另外，德本汉姆的店面产权均为租赁取得，因此，店面使用的稳定性取决于其经营能力，而不是有形资产。此外，PE 股东已从企业中吸出大量现金，使得公司很难继续维持高于平均水平的盈利增长。[21]

最终，上市在 2006 年 5 月初完成，上市为公司筹集到 9.5 亿英镑股权资金。德本汉姆的股票迎来了双倍的超额认购，主要原因就是当时的股价处于询价区间的底部：每股 195 便士。按股价计算，这轮上市使得德本汉姆百货的市值达到 16.75 亿英镑。再加上 12 亿英镑的债务，这家零售集团的企业价值总额为 28.75 亿英镑，也就是说，超过营业利润的 12 倍和 EBITDA 的 8.2 倍。而且这 12 亿英镑债务不包括 IPO 筹集的 7 亿英镑，这就是说，德本汉姆百货在上市之前的债务净额总额为 19 亿英镑，相当于营业利润的 8.3 倍。回想一下，当初，三家金融投资者以 19 亿英镑的价格买下这家公司，其中包括 13 亿英镑的债务。最初的 6 亿英镑股权价值已通过之前提到的股息重整再融资得到返还。按照市场评论人士的猜测，甚至在 IPO 之前，PE 股东实际上就已经收回了 13 亿英镑。[22]

在上市之后，CVC、得州太平洋和美林旋即出售了所持股份中的57%。考虑到之前分配的股息现金以及它们在上市过程中获得的2.5亿英镑发行收入，坊间传闻，它们的投资在不到30个月时间里便已经赚了三倍。而且它们仍持有公司35%的股份。在上市之前，董事长约翰·罗弗林（John Lovering）、首席执行官坦普尔曼和首席财务官伍德豪斯合计持有集团14%的股权，按上面数据计算，上市之后，三人分别获利600万英镑、900万英镑和1 100万英镑，并在上市时持有价值约6 000万英镑的股权。[23] 所有这一切，都仅仅来自这一笔交易，而且在2003年年末的时候，还些人认为，按完全价格收购会让他们以后的盈利之路异常艰辛。但他们还是挺过来了，而且在这个过程中赚得盆满钵盈。正常情况下，我们的案例研究也应该到此为止。不过，本章的目的在于探讨杠杆对重新上市企业的影响，而这注定会让德本汉姆百货的经历变得妙趣横生。

细节之于零售业的重要性

在2003年退市之前的3年里，德本汉姆百货的营业利润率为11.5%。在截至2006年8月的12个月交易期内——也就是重新在伦敦证券交易所上市的那一年，它的营业利润率却高得离奇，达到了14%，远远高于历史平均水平。实际上，营业利润率以2003年的12%为起点，上升到2004年的13.5%，而次年则进一步提高到14.2%。在此期间，集团的营业额每年增长6%，而EBITA的年增长率为20%。在两个财年中，利润率的增长速度超过收入增速的3倍，这显然不能以商业模式基本面的变化来解释，这只能是股东应急对策的后果。任何企业或行业都不可能在短短24个月内实现如此彻底的业务转型，从业绩平庸的企业化为利润机器。这家零售商让利润率实现深度飞跃的策略，就是通过在线平台做生意，或者说，至少是采用点击模式永久性地大幅固定成本。但这种重新配置显然需要数年的时间，而不是几个月。

这趋势应该会给潜在投资者敲响警钟。所有研究德本汉姆百货上市招股说明书的机构投资者，都应该提出如下两个再基础不过的问题：

（1）如何解释利润率的急剧上升？

（2）这种利润率是否可持续呢？

事后看来，第一个问题的答案不难理解，也是重新上市后两年内被众多媒体纷纷报道解读的因素：大幅减少员工数量、从供应商处获得价格折扣并延迟付款，当然，印象最深的还有削减资本支出。但是，为了解这家公司，大多数机构最有可能采取的策略是调查那些在罗弗林和坦普曼任职期间离开公司的高级员工。仅在2004年，就有设计总监、家具部门负责人以及男装业务总监离开德本汉姆百货，成为竞争对手的一员。他们中的很多人都会了解德本汉姆百货盈利能力突增的真实原因。

至于可持续发展问题，在公司重新上市一年后，《金融时报》援引了一位匿名人士对某PE同行观点的总结：对那些投资IPO的机构而言，它们很有可能是被金融股东以及德本汉姆百货高管理团队杜撰的故事所迷惑："它们试图以最完美无瑕的方式让市场证明，德本汉姆百货目前的状态是可持续的……但这就是市场出错的地方。"[24]

在退出投资时，德本汉姆的高管和三家PE巨头从精心策划的利润提升中获益。由于信贷泡沫在此期间席卷整个股票公开市场，因此，它们在29个月后将公司重新推上证券交易所时，股东就可以使用可比零售商的股价作为基准，证明德本汉姆百货值得拥有更高的市盈率。公司的股票价格PTP曾在2003年年底达到令人瞠目结舌的11倍营业收入。2006年5月的市盈率为12.1倍，不过，两家主要竞争对手英国NEXT百货和玛莎百货的市盈率也分别达到12.6倍和17倍。[25] 这种多重套利主要由市场驱动，即使是在实践中，投资者也可能会因为德本汉姆的高利润率而受到诱惑，因而甘愿支付更高的成本。

在公开发行后的几个月里，集团管理团队始终坚持着眼于长远的发展战略。2006年10月，德本汉姆百货在爱尔兰收购了罗奇（Roches）旗下的9家店面，在此之前，它已在爱尔兰开设了自己的三家店面。此次收购的总对价为2 900万欧元，其中一半是两年内支付的。通过购买，德本汉姆增加了500 000平方英尺的销售场地。随后，坦普曼很快宣布了一个通过海外扩张来扩大业务的计划，到2010年，公司将在俄罗斯、印度、罗马尼亚、菲律宾、塞浦路斯和马耳他等地区开设70家门店。[26] 仅在2007财年，公司就在142家的基础上增加了20家新店。当公司高管在这段时间忙于业务经营时，有关集团财务状况吃紧的消息开始浮出水面。

2007年年初，在IPO期间负责公司再融资的贷款方，据称仍承销12亿英镑贷款中的大部分。市场认为，贷款条款和资本结构或将导致投资风险过大。在上市之后，德本汉姆的股价基本保持稳定，甚至曾一度突破每股200便士关口，但是到2007年初又回落10%。[27] 而在此之后，德本汉姆便走上了一路下行的不归路。4月17日，在公司报出"出人意料"的盈利预警之后，公司股价应声暴跌了15%。[28] 鲍格投资（Baugur）是一家专门专供零售业的冰岛投资公司，旗下拥有的弗雷泽百货（House of Fraser）是德本汉姆的小型竞争对手之一。当年的夏季和秋季，鲍格投资在新上市的德本汉姆百货获得13.5%股权，这算得上是一个好消息。

在陆续发出盈利预警之后，这家英国第二大百货连锁店最终发布公告，在截至2007年

9月1日的财政年度内，集团的毛利润和营业利润率较上一年下降1/5以上。在向市场放出这些数据前不久，坦普曼曾对媒体记者作出如下表态："你必须保持长远观点。确实，我们度过了一个糟糕的年份。但我们不是正在解决问题吗？问题肯定会解决的。"[29] 但只有时间才能证明一切。与此同时，由于股价大跌，德本汉姆百货的企业价值已经从IPO时的8.2倍EBITDA下降到2007年9月的5.8倍。截至12月底，股价已经比上市时的发行价格缩水了近60%。更严重的是，公司即将出现债务违约。同月，西班牙的两家投资公司Bestinver和Milestone资源（一家在迪拜零售商Landmark持股的投资集团）也向德本汉姆发出通告：它们已分别持有德本汉姆百货10%和7%的股份。显然，秃鹫闻到了鲜血的腥味。

更可怕的是，对于这些坚持机会主义理念的买家来说，现在宰杀猎物还为时过早。从这时起，对于德本汉姆百货，还有它的管理层、投资者和贷方来说，形势只会越来越糟。正如我们事后所看到的那样，2007年夏天，全球信贷市场进入一轮逐渐、但明显可见的收缩。最先遭遇寒潮的是美国房地产行业的次级抵押贷款部门。信贷危机即将让人们看到，面对瞬息万变的金融和经济环境，一家过度杠杆化的公司是如何跌入深渊的。全球经济不出所料地陷入乱局。在2008年遭遇0.3%的负增长之后，英国GDP在第二年继续下跌4.3%。这也让英国成为"八国集团"中表现最差的国家。即使是在次贷危机爆发地的美国，2009年的GDP也"仅仅"萎缩了2.8%。而受房地产泡沫支撑的爱尔兰经济，却走出了不同于美国的轨迹——2008年大幅暴跌2.6%。[30] 由于英国和爱尔兰的业务相当于德本汉姆百货总收入的90%左右，因此，公司生意遭受的打击可想而知。

麻烦不断的百货公司

在IPO之后的第二年，德本汉姆的同比销售额便开始下滑。在截至2007年8月的财政年度，销售额下降5%，并在随后的12个月中继续下降0.9%。在2008年的年度报告中，尽管管理层试图保持继续打造乐观气氛，但却难掩前景暗淡的事实。在2006年9月2日到2008财年之间，集团的营业利润下降了1/4。从2006年的14%的高位开始，营业利润率在两年后已下滑到9.6%。经营活动产生的现金流量则从2005财政年度的3.82亿英镑下降到截至2008年8月30日财年的2.86亿英镑。[31] 在被PE机构控股的短短时间内，曾被寄予希望的应急手段均以失败而告终。

2009年2月和3月，全球股市跌至谷底，富时100指数降至6年最低点，而道琼斯工业平均指数也创下12年的新低。而德本汉姆百货的颓势甚至让市场都始料未及，2008年

12月8日，公司的股价已跌至每股不到20便士，仅相当于2006年5月IPO发行价的1/10左右。而当日的杠杆率则超过92%。回头来看，在2007年完成投机性建仓的少数掠食者确实有点操之过急。在经历了2009年初的难关之后，德本汉姆百货的股价在当年3月份再度涨到每股90便士，尽管此后也出现了暂时性震荡，但是按这个价格水平，确实反映出这家债台高筑、业绩堪忧的零售商的长期内在价值。

信贷危机及其对德本汉姆业务所在地区的影响，导致公司生意始终低迷不振。但是真正让管理层和股东感到担忧的，还是让他们坐立不安的高杠杆率。重新上市时的债务净额总额为12亿英镑，到2008年8月底，这个数字仍维持在10亿英镑的高位上。每个人都很清楚，德本汉姆百货必须找到解决债务问题的方案。否则，公司自身命运及其2.7万名员工的生计都会受到威胁。

在2009年5月以分期摊销方式偿还1亿英镑的债务后，这家零售商已开始重新进行债务安排。在截至2009年8月31日的年度中，公司的同比销售额再次下降3.6%，此时，债务重组已刻不容缓。由于盈利能力和现金流持续萎缩，因此，集团有可能无法兑现未来偿还贷款的义务。6月，金融负债已让德本汉姆百货不堪重负，为此，它不得不以增资方式向公众股东筹集超过3.2亿英镑的股权资金，并无限期取消股息分配，试图以此改善资产负债表。这些举措让公司债务净额总额减少了4.04亿英镑，从而达到更具有可控性的5.9亿英镑。[34] 而坦普曼迫不及待地宣称，此次配股"让公司不再为负债问题所困扰"。[33] 而随后12个月的进展却表明，这种观点过于乐观，因为负债至少仍达到集团资本结构的45%。

夺路而逃的投资者

令人尴尬的是，在2009年6月，就在管理层呼吁公众投资者将口袋里的钱投给德本汉姆百货时，CVC却选择出售它所持该公司股份中的大部分。[34] 股价的降低，导致这轮增发筹集的资金远不及预期。有人猜测，PE投资者已开始兑换筹码、退出赌场了。[35] 公平地说，CVC在德本汉姆百货的持股时间已远远超过它的联合投资者美林银行了：这家美国银行早在2008年3月26日便毫无预兆地清空仓位，从而触发当天股价大跌17%。[36] 随着增资的完成以及PE股东所持股份的摊薄，CVC代表才小心翼翼地退出董事会。董事长约翰·洛弗林也不失时机地宣布，他将于2010年3月退出董事会，这暗示着他认为兑现个人经济收益的时候到了。[37] 到2009年10月，在又拿到1亿英镑的额外收益之后，曾在2003年12月参与收购的另一家机构投资者TPG，也将手中仅存的10%股份卖给对冲基金管理人Och-

Ziff，这场利润丰厚的杠杆收购大宴就此拉上帷幕。据报道，得州太平洋在这笔投资上实现的收益约为 5 亿英镑，也就是说，足足收回了相当于初始投资 4 倍的收益。[38]

令人惊讶的是，就在大批债权人威胁要接管德本汉姆百货，而现有的 PE 股东又不愿意继续投入更多筹码时，外部投资者已开始跃跃欲试，准备加入这场气势恢宏的大戏。在这种情况下，你没法指望能遇到比这更容易勾引，而且又这么温顺的下家。PE 投资者的讨价还价能力和他们野蛮人的商业头脑，在这个例子里展现得淋漓尽致。假如有人要我们拿出更多的证据来证明，金融投资者与被投资公司管理层、员工和贷款方的利益趋同，只是个别情况下的特例，那么，德本汉姆百货在 2009 年春天——全球金融体系停摆时，所展现的情形，无疑最能说明问题。在确保股权投资获得丰厚回报的情况下，金融投资者不仅拒绝帮助债务缠身的被投资公司解忧纾困，反而已开始策划一场大逃亡了。

在经历了长达 6 年的持股期之后，PE 投资者脱离险境扬长而去，而留下德本汉姆百货继续在痛苦中煎熬。2010 年，德本汉姆百货再次公开承认，公司无力兑现贷款偿还义务。在当年 7 月的时候，德本汉姆百货刚刚通过信贷工具再次进行了一轮金额为 6.5 亿英镑的再融资，但随后便宣布取消股息分配计划。经过对贷款条款的重新谈判，公司每年承担的利息成本从 7% 下降到更易于控制的 4.5%。[39] 据报道，在当年夏天，这家大型百货集团还在协商另一项售后回租协议，以期通过不动产释放出更多的资金。[40] 由于公司的自有不动产资产已从 2004 年的 3.46 亿英镑缩减到 5 年后的不足 5 000 万英镑，因此，公司实际上已经没有更多油水可榨。[41]

* * *

最后，德本汉姆的金融投资者完全退出，由此带来的伤害开始在未来几年持续发酵，8 年前为管理收购而引入的高管团队在 2011 年期间陆续离职，留下新上任的首席执行官和财务总监处理这个烂摊子。首先，在当天夏天，原来的助手迈克尔·夏普转正，从坦普曼手中接过首席执行官的位置。随后，在 11 月，从外部聘请的西蒙·赫里克（Simon Herrick）被任命为财务主管，接替了伍德豪斯的工作。可以说，在 IPO 后的 5 年时间里，公司的经营颇为难堪：尽管总销售额从截至 2006 年 9 月 2 日财年的 17 亿英镑增加到 2012 财年的 22 亿英镑，但期间的营业利润却从 2.38 亿英镑降至 1.75 亿，营业利润率从 14% 大幅下降到不足 8%。对于这些由 PE 投资者任命的高管，唯一能显示他们确实对公司进行了改造的迹象，就是在线业务的增长，在线销售额从仅占 2009 年总收入的 2.1%，提高到两年后的 6.7%。

图 10.1 已经清清楚楚地显示出，自重新上市以来，这家百货零售商始终表现低迷，而在 PE 任命的高管离职之后，形势则进一步恶化。在 2013 年圣诞节的生意遭遇灾难性打击

以及新年前夜习以为常的盈利预警之后，公司股价随之应声大跌12%，财务总监西蒙·赫里克最终在2014年1月2日宣布辞职，此时距离他上任的时间仅仅只有两年。[42] 收拾不当杠杆收购留下的残局，可能比最初纠正不当收购更令人沮丧，这几乎已成定律。德本汉姆百货需要6个月时间才能确定这个收拾残局的人选，而找到新的财务总监接替人则是再过6个月的事情了，直到财年的2015年1月，来自母婴用品零售商Mothercare的马特·史密斯（Matt Smith）才正式接手财务总监这个棘手的位置。考虑到德本汉姆百货的营业利润率已不到6%，因此，这家百货集团已很难实行大刀阔斧的改造了，此时的德本汉姆百货或许正急需母亲式的关爱。

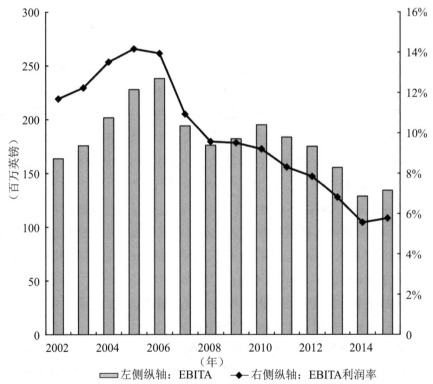

图10.1 德本汉姆百货在2002年到2015年期间的经营业绩

资料来源：公司财务报告及笔者分析。

在重新上市的9年之后，德本汉姆百货依旧笼罩在当年不当收购的阴霾中。虽然集团的营业额在此期间稳定增长，到2014年已超过23亿英镑，但盈利能力却持续恶化，2015年，公司的营业利润已减少到1.34亿英镑，相当于营业利润率只有微不足道的5.8%。正如人们所预料的那样，造成德本汉姆利润率下降的一个主要因素，就房地产租赁费用的大幅增加。如果当初留下店面房产的所有权，或许还可以让这家集团免受未来租金上涨带来的厄运。但现实是残酷的，店面租金从 2003 年的不到 6 000 万英镑，到 2015 年已增加了近 6 倍，达到 3.4 亿英镑以上。在收购留下的众多礼物中，影响最长远的当属资本支出的大幅减少。德本汉姆百货在 2003 财年的资本支出净额为 1.32 亿英镑，到 2013 年，资本支出始终再未超过这一数字。在这 10 年期间，资本支出占收入的比重从 9.2% 大幅减少至 5.8%。[43]

过气的巨人

1978 年，拥有 200 年扩张历史和经营传统的德本汉姆已成为时装零售业的标志，此时的公司不仅拥有一系列全球顶级品牌，更是一家拥有超强盈利能力的时尚零售连锁集团。这种盈利能力足以让它抵御自由市场的非理性冲击。然而，就在短短的 30 年里，德本汉姆却遭遇了一系列厄运：因为波顿集团的恶意收购而退市（1985 年），失去对 Hamleys、Harvey Nichols 及其高溢价资产的控制权，从业务分散、业绩低迷的伯顿集团中分拆出来并再度上市（1998 年），因杠杆收购而再次退市（2003 年），而后以高估值再次上市（2006 年），让机构投资者满载而归，而独自跋涉的德本汉姆百货在上市 18 个月后，陆续发出三次盈利预警，[44] 并且为了减轻债务负担而在 5 年时间里多次进行再融资。

毫无疑问，由 PE 机构支持的管理团队并未放弃增加收入和海外扩张。他们甚至利用 2009 年经济振荡的时机大肆收购，不仅收购了英国对手 Principle 的股份和品牌，甚至投资于丹麦的百货集团 Magasin du Nord。不过，在时尚零售业，有一个事情是不变的：跨国经营的道路必定充满荆棘和障碍。很多服装零售商对此避而远之，毕竟，不同国家在时尚品位和分销渠道上的差异，可能会让本地化之路变成炼狱。

坦普曼是收购德本汉姆百货时期的首席执行官，并一直任职到 2011 年。此前在家居装修商店集团 Homebase 以及自行车汽车零部件经销商的运营经历，确实让坦普曼积攒了丰富的零售业从业经验，但是在 2003 年底接受 CVC 邀请开始经营德本汉姆百货之前，他对服装时尚业几乎一无所知。他在 Homebase 任职期间，公司同样由 PE 股东控股（璞米资本），这段时间学到的知识和实践经验，让他深谙售后回租之道，借此帮助他的 PE 雇主兑现资产、成本削减并提高运营效率，在最大限度提高现金流的前提下，确保尽快实施分红，让 PE 机构收回投资。服装零售业的海外扩张战略需要经营者采用不同的思维模式，这种模式的驱动力来自产品设计的差异化、精益库存管理和概念创新。比如说，西班牙零售集团 ZARA

始终坚持这样的核心价值观，而德本汉姆百货则延续了一套传统的商业模式——深化信息技术管理，精确微调供应链，采取小批量和高频率的货运，通过有效外包消除经营中的瓶颈因素，并确保后期设计决策始终不脱离公司战略。

当负债让所有企业的资产负债表开始摇摇欲坠的时候，即便是低成本的实体经营对手似乎也不足以成为挑战，因为一种新的行业再造大潮——电子商务正在酝酿。让德本汉姆的业绩难有起色的原因，不仅是瞬息万变的零售业环境，还有在线业务雨后春笋般的发展，这种新趋势成为 ASOS、Boohoo 和亚马逊的 Zappos 等传统企业实施在线转型最强大的助推器。当然，一向以低价格和快速行销而著称的 H&M、Next、Primark 和 ZARA，更是凭借其灵活的商业模式，让传统零售企业陷入困境。如果一家公司需要花费大量时间和贷款人打交道，却没有精力调整对价格敏感的客户的消费倾向，那么，它就很可能被时代所抛弃。尽管德本汉姆百货的在线业务在 2015 财年达到销售额的 13.6%，[45] 但是和纯粹的在线企业或时装零售商相比，这种进步微不足道，毕竟，后者在这 10 年中经历了飞跃式成长和股市的狂欢。2015 年 12 月，德本汉姆百货的股价降至 2006 年 5 月上市价格的 40% 时，Next 和 Zara 的股价在同期却几乎上涨了 5 倍，专门从事在线业务的 ASOS 更是迎来了 33 倍的涨幅。

* * *

如果管理层还有什么理由可以为自己辩护的话，那就是大的经济形势，自"大衰退"以来，整体经济环境低迷黯淡。实际上，所有大型百货商店集团在此期间都未能幸免于难：从 2006 年到 2015 年，食品及时装零售商玛莎百货的普通商品销售额几乎停滞不前。而玛莎百货的股价也在此期间下跌了 20%，这还要感谢食品杂货业务的稳健表现，如果没有高档食品零售业务的鼎力支持，它的命运未必能比德本汉姆百货好多少。

但是按大多数指标衡量，德本汉姆百货在 2015 年冬季的变现均不及杠杆收购之前。EBITDA 利润率已从 2003 财年的 17% 下降到截至 2015 年 8 月 29 日 12 个月的 10%。集团营业额的年增长率也从 2003 年的超过 6% 下降到 2015 年的 0.4%。现金流的增长更是让当初 IPO 招股说明书的预期成为笑话。尽管 2015 年的营业收入比 2003 年高出了 2/3，但在这 12 年期间，公司的年度经营现金流却从 2.63 亿英镑减少为 2.36 亿英镑。[46]

同样令人感兴趣的是，当 Next 这样的企业已开始将盈利增长作为首要目标时，德本汉姆管理层还在为增加收入而投入大量资源。在 2006 年到 2015 年期间，德本汉姆的营业收入增长了 36%，而 Next 在 2015 年的收入增长率仅为 29%。不过，在营业利润指标上，德本汉姆百货同期的跌幅达到 44%，而 Next 却反向暴增了 73%。

总而言之，尽管可以在 2006 年 5 月发布的上市招股说明书上看到这样的声明："在当前管理层的领导下，通过盈利能力的逐步提高实现业务转型"，但我们完全有理由认为，即使金融投资者和管理层确实在 2003 年和 2006 年期间给公司带来了提升，但这些提升显然是没有意义的，因为它们并没有转化为可持续的利润增长。在经历了退市和再上市交易之后，市场看到的最根本变化，就是德本汉姆百货已支离破碎，与市场需求彻底脱节。

深度解析：价值变迁

德本汉姆百货在上市时的企业价值为 28 亿英镑，但是在随后的 9 年里，企业价值却折损了一半以上。那么，这些钱到底流到哪里了呢？CVC、TPG 和美林投资可能会给我们答案。普遍接受的观点是，它们在这些交易中将投资秘籍用到了极致。

- 在 2003 年 12 月退市之后不久，它们就通过大力削减成本和最大程度压缩资本支出，改善了公司的基本业绩，并通过销售和回租协议给公司带来了一次性现金流入：这恰恰是杠杆收购创造价值的第三个来源。
- 在被私募投资机构控股的两年时间里，德本汉姆百货又为企业进行了两次再融资（这也是 PE 机构创造价值的第一个要素）。
- 尽管通过收购实现增长（创造价值的第二大支柱）的手段有限，但在成功取得被收购公司的实际管理权之后，它们仍控制着 Allders 的部分店面和 Principles 品牌，并依赖这些业务回收现金（但需要提醒的是，这种策略不适于德本汉姆百货，因为过度负债已让德本汉姆百货的现金极为紧张）。即使是在 2006 年爱尔兰收购罗奇旗下的部分店面时，部分资金也是通过延期支付收购对价解决的，已达到尽可能不影响流动性的目的。
- 在退出阶段，金融投资者会得益于多套利率策略，即便是非常有限的多套利率，也会让他们受益（价值创造策略的第四支柱）。这种收益部分来自于股价在上市后的大幅下跌，因为大多数股票分析师马上就会认识到，公司估值过高。
- 最后，它们在 2006 年 5 月完成的退出投资（即使只是部分退出），也是以快速变现被投资公司股权来提升内部收益率（创造价值的第五种触发器）的典型方式。

早在 2007 年 8 月的时候，德本汉姆百货便显露出增长乏力的迹象，股价已比 IPO 发行价低 35%，这或许是对得州太平洋集团合伙人菲利普·科斯特莱托斯（Philippe Costeletos）发表的观点的最好的讽刺。他曾呼吁投资者保持耐心："我们已投资了三年多，我们可以耐心等待，而且准备长期等下去。如果有人来这里只是为了赚一笔快钱，那他们可能会失望。到底能赚多少，取决于他们有多少耐心。"[48] 实际上，在图 10.2 中，我们可以看到，得州太平洋和其他两家联合投资者早已逃得无影无踪，只有公众投资者还在耐心等待。自 2007 年年初以来，德本汉姆百货的股票价格已接近每股 195 便士的上市发行价。

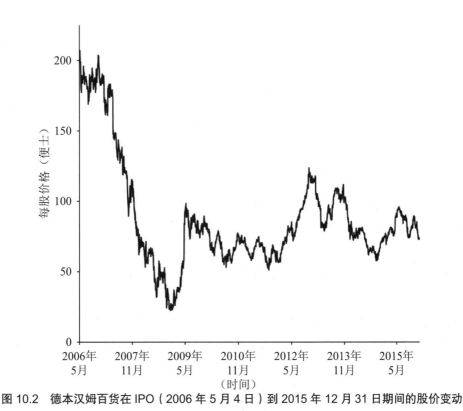

图 10.2　德本汉姆百货在 IPO（2006 年 5 月 4 日）到 2015 年 12 月 31 日期间的股价变动

截然不同的命运

在整个收购行业遭受金融危机冲击之后，三家金融投资者面临着各自的挑战。2009 年年初，随着雷曼兄弟的破产，整个美国银行业都笼罩在一片末日氛围中，从事次级抵押贷款业务的美林银行被更值得依托的金融集团美国银行强制并购，美林旗下的 PE 业务也被并入美国银行的同业部门，但随后不久又被分拆出来。

在 2005 年已筹集到 60 亿欧元的情况下，CVC 在 2007 年继续筹集了 41 亿欧元的并行基金，随后，它在 2008 年便迅速完成了 107.5 亿欧元基金的筹集。尽管手握如此多的资金，但这家 PE 机构的收益却非常可观：截至 2014 年 12 月 31 日，2007 年基金带来的净内部收益率（net IRR）为 6.4%，而 2008 年的年份基金内部收益率更是高达 10.4%。而在这两只基金的 8 年和 7 年存续期内，富时 100 指数的无杠杆收益率仅为 4.5% 和 4.1%。同样，CVC 2005 年的年份基金也创造了净内部收益率为 17.3% 的惊人业绩，相比之下，富时 100 指数的收益率只有 7%，而不包括英国在内的富时欧洲指数更是只有 6.5%。可以预料的是，凭借如此强劲的表现，CVC 在 2013 年再次筹集到 109 亿欧元的资金。这也是当年规模最大的欧洲 PE 基金。

至于 TPG，在 2012 年到 2014 年期间，它曾多次尝试筹集超大型基金，但 2006 年全球基金给出的内部收益率仅为 3.5%，而 2008 年年末筹集的年份基金则实现了 11% 的收益率（均为截至 2014 年 12 月 31 日的收益率），不知出于什么缘故，这样的收益率最终未能说服更多的有限合伙人慷慨解囊。[50] 但原因不难接受，在这两只基金 9 年和 6 年半的持有期内，如果投资者按相同期限投资于无杠杆的标普 500 指数，则分别可以获得超过 7.8% 和至少 10% 的收益率，因此，这或许为有限合伙人找到了更好的投资去处。不过，在 2015 年 3 月，TPG 最终还是设法筹集到了 65 亿美元的第七只旗舰基金。但它显然并未就此甘心，而是再次出手，这一次的目标是筹集到 80 亿美元，而且最终目标将是一只 100 亿美元的基金——这个目标在 2016 年 5 月终于达成。[51] 但是和昔日的 "得州太平洋集团合伙 IV 号" 基金的 150 亿美元筹资额相比，这不免有点令人失望，更不用说 V 号基金的 198 亿美元了。有关得州电力的详细情况可细读得州电力（见第五章）以及凯撒（见第十五章）的案例研究。

* * *

至于德本汉姆百货为什么始终未能走出杠杆收购的阴影，一种令人信服的观点是，完成管理层收购的团队缺乏有长远眼光的规划：他们的唯一目标，就是在短期内最大限度地创造现金，从而达到加速回收股权投资的目的。但非理性的过高估值，再加上不顾一切地肆意举债，让他们最终失去了兑现目标的机会。百货连锁是一个迫切需要大量资本开支的行业，对店面的不断升级改造和创新概念的持续导入，都需要以资金来支撑，因此，资本支出严重不足注定了德本汉姆百货走上了一条漫长而无法控制的不归路。无论是在英国海外的有序扩张，还是收购家族控制和扶植的零售商 H&M 和 ZARA，抑或是纯在线对手提出的貌似掷地有声的顾客价值主张，对于德本汉姆百货来说，都无济于事。德本汉姆百货在伦敦证券交易所上市后不久，来自《零售星球》（*Planet Retail*）的分析师布瑞恩·罗伯斯（Bryan Roberts）对这家英国百货公司集团在两个上市时期的表现做了比较：

"在第一轮上市时,德本汉姆和所有同行一样,都是成功的。但是在 PE 股东退出时,它却负债累累,房产被出售,而业绩则令人沮丧。"[52]

经过多年的艰苦努力,这家百货商店集团最终解决了大部分银行贷款,但是到 2016 年初,随着董事长和首席执行官的离职,公司形象再次因管理层的变动而受到摧残。集团孱弱乏力的市场地位已让它成为企业掠夺者最容易发现的目标。因此,作为一名喜欢搜罗便宜货的市场猎手,曾以超级简单的低成本方法收购英国著名体育零售商 Sports Direct 的麦克·阿什利(Mike Ashley)就非常看好德本汉姆,这应该不是什么值得大惊小怪的事情吧?

第六部分

私募股权投资已上市公司股权：
PIPE——梦想还是梦魇？

按照前几章介绍的诸多 IPO 和私有化退市案例（take privates），我们可以得出这样一个结论：尽管名称各异，但私募股权投资者的活动不止局限于非上市公司，他们也是公开市场的常客。这在一定程度上还要归功于有关杠杆收购信息的公开披露，当然，这也是本书得以成型的前提。不过，私人企业和公开市场之间的这种血缘关系，在所谓的"私募股权投资已上市公司股权"或者说 PIPE 中体现得最为淋漓尽致。有了这种深层次的结合，即便是在财务管理、公司治理和少数股东保护方面最糟糕的 PE 机构，也有机会打开公开市场的大门。在接下来的两章里，我们将对这种对接模式进行深入探究。

我们不妨对 PIPE 作出一个明确的定义：这是一种由机构投资者或极其富有的个人投资者对上市公司进行的投资。这种交易很常见，而非只有杠杆收购基金管理机构独自享有的狩猎场。养老基金、对冲基金、投资银行、保险公司和其他金融机构都是 PIPE 交易的常客。

在这里，我们必须区分两种类型的交易：一种是通过 PIPE 交易取得上市公司少数股权的公司；另一种则是我们在如下案例研究中介绍的杠杆收购。机构投资者有时会按以市场价格的折扣价收购上市公司的股票，但不会对被投资公司加杠杆，因为他们在被投资公司中的地位是少数股东，大股东会凭借其控制性地位阻止被投资公司过度承受这种财务风险。在持有少数股权的情况下，即使对被投资公司加杠杆，也只能在控股公司层面上进行。所谓的控股公司，这是一个专门为持有股权而成立的新投资控股公司。相比之下，我们将在法国电信子公司法国黄页（PagesJaunes）以及意大利电信黄页所属意大利黄页（Seat Pagine Gialle）的案例中看到，金融投资者取得目标公司或被投资公司的多数股权，从而成为公司的控制者，并通过支付特殊股息的方式以杠杆收购贷款取代股东权益，使得被投资公司被杠杆化。这个过程被称为债务转移（debt push-down，将母公司账面上的债务转移到子公司）。我们稍后将做详细介绍。

两种情景带来的结果有可能存在天壤之别。在目标公司出现经营恶化时，它很有可能会停止向股东支付股息，以维持公司的现金余额。在这种情况下，如果目标公司不做财务融资的话，那么管理团队面临的唯一问题，就是少数股东无法偿还其自身债务（由于上游的被投资公司不再向他们支付股息），并由此在财务上陷入困境。但这不会影响目标公司的业绩。在第二种情况下，由于目标公司承担了长期债务，因而财务风险非常高；一旦业绩出现恶化，目标公司就有可能陷入财务困境。在通过杠杆收购结构进行 PIPE 时——比如说，在法国电信黄页的例子中，控股公司和目标公司均采用债务融资，那么，对目标公司的管理层、贷款方和公众股东而言，形势可能会更悲观。

第十一章
法国电信黄页集团——支离破碎的历史

2005年5月,收购集团3i投资据称已在欧洲电话黄页公司黄砖之路(Yellow Brick Road)的投资上实现了4倍的回报。这家英国的PE公司与美国PE同行Veronis Suhler Stevenson投资公司合作,以18亿欧元的价格将公司股权出售给澳大利亚麦格理银行(Australian bank Macquarie)。但结果并不令人意外。欧洲的电话行业早已成为并购的特点领域,而且其中的大部分收购均由金融投资者牵头。早在1997年,3i投资就已经收购了汤姆森黄页(Thomson Directories),后者也是英国的第二大黄页出版商。两年之后,3i通过外部管理层收购方式将对汤姆森行业的控股权出售给它的同行——安佰深和安宏资本(Advent)。虽然口头上称它们接盘的意图在于"使公司进入下一个成长阶段",但牵头投资者安佰深没有浪费一点点时间和精力:它要尽快对目标公司实现转型,并最终在12个月后将股权转让给意大利电信黄页集团(Pagine Gialle),从而实现快速变现股权、尽早收回投资的目的。1

按照收购汤姆森黄页的经验,2002年,3i投资再次出手,取得了芬兰Fonecta媒体集团的控股权。一年后,还是这个3i,再次与Veronis Suhler联手,从荷兰电信运营商KPN手中接盘De Telefoongids的控制权。随后,两家收购机构再次合作,收购了美国威瑞森电信集团对Mediatel的控股权,后者的业务主要以中欧地区为主。2004年3月,3i和Veronis Suhler投资公司合作成立黄砖之路公司,专门负责对这三笔资产进行整合与管理。如前所述,一年之后,它们便将黄砖之路出售给麦格理资本牵头的财团。2 鉴于安佰深在汤姆森黄页投资的价值创造中展现出的超凡能力,在清空汤姆森黄页股份一年之后,这家英国基金管理人便美国同行希克斯·缪斯基金(Hicks Muse)合作,收购了英国最大的黄页企业耶尔传媒(Yell),此前,目标公司由国有电信运营商英国电信控股。两家PE股东在26个月之后将耶尔传媒推向上市,安佰深对这笔投资的持有时间足足是持有汤姆森黄页股权时间的两倍。3

黄页业务之所以会成为 PE 机构投资的热门目标，有几个方面的原因。常见的现金流创造标准是最主要的原因。由于该黄页的 EBITDA 利润率超过 30%，因此，黄页出版商有能力承担更大规模的债务。其次，黄页目录涉及的广告支出是可预测的，其增长幅度通常与消费趋势保持同步。与电视和广播广告或报纸广告宣传活动相比，黄页企业的广告支出属于明显的低成本项目，因此，这些企业抵御经济衰退的能力几乎是独一无二的。让它们成为杠杆收购主要候选人的另一个关键因素，就是它们中的大多数常年在垄断或寡头垄断环境下运营。除少数特例之外，这些企业以前属于国有企业，通常由所在国的国有电信服务提供商控制。在黄页出版商被私有化时，政府根本不会去认真考虑，消费者是否在获得适当的服务，是否被公平对待。因此，这些集团获得的巨额现金流来自于它们强大的市场地位——行业进入门槛很高，客户完全是价格的接受者，而且无法去货比三家。

政府很少能有效地经营这些业务，这就为通过削减成本、交叉销售和新产品开发改善盈利能力提供了很好的机会。很多企业在 20 世纪 90 年代或 21 世纪初完成了私有化改造，一旦脱离政府控制，它们就立即成为杠杆收购投资者的猎物，其实这并不难解释：现金流充裕是国有垄断企业的一个主要特征，更重要的是，它们本身就是一种市场整合的理想目标。由于一直受到国有股东的强大保护，因此，行业目录出版商为实施以收购促发展的策略提供了可能性。黄砖之路和意大利黄页对汤姆森黄页的收购就是最典型的例子。正是这些令人垂涎的特征，使得欧洲的所有黄页企业都成为投资者追捧的猎物。其潜在的收益是巨大的。

珍贵的资产

当然，既然汤姆森行业、耶尔传媒和黄砖之路都取得了这么大的成功，对它们的模仿自然也就在所难免了。由于这些交易已经完成，而且为股权和债务投资者带来了巨大的收益，因此，在黄页企业中寻找投资目标并进行分析，也成了赚钱的生意。但这背后也带来了一个问题，即越来越多的私募投资者进入企业，并通过新的融资平台筹集了数十亿美元，使得在行业领域中寻找合适的收购标的也变得越来越困难。大多数欧洲黄页企业都已经历了一次甚至是多次的杠杆收购。显然，这个领域的机会正在迅速减少。然而，有一家知名企业依然在体验这个领域带来的快乐，通过能力高超的 PE 专业人士，它收获着高负债、季度或半年财报带来的财富。这个公司也是欧洲最大的黄页企业之一。

在第二次世界大战后不久，法国邮政、电报和电话管理局即作出决定，成立法国黄页公司，并将法国各大城市电话黄页的广告代理业务交由政府控制的广播管理局（ODA）。

1998年，法国的通信垄断企业、法国电信集团子公司Cogecom收购了广播管理局。两年后，广播管理局和法国电信经营的黄页业务——包括1897年1月12日成立的法国黄页公司，被转移到集团旗下的互联网服务提供商万纳杜（Wanadoo），开启了这项业务在巴黎交易所IPO的旅途。2004年，法国黄页最终在巴黎泛欧证券交易所上市，上市公开交易的36.3%股份获得38.6亿欧元的市值。法国电信集团继续持有公司62%的股份，第二年，公司再次对机构投资者增发8%的股份。[4]

直到法国黄页被市场吹捧为理想的收购目标，它一直是法国最大的黄页出版企业，通过互联网和法国国有在线平台网络法国微电信（Minitel）同时提供纸质版和电子版的黄页服务。80%的法国人使用该公司提供的产品。法国黄页的主要业务是为普通公众和专业人士发布黄页目录，此外，公司还提供网站创建、托管和广告服务、直销、数据库在线访问以及企业本地化等服务。实际上，其中的很多业务已经由法国黄页独家垄断经营了很多年，甚至是数十年。面向普通公众的产品有法国的书面版黄页出版物，包括公司出版的黄页（政府机构及工商企业电话目录）和白页（个人及私企电话目录）。此外，法国黄页集团还拥有在西班牙的子公司QDQ和LaGuíaUsit。公司还为各公司创建了相应的在线平台，包括pagesjaunes.fr、PagesJaunes 3611、QDQ.com以及mappy.com。其中，最后一个平台是一种不同于谷歌地图的在线地图服务。公司的海外黄页业务包括黎巴嫩的官方黄页以及卢森堡的Editus和摩洛哥的Edicom。

在专业服务领域，法国黄页集团出版了提供法国工商企业登记信息的PagesPro以及《康帕斯工业目录》（Kompass），该目录以高级分类系统为法国、西班牙、比利时和卢森堡的买家和供应商提供供需信息。集团发行的黄页出版物达到358种，合计发行量超过7 000万份。超过57.5万家专业机构在法国黄页的书面版目录做广告，还有45万家专业机构通过它的在线平台PagesJaunes.fr提供信息。总之，法国黄页集团已成为一个多元化经营的全球市场领导者。2003年，法国国内的广告业交易价值达38亿欧元，其中通过黄页目录实现的营业额占23%。而通过互联网实现的广告营业额仅占其中的4%。[6]法国黄页集团在这一年的营业额超过8亿欧元，在法国本地广告市场营业额中的比重达到21%。也就是说，本土广告支出总额中的1/5揣进了法国黄页集团的腰包。

2004年7月的第一周，法国黄页在巴黎泛欧证券交易所（Euronext）上市交易，此时的法国电信集团完全没有必要急着处置剩余股份了——法国黄页在2005年分配的股息收益率高达4.5%。[7]但是到了2006年6月初，坊间已传出消息，称法国电讯集团已在筹划退出。多年以来，黄页业务一直被主要电信运营商视为非核心活动，因此，这样的传闻并不令人意外。当股权拍卖程序的消息正式披露时，法国黄页的交易价格为2006年预期收益的20倍，按这个价格计算，法国电信持有的 54% 股权价值超过 34.5 亿欧元。它不仅没有债务，而且还有超过 5 亿欧元的现金储备。[8] 像其他所有黄页企业一样，这是一头强壮无比的现金牛，现在，它需要一个愿意挤奶的新主人。

对于如此优质的资产，预期报价将会很高——毕竟，法国黄页不仅拥有稳定的书面版出版业务，还拥有巨大的在线增长潜力。但股权拍卖并未吸引到雄心勃勃的潜在贸易及金融买家。本地的媒体电信集团维旺迪（Vivendi）曾表示有收购意向，但随着信贷泡沫持续膨胀，金融投资者似乎不会给出太高的报价。潜在买家是清一色的 PE 机构，包括法国最大的 PE 欧瑞泽基金和 PAI 资产管理公司，英国的顶级 PE 安佰深、BC 资本、胜峰投资、CVC 和璞米资本，当然也少不了美国的几家 PE 巨头——凯雷、得州太平洋和高盛投资基金。考虑到交易的规模，这场盛宴注定不能缺少的一个参与者就是总部位于纽约的 KKR。几周以来，英国安佰深和胜峰投资的联合体一直被视为无二的赢家，部分原因就是它们在 2004 年 9 月以来一直控股 VNU 全球行业目录（VNU World Directories），后者的业务分布于全球 7 个国家。安佰深和胜峰投资均拥有丰富的行业经验。例如，它们曾在 2005 年联手投标西班牙的 TPI 股权拍卖，只不过遗憾的是，它们最终被安佰深以前投资的耶尔媒体击败。显然，它们这一次掌握了一定的竞争优势。但是在这场比拼机会的博弈中，另一方同样难以击败。

晴天霹雳式的打击

成立于 30 年前的科尔伯格·克拉维斯投资公司（Kohlberg Kravis Roberts &Co.，KKR），如今已成为一家以交易敏捷彪悍而著称的全球顶级投资机构。它的核心能力就是凭借强大的债务融资能力对现金创造型企业进行收购。它们以往的战绩大多体现在北美地区，其中也有过黄页行业的投资——在 2002 年到 2004 年期间，它们曾控股加拿大黄页集团。但近年来，这家投资巨头在欧洲的业务也呈现出井喷势头。KKR 对目标公司采取了极为苛刻的选择标准，它的目标就是在整个欧洲大陆寻找有一定体量的优质猎物。而眼下这场拍卖的最大问题，就是目标公司位于法国。

多年来，法国人对美国的警惕和反感已众所周知，而这也是美国专业收购机构始终未能在这个国家正名的一个重要原因。鉴于 20 世纪 80 年代后期在法国开展敌意收购所带来的负面形象，KKR 从未赢得过法国人的信任或是欢迎。正是出于这个原因，它才费尽周折，在法国本土建立了稳定的分支机构，并在此后每年均有斩获，但考虑到法国是全球杠杆收购的第四或第五大市场,因此,它的交易确实不多。不过,在 4 年前,KKR 联合法国最知名的家族投资机构文德尔基金(Wendel),完成了法国罗格朗电气安装集团(Legrand)的收购,这笔交易大大改善了它在法国人心目中的形象。毕竟,在员工、管理层、贷款方和 PE 股东看来,罗格朗的经营确实取得了巨大成功。据报道,为了促成这笔交易,一向争强好胜、脾气火爆的联合创始人亨利·克拉维斯亲自坐镇法国,为此投入了大量的时间和精力,他曾长期驻守在巴黎的公寓,为公司的法国收购团队加油打气,出谋划策。显然,它的唯一目标就是实现投资交易。

鉴于其规模,对法国黄页的收购很难由某一方独立策划完成,尤其是考虑到,要让法国黄页完全退市,买方就必须强制性获得少数股东所持股份。和安佰深与胜峰投资一样,高盛也选择与当地金融集团欧瑞泽基金、英国 BC 投资公司以及法国的 PAI 联合报价。同样,据称 KKR 也采取了和法国安盛保险公司旗下 PE 基金联手合作的方式。[10] 欧洲的大多数主要收购基金管理机构似乎都参与到这场争夺当中。最终提交约束性报价的日期定于 7 月中旬。在截止日之前不久,人们突然发现,KKR 的合作伙伴变成了高盛,而来自本土的盟友欧瑞泽基金已退出。在拍卖过程中,唯一从事业务的竞标者维旺迪媒体集团也宣布,"出于价格方面的考虑"而退出竞争。于是,这次收购竞争变成了一场完全由金融投资者参与的竞争。[11] 对法国黄页的收购也即将成为法国当年最大的杠杆收购案之一,唯一悬而未决的未知数,就是最终所有者到底会是谁。

在 2006 年 7 月 17 日的投标截止日,这家黄页集团的股价已涨至每股 24.16 欧元,也就是说,公司的市场价值已超过 67 亿欧元。4 天后,媒体称竞标过程已变成两方面的对峙:只有得州太平洋集团和 KKR 尚在鏖战。据报道,曾担任后者并购顾问的高盛暂时退出。但就在截止日这一天却发生了一件注定会影响报价的事件:法国黄页发布了一项令人尴尬的盈利预警。实际上,这也是法国黄页目录查询市场在当年早些时候放开竞争的结果,而法国黄页集团也就此迎来了史上最低的电话查询业务量和远远超过预期的广告支出。因此,管理层预期,收入增长和营业利润将触及先前预测的区间的底部。[12] 这一变卦将令参与最终报价的双方感到紧张。

即使这样,KKR 也无法修改报价。而考虑到准备报出的价格,来自得克萨斯的投资巨人似乎已不再是有力的竞争者。凭借对这笔交易特有的激情,7 月 24 日,KKR 决定以每股 22 欧元的价格收购法国电信公司的全部股份,按此价格计算,收购的总对价为 33 亿欧元。对如此慷慨的买家,卖家当然会展现出最大程度的欢迎。毕竟,即将出售的股份对应于完全进入成熟时期的资产,而且身处快速变化的行业环境中,法国黄页的股东等来了他们所期待的最高估值:过去 12 个月 EBITDA 的 13.7 倍。[13]

在 8 月的中旬，也就是法国大约有一半人还在休假的时候，KKR 已指定了一个贷款人财团，包括负责托管业务的美国银行、法国东方汇理银行、德意志银行、高盛、摩根大通和雷曼兄弟，它们将对市场对优先级和次级债务的潜在需求进行评估。[14] 2006 年 10 月 11 日，在正式取得对法国电信所持股份的控制权之后，KKR 任命其巴黎事业部的最高领导人雅各布·加拉艾德（Jacques Garaïalde）继续收购后的法国黄页集团的董事长。然后，KKR 开始收购未由法国电信持有的黄页集团剩余股份——其中，由公众投资者持有的股份比例约为 44.3%，其余由法国黄页的员工持有。[15]

这项工作的最终目标，就是确保同意公司退市的股东持股比例达到足够标准。如果潜在收购方收购的股份比例未能达到这个标准，则目标公司不能退市。正是出于这个原因考虑，投标人有时可能无法完成目标公司私有化，因为少数股东更乐于采取观望态度，这样，一旦投标人在后续阶段提高报价，他们即可坐享渔翁之利。按法国的规定，取得强制排除权的最低股权比例（squeeze-out threshold，即同意收购方获得目标公司的股份达到这个比例时，即有权强制性获得剩余股东持有的股份）为 95%。这就导致公开收购会变得异常艰难而烦琐，毕竟，要说服少数股东出售股份的成本会很高。但问题的关键是，KKR 已支付了全部价格而获得法国电信集团控制的大多数股份。这个过程是 KKR 通过一家名为 Médiannuaire 的控股公司进行的。最终，该控股公司按每股 22 欧元的统一价格收购公众股东的持股。此外，为鼓励少数股东出售所持股份以便尽快达到 95% 的最低持股比，它还为愿意给出售股份的公众股东提供每股 0.60 欧元的奖励。

* * *

KKR 面对的困境之一，就是它的"欧洲基金 II 号"仅有 45 亿欧元的出资承诺。筹建该欧洲投资工具的目的，就是为收购法国黄页的股份提供资金。最理想的情况是，由纽约公司向法国集团投资 7 亿欧元，这样就可以规避对单一交易的最高出资额度。但如果最终需要强制性收购少数股权并对法国黄页实施完全私有化，那么，法国黄页的企业价值总额就会超过 65 亿欧元，从而导致 KKR 在这笔投资上持有过高的股权敞口。出于这个原因考虑，公司希望由"KKR 千禧基金"和欧洲基金进行联合投资，"千禧基金"的资金链为 60 亿美元，这只在 4 年前筹集的基金致力于北美地区的投资。在这种情况下，由 TPG 和 KKR 进行联合投资或许更有意义——两家机构曾在 2001 年联手收购 BT 集团旗下从事黄页业务的耶尔媒体，并在 2003 年再度联合出手意大利电信黄页（见第十二章）的拍卖，尽管两次均未成功，但毕竟有合作的基础。[16] 然而，高盛的决定最终还是让 KKR 的法国同盟看到了成功的机会——高盛决定以参与股权投资的方式重新参与收购。在向法国监管机构提交对少数股份的要约时，高盛投资基金获得收购载体 Médiannuaire 控股公司 20% 的股份，而 KKR 则拥有剩余 80% 的股份。

2006 年 10 月 24 日，法国黄页和由 7 家国际银行组成的财团最终达成融资协议，最高融资金额为 23.5 亿欧元。优先级债务的发行收入将全部用于在一个月之后支付每股 9 欧元的特殊股息。[17] 按照 PE 界的说法，为支付收购载体（在这个案例是指 Médiannuaire）股息而发行的杠杆收购贷款被称为债务转移。通过这种模式，可以偿还 KKR 和高盛为收购法国电信集团股份而提供的过桥资金。由于法国黄页的股价在随后几周内略高于 Médiannuaire 作出的每股 22 欧元要约收购价，因此，市场认为股价还有进一步上涨的空间。在这种情况下，在 12 月 1 日截止日到来时，接受 Médiannuaire 收购要约价格的股东寥寥无几，他们所持有的股权仅有区区的 0.8%。尽管已经比两年前集团的上市发行价高出了 50% 以上，但 KKR 及其交易伙伴还是未能让法国投资者和依靠消息的套利者动心。这场由 PE 基金推动的法国最大规模的退市交易，最终变成了一轮棘手的 PIPE。尽管合计持有法国黄页的股份低于 55%，但它仍坚持实施了金融投资者所能做的一切：对目标公司加大杠杆，直到找到可乘之机。

新的大股东决定在控股公司层面（Médiannuaire）和经营单位层面（法国黄页集团）同时举债，这种做法在成熟的杠杆收购中非常普遍，而对 PIPE 而言并不常见。即使在最疯狂的时代，以如此大规模的负债为收购融资，也不是行业的惯例。两家 PE 机构以最熟悉的方式为杠杆收购提供了融资——高收益杠杆收购贷款。此时，集团还仅满足两个维持性条款（maintenance covenant）：债务净额与营业利润总额之比、利息保障比率（营业利润总额与利息支出净额）。在持股公司层面，Médiannuaire 已发行了 12.4 亿欧元的优先级贷款，分为 B 级和 C 级两个部分，分别对应于第一损失贷款和周转信贷额度。此外，还筹集了 2.1 亿欧元的夹层贷款，偿还方式采用了 4% 的现金和 4% 的实物支付（累计支付，而非现金支付）。控股公司发行的优先级贷款和夹层贷款由德意志银行提供。这部分贷款超过 EBITDA 的 3 倍，以股息形式支付，资金来自被投资公司的上游，即法国黄页集团。[18] KKR 在法国黄页集团持有的股份价值约为 7.87 亿美元（约合 6.4 亿欧元）。[19] 考虑到高盛进行的联合投资，两家 PE 机构为这笔交易提供了 75% 的债务融资。

由于法国黄页在 11 月底按每股 9 欧元支付了特殊股息，合计支付了 25.2 亿欧元的现金，导致这家法国黄页企业的净负债头寸（从企业价值中减去这个数值，即为股东权益）超过 20 亿欧元。[20] 这是一场由 KKR 和高盛操作的典型杠杆收购。图 11.1 可以帮助我们了解法国黄页在实施 PIPE 后的组织结构图。

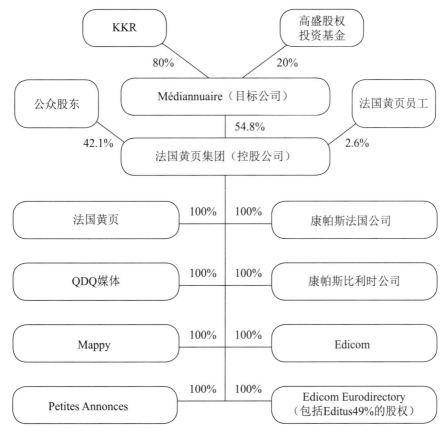

图 11.1　截至 2006 年 12 月 31 日，法国黄页集团在实施 PIPE 后的组织结构

资料来源：公司财务报告及笔者分析。

管理层发布的 2006 年年度业绩显示，集团收入的增长率仅达到预测区间的下限——6%，而前一年的增长率则接近 10%。毫无疑问，收入增长乏力的部分原因是所有权移交导致企业经营受到影响。营业利润总额（毛利润）增长 5%，而上一年的同期增长率则是 14%。在线和纸质版黄页广告的业务量仅略微提高了 2%。但毛利润的水平依旧维持在让人放心的 44% 的高位，这足以吸引贷款机构认购公司发行的债券。

从贷款人的角度看，稳定的经常性业务现金流，使得法国黄页始终被视为最安全的信贷兑现。公司的客户续订率达到 85%，[21] 这就为未来现金流带来了高度可靠的预期。由于债务牵头机构在 2007 年的前几个月就已经完成财团的组建，因此，市场对法国黄页债券的需求是巨大的。据报道，所有优先级债券的超额认购量均达到 10 倍到 15 倍，而对第二留置权债券部分的认购需求居然达到发行量的 25 倍。对那些心存法国式浪漫的人来说，这就是一见钟情。这样的时机当然不可错过，2 月，Médiannuaire 使用反向价格弹性（有关价格弹性的解释见词汇表），下调了控股公司和被投资公司的部分优先级债券以及第二留置权债券的收益率。此外，PE 财团还从夹层贷款中拿走了 60% 的资金，合计超过 3 亿欧元，并增发了低成本的优先级债券，从而进一步压缩了利息费用。与此同时，由于夹层贷款收益率太高而无法转让给第三方，因此，这部分债券全部配售给高盛的夹层融资部门。

考虑到贷款方热情高涨，因此，Médiannuaire 根本就不需要连哄带骗地让他们掏钱，可以说，只要市场条件允许，他们可以随心所欲地筹集到自己需要的资金。按被投资公司和控股公司的债务总额计算，发起人安排的贷款总额已达到公司历史 EBITDA 的 9.5 倍到 10 倍。如扣除周转信贷额度，债务倍数就会回归到更为"合理"的 7.5 倍至 8 倍。考虑到英国的竞争对手耶尔媒体在当年早些时候收购西班牙电信黄页公司后的杠杆倍数为 5.4，因此，将债务倍数提高到这个水平，足见公司对自身偿债能力的自信。当尘埃落定后，被投资公司的账面贷款已达到 23.5 亿欧元，其中包括 19.5 亿欧元的中期优先级贷款和 4 亿欧元的周转信贷额度；而控股公司层面的债务总额为 16.5 亿欧元，包括 1.75 亿欧元的周转信贷额度。需要提醒的是，这还是发生在信贷危机正式开始的前 3 个月，也就是债务泡沫的最高峰时期。

短暂的蜜月期

KKR 已开始进行尽职调查，但是对调查的深入程度依旧存在分歧。而目标公司已开始应接不暇。法国黄页的纸质版业务的收入增长率开始明显放缓，从 2003 年的 5.4% 降至第二年的 4%，2005 年进一步下降为 3%，而在进行 PIPE 时则变成了 2.5%。气氛在无声无息之间发生着变化：在线趋势的持续走强，已造成印刷分类广告业务开始缓慢但却无法逆转地失去市场份额。

电话黄页服务就是最明显的例子。数据挖掘与发布是最容易实现自动化的业务。随着信息时代和互联网的到来，计算机算法的使用已大大提高了数据收集和处理的效率和质量。如果说，世界上有哪家公司掌握了这种精准定位的、基于事实的广告技术，那谷歌当仁不让。这家拥有 8 年历史的搜索引擎和营销平台位于加利福尼亚州山景城的公司，它的宗旨就是致力于"为用户提供公正、准确和免费的信息"。

在 2004 年 4 月发布的 IPO 招股说明书中，我们可以从创始人给谷歌的信件中读出一个关键点：免费访问已成为法国黄页商业模式面临的真正威胁。企业目录信息之所以能一直对公众免费，是因为它的收入模式是以广告为基础的，也就是说，收入完全来自于广告。

企业为发布黄页广告支付的费用取决于广告在页面上的位置、尺寸（比如说，占整个版面、一半或是 1/4）以及文本和图像采用黑白还是彩色等参数，不同参数可以让广告在黄页上显示不同的突出性。在线解决方案不仅用更低成本提供更大的灵活性，而且可为市场营销人员提供结果驱动性的分析，而在大多数情况下，营销人员很难对读者（以互联网特有的表达方式）观看黄页广告的数量进行评估。到 2006 年，对法国黄页等从事黄页目录的企业来说，唯一可称得上竞争优势的卖点，就是它对本地市场的了解和掌握的数据。但这个关键的成功因素正在被迅速侵蚀。而谷歌则凭借对数据分析和用户体验的痴迷，正在构建一个能根据本地需求适当调整广告的全球搜索引擎。

实际上，KKR 和高盛是在做两个赌注。首先，它们坚信，法国黄页会成功地完成从纸质化广告模式向在线平台的转型。然而，正如我们在百代案例研究中所看到的那样，在破坏性变革时代，实现业务转型绝非易事。其次，考虑到法国黄页的主要广告客户是个人经营者以及独立交易商或中小型企业，因此，金融投资者会认为，谷歌不会根据本地需求定制全球性广告解决方案，这就把绝大部分分类广告预算留给了深耕本地业务的黄页出版商。

之所以会形成这种双重危险的境遇，确实事出有因。在当下日益全球化和互联互通的世界中，企业黄页的地位有可能会提高。但用于传播信息的旧式纸质格式注定会被电子数据传输所取代。这种新的数字式数据处理系统会带来两个方面的好处：降低成本，加快交付速度。像法国黄页这样的纸质版黄页必须和时间赛跑：不得不将自己化身为在线营销者。正是出于这个原因，在 2007 年 1 月，这家法国企业以《小广告》纸质版为基础，推出在线模式的分类广告解决方案（annoncesjaunes.fr）。[22] 2006 年，集团 72% 的广告客户已经在使用这个在线服务，这就是说，完全依赖纸质印刷品进行广告宣传的客户仅占 28%。在个人终端消费者中，有超过 1/4 客户同时使用纸质和在线版的黄页目录。[23]

当杠杆收购后的第一年即将结束时，管理层披露了在线部门的不凡业绩：互联网解决方案（增长 23%）开始取代以法国微电信为基础的传统服务（下降 38%），并带动集团 2007 年的收入增长了 15%。法国微电信创建于 20 世纪 80 年代，是一家通过法国电信固话线路提供黄页查询的电子服务平台。目前，法国电信已开始刻意缩小这项服务，并最终完全被互联网完全取代。法国微电信的收入减少是合乎逻辑的，而且可以预见的是，这部分损失将通过采用互联网模式得到充分补偿。但纸质印刷业务的增长速度再次放缓，相应的黄页收入仅增长了 0.3%，而针对私人通讯地址的白页收入则下降了 2.2%。尽管信贷危机开始在法国黄页持续发酵，但黄页集团的估值参数依旧强劲。截至 2007 年 12 月，公司股价已经比 PIPE 交易日下跌了 10%，但该集团的市值仍有 37 亿欧元。随着目标公司债务的增加，企业总价值已超过 EBITDA 的 11 倍。不过，考虑到持股公司承担的 15 亿欧元贷款，加杠杆 PIPE 交易后的价值将达到净利润的 14.2 倍，对于一家企业营收年增长 5% 的企业来说，这确实是不凡的成就。

* * *

尽管始于 2007 年夏季的信贷危机已逐步发酵为一场全方位的金融危机，但对于管理层来说，将这家拥有 60 年历史的电话号码出版商转型为 21 世纪的数字营销服务提供商，似乎算不上挑战。在 2008 年的第二个季度，法国整体经济下滑了 0.5%，而且已开始出现明显的衰退迹象，并一直延续到次年第三季度。[24] 考虑到法国黄页收入的 98% 来自本土，因此，这绝对是一个不折不扣的坏消息。历史已经一再表明，在困难时期，企业高管最先想到的对策就是削减广告预算。无论是对还是错，传统观点认为，商业黄页业务更能适应经济衰退。营销人员对此给出的主要原因就是，分类广告属于预算相对较低的项目。过去可能确实如此，但遗憾的是，"大衰退"已经改变了这一切。

如前所述，在线平台提供了一种低成本且易于监控的广告载体。在那些对成本敏感的广告客户眼里，这显然是一种极具诱惑力的替代。之所以讨论这个话题，是因为在分类广告行业中，要展示"大衰退"引发的替代效应，法国黄页集团在 2008 年的业绩显然是最有说服力的例证。在这一年，这家法国企业的在线业务增长了 17% 以上。而纸质版黄页出版物的收入则遭遇了长期以来的首次负增长——收入同比下降 5.7%。此外，由于西班牙市场形势的恶化以及当地子公司业务的急剧收缩，管理层不得不对 QDQ 媒体的投资计提了 6 900 万欧元的商誉减值损失。在 QDQ 媒体解雇大约 1/5 的员工之后，整个集团当年的预计重组成本将达到 250 万欧元。[25]

与此相对应的是，KKR 也选择对法国黄页集团的投资价值计提 2/3 以上的减值损失。[26] 这无疑是按市价计价的要求，不过从经营角度来看，与业内同行相比，法国黄页的表现相当不错：2008 年合并口径的收入和 EBITDA 分别增长了 3% 和 6%。集团仍是法国互联网用户数量第四大的公司。[27] 但问题是，这样的业绩指标仍没有完成预算目标，尤其是在采用加杠杆的资本结构时，这从来就不是一个好主意。2008 年，业绩疲软和市场规模减半这一事实反映在了公司的股价上。到当时为止，它的估值参数还是基本合理的：法国黄页集团的估值不到 EBITDA 的 7.5 倍，与其他全球可比对象保持一致。[28] 如考虑到控股公司债务的情况，KKR 和高盛得到的企业价值已超过收益的 10 倍。它需要采取行动。2009 年 5 月，在连续两年多未能完成管理层制订的业绩计划后，公司更换了首席执行官，在法国黄页任职 13 年的米歇尔·达奇里（Michel Datchary）被迫辞职。为找人接替米歇尔的位置，PE 股东请来了让-皮埃尔·雷米（Jean-Pierre Remy）。尽管有媒体传言称达奇里和 Médiannuaire

的战略存在分歧，但事实是，KKR 已开始重新洗牌，试图以此来挽救投资巨大的这家法国企业。

法国黄页集团董事会主席兼 KKR 法国办事处负责人雅各布·加拉艾德（Jacques Garaïalde）很了解即将上任的首席执行官。2000 年，在凯雷风投（Carlyle Venture）担任董事总经理时，加拉艾德曾为雷米负责的在线企业旅游平台易信达（Egencia）提供了融资。3 年后，加拉艾德离开凯雷，加入 KKR，不过，他现在最热衷的事情就是为法国黄页找到一位值得信赖的高管——尤其是一个对在线商业模式有深入了解的人，来领导集团的数字转型。在收购易信达之后，雷米就一直在美国在线旅行社 Expedia 任职，因此，完全有理由认为，他在网络业务领域的经验将对法国黄页有所帮助。看看集团的资本结构时，就不难理解这次管理层更替的迫切性。由于法国黄页的股价在 2009 年第一季度已跌至每股 6 欧元左右，因此，集团的市值约为 17 亿欧元。考虑到法国黄页的债务净额为 19.5 亿欧元，而且 Médiannuaire 的债务也接近 15 亿欧元，因此，其债务净额总额已达到金融投资者投入资本的 2/3。

在 7 月 23 日发布上半年的业绩时，管理层终于可以轻松地宣布，集团收入增长了 2%——在线业务则实现了令人瞠目结舌的增长——同比增长了 14%，而且营业利润总额也取得了相当可观的增长——6%。[30] 如果考虑到法国经济在同期萎缩了 1.7%，那么，这样的成绩单应该更加值得钦佩。尽管领导层发生变化，但集团仍将面临经济疲软带来的不可预测性。当年的下半年，整体经济形势没有出现任何缓解，黄页行业的广告支出急剧下降。在整个年度，印刷品的广告销售额下降了 7.5%，而在线分类广告则增长了 6%。在此时期，法国的广告市场经历了 50 年来最严重的下滑。国内生产总值大幅下降了 2.9%，这也是自二战以来的最大回落。[31] 对新任首席执行官来说，这显然是一场艰难的洗礼。而法国黄页也再次证明了自己的适应性，公司股票的年终价格超过了 2008 年 12 月的水平。令人难以置信的是，在经历了风雨如磐的一年之后，很多欧洲同行不得不进行再融资——意大利电信黄页、英国的耶尔媒体和瑞典 Eniro 黄页搜索引擎均进行了增发融资，法国黄页的企业价值倍数依旧傲然屹立：目标公司价值水平的 7.9 倍，而 Médiannuaire 的债务则是 EBITDA 的 10.9 倍。

出人意料的是，在 2010 年 1 月初，高盛的股票分析师将法国黄页的评级从"中性"下调至"卖出"，公司股票旋即作出反应，当日股价下跌 3.6%，降至每股 7.51 欧元。为证明按意大利电信黄页、耶尔媒体等业内落后企业的情形调整法国黄页评级的合理性，这家美国银行给出的理由是纸质出版行业整体加速衰退，谷歌地图在市场份额上大幅增加，而法国黄页的股价又明显高于同行企业。[32] 但这位分析师的观点甚至遭到银行内部很多同行的反对，尤其是在高盛的私募股权投资部门。一个月之后，当法国黄页的管理层公布 2009 年全年业绩时，高盛分析团队的观点开始得到更多分析师的赞同。

由于所有广告商均不同程度地下调了广告支出，因此，纸质出版业务的总体收入较上一年下降了6.5%。在线业务在过去几年经历了两位数的增长，增速达到6.5%，但在线业务的总量毕竟很有限。而更糟糕的是，海外业务的销售额也未能带来什么安慰，同比下降了1/5。集团的合并销售收入下降2%，而EBITDA则下降4%。[33]从数字上看，利润下降导致债务与EBITDA的比率上升。因此，留给公司可调整的杠杆率空间从30%下降到19%。[34]虽然法国黄页在应对衰退影响方面已尽了最大努力，但公司的产品数字化以及互联网应用增多，显然还不足以遏制传统纸质业务崩盘带来的影响。

这让纸质业务向数字业务的转型成为当务之急。自2009年中旬加入公司以来，CEO雷米始终把组织重建作为自己的第一目标。毋庸置疑，提高效率的代价是惨重的：2008年，公司员工总数为5 284人，第二年，员工人数减少到4 843人，到2010年底仍有4 776人。集团实施的成本削减方案不仅涉及法国黄页境内企业和西班牙子公司QDQ的裁员计划，还有在2009年10月出售摩洛哥的子公司Edicom，这些计划成为公司减少人员臃肿问题的重要措施。除此之外，管理层还试图通过收购初创企业来推动网络业务增长，譬如人才招聘网站"123people"以及估计交易商报价的专业网站"keltravo"。[35]但这显然还不足以弥补市场调整带来的冲击。在法国，整个纸质黄页出版业务的收入在2010年再次大幅下降了9.5%。[36]当然，法国黄页也未能幸免于难，纸质印刷部门的收入整整下降了两位数。在线业务的疲软表现表明，高盛的行业专家似乎早已洞见真情：法国黄页的数字化进程正在脱轨。按合并数字计算，尽管当年的收入较上一年减少3%，但由于其规模缩减，管理层还是将毛利率从前一年的45.4%提高到46%。[37]

然而，在没有销售增长的情况下，公司正在一步步地陷入危机。金融投资者在账面上囤积了海量债务，因此，控股公司需要以源源不断的股息来偿还债务。2007年，Médiannuaire从法国黄页获得了1.658亿欧元的股息，在接下来的两年里，每年分别获得1.475亿欧元股息，而2010年则降至1亿欧元。然而，公司在同期的经营现金流却没有任何进展，2007年为2.85亿欧元，次年为3.2亿欧元，2009年为2.84亿欧元，2010年为2.92亿欧元。毫无疑问，集团需要大幅增加公司的流动性，否则，即有可能无法履行其偿债义务。

亟需扶植

精心设计的资本结构开始显露其弊端。为了让管理层有更多时间完成从平面到综合性在线平台的转型，2011年3月，控股公司Médiannuaire修改了优先级和夹层贷款的部分条款。超过90%的贷方同意，在获得25个基点补偿的前提下，将B级贷款的期限延长一年，到期日调整为2015年。这就为公司在提高杠杆率方面赢得了极大的调整空间。债权人获得的具体补偿收益金额取决于他们是同意修改贷款条款，还是同意延长还款期限。[38] 但控股公司并不是唯一需要找一点喘息时间的机构。

考虑到法国黄页集团的债务净额与营业利润之比为3.48倍，因此，在截至2011年3月31日的季度中，公司可利用的杠杆率上调空间仅有11%。4月，目标公司启动了债务条款修订及延期行动。此举的目的是放松偿债率之比，并将一半的A级定期贷款还款期限推迟两年，从2013年11月推迟到2015年9月，这部分贷款的本金为9.6亿欧元——作为补偿，贷款人收取费用（同意修订条款可取得20个基点的收费，延期则收取50个基点的收费）并增加一倍的息差收益。另一半A级贷款再划分两个层次：同在2013年11月到期，只不过息差不同。

融资过程开始有点像金融工程，尤其是在现金储备减少和债务需求限制公司成长时，公司还发行了总额3.5亿欧元的7年期高收益债券，用以偿还部分A2级定期贷款。由于形势已不容乐观，因此，贷款人不可能愿意再让金融投资者有机会拖延杠杆收购的周期。在这种情况下，高盛和KKR只有参与债券发行，才能按市场标准赚取合理收费。这家美国投资银行与摩根士丹利一起担任联合协调人，KKR则与法国巴黎银行共同担任账簿管理人。[39] 由于它们的投资极有可能被完全注销，因此，发行债券给PE股东带来的额外费用也算是一点安慰吧。

考虑到法国和西班牙经济增长乏力，有机收入增长几乎未显露出任何复苏迹象，因此，管理层在互联网领域作出了几项貌似有希望的举措——2011年4月，购买房地产租售分类广告网站"A Vendre A Louer"，并在次月收购了通过网络进行商业预约的平台ClicRDV。在这一年过了一半时，管理层披露，互联网业务的增长并不足以弥补广告客户流失以及纸质出版市场价格压力带来的损失。[40] 2011年7月4日，形势进一步恶化。管理层再次发布了噩耗：公司未能完成全年的收入和利润指标。幸运的是，贷款调整和展期谈判已如期完成。但这个消息并未带来运气，法国黄页的股价下跌8.6%，降至每股5.66欧元。[41] 股价带来在下半年继续走低，到12月底的时候已跌至每股2.5欧元，同比贬值了2/3。就在管理层为重振经营而试图重新搭建销售部门的这一年，法国黄页的螺旋式下跌更为明显。纸质出版业务的收入减少9%，在线销售增长了7%——好在一半以上的收入来自数字产品，而通过电话、短信和营销服务进行的其他黄页查询业务已损失了1/4的收入。[42]

2012年2月15日发布的一份分析师报告称，法国黄页集团已连续第三年报出EBITDA

下降的业绩。毫无疑问，管理层释放了一枚重磅炸弹。由于杠杆率已仅剩下12.5%的可调整空间，而重新修订后的债务上限则是EBITDA的4.3倍，因此，法国黄页取消了2011年的股息分配，以尽可能地留住现金。KKR和高盛5年前为收购融资采取过多负债的决定，最终让少数公众股东受到了处罚。更糟糕的是，股价在当日的跌幅超过12%，较2006年底以来整整贬值了4/5。随着股息分配的停止，Médiannuaire的债务价格也出现了深度折扣：欧元上涨26美分。[43] 估值标准在大盘拉动下持续走低，被投资公司的企业价值降至EBITDA的5.6倍（2010年年末为7.9倍）。尽管Médiannuaire的负债率比2010年12月时的10.8倍EBITDA有所降低，但仍处于8.6倍的高位上。

3个月之后，法国黄页公开宣布，在负债降至EBITDA的3倍以下之前，公司将不再恢复股息分配，但新闻报道很快就指出，这是一个自相矛盾的悖论：一个能创造超过10亿欧元收入且EBITDA利润率超过40%的集团，居然无法向股东分配股息。正如《世界报》所报道的那样，对于这种谬论，最好的解释可以归结为一个词——债务。[44] 这家巴黎上市公司亟需通过去杠杆来改善信用状况。

在2012年5月这个月，被投资公司在短短一年多的时间里第二次提出债务条款修订和展期提案，提议将现有的6.4亿欧元A1级定期贷款的还款期从2013年延长到2015年——债权人可以延长全部债券的期限，退市获得部分还款，并收到一定的同意费和息差收益；或是对现有贷款收取50%的最高还款，并对剩余贷款予以豁免。[45] 有争议的是，由法国黄页提出的这项建议需要在协议中补充一项新的条款，以防止持有2/3贷款表决权的贷款人拒绝贷款修订和展期请求。对管理层而言，必须让尽可能多的A1级贷款人同意贷款展期议案，这个条件是强制性的。[46] 公司和贷款方之间的战争由此正式爆发。

两个月后，Médiannuaire实际已处于违约状态，因为在失去法国黄页（唯一的现金来源）的股息分配之后，公司已无力偿还债务，以至于不得不和贷款方进行债务重组谈判。管理层试图在控股公司层面强制实施债转股。根据债转股方案，KKR和高盛在重组后的该公司的持股比例将从54.7%降至约20%。[47] 但如果要一笔勾销它的贷款，那么，很多债权人更愿意看到的结果是，两家PE股东退出全部股权。

说这家法国黄页集团正在面临一场艰苦卓绝的生存保卫战，显然还不足以说明问题的严重性。虽然停止派发股息导致目标公司在第二季度的净自由现金流达到5 800万欧元，但有关公司可能出现违约的谣言仍不绝于耳。考虑到股价下跌至每股1.5欧元及其对市值的影响，到2012年7月，控股公司和被投资公司的合并杠杆率已高达90%。尽管被投资公司在过去12个月的EBITDA约为4.7亿欧元，但债务净额仍高达18.3亿欧元，或者说，已接近盈利的4倍。由于债务采用的是一次性还本付息方式（一次性还本付息贷款的定义见词汇表），因此，控股公司层面的杠杆率没有变化（退出时可赎回14.7亿欧元）。由此可以得出，合并债务与EBITDA之比为7.5。因此，未来几年或许可以考虑债务相关问题，而不是战略思考。对于法国黄页的在线竞争对手来说，这或许是一件好事。

2012年9月，公司管理层最终得到半数以上债券持有人的同意，任命一名调解专员，负责向商事法庭报告公司的财务状况以及公司与贷款人之间谈判的进展情况。作为法国诸多破产前程序的一个部分，调解专员要求债权人保持静止状态，不要求债务人偿还债务，以确保公司在调解期间的偿付能力。这是管理层的一项自由选择权，可以保护公司规避贷款人的施压——如果不设立这种免责条款，贷款人就有希望推迟谈判，导致公司出现违约。

自5月开始谈判以来，已经有2/3的贷款人接受被投资公司的债务展期提议，同意将还款期限从2013年推迟到2015年，作为补偿，贷款人将获得部分还款和同意费。不过，公司设定的目标是得到90%以上债权持有者的同意。为了给拒不合作的贷款人施加压力，公司管理层请求由巴黎郊区的楠泰尔商事法院院长选定紧急调解员。[48] 考虑到谈判正在进行，穆迪决定将公司的投资下调为投机级。被投资公司的债券价格旋即下跌，利率为8.875%的债券下跌至80%，也就是说，在发行18个月后，开始按20%的折扣交易。[49] 最终，在2012年11月中旬，法国黄页完成了债务修订和展期流程，并获得足够数量的A1级贷款和周转信贷限额持有人的支持，偿还期限延长两年。在被投资公司23.5亿欧元的债务中，仅有7 200万欧元维持2013年11月的原始到期日。[50] 管理层已为公司赢得了一些有利的喘息空间，而公司的股价也作出了相应回应，在两个交易日内便上涨了46%。

此外，在接下来的一个月，PE股东KKR和高盛股权投资、两家主要债权人博龙投资和高盛夹层投资（Goldman Sachs Mezzanine Partners）及其他贷方（持有Médiannuaire债务总额中的55%）组建的工作组就控股公司的14.6亿欧元达成债务重组协议。重组包括两个部分。首先，债权人豁免对Médiannuaire的全部债权（也就是说，取消对公司的全部优先级高级和夹层贷款）。贷款人以获得法国黄页的股票和现金的方式得到部分补偿，剩余未得到补偿的债务转换为对Médiannuaire的股权。

其次，博龙投资将成为控股公司的大股东。Médiannuaire的股东（博龙投资、高盛和KKR）对其持有的法国黄页股份签署股权锁定协议，从而防止它在近期内卖出股份。此外，协议中还包括部分治理条款——由博龙投资和另外两家独立机构任命三名董事会成员。Médiannuaire的重组旨在清理股权结构。从2012年12月中旬到2013年1月中旬，控股公司已得到90%优先级债权持有者的同意，这些债权人将收回1/3左右的债权，而Médiannuaire将通过简便司法程序实施债转股交易。在获得全部夹层贷款持有者的批准之后，集团仍需要得到优先级贷款持有者的一致批准，以避免陷入过度的保障性诉讼程序

（sauvegarde）——法国的这项程序非常类似于美国的《破产法》。如果你认为，所有这一切都无从兑现，那无疑是站在管理层的立场上考虑这件事。51

放弃法国公司

从交易的角度看，被投资公司的 2012 年无疑是痛苦的。纸质出版业务的收入已不可逆转地陷入两位数下降通道。由于降幅明显，合并销售收入减少了 3%。集团收入在 2008 年到 2012 年期间下跌了 11%。股价也应声下降，从 2008 年年底的每股 7 欧元缩水至 4 年后的不到 2 欧元。仅在 2012 年，公司股价就蒸发了 1/3 的价值。销售额下滑的部分原因，来自被管理层视为非核心的国际业务被迫停止，当然，最主要的原因还是法国本土纸质印刷产品的大面积低迷——2012 年，国内市场收入同比大减了 14%，而在前一年的下降幅度则是 8%。52 在截至 2012 年的 4 年期间，公司纸质版电话黄页的广告销售总额已减少了超过 1/3。

截至 2012 年 12 月，法国黄页的杠杆率又有小幅下降，达到 EBITDA 的 3.71 倍，但可操作的杠杆率空间仍维持在约定的 7% 范围内。为取得不可或缺的流动性并减少债务，当年 10 月份，法国黄页集团出售了卢森堡子公司 Editus 49% 的股份。在 2013 年 2 月向市场分析师发布的演示稿中，黄页集团刻意避开了"违约"这个词，并明确表示，重组提案最终已在控股公司层面得到批准。经过 8 个月由协调专员主持的协商之后，全部优先级和夹层债务持有者同意接受该议案。53 如前所述，这项提案的目标，就是通过偿还部分债务而清理控股公司的全部债务，在实施债转股之后，Médiannuaire 保留法国黄页集团约 19% 的股份，而 KKR 和高盛股权投资公司则成为无关紧要的少数股东。54 在子公司已连续两年停止派发股息且自身没有任何现金的情况下，控股公司的债务很快就得到清理。但是在 2 月份向分析师发布演示稿后不久，利率为 8.875% 的 2018 年到期的债券的交易价格降至 85 欧分到 87 欧分，低于一个月之前的 97 欧分。短期现金流缺乏稳定性以及当年利润的下降，导致评级机构惠誉不得不下调公司的信用等级。55 对于外部人来说，这家法国黄页出版商仍是一家高风险企业。

有消息称，在接下来的一个月，KKR 开始调整欧洲的投资团队，为即将在 2014 年某个阶段开始的筹资活动提前做准备。自 KKR 在 2006 年 10 月取得目标公司控制权以来，雅各布·加拉艾德就一直担任董事会主席。和他一起参与收购法国黄页集团的合伙人雷恩哈德·戈尔弗洛斯（Reinhard Gorenflos），以前曾是这家法国公司的非执行董事，此外，戈尔弗洛斯领导了对德国汽车维修集团 ATU 的 14.5 亿欧元投资，这笔投资最终让 KKR 损失了 5 亿欧元。两个人都不打算参与下一个欧洲基金。[56] 由于已经失去了对法国公司的控制权，因此，在高盛的交易负责人哈格斯·莱佩克（Hugues Lepic）离开银行并辞去法国黄页董事会的职务后，KKR 似乎决意要告诉它的有限合伙人：它们唯一能得到的就是教训。两家金融投资者的代表纷纷出局。让法国黄页管理层感到郁闷的是，他们的位置马上被博龙投资的两位美国高管取代，其中一个是博龙全球私募股权投资业务联合负责人兼投资委员会主席斯蒂芬·梅尔（Steven Mayer），而这家重整专业机构的欧洲事务主席李·米尔斯坦恩（Lee Millstein）则在 2013 年 4 月 23 日也就是加拉艾德辞职的那一天入驻法国黄页。

重组之后，由博龙投资通过设在荷兰的子公司 Promontoria 对 Médiannuaire 进行控股，考虑到少数股东高盛和 KKR 持有的股份，三家机构合计持有法国黄页 18.5% 的股份，而持有的投票权比例则是 28.3%。[57] Médiannuaire 对法国黄页拥有双重投票权，在法国，公司有权选择向股东发行每股享有两个投票权的股票。贷款银团中的其他机构持有被投资公司 35% 的股份，其余 46% 的股份在巴黎泛欧证券交易所上市流通。

然而，控股公司控制权额变更似乎并未带来太大影响。对大多数旁观者来说，博龙投资和 KKR 就像是一对不分你我的难兄难弟。凭借其双重投票权以及在 11 个董事会席位中拥有的 3 个席位，博龙投资得以在股东大会和管理委员会会议上取得主导权。有些人对这种做法在公司治理方面的合理性提出质疑，并且在 2013 年 5 月，一直主张行使自主权的黄页集团小股东、美国激进投资者盖伊·维瑟尔-普莱特（Guy Wyser-Pratte）提出以新的债务交易，为黄页集团争取更多的债务融资空间，他宣称："我们站在管理层的一边。他们觉得自己遭到了冷遇。他们受到这些债务的严重束缚。"[58] 2012 年 4 月，博龙投资曾通过收购电信巨头 AT&T 持有的股份，取得从事电话查询业务的美国黄页公司，因此，维瑟尔-普莱特当然有理由担心博龙投资故技重施，暗中买入法国黄页的股份。于是，一个月之后，维瑟尔-普莱特要求董事会作出声明，取消博龙投资享有的双重投票权。图 11.2 显示，集团此时的股权结构已开始更加混乱，毫无疑问，这也是杠杆收购失败带来的副作用。

既然法国黄页的管理层已不再受制于捉摸不定的金融投资者，因此，他们开始抓住机会进行品牌重塑。为此，他们选择 Solocal 作为公司的新名称，目的是远离传统黄页业务，体现他们作为本地数字广告商和内容发行商的经营定位。对于一个主要依赖在线收入的集团来说，以前的品牌在某种程度上已毫无意义。新组建的 Solocal 集团管理着 17 个独立品牌，推出了全新的"2015 年数字计划"，并对 5 个垂直产品线进行了重组，以便与在线房地产经纪或餐厅预订平台等专业网站展开抗衡。除此之外，此举还需要对销售人员进行全面重组。[60]

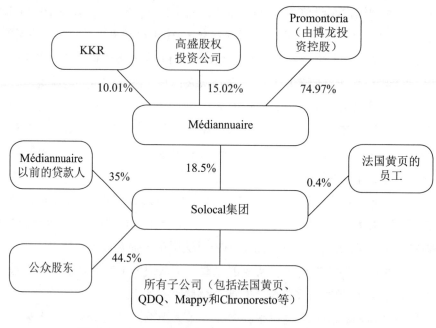

图 11.2　Solocal 集团在 2013 年 6 月重组后的组织架构

资料来源：公司财务报告及笔者分析。

管理层试图充分利用 2013 年 9 月底与谷歌签署的商业协议，即客户可通过与 Solocal 各品牌（包括法国黄页和 Mappy）签署的合同，在谷歌网站上购买广告空间。以前，这个美国搜索引擎曾是法国黄页集团最主要的竞争对手，但是在与 Solocal 网站相关的流量中，有 1/3 以上来自谷歌。因此，管理层和股东都认为，与本地广告服务合作至关重要。这一重大利好消息刺激公司股价大涨了 7%。[61] 但这却不足以隐藏另一组糟糕的结果。11 月 13 日，公司发布盈利预警，不仅是 2013 年的业绩，还有下一年的盈利预测，牵头的股票分析师维持了"卖出"评级。当天，其股价缩水 1/6，但自由浮动换手率却达到了 13%。[62] 法国黄页 /Solocal 的股价走上了一路向下的不归路。

在对盈利预警的影响进行审查的几周后，由于对 2015 年 9 月到期债务（当时的银行债务总额为 12 亿欧元）的担心以及 2014 年极有可能出现的违约事件，穆迪在 12 月 23 日将 Solocal 的评级下调至接近违约级。[63] 直到年底临近，管理层才有机会评估整个形势。在 2013 年全年，公司基本面持续疲弱，全年印刷业务收入减少了 17%，降至 3.45 亿欧元，而互联网活动仅增长了 1.6%，达到 6.33 亿欧元。尽管集团正在向着纯数字营销平台方向进行转型，但此时的 Solocal 仍是兼营平面和在线业务的混合型企业。然而，随着网络型服务的扩展，平面印刷业务的收入逐渐萎缩，因而可以说，集团的转型步伐正在加快。由于高盈利纸质出版业务表现疲弱，导致集团的营业利润总额继续下滑，同比减少了 9%，降至 4.24 亿欧元。[64] 毛利率下跌超过 100 个基点。显然，只有一个领域还存在改进空间。由于现金管理的改善，集团的债务净额已降至 15.8 亿欧元，而前一年的这个数字则为 17.4 亿欧元。考虑到市值较小，因此，负债的减少已导致企业价值不足 EBITDA 的 5.5 倍，这完全与低成长贬值资产的特点相吻合。

紧急措施

此时，Médiannuaire 的债务已被完全解除，2014 年 2 月中旬，KKR 正式承认，已完全注销对 Médiannuaire 的这笔投资，[65] 而作为被投资公司的 Solocal 则宣布，有意为减少负债而推出股份发行计划，并通过另一轮债务修订和展期程序对到期债务进行展期，同时放松债务约定限额，尤其是已逼近违约临界点的债务净额最高限额。截至 2013 年 12 月 31 日，净负债额已达到 EBITDA 的 3.73 倍，仅比授权约定的最高杠杆率限额低 0.5%。[66] 考虑到几乎已没有可操作空间，因此，被投资公司很可能立即引发违约事件。2018 年到期、利率为 8.875% 的担保债券是集团在 Médiannuaire 再融资后最主要的次级债务，此时的交易价格已出现 20% 的折扣，这足以反映形势的严峻。

新股发行需要在 4 月召开的股东特别大会上获得股东批准。如果能顺利实施，那么增资带来的资金可以确保 Solocal 偿还 4 亿欧元的定期贷款（尤其是 A3、A5 和 B3 部分——它听起来似乎是一场没人能预测获胜者的游戏），并为现有的机构股东提供 3.61 亿欧元的优先认购权。此外，公司还向部分机构筹集享有优先权的 7 900 万欧元留存资本，这些机构包括信贷基金 Paulson、Amber Capital 和 Praxient。两家现有股东 DNCA 金融公司以及法国埃德蒙·罗斯柴尔德投资管理公司（Edmond de Rothschild）将按比例认购这部分资金。局面确实有点混乱。

新股发行依赖于针对定期贷款采取的条款修订和展期交易，按照设想，在 2015 年 9 月到 2018 年 3 月到期的 13 亿欧元贷款中，公司希望至少延长其中 90% 贷款的到期期限，并有权对 2018 年 6 月到期的 3.5 亿欧元优先级担保债券进行再融资，从而将到期期限延长到 2020 年。在宣布增资计划之后，考虑到资本重组过程本身的不确定性，信用评级机构惠誉（Fitch）将其评级下调至"实质性风险"类别。[67]

为了在谈判中取得进展，2014 年 3 月，管理层申请法院任命一名调解专员。[68] 到 5 月中旬，通过由法院批准的加速保障诉讼程序（accelerated sauvegarde procedure）并经由股东批准，Solocal 最终筹集了 4.4 亿欧元的新资本。由于发行了总量超过 7 亿股的新股，因而对股价带来了严重的摊薄效应：股价从 5 月 14 日星期三的每股 1.61 欧元降至次日开盘时的 0.80 欧元。对于那些未认购新发行股票的公众股东来说，这才是更糟糕的消息。另一方面，公司设法按账面价值偿还了 16 亿欧元债务中的 1/4，并经 2/3 以上贷款人的同意，将剩余债务的到期日从 2015 年推迟到 2018 年，并拨付 4 000 万欧元用于投资可能成为公司未来业务支柱的数字项目。[69]

按照 2006 年夏天签署的收购交易，这时的贷款将在 12 年后到期。尽管如此，此举仍会将债务净额与 EBITDA 之比降至 4∶1。[70] 形势显然不容乐观。在欧洲同行瑞典黄页 Eniro、意大利电信黄页和耶尔媒体完成股份增发的 5 年后，法国黄页集团也顺利完成了增资。由于 Solocal 在 PIPE 时就已经先于其他黄页集团进行了在线业务转型，因此，它面对市场需求变化有更好的适应能力。但低迷的经营业绩，再加上股价的沉重打击，最终迫使其管理层不得不解决过度扩张的资本结构。像 Solocal 这种陷入困境的企业的出现，正是某些投资者梦寐以求的机会。因为法国并没有执行美国那样的破产法，它可以采取自愿性的债务重组，而不是必须采取法院指定的程序，因此，这些僵尸企业可以通过加速保障诉讼程序要求少数反对者接受大多数债权人的决定。

根据证券交易所监管的要求，只要投资者的持股比例减少到某个限额，就需要通知上市公司，因此，在 2014 年 5 月至 11 月期间，博龙投资控股的 Promontoria 需要按此规定及时通知公司。截至 5 月 19 日，这家美国公司持有的股权已低于 10% 的限额，而到了 11 月 6 日，其持有的 Solocal 股份已不到 1%。[71] 12 月底，根据法国公司的年报显示，Médiannuaire 仅持有 Solocal 公司 0.4% 的股份和投票权。博龙投资的出逃意图已显露无遗，而包括 Amber Capital 和 Paulson 在内的秃鹰对冲基金（专门从事不良资产重整的基金）则获得了弥足珍贵的资产。截至当年年底，这两家不良资产投资公司分别持有 Solocal 公司 6.6% 和 5.9% 的股权和投票权。通过一连串的债转股和增资行为，两家金融机构之间的战术博弈已成为公众焦点，而公众投资者等来的结果，则是股票价值在 2012 年 12 月到 2014 年 12 月之间暴跌超过 2/3。在这个过程中，他们只收获了一个宝贵的教训：当 PE 公司在 PIPE 项目上亏钱时，它往往会拉着公众一起下水。

成功的再融资会使当事各方都有机会获得股份。在过去两年中，集团销售额下降了 12%，纸质出版业务则下降了 31.5%，而在线业务上涨 1.6% 带来的补偿却杯水车薪。在 2007 年到 2014 年期间，集团旗下所有平台上的广告客户数量已从 76.3 万户减少到不足 70 万户，在这 70 万客户中，有 55 万人选择了在线广告，而 7 年前的这个数字是 47 万人。2005 年，互联网收入还不到合并收入的 30%，而在 9 年后，在线业务对收入的贡献比例达到 70%。于是，法国黄页集团声称，它已经在数字化转型方面取得了长足进步。

* * *

Solocal 管理层实施的"数字计划"始于 2015 年，该计划旨在帮助集团彻底蜕变为在线销售引擎，并将纸质出版业务作为辅助，尽管这部分业务规模不大，但对交叉销售而言至关重要。在收入经历 6 年持续恶化之后，管理层预计集团收入自 2016 年起有望实现增长。但 2015 年 2 月披露的 2014 年经营成果表明，要走出困境并非易事。合并收入再次下降 6.3%（管理层设定的目标是下降 3% 到 6%）。纸质印刷业务下降了 17%，但更令人担忧的是，在线业务收入和上一年持平。这也是推出互联网业务以来，Solocal 首次在这项业务上没有取得任何增长。EBITDA 下降幅度超过 1/4，EBITDA 利润率下跌 9 个百分点，降至 28.3%，这也是公司上市以来的最低点。通过再融资，集团债务已从 16.5 亿欧元减少到低于 12 亿欧元，但经营活动创造的现金流却暴跌了 84%。[72] 这家黄页集团不仅退出了增长轨道，而且其现金流正在快速枯竭。

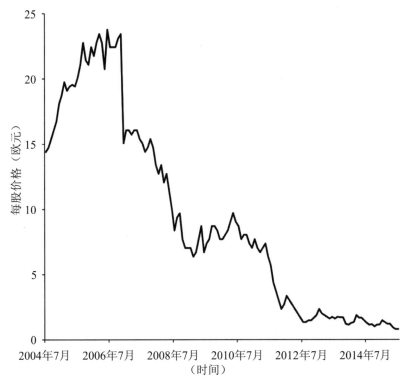

图 11.3　法国黄页/Solocal 2004 年 7 月至 2015 年 7 月的股价

注：股价从 2006 年 11 月 23 日的每股 23.40 欧元暴跌至次日的 15.29 欧元，是由于剔除了已支付的 9 欧元特殊股息。

值得庆幸的是，与贷款人的谈判创造了一部分喘息空间，实际杠杆率为营业收入总额的 3.73 倍，远低于重新设定的 4.5 倍约定水平。[73] 完全可以预料的是，7 月 21 日披露的 2015 年半年业绩显示，纸质出版业务的收入萎缩呈现加速状态（同比下降 22%）。在此期间，集团合并收入下降了 4%，而 EBITDA 则减少了 1/5。这也是法国黄页集团自 11 年前上市以来最糟糕的表现，而这一事实也真实无误地体现于股票价格（见图 11.3）。

深度解析：寻找"意中人"

在法国黄页集团的 PIPE 交易上，KKR 和高盛确实是在惹祸上身。但它们的经历并不是独一无二的。另一个来自法国的案例是，文德尔基金（Wendel，KKR 在收购罗格朗电气交易中的协助者）于 2007 年收购了欧洲最大的建筑材料供应商圣戈班（Saint Gobain）17.5% 的股份，但是在成交后的 18 个月里，圣戈班的股票价格下跌了 2/3。同样，法国收购机构 PAI 投资曾在 2008 年收购 IT 服务提供商法国源讯电子（Atos Origin）22.6% 的股份，然而，目标公司的股价在 4 年最佳时间里始终低于投入时的收购价格。

从这些例子中，我们可以看到导致 PIPE 交易遭遇失败的常见原因：

首先，这些交易没有为 PE 公司提供最宝贵的东西：隐私。在 KKR 和高盛收购法国黄页集团的交易中，不仅交易过程高度公开，并且被外界指手画脚。这显然不是金融投资者喜欢的环境。

其次，由于始终保持公开状态，目标公司不得不面临所有公开上市公司都会遇到的问题：发布季度报告、来自证券交易所的严格监督以及股票价格对交易各方的立即约束效应。由于当事各方每天都会对市值进行评估，因此，这无疑会对企业的股权价值产生影响。

最后，由于少数股东享有法律赋予的股权，因此，当少数股东认为自身利益受到 PE 股东损害时，就会让未取得完全控制权的 PE 股东不得不面对这些少数股权投资者的挑战。令人不可思议的是，尽管这家由公众股东拥有 45% 股份的目标公司承受严重的债务约束，但居然没人选择将 Médiannuaire 诉诸法庭。Médiannuaire 遭遇的最严重攻击来自少数派活动家维瑟尔-普莱特，他试图阻止博龙投资的篡权计划。关于第三点，意大利电信黄页的经历（见第十二章）会告诉收购基金管理人，PIPE 交易会给他们带来怎样的风险。

不过，对圣戈班及源讯电子的 PIPE 交易与收购法国黄页交易之间的关键区别在于，文德尔和PAI都没有让被投资公司负债。因此，圣戈班和阿托斯得以渡过经济危机，而无需和一群不耐烦的贷款人去谈判债务修订和展期或是再融资。除上面提到的三个问题之外，杠杆式PIPE还有一个缺点，就是会浪费贷款人大量的宝贵管理时间。我们在法国黄页案例所看到的问题，也是所有生存于动荡时期的企业都要面对的问题。

发现僵尸企业

作为被投资公司，法国黄页需要处理近20亿欧元的优先级贷款。如表11.1所示，由于股票市场在2008年之前保持强势，因此，集团的股权价值足以让杠杆率保持在50%以下。

表 11.1 法国黄页集团（被投资公司）的资本结构比率（2006年到2014年）

截至12月31日的年度	被投资公司的债务净额（百万欧元）	被投资公司的市值（股权价值，百万欧元）	被投资公司债务净额/EBITDA	被投资公司债务/股权价值	被投资公司负债/资本总额
2006	1 866	4 160	4.05	0.45	30%
2007	1 863	3 720	3.70	0.50	33%
2008	1 882	2 000	3.54	0.94	48%
2009	1 931	2 150	3.77	0.90	47%
2010	1 900	1 950	3.80	0.97	49%
2011	1 915	700	4.04	2.73	73%
2012	1 742	470	3.92	3.71	79%
2013	1 580	320	4.27	4.94	83%
2014	1 136	640	4.29	1.78	64%

注：在计算债务净额/EBITDA这个比率时，利润使用的是EBITDA，而不是计算债务管理层采用的营业利润总额；股权价值是指市值，而债务价值则是指债务的账面价值；债务金额不包括未提取的周转贷款限额。
资料来源：公司财务报告及笔者分析。

对于公众股东来说，被投资公司的杠杆率在2011年之前始终保持合理水平，甚至低于同行水平。直到2011年开始，债务才超过权益的一倍多，并在目标公司资本结构中的比例超过3/4。对于KKR和高盛来说，Médiannuaire的债务导致这个比率大幅提升。图11.4显示了考虑目标公司贷款后的资本结构。

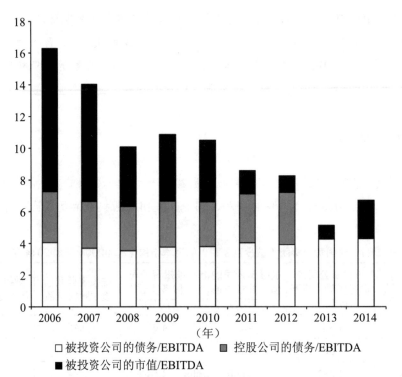

图 11.4　2006 年到 2014 年 Médiannuaire 的债务与 EBITDA 之比以及法国黄页的债务和股本与 EBITDA 之比

注：在计算债务净额/EBITDA 这个比率时，利润使用的是 EBITDA，而不是计算债务管理层采用的营业利润总额；股权价值是指市值，而债务价值则是指债务的账面价值；债务金额不包括未提取的周转贷款限额。

资料来源：公司财务报告及笔者分析。

从杠杆收购开始，一直到 2013 年 KKR 和高盛被迫放弃控制权，控股公司的债务净额与 EBITDA 之比始终高于 6 倍。早在 2008 年的时候，合并口径的负债占股本的 168%，占据了资本结构的 2/3。为了对交易提供融资，两家 PE 集团曾考虑以资产为基础的项目融资。但法国黄页的资产基础有限，2006 年 12 月 31 日的资产总额仅为 8.5 亿欧元，而且其中的一半为应收账款。有形固定资产的账面价值只有 1 900 万欧元。如上所述，在 2006 年 11 月发行 25 亿欧元特殊股息之后，法国黄页的债务净额超过 20 亿欧元。

在一家轻资产企业的资产负债表上增加 19.5 亿欧元贷款，就会使得交易的成功严重依赖于现金的创造能力，尤其是在需要向上游支付现金流以偿付控股公司的 15

亿欧元贷款时，这种依赖性更加明显。正如我们所看到的那样，法国黄页公司的纸质出版业务已进入缓慢衰退模式，因此，在完成在线转型之前，它的现金流严重缺乏可预测性。两家PE集团将持股寄托于两个赌注：首先，法国黄页会成功地实现由传统印刷模式向在线营销平台的转型；其次，在线业务平台根据本地广告需求调整其产品的可能性几乎不存在。而导致这笔投资变得更加古怪的地方在于，这家集团需要在高财务杠杆率的压力下实现这种转型。

在图11.4中，最令人意外的部分当然是在整个分析期间法国黄页集团的股票估值。公开市场似乎一直在高估其资本结构的股权价值。2008年10月期间，股权在资本结构中的比例超过45%，集团未显示任何收入增长，EBITDA遭遇两位数的减少，营业利润率35%左右，按这样的表现，2014年年末达到EBITDA 6.7倍的交易价格似乎存在明显高估。不过，对比Solocal的竞争对手，投资者更有可能认为，这家法国集团在经济衰退中的表现更有活力。图11.5描述了几家黄页出版商在2008年到2010年期间的收入下降情况。

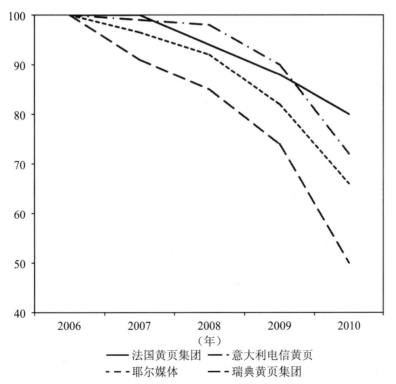

图11.5　几家欧洲黄页上市企业的收入趋势（以2006年为基数100）

资料来源：法国黄页集团在2011年2月9日对分析师提供的演示稿。

必须指出的是，对于杠杆收购来说，一旦目标公司不能偿还其贷款，就意味着股权部分几乎毫无价值——而且部分或全部次级债务都有可能被注销。尽管首席执行官让-皮埃尔·雷米对在线业务的了解以及法国黄页/Solocal在向网络广告客户方向的转型取得了明显进展，但目标公司仍会因杠杆的影响而陷入困境。图11.6显示出提高偿债率要求可能给杠杆公司造成的压力。负债率从收购时的30%开始逐渐上调，直到6年后，目标公司继续采取债务融资的空间已彻底消失。当杠杆收购遭遇困境时，经常出现这样的情况是，金融投资者就迅速调整管理层，寄希望于将业绩不佳的责任归咎于现任团队，但实际上，造成问题的真正原因却是过度负债。对于法国黄页集团来说，经验丰富的首席执行官米歇尔·达奇里已带领公司进入了一轮精心构思的在线转型——在KKR决定罢免达奇里的领导权时，公司的互联网业务收入占总收入的比例已从2002年的21%上升到36%以上。2009年5月，在推出在线分类广告解决方案annoncesjaunes.fr后的第一年，集团已拥有了5 400名客户，这表明，法国黄页集团的数字战略是非常有希望的。[74]

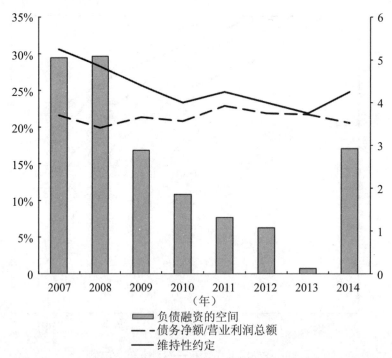

图11.6　法国黄页/Solocal 2007年至2014年的财务杠杆以及可继续进行负债融资的空间

资料来源：公司报告及笔者分析。

用雷米取代达奇里未必是坏事，但这并不能解决真正的问题。正如百代案例研究所指出的那样，在一家公司试图转变业务模式来应对市场变化时，如果不能把闲钱投入到创新和业务重组中，那么这种转型就无从实现。但是在杠杆收购期间，我们经常看到的，则是将营业利润越来越多地用于偿还债务。在实施杠杆收购期间，集团在2009年、2011年、2013年和2014年均出现了净的现金流出；而它的净现金流入也从未超过4 200万欧元（2008年）。

在2007年到2014年期间，法国黄页偿付了23.6亿欧元的债务：其中，偿还的利息总额为8.66亿欧元，本金偿还总额达到8.46亿欧元。此外，公司还向Médiannuaire支付了一笔令人瞠目结舌的6.5亿特别股息，以偿还截至2011年对控股公司欠下的贷款利息，这笔贷款曾为法国黄页管理层提供了求之不得的资金支持。相比之下，由于内容的数字化以及大批竞争对手涌入这个曾经被垄断的市场，公司经历了历史上最多事之秋的一段时期，但它仅投入3亿欧元用于研发（主要以软件和设备的形式），而用于收购的资金更是只有区区的7 000万欧元。这家集团在杠杆收购期间的销售收入为87亿欧元，而每年投资创新的资金不到4 000万欧元（或者说不到收入的4%），用于外部增长的也只有9 000万欧元（不到收入的1%），相比之下，竞争对手微软和谷歌每年则将收入的13%分配给研发。这样的投入显然不足以给法国黄页集团带来应有的数字革命。尤其是有些并购交易并没有实现既定目的，这也是企业整合中常有的事情。这样的案例并不少见，其中的一个案例就是2010年3月对"123people"的收购：在被收购4年之后，这家从事在线人才搜索业务的公司被宣告关闭。

法国黄页陷入了严重的资金荒，以至于在2011年到2014年期间，它实施了三次贷款修改和扩展流程（不考虑控股公司层面进行的两次修改和扩展流程）以及一次增资。丝毫不奇怪，这家集团并没有像其他在线竞争对手那样加大对研发活动的投资。商业计划显示，它的现金获取严重依赖于毫无创意的模仿策略。即使在今天的法国，谷歌也是最受欢迎的在线地图获取方法。而法国黄页推出的地图在性能上与谷歌毫无可比之处，究其原因，就在于有限的研发支出。要不断创造现金流，这家集团就必须重新设计它的商业模式。

稳健的在线业务

我知道读者会怎么想：后见之明是最简单的事情。但这种趋势在一开始或许没有那么明显。遗憾的是，在对法国黄页进行杠杆收购时发布的媒体行业研究显示，截至 2005 年到 2006 年期间，以谷歌（2005 年拥有全球 57% 的市场份额）、雅虎和微软 MSN 为代表的搜索引擎，正在凭借在线 B2C 广告缓慢但不可逆转地侵蚀平面分类广告及展示业务，这种替代已成为毋庸置疑的趋势。凭借 2006 年 3.2 亿欧元的在线收入，法国黄页集团也成为了法国最大的互联网公司之一。当 KKR 控股这家公司时，在尚未形成趋势的数字化浪潮刺激下，商业黄页领域的巨变已如火如荼。

在线业务对平面业务的替代在 21 世纪的前 10 年呈现出稳定的加速趋势。但互联网的使用和采纳在各国之间存在明显差异。在线访问成为影响用户数量和在线时间的最大因素。到 2006 年，英国和美国的互联网普及率已达到 70%，但法国的互联网渗透率仍低于 50%。法国互联网普及趋势的重要拐点出现在 2007 年，也就是 KKR 收购法国黄页集团的一年之后。法国黄页的业绩从 2007 年开始遭遇大幅下滑，究其原因，可归因于更多法国人开始使用互联网。当然，这也有利于法国黄页打造在线业务的努力，但是，由于 2007 年和 2008 年收入的 60% 来自纸质印刷黄页，因此，互联网普及率的提高推动了集团在线对手的业绩。尽管法国在互联网访问方面仍落后于美国和英国，但追赶它们只是时间问题。那么，进入这个阶段，会对法国黄页集团带来怎样的影响呢？

作为所有商业尽职调查顾问在开展杠杆收购前的一项必要工作，下面这家美国出版商的经历或许能带来一点启示。2006 年 7 月 7 日，美国威瑞森电信集团（Verizon）向美国证券交易委员会提交登记表，准备对平面印刷和互联网黄页出版业务进行分拆，这发生在媒体披露 KKR 与法国电信公司签订独家顾问协议之前的几周。KKR 的咨询师获得该公司数据的独家使用权。在过去 4 年中，威瑞森电信经营的黄页业务已损失了 12% 的销售额。管理层也绞尽脑汁，试图以削减人工为代价来挽救利润。2005 年 10 月，部分工会成员组织了一场长达 14 周的罢工，这足以反映管理层与员工之间日趋紧张的关系，当然，威瑞森黄页的电子业务收入也实现了大幅增长，譬如，2004 年的增长率达到 21%，次年增长 19%。遗憾的是，在总收入中所占比例高达 94% 的纸质印刷产品在这两年的销售额每年均下降 5%。[76] 这一趋势已形成不可逆转的定式：纸质印刷黄页产品正在不断失去市场，要保住利润，就必须大幅削减成本——包括裁员和巨大的资本支出。美国黄页协会（Yellow Pages Association）是一家专门从事黄页市场研究的商业机构，它发现，早在 KKR 和高盛控股法国黄页集团之前的几年，美国黄页市场就已经走上了衰退之路。

曾有一段时间，法国黄页市场的形势似乎更有希望。在实施杠杆收购时，pagesjaunes.fr 在全球搜索引擎中排名第二，有 2/5 的网络用户访问过该网站，而使用过谷歌搜索引擎的用户比例则是 78%。这家法国网站也是欧洲黄页领域口碑最好的网站。在西班牙和英国，在线黄页的市场份额低于 10%。[77] 此外，法国黄页也是法国国内访问量排名第四位的网站，仅次于谷歌、MSN 和法国电视台经营的万纳杜（Wanadoo）。[78] 坊间之所以认为，法国黄页在向互联网转型方面比它的欧洲同行更成功，一个重要原因来自这样一个事实：自 20 世纪 80 年代以来，它就一直受益于法国微电信（Minitel）的存在，这家"国有网络"服务商也是互联网广告模式的开山鼻祖，其数字广告已成为该网站的特色。不过，早在 2003 年，互联网就已经在法国微电信的市场份额中占据了一席之地，图 11.7 显示，法国微电信是影响法国黄页集团在线收入的主要动力。

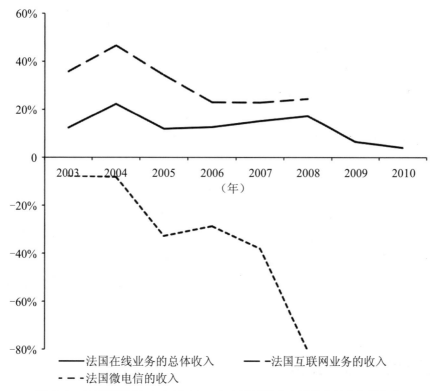

图 11.7　法国黄页 2003 年至 2010 年在法国境内在线业务的收入增长率

资料来源：公司财务报告及笔者分析。

市场份额不断增加的不只有在线搜索业务。纸质黄页目录的目标始终是创造客户源泉，正是出于这个原因，小企业和大企业所有者才愿意为这些不太受用户欢迎的地址和电话号码簿支付额外费用。到2005年左右，在线分类广告已经风靡全球。在美国，Craigslist于2005年迎来了它的10岁生日。该网站经营全球25个国家120个城市的自行车、职业介绍和公寓广告等地址黄页广告。[79] 当然，不能忘记eBay，2005年，它也庆祝自己的10周年纪念日。eBay是一个将全球买家和卖家直接联系起来并对使用者提供产品搜索的平台，已为全球2亿注册用户提供搜索服务。[80] 尽管它们都属于消费者直接面对消费者的网站，但仍然为个体交易者提供了直接访问本地消费者的机会，因而必将破坏传统黄页的收入实现模式。

陷入困境的法国黄页集团也曾试图以收购来促进业绩增长，并在2011年收购了法国房地产租售网站A Vendre A Louer、ClicRDV和FineMedia（一家当地的在线编辑网站），并获得互联网销售网点地址专家网站Leadperformance的49%股份。2013年1月，急于将互联网战略拉上正轨的管理层再次出手，收购了在线餐饮供应商Chronoresto。[81] 毫无疑问，在核心业务市场遭受巨大动荡的情况下，这家法国集团的表现堪称优异。在2006年到2014年间，尽管集团收入总额下降了15%，但管理层向在线业务转型的行动是成功的，2014年，其互联网业务收入已达到收入总额的2/3以上，而在杠杆收购时期的这个比例还不到1/3。

如果将Solocal的表现与英国竞争对手耶尔传媒的表现进行比较，我们就会全面理解，为什么说这家法国集团的转型是非常成功的。一个已传遍整个英吉利海峡的轶事或许可以说明，法国黄页集团的管理层在带领集团实现转型方面确实值得称赞。2007年2月，耶尔传媒成为富时100指数的成分股，市值超过60亿英镑。尽管在2011年就已经发布了"新转型战略"计划，但是在接下来的6年中，耶尔传媒却始终忙于收购美国和拉丁美洲的纸质黄页业务，导致它无法适应行业的在线变革趋势。第二年，耶尔传媒莫名其妙地更名为Hibu，希望借助改头换面来推动这场业务变革，但2013财年亏损20亿英镑，而在这一年的7月，为摆脱23亿英镑银行贷款的重压，这家公司只能实施债转股。这次债转股让全部股东被淘汰出局。在2013年年底退市并进入破产程序时，Hibu的市值只有不到3 000万英镑。[82]

无可救药的纸质黄页业务

2005年，法国黄页集团印刷产品的收入增长就已经显出疲态，而且商业目录收入增长也不到4%，白页收入增长更是只有0.1%。[83] 当2006年年底完成PIPE交易时，法国黄页集团就已经在企业和个人的纸质黄页业务上显现出增长乏力态势。2007 年，这项业务的收入彻底告别增长。此后，年度收入转为负增长，从 2008 年的 -5% 降到 2010 年的 -10%。在 2010 年后，下降速度进一步加快，纸质出版部门的销售额在 2012 年下降了 15%，并在接下来的两年里每年下降 17%。

这种趋势在经历破坏性变革的企业中非常普遍。最初，由于破坏性产品（在这个例子是指在线分类广告和数据搜索）只被少数客户（早期采用者）消费，因此，核心业务显现出增长放缓趋势。和我们在音乐领域所看到的趋势一样（参见第六章有关百代唱片的案例研究），随着新产品在价格和使用便利性方面更具竞争力，于是，越来越多的消费者开始尝试它们，使得旧产品（纸质电话目录或 CD）向新服务（在线黄页或数字音乐下载）的转移步伐不断加速，直到现代技术的大规模采用让旧产品彻底成为累赘，或是让它们成为可有可无的摆设，而不再是交叉销售所不可或缺的组成部分。

KKR 和高盛当然也很清楚这一点，但它们仍认为，法国黄页在线解决方案（集团实体业务的映射产品 mappy.fr、在线分类服务平台 annoncesjaunes.fr 及其基于网络的黄页搜索引擎 pagesjaunes.fr）的采纳必将弥补主流业务的流失。然而，它在分析中却未能考虑到一个关键且难以解决的悖论：法国黄页集团对原有的法国境内纸质黄页业务拥有准排他性，或者说，事实上的垄断性，但是在互联网领域，尽管这家法国公司确实是一股争强好胜的新生势力，但它所面对的市场毕竟是一个需要全力以赴的完美竞争市场——换句话说，这个市场与垄断是水火不相容的两个天地。

通过基于网络的解决方案，消费者不仅可以实现自由购物，而且可以轻松愉快地货比三家。法国黄页集团的在线业务注定要面对本地和国际竞争对手的强力挤压。这也会让它的转型充满挑战：最初，在线业务的利润率低于纸质印刷品，而且由于它的互联网竞争对手已成为数字市场的主要力量，拥有了很大的市场份额，因此法国黄页的在线收入始终未能弥补平面广告业务的收入损失。在 2007 年到 2015 年期间，集团的合并收入减少了近 1/4，从 11.6 亿欧元降至 8.73 亿欧元，当时，纸质印刷业务的收入已减少了一半。合并营业收入也从 4.89 亿欧元下降 70% 至 1.43 亿欧元。竞争的加剧导致经营利润率急剧下降，从 2007 年的 42% 下降到 8 年后的 16%。[84]

在 1977 年到 2007 年期间，美国纸质印刷目录行业的广告收入总额已从不足 20 亿美元增长到超过 140 亿美元。[85] 然后这些由于广告客户的续订率持续下降，广告支出大幅下降，版面价格严重缩水，导致该行业的收入增长趋势迅速逆转，并最终在较低水平上达到稳定。究其背后的根源，就在于纯在线分类广告模式的推动。最终，移动广告和社交媒体广告为地理定位创造了条件。在这种情况下，能否吸引广告客户加入 Facebook 和 YouTube 等社交媒体，接受企业的广告发布，就取决于它们是否能在接触全球受众的同时，根据受众的偏好进行广告内容的本地化。2010年推出的社交网站Places平台，能够直接为用户提供定制化广告以及与其偏好直接相关的朋友建议。虽然谷歌在2014年停止使用类似产品（名为Latitude），但是在迎来5年乏善可陈的表现之后，地理位置定位再次成为谷歌地图的核心组成部分。

尽管存在隐私方面的担心，但本地化定位广告依旧出现了快速增长。地理定位的真正好处，就在于它能为广告商提供了解消费者习惯的机会。对于法国黄页这样的国内行业领导者，尽管法国国内本国企业客户中建立了根深蒂固的形象，但还远不具备为全球营销机构提供实现规模经济的基础。纯粹的在线和移动平台完全可以像传统纸质黄页那样，轻而易举地为广告商提供定位广告。因此，和我们在第六章中所看到的音乐行业一样，法国黄页集团的核心市场已经在新技术的冲击下支离破碎。今天，领导新一代本地分类广告服务业务的是科技型企业，而不是传统的黄页公司。

市场破坏

在这一点上，有必要进行一番对比：法国黄页在和在线竞争对手的竞争中未能取得成功，EMI及其他音乐巨头同样也没能对数字盗版和下载作出适当的应对，它们在市场变化面前的表现令人唏嘘不已。而另外两家公司的反应则令人称道：谷歌将商业目录的核心特征进行合理的商品化，苹果的音乐下载平台iTunes则实现了音乐的低成本无缝发行。但是，这两种情景之间也存在着重要区别，这些差别或许可以解释，为什么说，纸质黄页注定要成为被遗忘的历史。

法国黄页及其国外同行以往的商业模式一直以国家为核心。事实上，几乎所有黄页企业最初都曾受到政府监管体系的保护，因而成为真正意义上的国家垄断企业。虽然这些公司会得益于在国内黄页业务上享有的排他性，但不可能像谷歌那样涉足海外市场。只是在20世纪90年代末和21世纪初期，随着全球化成为主流，部分黄页公司才开始开展跨境合并（例如业务覆盖整个欧洲的黄页之路和VNU全球黄页；涉足英国、拉丁美洲和美国市场的耶尔媒体）。

构成企业转型障碍的不只有黄页业务的国家垄断性质，还有现实因素对全球化经营的限制。事实足以证明，在全球范围内制作实体电话和地址目录不仅成本高昂，而且严重不切实际。规模经济效应严重妨碍纸质黄页业务的拓展。互联网的出现彻底改变了昔日行业领导者曾经享有的特权。提供纸质化百科全书式的企业名单已不再那么重要。全球覆盖性、可访问性（即获取信息的便利性）和无缝编辑（意味着对内容进行最及时的更新）成为行业面对的新标准。基于 Web 的广告平台可以用很低的成本满足这些要求，并且无需承担传统纸质产品的成本压力。因此，虽然百代已形成了覆盖全球的业务网点，并且可以凭借全球范围的在线艺术家目录（这也是唱片公司不情愿但最终又不得不做的事情）与下载平台进行面对面的竞争，但国内黄页出版商毕竟没有海外经验，只能在当地竞争，面向中小企业提供服务，因而，只能把大型跨国客户所享有的规模经济拱手交给全球性的互联网竞争对手。

造成目录出版商无法享受规模经济效益的一个基本要素，就是它的行业具有高度分散的特征。虽然音乐录制和发行业务由少数几家大集团控制，市场集中度在 70% 到 80% 之间——这完全而且应该有助于它们之间通过合作来抵御数字技术的威胁，而商业黄页的市场却恰恰相反，在历史上，每个国家可能只有一个市场参与者——当然，有些国家可能有几个参与者。如果缺乏真正意义上的全球覆盖性，又没有名副其实的黄页主导者，那么，分类广告行业自然很容易被基于互联网的全球化业务所占领。

最后，尽管音乐市场在产品生产方面确实具有高度的全球性特征，但是从消费角度来看则非常集中。五大消费市场（美国、日本、英国、德国和法国）在全球音乐零售价值总额中占据约 3/4 的份额。相比之下，黄页产品的购买和消费则基本上具有明显的本地化特征，因此，消费和供应都具有分散性。对于企业名录，我们几乎没有任何机会将它构造成一种能与全球数字平台竞争的产品。到 2007 年，大多数发达国家的家庭互联网普及率已超过 70%，而在企业界的普及率自然会更快、更高，从而让客户和供应商的在线搜索更加便捷、准确。互联网接口不仅已无处不在，而且在线数据库也可以实时更新。因此，要掌握最新企业名录信息，客户根本就无需等待黄页公司每年将纸质目录寄给他们。

但全球化和地理定位在黄页领域的竞争是永无休止的。对于互联网初创企业来说，竞争主要来自于提供更符合客户要求的内容分类。至于在线搜索技术实现颠覆性突破的代言人，当然是谷歌。直到 20 世纪 90 年代末，互联网搜索一直依赖于被称为门户网站的网关（如 Yahoo!）或浏览器（如 Netscape）。而搜索的结果则是一大堆与事实相关性多少不一的无序组合。由于进入互联网的数据量不断增加，以及查询的复杂性不断提高，因此，强化数据查询业务的秩序已变得至关重要。1998 年，谷歌推出了目前最经典的算法，抓取并构建全部网页的索引。谷歌开发的算法以及竞争对手开发的类似搜索引擎软件之所以能取得成功，一个关键因素是它完善了信息的收集、组织和分类。正是这种通过历史查询进行学习并据此改善搜索的能力，促成电话目录业务成功实现在线转型并创造出一种货币化副产品——分类广告。

在"大衰退"期间，纸质印刷黄页的市场份额大幅缩减，但事实上，这种颓势开始的时间要早得多。到 2005 年，谷歌的全球广告收入已超过 60 亿美元，而在两年前还不到 10 亿美元。这个数字在 2006 年更是超过了 100 亿美元，而最大的功臣就是公司最受欢迎的 AdWords 产品——这是一款能让企业在谷歌上投放文字广告的自助服务产品。这家搜索巨头已创建了一个对用户高度友好的分类广告平台，它不仅可以让本地消费者坐在家里接收黄页信息，也适用于谷歌在全球的所有用户。到 2006 年，它在 6 年前推出的 AdWords 已不再被看作纸质黄页的附加功能，相反，它已成为分类广告的未来，这也可以解释，法国黄页集团为什么会在 2007 年年初创建在线平台 annoncesjaunes.fr。2009 年，这家法国集团大张旗鼓地宣传它的"天空视角"功能——使用这项功能，pagesjaunes.fr 的用户可以获得某个地址的卫星视图。与之形成对比的是，谷歌地图在 5 年之后才引入卫星照片，而且最终的推出时间也比这家法国公司晚了几个月。[87]

由于研发预算有限，法国黄页一直在扮演追赶者的角色。虽然该集团的 Mappy 服务在功能上丝毫不逊色于谷歌地图，但谷歌地图的全球覆盖范围显然不是前者可以相提并论的。值得关注的是，在遭到多年反对之后，最终，在 2013 年 9 月，Solocal 得以和它的美国竞争对手合作，为 Solocal 的客户提供使用谷歌 AdWords 服务的机会，实际上，对于已成为名副其实营销型企业的 Solocal 来说，它此前与 Yahoo！、微软和 Facebook 签署的协议也具有这种性质。[88] 作为一种传统意义上的垄断活动，黄页出版已经被数字化所改造。随着在线革命的深化，分类广告正在成为一个市场需求快速增长的行业，另外，在现金充裕的现有出版企业支撑下，供给则具有明显的黏性。最糟糕的是，由于互联网给整个行业带来了巨大的灵活性，因此，由黄页派生出的服务产品形成若干相互分割的板块。比如，像 Yelp 这样的本地推荐点评网站，谷歌等按点击量付费的广告商，还有 Experian 这样的商机制造者和数据中介，都在打造各自的细分市场，正是这些多角度的开发，让今天的商业目录看起来更加简洁、通用。

PE 业绩的非最佳广告

对于 KKR 来说，法国黄页只是另一次意外"车祸"，尽管"尸体"被一群依赖事故索赔而谋生的陌生律师捡起来，而它们中首当其冲的则是企业重整专业机构博龙资本。在 Médiannuaire 将法国黄页的控制权交给这家从事不良资产重整的秃鹫基金时，目标公司最终只有 2 亿欧元的市值,而在 2015 年年末的企业价值总额还有 13 亿欧元,而 9 年之前甚至曾高达 60 亿欧元。因此,如果得知 2005 年终止而且曾部分投资法国黄页的 KKR "欧洲基金Ⅱ号"业绩惨淡,应该不是什么值得大惊小怪的事情。截至 2014 年 12 月 31 日,KKR 筹建的这只基金仅实现了 3.5% 的内部收益率,即投资回收额仅相当于投资额的 1.2 倍。[89] KKR 在欧洲的战绩远落后于公开市场的股票指数。在截至 2014 年 12 月的 10 年间,法国 CAC40 市场指数按收益总额计算(将股息用于再投资)的年均收益率为 4.2%,而英国富时 100 指数的年均收益率则为 7%。[90] 令人唏嘘的是,即使是未扣除 KKR 高管有权按收益总额获得的 20% 份额——也就是所谓的附带利益(carried interest),他们的有限合伙人依旧每年获得最低收益率。在私募基金长期持有目标公司时,为补偿有限合伙人的等待,按业内标准,通常为他们设定 8% 的最低收益率。但由于 KKR 以往给有限合伙人创造的收益远远超过这个标准,因而没有为投资者提供这样的权利。考虑到 2005 年的年份基金内部收益率导致有限合伙人的收益无法得到保障,因此,公司在 2014 年和 2015 年筹建的"欧洲基金Ⅳ号"时不得不提供最低绩效目标。[91] 看来还是要活到老学到老啊。

KKR 和高盛真应该学会知足常乐,因为假如公众投资者在 2006 年年底接受被强制收购股份的命运,那么,形势或许会变得更糟。请记住,他们最初的目标只是购买整个公司,并对其进行私有化退市。如果不考虑公众投资者持有的 46% 的股权,那么,收购法国黄页集团这笔交易的总额达 33 亿欧元。这也是法国当年宣布的第三大收购案,在规模上,不仅远落后于对从事信号传输和广播塔业务的法国电视直播卫星公司进行的 48 亿欧元外部管理层收购,也略低于法国服装及配饰集团 Vivarte 的 35 亿欧元收购额。[92] 但是在考虑到少数股权的情况下,法国黄页集团的企业价值总额超过 60 亿欧元,因此,这将成为法国规模最大的杠杆收购案,也是 7 年后法国最大规模的失败收购案。而现在,这项"荣誉"则属于英国投资集团查特豪斯和命运多舛的 Vivarte,后者已在 2014 年被债权人接管。[93]

当然,从事后来看,少数股东最好应在 2006 年 11 月卖掉法国黄页的股份。这样,KKR 和高盛或许还可以感谢它们拯救了自己及其有限合伙人,毕竟,这将为它们省下一大笔钱。不过,当两家 PE 巨头以超过 13.5 倍 EBITDA 的价格收购法国黄页时,最让人无法理解的事实或许是,其实在它们收购这家目标公司之前的 3 年,几家欧洲 PE 公司就已经投资坐落在阿尔卑斯山脚下的电话黄页集团了,之前那么多的经验和教训,居然没能让它们有丝毫的醒悟。而其中之一就是意大利电信黄页公司。这家在 2006 年即已现出疲态的公司是我们下一个案例研究的对象。

第十二章

意大利电信黄页集团——来自意大利的案例

意大利电信黄页集团（Seat Pagine Gialle）创建于1925年5月23日，按字面意义理解，"Seat"这个名字的含义是"从事电话目录业务的公共企业"。在此前的两年里，意大利电信网络已被分割为五个独立的公司，这些公司分别在各自的运营地区内享有垄断权。因此，派生出的五家电话簿出版商分别在这五个地区经营业务。电信黄页的总部位于都灵，并在成立后的第一年里出版了第一个电话簿，提供皮埃蒙特地区的用户电话。20世纪50年代，意大利电信黄页成为一家全国性黄页供应商，到1964年，公司已成为意大利唯一的黄页目录出版商。两年后，公司发行了第一份黄页。到这个时候，集团已经与意大利国际电讯公司（STET）的全部电话业务进行了整合，这家国有机构控制着意大利全国的卫星、有线电话和固定线路通信的全部相关资产。在20世纪70年代和80年代的大部分时间中，电信黄页巩固了它在意大利市场的垄断地位。最终，它成为一家由意大利国际电讯公司控制的全国性电话运营商。

由于意大利国际电讯和意大利电信准备合并，因此，1997年1月，电信黄页又从国际电讯公司中独立出来，在米兰证券交易所上市。到当年10月，意大利电信黄页的市值达到17亿欧元。为完成公司的私有化，一个月之后，公司将61%的股份按16.4亿意大利里拉（约合8.5亿欧元）作价出售给奥托比（Ottobi）投资公司，这个投资者财团由意大利最大的出版社——阿戈斯蒂尼出版社（De Agostini）牵头，还包括意大利PE公司投资者联盟、美国杠杆收购集团贝恩资本公司以及英国的两家投资公司——BC投资和CVC资本。[1] 此次出售也成为欧洲大陆有史以来最大规模的收购。次年，奥托比收购了电信黄页，并将合并后的实体更名为意大利电信黄页集团（Seat Pagine Gialle）。[2]

刚刚取得独立地位带来的喜悦与互联网热潮带来的刺激相叠加，让管理层的视角逐渐摆脱对主流活动的依赖。1999年，意大利电信黄页收购了本国最大的办公用品零售连锁店巴菲蒂（Buffetti）、网络服务公司Matrix以及互联网服务提供商McLink。[3] 1998年，集团推出在线平台 paginegialle.it，这也是公司主要产品的网络版，随后，管理层又推出白页网站 paginebianche.it。[4] 在成功转型为意大利最大的互联网门户之后，公开上市的意大利电信黄页集团在 2000 年 3 月已拥有 300 亿欧元的市值——从 1999 年 10 月 1 日到 2000 年 3 月 29 日，公司股价已累计上涨了 364%。企业价值超过 EBITDA 的 70 倍和销售额的 25 倍。[5] 而此时的网络泡沫正达到顶峰。

对于意大利电信黄页的金融投资者来说，还有什么办法比卖出这家公司更好的呢？2000 年 2 月，意大利电信集团的互联网服务提供商 Tin.it 和电信黄页宣布，两家有意按 500 亿欧元的价格进行合并。意大利电信集团也准备收回曾在 4 年前拥有的这家企业，但重温旧梦的估值要高出当初的 10 倍。[6] 通过这次反向收购，新股东将打造意大利国内最大的互联网企业。由于意大利电信本身由 IT 业集团 Olivetti 持有 55% 的股份，因此，这笔交易或将造就覆盖固定电话、移动电话和在线通信业务等领域的欧洲最大高科技集团之一。这也体现了当时"网络融合"热潮的大趋势。

使用高估值的货币（大幅上涨的股票），并在金融投资者的临时控制下，意大利电信黄页通过并购活动继续进行扩张，2000 年 5 月，它收购了德国电话服务公司 Telegate，三个月后，以吸收合并方式得到英国的第二大黄页出版商汤姆森黄页，此外，它还控制了法国数据营销公司 Consodata。同年 8 月，这家意大利集团宣布，有意收购意大利第三大电视广播公司蒙特卡洛电话公司（TMC）的控股权。[7] 经过市场调整，意大利电信黄页的股价在 2000 年下半年走入低谷，从 3 月最高点的每股 7.4 欧元，跌至年底的最低价 2 欧元，此时的各家远低于意大利电信集团给出的每股 4.2 欧元的收购价。但是与 Tin.it 的合并依旧在马不停蹄地进行着。2000 年 11 月，意大利电信黄页集团成为意大利电信的子公司，也让 PE 投资者的投资在三年中的增值超过 25 倍。[9] 他们显然已经找不到这笔美妙的退出时机了，因为电信黄页的远大战略计划似乎很快就要走到尽头。自意大利电信获得控股权以来，电信黄页的股价下跌了 80%，2011 年 9 月，电信黄页发布公告，称公司在 2001 年的前 6 个月里净亏损 7 500 万欧元。[10]

在新媒体革命时代，意大利电信黄页的管理层显示出令人痴迷的疯狂，但也足以说明网络泡沫即将破裂，市场崩溃就在眼前。不过，最让我们感兴趣的，则是这家集团在下一轮并购大潮中的冒险之旅：2005 年左右的杠杆收购泡沫。

金钱游戏

随着互联网行业魅力不再,在 1998 年到 2001 年鼎盛时期创建的很多科技和媒体集团也因形势紧迫而解散。2003 年 3 月,意大利电信宣布,有意通过剥离并出售子公司电信黄页的黄页业务来减少负债,并筹集资金为电信集团与 Olivetti 的合并提供融资。按照对电信黄页进行剥离的计划,黄页服务业务以及企业信息活动将被纳入到一家新公司。而电信黄页集团的其余业务,包括互联网和电视业务,则计划单独上市。网络狂潮期间遭受的破坏消除。

作为分拆部分的构成要素,意大利电信决定继续保留黄页及企业信息业务的上市性质。新公司于 2003 年 8 月 1 日成立,完全独立于剥离前的企业,三天后,新公司将 37.5% 的股份在米兰证券交易所流通上市。而后,在 8 月 8 日,新公司的控股权即被出售给机构投资者。新股东是一个由多家金融投资者组建的财团,名为"席尔瓦股份公司(Silver S.p.A.)",其中包括英国收购机构璞米资本、BC、CVC 以及当地的一家 PE 机构投资者联盟(Investitori)。需要提醒的是,后三家投资者都很熟悉目标公司。席尔瓦股份收购了意大利电信 62.5% 的股份,总对价为 30 亿欧元。

按照这笔交易的价格,目标公司的企业价值总额达到 56.5 亿欧元,其中包括目标公司承担的 5 亿欧元债务。[11] 这也是当时欧洲最大规模的收购。[12] 这个企业价值相当于 2002 年 EBITDA 的 10.2 倍,以及 2003 年预期收益的 9.4 倍。尽管收购方确实非常慷慨,但目标公司的盈利能力同样不容小觑。无论如何,这家黄页出版商再次回归金融机构的控制之下。当然,电信黄页收购交易的目的还是复制行业此前的杠杆收购。几家欧洲竞争对手已完成了各自的收购,自这家意大利集团在 2000 年夏天从安佰深和安宏资本手中收购汤姆森黄页开始,管理层就已经很清楚这一点了。电信黄页拥有超强的现金创造能力,EBITDA 利润率超过 40%。这完全可以让它认真考虑采取加杠杆这件事。按计划,电信黄页将在新的一年派发股息,对公司进行资本重整,并将债务净额从 5 亿欧元增加到 40 亿欧元。

与此同时,席尔瓦股份需要对少数股东持有的股份进行强制要约收购。9 月,席尔瓦股份发起公开收购要约(PPO),旨在取得电信黄页在米兰证券交易所流通的 37.5% 的股份。席尔瓦股份给出的收购报价为每股 0.598 欧元,与 PE 投资者向意大利电信支付的控制性股权价格相同。[13] 然而,公开收购要约无异于一场灾难,PE 股东最终只获得了 0.02% 的已发行股票。他们根本就无法强制少数股东卖出股份,并最终让电信黄页退市。事实上,他们也没有在这个过程中表现出足够的激情,他们甚至公开承认,收购的真正意图就是维持部

分股份上市的状态（当然，这种说辞或许是为了避免支付高额溢价，为以后退出投资创造条件）。¹⁴

在整个要约收购期间，股票的交易价格远高于收购报价，在要约期限到期时，甚至超过了每股 0.80 欧元。少数股东已经盘算出，如果考虑到按计划应在 2004 年初支付的特别股息，那么股票价格理应比财团的报价高出 30%。和 1997 年到 2000 年期间的第一次杠杆收购一样，PE 机构持有的股份最终由在卢森堡注册的控股公司（席尔瓦股份有限公司）控制，该控股公司由 BC、CVC、璞米资本和艾法利（Alfieri，投资者联盟旗下的投资载体）组建。¹⁵ 图 12.1 有助于了解收购时的公司持股结构。¹⁶

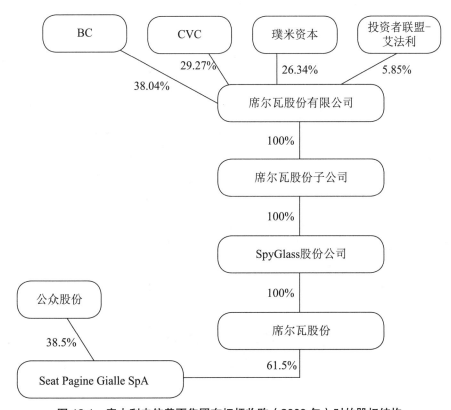

图 12.1　意大利电信黄页集团在杠杆收购（2003 年）时的股权结构

资料来源：公司财务报告及笔者分析。

成立于 2003 年 11 月的管理委员会包括常见的高级管理人员、集团董事长恩里科·吉利贝蒂（Enrico Giliberti）和首席执行官卢卡·马乔基（Luca Majocchi），此外，还有三位独立董事和八位来自 PE 公司的高管，其中，每个收购公司各派出两位。¹⁷ 执行董事和独立董事的数量明显低于金融机构的董事人数。从公司治理角度看，这是不寻常的。更合理的安排，应该是每家金融投资者只派出一名董事会代表，甚至只在董事会派驻一名观察员。但是，在这笔欧洲历史上最大的杠杆收购交易中，没有一家 PE 投资者被其他机构占先，于是，它们纷纷派出各自的实力派代表，包括 CVC 的联合创始人哈迪·麦克雷恩（Hardy McLain）和投资者联盟的联合创始人达里奥·科斯塔（Dario Cossutta）。

而管理层就只好两面受敌：一方面，他们必须和一个满是 PE 机构代表的董事会打交道；另一方面，他们还要每季度向公众股东和贷款人披露公司报告。在 2003 年底发布的"行业规划"中，管理层曾自信满满地预测：公司在 2003 年到 2006 年期间的年均销售增长率将达到 5% 至 6%，年度 EBITDA 增长率则达到 7% 至 8%；即便是以往最乏善可陈的纸质出版业务，预计销售额也将按每年 2% 的速度增长，而 EBITDA 的年均增长率约为 7%。[18]

由于拟实施的有序退市私有化已变成乱哄哄的 PIPE（私募投资者投资公开上市股权）交易，因此，席尔瓦股份试图充分利用这场乱局。股权投资者需要电信黄页派发股息，以偿还他们为收购意大利电信股权而承担的 22 亿欧元过桥贷款。[19] 不妨回想一下，我们在法国黄页集团的杠杆收购案例中也曾看到同样的程序，这种操作被称为"债务转移（a debt push-down）"。2004 年 4 月 22 日，意大利电信黄页向全体股东派发了总额接近 36 亿欧元的巨额股息，这笔资金来自两个方面：首先是苏格兰皇家银行（RBS）提供的 27.5 亿欧元优先级贷款，这笔优先级贷款包括三个层级的定期贷款，分别设有不同的期限和息差；其他资金来自向灯塔国际（Lighthouse International）发行的 13 亿欧元高收益债券，票面利率为 8%。灯塔国际是一家由多家银行控股的卢森堡融资载体。这笔杠杆收购贷款的余额则用于偿还 5.28 亿欧元现有债务。电信黄页再次成为教科书式杠杆收购案的主角。[20]

股票价格通常会因为除息而调整。因此，为维持股价，管理层已表示，将在未来几年内支付 9 000 万欧元到 1 亿欧元的年度股息，也就是说，股息收益率为 4.5%。[21] 这轮 PIPE 交易无疑是对管理层资本运营能力的考验——只有做到左右逢源，迎合各方面的预期，才能取悦于金融投资者、杠杆收购机构和公众股东。

艰难的起步

尽管登堂入室只有几个星期的时间，但新股东已开始给电信黄页制定新规矩了。削减成本无疑是他们的当务之急。管理层正准备实施"2004 年至 2005 年重组计划"。在这份报告中，用来描述计划重组的术语肯定摘自最新的管理咨询手册，重组目标包括"合理规范公司内部的人力资源规模", "通过现行劳动法提供的非创伤性工具对冗余劳动力进行管理,并达到员工人数不超过 250 人的目标",以及"通过产品的整合和开发以及流程现代化在公司内部进行劳动力重组"。[22] 不过,这些目标完全可以归结为一句话:他们准备解雇超过最低人员配备要求的员工。

管理层和金融投资者同样急于在最短时间内创造尽可能多的现金。2004 年 3 月,电信黄页出售 Consodata 子公司在法国的业务,一个月后,又卖掉了德国的企业。[23] 除在意大利境内进行的核心业务——黄页和白页业务,他们还保留了在英国的黄页业务(汤姆森黄页)、德国的黄页服务业务(Telegate)、法国的 B2B 黄页(Eurédit/ Europages)以及意大利的企业黄页信息(Consodata)。

然而,这轮加杠杆的 PIPE 交易并没有实现强势起步。2004 年上半年的业绩显示,它的"企业规划"已面临挑战:电信黄页仅实现了 1% 的 EBITDA 增长率,而收入也令人失望地下降了 2%。更重要的是,它现在还背负了 40 亿欧元的债务。[24] 毫无疑问,公司必须有更好的表现。然而,公司在半年时间节点却再次披露,在控股公司层面完成重组之后,已变成席尔瓦股份子公司(Sub Silver SA)的 PE 财团仅持有电信黄页 50.14% 的股份,而在一年前公开收购要约失败后不久,控股公司持有的股份比例则是 62.52%。[25] 与此同时,它还通过目标公司的债务融资获得特殊股息;通过非公开发债,PE 股东将持有股份中的 1/5 转让给美国银行雷曼兄弟,而后者在支付了 9.9 亿美元对价之后,获得电信黄页总股份的 12.4%。随后,雷曼兄弟又将其持有的股份全部转让给机构投资者。[26] 如此让人眼花缭乱的快速变现不会不对金融投资者的内部收益率造成任何影响。

2004 年 11 月,来自 CVC 子公司的彼得罗·乔瓦尼·马塞拉(Pietro Giovanni Masera)加入董事会,取代了他的同事哈迪·麦克雷恩(Hardy McLain)。董事会成员的更迭就此拉开序幕,并随着时间的推移逐步升级。同一个月,由于预期上年度提出的"企业规划"已难以奏效,因此,管理层又提出 2005 年到 2007 年期间的"战略计划",以展示他们在迅速调整目标定位方面的独特技能。按照管理层的预测,2005 年的收入将增长 4% 至 5%(纸质印刷产品的增长率仅为 0.8% 到 1.3%),而 EBITDA 则因为针对未来增长的投资增加而上升 2%。按这个计划,未来两年的收入和收益预期将增长 5% 以上。

对于这家在 2004 年前三季度收入仅增长 1% 的集团而言,这些目标显然是雄心勃勃的。不过,管理层也不无道理地指出,在中小企业广告高度分散且仍处于不发达的市场中,意大利电信黄页集团处于领先地位。尽管正确地判断出搜索引擎等新业务仍处于早期发展阶段,但公司高管团队仍天真地声称,电信黄页正在迎来它在意大利重建竞争领导者地位的机会。[27] 但事实显然并不是这样的,它的主导业务——纸质黄页已成为衰退型资产,而它的那些完全撇弃已过气的纸质印刷业务模式的在线竞争对手，正在加速蚕食它原有的市场份额。

2004年的全年数据表明，半年期的业绩并非偶然。电信黄页正在加速滞后于"企业规划"的预测：收入下降3%，营业利润总额和EBITDA也分别仅增长了0.8%和1.5%，而上一年的增幅则超过8%。在意大利境内市场，公司的在线和语音业务收入分别增长了12%和8%，但作为公司的主体业务，黄页和白页的收入只显示出微弱的上升趋势。这种表现永远也不能帮助企业偿还债务。在完成PIPE交易的17个月之后，意大利电信黄页集团的管理层开始面临失去PE股东和贷款方信心的危机。2004年，米兰交易所的电信黄页股价大幅下挫，收于每股0.30欧元左右，比4月底的除权价格下跌了1/4。而更令人痛心的事实是，在12月底，集团的市值为26亿欧元，其中债务净额为39亿欧元（达到EBITDA的6.4倍），12月底的企业价值为EBITDA的10.6倍。[28]由于股票估值还算慷慨，因此负债占企业价值之比仍然维持在可控的60%水平。

* * *

由于意大利业务占集团收入总额的72%以上，对EBITDA的贡献比例则达到87%，因此，电信黄页很容易受到意大利本国经济形势的影响。[29]在上一年保持持平之后，2004年，意大利的国内生产总值也仅仅等来了1.6%的低速增长。[30]而集团开展业务的其他主要欧洲经济体，法国、德国和英国也只能带来有限的支持。脆弱的经济给中小企业的广告支出造成压力，而这些企业也是意大利电信黄页的主要客户。因此，公司业绩始终落后于意大利证券交易股票市场指数Mibtel。汤姆森黄页和Telegate的业绩最为麻烦。作为英国第二大黄页出版商的汤姆森黄页没有实现任何增长，其EBITDA在2005年上半年则减少了一半。Telegate是德国的第二大目录支持机构，在德国电信市场上拥有1/3的份额，尽管针对呼叫中心采取的成本增效计划使得EBITDA提高了1/5，但收入却受到侵蚀。管理层已开始变得比杠杆收购时更现实，高级管理层预测，公司在2005年的EBITDA增长率为2.5%至3.5%。[31]即使管理层认为，他们的战略计划存在前轻后重现象，但由于经济状况远比2005年的全年预测更糟糕，因此，公司业绩很有可能会进一步恶化。

不过，自从认购40亿欧元杠杆收购贷款以来，这家公司就已经向外界展示出，它何以会成为如此强大的收购对象。2005年1月，电信黄页按相同比例对全部债务自愿偿付了5 000万欧元。两个月后，它再次提前偿还了8 400万欧元的A2级贷款。随后，到2005年6月，电信黄页对优先级债务进行成功的重组谈判，将贷款利率替代为较低的当期利率。慷慨的信贷市场让电信黄页的管理层和金融投资者成为受益者，通过为贷款进行再融资，将

22.7 亿欧元的剩余贷款替换为额度更大的 25.3 亿欧元贷款，并切分为 19.3 亿欧元 A 级贷款（利率按 Euribor 上调 1.91%）和 5.9 亿欧元 B 级贷款（利率按 Euribor 上调 2.41%）。[32]

与最初的优先级债务交易相比，这显然是一次重大改进，整个交易分解为三个部分：其中，A2 级贷款 12.5 亿欧元，息差为 2.415%；B 级和 C 级贷款各 7.42 亿欧元，息差分别为 2.915% 和 3.415%。[33] 由汤姆森子公司发行且以英镑计价的 A1 级贷款已不复存在。在杠杆收购后的第 14 个月，尽管业绩表现仍未达到计划目标，但利润丰厚的黄页出版商仍说服苏格兰皇家银行以较低利率提供了贷款。

尽管如此，2005 年全年的数据显示，增加负债的集团还在泥泞中苦苦挣扎。收入和总营业利润仅增长了 1%。管理层并没有实现他们自己制定的 EBITDA 预期——仅实现了 2% 的增长率，而不是对外承诺的 2.5% 到 3.5%。奇怪的是，这一年的企业价值居然增值了 6% 以上，因此，这使得集团估值达到了更为苛刻的 11 倍的 EBITDA。但也不是没有好消息。由于电信黄页的盈利能力非常可观——2004 年和 2005 年的经营性自由现金流超过 6 亿欧元，这就使得它可以轻松应对债务成本。当年支付的利息超过 2.6 亿欧元。[34] 此外，去杠杆化进程也在有条不紊地顺利进行。在 2004 年 12 月到 2005 年 12 月期间，公司的债务净额减少了接近 3 亿欧元——因此，此时的债务与 EBITDA 之比也降至 5.8 倍。由于当时的市场弥散着令人难以置信的乐观情绪，因此，电信黄页的股价在 2005 年的上涨幅度超过 1/4，也让杠杆率大幅下降至 52.6%。

* * *

凭借拥有意大利黄页出版市场 90% 的份额，并拥有 20% 以上的中小企业广告市场，[35] 电信黄页集团似乎已成为搭建互联网平台最理想的桥头堡。然而，成功的关键并不在于地位，而是在于创新。这家集团需要对岌岌可危的基础设施和已经过时的销售架构进行改造，以便为客户提供在线服务，此外，它还需要拥有自动化 IT 平台的销售部门以及拥有优质直销产品的用户。这当然不是我的一面之词。这些观点完全来自于公司管理层当时发布的演示文件和报告。这些改造升级的目标，就是把电信黄页的代理商从单纯的销售人员转变为咨询顾问，为此，他们在 2006 年 1 月建立了一个全新的销售组织。

这些报告当然不乏各种稀奇古怪的行话，但可以理解的是，新的"基于价值"的销售方法、"客户满意度管理实践"以及"产品创新与改进"等计划，无疑有助于将电信黄页的传统出版模式转型为一个基于网络的广告平台。由于在线分类广告的增长，已经让它的收入和利润受到影响，这些趋势无疑削弱了平面广告的市场需求。实际上，在 14 岁到 74 岁的人口中，只有一半的人还在使用黄页，而且只有 2/3 的互联网用户会偶尔翻阅一下纸质黄页。[36] 尽管它也曾将纸质黄页视为交叉销售的机会，但事实无可置疑地表明，纸质黄页的读者人数正在下降。要成为在线广告领域的市场领导者，意大利电信黄页集团需要的不仅仅是接受过最新培训的销售人员。

当然，公司还在继续解决自己的债务问题。2006年1月，电信黄页自愿偿付1亿欧元的贷款。[37] 按照2005年6月完成的再融资，公司的总债务成本已降至5.9%，而2005年第一季度的债务成本还高达6.7%。[38] 事实证明，降低融资成本是一个亟待解决的问题，因为要把业务重新带上强势增长轨道，需要管理层投入巨大的资源。在整个2006年期间，由于意大利和法国已对黄页查询市场完全放开，再加上为实施基于专用销售渠道的新销售架构需投入540万欧元重组成本，因此，电信黄页投入了巨大的一次性启动成本及相应投资。

但重组并没有带来预期效果。到当年年底，EBITDA不仅没有实现增长，反而下降了2%，远低于5%的增长预期。尽管管理层对产品和销售创新的红利效应的宣称令人振奋，但业务本身似乎呈现出自由落体式下降。管理层始终强调，白页业务已得到新的全彩版本的支持，但这听起来似乎更像是一个噱头。为了给当下的颓势打气加油，管理层高调宣传，将2006年称为三年奋斗时期（2005年至2007年）的转折点，从而实现"将电信黄页转型为一个多媒体黄页播放器"。[39] 为此，他们认为这项代表3/4意大利境内业务和一半合并收入的业务正在迎来转折点。[40]

但只有时间才能证明，管理层将彩色打印版高调宣传为"杀手级产品"的论点，是否只是他们一厢情愿的想法。无可争辩的是，自2003年以来，纸质黄页出版业务的营业额已减少了9%。2006年，自由现金流较上一年减少了9%，这也是自2003年以来，年度自由现金流首次不到5.5亿欧元。但管理层还是利用部分流动资金减少了超过2亿欧元债务净额。[41] 此时，公司的负债仍为5.6倍的EBITDA，这样的负债水平确实令人不安。好在股市再次迎来一轮让人难以理解的大牛市，使得电信黄页的负债下降至不到资本金的一半。当时，公司的企业价值相当于EBITDA的11.7倍，这是自实施PIPE以来的最高点，而且由于集团的营业利润总额在过去两年中下降了3%，而EBITDA却持平，因此，这样的杠杆率依旧不同寻常。

在泥泞中跋涉

至于股东的乐观情绪，可以解释为电信黄页集团在意大利市场上的主导地位。除具有准垄断性质的纸质黄页业务以外，到2006年年底，电信黄页在4.3亿欧元规模的意大利在线广告市场上也占有了 30% 的市场份额。不同于谷歌一家独大的法国和英国市场，意大利的形势或许更令人振奋。在这里，谷歌仅仅是访问量排在第四位的网站，排在前两位的分别是雅虎和 MSN，而电信黄页则凭借它的三个在线平台 paginegialle.it、paginebianche.it 和 tuttocitta.it 位居第三。[42] 换句话说，电信黄页仍具有竞争力。但其管理层以及大部分金融界人士解释这种形势的方式是错误的。集团的可持续发展并不是来自管理层的成功转型实践。在意大利，互联网的普及率低得令人难以置信。在法国、德国和英国（电信黄页的三个海外市场），2006 年年底的家庭互联网接入率分别为 47%、72% 和 69%。而在意大利，这个比例只有 38%。[43] 奇怪的是，在向民众提供速度更快的互联网宽带方面，电信黄页以前的股东意大利电信集团投入的资本非常有限，使得黄页发行商得以维持其市场主导地位，而纯粹的互联网竞争对手要成气候还需假以时日。

不过，当时的大多数股票分析师更愿意承认，尽管其股价一般情况下低于同行 10% 到 15%，但电信黄页的优势还是在于现金流。[44] 电信黄页的管理层当然更急于证明自己是正确的。2007 年 2 月，电信黄页预付了 1.04 亿欧元的优先级债务，试图以此来提振投资者的信心，次月，管理层宣布将股息派发额按同比上调 39%。[45] 所有这一切，都显示出管理团队的乐观迹象，原因很简单，只有一家健康的公司才有能力在对经营模式进行根本性重组的同时，预付部分债务并增加股息。

2007 年 5 月 11 日，管理层进行了一次他们钟爱的演示，向外界展示了 2008 年到 2010 年期间的新"战略规划"。由于 2005 年到 2007 年期间的目标已尽人皆知，因此，我们或许会认为，高级管理人员应该已经汲取了教训。从 2003 年到 2006 年间，整个集团的收入和 EBITDA 分别增长了 2% 和 0.6%。但董事长吉利贝蒂和首席执行官马约奇却丝毫没有收敛低调的意愿，在公司已连续 4 年未完成计划任务的情况下，他们能留下来就已经不易了。按照对 2010 年作出的预测，集团层面的年收入增长率将达到 4.5% 至 5.5%，在意大利境内的业务将增长 5.5% 到 6.5%，它之所以如此信心满满，还要得益于在线业务的两位数增长水平，以及语音业务接近 10% 的增长率。至于 EBITDA，预计增长率最高可达 5%。随着 2007 年第一季度业绩浮出水面，管理层将集团的全年 EBITDA 预计增长率进一步上调至 10% 到 12%。这显然是可以用"狂野"来形容的预测。[46] 股票分析师的反应开始由怀疑变成沮丧。因为对于某些人来说，这只不过是 2005 年到 2007 年已流产计划的再版。[47]

然而，这些雄心勃勃的目标并非空穴来风，10 天之后，有消息称，四家金融投资者已委托投资银行雷曼兄弟，进一步研究"更多潜在的财务和战略选择，以实现价值的最大化"。由此，原因就已经很清楚了。[48] 它们当然想走出窘境，而一份充满激情的未来三年战略规划，则是点燃诸多潜在买家欲望之火的最可靠手段。

在市场方面，当时的时机已经不能再好了。首先，媒体资产本身就是非常受市场推崇的收购标的。法国出版商、法国黄页集团在几个月前刚刚被 KKR 收购。由安佰深和胜峰提供资金的泛欧黄页集团——VNU 全球黄页，也刚刚完成一笔低门槛的贷款再融资。在 2005 年到 2007 年期间，欧洲的黄页出版商将合计发行超过 140 亿欧元的杠杆收购贷款。[49] 其次，电信黄页的本土市场仍处于蓬勃发展的态势中。2007 年上半年，意大利迎来有史以来最大的杠杆收购活动，收购交易的最终成交价格高达 15 亿欧元，超过 2006 年同期规模的 3 倍。交易的数量也增加了 1/4。[50] 并购行业正在迎来四年泡沫时期的顶点。在经历了多年未能实现预算目标的尴尬局面之后，电信黄页终于盼来走出低谷的时机。

但是要兑现预期并不容易。电信黄页在 2007 年的债务与 EBITDA 之间的比率为 5.1，其债务水平高于欧洲同行：耶尔媒体的杠杆率为 5 倍，法国黄页为 4.2 倍，瑞典黄页为 3.6 倍。[51] 这当然更逃不过分析师的火眼金睛，他们指出，当时的形势让这些企业不太可能成为电信黄页的潜在收购者，因为在信贷市场制约对杠杆收购贷款进行转换的情况下，收购只会进一步提高杠杆率。而可能出现分拆的猜测最为常见，尤其是考虑到意大利以外资产盈利能力较低的情况下，收购远不及分拆更可行。此外，BC、CVC、投资者联盟和璞米资本这四家 PE 投资者确实不够走运。就在它们开始寻找下家的时候，就有媒体报道披露，由美国银行贝尔斯登（Bear Stearns）管理的两只对冲基金因次级抵押贷款支持的债券违约而关闭，按照《华尔街日报》的说法，这一事件是宣布美国房地产市场破产并走向深渊的标志。[52] 2007 年 6 月下旬，一场席卷全球的信贷危机正式爆发。

股票分析师已经对金融投资者投资电信黄页可实现的内部收益率进行了估算。但归根到底，这些猜测已毫无意义。

尽管曾一度有传言称，四位金融股东正在与黑石集团及美林证券的私募股权基金部门进行高级别会谈，但未能达成协议。[53] 10 月，考虑退出方案的 5 个月之后，电信黄页的四家 PE 投资者公开表态，鉴于当时的形势，它们不会将出售股权的过程继续进行下去。信贷危机彻底浇灭了市场对表现不佳的资产的激情，即便是拥有现金创造能力的资产也难以挑起市场的兴趣。

* * *

在出售股权的过程中遭遇失败后，它们只能重施旧技，金融投资者再次正式重申，它们对电信黄页的管理层以及 2008 年到 2010 年的经营充满信心。然而，就在 3 个月之内，随着 2007 年年度业绩的披露，现实再次将它们的希望彻底打碎，其实，它们原本有机会挽救它们的厄运。风云不定的国际市场让这家广告商患得患失，进退两难。集团的销售收入小幅下降了 0.5 个百分点，但所有海外业务无一例外地遭遇大幅下滑。由于此前一年就未能完成目标，因此，只能期待预期收益实现改观。但管理层对 EBITDA 增长率作出 10% 的预期显然具有误导性。实际上，收益仅增长了 6%。尽管如此，这依旧是这家集团在 PE 机构控制下所取得的最佳表现了，以往的 EBITDA 利润率最高曾达到 44.7%。[54] 在使用更多运营现金偿还债务的情况下，公司的净负债已下降至 EBITDA 的 5 倍。但由于电信黄页的股票价格持续低迷不振，而且在下半年就损失了 2/5，因此，杠杆率再次上升至 57%。尽管股票市场持续下探，但是璞米资本的基石有限合伙人 SVG 资本披露的数据显示，截至 2007 年 12 月 31 日，电信黄页的 PE 股东对这家意大利公司给出的估值，仍达到初始投资价值的 1.5 倍。[55] 尽管他们或许没能在此期间卖出公司，但依旧保持乐观情绪。

不过，这种乐观情绪并非没有根据。2008 年 3 月 18 日，首席执行官马约奇向投资者发布了 2007 年度的业绩以及 2008 年指导纲领。但他得到的回应则是不信任。2007 年的业绩不仅明显低于预期，而且信贷市场形势堪忧以及未来增长所需要的一次性投资，导致 EBITDA 增长率在 2008 年下降了 6%，这显然有悖于 EBITDA 增长率将在下一年出现转机的预期。为保留现金并全力偿还债务，公司将在 2008 年取消股息分配。[56] 金融界已在最近几个月达成共识，电信黄页持久疲软的业绩反映了更深层次的危机。换句话说，这家公司在结构上存在缺陷。

为寻求补救措施，管理层曾试图加速集团向在线业务的转型——不仅要推出新的在线产品，还要寄希望于外部增长。2007 年，电信黄页以 4 500 万欧元的价格收购了在线商业黄页网站 Klicktel，试图借此加快 Telegate 在线产品的开发。在德国，集团收购了 B2B 供应商搜索网站 Wer Liefert Was。尽管这些举措与电信黄页的转型策略非常吻合，但并未解决关键问题，即它们并不能完全提供解除电信黄页主要威胁——偿还负债所需要的现金。因此，在 2008 年的前 3 个月里，电信黄页的股票继续下跌，价值折损了整整一半。在搁置退出计划仅 6 个月之后，PE 所有者便修改了它的估值：企业价值比考虑出售企业时的价值低 1/3。截至 4 月初，电信黄页的市值为 11 亿欧元，而 2007 年年底则是 25 亿欧元。[57] 在它进入公司 4 年之后，电信黄页的投资价值遭到了毁灭性打击。显然，改组管理层已刻不容缓。

6 月，马西莫·克里斯托弗里（Massimo Cristofori）成为新任首席财务官，[58] 取代了自 2004 年筹集杠杆收购贷款以来一直负责财务工作的毛里西亚·斯昆齐（Maurizia Squinzi）。毕竟，总得有人承担起公司业绩持续不佳的责任，而这个替罪羊肯定不会是董事长或是首席执行官，因为两人据说均负责战略。至少在表面上看，他们和企业经营无关。在管理层报出的 2008 年半年数据中，鲜有亮点可见。作为其核心业务的纸质出版业务收入下降 3%。在线黄页收入也只增长了 3%，这丝毫不令人意外，因为此时意大利的互联网普及率仍低于 45%。海外收入已出现下滑：汤姆森黄页的收入减少了 1/5，法国的 Europages 也损失了 2/5 的收入。两家公司的 EBITDA 均变成负数。幸运的是，即便是在这种情况下，合并 EBITDA 也仅下降了 5%。

为了在优先级贷款的偿还上获得更大灵活性，公司于 12 月 23 日透露，它已经和苏格兰皇家银行就修订财务约定达成协议。公司及其主要贷款人对刚刚更新的 2009 年到 2011 年"经营计划"指导方针表示赞同，并由股东大会提议对普通股和库存股（指无永久股息、无投票权的投票）进行反向股票分割，并实施不超过 2 亿欧元的股权增资。[59] 公司正在考虑筹集新股权资金的事实进一步表明，经营业绩的疲软已开始影响公司的财务状况。当然，处置像汤姆森黄页这样的非核心资产并不困难，但在当时的市场条件下，要找到买家几乎是不可能的。无论如何，管理层似乎最终解决了资本结构不足的问题。

筹集新的股权资金是不可或缺的，因为在这一年中，股票市场让管理层为数字化转型战略的失败而付出代价。截至 2008 年 12 月底，电信黄页的股价为 0.06 欧元，在过去 12 个月中，居然不可思议地下跌了 3/4。股票的价值仅仅相当于 5 年前 PE 集团支付的收购对价的 1/10。从数字角度看，这对应于 86% 的杠杆率，而且这要感谢公司拥有的无与伦比的现金创造能力——当年流入的经营现金流为 5.45 亿欧元，而债务净额则下降了 2 亿欧元，降至不到 30 亿欧元。[60] 在披露自身业绩的同时，璞米资本的股东 SVG 资本也不得不承认，它已将电信黄页的股权投资价值减记至账面价值的一半以下。[61] 至此，PE 投资者不得不盘算一下亏了多少钱。

苏格兰皇家银行同意放松意大利集团必须遵守的四项偿债指标——但由于交易发生在 2007 年低门槛交易达到最顶点之前，因此，电信黄页仍需遵守与总债务净额相关的各项契约义务，包括总债务净额/EBITDA、优先级债务净额/EBITDA、净利息保障率以及资本支出。作为条件，苏格兰银行收取 900 万欧元的条款修订费，并将息差增加 75%。但贷款人还添加了另一项要求，这也向所有因集团业绩不佳而受到困扰的公众股东提出了一个警示：只要债务净额一直保持在 EBITDA 的 4 倍以上，就不允许电信黄页分配股息。[62] 这些新条款也是这家陷入困境的借款人的真实写照。面对如此高昂的债务成本和遭受重创的股价，公司肯定需要补充股权资金。

第二轮 PIPE

在 EBITDA 呈现下降趋势以及继续实施在线策略遭遇重大不确定性的情况下，评级机构穆迪于 2009 年 1 月 13 日决定，将电信黄页的优先级债务评级从投机性 Ba3 下调至高度投机性 B1。与此同时，灯塔投资发行的债券也在高度投机类别中被下调一档。[63] 新股发行计划已经公布，但在此之前，管理层还需要处理一点内部事务。2009 年 1 月 26 日，股东特别大会通过决议，对公司的资本结构进行重组。普通股和库藏股的数量将被削减；作为重组的一项内容，电信黄页决定，按照与苏格兰皇家银行商定的条款，这些股票将按面值被注销。

这是一个重要的决定。票面价值也称为股票的名义价值，是指股票在发行时所具有的金额。从法律上说，公司不能按低于这个金额的价值赎回股票。如果按面值注销这些股票，就表示电信黄页的管理层已经承认，他们无法保证这些股票有任何价值。因此，管理层并不准备让公司以任何最低价格赎回股票。看看电信黄页 IPO 以来的股票表现（见图 12.2），就能理解管理层为什么会这么谨慎了。在资本重组之前的几天里，电信黄页的股票交易价格徘徊在每股 0.05 欧元左右。

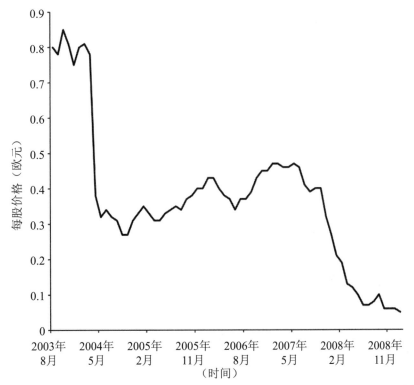

图 12.2　2003 年 8 月（IPO）到 2009 年 1 月期间的意大利电信黄页集团股票价格

注：股价之所以从 0.80 欧元大幅跌至 2004 年的不到 0.40 欧元，主要是因为当年 4 月 15 日支付了每股 0.43 欧元的特殊股息。

2009 年 2 月 9 日，重组按每 200 股流通股换取 1 股新股的比率开始启动。[64] 同一天，公司宣布首席执行官卢卡·马约奇准备离职，[65] 最终，他未能带领意大利电信黄页集团重返成长之路。现在，似乎是提出 2009 年到 2011 年最新"企业规划"的最佳时机。于是，在 11 天之后，作为告别礼物，马约奇透露了 2008 年的初步经营成果，并随后提醒观众，2009 年将是公司另一个艰难的年头。像往常一样，这项计划也存在明显的前轻后重现象——在预测期的最后两年，才有望看到以往研发投资带领的强劲逆转。马约奇以乐观的态度得出结论："2011 年，我们预计电信黄页将取得稳健的经营业绩，从而让公司为其未偿还的债务进行再融资。"但电信黄页已在 2004 年进行了杠杆收购融资，因此，贷款人根本就不可能有耐心等到 2011 年再去看公司是否能偿还他们的贷款。

2008 年的全年业绩足以说明，为什么与苏格兰皇家银行进行对话以及更换首席执行官确实是势在必行之举。当年的集团收入和 EBITDA 分别下跌了 5% 和 6%。[66] 这是启动 PIPE 交易以来最差的表现，也是转型战略失误的一个明确标志。面对这一事实，再加上严峻的经济形势，管理层决定计提 1.3 亿欧元的商誉减值，其中的 1 亿欧元来自对汤姆森黄页的投资，另有 2 500 万欧元与 Europages 相关。摆在公司面前的问题是：还有谁能改变这家公司？

在马约奇宣布离职后的两个月内，他留下的职位迎来了新人。新任首席执行官阿尔伯托·卡佩里尼（Alberto Cappellini）曾在美国个人护理专业机构金佰利公司（Kimberly Clark）任职多年，是一位知名的消费品专家，他来到一家在核心市场经历重大技术动荡的公司任职，显然是一个奇怪的选择。当这位新管理人在 2009 年 8 月 5 日向投资者提交半年业绩时，这一观点得到了印证。意大利子公司的收入和 EBITDA 同比下降幅度均超过 7%，而海外业务甚至出现了两位数的下跌。电信黄页的落伍正在加速，黄页发行业务的销售额在 6 个月内便下降了 15%。[67]

但重要的是，集团还是在 4 月 30 日成功地完成了股权增资。随后，公司用 2 亿欧元的融资收入偿还了部分 A 级定期贷款，以换取更宽松的契约条件。但通过配股，未参与配股的公众股东的持股比例被严重稀释，而认购新股权的股东，则按每 5 股老股票换取 226 股新股的比率配股。在现有的 PE 股东中，只有 BC 投资拒绝参与配股，它认为电信黄页缺乏上升趋势，投资这一轮配股只会浪费他们宝贵的资金。BC 投资的退出，让 CVC、投资者联盟和璞米资控制了这个生机盎然的新董事会（见图 12.3）。[68] 三家投资机构当然希望，现金的注入能让它们的投资焕发青春。

虽然管理层说服市场提供进一步融资是个好消息，但融资收入被用来偿还债务，而不是投资业绩不佳的业务，这一举措对未来成长并不是好兆头。随着 PIPE 交易进入第二轮，并且在一家初始投资者退出的情况下（据报道，BC 资本已将其持股交由 CVC 代持），集团的资产负债表仍在继续扩张，杠杆率仍高于 85%。与苏格兰皇家银行谈判带来的一个明显好处是，公司不再受贷款契约的约束。在 2009 年第三季度，受益于 21% 的债务融资空间，公司的债务净额为 EBITDA 的 4.95 倍，优先级债务为 EBITDA 的 2.68 倍，而在净现金利息覆盖率方面则留有近 25% 的净空间。[69] 鉴于金融危机带来的破坏性，电信黄页并不是唯一发现负债难以管理的企业。在当年的下半年，黄页出版商 Truvo（即 VNU 全球黄页集团）也让它的 PE 股东安佰深和胜峰彻夜难眠。Truvo 的业务分布在比利时、荷兰、爱尔兰、葡萄牙、罗马尼亚、波多黎各和南非 7 个国家，2007 年，这家公司经历了一轮大张旗鼓的再融资；而在两年之后，它的杠杆率便达到 EBITDA 的 12 倍。[70]

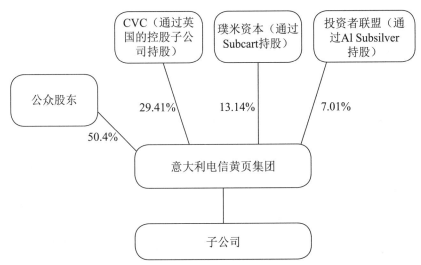

图 12.3　在 2009 年再融资（第二轮 PIPE）后意大利电信黄页集团的股权结构

资料来源：公司财务报告及笔者分析。

2009 年并不顺利，电信黄页的收入、营业利润总额和 EBITDA 均同比下降了 10% 以上。这并不令人意外，因为意大利的经济发展总体下滑了 5.5%。[71] 在线交易已达到意大利国内业务收入总额的 1/5，不过，这个结果既有网络业务快速增长的原因（增长 13%），也是纸质出版业务大幅下滑的结果（下降 8.5%），此消彼长，使得在线业务的比重大大提高。经济衰退的影响正在持续发酵，意大利广告业开始迅速下滑。2009 年，传统本地广告业务业务规模减少了 1/4，而更有前途的本地在线广告市场也仅增长了 6%。

在意大利，互联网普及率仍徘徊在 50% 左右，而在英国，已有 75% 的家庭安装了在线访问接口，这使得纯粹的在线广告平台面临更激烈的竞争。对于陷入困境的汤姆森黄页来说，降低成本仍是它的当务之急，员工人数在两年内减少了 28%。汤姆森黄页 2009 年的收入和

EBITDA 较上一年分别下降了 1/3 和 2/5。因此，电信黄页再次针对这笔投资计提了 8 000 万欧元的商誉减值损失，此外，还因为业务重组而产生了一笔 300 万欧元的特殊成本。为提高整个集团的客户维持率，管理层引入网络顾问为销售人员提供支持，并采用多媒体在线语音识别软件推动交叉销售。此外，产品创新改善了用户跟踪潜在客户的能力。2010 年，公司将聘请新的转型管理主管，负责领导新设立的"多媒体组织"。也许这个人就是那个给公司带来转机的福星吧。

尽管管理层近乎疯狂地预先偿付贷款，试图以此远离贷款方（年内偿还 3 亿欧元），[72] 但公司债务净额仍有小幅增加，达到 EBITDA 的 5.24 倍。由于股价在整个 2009 年再次贬值 1/3，因此，到年底其负债已接近资本结构的 90%。电信黄页已处于极其危险的状态。璞米资本的主要投资者 SVG 进一步计提了投资减值损失，账面净值已从 2008 年底占初始价值的 45% 减少到不足 25%。[73] 到 2012 年 6 月，电信黄页全额偿付了已到期优先级贷款中的 A 级部分，此时，由于尚未偿还的债务余额为 9.5 亿欧元。考虑到其近期的经营状况和盈利能力，可以肯定，这家集团永远都无法还清这些债务。

基于上述原因，公司不可能找到有能力帮助它承担两笔定期贷款的收购方（包括 2013 年 6 月到期的优先级贷款中 A 级部分的 4.65 亿欧元）：13 亿欧元的灯塔债券以及 2.5 亿欧元的资产支持证券。因此，管理层要求公司债权人批准再融资。2010 年 1 月初，95% 的贷款人同意发行新的担保债券，发行规模在 5 亿欧元到 10 亿欧元之间。发行收入将用于偿付部分 A 级优先级贷款（使用先行募集到的 6.5 亿欧元）和部分 B 级贷款（如募集的资金超过 6.5 亿欧元）。苏格兰皇家银行完全可以轻而易举地重新安排贷款，以换取同意费和更高的息差。不过，这家银行在前一年之前也曾接受过英国政府的救助——因此，它迫切希望减少所持杠杆收购贷款的头寸。苏格兰皇家银行决定收回贷款，一走了之。于是，它开启了寻找贷款接盘者之旅。当月晚些时候，意大利电信黄页集团宣布，它已经为 2017 年到期、利率为 10.5% 的 5.5 亿欧元优先级担保债券找到买家。但由于债券市场需求疲软，导致公司始终未能达到 6.5 亿欧元的融资目标。公司使用这笔融资的净收入偿还了 A 级贷款中 2010 年和 2011 年到期的款项。[74] 但 2012 年到期债务的还款金额仍未落实。尽管可以暂时不考虑这件事，但由于作为公司主要贷款人的苏格兰皇家银行自身难保，因此，电信黄页很难获得太多的资金支援。对于这家英国的纳税者来说，意大利最大黄页集团的生存问题显然不是它需要考虑的事情。

* * *

在战略方面，意大利电信黄页集团仍在进行数字化转型。在 2010 年上半年的业绩报告中，管理层曾不无自豪地声称，在线业务已占到意大利境内收入的 1/3，只不过互联网业务的增长被纸质出版业务的疲软所拖累，纸质出版业务的销售收入再次下降；海外业务进一步下滑，其中，汤姆森黄页的收入下降了 17%，Telegate 的收入下降了 13%，而 Europages 的收入更是减少了 1/3。海外业务的 EBITDA 总额几乎折半。按这个速度，整个集团就会触礁。因此，管理层推出了一项价值为 4 000 万欧元的成本节省计划，并有选择性地减少资本支出。对一家亟需重建收入结构的集团而言，这显然不是一种合理的选择，但是要偿还债务，这却是电信黄页的唯一选择。

按照这个思路，在整个 2010 年，管理层显示出他们对解决资本结构臃肿问题的决心。当年 7 月，公司使用现金偿还了 2014 年 1 月到期的 5 000 万欧元资产支持证券。而后，到了 10 月，他们又筹集了利率为 10.5% 的 2 亿欧元担保债券，使得债务总额达到 7.5 亿欧元（请记住，公司已征得贷款人的同意，最高可筹集 10 亿欧元的长期贷款）。[76] 这些努力只能反映出纸质出版业务不可逆转的结构性下降，杠杆率的居高不下，以及 2012 年以后到期贷款可能引发的再融资风险，于是，穆迪于 2010 年 10 月 29 日下调了电信黄页及灯塔债券的信用等级。[77] 尽管评级机构不会考虑电信黄页的生存机会，但市场似乎有自己的评判方法——截至上一年 12 月底，无担保灯塔债券的交易价格已降至 38%。[78]

全年业绩并没有让问题有丝毫的缓解。按照 2010 年度的业绩，可以确认的是，尽管资本重组确实暂时解决了集团财务状况的不稳定性，但经营业绩的持续疲弱则凸显了一个不可回避的事实：电信黄页所遭遇的问题是根本性的，它的经营模式已不再适应市场需求。全年合并收入的下降幅度超过 8%，EBITDA 也不例外；两个指标分别比 2003 年的水平减少了 1/4 和 1/5。纸质出版业务的收入再次遭遇两位数下滑，这说明，意大利在线业务的增长非常有限，还不足以抵消公司核心业务的衰退。降低成本仍是它的当务之急。集团这一年减少的成本仅相当于 4 000 万欧元目标的 3/4。此外，公司在当年减少了 1 200 名员工，其中包括项目工作人员和培训生。管理层也别无选择，只能继续计提 6.8 亿欧元的商誉减值。而这笔减值损失，也导致电信黄页的意大利核心业务价值蒸发了 1/5。

由于经营现金流超过 4.1 亿欧元，而利息支出则接近 2 亿欧元，因此，集团只能偿还 1 亿欧元的贷款，这就使得其债务净额与上一年保持一致。[79] 由于收益减少，债务与 EBITDA 比率明显上升，达到 5.65 倍。另外，随着股票价格持续暴跌，当年的收益率几乎仅有 2009 年的一半，而杠杆率则在 2010 年底达到创纪录的 94%。在重新注入股权资金 18 个月后，三家 PE 股东——CVC、璞米资本和投资者联盟正在对投资计提 90% 的减值损失。按当时的股价计算，电信黄页的市盈率（EV/EBITDA）为 6 倍，低于 6 年前并购开始时的总杠杆率。

没有人会拒绝的报价

2011年年初，公司透露，董事长和首席执行官已获得董事会授权，着手确定解决资本结构痼疾的各种方案。于是，电信黄页再次筹划实施再融资。在经过短暂的喘息之后，集团的股价再次出现断崖式下跌，成为名副其实的垃圾股，其股价不可救药地稳定在每股10美分以下。在过去的几个月里，整个行业因为几家主要公司的灾难性后果而陷入危机：2010年6月，安佰深和胜峰投资的Truvo对其美国业务按《破产法》规定申请破产保护；而在2010年的大部分时间里，麦格理控制的欧洲黄页公司也在就21亿欧元杠杆收购贷款进行重组谈判。[80]

电信黄页的形势也不比它好。刚刚推出的多媒体软件似乎正在加快出版业务收入的下降。虽然此举的初衷是通过增加每个广告客户的年收入来弥补出版业务的衰退，但实际情况却是，单个广告客户年收入从2010年第三季度的1 800欧元下降到2011年第二季度的1 100欧元。[81]"大萧条"引发的广告业衰退自然会波及纸质出版业务和在线媒体。2011年上半年，电信黄页的各项业务均出现了进一步恶化。集团的合并EBITDA同期下跌8%。显然，电信黄页已走到让管理层和PE股东惊慌失措的地步。过去4年的生意持续恶化，已经让这家公司变成了僵尸企业。现在或许是必须对有序移交进行谈判的时候了——也就是说，让金融投资者放弃对不良资产的所有权，以换取对公司进行真正有意义的去杠杆。

2011年3月，这家意大利集团聘请重组顾问罗斯柴尔德投资公司研究各种方案，以达到稳定长期财务结构的目的。在取得优先级贷款人苏格兰皇家银行正式作出的技术性豁免后，8月，管理层开始按债转股提议与灯塔投资发行的无担保票据持有人进行谈判。[82]然而，此举还需取得全体股东的同意。要说服任何人都并非易事。这些债权人分布在意大利、卢森堡、英国和美国等全球各地。截至10月，灯塔债券的报价为票面价值的16%，而且市场评级已被穆迪和标准普尔下调到仅高于违约级一个档次。[83]即使把它称为"垃圾"，恐怕都是对垃圾债券的不尊重。

尽管与股东的会谈还在进行中，但为了给股东施加压力，电信黄页没有按期偿付10月31日到期的5 200万欧元无抵押债券。由于未能在30天宽限期内偿还债务，穆迪将该集团评级下调至仅次于最低级别的评级。而灯塔债券的评级则直接被钉在最低的"违约级"。[84]从原则上说，这种违约带来的影响可能是深远的。苏格兰皇家银行和担保债券持有人可以据此取得电信黄页的控制权，而作为名义控制人的灯塔控股，将一无所获。但还有另一种可能性，如果苏格兰皇家银行和其他担保贷款方同意对贷款条款修订并展期，那么，灯塔债券的持有人可以选择将其债权转换为股权。但无论如何，未来几周都将决定电信黄页的未来。

当10月底的第一个重组截止日期到来时，由于双方未能达成协议，于是，截止日被推迟到2011年11月30日。苏格兰皇家银行根本就没兴趣将其持有的灯塔债券转换成股份，因为按照管理层的提议，它将对1亿欧元的长期灯塔票据赋予担保债券的性质，这就稀释了苏格兰皇家银行的抵押权，因此，当11月30日的最后期限到来时，双方依旧两手空空。根据这项提议，担保债券持有人的抵押权将被稀释，这就导致谈判变成了旷日持久的拉锯战。从理论上说，苏格兰皇家银行在谈判中处于明显的有利地位：其中，1/3的债务将在2012年偿还，其余债务将在2013年到期。[85] 实际上，灯塔债券的违约事件本身即可让英国银行取得控制权。但银行不能成为企业的控股方——事实上，在这段时间里，英国银行根本就无暇顾及这件事，而是忙于解决自己资产负债表上的不良贷款，其中不仅包括与杠杆收购相关的贷款，还有住宅抵押贷款。多年以来对风险管理不善的结果，最终招致了"信贷危机"的爆发。

第三季度的业绩同样未能改善管理层的地位，EBITDA较去年同期相比下降了27%，使得净杠杆率已接近6.35倍于EBITDA的最高限度。[86] 要在利益相互冲突的各方之间取得一致，这显然不是可以轻易实现的任务。PE股东试图保留某种形式的所有权，哪怕只是很少的股权，而苏格兰皇家银行和担保贷款方却不愿意放弃资产提供的担保。

至于构成灯塔控股财团的投资者，则完全处于一种尴尬无助的境地：10月的利息违约事件让他们有权任命一名管理人，但这样做，就会导致将公司的所有权立即移交给第一顺位贷款人苏格兰皇家银行和担保债券的持有者，尽管完全注销了债券，但这会让灯塔债券投资者几乎一无所获（唯有全额注销债券，换取股份）。（但债转股之后，）他们需要接受一个禁售期，在禁售期内，他们不能出售因注销贷款而换取的股份。在电信黄页同意支付5 200万欧元的延迟付款债券之前，必须取得3/4以上无担保灯塔债券持有人的同意。

最后，拟提议的财务重组必须取得绝大多数各类利益相关者的批准，这些利益相关者包括股东、苏格兰皇家银行和担保债券持有人。按照惯例，多方谈判免不了一场混乱。在错过11月30日的截止日之后，谈判的截止日被推迟到12月14日。[87] 然而，各方在12月中旬仍未达成一致，因此，截止日期再次推迟，这一次则是第二年的1月16日。所有各方无不认为，它们都有自己的王牌，即使是应该认识到游戏已经结束的PE股东，也不愿放弃最后的希望。果然，在2012年1月16日的最后期限到来时——也就是这场马拉松式谈判中的第四个终点，各方依旧一无所获。[88]

* * *

在新的一年到来时，公司管理层一如既往地向投资者推出最新的"战略规划"——实际上，连管理层自己都认为，不应再使用这个他们都觉得无聊的名称，"战略指导方针"似乎更为贴切。"战略规划"对2013年进行了全面预测，并将预测期延伸到2015年。到目前为止，所有因素都表明，意大利国内生产总值将在2012年出现萎缩。2011年得到的初步数据显示，当年广告市场业绩下降了3%。这显然不是电信黄页进行业务转型所需要的宏观背景。而且这也可以解释，为什么财务预测比以往更注重稳健性和合理性，现在，管理层只希望能在2013年之前将EBITDA稳定在3.4亿欧元左右，在此后两年中再提升到3.8亿欧元（又是一次前轻后重的布局）。考虑到2003年到2008年期间的年收入已超过6亿欧元，这些数字确实让他们羞愧难当。

在战略层面，管理层的目标是让意大利电信黄页成为领先的"本地互联网企业"，正如在过去的几十年中，集团一直是纸质出版分类广告领域的领导者一样。然而，在黄页领域进行垄断经营是一回事，而成为在线分类广告领域的领头羊则是另一回事。在瞬息万变的在线市场上，意大利电信黄页集团只是一个参与者而已。更富有弹性的纯在线广告平台有能力不断推出新产品。电信黄页从来就没有被视为互联网领域的先锋。这就是首席执行官卡佩里尼在"战略规划"中高调强调创新的原因所在。在这份20页的文件中，"创新"这个词出现了17次。管理层对成为领导者的渴望已彰显无遗，以至于在言辞上显得画蛇添足，甚至声称"需要不断在产品创新方面有所建树"。不过，集团的真实意图不难理解：它希望始终能成为一家强大的意大利广告服务提供商，这种对国内市场的专注意味着，海外业务此后将不再被它视为核心业务。[89] 只要有买家出现，集团就愿意处置任何海外投资。但在此之前，电信黄页还需调整自己的资本结构。

为了给不合作的贷款人施加压力，电信黄页的管理层决定，不再对2012年1月31日到期的优先级担保债券支付利息。公司的高管们早已对这种坐在悬崖边上的感觉习以为常了。作为对这一事件的回应，在公司对利息支付违约的这一周，标准普尔便将电信黄页集团的长期评级下调至最低等级——违约级。此外，标普还将集团的优先级担保债券下调至相同评级，[90] 使之成为垃圾债券中的垃圾。这丝毫都不奇怪。针对2011年底到期的有担保银行债务以及次级债券的利息支付和本金摊还要求，电信黄页已经推迟了偿付。实际上，电信黄页已经承认，它无力履行偿还债务的义务，无论是定期贷款、担保债券，还是无担保债券。公司的流动性状况显现出和收益能力一致的衰减趋势。标普评级机构已开始考虑公开市场的走势，在整个2011年度，电信黄页的股票价值下跌了2/3。能有如此低劣表现的公司，唯有它的欧洲同行——英国的耶尔媒体（-63.5%）和法国黄页集团（-58.8%）。[91]

而这家僵尸企业的各方利益相关者还在无休止地谈判，这场谈判无异于一场旷日持久的消耗战、拉锯战。经过 6 个多月你来我往的提案和反对之后，2012 年 3 月 7 日，PE 股东终于得到了报应。各方达成如下协议：除 6 500 万欧元被转换为有担保债券之外，灯塔控股将注销剩余的全部无担保债券；灯塔控股和电信黄页进行合并，并在合并后保留意大利电信黄页集团的名称。虽然电信黄页已成为债券持有者财团的投资，但是从会计角度看，这却是一个反向收购：灯塔控股的投资者将取得电信黄页的大部分股权。苏格兰皇家银行贷款的 A 级和 B 级部分合并，并展期 3 年，而得到的好处就是更高的息差和重新设置贷款契约。

尽管电信黄页已进行了重组，但是在它的资产负债表上，依然有 6 亿欧元的苏格兰皇家银行优先级贷款（其中的一半到 2016 年到期）和 2017 年到期的超过 8 亿欧元优先级担保债券，毫无疑问，偿债任务仍然迫在眉睫。[92] 所以，它似乎在不远的将来就需要再来一次融资，除非电信黄页的管理层能让企业满血复活，但按照 2011 年的全年业绩来说，这种可能性几乎是不存在的。此前 4 年经营和财务状况的持续恶化，已经让集团的收入和 EBITDA 分别下降了 7.5% 和 11%。自 2003 年 8 月被收购以来，EBITDA 利润率首次跌破 40% 大关。债务净额较去年同期出现上涨，这同样是金融投资者掌舵以来的第一次。双重打击最终让债务净额提升到 EBITDA 的 7.4 倍。

不难理解的是，由于盈利能力和流动性的持续恶化，电信黄页一直在对其资产的账面价值计提减值损失。仅在 2011 年 12 月，它几乎就确认了 7 亿欧元的商誉减值，这意味着，电信黄页的意大利业务又损失了 1/4 的价值，而 Telegate 的价值也蒸发了 1/5，汤姆森黄页的价值仅相当于 2010 年价值的 40%。[93] 由于债台高筑，到 2011 年年底，电信黄页的企业价值已经异乎寻常地增加到 EBITDA 的 7.5 倍。与耶尔媒体稍高于 5 倍的比例相比，电信黄页的形势确实很糟糕。但少数比例是按贷款账面价值计算的。由于这家意大利集团的全部债务均按大幅折扣价格进行交易——截至 2012 年 3 月 30 日，灯塔控股发行债券的交易价格仅为票面价值的 10%，担保债券的价格为 68%，苏格兰皇家银行的定期贷款为 73%，因此，如果按市场价值计算，集团的企业价值与 EBITDA 比率仅为 3.1 倍。同样按市价计算，耶尔媒体的这个比例为 1.8 倍，因此，至少可以认为，市场已经下调了对整个行业的预期。[94]

不过，虽然这些处于不良状态的比例确实令人沮丧，但另一条新闻却足以提醒所有人——当心公司危机造成的人力成本。3 月下旬，就在完成财务重组并把公司从不可避免的死亡边缘拉回的两周之后，52 岁的首席执行官卡佩里尼因突发心脏病意外去世。[95] 公司损失了一位领导者，但却又一次赢得向数字出版商和广告商成功转型的机会。

截至 2012 年 4 月 30 日，由于电信黄页的资本重组尚未尘埃落定，因此，穆迪和标准普尔分别对电信黄页的企业信用评级给出了次最低等级和最低等级的评级。至于这种灾难性评级背后的原因，在电信黄页 2011 年的财务报告中不难找到。截至 2011 年 12 月 31 日，电信黄页已有超过 18.3 亿欧元的金融债务将在 12 个月内到期。总之，按会计术语表述，意大利集团已不再是一个有持续经营能力的企业。然而，由于公司正在积极与贷款方进行协商，并争取对贷款协议进行最后的修订，因此，董事会仍然认为，"目前的重组交易很可能在适当时间内完成，从而维持长期性的财务稳定。"[96] 但还需要几周的时间才能最终见分晓。

毋庸置疑，电信黄页即将成为近年来落入债权人手中的诸多意大利企业之一。 2009 年 4 月，康多富控制的全球最大奢华游艇制造商法拉帝（Ferretti）就曾因二次收购而无力偿还 11 亿欧元债务，最终由米兰投资银行（Mediobanca）和苏格兰皇家银行贷款（这个世界是不是有点太小了！）取代了财务投资者，成为公司的控股方。[97] 全球花园产品公司（Global Garden Products）是一家草坪割草机制造商，其总部位于威尼斯附近，该公司同样经历了一轮外部管理层收购。由于经营不善，这家公司的负债达到 EBITDA 的 18.5 倍。最终，在 2010 年 3 月，它的英国股东 3i 公司将全球花园产品公司的控股权交给了贷款人。[98]

意大利风格的离别

9 月初，次级贷款人接管了企业，而这场接管被管理层描述为"意大利有史以来最重大、最复杂的债务重组交易之一"。[99] 与灯塔控股的合并于 2012 年 8 月 31 日生效，随后，意大利电信黄页的普通股数量从 19 270 亿股增加到 160 660 亿股，[100] 这是自 2009 年 4 月配股以后，对现有公众股东所持股权的第二次大幅稀释。这一轮稀释不亚于津巴布韦的高通胀效应，它足足将公众投资者在公司价值中享有的份额（假设公司还有剩余价值的话）稀释了 8 倍，而且没有提供任何补偿。在合并之后，灯塔控股公司的投资者成为意大利电信黄页集团的大股东，持有集团股权的 88%。不过，包括对冲基金管理机构 Anchorage、Owl Creek、Sothic 和 Monarch 等在内的投资者无疑是世上最尴尬的股东，因为它们拥有的只是一家生存机会渺茫的公司。

图 12.4 显示，三家 PE 机构与前灯塔的债券持有人共同保留了一小部分股权，公众股东也是如此。如果灯塔控股债券的价值为合并前票面价值的 10%（接近 1.3 亿欧元），那么，电信黄页普通股的价值自然很多——截至 2012 年 12 月 31 日，公司的市值总额为 7 700 万欧元——而且上涨空间有限。不过，债务压力已暂时有所缓解。

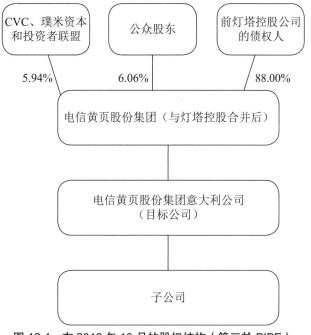

图 12.4 在 2012 年 10 月的股权结构（第三轮 PIPE）

资料来源：公司财务报告及笔者分析。

一个新的目标公司（通过债务转移的方式，将电信黄页资产转移给电信黄页意大利公司，从而将股份转让给优先级贷款人）自然需要新的管理团队和新的董事会。至此，电信黄页的董事、股东和贷款方都应该意识到，这家集团之所以在过去 8 年中始终未能完成预算，原因就在于从广告商向互联网的转型未能取得成功，此外，引入基于网络的广告能力在某种程度上已成为当务之急。然而，它并没有通过任命新的首席执行官来展示这一点，因为文森佐·桑特利亚（Vincenzo Santelia）此前的身份是消费品集团联合利华的前高管，而最近的经历是在贝恩咨询公司担任董事，显而易见，他缺少这种能力。

作为股权收购以来的第三任首席执行官，桑特利亚于 10 月 26 日加入董事会，[101] 尽管他在媒体领域拥有深厚的专业知识，但是运营在线广告或是带领传统出版商向技术型营销人员转型方面却没有任何经验。同样，恩里克·吉尔贝蒂的董事长之位也被替代。在企业经过 9 年不堪回首的表现之后，吉尔贝蒂将董事长的位置让给古尔多·德维沃（Guido de Vivo），德维沃是投资领域的老手，虽然对高科技或媒体知之不多，但在担任投资公司 Mittel、米兰信贷银行和 Pasfin 财务咨询公司的首席执行官后，在金融领域积攒了丰富的经验。至少他的背景还适合与电信黄页的债权人和金融投资者打交道。不管怎样，贷款人已成为电信黄页的掌门人，而且他们一定会祈祷第三轮 PIPE 取得成功。第二轮 PIPE 从 2009

年 4 月（增资后）延续到 2012 年 10 月，但是和第一阶段一样表现平平。在他们的第二次持股期间，CVC、投资者联盟和璞米资本迎来了一场灾难——电信黄页股票的跌幅超过 95%，如图 12.5 所示。

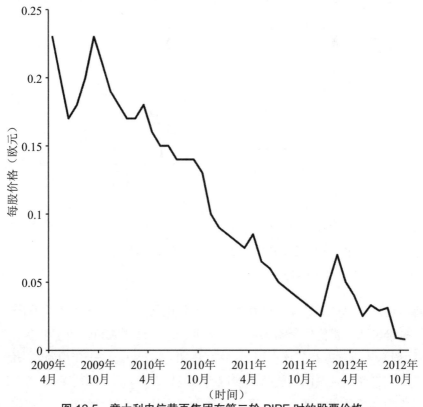

图 12.5　意大利电信黄页集团在第二轮 PIPE 时的股票价格

当所有权和领导权频繁变化时，人们也就有了对企业前景直言不讳的机会。在 2012 年度报告中，电信黄页的新管理层显然急于撇清自己和前 PE 股东的干系，并解释说，以前的 PE 基金股东"在 2003 年对公司进行了杠杆收购，这对公司的命运产生了深远而持久的影响。"一方面，意大利经济经历了双底衰退，经济水平在 2012 年下降了 2.3%；[102] 另一方面，长达一年之久的财务重组过程，严重分散了电信黄页高管团队的精力，并且这必然可以解释，合并口径的收入和 EBITDA 为什么会分别下降了 1/6 和 1/5。这两项业绩指标均为公司历史中的最大跌幅。集团下属的各项业务纷纷陷入低谷：意大利境内的纸质出版业务收入减少了 1/3，在线广告收入减少 7%，语音广告则下降了 1/4。在海外市场，汤姆森黄页的收入下降了 6%，Telegate 的收入减少了 16%，而 Europages 的收入则萎缩了 8%。它们没有任何手段可以弥补这些损失。经营自由现金流为 3.18 亿欧元，仅仅相当于 2004 年的一半。2012 年的用户流失率进一步恶化。2006 年到 2007 年度的平均流失率为 17%，2009 年到 2011 年上升至 20% 左右，然后，在 2012 年，这个数字竟然达到了 24%。客户成群结队地扬长而去。[103]

不可思议的是，新任董事长和首席执行官选择了进一步计提资产减值。这一次，他们在公司账簿中剔除了总额为 18.4 亿欧元的商誉和其他无形资产价值，其中包括价值 5 亿欧元的营销数据库、专利权和特许权。此外，约 11 亿欧元的减值与电信黄页的意大利境内业务有关。境内资产价值已从 2009 年 12 月的 32 亿欧元减少到 3 年后的 7.23 亿欧元。[104] 但最令人担忧的是，在第三轮 PIPE 中大举借债的同时，经营业绩却在持续恶化。虽然 95% 的灯塔债券被注销，但苏格兰皇家银行持有的定期贷款和担保债券却完好无损。截至 2012 年底，公司的账面上仍保留了 15.3 亿欧元的债务。此时的 EBITDA 已处于历史最低点，而负债则大幅增加，并在 12 月 31 日达到收益的 4.5 倍。在股价呈断崖式下跌的情况下，债务已达到资本总额的 94.5%。

很自然，在披露集团史上最糟糕的股价表现时，管理层会急于指出，很多竞争对手都在经历同样艰难的时期，譬如 Hibu（耶尔媒体更名后的公司），该公司的股价在当年暴跌了 90.5%。[105] 数量至上的观点确实不乏市场。但它不可能平息少数股东的不满，2013 年 1 月，电信黄页的少数股东向法院提起司法扣押和查封公司资产的诉讼。忍无可忍的少数股东终于发起了反击。

1 月 28 日，此时公司已完成烦琐冗长的债务重组并组建新董事会还不到 5 个月，电信黄页宣布，考虑到意大利经济形势弱于预期，因此，根据公司对新编制商业计划可行性进行评估的结果，决定停止在第二天支付优先级担保债券的半年期利息，这笔利息的总额为 4 200 万欧元。[106] 市场旋即作出回应，债券交易价格下跌了 1/3。而穆迪的反应同样迅速，把这家意大利集团将于 2017 年到期的 7.5 亿欧元优先担保债券和 6 500 万欧元优先级担保债券的评级下调两档，降至该机构评级第三差的级别。由于有 30 天的宽限期，因此，这家意大利集团并未正式违约，但电信黄页的管理层已承认，集团无力支付 2013 年到期的 2 亿欧元本金和利息。一周后，穆迪将该集团评级下调至仅次于最低级别的评级。同一天，电信黄页向都灵法院申请进入"债权人和解"程序，旨在向贷款方提交一份提案。[108] 这家意大利集团抓住最后一丝希望，而这个消息也让股价下跌 40%，不可救药地被钉在不到每股 0.002 欧元的位置上（你没有看错，小数点的位置是正确的）。[109]

就在新管理团队执行新重组计划时——法院已授权公司有 120 天的时间实施重组，优先担保债券的交易价格已在 2013 年 3 月跌至票面值的 22%——这种情形与次级灯塔债券一年前的处境有着惊人的相似之处。管理层的目标是再次将债务减半，降至 7.5 亿欧元，尽管当时的市场非常严峻，但他们仍希望能按时偿还债务。根据市场研究专业机构尼尔森咨询公司（Nielsen）的说法，意大利的广告支出总额在 2012 年第四季度同比下降了 21%。[110] 在 2012 年的年度报告中，管理层表现出非常低调的姿态：

> "过去 18 个月 [……] 或许是意大利电信黄页集团长期发展历史上最艰难的时期。"[111]

但更多的危机正在酝酿中。2013 年 7 月 3 日，这家意大利集团发布了独立审计师普华永道会计师事务所的审计报告。在这份报告中，普华永道的会计师称，鉴于"债权人和解程序"尚在进行当中，以及电信黄页在 2012 年亏损 10 亿欧元这一事实，审计公司无法对该公司 2012 年的合并财务报表发表审计意见。[112] 这无疑是一次重大打击，但考虑到此时的股价已处于深度低迷状态，因此，这份报告的影响是有限的。但新的问题随之而来。8 月 19 日，电信黄页宣布，公司在英国的业务已进入破产管理程序。在管理机构致同会计师事务所（Grant Thornton）的监督下，汤姆森黄页需要找到一个新的所有者，[113] 持续多年的糟糕业绩，已让这家公司将市场第二的位置拱手让给英国电信集团旗下的 Phone Book。汤姆森黄页的失败不仅源自分类广告的在线转型，还有被法院判定的 4 800 万英镑养老基金责任。现在，该是彻底清算这家毒企业的时候了。[114]

* * *

与金融投资者（既包括 PE 投资者，也包括贷款方）无休无止的谈判，往往会让被投资公司的财务团队筋疲力尽。电信黄页也不例外。2013 年 10 月 29 日，首席财务官马西莫·克里斯托弗里离开了这家摇摇欲坠的出版商，并被安德里亚·瑟尔沃（Andrea Servo）取代，[115] 后者也成为意大利电信黄页集团 10 年内的第四任首席财务官。瑟尔沃自 2000 年以来就一直在这家意大利集团任职，先后担任过税务经理、集团的会计主管和税务主管。[116] 在迎来公司成立的第 13 个年头时，这位非常勇敢的新任 CFO 面临着巨大挑战：他需要一劳永逸地解决资本结构问题。在度过又一个令人胆战心惊的年度之后，12 月 2 日，穆迪将电信黄页的信用评级下调至最低级，以反映金融重组将导致债权人损失超过 70% 这一预期。此外，该评级机构还指出，电信黄页对所有长期债务均出现违约。最后，穆迪宣布，此后将不再发布有关该公司的任何观点。[117] 几个月之前，股票分析师已停止针对电信黄页的分析，同样，穆迪也不再有兴趣报道这个僵尸企业了。当月晚些时候，都灵法院破产组认可"债权人和解程序"，允许企业在谈判进行期间维持存续。法院诉讼程序预期将覆盖 2014 年的大部分时间，而最终目标就是将所有权交给贷款方。

新任董事长和首席执行官同样不愿意背锅,他们将 2012 年的糟糕业绩归咎于前任和债权人谈判花费了太多的时间。尽管公司已在法院监督下进行了下一轮谈判,但依旧不太可能为 2013 年带来好的结果。还是没有人能预测到当年的结果。纸质出版业务已陷入绝境:2013 年,单客户广告收入总额从两年前的 648 欧元降至 429 欧元。在线业务自 2011 年以来也遭遇持续恶化,单客户广告收入总额减少 10%,独有客户的数量下降了 18%,这肯定会让投资者和贷款人怀疑,电信黄页是否还有生存的机会。[118] 广告商正在远离这家黄页公司——无论是在线黄页还是纸质黄页,它们更喜欢在其他平台上贩卖自己的商品。多年来,历届管理团队都没有闲着,不停地折腾。他们尽一切可能地压缩集团规模,尤其是尽量避免使用外部顾问。纸质出版物的减少带来纸张消耗量的下降,从而降低了材料成本。而后就是一系列的裁员,员工人数从 2009 年的 6 000 人减少到 2012 年 12 月的 4 000 人,一年之后再次减半。[119] 然而,生意的恶化让所有提高效率的计划功亏一篑。

尽管采取了全新的销售组织方式——包括在媒体顾问、网站管理员和后台员工之间配置销售人员,但却没有取得任何成果。虽然全年收入仅下降了 1/4,但由于固定成本占比太大,使得 EBITDA 暴跌 60%,已不足 2.3 亿欧元。EBITDA 利润率再创新低,只有 17.8%,还不到 2012 年的一半,更是远低于已故 CEO 卡佩里尼在 2012 年 1 月提出的 43% 的预测值。[120] 需要提醒的是,在处理了 15 亿欧元契约性杠杆收购贷款之后,这些都是一家公司无法规避的结果。所有意大利业务——包括之前大肆吹嘘的在线业务,延续了强劲下滑的趋势。但公司将造成这一灾难性结果的责任完全归咎于国内广告市场,市场同比大幅下滑了 12%。电信黄页的表现趋势没有得到宏观经济环境的任何支持:意大利国内生产总值进一步下滑,比去年下降 1.9%。最后这一点点商誉也被一笔勾销。和 2007 年账面上价值 37 亿欧元的商誉相比,此时的公司账面上已看不到任何商誉。[121]

可以理解的是,股东已经退出,股价已跌至近乎于零的每股 0.0017 欧元,按照这个水平,公司在 2013 年底的市值约为 3 000 万欧元。尽管 2012 年中期注销了灯塔发行的债券,但这家意大利出版商仍然负债严重,债务占资本基数的比例超过 90%,如图 12.6 所示。到当年年底,债务净额相当于 EBITDA 的 16.3 倍。毫无疑问,剩余的银行债务可能已无法偿付。结论不言自明:电信黄页亟待重组。

成本削减计划贯穿了整个 2014 年度,而资本重组工作也在如火如荼地进行中。公司从 2013 年开始削减高级管理人员的数量,最终目标就是在整个集团实现 40% 的淘汰率。2014 年 2 月,管理层与工会签署协议,协议约定,每年的工作日数量比 2013 年减少 10%。此外,管理层还主动要求,将当年的年薪削减 5% 到 25%。经过这番调整,高层管理人员从 11 人减少到 4 人。[122]

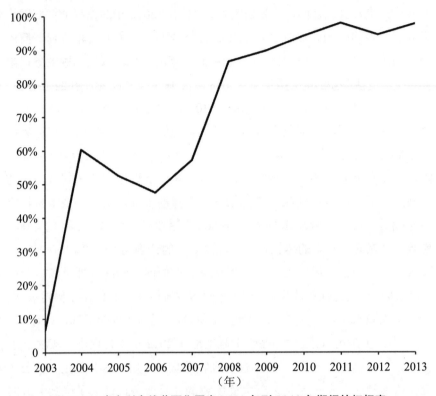

图 12.6　意大利电信黄页集团在 2003 年到 2013 年期间的杠杆率

资料来源：公司财务报告及笔者分析。

严格企业运营

为了达到从废墟中找出价值的目的，电信黄页管理层采取了一项杠杆收购中难得一见、甚至是报复式的举措。这项举措完全可以为其他 PE 投资企业的高管团队和股东带来激励。2014 年 3 月 4 日，公司召开了一场普通股东大会，这场大会或许会让 BC、CVC、投资者联盟和璞米资本的人终生难忘。会议当天，意大利电信黄页集团的董事会提交了一项议案，建议对 2003 年 8 月 8 日到 2012 年 10 月 21 日期间任职的公司董事提起法律诉讼。[123] 而这段时间恰好是金融投资者控制董事会的时期。这项议案将电信黄页陷入财务危机的责任完全推给前任董事，包括前董事恩里克·吉尔贝蒂和首席执行官卢卡·马约奇。该议案获得多数股东的批准。这样，问题的矛头开始直接转向个人。

2014年4月1日，管理层向投资者推出全新的商业计划，这也是过去10年来的第五份计划。针对2014年到2018年期间的公司运营，高管团队预测，集团的业绩将在2015年达到最低点，收入为4.09亿欧元，EBITDA约为1 500万欧元，随后，集团将走出低谷，触底反弹。各位没有看错，确实是1 500万欧元，而10年前的这个数字却是超过6亿欧元。由于前任的预测始终是一团糟，因此，现任高管肯定会发现，他们同样难以说服外界。2月24日，标准普尔甚至步穆迪评级的后尘，干脆撤销了对意大利电信黄页的评级。[124] 这些信评机构发誓永远不再关注这个烂摊子。

公司已处于生存的最后关头。此时，在这具将死的准"尸体"周围，唯一还在盘旋窥探的只有达梅尔集团（Dmail Group），这是一家小型的电子商务和出版公司，在米兰证券交易所上市交易，近年来，它的股价已降至最初的1/3。然而，就在这一年的5月，达梅尔管理层居然向电信黄页董事会提出了一份近乎厚颜无耻的收购要约，提出向电信黄页的无担保债权人支付4 600万欧元现金，并与集团进行股份互换交易。一个月之前，达梅尔就已经决定启动一轮1 500万欧元的增资，作为自身债务重组计划的一部分。对于像电信黄页这样曾经声名显赫的公司来说，被人们和一家长期亏损、收入只有5 000万欧元、市值更是只有800万欧元的小公司联系起来，确实是一件令人尴尬的事情。[125] 不过，这也从另一个侧面说明，即便是低杠杆的企业，如果不能偿还债务，一样会陷入绝境。尽管达梅尔在6月份将报价上调至6 000万欧元，[126] 但电信黄页的董事依旧拒绝考虑与这家不速之客进行合并。[127] 这些数字并不是最重要的东西。

2014年，意大利国内生产总值出现了3年以来的首次增长，尽管只有区区的0.2%，而国内广告市场依旧下降了2.5%。[128] 经过两年的业务重组、业务处置、成本削减和裁员等措施，到2014年底，电信黄页的工作人员数量进一步减少5%：自2006年以来，已经有70%的员工离职。[129] 但最重要的是，经过这25个月的改造，2014年12月17日，意大利电信黄页集团最终宣布，公司将进行一系列的重组，包括减少股本。减资之后，公司将发行6.41万亿股新股（没有看错，是万亿），股本总额为到2 000万欧元——也就是说，每股价值几乎可以忽略不计，只有0.000031欧元；并进行一轮反向股票分割（这也是2009年初重组以来的第二次相同操作），经过此番运作，股票数量将达到更易于管理（至于是否容易，只是一个相对概念）的642.7亿。[130]

抛开这些令人咋舌的数字，新一轮资本重组的结果，就是有担保债权人最终获得了公司99.75%的股权，其中的两家债权人——大道资本和金树资产管理公司（Golden Tree），持有电信黄页半数以上的股份，而苏格兰皇家银行则凭借优先级贷款获得44.75%的股份。在筹集40亿欧元贷款为杠杆收购融资的10年之后，意大利电信黄页集团终于再次体验到无债一身轻的感觉。至于那些一错再错的公众股东，经过两次大规模的稀释性重组后，他们几乎也丧失了手里全部的股票。股票的市场交易价格为每股 0.0022 欧元，按此计算，集团在当年年底的市值略高于 1.85 亿欧元。但由于银行账户中的现金余额超过 7 000 万欧元，因此，集团的企业价值实际上应该是 1.15 亿欧元，或者说，相当于 EBITDA 的 3.5 倍，[131] 与之形成对比的是，BC、CVC、投资者联盟和璞米资本在 11 年前投资时给出的估值则是 56.5 亿欧元，相当于 10 倍的 EBITDA。

集团不仅免除了全部银行贷款，也最终为整个杠杆收购事件画上了一个句号。也就是 2014 年 12 月的同一天，集团董事长德维沃和首席执行官桑特里亚提议在下个月召集一次普通股东大会，对此前被起诉的前董事提出的和解协议进行审议。11 月 26 日，这些在 PE 股东控制时期任职的前董事会成员提出一项方案：支付一笔总额为 3 000 万欧元的赔偿金，从而以友好方式解决与争议事件相关的全部纠纷。据媒体报道，公司最初提出的损失赔偿金在 15 亿欧元到 24 亿欧元之间。虽然前任董事的提议与损失的价值或追偿金额相比微不足道，但这毕竟是一个标志，它意味着，意大利电信黄页集团终于永远地逃离了这场杠杆收购大冒险。[132]

回到原点

2015 年 1 月 2 日，集团发布了一份新闻稿，声称德维沃"因过渡阶段管理层的意见存在分歧"而辞职。[133] 这位即将离职的董事长认为，由于债务核销已经完成，对前任董事会成员的法律诉讼也以成功而告终，因此，他在电信黄页的使命已经完成，新的股东理应任命一个新的董事会。[134] 虽然他的说法不无道理，但新股东似乎也不打算长久逗留，于是，他们提名由现任首席执行官桑特里亚接替集团董事长一职。

当月晚些时候，集团股东全票批准了公司前董事会成员以 3 000 万欧元赔偿金解决纠纷的和解协议。

在这笔赔偿金中，有 2/3 是由保险公司支付的，这也属于他们作为董事和高级职员而购置的责任险理赔范围。但有报道称，前首席执行官卢卡·马约奇在 2009 年时就领取了一笔高达 1 000 万欧元的遣散费。[135] 不管怎么说，这个协议结束了意大利电信黄页集团及其新任管理者和股东以后实施报复的可能性，现在，该是大家重新起步的时候了。

为此，2015 年 3 月 12 日，电信黄页管理层向投资者群体发布了一份似曾相识的演示稿——他们发布了 2014 年的全年业绩，并充满豪情地宣告，公司终于成功摆脱了集团杠收购带来的全部债务。演示稿的首页彰显了他们此时此刻的心情:"使命完成"。演示稿采用红色墨水的浮雕字体,凸显出高管团队无比轻松的释怀和自豪的成就感。但它显然不能掩盖过去一年集团宛如世界末日般的业绩。尽管当年早些时候采取了效果显著的成本节约措施,但集团在 2014 年的收入依旧大幅下降 19%,而 EBITDA 甚至只有上一年的 1/3。如图 12.7 所示,当年的毛利率降至 8%,仅相当于 2005 年的 1/5。虽然管理层已不再区分纸质出版业务和在线业务的收入,但纸质黄页很可能第一次遭遇经营亏损,这也是传统黄页即将成为历史的另一个标志。

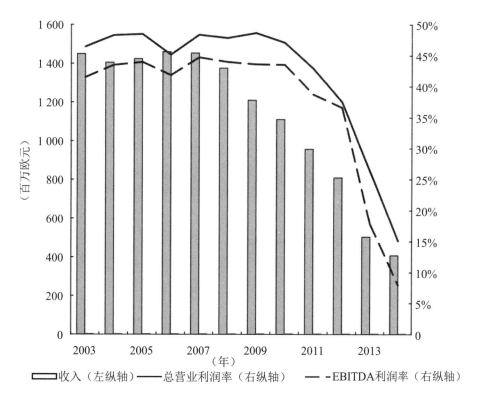

图 12.7 2003 年至 2014 年意大利电信黄页集团的收入、总营业利润率和 EBITDA 利润率

资料来源:公司财务报告及笔者分析。

2015 年 5 月 21 日,大道资本(Avenue)和金树资产管理公司(Golden Tree)同意,将其对电信黄页合并持有的 54.34% 的股份转让给互联网企业意大利在线(Italiaonline)。意大利在线从事门户网站的管理,由埃及商人纳吉布·萨维里斯(Naguib Sawiris)控股,该网站旨在为中小企业创建一个涉足数字广告和互联网服务的在线群体。在迎来公司成立

90周年之际，电信黄页为自己画上了句号——昔日的电信黄页已不复存在，11年来，金融家的控制无异于一点点地蚕食，最终让这家公司失去了独立性。合并后新公司的业务组合引人注目——它将黄页出版社每月670万的自有用户和意大利在线的1 500万用户融合到一起。虽然意大利在线2014年的销售收入仅为9 500万欧元，但EBITDA却达到了3 400万欧元，远超过电信黄页的盈利能力。[136]

无论如何，意大利在线的交易提案比前一年达梅尔（Dmail）的交易提案更有意义。早在2015年6月，达梅尔就曾申请加入"债权人和解"程序。而后来的事实表明，这家电子商务专业机构的2014年全年收入下降了10%，净亏损已扩大到1400万欧元。在过去的6个财年中，达梅尔每年都要面对亏损，一个连自己都管理不好的企业，还要想着去接管电信黄页这样麻烦缠身的集团，显然令人难以理解。[137]但不可否认的是，第三轮PIPE的结局和前两个版本一样——彻头彻尾的灾难，我们在图12.8中可以看到这一点。

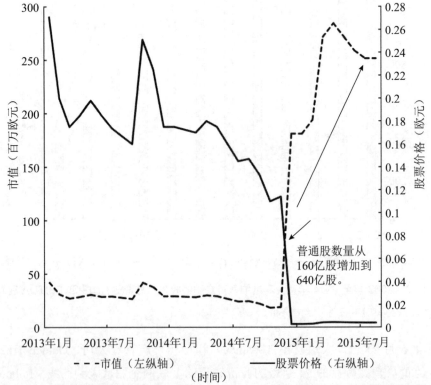

图12.8 意大利电信黄页集团在2013年1月到2015年7月期间的市值和股票价格
资料来源：公司提交的文件。

9月24日，第三轮PIPE宣告结束，董事会批准了意大利在线提交的附带股息的强制性公开要约（投资者买入股票时有权收取已公布但未派发的股息），尽管给出的报价确实不够大方，只有每股 0.003 9 元。[138] 两周后，意大利在线的首席执行官安东尼奥·康沃迪（Antonio Converti）正式成为意大利电信黄页集团的常务董事。[139] 这也是电信黄页在 12 年里迎来的第四任首席执行官，只不过，数字化转型在这一次更替中几近完成。2000 年，它就曾和意大利电信集团旗下的互联网部门 Tin.it 进行了合并。15 年后，集团重新回到这一轮互联网风潮的起点，在这个互联网舞台上，它需要放弃过去，面向未来。

迷失在转型途中

2006 年，意大利电信黄页集团凭借其广告收入成为意大利第三大媒体企业，而在意大利在线控制的时候，它甚至没有进入前五名。[140] 2015 年 10 月，企业黄页目录网站"piaginegialle.it"是意大利访问量排在第 67 位的网站，而在 2004 年 12 月，它的排名是第 30 位。白页网站"paginebianche.it"的排名为第 102 位（2004 年年底为第 12 位），而刚刚创建的网站"tuttocitta.it"则排名在第 449 位。[141]

最重要的是，电信黄页这场悲剧故事的始作俑者就是拙劣的战略执行。从一开始，公司高管便接二连三地提出一个又一个"经营规划"或"战略规划"，而在 2004 年到 2005 年以及 2009 年和 2010 年，又开始拿出形形色色的"重组计划"。管理层的公开表态则含混不清，而且官腔十足，俨然一派咨询师的派头，比如说"深刻、丰富、有意义而又有针对性的专有内容"，"超本地化的定位"或是"产品创新路线图"等。长期以来，集团领导层对传统黄页客观前景的态度完全概括为痴心妄想。

这家意大利出版商拥有强大的资产，而其中最有价值的当属品牌及其消费者和广告商数据库。然而，管理层并未及早认识到将这些资产迁移到网络的必要性。在 2008 年到 2010 年的业务规划中，管理层甚至还满怀自信地断言："鉴于文化差异和已经达成的高渗透率，使得互联网领域内出现的自相残杀风险很低，因此，电信黄页的纸质出版业务仍将稳如磐石。"现在回想起来，这样的高谈阔论毫无依据。不过，考虑到纸质出版业务的收入从 2002 年的 8.9 亿欧元减少到 5 年后的 7.55 亿欧元，这背后的趋势已不言自明。再回想一下，2015 年 2 月，管理层曾试图借助推出新产品的机会，将产品价格较以前版本下调 15% 到 20%。那么，这个新产品到底是什么呢？它只是把黄页和白页加装到一起：一本合集式的纸质印刷品。[142] 在那个年头，绝对不会有人否认，将创新预算用在基于 Web 的解决方案上更合理。但管理团队却对传统产品难以割舍，尤其是考虑到，多年以来，纸质黄页产品给他们创造了数十亿欧元的现金流，这种情感色彩会更加浓重。

多种原因造成纸质出版收入出现了不可逆的下跌趋势。看看美国这样的互联网渗透率非常高的市场，我们的所有疑问就会烟消云散。早在 2007 年的时候，就已有 3/4 的美国家庭可以访问网络。当然，管理层还提到了文化差异，这种差异确实是存在的，但是在美国发生的大部分事情，很有可能会在意大利带来类似的影响，因为意大利的互联网普及率已经赶上了美国。就在那一年，如果在谷歌趋势上搜索"黄页"这个词，你会发现，搜索结果已显示稳步、缓慢下降的趋势，这表明，纸质出版收入下降的原因，不仅有分类广告向网络载体的迁移，还有可能表明，消费者的兴趣也开始逐渐远离以行业目录为特色的专业网站，新一代互联网用户上网，可不是只为了寻找电话号码，或是浏览一下电话簿上的广告。在当年的美国，两家公司的在线搜索数量出现了井喷式增长，与此同时，黄页网站的搜索次数则明显下降。这两家公司的名字是"谷歌地图"和"Yelp"，这是两个纯正的本地化广告服务在线提供商。[143]

另一个因素也是造成传统纸质行业业务持续退化的重要原因：尽管消费者认可电话目录的便利性，但长久以来，广告商始终对黄页企业的垄断和定价行为怨声载道。而互联网则适时地为企业提供了另一种选择，而且成本也要低得多。如果不考虑本地维修人员和紧急服务，那么，一家小企业完全可以通过收费更低的在线广告平台，向所在地区乃至整个国家发布信息，而在黄页上投放本地分类广告自然也就毫无意义了。

针对电信黄页管理层对纸质出版业务最终转型的观点，最后一个反驳的观点来自法国黄页集团的案例——网络的破坏性本质。很明显，经营意大利电信黄页集团的所有高管都没有认识到破坏性变革的观点。一个在互联网时代已成为意大利主要技术领地的公司，居然没有发现互联网竞争对手带来的真正威胁，这显然是不可理喻的。而事实是，早在 2000 年就已经深谙互联网能力的电信黄页，将企业一分为二，形成两个独立经营的实体：一个实体从事黄页和企业信息服务，另一个实体则从事纯技术服务。而它们就是在这个过程中失去了互联网专业能力。

至于说管理层未能认识到向在线服务推进的紧迫性，这背后还有另一个方面的原因。直到 2014 年，意大利的互联网普及率仍是西欧国家中最低的。实际上，当时，意大利的这个比例为 62%，甚至低于波兰、匈牙利和斯洛伐克等东欧国家，在这三个国家，拥有互联网访问权限的人口比例分别为 2/3、3/4 和 4/5。[144]

尽管互联网普及率不高的原因是多方面的，但意大利是欧元区上网速度最慢的国家，这或许能为我们回答这个问题提供线索。[145] 如果服务质量很差的话，消费者自然不会热衷于订阅互联网服务。2013 年，ADSL 光纤仍是意大利最常用的网络接入技术，而很多西方国家已把电缆和光纤技术作为提供宽带服务的首选技术。意大利的宽带运行速度在全球排名第 45 位。[146] 而这种低速运行的直接后果，就是技术的使用率非常低。在 2013 年到 2014 年期间，只有不到 55% 的意大利人使用计算机，只有超过 57% 的人使用互联网。[147] 而在美国，同期已经有 84% 的家庭拥有个人电脑，74% 的家庭使用互联网。如前所述，在 PIPE 的最初阶段，互联网的低普及率以及互联网在国内的低速配置反倒保护了电信黄页的纸质出版部门。但这种保护是有代价的，它直接导致电信黄页的在线业务增长速度低于预期，并最终阻碍了集团的总体转型计划。

* * *

意大利人确实有散漫的风气，但这显然并不能完全解释电信黄页的管理层为什么未能成功实施数字战略。其他原因包括集团的具体运营和组织特征。其中的一个原因与定价和成本结构有关。由于网络广告解决方案的价格低于电信黄页的传统纸质产品，因此，集团的销售人员（在很大程度上，这些销售人员也是集团的领导团队）优先考虑纸质出版业务，其实是很自然的选择。2005 年，集团在意大利的黄页业务的 82% 来自纸质产品。到 2010 年，意大利的纸质出版业务仍占分类广告活动的 54%。同样，由于互联网普及率低以及数字解决方案的利润率较低，因此，管理层很难马上淘汰盈利能力更强的纸质出版业务。

然而，企业要成为领先的在线分类广告平台，唯一的途径就是将全部精力和闲置资金投入到互联网业务上。截至 2014 年，电信黄页的数字命题在谷歌面前几乎不值一提，这是它的数字业务收入在 2010 年到 2014 年间下降 25% 的一个重要原因。从 2012 年到 2014 年，意大利广告业务的整体衰退加剧了电信黄页的危机。新的进入者、一些纯网络参与者让电信黄页逐渐丧失了定价主导权。因此，高管层选择小心翼翼地观望。过快地向在线转型，就有可能进一步蚕食纸质出版业务，并导致成本结构不合理。在 2006 年到 2012 年间，集团的员工人数减少了 40%。因此，如果管理层加速削减核心业务，就有可能在公司内部引发不必要的阻力。事实证明，在杠杆收购期间，电信黄页管理层和工会之间始终存在激烈对峙。

在由纸质出版向数字出版转型的过程中，导致集团未能守住领导地位的第二个经营要素与反应的时滞有关。未能在这段时间及时识别破坏性变化的企业高管并不少见。如果没有建立一个独立运营的实体，管理层就不可能成功地进行数字化转型。正如我们在之前案例研究中所看到的那样，在欧洲，法国黄页集团/Solocal 似乎是唯一已经为数字命题创建模型的参与者，它当然还要归功于法国微电信的存在。法国微电信本身就是一个电子网络，自 20 世纪 80 年代以来就已经在法国投入经营，甚至在还没有这个名字之前，就已经为法国黄页集团提供了设计数字广告的机会。

深度解析：杠杆 PIPE 的实际成本

从启动杠杆收购的早期阶段到 2012 年完成所有权交接，电信黄页总共支付了 16 亿欧元的贷款利息，并偿还了 17 亿欧元的贷款本金。其实，它完全可以将这 33 亿欧元用于产品创新，建立在线平台，甚至有可能完成对顶级互联网广告业务的收购。然而，在这 8 年由 PE 基金控股的时间里，它却投入了大约 2.8 亿欧元（占收入的 2.7%）用于无形资产收购——从非严格意义上说，这也算是一种研发的形式。[148] 在这期间，两位董事长、三位首席执行官和四位首席财务官相继翻船（事实证明，当收购流产时，首席财务官最喜欢做的事情就是推卸责任，当然，业绩不佳的原因确实和战略有关，因此，董事长和首席执行官难辞其咎），让杠杆式 PIPE 在混乱中陷入死无葬身之地的境地。对法国黄页集团而言，造成这场悲剧的部分原因，就是没有给目标公司带来投资创新的手段。

飘忽无常的经济形势统计和市场信号确实不值得多下功夫，但是没有为寻找收入下降的根源投入更多资源，显然是一个致命的错误。当时，谷歌在研发方面的投入已达到收入总额的 13%。考虑到研发投入只相当于谷歌预算的一小部分，因此，电信黄页注定要在和谷歌的竞争中落败。电信黄页的地图绘制业务 TuttoCittà 于 2012 年推出，也就是在谷歌地图推出的 7 年之后，也是谷歌地图进入意大利市场的 4 年之后。要说服客户摆脱多年来一直使用的优质、尖端产品，转而接受一种几乎没有附加功能的复制版，这几乎是一项不可能完成的任务。

为履行偿债义务，管理层未能兑现 2004 年初作出的承诺：支付 9 000 万欧元至 1 亿欧元的年度股息，为投资者带来 4.5% 的股息收益率。2006 年和 2007 年，公司分别支付了 4 500 万欧元和 6 200 万欧元的股息，由此得到的股息收益率仅相当于承诺数字的 1/3。而在随后的 4 年中，电信黄页每年支付的股息更是不到 400 万欧元。[150] 在杠杆收购中，股息支付的上限受债务契约限制是常见的情况。[151] 在 2004 年到 2008 年期间，电信黄页每年至少需要拿出 70% 的经营现金流，用于偿付债务本金和利息。

扣除支付债务之外，其他最主要的支出就是资本支出和税收。在 2009 年和 2011 年期间，偿还的债务与现金流之比超过 100%，这就意味着，集团的现金流余额是负数。另一个迹象是，不管管理层的初衷有多好，一旦付诸实践，就会把金融投资者和贷款方的利益永远置于第一位。对于公众投资者来说，最好的选择就是要远离杠杆化的 PIPE——据称，在意大利电信黄页集团这场声势浩大的杠杆收购运动中，大约有 30 万名公众投资者颗粒无收。根据报道，已经有 4 万散户投资者向公司和意大利金融市场管理局提交了一份请愿书，控诉他们在一系列的所有权变更过程中被剥夺了知情权。[152]

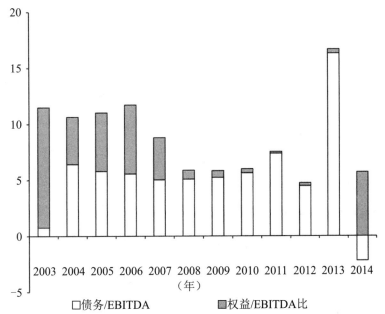

图 12.9 意大利电信黄页集团的债务/EBITDA 和权益/EBITDA 比（2003—2014）

注：负债金额以账面价值为准，而权益则采用公司的市值。如各项贷款也采用市场价格，那么，债务倍数将会低得多。债务倍数和权益倍数之和，即为 EV 总倍数（企业价值/EBITDA）。2014 年显示的是净现金。

资料来源：公司财务报告及笔者分析。

凭借几乎达到 6.5 倍 EBITDA 的债务，金融投资者使得电信黄页长期处于投资不足的状态。当然，将大部分备用流动资金用于偿还银行贷款，这也是杠杆收购的一个共同原则，尤其是在投资者把目标公司当做摇钱树时，更是会毫无顾忌。遗憾的是，管理层和 PE 股东都不知道，集团即将面临一场新技术大屠杀般的冲击。实际上，在电信黄页于 1925 年创建之后，整个行业还未有过真正意义上的创新。纯粹的在线竞争对手彻底改变了比赛规则，而这最宝贵的 8 年时间，电信黄页则是在股东和贷款人之间的无休止战斗中度过了。

如果我们将这些因素与全球经济遭遇的"大衰退"、意大利经济的双底衰退以及广告业的整体下滑相叠加，那么，我们就不难理解，这家意大利黄页出版商熬过这么长时间才开始寻求法庭保护，并迫使债权人取消贷款，还要感谢黄页目录企业本身所拥有的垄断性，以及现金充裕所带来的抗压承受力。正如我们在图12.9中所看到的那样，杠杆收购贷款的全部资本化，已成为集团的最后一根救命稻草，除此之外，别无选择。截至2013年底，电信黄页的债务与EBITDA之比已超过16倍。和法国黄页集团一样，意大利电信黄页也因为失血过多而灭亡。高负债把它变成了一个僵尸，在一轮资本重组到另一轮资本重组之间梦游。

透过现象，揭示真谛

电信黄页的故事更多地为我们揭示了现代资本主义的内涵，而不是有关这个主题的所谓权威分析。在1997年到2000年期间，意大利电信黄页集团进行了第一轮杠杆收购，而推动这场收购背后的顶级PE，却引来一系列针对这个话题的论著和文章。期间有大量传言称，是不正当行为和内幕交易导致这家公司被处置，但至今却未有任何针对这些人或事的指控。归根到底，这些丑闻大多基于这样一个事实：金融投资者通过设在卢森堡的实体进行投资，因此，他们无需对其收益缴纳大量税款，并由此赚得盆满钵满。[153] 不过，这已经不是什么新鲜事了。

2003年到2014年期间的收购，让电信黄页成为媒体争相报道的焦点，但也招致了大量质疑。BC投资公司的网站，甚至直接将这家公司称为"电信黄页二代"，在这笔交易完成时，几乎所有记录全部被打破。它是欧洲截至当时的最大规模收购，也是意大利有史以来最大规模的PIPE交易；灯塔发行的高收益债券是迄今为止最大规模的欧元计价债券。[154] 如果席尔瓦财团在2007年按既定方案设法退出，那么，它将铸就一次被人们牢记的巨大成功。但是，通过三轮相互的PIPE交易和机构投资者的无序退出，这笔交易被打造成了意大利最惨痛的一次杠杆收购失败。在电信黄页的债务阴影中，最具破坏性的因素无疑是它和债权人进行的一系列重组谈判。2011年即有谣言传出，谈判已陷入僵局，公司最终极有可能进入破产管理程序，[155] 它无疑会刺激广告商逃离电信黄页，将业务转移给其他企业。当然，这样的因果关系很难确定。但可以肯定的是，在2003年到2012年，这家PE控股的黄页出版商的收入和EBITDA均减少了一半。

"大衰退"和在线替代服务的出现表明，BC、CVC和投资者联盟之所以能在首次收购电信黄页中取得成功,与其说是因为它们拥有超凡的投资技巧,还不如说是因为幸运。1997年,投资者联盟通过"投资者联盟 II 号"基金(一个资金为 6 000 万欧元的投资基金)完成了杠杆收购,这笔投资给他们带来了近 28 倍的回报。而在 2003 年的重复收购中,它使用了第三只基金——这是一只 3 年前筹集、价值 4 亿欧元的中型基金。电信黄页是这只年份基金的最后一笔投资。2004 年,"投资者联盟 IV 号"基金筹集了 7 亿欧元的资金。据报道,2013 年 4 月,投资者联盟已放弃筹集第五只基金的意图。[156] 至于这背后的原因,第四只基金的业绩足以说明一切。截至 2015 年 3 月 31 日,在资金筹集超过 10 年之后,"投资者联盟 IV 号"的内部收益率为 -10%。[157] 电信黄页确实破坏了第三只基金的收益率,而第四只基金的业绩也远低于预期。曾参与电信黄页收购的团队已被清除一空,只剩下交易介绍人、投资者联盟的联合创始人达里奥·科斯塔(Dario Cossutta),但这显然不足以让有限合伙人感到安慰。

和投资者联盟一同投资的三家英国投资机构就幸运多了,这主要得益于海外业务让它们有机会分散国家特有的风险。不过,这次失利显然让它们很难在意大利挽回声誉。由于 2009 年的再融资需要股东注入新的股权资金,因此,BC 决定退出对电信黄页的投资,该机构在此过程中损失了一大笔资金。但事实上,在意大利的这笔投资也反映出该基金在止损方面的能力。2007 年 12 月,它在 Mark IV 的投资上损失了 1.5 亿到 2 亿欧元,目标公司是一家业绩不佳的意大利工程系统制造商,7 年前,BC 资本收购了这家公司。[158] 2010 年,BC 公司关闭了设在米兰的办事处。一系列糟糕的投资记录,已让它彻底失去了对意大利的投资兴趣。尽管它在意大利交易中的表现不尽如人意,甚至 2005 年"欧洲资本 VIII 号"年份基金的内部收益率只有 4%,但这家 PE 公司还是在 2012 年 2 月完成了第九只基金的筹资,资金规模达到了 65 亿欧元的上限,和 7 年前筹集的 55 亿欧元资金相比,这显然是一次不错的升级。如果有限合伙人在 2005 年到 2015 年年初期间投资"富时 100 指数",那么,他们将得到 7% 的无杠杆年收益率(将股息用于再投资);如果投资不包括英国在内的覆盖面更广的"富时欧洲指数",那么他们在这 10 年中可以实现 6.5% 的年均收益率。因此,有限合伙人应以流动性更好的公开市场为主。但还是有人假定 BC 是无辜的,于是,他们选择继续投资 BC 资本筹集的第九只基金。[159]

CVC 错误地判断了形势,2009 年,它选择向公司注入新的股权资金,扩大了自己的风险敞口,这也导致参与电信黄页交易的高管不得不打包走人。得益于业务分布在全球各地以及在其他国家的投资取得了良好收益,因此,CVC 资本在 2013 年再次筹集到 109 亿欧元的资金。这也让它在 2007 年和 2008 年设立的年份基金表现优异,至少收益率远远高于以主要市场指数为代表的基准收益率。截至 2014 年 12 月 31 日,2007 年筹集的 41 亿欧元年份基金实现了 6.4% 的年收益率,而次年筹集的 107.5 亿欧元资金则获得了 10.4% 的净利率。在两只年份基金的 8 年和 7 年存续期内,富时 100 指数的年收益率分别为 4.5% 和 4.1%。至于 CVC 在 2005 年设立的年份基金,则实现了 17.3% 的内部收益率,这让 BC 资本 4% 的收益率自叹弗如。

意大利电信黄页集团并没有出现在璞米资本的历史交易清单中。[160] 30 亿欧元的交易如何从公司的历史业绩中凭空消失,这确实很难解释,但正如加拉·科洛尔的第四轮收购(见第二章)所示,璞米资本一向习惯于在交易日志中遗漏失败案例。这种做法并不符合英国在 2007 年执行的行业披露指南。自从命名为"私募股权投资集团(Private Equity Reporting Group)"以来,这个监管机构似乎并没有对业内的大咖级参与者产生太大影响。但有限合伙人和璞米资本在金融危机期间以及之前犯的错误,足以解释这家集团为什么会在 2014 年 6 月关闭"璞米资本 V 号"基金,而此时距离该基金的组建仅有两年时间。这只参与了对意大利电信黄页的投资的基金,设定规模为 53 亿欧元,但是到 2006 年仅筹集到预定金额的一半。在不同时期进入黄页出版商董事会的 4 名意大利员工已先后离职,此后,公司就一直试图消除电信黄页留下的所有痕迹,而首当其冲的自然是"璞米资本 V 号"。璞米资本筹建的第四只基金获得了 6.3% 的净内部收益率;相比之下,富时 100 指数在这 9 年期间的无杠杆年均收益率为 5.5%。[161] 但加拉·科洛尔和意大利电信黄页的故事肯定会引起某些有限合伙人的担忧。

毫无疑问,对 PE 股东的行为最强烈的反击,就是电信黄页在 2014 年对他们采取的司法行动。根据 2015 年年初签署的和解协议,金融投资者得以安然无恙地脱身,既不需要承担任何责任,更无需为此感到内疚,然而,他们的拙劣表现却彰显无遗。2015 年 2 月,来自著名报纸《意大利晚邮报》(*Corriere della Sera*)的专栏作家提出了这样一个观点:这家出版商的前任董事绝对是被"从轻发落"了。除财务上的损失之外,这位记者还指出,在意大利,一旦董事被认定涉嫌欺诈性破产以及其他金融和经济罪行,就应被判处监禁。为证明自己的观点,他选择意大利电信黄页集团的收购案作为主要依据。此事已进入调查阶段,截至当年 11 月,意大利检察官已裁定,为防止事态恶化,禁止涉案人员在 12 个月内继续从事业务,11 位董事涉案,其中包括来自 PE 公司的代表,他们都曾于 2004 年发放 35 亿欧元特殊股息时在电信黄页的董事会任职。[162] 回到当时那个时点,债务转移似乎还是一个非常不错的主意。

第七部分
由 PE 基金主导的 IPO：寻找替罪羊

根据著名研究机构 PitchBook 于 2015 年 2 月发布的数据,由 PE 投资公司主导的 IPO 已占到 2014 年全球 IPO 中的 44%,这也是 2006 年到 2014 年期间的最高比例。这类发行收入在当年 IPO 发行收入总额中的比例为 39%,同样是 9 年期间的最高点。[1]

PE 机构通过 IPO 形式对目标公司投资的比例取决于股票市场的发展水平。在美国和英国,PE 投资者通过上市实现投资退出的比例要远远高于公开市场不太发达的国家。此外,金融投资者通过 IPO 退出投资的能力,还取决于经济形势和市场的态度。在某个年份,IPO 可以构成 PE 实现投资退出的主要方式,而在第二年,它就有可能完全消失。以美国为例,在 2006 年和 2013 年这两个年份,如按价值计算,IPO 占 PE 退出投资的 15%;而在 2008 年,这一比例不到 5%。[2] 近年来,PE 在英国股票市场通过上市退出投资的比例在 2013 年达到最高的 14%,而在 2008 年则是零。[3]

有关 PE 主导 IPO 的论文不计其数,观点不一,而且常常是相互矛盾的。很多权威人士认为,这种发行方式的收益低于非 PE 主导的公开发行;还有学者则给出了完成相反的断言。[4] 这类研究显然是存在问题的。第一,他们的样本通常很有限。第二,PE 基金支持的 IPO 正在越来越受欢迎,因此,和 20 世纪 80 年代以及 90 年代初期相比,这种模式在 20 世纪 90 年代后期以及 21 世纪更为普遍。当然,我们或许应该用更多时间去研究市场的最新趋势。自 21 世纪以来,越来越多由 PE 基金控制的公司开始上市,因此,上市公司的质量很可能会受到影响。第三,尽管 PE 控股的上市公司在短期内(IPO 后的 3 个月至 6 个月)的业绩优于其他类型上市公司,但是从长远来看,它往往表现不佳,有时甚至会明显落后。不管这些研究的观点多么有说服力,我更倾向于采取中立的立场,也就是说,不轻易同意一方,也不轻易否定另一方。我更感兴趣的是展示此类交易给市场带来的广泛影响。

在接下来的探讨中,我们就会看到,这些上市公司的主要受害者就是公众,更具体地说,是散户投资者。因为机构投资者往往别无选择,它们只能参与新股发行。这背后的原因是多方面的,但最令人困惑的一个原因,就是经营指数跟踪或行业基金的资产管理机构,不得不为新股发行配置资金。为此,我们找到了两个例子,eDreams 和福克斯顿(Foxtons)。这两家公司之所以能成功上市,部分原因就在于,它们均有经营指数产品(例如 IBEX 中型股指数或富时 250 指数）或是以旅行/房地产基金的 PE 投资机构参股，即使这些机构的持股很少。在接下来的两个案例研究中，我们建议，暂时忽略它们是否已实现了完全的多元化，而是保持高度的选择性，在 PE 基金主导 IPO 这个问题上，充分考虑以下事实：

- 被上市的公司往往维持着高度杠杆化状态，这可能导致这些 IPO 存在更大的波动性。
- 一旦锁定期结束，PE 公司就有可能需要在二级市场上抛售大量股票。这被称为 IPO 后的积压待发股票（post-IPO overhang，或称"悬货"）。金融投资者永远都不愿意成为长期投资者，他们往往是机会主义的投机者。只要有机会，他们就会毫不犹豫地卖掉手里的股票（比如说，当股票因令人失望的结果即将到来而下跌时——如果能进入董事会，PE 投资者自然可以获得这些信息）。这将对股价产生负面影响，尤其是在 PE 股东抛出的股票数量足够大的时候。
- 通过"在售后市场囤积"股票，机构投资者可以操纵 IPO 后的股价。囤积意味着，一旦股票开始交易，机构投资者就可以围绕 IPO 带来的热点进行炒作，频繁买卖股票。它们按市场报价买入股票，然后在股价突破"爆破点"后卖出。金融投资者非常擅长拉拢机构投资者，或许是因为这些机构投资者也和自己一样，发迹于华尔街。
- 有的时候，目标公司的高管往往和 PE 公司一起执行收购方案，因此，他们和上市存在着利益绑定的关系。在这种情况下，他们首先考虑的是提前退休或躺在海滩上度假，而不是继续埋头苦干，管理企业。
- 在 IPO 前的路演中，雄心勃勃的计划比比皆是，但很少能得到兑现，或许他们只是在卖弄噱头，引诱替罪羊。
- 但反对参与此类 IPO 最主要的理由，就是这些公司的股票通常会被完全定价，或者说，有可能被高估。任何金融投资者都不希望，自己的有限合伙人指责他们没有拿到本应赚到的钱。在杠杆收购中，基金管理人的职责就是为有限合伙人创造最大价值。当然，在这些上市公司中，很多公司的表现还算得上中规中矩，但是在 IPO 时，定价过高几乎是不可避免的。

从不计其数的失败样本中挑选出两个有代表性的例子，显然不是一件轻而易举的事情。这些案例研究必须充分体现出，在这个危险的游戏中，PE 控股上市公司的投资者是非常孤独的，他们不能指望任何人为他们的利益着想，也就是说，他们必须学会自生自救。而其他参与各方（包括作为卖方的杠杆收购出资人、目标公司的管理团队和协调上市的投资银行）都有动力对上市公司的股票过度定价，尽管这有可能导致股票在二级市场上长期业绩不佳。正如接下来的两章所述，PE 主导的 IPO 确实不适合于胆小的人，这一点在德本汉姆百货、得州电力以及赫兹租车等案例中已经尽显无遗。

第十三章
eDreams——来自现实的反击

2000年永远是一个后人无法忘记的年份——在这一年,高科技成为全世界关注的焦点。甚至在这一年尚未开始的事情,它就注定会成为一个多事之秋。在2000年的第一天,人们迎来了"千年虫",这个计算机固有漏洞可以追溯到编程早期,而在数字化日渐深入的世界里,这个基本漏洞无疑将构成一种真正的威胁:当运行计算机和电子设备时,系统设定的年份只使用两位十进制数来表示,但只使用两位数表示日期,将导致系统无法区分1900年和2000年。在这种情况下,如果发送日期不准确的数据,将迫使飞机和卫星坠毁,火车恢复到蒸汽机时代(或许吧),银行用一百年前的货币付款,核电厂发生爆炸,总之,造成一系列可怕的后果。"Y2K虫",也就是所谓的千年虫,或将结束我们所知道的一切文明。在这个要命的年头到来之前,有些不可救药的偏执狂甚至会让数百万企业花费大量资金聘请IT专家,以确保他们能在这一天安全处理客户订单,保证工厂正常运行。据估计,全球(其中美国几乎有一半)为满足Y2K标准进行系统升级的耗费可达3 000亿美元。不过,除了每天都会发生的小事之外,元旦这一天异乎寻常地平静。而最重大的新闻,而且是全世界似乎都没有注意到的新闻,就是俄罗斯总统鲍里斯·叶利钦(Boris Yeltsin)在前一天辞职,此时,他正在向总理弗拉基米尔·普京(Vladimir Putin)移交权力。

技术依旧是2000年前几个月的流行词,纳斯达克继续大幅攀升,这当然要归功于互联网热潮,美国和欧洲部分地区在这轮狂热中整整迷失了5年。1999年,科技股指数节节攀升,累计涨幅超过85%,年末收于4 069点。截至2000年3月10日,该指数收于5 048点,仅在70天内便上涨了24%。所有希望被市场重视并避免股价下跌的公司,都需要将它们的商业模式以互联网为中心重新定位,或者说,一定要和某个网站搭边。按照新的商业范例(还记得这个最热门的咨询术语吧),电子零售商、电子商务市场和P2P平台(即点对点或个人对个人,而不是退市或者私有化)将成为统领全球经济的势力。实际上,"e"这个标识已不再仅限于杜撰新的产业。从美国的拍卖网站eBay到在线经纪商E*Trade,所有企业都试图在它们的品牌中加上"电子"这个词的缩写作前缀，似乎只有这样做，才能显示出它们的高端品牌定位。在欧洲，这股热潮似乎更为温和，但还是有一家西班牙公司从中嗅出了机会，让它比其他众多初创公司活得更长久。

诞　　生

1999年2月，两位营销专业人士想到了一个特殊的词——eDreams，并打算用这个名字创建一家旅游网站。这两个人来自旧金山的湾区，此前曾与网络浏览器先驱网景公司（Netscape）有过合作。他们是32岁的哈维尔·佩雷斯-特尼萨·德布洛克（Javier Pérez-Tenessa de Block）和31岁的詹姆斯·海尔（James Hare），他们在斯坦福大学读书时相识，两个人同时在1997年获得了MBA学位。此后，他们沉浸在硅谷的互联网的世界里，在这段时期，他们亲身经历了很多旅游专业网站的兴起，其中就包括Expedia。该网站创建于1996年，最初是计算机巨头微软MSN部门的一项业务，然后通过剥离而成为一家独立运营的企业，并最终在纳斯达克公开上市。eDreams网站成立于2000年年初，并通过两轮融资筹集到3 000万欧元，第一轮融资是在1999年，第二轮融资在2000年，参与投资的包括风险资本机构多尔（Doll）、安佰深、阿特拉斯（Atlas Venture）和3i。该网站的目标就是将Expedia的部分产品运用于欧洲。从创建之日起，Expedia就允许消费者在线预订机票、汽车和酒店以及浏览多媒体旅行指南库。eDreams的总部位于西班牙巴塞罗那，尽管它只是一家资源有限的创业企业，但却雄心勃勃。在成立的最初几个月里，它就已经在意大利和英国设立了网站。[1]

这个想法当然不是原创的。在这个时候，欧洲已经出现了数十个相近的度假或旅游专业网站，比如法国的Degriftour、德国的Tiss以及英国的eBookers和Lastminute等等。佩雷斯-特尼萨以前曾是一名航空工程师和帆板教练，而哈佛毕业的海尔以前曾做过导游，两个人以全新视角对他们的投资进行了定位。他们利用分布在全球各地的数百个"梦想向导"，针对偏远地区的旅游目的地和冒险运动为客户提供在线专业建议。此外，他们的网站还代理旅游运营商出售的高端假日套餐，将服务对象定位于少数非常规路线、有探险精神或猎奇爱好的高端客户。[2] 公司的董事长是佩德罗·德埃斯特本（Pedro de Esteban）——另一位斯坦福大学的MBA毕业生，他有着非常炫目的职业经历，曾担任重整专业投资机构Inversiones Novae的执行合伙人和西班牙旅游运营商Grupo Experto的董事长兼首席执行官。作为一家在线服务提供商，eDreams既像是旅行社，又像是旅行顾问，但实际上却并非如此。

该网站的主要功能就是收集不同来源的信息，并以统一的格式呈现给用户，从而为消费者提供出行决策依据。在互联网的早期阶段，eDreams 像很多网站一样被称为门户网站，比如美国在线、微软 Network 和 Yahoo！它们作为典型的门户网站，均提供一般性新闻和信息。因此，eDreams 和其他旅游门户网站提供的服务不仅附加值低，而且由于当时的网络使用率还很低，导致网站的需求非常有限。不妨举一个例子，2000 年，eDreams 仅获得了 800 万欧元的旅游出行预订额。[3] 这一年，西班牙、意大利和英国的互联网普及率为 13%、23% 和 27%，这也是 eDreams 开展业务的三个国家。[4] 由于西班牙的互联网普及率最低，因此，eDreams 的创始人从一开始就主张向国外扩张，自然也就不足为奇了。无论是基于创始人的导向，还是他们对互联网服务必将被广泛采纳这一远见卓识，总之，在走过磕磕绊绊的起步阶段之后，这家西班牙新贵便在拥挤不堪的欧洲在线旅游市场中成功地占据了一席之地。

起 飞

最终，这家公司演变成一个旅游搜索引擎，也就是说，一家在线旅行社（OTA）——是航空公司机票出售代理和实体旅行社的综合体。公司网站的信息来自所谓的全球分销系统（GDS），这是航空公司使用的中央预订系统，随着时间的推移，网站信息还将覆盖火车运营商、酒店集团以及邮轮和汽车租赁公司等其他旅游业务，当然也有旅行社。美国的 Galileo 和 Sabre 是全球最大的两个票务预订系统，分别由美国联合航空公司和美国航空公司支持。但是到了 2000 年 11 月，eDreams 便和几家欧洲航空公司持股的西班牙全球分销系统艾玛迪斯（Amadeus）签约，为 eDreams 的用户提供全球 500 家航空公司的优惠价机票。[5] 由于专注于航班票务信息，这家总部位于巴塞罗那的旅游集团很快就在意大利和西班牙站稳脚跟，成为当地市场的领导者，这也为它的国际化发展奠定了基础。到了 2004 年，eDreams 已拥有了价值 7 000 万欧元的预订额，接近第一年营业额的 9 倍。[6]

得益于互联网普及率的提高以及在线航班预订系统的采用，在随后两年，公司的销售额稳步增长。2006 年 11 月，为创建公司提供融资的风险投资者开始兑现投资，他们以 1.53 亿欧元的价格将其持有的股权出售给美国的成长型 PE 基金 TA Associates。TA 通过比利时富通银行（Fortis）的优先级贷款和 TA 自有基金的次级债务为收购提供融资。这笔交易完成之后，两位联合创始人在公司中占有 45% 的股份。[7] 在当时，还只有一半的西班牙人拥有网络访问权。因此，在线航班预订系统继续从传统旅行社手中抢走市场份额。2006 年，

eDreams 收入了 3 亿欧元的预订额，而两家主要的本地竞争对手 Rumbo 和 Atrápal 的收入分别为 2 亿欧元和 1 亿欧元。[8]

自 1999 年创建直到 7 年后被 TA 收购，eDreams 已发展成为南欧地区最大的在线预订集团，在此期间，它向超过 600 万为顾客提供了酒店、航班预订和假期套餐等服务。以此为基础，2007 年，这家西班牙集团通过在葡萄牙、法国和德国开设业务，扩大了其国际专营权。这一年，公司的预订额增加了 50%，达到 4.45 亿欧元，成为西班牙的第二大旅游代理商，领先于实体旅游机构的领导者 El Corte Inglés 旅行公司。[9] 当年 10 月，有新闻报道称，TA Associates 计划快速变现所持股份——将这些股份出售给实业投资者或金融投资者，或者按传闻中的 3.45 亿欧元估值将 eDreams 推向证券交易所。[10] 但信贷危机和随后的市场恐慌情绪破坏了这家 PE 公司的退出计划。

尽管市场环境起伏不定，但在线旅游业务仍表现良好。在整个 2007 年，覆盖全行业的强劲基本面也让 eDreams 的西班牙竞争对手顺势而上，其中，Atrápalo 的预订额达到 1.6 亿欧元，比上一年增加了 60%。Orizonia 是西班牙最大的旅游运营商之一，该公司收购了旅游网站 Viajar.com。[11] 为了在快速发展的在线旅游市场上占据一席之地，Orizonia 还在 2008 年 1 月收购了 Rumbo 50% 的股份，鉴于两个集团的预订总额达到 30 亿欧元，因而也就此创建了西班牙的第一大旅游公司。作为这笔交易的一部分，Rumbo 吸收合并了 Viajar.com。[12] 毋庸置疑，它成了 eDreams 最大的竞争对手。

但在线旅行社的巨大成功也令很多市场参与者感到困扰。比如说，在 2008 年 8 月，低成本航空公司瑞安航空公司（Ryanair）决定对在线航班预订平台提起司法诉讼，涉及对象包括瑞士的 Bravofly 和德国的 V-Tours，理由就是这些平台涉嫌非法经营。在经济衰退导致航空公司之间的竞争压力剧增之际，这家爱尔兰航空公司急于重新找回机票销售的控制权。在西班牙，瑞安航空甚至威胁取消通过"未经授权的票贩子"网站进行的机票预订，矛头直指三家主要网站 Atrápalo、eDreams 和 Rumbo，瑞安航空的理由是这些网站对乘客加收费用，认为这些中介机构只会增加终端消费者的成本。

对于很多人来说，这只是瑞安航空公司为避免与其他航空公司进行价格竞争而采取的托词。无论此举背后的动机如何，这毕竟是航空公司首次表达了它对在线整合商业模式的反对意见。[13] 但这肯定不会是最后一次。尽管在线旅游业务突然遭到一家欧洲大型航空公司的袭击，但是在 2008 年，eDreams 的预订量还是达到了 6.07 亿欧元（同比增长 36%），收入利润为 6 540 万欧元（按收入扣除支付给代理商的佣金计算），EBITDA 则达到 1 330 万欧元。[14] 同年，本地竞争对手 Atrápalo 和 Logitravel 也分别获得了 1.65 亿欧元和 6 000 万欧元的收入，而总部位于英国的 Lastminute 仅在西班牙就开具了 2 亿欧元的营业发票。[15]

可见，整个行业正在获得越来越多消费者的认可。

巡 航 控 制

在2009年的第一季度，西班牙以及整个欧洲的经济形势确实令人不安。由于金融危机和随之而来的"大衰退"，西班牙当年前三个月的GDP下滑了1.6%，而在2008年第四季度下降1%之后，整个国家的经济也正式走入衰退期。此时的失业率已超过17%——而2007年第二季度的时候，失业率还低于8%。西班牙的失业人口超过400万，也是2007年底的两倍多。[16] eDreams的所有海外市场也无一例外地陷入衰退之中。由于集团80%的预订额来自消费者——剩余部分来自企业部门，主要是中小型企业，因此，经济衰退及其对旅游业的打击预期将导致公司的增长遭受打击。[17]

可以理解的是，在整个2009年，eDreams的预订额仅仅增长了7%。尽管Rumbo、Atrápalo和Logitravel的收入也有所上升，但它们的增速同样受到影响。受经济衰退的严重影响，2009年，西班牙的国内生产总值收缩了3.6%，法国下降了2.9%，意大利为5.5%，英国为4.3%，德国为5.6%，葡萄牙为3%。再加上本土市场的激烈竞争，eDreams被迫降价17%。然而，得益于14个市场的同步运行，eDreams海外业务在这一年里的销售收入增长了35%。[18] 由于规模经济效应的影响，整个集团的收入利润率增长了14%，达到7 460万欧元，EBITDA为1 650万欧元，同比增长了24%。[19]

对于eDreams和瑞安航空公司还在进行的口水战，2010年1月，巴塞罗那特别法庭作出有利于eDreams及其竞争对手Atrápalo的裁定，而对爱尔兰航空公司的诉讼不予支持，这就让两家在线运营商有权通过网站继续销售瑞安航空公司的机票。[20] 而等待这家西班牙旅游集团及其所有者TA Associates的好消息还源源不断。除西班牙之外，几个欧洲国家已在2009年下半年走出经济衰退期。

2010年的前6个月是一段充满乐观气息和曼妙风景的时期，当年7月，从事收购的英国PE投资集团璞米资本（Permira）走上舞台，它准备以2.5亿至3亿欧元的价格，收购eDreams 75%的股份，收购的部分资金来自瑞士银行瑞银集团（UBS）提供的1.17亿贷款，其中包括4 600万欧元的6年期A级贷款，利息按Euribor上调4.50%；另有相同金额的7年期B级贷款，利息按Euribor上调500个基点。[21] 带着适度的杠杆收购结构，eDreams迎来了自己的10周年生日，此时，公司估值约为EBITDA的11倍至12倍。之前，璞米资本刚刚在与收购eDreams的法国同行GO Voyages旅游公司的竞争中败北。这一次，璞米资本已抢先一步，直接找到这家西班牙公司。两个月之前，GO Voyages 刚刚被法国投资公司安盛股权投资公司（Axa Private Equity）收购。[22] 在对这家法国旅游公司的收购战中失败之后，璞米资本的投资团队对整个行业进行细致筛查，并最终选择了 eDreams。目标公司在西班牙、意大利和葡萄牙已形成稳固的市场地位，再加上现金创造能力、有机增长能力以及行业整合潜力，它已成为显而易见的杠杆收购目标。[23]

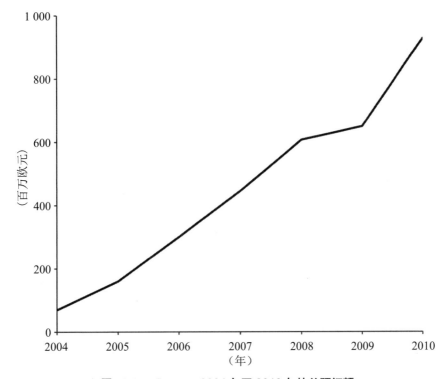

图 13.1　eDreams 2004 年至 2010 年的总预订额

资料来源：公司文件及新闻报道。

在这一年结束时，西班牙的失业率已超过 20%。[24] 而作为公司业务主要来源的市场法国和葡萄牙，失业率在 2010 年也分别达到 9.3% 和 10.8%。[25] 尽管其规模已经很大，而且整个地中海地区经济增长乏力，但由于公司在经营地域上的分散化，因此，eDreams 的预订量还是增长了 43%，2010 年全年开具发票的交易额达到 9.28 亿欧元，净利润为 1 亿欧元，EBITDA 为 2 400 万欧元，分别比 2009 年增长了 1/3 和 47%。如图 13.1 所示，该集团在近几年的业绩——包括在国际市场上的扩张，转化为总预订量的稳步增长。2010 年，西班牙的在线旅游预订额增长了 8.7%，总额达到 70 亿欧元，[27] 按这个数字计算，这家西班牙集团的市场份额已超过 13%。因此，不难理解璞米资本为什么如此看好这家目标公司的增长潜力。不过，在线服务普及率提高的总体趋势，也让其他在线旅游公司深受裨益，比如，Logitravel 的预订额在 2010 年达到 1.98 亿欧元，较上一年增长了 115%。[28]

漫长的整合

在过去的 5 年中，欧洲在线旅游市场的年均增长率超过 20%，而且随着消费者在线购物趋势的增强，预计增长率将进一步提高。[29] 但它仍然是一个高度分散的行业。很长一段时间以来，行业整合就已经被纳入议事日程。但考虑到所有参与者的规模均相对较小，尤其是与美国同行相比，因此，对于热衷于在欧洲地区实施以并购促增长战略的 PE 专业机构来说，走进在线旅游行业大显身手的时机显然已经成熟。2011 年 2 月，eDreams 的新股东璞米资本与法国投资基金安盛投资进行合作（Axa Private Equity，自上一年 5 月以来，它在法国最大的在线旅游运营商 GO Voyages 持有 58% 的股份），收购它的英国竞争对手 Opodo，后者是一家在法国、德国和英国开展业务的在线代理商，由票务预订服务提供商 Amadeus 拥有。收购 Opodo 的目的是立即打入相对更为成熟的斯堪的纳维亚市场，此前，这家英国运营商已通过子公司 Travellink 在该市场上取得领先地位。

璞米资本和安盛投资为收购 Opodo 支付了 4.5 亿欧元，相当于目标公司过去 12 个月 EBITDA 的 11 倍。收购完成之后，可让它们在与美国巨头 Expedia 和 Orbitz 以及西班牙旅游运营商 Orizonia 的竞争中脱颖而出。按照计划，两家 PE 投资者将对 eDreams 和 GO Voyages 与目标公司进行整合，从而打造出航空领域最大的欧洲在线旅游运营商，在总预订量方面将进入全球第四位，以充分利用旅行预订向网络领域进一步转型的趋势。譬如，在斯堪的纳维亚的国家中，互联网普及率已接近或超过 90%，几乎 60% 的旅行都是通过网上预订完成的。这一趋势预期将进一步超过其他欧洲市场，因此，在南欧地区的核心市场，相对较低的在线普及率意味着，未来有可能迎来高速增长。进一步的地域扩张和进入非航空业务领域的潜力，也是行业整合背后的另一个理由。[30]

此时，集团已在 27 个国家拥有了 1 200 名员工，整合后的集团也被重新命名为"ODIGEO"。按备考数据计算，在截至 2010 年 12 月 31 日的 12 个月中，三家实体的合并收入为 4.32 亿欧元，营业利润超过 3 亿欧元，经常性 EBITDA（扣除非经常性收支）和营业利润分别为 1.06 亿欧元和 6 800 万欧元。[31] 毫无疑问，这家集团已成为一个强大的市场领导者。出于税收筹划的目的，ODIGEO 的注册办公地点从巴塞罗那迁至避税天堂卢森堡。璞米资本的 Luxgoal 基金和安盛投资的 Axeurope 基金分别通过设在卢森堡的 LuxGEO Parent 和 LuxGEO GP 进行投资（按法律术语，这是一种"双卢森堡投资"结构）。

正如当下所有的价值最大化游戏一样，一切都被无可救药地复杂化：通过收购和整合，eDreams 彻底放弃了成长型融资，成为结构性杠杆收购的玩具。为了给收购 Opodo 提供融资，ODIGEO 通过新成立于卢森堡的实体投资工具 Geo 旅游金融公司获得 3.4 亿欧元借款，这笔贷款又分为两笔等额贷款：A 级贷款，按 6 年摊销，定价按 Euribor 上调 450 个基点；B 级贷款，期限为 7 年，一次性还本付息，定价按 Euribor 上调 500 个基点。此外，在 2011 年 4 月，集团还发行了一笔总额为 1.75 亿欧元、利率为 10.375% 的 8 年期不可赎回优先级债券，这也是首次发行以欧元计价的电子商务高收益债券。这笔交易的净杠杆（债务净额）为 EBITDA 的 3.2 倍。32

成长和市场整合的故事，和有利于旅行预订业务在线转型的趋势相叠加，无疑是说服投资者的最有力的证据。6 月 30 日，璞米资本和安盛投资决定按 9.875% 的超高年利率认购 1.177 亿欧元的可转换债券。由于这种利息不对现金构成任何影响，并且合并后的实体有良好的成长前景，因此，两家 PE 股东完全可以坐享股权增值的收益。截至 2011 年底，合并后的 ODIGEO 预订总额达到 35 亿欧元（全年增长 5%），拥有来自 28 个国家的 1 200 万客户。33 这也是由 PE 基金推动的以收购促发展策略的经典效果。现在，这家泛欧洲的在线旅游供应商已成为行业的主导者，而它未来的业绩指标也必将不断攀高。

尽管如此，2012 年 1 月 27 日，西班牙第四大航空公司西班牙航空公司（加泰罗尼亚地区政府的旗舰企业）宣布破产，这足以提醒所有人：整个国家经济的不景气，也在损害旅游业。在 2012 年的第一季度，在 ODIGEO 第二大市场的西班牙，失业率已达到 24%，失业人数超过 560 万人。34 但 ODIGEO 的收入仍达到了 4.235 亿欧元，经常性 EBITDA 为 9 540 万欧元，EBITDA 利润率也达到相当可观的 30%。在收购 Opodo 并与 GO Voyages 合并之后，法国已成为这家西班牙集团的最大市场，为该年度预订额的贡献率达到 2/5，并创造了收入利润的 47%。35

8 月，意大利的低成本航空公司 Wind Jet 也开始步西班牙的后尘——在与意大利最大的航空公司意大利国家航空公司就收购可能性进行的谈判失败之后，停止了所有业务。36 由于"大衰退"的延续早已超过了其经济的忍受力，2012 年，欧洲航空公司的破产案此起彼伏，包括匈牙利国家航空公司（Malev）、西班牙的斯潘航空公司（Spanair）和薄荷航空公司（Mint Airways）、斯堪的纳维亚半岛的 Climber Sterling、City Airline、Skyways 和芬兰航空公司（Air Finland）、德国的卷云航空公司（Cirrus Airlines）以及中欧的 Czech Connect 和 OLT Express。尽管 ODIGEO 有良好的多元化经营布局，并且能够抵御小型航空公司的破产，但不幸的是，欧洲的经济衰退趋势丝毫没有减缓的迹象。2012年，作为ODIGEO主要市场的法国，完全没有为集团业务提供有力的支持，法国当年的GDP增长率仅为0.2%。同年，意大利的GDP甚至下降了2.8%，而失业率也高达11.4%。葡萄牙经济萎缩4%，将该国的失业率推高至15%以上。西班牙经济则进一步下跌2.1%。2013年第一季度，西班牙失业人数达到620万人，占劳动人口的26%以上，可以说，自独裁者弗朗哥（Franco）将军1975年去世后采取民主制以来，这是西班牙所面临的最严重的社会、经济和政治危机。

危机所固有的摧毁力不仅导致了航空公司纷纷破产。2013年2月，西班牙最爱的实体旅游运营商Orizonia宣告破产清算。整个南欧经历了一轮严重的双底式衰退，进而引发了欧元区的政治僵局。仅有德国的形势稍有好转，2012年，德国的GDP勉强实现了正增长，增长率为0.4%。在一年前收购Opodo之后，英国成为ODIGEO的又一个重要市场，并贡献了整个地区最高的增长率，达到0.7%。[37] 尽管经济形势异常严峻，但在截至2013年3月31日的财政年度，整个集团依旧生成了870万份订单，营业利润达到3.73亿欧元，EBITDA为1.08亿欧元。尽管集团在逆境下依旧实现了盈利增长，但EBITDA利润率却从2012财年的29.5%降至下一年度的29.1%。[38]

最后一击

在2013财年结束前的两个月，也就是当年的1月，通过设在卢森堡的子公司Geo债务融资公司，eDreams ODIGEO发行了3.25亿欧元、利率为7.5%的5年期债券。据报道，此次发行获得了超过4倍的超额认购，这表明，这家集团的安全性得到了市场的高度认可。[39] 债券发行收入用于预先偿付前述贷款中的大部分A级和B级贷款，剩余资金将用于为Opodo收购提供融资。[40] 虽然成本高于原有贷款，但债券显然有利于缓解集团所承受的大部分偿债契约，毕竟，这些由银行设定的债务指标近期一直在收紧。新发行的债券导致评级机构标准普尔上调了这家在线旅游集团的评级。[41] 除了发行新债券之外，集团还签署了一笔金额更大的超优先级循环信贷额度，总额为1.3亿欧元。随着流动性的改善，2013年10月，ODIGEO从法国铁路垄断企业法国国家铁路公司（SNCF）手中收购了价值1 350万欧元的旅游搜索引擎Liligo，这是自2011年年初三家公司合并以来的首次对外收购。[42]

尽管这一轮泛欧整合并未像璞米资本、安盛投资和ODIGEO管理层在收购Opodo时承诺的那么生机勃勃，但是到2013年年底，集团开展业务的部分主要市场（包括英国、瑞典、挪威、法国和德国）已稳步进入经济复苏期。然而，南欧地区仍在凄风苦雨中煎熬。截至 2013 年底，意大利和葡萄牙的整体经济分别下降了 1.7% 和 1.6%。经过多年的负增长，西班牙的国内生产总值再次下降了 1.2%，已经跌至 7 年前的水平。由于异乎寻常的房地产泡沫以及来自欧盟实施的大规模纾困措施，西班牙经济在 1997 年到 2007 年间曾实现了 3% 甚至更高的增速。金融危机已彻底切断了流动性闸口，导致整个西班牙陷入了其他国家所没有的经济萧条。这对本地消费者和企业的打击是深远的。自 2011 年以来，整个国家首次出现净迁入人口的减少。2013 年，西班牙的人口总量甚至出现了绝对萎缩。[43] 但是让 eDreams 感到幸运的是，它的管理层始终不减向海外扩张的雄心壮志。

时间来到了 2013 年下半年，西班牙的 GDP 预计将在 2014 年实现增长。通常情况下，经济复苏会对股市产生积极影响。从 2012 年 5 月到 2014 年年初，马德里证券交易所的主要指数 IBEX 35 指数累计上涨 70%。现在，该是这场大戏的主角——PE 股东离开舞台的时候了。2014 年 1 月 14 日，坊间有传言称，这家旅游集团已经在考虑，准备当年晚些时候在马德里交易所进行 IPO。[44] 3 月 6 日，ODIGEO 公开确认了在西班牙证券交易所进行 IPO 的计划，发行将由德意志银行和摩根大通联合承销，并由从事中间市场投行业务的富瑞金融集团（Jefferies）提供支持。此时的 ODIGEO 已成为在线旅游集合运营商中的佼佼者，旗下统领了 5 个品牌，包括 eDreams、GO Voyages、Opodo、Travellink 和 Liligo。尽管欧洲经济仍然乏善可陈，但由于公司业务分布在全球 42 个国家，凭借地域高度多元化的经营模式，管理层完全有能力讲出一个充满激情的成长故事。他们在招股说明书中也明确强调，在截至 2013 年 12 月 31 日的 9 个月时间里，集团收入利润率的涨幅已超过 16%，而经常性 EBITDA 则增长了 10%。[45]

4 月 8 日，在这轮三年以来西班牙最大规模的 IPO 中，eDreams ODIGEO 集团以每股 10.25 欧元的价格上市，按此计算，公司的市值达到 10.75 亿欧元。[46] 考虑到净负债额为 4.42 亿欧元，因此，集团的企业价值仍超过 15 亿欧元，相当于 EBITDA 的 12.8 倍，这意味着，三年前收购 Opodo 交易的多重套利已让买家赚得盆满钵盈。对于马德里交易所 2014 年的第一笔 IPO，市场显示出强大的需求动力，为此，公司将 35% 的股本配售给公众投资者。在这个过程中，璞米资本出售了其持有的 1/3 的股份，对公司的持股比例从 48.5% 降至 31.4%。作为联合投资者的安盛投资——已在 2013 年 9 月因从安盛集团剥离而更名为"阿德里安（Ardian）"，也削减了持股比例，在新上市公司中保留了 20.1% 的股份。公司员工和高管团队成员（包括 CEO 及联合创始人佩雷斯-特尼萨）也卖出了 1/3 的股份。除现有股东出售的 3 200 万股股票外，公司还发行了新股，用以筹集新的股权资金。按照计划，公司将使用公开募集的 5 000 万欧元资金偿还 2009 年发行的部分高收益债券。与此同时，公司还将 1.55 亿欧元尚未偿还的股东贷款转换为股权。[47] 在股票的第一个交易时段，尽管换手的股票超过 1 500 万股，占总股本的 14.7%，但在大盘 IBEX 35 指数当日下跌 1.2% 的情况下，eDreams ODIGEO 的股价依旧下跌了 4.3%。[48]

如上所述，上市的时间并不是随机挑选的。在上市的前一周，马德里主要指数创下 2011 年 5 月以来的最高点。经过两年经济衰退的洗礼，西班牙经济正在迎来复苏的萌芽。正如管理层事先所承诺的那样，4 月 30 日，eDreams ODIGEO 宣布，到 5 月底，公司将赎回部分 2011 年春季发行的高收益债券，这笔 2019 年到期的优先级债券总额为 1.75 亿欧元，利率为 10.375%，此次赎回的金额为 4 600 万欧元。[49]

硬　着　陆

2014 年 5 月 14 日，参与 IPO 的三家投资银行向集团发布了第一批估值建议。牵头协调人德意志银行和摩根大通似乎非常谨慎，分别给出了每股 10.50 欧元和 11.30 欧元的目标估值，而富瑞金融则给出买入评级，并将目标价格确定为 13.50 欧元。[50] 此前一天，eDreams ODIGEO 股票收盘于每股 11.23 欧元。随后，在 6 月 20 日，星期五，管理层向投资界提供了最新经营数据，并不无自豪地声称，在截至 2014 年 3 月 31 日的年度中，集团的预订额同比增长 12%，而收入利润率则上升了 15%，EBITDA 同步增长了 8%。

遗憾的是，可能是因为 eDreams 管理层的沟通能力有问题，抑或是公司的市盈率太高，市场开始在公司 IPO 之前宣传的成长故事中寻找利空信号。因此，在推介期间，股票分析师听到的唯一信息似乎就是，在本财年的最后一个季度（截至 2014 年 3 月 31 日的前 3 个月），公司的收入同比增长幅度仅为 4%。对此，管理层解释称，这是由于核心市场竞争加剧所造成的。[51] 随即，其股票价格当日下跌 10%。在接下来的一周里，eDreams 的股价遭遇大幅暴跌，截至 4 月 23 日，星期一，股价已累计下跌 35%，降至每股 5.75 欧元。随后，摩根大通将其目标价格下调至每股 10 欧元。

股价的持续暴跌迫使管理层在第二天发表声明，并解释称，公司"对竞争格局变化带来的影响存在误读"，而且商业模式有"坚实的基本面"支撑。[52] 虽然德意志银行的分析师依旧决定将该公司股票的目标价格降至 8.40 欧元，但公司的声明似乎还是有效的，该股的股价当天反弹至 8.7%。然而做空力量迅速恢复，4 月 27 日，星期五，股价报收于 5.39 欧元，一周内，股价累计下跌 1/3，较两个半月前上市时的价格下跌了 47.5%。随后的两周也未能带来平静，到 7 月 10 日，股票已跌至 3.63 欧元，仅在一个月内便累计损失了 2/3。

此时，集团市值已跌至 3.8 亿欧元。考虑到 4.4 亿欧元的债务净额，此时的企业价值已恢复到更趋于合理的水平：相当于 EBITDA 的 7 倍——而在 3 个月之前向公众投资者发行时的这个比例则是 12.8 倍。

对某些人而言，这似乎是市场的过度反应。但令人担心的是，2014 年下半年并没有给公司带来任何喘息的机会。2014 年 7 月 31 日，爱尔兰的低成本航空公司瑞安航空公司最终赢得对 eDreams 实施临时禁令的裁定。裁定实行后，在线旅游服务公司将不得在德国网站 eDreams.de 上宣传："保证提供所有航班的最优票价"。裁定认为这种宣传背离真实情况，因为 eDreams 在瑞安航空提供的票价基础上增加了费用。[53] 8 月 4 日，也就是 ODIGEO 在证券交易所上市交易的第 4 个月，IPO 中两家主要投资者之一的德意志银行，再次选择将目标价格下调至每股 5.40 欧元——与之前每股 8.40 欧元的估值相比，这显然是一次重大调整，而在将这家旅游集团带进股市时，德国银行给出的估值则是 10.25 欧元。[54]

8 月 29 日，ODIGEO 公布了截至 6 月 30 日的季度财务报表，市场对此已经迫不及待。数据显示，市场和股票分析师失去信心并非毫无根由：在 IPO 后的第一个季度里，集团收入同比下降 6%，而营业利润的跌幅则超过 1/4。EBITDA 利润率从前一年的 31% 降至 21%。[55] 股票市场随即对此作出回应，当天，这家在线旅游集团的股价下跌 25.6%，跌至每股 3.14 欧元。自上市以来，其股价累计跌幅已接近 70%。德意志银行的分析师已别无选择，当日发布了最新的"持有"建议，并将其目标价进一步下调至每股 3.40 欧元。[56]

与自然主义者的观点相悖，熊市往往会此起彼伏。9 月 5 日，面对压力的不断累积，评级机构标准普尔决定发布看跌评级，将该旅游集团的 2019 年高收益债券评级下调至 CCC+ 级，让公司的信用等级出现在"严重风险"级别中的第一档。同一天，另一家信用评级机构穆迪也将集团的前景预测从"积极"调整为"稳定"。[57] 实际上，在 IPO 之前，这两家机构就已将公司的信用等级评为"高度投机性"，原因包括：ODIGEO 已开始加杠杆；业务主要分布在南欧和法国地区，相对集中度较高；存在严重的行业风险，包括航空公司或其他第三方的价值链脱媒等。但形势还在继续恶化。由于股票几近崩盘，此时 ODIGEO 的负债已达到资本结构的 50% 以上——而上市时点的债务净额与 EBITDA 比率则低于 30%。由于截至 6 月份的季度业绩过于光鲜靓丽，因此，当 eDreams 管理层和 PE 股权所有者准备退出时，eDreams 已经走出了成长期。

对于这家新上市的集团来说，这显然不是一个好的开端，但更让所有相关方感到尴尬。10 月 24 日，星期五，距离 IPO 已经过去了六个多月，公司确认部分购票业务已经停止。伊比利亚航空公司和英国航空公司发布声明，由于和 ODIGEO 就价格透明度展开的商业谈判遭遇障碍，因此，决定从公司的几个网站上（主要是法国和西班牙的网站）撤回机票。

面对利空消息，这家在线旅游集团的股价当天大幅下跌超过 59%，降至每股 1.02 欧元——这样的暴跌足以和 2000 年的网络股崩盘相提并论。按照西班牙证券交易所监管机构 CNMV 的规定，股票交易必须暂停。[58] 此时的股价已经较发行价贬值了 90%。而公司的高收益债券交易价格也在同一天大幅下跌 57%。

但这还只是暂时性的故障。有一点是毋庸置疑的，任何在证券交易所公开上市的集团，都不能和供应商横眉冷对，尤其是这些拥有讨价还价能力的国际航空公司。于是，ODIGEO 管理层同意，公开解释其网站所售机票包括代理费在内的全部费用。进入第二个交易日，两家航空公司恢复了 ODIGEO 的机票销售权，而该集团利率为 10.375% 的债券也几乎全部偿还完毕，10 月 27 日，星期一，利好消息传入市场，股价顺势上涨了 50%。[59] 虽然 eDreams 谴责了这两家航空公司的行为，声明此举只是为了尚在进行的谈判谋求更优惠条款而采取的伎俩，但是在 10 月 28 日，星期二，低成本航空公司瑞安航空还是采取了机会主义策略，继续向 ODIGEO 施加压力——而手段就是支持英国航空公司和伊比利亚对在线旅行社定价不透明进行指责。[60]

就在 ODIGEO 还没有时间清除一个障碍的时候，另一个障碍便接踵而来。11 月 25 日，管理层发布了上半年（截至 2014 年 9 月）的业绩公告，数据显示，集团上一年的订票收入下降了 1%，营业利润则提高了 2.4%；但是在集团收入总额中占据 1/5 的航班业务收入减少了 1%。集团的三个核心市场——法国、西班牙和意大利，均未能实现收入增长。合并 EBITDA 为 4 600 万欧元，而去年上半年的同期为 6 200 万欧元，利润率继续维持在 21% 左右。导致利润下降的原因来自多方面，包括商务成本的提高、谷歌算法变化导致单次预订的购置成本增加以及呼叫中心成本的上涨——总之，似乎西班牙太阳底下的所有东西都有责任。

现在，一个显而易见的事实是，IPO 时大肆宣扬的成长故事的确有误导性。由于进一步下跌的空间已非常有限，公司股票在发布半年报当日仅下跌了 5.75%，报收于每股 1.64 欧元，按此计算，ODIGEO 的市值为 1.7 亿欧元，加上债务净额，企业价值为 5 亿欧元，与上市当日相比蒸发了 2/3。为了与集团业绩的恶化以及股价下跌的步伐保持同步，股票分析师发布了最新的评级下调建议，摩根大通在 11 月 26 日发布的股票最新目标估值为每股 4 欧元，而富瑞金融在两天后则发布了更为悲观的目标估值——每股 2.35 欧元。[61] 12 月 1 日，穆迪评级也意识到问题的严重性，遂决定再次对其调整评级前景，从"稳定"下调为"负面"。为证明自己的观点，穆迪评级表示，按照 ODIGEO 发布的季报，其盈利已连续两个季度出现两位数下降。[62]

紧急措施

第二年对于西班牙集团来说，同样流年不利，在2015年1月8日这一天，汉堡法院公布了一项裁定——规定eDreams不得使用包含瑞安航空公司官网名称的子域名（ryanair.edreams.de）。63 实际上，在这家爱尔兰低成本航空公司与欧洲在线订票平台展开的持久战中，这不过是其中的一场局部战斗。在经历了灾难性的2014年下半年之后，ODIGEO的董事会和PE股东璞米资本和阿德里安都很清楚，要想恢复声誉，它们就需要做出一些重大改变。于是，在2015年1月26日，它们经历了当下最急需的管理层替代，在执掌公司15年之后，联合创始人佩雷斯-特尼萨（Pérez-Tenessa）低调宣布告退，随后，首席运营官达娜·邓恩（Dana Dunne）被提升为首席执行官。邓恩此前曾担任美国在线欧洲公司的首席执行官，并在低成本航空公司easyJet担任过首席商务官，3年之前，邓恩加入了ODIGEO，对集团的业务快速扩张实施监控。64 巧妙的操作再加上一点点运气，新的当家人或许可以让企业重回正轨。

业绩明显未能达到预算，已导致集团的财务状况岌岌可危——随着收益的减少，杠杆率开始节节攀升。在邓恩晋升的第一个月里，该公司发布了截至2014年12月31日的季报，数据显示，作为核心的航空业务以及主要南欧国家的业务已基本停止增长。EBITDA同比下降27%，将利润率推至19%的历史新低。65 祸不单行的是，由于集团在可预见的未来仍坚持"双卢森堡投资结构"，考虑到PE股东不可能按现行折扣价出售股权，因此ODIGEO管理层的麻烦已变为结构问题，而不只是战略问题。在2011年年初成立ODIGEO时，公司据此设置以卢森堡税法为基础的税收结构，而此举每年带来了450万欧元的税收流失。因此，在3月的第二个星期，集团征得债权人同意，修订将于2018年到期、利率为7.5%的优先担保债券以及2019年到期、利率为10.375%的优先债券相关的限制性契约。

为了给自己创造出更多的回旋余地、进行潜在收购、完成亟待实施的重组或者按管理层自己的话——"提高集团内部某些融资安排的税收效率"，ODIGEO获得了贷款集团的批准，放宽净债务覆盖率要求（债务净额与EBITDA之比），在截至2015年12月31日的期间内，将该比例由5.50放宽至6.00。66 战略愿景已让位于业务重组和税务重组。而下一组财务结果会解释，为什么这种调整是不可或缺的。

2015年6月22日，公司发布了全年数据。在截至2015年3月31日的年度内，公司的客户数量已超过1 600万人，并获得了970万份服务订单；集团实现了4.36亿欧元的营业利润——较上一年增加了1.7%，但调整后的EBITDA仅有9 000万欧元，低于上一年同期。EBITDA利润率已跌至不足21%，这也是合并以来的年度最低数字，比截至2012年3月31日的年度利润率低10%，如图13.2所示。由于利润下降，因此，杠杆率从上一年年底的 2.98 倍上升至 3.63 倍。其核心"航班"业务的收益率与上一年持平。集团的业务增长完全来自于汽车租赁、游轮和酒店预订。[67]

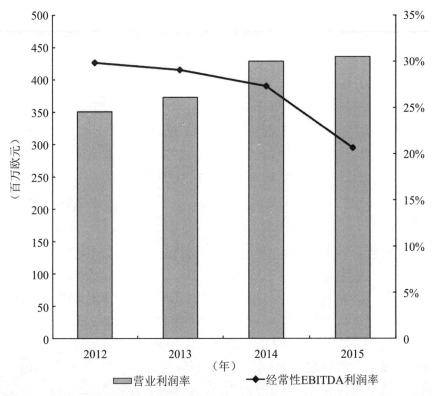

图 13.2　eDreams ODIGEO 在 2012 年到 2015 年（截至 3 月 31 日）期间的年度业绩

资料来源：公司财务报告及笔者分析。

当年早些时候的高管更替，让集团管理层有机会厘清令人失望的形势，从而澄清了一个事实，即市场已开始认识到：企业并不值得它曾经被宣传的价值。与此同时，ODIGEO 计提的商誉减值总额达到 1.49 亿欧元，并对 GO Voyages 的品牌价值计提减值 2 900 万欧元，这几乎相当于这家法国企业账面价值的一半。此外，公司还对商誉进行了加速摊销，这表明，在法国和意大利等核心市场以及德国、北欧和英国等其他大型欧洲市场，并未出现此前预期的增长前景。年报同时披露，EBIT 为 -1.25 亿欧元，而前一年还是 4 400 万欧元，在这种情况下，管理层只能等着做空力量卷土重来，让股价一跌再跌。[68] 受到这些负面消息影响的股票价格，在公告当天便大跌 11.3%，收于每股 2.75 欧元。这一次，股票分析师忠实地履行他们最擅长的事情：承认现实。摩根大通将该股目标价格降至每股 3.80 欧元，而德意志银行的最新目标价格则是每股 2.90 欧元。[69]

在股票发行后一年之内，ODIGEO 遭遇了比全部 15 年历史中多得多的坏消息。面对一轮又一轮、一次不如一次的经营业绩，PE 控股的这家旅游集团也按惯例进行了管理层调整。但是，要重新取得市场信任，恐怕需要数月乃至数年的时间。在 IPO 后的首次投资者推介之后，公司股价也曾遭遇大跌，管理层依旧可以谈笑风生。但是当市场细细梳理他们的剧本之后，就开始用极端的股价波动来惩罚管理层和金融投资者——惩罚他们的夸大其词和经营乏力。

深度解析：好旅行始于好价钱

eDreams ODIGEO 在 IPO 后不久便被爆仓，不过，对那些做过尽职调查的人来说，这不应该是一个意外。确实，这家集团已打造出一个成长型公司的声誉，在进入新千年的第一个 10 年里，它借着航空预订在线趋势的大潮乘风破浪，取得了飞速发展。但几个方面的因素，最终还是严重削弱了该企业的有机增长潜力。

1. eDreams 及其他互联网时代的企业已成为旅行代理行业的强大破坏者，并最终成为整个度假预订行业价值链的破坏者。根据 ODIGEO 自己的估计，截至 2012 年，在线旅行社占据的市场份额已超过西班牙市场的 50%，[70] 而在欧洲地区，总预订量的比重也达到了 40% 左右，[71] 因此，从逻辑上来说，其未来收入的增长速度理应会逐渐减少。

2. 向在线转型的强大成长引擎已经放缓速度，因为截至 2013 年到 2014 年期间，在很多西欧和北欧国家，已有 2/3 的消费者开始在网上购买机票，而在 2006 年的南欧市场，只有 15% 的航空旅客会这样做。[72]

3. 随着时间的推移，航空公司可能会采用瑞安航空这样的合法途径或是开发自己的网站和国际联盟（如"天合联盟"或"寰宇一家"）对在线机构进行反击，鼓励乘客直接向它们预订机票（通过在线方式预订的机票往往无法享受经常性旅行的行程奖励）。

4. 很多使用在线方式订票的旅行者在这些网站有过负面体验，因而会选择直接向航空公司或传统旅行社订票。

5. eDreams 已经在部分核心市场占据主导地位。据报道，2011 年 12 月它在西班牙和意大利已占有了 36% 的市场份额。[73] 由于价格压力，进一步扩张可能会以牺牲该公司的盈利为代价。

6. 正如 eDreams 管理层在宣布 IPO 后首个业绩公告时所承认的那样，竞争已经白热化，并对增长和利润造成压力。他们不仅要面对航空公司和传统机构的直接竞争，还有来自被称为"元搜索引擎"的新型网站的竞争，他们可以为互联网用户提供内容更广泛的票价打包服务——不仅可以搜索航空公司，还能提供各种分析功能。据估计，约有 40% 的千禧一代在使用元搜索引擎进行旅行咨询。[74] 这也是 ODIGEO 在 2013 年收购 Liligo 背后的主要动机之一，因为后者就具有元搜索功能。此外，ODIGEO 还要面对来自美国的三大竞争对手——Expedia、Orbitz 和 Priceline，一方面，它们利用自己在大西洋西岸拥有的强大市场地位，极力对抗来自欧洲的价格战；另一方面，它们还在大力推动行业整合运动，比如说，2012 年 11 月，Priceline 以 18 亿美元的价格收购了元搜索平台 Kayak，而 Expedia 则在 2013 年年初以 6.32 亿美元的价格收购了元搜索平台 Trivago。此外，它甚至还在 2015 年 2 月以 13.4 亿美元的价格收购了欧洲的 Orbitz。后者已经把 eBookers 收入麾下，而 eBookers 则是 eDreams 在欧洲市场上最主要的竞争对手之一。在欧洲市场上，整合大潮近年来也在滚滚而来，Bravofly 的整合力度丝毫不亚于 eDreams，它先后收购了意大利的 OTA Volagratis、西班牙 Rumbo 和 Viajar.com 以及英国的 Lastminute。因此，当 eDreams 的股票开始在马德里交易所公开交易时，在线旅游业的竞争大战已经愈演愈烈，因此，外部增长的机会也不再那么诱人了。

7. 管理层在选择经营地域方面似乎有点不幸。ODIGEO 收入的 60% 以上来自三大核心经济体——即法国、西班牙和意大利，自金融危机爆发以来，这些国家的经济便一直处于衰退趋势之中。尽管英国、德国和北欧等其他地区似乎有更好的前景，但却无法弥补南欧地区经济大幅下滑的拖累。

出于上述种种原因，凭借风险资本家的鼎力支持，这家企业在创业初期阶段曾实现了三位数的增长速度，并在 TA Associates（从 2006 年到 2010 年）羽翼下继续维持了两位数的增长速度，但是与 GO Voyages 以及 Opodo 的合并，却仅带来不足 5% 的增长。这就是公众投资者在 IPO 时所购买的投资标的——一个在本质上只能实现低增长的企业。

* * *

2014 年 4 月发布的 IPO 招股说明书中，有关 eDreams 近期业绩的信息太过于匪夷所思，足以让一般的股票玩家蒙头转向。在截至 2012 年 3 月 31 日的年度合并数据中，只包括 Opodo 的 9 个月的财务业绩。而集团在上市披露文件中指出，在截至

2013 年 3 月的 12 个月内，总预订金额增长了 13%，收入利润率和 EBITDA 同比增长了 17%，这种说法本身就是不当的，因为前后数据并不具有可比性。相反，如果阅读招股说明书中的第 71 页至第 74 页，我们可以看到这样的信息，在截至 2013 年 3 月的一年中，按合并口径计算（即所有被收购业务在一个完成年度内的财务业绩），预订总额仅增长了 2.8%，而收入、收入利润率和经常性 EBITDA 则分别上涨了 1.4%，6.3% 和 1%。招股说明书还委婉地提到了"受可比性限制"，这样的陈述只会令人感到混乱。

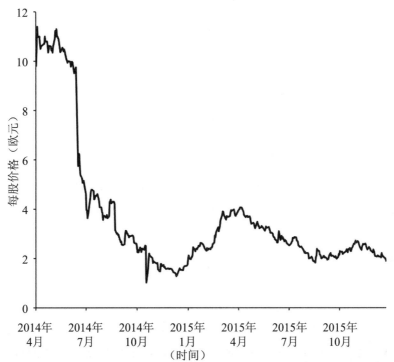

图 13.3　eDreams ODIGEO 自 IPO（2014 年 4 月 8 日）到 2015 年 12 月 31 日期间的股价

再回到 ODIGEO 上行空间有限这个问题上，根据与招股说明书一同公布的到 2013 年 12 月 31 日为止的 9 个月（IPO 之前的最新报告期）的发行备忘录，其收入增长与上一年同期相比为零，营业利润则同比下降了 10%，经营活动产生的现金流为净流出 1 300 万欧元，而 2012 年 4 月至 12 月期间则为净流入 1 600 万欧元。经常性 EBITDA 利润率从 2012 年最后三个季度的 30% 下降到 2013 年同期的 28.5%——到 2014 年 3 月预期将下降到 27.5%，一年后下降到 20%。这显然不属于快速成长型企业的典型趋势，而且 IPO 当天的企业价值为 EBITDA 的 12.8 倍，同样未能体现成长型企业的特征。在由 PE 基金主导的上市中，企业潜在成长的前景提出会被夸大。而这家旅游公司也曾在宣传材料中这样写道："好旅行始于好价格。"这就可以解释，公众投资者的投资之旅为什么马上会陷入悲剧。购买 eDreams ODIGEO 的股票注定是它们犯下的致命错误，它们肯定没有讨价还价。如图 13.3 所示，这些投资者以多种方式支付了股票价格。

鸭子永远都是鸭子

任何采用媒介的部门，即使供应商和用户之间的直接联系非常顺畅，但最终往往还是会惹火烧身。毫无疑问，旅行社多年来始终发挥了关键作用，在收取费用的基础上，确保游客有机会比较航空公司和酒店之间的票价。在这个过程中，同样可以肯定的是，很多中介机构会利用不完善的信息分布而收取额外费用。如果互联网能为后来者提供高效对比航班和酒店的机会，而无需消费者花费太多的时间，还能为他们提供即时（而且几乎完整）的现有产品信息，那么，这就是一种进步。但遗憾的是，数据汇编的方式很快在航空公司之间引发了问题。英国航空公司和伊比利亚航空公司在 ODIGEO 完成 IPO 后不久的遭遇，看起来或许只是运气不佳，但多年以来，eDreams（及其在线同行）其实一直在与航空公司较量。

前面已经提到过瑞安航空公司的案例，这家爱尔兰航空公司将在线订票戏称为"屏幕搜刮器"，它始终强烈反对在线订票平台。在它看来，这些平台就是使用自动化软件程序，绕过航空公司的网站，再把机票转手倒卖给消费者。在这个过程中，尽管航空公司仍可以对售出的机票收取全部的票面价格，但平台的两种做法激怒了很多和瑞安一样的航空公司：它让"屏幕搜刮器"有机会收取手续费，也就是说，平台往往会在票面价格基础上增加 10% 到 15% 的收费，这就损害了旅行者的利益。但更重要的是，当客户使用第三方网站的时候，意味着航空公司正在失去与乘客的直接关系——站在某些航空公司角度看，在它们卖掉的全部机票中，有 2/5 是通过"屏幕搜刮器"预订的。[75] 这就限制了航空公司的直销能力，导致它们难以鼓励经常旅行的人避开航空公司的竞争对手而直接接触航空公司。

在其运营覆盖的大多数司法管辖区域中，瑞安航空公司均对 eDreams ODIGEO 集团的相关网站提起了诉讼。低成本的竞争对手 easyJet 航空公司也因为失去销售渠道控制权而怨声载道，它曾据理力争：在额外收取费用的情况下，这些在线整合平台所提供的价格折扣就是虚假的。2013 年 6 月，该公司曾呼吁监管机构阻止 eDreams 使用误导性策略争取客户。

甚至一些旗舰型航空公司也陷入了与这些在线订票平台的拉锯战。西班牙的国有航空公司伊比利亚航空（Iberia）就曾控诉在线平台的不公正做法，法航甚至将 eDreams 告上巴黎商业法庭，试图阻止后者采取欺诈性做法。2015 年 5 月，达美航空公司（Delta Airlines）单方面从多家第三方预订平台撤回数据。[76]

但这只是从航空公司的角度看这件事。那么，旅行者会如何看待呢？在通过 eDreams、集团的其他任何网站或是任何一家在线订票平台预订机票时，会得到怎样的待遇呢？看看任何一个旅行博客，我们都会产生这样的印象：很多这类票务中介缺乏客户服务文化。因此，我们很容易理解，航空公司为什么没有成为在线平台的拥护者，因为这些平台只是为供应链增加了一个中间环节而已。但是对消费者而言，从原则上说，使用在线平台，确实可以让他们尽可能地做到货比三家——对同一条线路，他们甚至可以搜索到几百次航班信息。此外，这些网站还可以在酒店住宿、汽车租赁和旅游保险产品等方面为他们提供多种选择。对于像 eDream 这样的网站，虽然机票预订收入占收入总额的 80%，但由此带来的交叉销售机会反而是利润更高的项目。因此，网站给消费者带来的是便利，因此，收取一定的费用合情合理。但遗憾的是，多年来，不计其数的旅行者似乎都经历了太多的坏运气：从双重收费到辅助收费，航班和酒店预订缺少相关基本条款保护，航班延迟甚至取消，这一切似乎都是习以为常的事情。ODIGEO 旗下的所有网站——eDreams、GO Voyages、Opodo 和 Travellink，始终是旅游论坛被抱怨的对象，而且屡屡被 TripAdvisor 网站（非常受旅行者欢迎的一个网站）提出警告。[77]

这个故事的寓意告诉我们，当一家公司与供应商（航空公司）的关系处理不当，而且又传出盘剥客户（旅行者）的消息时，只有超级勇敢的人（或是在使用别人的钱）才会选择投资这家公司，而且不会担心在这个过程中受到伤害。公众股东当然会感到委屈，但他们也不是没有责任。俗话说：如果一只小动物看起来像鸭子，而且能像鸭子那样蹀步、游泳、嘎嘎叫，那它就是鸭子！

出　　轨

进一步证据表明，尽管金融投资者和管理层会不遗余力地推销他们的成长故事，但事实永远都胜于雄辩。

IPO 是企业筹集新股权资金并为业务扩张或收购提供融资的一种常见方式。这也是催生成长型基金的最大动力。正如我们所看到的那样，ODIGEO 的公开发行是为了筹集 5 000

万欧元的新资本。彭博社的一篇文章认为,这笔新筹措的资金将被用于进一步收购。[78] 然而,事实恰恰相反,公司将超过 90% 的募集资金用来偿还 2019 年到期的部分贷款。在公司向公众公开发售的全部 3 670 万股股票中,约有 2 550 万股来自两家金融投资者,另外还有 650 万股来自 ODIGEO 的管理层和员工。因此,上市对公司所有者来说是一个创造流动性的机会,他们未必是为了推动公司业绩增长而筹集资金。在控股 4 年之后,PE 基金股东要退出投资,而目标公司已经在进行第三次收购,且又是市场的领导者,因此,它已经不太可能为其他金融投资者提供通过收购而推动增长的机会。而 IPO 则是他们摆脱这个只能提供个位数增长前景的企业的理想方式(而且也是最好的方式)。当然,潜在投资者应该更多地关注数字——当然,这个建议也适用于在线旅行服务平台的用户。

2015 年年底,ODIGEO 集团已在全球的 44 个国家拥有了 1 600 多万名客户,并在全球很多地区成为业内的重要参与者。因此,评论人士可能会认为,由于收购机会已寥寥无几,管理层也难以获得大量现金,因此,他们几乎失去了增长的机会。但这种观点也遭到了反驳。

首先,ODIGEO 的全部收入中有 80% 来自机票销售。相比之下,Expedia 的这个比例仅为 8%,Orbitz 为 28%。按预订量和收入计算,ODIGEO 的规模仅有 Expedia 的 1/10。因此,ODIGEO 肯定还是有增长空间的。只是它的增长空间不在航空票务业务,对于这家始终强调国际扩张的西班牙集团来说,未来的增长更有可能来自酒店、汽车租赁、游轮、火车、巴士甚至是保险产品。事实上,在 2014 财年和 2015 财年,非航空业务也是该集团唯一实现了有机增长的业务。其次,尽管 ODIGEO 已在欧洲建立强大的市场地位,但在世界其他市场上的竞争地位却非常有限。因此,他们必须通过公开发行引入新资本,以便在更大的新兴市场和发达市场上建立强大的本土品牌。不过,eDreams 还是于 2014 年和 2015 年分别在俄罗斯和日本两地独立设立了自己的网站。第三,这家旅行集团一直高度专注于消费者。尽管企业客户的要求更高,但往往可以带来更高的利润。而通过 IPO 筹集大量资金,或许会有助于为更专业、服务更全面的组织提供融资。

ODIGEO 管理层似乎缺少贪得无厌的野心,这或许要归因于所有创始人主导型企业的共同特征。虽然有远见的创始人更适合带领初创企业走过成长阶段,但如果有必要背离常规和传统商业惯例,那么,完全可以让有能力决定公司成败的利益相关者——包括供应商、客户和监管机构成为核心,尊重他们的选择。在这个阶段,成熟的企业需要一个能应对大规模复杂收购、流程和系统的经营者,比如像邓恩(Dunne)这样的人,他在担任 ODIGEO 首席运营官之前,还曾在 easyJet 航空公司担任过首席运营官。

到 2014 年,这家集团的业务已具备了成熟企业的全部特征,而且完全符合不可思议的"80/20 定律",这也是所有成熟组织普遍存在的定律——80% 的营业利润来自在线旅游公司网站中的 20%；80% 的营业利润来自航空订票（五个主要产品类别之一，其他四项业务包括酒店、租车、游轮和度假）；收入的 80% 来自消费者，20% 来自企业客户；按地域收入细分，在公司业务覆盖的全部国家中，20% 的国家带来了 80% 到 90% 的收入。[80] 如果公司公开披露 60 000 条航线和 440 家航空公司的收入数据，那么，前 20% 的航线和航空公司也有可能符合这个规律。[81] 再次，这也是成熟公司的标志。大多数初创企业只有一两种产品，业务涵盖一两个市场，因此，它们从一个类别获得的营业额很可能接近 100%。所有遵循 80/20 定律的企业都需要有能力的经营者、控制者和管理者，初创企业需要远见卓识者、创新者、善于建立关系网的人和激励者。邓恩的任命是事物发展的自然规律。创业者放下权杖是企业新陈代谢的正常程序。

祸不单行

正如人们所看到的那样，总部位于瑞士的 Bravofly Rumb 集团也采用了与 ODIGEO 类似的市场整合策略。到 2013 年，该集团的总预订金额已超过 10 亿欧元，顾客数量达到 450 万人，收入总额为 1.23 亿欧元，EBITDA 达到 2 300 万欧元。但不可思议的是，它进行了一次殿堂级的超级模仿——就在 ODIGEO 上市的一周之内，Bravofly 选择在瑞士证券交易所上市。

Bravofly 的股票发行价为每股 48 瑞士法郎，按照这一股价计算，企业价值总计 7 亿瑞士法郎（约合 5.75 亿欧元）。Bravofly 在 2014 年 4 月 15 日正式开启了上市公司之旅，其股价高得令人瞠目结舌，达到了 EBITDA 的 25 倍。在进行 IPO 的时点，即使考虑到刚刚收购的法国元搜索网站 Jetcost 的 2013 年全年 EBITDA（650 万欧元），EBITDA 倍数也只能达到 19.6 倍。[82] 在上市后不久，这家集团的股价就走出了如下行情：在上市后不到一周之内，便大幅下跌了 10%；两个月之后，已损失了 1/4 的价值；又过了一周，再次下跌 35%；3 个半月后，股价折半；4 个月后，股价已损失了 60%；而在 6 个月之后，股价已降至发行价的 2/3。即使是在 2015 年初以 1.2 亿美元收购陷入困境的英国在线旅游平台 OTA Lastminute，也无法激起公开市场的热情。按照合并业务（已更名为"Lastminute.com 集团"）在 2015 年 3 月下旬发布 2014 年的财务业绩公告，EBITDA 较去年下降 7%。[83] 按照每股 16 瑞士法郎的股价，公司的内在市值为 1.85 亿欧元，企业价值为 9 600 万欧元，现在，这家瑞士公司的股票已成为名副其实的廉价股，股价已低于 EBITDA 的 5 倍。如图 13.4 所示，Lastminute.com 集团的股价仅比 eDreams ODIGEO 的股价稍微好那么一点点。

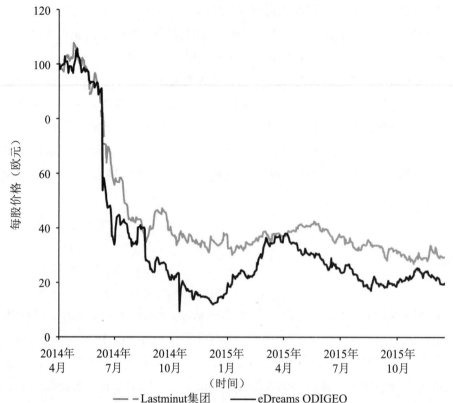

图 13.4 eDreams 和 Bravofly 在 2014 年 4 月 15 日到 2015 年 12 月 31 日期间的指数化股价

需要澄清的是,金融投资者并不是唯一会在退出时高估被投资公司价值的机构。毫无疑问,就 Bravofly(或称 Lastminute.com 集团)而言,它的其中一家主要股东也是 eDreams ODIGEO 的 PE 股东,即阿德里安投资公司(Ardian)。阿德里安自 2010 年 7 月以来就是 Bravofly 的投资者,2012 年,它曾为 Bravofly 收购 eDreams 的西班牙竞争对手 Rumbo 提供融资。考虑到它们的共同遭遇,这两家欧洲最大的在线旅游平台或许会走到对等合并的地步。

紧急疏散

毫无疑问,ODIGEO 为 PE 基金主导上市后的公司大崩盘写成了一部经典案例。自 2011 年 7 月西班牙第四大银行 Bankia 上市以来,ODIGEO 成为该国近 3 年中规模最大的公开发行。在当时那个时候，Bankia 给市场留下了一个非常糟糕的观念：尽管公司的基本面极度疲软，而且过度持有西班牙房地产业的敞口，但它可以寻求在马德里股票公开上市 40 亿欧元的股票。显然，国际市场对这家金融机构股票的需求有点不温不火——它其实只是上一年由七家储蓄银行合并形成的，最终，其 98% 的股份卖给了国内投资者。次年 5 月，西班牙政府被迫通过了 200 亿欧元的资本重组计划，通过部分国有化形式对 Bankia 银行发起救助，这笔资金已相当于西班牙国内生产总值的 2%。在此过程中，Bankia 重新调整了 2011 年的财务数字，净利润由 3.09 亿欧元被修改为 30 亿欧元的净损失（这可不是四舍五入带来的差错）。在马德里交易所开始交易的一年之后，该银行的股票价格已累计下跌超过 80%。[84]

因此，我们完全有理由认为，ODIGEO 在 2014 年春季的上市是重建公众对股市信心的最新尝试。但是将如此重大的责任交给 PE 基金公司，显然有点过于天真了。据报道，这也是西班牙有史以来第一家完成 IPO 的互联网初创企业。但是，对于集团的散户股东来说，更具直接意义的是，尽管 PE 股东和管理层不会看不到股权价值的下跌，但是根据他们在 IPO 中卖掉的股票来计算，璞米资本和阿德里安已经分别收回了 1.59 亿欧元和 1.02 亿欧元的投资，而联合创始人兼首席执行官佩雷斯-特尼萨也拿到了 983 万欧元（不包括他在璞米资本进行杠杆收购时卖出股票的收入），而其他高管人员实现的收益则超过 650 万欧元。[85] 因此，即使按远低于 IPO 价格的深度折扣价卖掉剩余的股票，他们依旧赚得盆满钵盈了。而唯一可以挽救这家在线旅游集团公众股东的举动，就是 Expedia 或其他竞争对手的收购报价。至于它们是否愿意在公司上市时支付每股 10.25 欧元的价格，那就完全是另外一回事了。

综合考虑各方面因素，从财务角度看，璞米资本和阿德里安及其在西班牙的投资业绩并不算太糟糕。但这家英国投资公司和法国的二级市场收购专家或许会认为，它们已经很幸运了，因为西班牙毕竟不是一个被 PE 投资者高度推崇的国家，而且他们的傲慢态度也不容易被西班牙人所接受。理由不难解释，我们不妨回顾一下，2014 年 12 月，旅游运营商 Orizonia 的破产管理人宣布，包括持有 55% 的股份的凯雷集团（Carlyle Group）在内的 Orizonia 全体股东，应对企业破产承担责任。此外，公司的股东还包括英国夹层专业投资机构中间资本集团（Intermediate Capital Group，持有 5% 的股份）以及持有 36% 的股份的本地投资公司维斯塔资本（Vista Capital），而凯雷集团则是公司的控股股东，这种股权结构一直维持到 Orizonia 于 2013 年 2 月倒闭之前。而在这个关键时刻，金融投资者选择的是旁观，他们既无力重新安排资本结构，也无法为这家负债累累的公司寻找新买家。

2006 年，凯雷集团和维斯塔资本（西班牙国有银行、桑坦德银行的 PE 投资部门）

以 8.5 亿欧元左右的价格从西班牙酒店、航空公司和旅游运营商 Iberostar 集团手中收购了 Orizonia。81.5% 的杠杆收购资金来自银行贷款，而目标公司旗下包括三个部门：从事批发旅游业务的 Iberojet、伊比利亚旅行社和 Iberworld 航空公司。由于在"信贷危机"之后，西班牙经历了历史上最严重的经济衰退时期——人均国内生产总值在 2008 年到 2012 年间降低了 18.5%，在消费者的可自由支配收入中，旅游和休闲已成为最主要的开支（当然，除非通过 eDreams 在线预订可以为你节省一大笔钱，否则，旅游只会成为一种奢侈品）。

不过，如果有人说，这笔交易的领头人不了解旅游业，那显然是说不过去的，因为这个领头人的名字是佩德罗·德埃斯特本（Petro de Esteban）。他自 2001 年 4 月加入凯雷集团，并且是凯雷集团西班牙公司的负责人，或许你还记得 eDreams 的创始人和初创时期的董事长？是的，他们是同一个人。凯雷集团交易团队的另一名成员是亚历克斯·维根伯格（Alex Wagenberg），他竟然也是 eDreams 的前首席财务官。这两个人显然是旅游业的资深人士。但问题在于，作为一家拥有 5 000 名员工和 800 万客户的西班牙最大旅游运营商，Orizonia 在 2006 年到停业前一年期间已积累了高达 4.76 亿欧元的利息费用。由于同期的累计营业收入只有 2.34 亿欧元，因此，Orizonia 的唯一选择就是把自己交给破产管理人。也正是这些破产管理人，在集团破产时，宣布由 PE 基金股东承担这一切责任，并要求维斯塔、ICG 和凯雷集团向因为清算而失业的员工支付 1.59 亿欧元赔偿金。[86] 和 Orizonia 的境遇相比，eDreams ODIGEO 的冒险绝对算得上是一次愉快的旅游，至少它的 PE 股东还不至于自掏腰包。

第十四章

福克斯顿——市场择机

1981年,在房地产经纪公司工作了8年之后,28岁的乔纳森·亨特(Jonathan Hunt)在破败但依旧迷人的诺丁山附近开设了一家店面,这里位于伦敦市中心。为了让自己显得与众不同,亨特将他的新公司命名为福克斯顿(Foxtons),名字来自于位于伦敦以北60英里的剑桥郡福克斯顿村。[1] 新开设的房地产经纪公司位于诺丁山门地铁站附近,而交易地点则位于肯辛顿和切尔西皇家行政区,这里以前曾是一家面食餐厅。切尔西是英国首都最富裕、也是最有时尚气息的地区之一,当时,亨特的业务主要集中于房地产销售,这项业务的利润率远高于房屋租赁。这时正值撒切尔(Thatcher)执政的早期,当时,创业和创新还是新的流行语。但此时的英国正在经历了严重的经济衰退。所有经济部门的日子都很艰难;房地产经纪行业也不例外。为了应对困境,亨特的补救办法就是在佣金方面随时打折,而且他永远比竞争对手更勤奋、更积极主动,而且工作时间也更长——在当时这个充满懒散、困倦气息的房地产经纪行业中,这绝对是不可思议的壮举。

期待已久的经济复苏最终还是到来了,在随后的5年中,福克斯顿房地产经纪公司在伦敦的富勒姆和南肯辛顿地区又开设了两家代理机构。为了让自己的公司更加与众不同,亨特决定在周末和晚上开业,并向卖家收取3%的费用——这足足是其他房地产中介所收取的费用的两倍,但这笔费用不是平白收取的,因为亨特已经在卖家当中赢得了声誉,他总能帮卖家卖到比其他竞争对手更好的价格。尽管在20世纪90年代初的经济衰退期间也偶尔有昙花一现之举,但不管怎样,公司还在继续扩张。亨特小心翼翼地在富裕街区选择开店地点。到20世纪90年代末,他开始在年轻专业人士和富裕家庭青睐的所谓富人区建立前哨基地:奇斯威克、帕特尼、汉普斯特德、圣约翰伍德和公园大道等,尽在他的名单上。

新世纪的步伐和刚刚过去的20世纪90年代一样强劲,福克斯顿房地产经纪公司的扩张仍在继续,而高度分散和无差异化的房地产经纪行业中,一次不同凡响的尝试让福克斯顿成为业内的知名品牌。2001年,亨特推出了第一批涂有"福克斯顿"标识的汽车(后来被人们称为"福克斯顿"小轿车），由公司的售房人员和租房员工驾驶这些汽车游走于城区各处，第二年，他又推出了咖啡分店的概念。这两种经营改变马上被竞争对手大肆抄袭。凭借强劲的扩张手段以及对高端市场的关注，福克斯顿经纪公司蓬勃发展。在2005财政年度，公司收入已超过了7 200万英镑，并实现了1 300万英镑的税前利润。

待价而沽

无论你居住在哪个国家，房地产经纪人的声誉在全世界都差不多——他们是永远不值得信赖、思维敏锐和目光犀利的奸商，他们是唯利是图、见利忘义的人。当然，你也可以在媒体或消费者调查中找到一些更好听的词。在英国，人们把房地产经纪人的下三滥手段比作"坐飞机"（将"打折出售"和"低价出租"之类的贴在房屋外面，但实际上这些房屋根本就不能出售或出租，而只是他们招徕顾客的一种手法）、以讹传讹（比如说，如果经纪人认为自己可以通过更高的报价赚更多的佣金，那么，他们宁愿耗上几周甚至几个月的时间，也不会让出售方降价）、抬价敲诈（当卖方代理人已经接受潜在买房人的口头报价后，但他们还要等着有人给出更高价格，或者干脆等感兴趣的买家已经支付调查费用或是买卖费用的最后一刻，坐地起价）。在很多国家，房地产中介都是一个不需要专业资格即可开店经营的行业，从更广义上说，消费者保护完全停留在口头上（新千年的美国次贷危机该怎样解释呢？它给消费者带来的损失更大）。因此，在这个行当里，成功的方式只有一种：遵守行业的唯一诫命——"生意就是生意"。

在这种情况下，福克斯顿多年来出现的争议完全是可以理解的。其强大的销售技巧很快便引起媒体的关注（对这种咄咄逼人的行为，它自己也略知一二）。当然，市场上对福克斯顿也颇有微词，尤其是它与抵押贷款代理商亚历山大·霍尔公司（Alexander Hall）的密切关系，该公司同样由乔纳森·亨特拥有。2006年，英国广播公司在一档私访节目中称，福克斯顿使用由亚历山大·霍尔收集的秘密信息了解买家的财务状况。[2] 尽管这种做法曾引发争议，但是到2007年初，福克斯顿已在伦敦设立了19家办事处，并在邻近的萨里开设了一家办事处。公司雇用了1 300名员工，在英国房地产行业最赚钱的市场——伦敦，他们已成为最大、最主要的主导者。自20世纪90年代中期以来，在各大贷款机构提供的抵押融资的大力推动下，英国迎来了长达13年的经济持续增长。对于像福克斯顿这样的房地产经纪人而言，其佣金所依赖的房价也出现了大幅上涨。在1995年1月到2007年3月期间，英国首都的住宅价格以11%的复合年增长率持续上涨。[3]

在 2005 年大选前的几个月里，英国财政大臣（后来的英国首相）戈登·布朗（Gorden Brown）曾吹嘘说，在他的领导下，这个国家经历了 200 年以来最持久的繁荣时期。到目前为止，伦敦以及世界各地的房价都在肆无忌惮地疯狂上涨。可以理解的是，福克斯顿正是在这个看涨的环境中茁壮成长。2006 年，公司的营业额已超过 1.04 亿英镑，较上一年的增长幅度超过 40%。[4] 如图 14.1 所示，在 1999 年到 2006 年期间，福克斯顿的收入几乎翻了两番。在过去的 3 年中，息税前利润率（EBIT）已完全从互联网泡沫破灭后的经济衰退中走出，开设新分支机构带来的营业费用已开始创造收益。亨特对经济周期有着超人的敏锐直觉，在经历了 20 世纪 80 年代初期和 90 年代初的经济衰退以及房地产行业的熊市之后，他认为，必须不遗余力地把握当下好时光，尽可能地追求收益最大化。2007 年初，他在公司外面张贴了一份公司出售启示，以招徕潜在的买家。

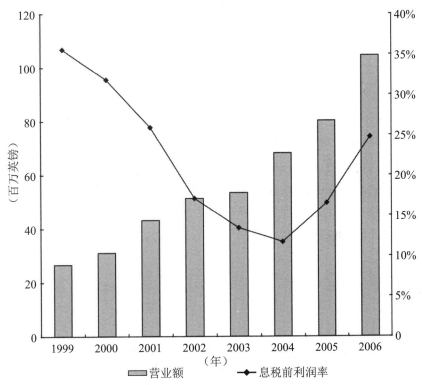

图 14.1　福克斯顿 1999 年到 2006 年的营业额和息税前利润率

资料来源：公司财务报告及笔者分析。

有坊间报道称，亨特聘请的顾问瑞士信贷开始在 IPO 市场上寻找投资者，并借此启动双轨退出方案。但是在银行债务成为融资主流的大环境中，这种策略已被视为赶走潜在买家的最佳方式。很快，它就敲定了一个简短的候选人名单，包括三个金融投资者：美国 PE 投资机构 TA Associates 和两家最大的英国投资机构——3i 和 BC 股权投资公司。[5]

BC 股权投资公司创建于 1986 年，最初的名称是"霸菱资本投资公司（Baring Capital Investors）"，它也是英国商业银行巴林银行旗下的众多风险投资公司之一。1995 年，巴林银行因新加坡交易员尼克·李森（Nick Leeson）进行欺诈性投资而倒闭，随后，投资银行业务被剥离，而霸菱资本也就此更名为"BC 投资公司"。当然，这背后的一个重要原因，就是避免因为巴林银行的"李森丑闻"而受到株连。10 年后，这家投资团队对福克斯顿这样默默无闻的企业当然会嗤之以鼻，毕竟，此时的 BC 投资已成为全英国赫赫有名、专门从事超大型交易的机构，公司董事长西蒙·帕里（Simon Palley）拥有沃顿商学院的 MBA 学位，此前曾担任管理顾问和投资银行家。BC 投资公司已成为欧洲最活跃的 PE 投资机构之一，最新筹集的年份基金"BC 欧洲资本 VIII 号"基金于 2005 年完成，资金规模超过 55 亿欧元。

它最近的投资包括全球首屈一指的固定卫星服务提供商国际通信卫星公司（Intelsat，企业价值达到 166 亿美元）、德国邦泰化工集团（Brenntag，德国的化学品分销商，年收入 60 亿欧元）、西班牙旅游分销系统运营商阿玛迪斯（Amadeus，曾在第十三章中提到过，企业价值在 43 亿欧元）、休闲产品供应商瑞典圆顶集团（Dometic of Sweden，年销售额为 70 亿瑞典克朗）、法国皮卡德冷鲜超市集团（Picard Surgelés，收购价格达到 13 亿欧元）、意大利电信黄页集团（本书第十二章的案例研究对象，企业价值达 56.5 亿欧元），以及德国的联合媒体集团（Unity Media，有线电视提供商，用户数量达到数百万家庭）。[6] 评论人士称，和这些重磅企业相比，收购福克斯顿花费的 5 000 万英镑——相当于最新年份基金总额的 1%，只能算得上零用钱。为了这样一笔不足挂齿的投资，还需要什么调查呢？

一锤子买卖

事实也的确如此。2007 年 5 月下旬，福克斯顿发布消息称，BC 投资公司在拍卖中胜出，而传闻中的 3.6 亿英镑收购价变成了 3.9 亿英镑，这无疑让亨特变成了亿万富翁。在这家他 26 年前一手创立的公司中，亨特持有 90% 以上的股份，这样，他就可以带着 3 亿英镑回家了，但公司还有一笔 5 000 万英镑的股东贷款，按约定根据未来业绩进行偿还。当时，大多数评论家都认为，作为一位深谙房地产行业的企业家，如果亨特决定卖出自己的公司，那么就很有可能表明，房价已达到顶峰。支持这种观点的一个有力论据是，5 月 10 日，就在

BC投资公司签署收购协议的前12天,英格兰银行将基准利率再次上调25个基点,达到5.50%,而且有传言称,英国将在下一次货币政策会议上讨论再次上调25个基点的可能性。中央银行的基准利率越高,抵押贷款成本提高给房价带来的上涨压力就越大。此外,在过去12年中,如果将伦敦房地产的平均价值乘以3.5,就会从91 947英镑增加到321 380英镑。[7] 这是不是矫枉过正呢?

对于BC投资公司和负责交易债务融资的两家指定牵头机构——美国银行和日本瑞穗银行(Mizuho)来说,它们似乎还没有意识到,一场暴风雨即将席卷全球银行市场,而首当其冲的就是美国房地产业。自2000年以来,通过所谓的证券化过程,大量的非流动资产(尤其是抵押贷款)被转化为可交易有价证券。这些被称为住宅抵押贷款支持证券(RMBS)和商业抵押贷款支持证券(CMBS)的金融工具,迎来了一轮价值大爆发,从2000年的不足5 000亿美元疯涨到6年后的2万亿美元。在这个周期的高点,RMBS已达到全球证券化价值的一半以上。[8] 到2007年中旬,证券化市场依赖的银团辛迪加业务开始陷入困境。原因很简单:在过去几年中,这些由主要美国抵押贷款经纪人和贷款方发行的证券化产品,在质量上出现了严重恶化。和历史上的任何一场淘金热一样,如果收取佣金赚到的收益高于持有这些资产所带来的回报,那么,经纪人和贷款人就不会再有动力去持有资产,他们会绞尽脑汁地去包装出五花八门的新结构性产品(包括非次贷类产品),然后再想方设法将它们出售给第三方。由于新发行的RMBS和CMBS数量庞大,银团融资市场已不堪重负,显然,它已经没有能力再吸收如此多的劣质有价证券。

正是在这种狂热氛围笼罩之下,2007年7月初,为福克斯顿杠杆收购案提供融资的两家银行,决定出售1.7亿英镑的优先级债务和7 000万英镑的夹层债务,试图对这些贷款进行打包出售,这也是所有杠杆交易的常规程序。然而,美国辛迪加市场的饱和已开始在全球范围内持续发酵。8月9日,法国巴黎银行决定冻结(即停止提取)三只持有美国次级抵押贷款市场敞口的基金。由于流动性戛然而止,银行无法对基金进行定价。[9] 当天,"信贷危机"已全面爆发。全球各地的银行纷纷拒绝接受贷款证券化产品。这次"大地震"的直接受害者就是英国的北岩银行(Northern Rock)。作为英国富时100指数的成员股以及英国第三大抵押贷款承销机构,这家总部位于纽卡斯尔的贷款方对大量贷款进行了证券化。此时,它已无法向第三方卖出这些贷款,流动性几近枯竭。2007年9月14日,北岩银行不得不接受英格兰银行的救助。

在债务市场遭遇剧变的情况下,尽管债务(2/3)和权益比例(1/3)处于非常合理的水平,但福克斯顿承担的大部分优先级和夹层贷款仍然让美国银行和瑞穗银行感到头疼。[10] 如果BC投资以控制持股比例的方式限制投资敞口(由于亨特以提供5 000万英镑供应商融资方式持有部分股份,因此,BC投资尚未取得目标公司的全部股份),那么,杠杆收购的债务就相当于过去一年EBIT的10倍,这个比例显然太高了,尤其是考虑到房地产行业的内在周期性。

自我毁灭

接下来的几个月,BC投资无疑在选择时机上铸成大错,这也让它很快赢得了一个绰号"血腥疯狂"投资公司。[11]随着债务市场受到挤压,包括英国在内的所有主要发达经济体都陷入了一场剧烈的经济衰退之中。

最初,信贷危机对整个抵押贷款行业造成了灾难性影响,但是从逻辑上来说,房地产交易和价格自然难逃厄运,无论是在美国、英国还是在欧洲其他地区,概莫能外。正如我们后来通过大量官方报道所看到的那样,20世纪90年代后期以及21世纪的第一个5年中,美国房地产市场之所以能快速增长,背后的一个关键推动力量就是华尔街的逐利:为满足华尔街对可交易有价证券的需求,大量劣质抵押贷款蜂拥上市。2002年和2003年,在美国的传统房屋购买贷款中,对抵押贷款申请人拒绝发放贷款的比例已降至仅有14%,相当于1999年的一半。[12]因此,在2000年到2005年期间,抵押贷款总额增加了2.5倍,达到了2.9万亿美元。在2002年到2006年期间,美国承销的次级抵押贷款(信用风险较高)增加了3倍,总额达到6 000亿美元。这些次级贷款在美国抵押贷款总额的比例从7.4%上升到23.5%。毫无疑问,它们是吹大泡沫的种子:从1995年到2003年,美国的房价上涨了91%。受联邦基金利率下降、次级贷款激增以及证券化迅速普及的影响,房地产价值在2004年初到2006年4月之间再次上涨了36%。[13]

"血洗"很可能是大面积的。然而,福克斯顿的交易并未受到英国或全球经济以及房地产市场形势的严重影响。由于福克斯顿的业务主要集中在伦敦,因此,只有首都当地的经济才有可能给福克斯顿的业绩造成真正影响。在这方面似乎也没有好消息。截至2008年1月,首都的房地产交易量同比下降了39%。[14]那么,这会给福克斯顿及其PE股东带来什么影响呢?业绩影响已经在所难免了。由于房地产价格在过去10年中呈现出两位数的年均增长率,而且众所周知,家庭收入的增长远未达到这个水平,因此,抵押贷款承销在最近几年的急剧增加以及海外资金的大量流入,必然导致房地产价值大幅膨胀。至于市场的膨胀到底会达到怎样的程度,任何人都无法预知。

到2008年3月,福克斯顿的债务交易价格为账面价值的50%。[15]英国的很多房地产经纪人都在关门或是缩减规模。当年 6 月，位于英格兰东南部并在伦敦初级证券交易所 AIM 上市的 Humberts 公司，在股价下跌 96% 后，被迫暂停交易。当月，这家公司便申请破产。毫无疑问，房地产市场正在加速崩盘。进入夏季，灾难降临规模更大的第一太平戴维斯（Savills），这家公司在全球雇用了 1.7 万名员工（其中伦敦办事处有 4 000 人），公司的股票交易量较上一年下降 45%；股价在过去 12 个月内累计下跌了 60%。当年 8 月，福克斯顿的夹层代表部分按账面价值的 35% 被转手，这表明，已经很少有人相信，公司还能继续履行债务。哈利法克斯房地产经纪公司（Halifax Estate Agents）预计将关闭 1/4 的分支机构，而另一家竞争对手 Countrywide（这是一家英国的房地产经纪公司，而不是在 2008 年金融危机期间破产的美国同名抵押贷款机构，它们是两家不同的公司）则侥幸逃脱——在 2008 年的信贷繁荣高峰期，美国投资者阿波罗为它的杠杆收购提供了 10 亿英镑融资。根据预计，Countrywide 当年仅能实现上一年收入的一半。为减轻债务负担，这家公司甚至已开始置换部分贷款利息。[16]

在这种艰难的环境中，仅仅在福克斯顿杠杆收购完成的一年后，来自罗斯柴尔德的重组专家被要求审核战略选择，并对集团能否满足每年 2 600 万英镑的债务偿还义务进行评估——这笔资金已相当于福克斯顿在两年前的全年营业利润。不出所料，随后的生意和盈利能力都受到了影响。在杠杆收购后的 12 个月里，房地产销售额下降了 50% 至 70%。[17] 另一个导致公司陷入困境的因素是，在出售生意的前一年，乔纳森·亨特对福克斯顿的办公室进行了售后回租。由于只有价值 300 万英镑的自有物业，因此，这家地产经纪公司根本就无法向其贷款方提供有意义的资产担保证券。[18] 最终，到了 2008 年夏天，承销债券的美国银行和瑞穗银行也聘请了自己的顾问——英国重组精品店克罗斯兄弟顾问（Close Brothers）。到当年年底，正如人们普遍预期的那样，福克斯顿无法执行贷款约定，而 BC 投资也将这笔投资的价值减记为零。[19]

国际形势更令人沮丧。从 2006 年 6 月到 2009 年第一季度，美国的房地产价格已下跌了 1/3。[20] 在英国，房地产销售量急剧萎缩，但包括伦敦在内的国内租金水平基本维持稳定。由于房地产销售属于利润率相对较高的业务，因此，租金根本就无法弥补销售业务的损失。导致销售业务遭受重创的根源就是量价齐跌：2008 年，房地产交易量的下降幅度超过 50%，价格则出现暴跌。在 2008 年的第一季度和 2009 年同期之间，伦敦的房地产价格下跌了 15%。[21] 和所有房地产经纪公司一样，福克斯顿也是按交易价格收取佣金的。量价齐跌，对公司收入的影响自然也被成倍地放大了。

在 2009 年的大部分时间里，BC 投资与贷款集团之间的谈判停滞不前。除非美国银行和瑞穗银行同意将其 2.6 亿美元的债务注销 6 000 万英镑到 9 000 万英镑，否则，PE 公司绝不愿意投入更多的现金。[22] 在福克斯顿反复违反债务契约的情况下，贷款方确实有权获得这家房地产经纪公司的控制权，但贷款人似乎对此犹豫不决。就在双方纠缠于新方案的酝酿时，英国经济的危机已经愈演愈烈：2009 年第一季度的 GDP 下降 2.4%，比前 12 个月下降 4.9%。根据官方数据，在房地产市场周期于 2007 年中期达到高峰和两年后的最低谷之间，伦敦以及英国其他地区的住宅交易量减少了 50% 到 2/3。[23]

房地产市场已经触底。在与 BC 投资进行了漫长而骑虎难下的博弈之后，2009 年 12 月，福克斯顿的银行家终于强力介入：通过债转股获得公司超过一半的股权，同时，将 3 亿英镑的贷款和未支付利息减记为 1.2 亿英镑。PE 公司则保留 31% 的少数股权，但代价是向公司额外注入 5 000 万英镑现金。管理层按业绩获得 12.5% 的股权。[24] 至于乔纳森·亨特，他不得不放弃他对 BC 投资提供的 5 000 万英镑股东贷款，这笔贷款也是当初签署杠杆收购协议的条件。尽管如此，亨特还是完全有可能会对这种安排感到满意。而且无论按什么指标衡量，他都已经为自己争取到了最好的待遇。但是从总体上看，BC 投资持有的 85% 的股份大幅缩水，但这总比一无所获要好得多。

早在 10 月份，福克斯顿的财务状况就呈现出极度的不稳定性，以至于董事会根本就无法向英国企业管理部提交年度账目，按法律规定，所有英国企业必须在纳税年度结束后的 9 个月内完成这些工作。[25] 作为备案的一部分，管理层需要确认，他们认为企业具有持续经营能力，而且不会在 12 个月内发生债务违约。此外，债务持有人还被要求作出承诺，承诺他们不会行使要求企业赎回贷款的权利，否则，公司就有可能被纳入破产监管。然后，直到 12 月，福克斯顿才最终看清自己的未来会怎样。谁知道它的未来会怎样呢！

家是心之所在

在放弃了对福克斯顿持有的大部分股权之后，BC 投资也就无法完全控制这笔不合时宜的投资了。幸运的是，1 亿英镑的股权价值对于 BC 投资来说，只能算小菜一碟。它近期的每一笔收购都要比这大得多，因此，这笔房地产中介投资对它来说可以忽略不计，因而也不会给这家杠杆收购机构的整体业绩带来明显影响。但是从技术角度来讲，在选择收购时机方面失准，确实有损 BC 投资作为顶级投资者的形象。现在看来，有一点是显而易见的，它确实是在市场的最高点收购了福克斯顿。

但更糟糕的是，2007 年 9 月，BC 投资董事长西蒙·帕利（Simmon Palley）突然离开公司，这距离收购福克斯顿的交易仅仅过去了 4 个月。有传闻称，在公司领导风格问题上，他和其他七位执行合伙人存在分歧。26 尽管当时各方已淡化分歧，不计前嫌，但是到 2010 年，帕利还是成为另一家 PE 机构中桥投资欧洲公司（Centerbridge Partners Europe）的董事长，这足以证明，尽管他在 BC 投资任职了 17 年，但矛盾并未解决。事实上，BC 投资的形势可能比这糟糕得多。考虑到在伦敦取得的成功，1999 年，亨特将生意做到了美国，他在纽约、新泽西和康涅狄格州设立了七个办事处，为当地房地产经纪人提供低价折扣服务。截至 2007 年 9 月，由于巨额亏损、流动性问题以及东海岸房屋销售市场急剧萎缩等原因，福克斯顿在美国的业务已彻底停止。27 如果当时将美国业务和英国业务一起打包，那么，杠杆收购可能早就结束了。

在 BC 投资收购福克斯顿时，迈克尔·布朗（Michael Brown）被任命为该公司首席执行官，他很清楚当时的形势——运气未必总会降临到你的头上。在 2002 年加入福克斯顿担任首席运营官之前，布朗就职于臭名昭著的美国能源交易商安然公司，担任欧洲区分公司总法律顾问和首席运营官。现在，当这家房地产经纪公司面对同样的挑战时，布朗将 2009 年和 2010 年的大部分时间用来降低成本，仅在 2009 年，他就裁减了 300 名员工。增长计划也被暂时搁置。此外，布朗还着力推动企业适应租赁业务的弹性。尽管房屋销售收入在上一年的营业额中占有 2/3，但是到 2010 年，租金已达到收入的一半。不过，要最终扭转颓势，布朗需要做的不仅仅是削减成本和调整战略。出乎意料的是，伦敦市场似乎比英国其他地区的市场更有活力。当然，这种活力倒不是体现在交易或抵押贷款承销方面（在 2010 年到 2012 年这段时间，这项业务的金额始终比 2006 年峰值时期低 40% 至 50%），而是体现于估值方面。从 2009 年 4 月（官方发布的英国首都房价最低点）到 2010 年 12 月，英国房地产价格上涨了 13.5%。2011 年，房价再度上涨 1%。28

随着市场交易价格的提升，布朗采取了主动出击策略，开设了一批新的经营网点。2010 年，他手下的员工只有 1 000 人，但布朗开始意识到，竞争对手的停业或破产给福克斯顿提供了机会：接管它的租约和多余员工，就可以实现更低成本的扩张。截至 2010 年 9 月，公司旗下的分支机构数量已达到 27 家，一年后又增加到 31 个——而 2009 年末的时候，公司只开设了 24 家机构。29 布朗的乐观态度不是没有理由的，而且这个理由很简单：自 2009 年下半年以来，公司的财务业绩出现了大幅增长。由于房价上涨，福克斯顿在 2009 年的收入增长了 15%（如果考虑到收入比前一年减少 1/4，那么，这还不算太糟糕），2010 年则增长了 5%。但真正的影响还是体现在利润方面。

管理费用的减少大大提高了公司的经营杠杆率，也让盈利状况有了明显改善，2008 年，公司仅能维持盈亏平衡，但是在 12 个月后，却实现了 3 500 万英镑的净利润，2010 年算是一个意外，不过盈利仍有 3 150 万英镑。30 凭借非常彻底的重组，布朗让这家公司的盈利能力远超房地产市场崩盘前的水平。进入 2011 年，随着房价小幅上涨，福克斯顿的营业利润达到了 3 200 万英镑，营业额增加 13%，达到 1.16 亿英镑。为维持现金创造能力并及时偿还债务，管理层从不回避 PE 机构为维持现金而采用的伎俩（多记收入，少记成本）：当年，福克斯顿在账务上计提入一笔 200 万英镑的费用——集团当初对 890 辆"迷你库珀（Mini Cooper）"汽车进行售后回租交易而发生的费用。

随着业务逐渐恢复稳固以及房地产市场的复苏，BC 投资开始接触美国银行和瑞穗银行，试图回购它们对福克斯顿持股的股权。任何投资公司都会说，这是痴心妄想。但杠杆银行家都有一个共同的特点：他们从不把持有企业多数股权当做自己的核心业务（除非他们经营的是专属基金，比如德本汉姆百货案例中的美林私募股权投资公司）。在房地产市场复苏的早期阶段，尽管放弃对房地产经纪公司持有的股权可能被认为不合时宜，但是在 2012 年 3 月，两家银行却同意将福克斯顿的控股权出售给 BC 投资。对后者而言，事实将会证明，这是一个非常适时的选择，因为按后来发布的财务数据看，此次安排给出的 2.5 亿英镑估值，本身就是非常合理的。[31] 在收购贷款人持有的股权之后，这家杠杆收购公司再次收回了福克斯顿的控股权：持股比例从 31% 增加到 75%。

* * *

截至 2012 年，尽管房屋销售量略有回升，但仍比"信贷危机"之前的平均销售量低 40%。同样，对一家几乎完全以伦敦黄金地段和高端地产为市场的房地产经纪公司而言，房地产价格更为关键。次贷危机确实对伦敦和萨里的影响有限。这两个地区的房地产价格分别排在英国的第一位和第三位。[32]

在 2009 年第一季度和 2012 年同期之间，伦敦的房地产价格上涨了 20%。相比之下，英国物价指数的涨幅却没有超过 10%。实际上，导致全国性物价指数上涨的主要原因，就是伦敦房地产价格的大幅上涨。在英国的其他一些地方，如约克郡和苏格兰，房地产价格几乎没有发生变化。[33]

在金融危机爆发后不久，伦敦的房地产市场迅速好转，而福克斯顿的经营也随之出现复苏，这背后的原因来自多方面。而其中有一个原因尤其有利于公司和 BC 投资寻求救助：英格兰银行执行 320 年历史中的最低基准利率。长期维持低位的基准利率，已成为福克斯顿的守护天使。当利率下调时，所有金融产品（从股票到公司债券，从国债到不动产）的预期收益率通常会同步下降。当投资者转向股票和房地产等高收益资产时，这些资产的估值就会上升，收益率下降。几乎没人会预测到，当基准利率在 2009 年 3 月创下 0.5% 的历史新低之后，央行会维持这个利率达 7 年之久，毫无疑问，这不仅保护了那些承担大量抵押贷款的家庭，也在某种程度上人为地提高了房价。

其他因素也扮演了重要角色。福克斯顿始终将伦敦的富人区作为业务核心，回过头来看，这也是不幸中的万幸。当然，对一个经常体现自由市场无效论的金融中心来说，首都永远是国外富人逃税的避风港，他们来到这里的一个重要目的，就是躲避本国税务机关的征税，但又无需为国外收入向英国纳税。当股票市场再次变得漂浮不定时，商人和外籍人士就会热衷于将储蓄投入到一种相对安全的资产类别中。研究数据显示，在后金融危机时期的几年里，大部分房地产的买家都是外国人。伦敦市中心区，外国人在全部买房人中的比例在一半到3/4之间。34 市值在20万英镑到120多万英镑之间的房产，是房屋中介机构的"甜点"。① 因此，福克斯顿自然不会让到手的机会流失。

然而，事实证明，2012年将成为伦敦经济转型的一个重要节点，虽然当年的伦敦房价上涨了4.9%，但福克斯顿的增长仍旧依赖于租赁业务的弹性，在整个金融危机期间，租赁业务始终占据了其整体业务的半壁江山。当年，租赁的营业额增长了5.5%，而销售收入仅小幅增加1%。但BC投资已经迫不及待地要兑现投资了。它已经有过一次颜面扫地的经历，绝不想再有第二次这样的遭遇。到2013年年初，PE公司已开始筹划退出投资。尽管股权价值微不足道，但对福克斯顿的这笔投资已逐渐成为一件让它丢尽脸面的糗事。是时候了结这段尴尬了。2013年3月，作为房地产经纪的一个主要竞争对手，Countrywide在经历了债转股之后公开上市，而不良资产专业投资机构橡树基金（Oaktree）和炼金术基金（Alchemy）则成功退出投资，成为这笔投资的最大受益者。35 Countrywide的上市得到了市场的接受，其股票在上市第一天就上涨了13.5%。

在大门紧锁多年之后，IPO的窗口似乎正在开启。2011年和2012年，伦敦证券交易所的IPO新股数量分别下降了1/5和12%。但是到了2012年第四季度，伦敦证券交易所却引来了22家新上市公司，而上一季度还只有14家。由于英国经济正在复苏，新上市的通道似乎非常顺畅。因此，有人建议BC投资应该利用这股上升趋势。2013年6月，在取得对福克斯顿控制权的15个月之后，作为收购公司的BC投资一次指定了三家上市顾问，而不是一家。按计划，公司将在当年晚些时候公开发行股票。从表面上看，尽管这的确是一家声名显赫而且不乏自信的房地产经纪公司，但公开上市绝不是一件容易的事。在2010年到2012年期间，公司收入的年增长率为8%，而收益则持平，这表明，公司为创造收入增长而投入了额外的运营支出。在确认这一事实之后，公司披露的信息最终将会指出，分支机构的数量在2007年到2009年保持不变。但截至2013年6月，这个数字已增加到42个，比2007年5月收购时的数量增加了一倍。36

---

① 因为这个价位既能保证市场交易量，又能给房地产经纪人带来适当的佣金。

尽管与股东和贷款方之间的暗战还在继续，但打造精英能力始终是首席执行官布朗的头号任务。这种扩张无疑是一个再明显不过的迹象，它表明，管理层和BC投资正在紧锣密鼓地为上市做准备。而在股票公开发行前的那个夏天，媒体报道也传出了类似的信号：为扩大市场份额，在伦敦新开设的几家福克斯顿门店，将对3个月内出售的房屋实行零佣金优惠。37

当年夏天，伦敦房价已经比2008年2月的水平高出了7%，这也是金融危机爆发前的房价最高点。与美国、爱尔兰、西班牙及其他很多价格过热的房地产市场不同的是，伦敦的房价始终没经历过太大的逆转，现在，买房者正在出现报复性反弹。福克斯顿的好日子还在继续：2013年前6个月的总收入同比增长了10.5%；而且由于房地产销售业务的走势最终还是优于出租业务（上涨率分别为13%和7%），因此，这种形势带来的结果，就是营业利润总额增长了20%。此外，在福克斯顿的生意中，最主要的推动力量还要归功于英国政府的房屋购置刺激计划，比如英国政府在2012年7月推出了"贷款融资"项目，一年后首次推出的"买房资助"股权贷款计划——这是一种由国家提供补贴的抵押贷款，政府为一部分贷款向银行提供担保，将借款人购房的首付款比例降至5%。当时，有些人甚至将这种计划比作由政府担保的次级贷款。38

一步到位

经过有条不紊的路演之后，福克斯顿的股票上市价格在2013年9月20日最终敲定。但时机几乎好得不能再好了：7月，房地产市场迎来了自2006年以来的房价最大涨幅。39 BC投资成功减持了所持福克斯顿股份中的大部分，将持股比例从75%降到22.3%。按照每股230便士的高位价格计算，公司估值约为6.5亿英镑，2014年的远期市盈率预测值为18倍。凭借在伦敦富人区以及萨里拥有的独家定位，福克斯顿公司成为股市中的优质资产。尽管伦敦市中心区房屋交易的量价齐涨让福克斯顿深受裨益，但是和地理位置差异较大的同行Countrywide相比，市场仅给出了9%的溢价。有趣的是，BC投资在2007年收购时给出的15倍市盈率已经够慷慨的，而福克斯顿在上市时的市盈率更高，这或许是给散户投资者的一个警示。在经过这轮过山车式的折腾之后，杠杆收购公司收获了多重套利带来的收益！

据报道，出售方股东收回了3.9亿英镑。考虑到用于全额偿付贷款的5 500万英镑，BC投资收回了两倍于初始投资的回报。40 在次贷危机爆发后的最初几个月里，金融投资者的投资团队还曾自我反省，认为这笔收购是一个错误，并在公司内部将被投资公司标记为

"F"（失败），[41] 但它们最终还是显示了勇气，也算得到了回报。至于首席执行官布朗，他自然没有错过这个机会，将所持公司的股份减半至 8.8%。贷款机构美国银行和瑞穗银行侥幸逃脱。在 2009 年年底控制福克斯顿时，它们根本就不可能预见到，这家房地产经纪公司会如此迅速地复苏，并收回自己的钱。在 2007 年那个时候，没有一家英国银行愿意为收购福克斯顿提供融资。包括巴克莱银行（Barclays）、苏格兰哈里法克斯银行（HBOS）和苏格兰皇家银行（Royal Bank of Scatland）在内的英国银行，更热衷于火爆的抵押贷款业务，而且它们也意识到英国房地产市场过热的现象。相反，美国银行和瑞穗银行感兴趣的（有些人或许会用"绝望"这个词），则是在更时髦的收购领域取得市场份额，而且它们已经赢得了一部分，因而希望有更大的收获。由于贷款在福克斯顿上市时即已偿还完毕，因此，在某种程度上可以说，它们保住了声誉，而这样的壮举在 4 年之前几乎是不可能的。

福克斯顿的股票价格在上市后的 5 个月中累计上涨了 74%，随后，进入缓慢而稳定的盘整期。不过，对于那些因 IPO 营销口号而买入股票的"赌徒"（即散户投资者）来说（IPO 获得了 7 倍的超额认购），迈克尔·布朗没有给他们带来任何信心：IPO 让他大赚了 5 200 万英镑，2014 年 4 月初，他宣布因家人病逝而休假。然而，直到 3 个月后的新闻发布会，他才公开承认，事实上，他早已因个人缘故而辞去了首席执行官职务，这对原本低迷的公司股价来说，无异于雪上加霜。[42] 这确实有点过分。就在当年的 3 月 11 日，公司迎来了 2013 财年的业绩数据，异常强劲的表现无疑有助于吸引投资者并提振股价；而福克斯顿也不失时机地宣布，除支付最终的一次性普通股息之外，公司还将发放特别股息。4 个月之后，福克斯顿故技重施，再次宣布分配年中股息。[43] 在这两个轮次中，BC 投资显然是特殊股息的受益者，但不久之后，它就卖掉了手中持有的大部分福克斯顿股份。再一次，BC 投资在时机选择方面显示了无可挑剔的能力。不过，公司在当年 5 月和 9 月进行的资产处置，让它在这家房地产经纪公司中所持的股份从 22% 减少到 7%，显而易见，它丝毫没有提振公众投资者信心的念头。

与此同时，2014 年 10 月 23 日，也就是公司上市后的第 13 个月，福克斯顿发布了第一个盈利预警，并将原因解释为近期市场需求的急剧下降。事实上，早在 4 月份的时候，英国金融监管机构就已开始对贷款机构执行更严厉的抵押贷款审查标准，导致抵押贷款的审批速度开始放缓。随着结果变幻莫测的大选即将到来，进入 2014 年下半年，房地产价格出现暴跌。自由民主党、工党和苏格兰民族党等几个参选政党纷纷发声：一旦当选，将对价值超过 200 万英镑的房产征收豪宅税。因为最昂贵的房产，主要是指价格超过 200 万英镑的房产，大多位于伦敦，而福克斯顿也顺带成了受害者。公司股票迅速对此作出反应：股价在 2014 年 2 月 28 日每股超过 400 多便士的基础上一路下跌 2/3，到当年 11 月 19 日，已降至不到 145 便士。

可以预见的是，就像伦敦的公交车会一辆接一辆地开过来一样，2015 年 1 月下旬，福克斯顿便发布了第二次盈利预警。在经历了 2015 年上半年的大幅波动之后，进入夏季，公司股价迎来了顽固的窄幅震荡期，但已明显低于发行价。进入 5 月初，大选带来的不确定性终于尘埃落定，亲市场的保守党在大选中意外赢得了绝大多数选票，这大大提振了市场的信心，当月底，福克斯顿的股价便回到每股 285 便士。从这年年初以来，工党或自由民主党政府的威胁，再加上征收豪宅税的呼声此起彼伏，已经严重遏制了英国房地产市场的活动。随着风险的消除，投资者的情绪也逐渐升温。

BC 投资再次完美地把握住了退出时机：2015 年 6 月 3 日，也就是将 100 万英镑特殊股息和年终普通股息装进口袋的 4 天之后，它便清空了手中剩余的全部 7% 的股份，此次让它再次获得了超过 5 300 万英镑的收益。这次出售标志着，历时 8 年多的这轮投资最终结束。在整个过程中，它收获了 IPO 收益、后续股份销售、中期股息、年终股息和特殊股息，最终，这家 PE 投资者的现金收益率超过 3 倍，而且这还是一个保守估计。经历了金融危机的沉重打击之后，这家英国杠杆收购公司甚至还在二级市场上以折扣价收购了福克斯顿的贷款。而此举也最终让 BC 投资弥补了之前的部分损失。[44]

深度解释：退出时机的选择

回顾福克斯顿上市后走过的历程，我们可以看到，为什么说，投资于由 PE 主导的 IPO 未必是一笔好投资：

2013 年 9 月 20 日，福克斯顿以约 60% 的股份上市，远期市盈率为 18 倍。

2014 年 1 月 28 日，福克斯顿指定瑞士信贷和瑞穗银行为联合承销商。此外，两家银行和加拿大 Canaccord 投资银行一同担任 IPO 的账簿管理人和机构投资者。

2014 年 2 月 28 日，IPO 后的第一个交易高峰到来，在交易时段股价最高曾攀升至每股 402.20 便士。

2014 年 3 月 7 日，瑞穗银行为福克斯顿给出了"增投"的投资建议，并提及公司可能会支付特别股息。[45]

2014 年 3 月 11 日，由于 2013 年全年的数据异常强劲，福克斯顿宣布分配年终股息和特殊股息。

2014 年 4 月 7 日，首席执行官迈克尔·布朗因家人病故而休假，在接下来的 5 个交易日内，福克斯顿股价累计下跌 9%。

2014年4月30日，股票按年终股息（每股1.70便士）和特别股息（每股3.74便士）除息。BC投资净赚340万英镑。

2014年5月1日，BC投资以每股312便士的价格卖出2 200万股股票，即以6 860万英镑的价格出售了7.8%的股份，之后，继续持有福克斯顿14.5%的股份。[46] 消息发布之后，福克斯顿股价应声下跌了超过3%。在配售之前，6个月前作为福克斯顿IPO承销商的三家主要牵头银行之一的加拿大Canaccord银行，给出"买入"建议。

2014年6月3日，福克斯顿宣布，布朗尚未归位（虽然他仍作为非执行董事参与公司事务）。股价在两天内累计下跌9.2%。瑞穗银行和Canaccord银行均以正面消息的方式披露，将由公司首席运营官接替布朗的职位。

2014年7月8日，瑞士信贷发行经纪商通知，对福克斯顿的股票给予"业绩优异"的评价。

2014年8月27日，福克斯顿承认，由于更严格的抵押贷款审查标准以及利率上调预期的增强，当年下半年的住房需求将会放缓。但该公司管理层仍建议分配临时股息和特别股息。随即，其股价在两天内下跌13%，降至每股255便士。瑞士信贷和瑞穗银行下调盈利预测，但维持"买入"评级。

2014年9月3日，股票按临时股息（每股1.77便士）和特别股息（每股2.77便士）除息。BC投资净赚185万英镑。

2014年9月5日，BC投资再次抛售7%的福克斯顿股份（剩余持股的一半左右），具体方式采用由瑞士信贷和野村（又是它们）进行的加速累计投标方式卖出，披露的出售价格为每股232便士，合计4 760万欧元。[47] 该公司股价当天下跌4.5%，报收于每股230便士，与发行价持平。

2014年10月1日，BC投资委派的斯特凡诺·夸德罗·库齐奥（Stefano Quadrio Curzio）从福克斯顿董事会辞职。公司股价小幅上涨到每股219便士。

2014年10月23日，福克斯顿发布第一次盈利预警，并将原因归结为英国和欧洲的政治和经济不确定性。Canaccord首次下调该公司股票评级。该股价格当日下跌近1/5，降至每股165便士，较IPO价格缩水近30%。[48]

2014年11月19日，福克斯顿股价创下上市后的新低，交易时段达到每股142.70便士的历史新低。

2015年1月27日，福克斯顿发布第二次盈利预警，将原因归结为住宅销售下降12%，经纪佣金在上个交易季度下跌25.7%。房地产经纪人将盈利预期调整为4 600万英镑，而不是上一年度预测的5 700万英镑EBITDA（上一年度的实际EBITDA为

5 000万英镑)。49

2015年4月30日,股票按年终股息(每股3.17便士)和特别股息(每股1.99便士)除息。BC投资在5月29日获得100万英镑收益。50

2015年6月3日,BC投资以超过5 300万英镑的价格出售最后持有的7%的福克斯顿股份。该公司股价当日下跌4.2%,收于每股270.2便士。51

至于BC投资为什么总能精确无误地把握这些操作,究其原因,就在于它派出的代表斯特凡诺·夸德罗·库齐奥始终是福克斯顿董事会的成员。① 尽管他迟早都会选择辞职,但在此之前,他确实帮助雇主以令人咋舌的精确度计算出两次后续抛出的时间节点。最重要的是,他选择在2014年10月福克斯顿发布第一次盈利预警之前离开。毫无疑问,这又是IPO关爱卖方金融投资者而损害买入方或者说散户投资者的经典案例。市场择机绝对不是一门精确的科学。在投资福克斯顿这个案例中,BC投资在过程中确实犯了很多错,但在退出时,它却做得一丝不苟、完美无缺。在金融危机达到顶点时,这笔投资让PE公司颜面扫地,但BC投资最终还是改写了聪明投资的定义:实际上,你也可以高买低卖,然后,再低价回购,高价抛出。在2007年那个时间节点上,BC投资肯定是个大傻瓜。但是,它却在2013年和2014年找到了一个更愚蠢的大傻瓜。

胜券在握

在2015年年中,福克斯顿就已经拥有50多家分支机构。此时,福克斯顿的财务状况远比金融危机爆发时更好——但这只是因为此时它的资产负债表中没有债务。而在向公众投资者出售股票时,公司还是将收益能力发挥到了极致,其股价相当于2013年EBITDA的13.1倍。不过,在2015年3月发布2014年的数据时,盈利数字却被调整为4 620万英镑——远低于分析师所预测的5 720万英镑,由此可见,其成长趋势有夸大其词之嫌。但在此之前,它的企业价值与EBITDA的倍数仍远高于上市时的14倍。

进入2015年夏季,福克斯顿的股价开始出现剧烈震荡,且涨跌无序,但基本维持在发行价每股230便士的正负10%区间内。然而,PE支持的首席执行官意外离职,BC投资准

---

① 对于夸德罗·库齐奥来说,2014年9月注定是一个忙碌的月份。在这个月里,还发生了一件大事。英国移动电话零售商Phones4u是BC投资公司投资的另一个公司,该公司拥有5 500名员工,而夸德罗·库齐奥担任这家公司的董事会主席。但是,在两家最大客户沃达丰和EE取消合作协议之后,公司被迫进入破产管理。但人们后来才得知,通过12个月前实施的一轮股息重整,BC投资以股息形式收回的金额已超过1.54亿英镑的初始投资。

确无误的后续减持，再加上上市后头两年的两次盈利预警，导致福克斯顿的新化身（上市后时期）或许已成为 PE 投资者的噩梦。但最终彻底粉碎公众投资者信心的，还是 2015 年 10 月 22 日该公司发布的最新经营数据。股东们在失望之余，终于意识到，经济复苏转换为房屋交易的复苏还需假以时日。尽管集团营业额增长了 1.6%，但 EBITDA 却在当年前 9 个月里下跌了 5.6%。[52] 那天，福克斯顿的股价跌幅超过 7%，并在一个月之内，便降至不足 2013 年 9 月发行价的 1/4，如图 14.2 所示。

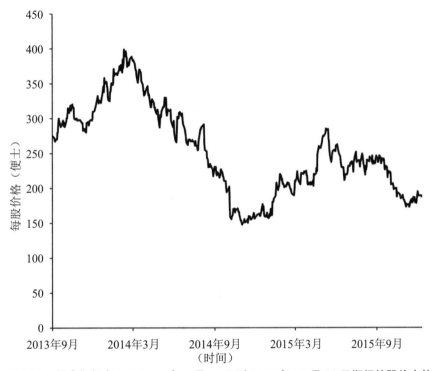

图 14.2　福克斯顿自 IPO 2013 年 9 月 20 日到 2015 年 12 月 31 日期间的股价走势

上市前后的经营业绩表明，这家房地产经纪公司远未成为值得信赖的成长型企业，它和其他房地产市场参与者一样令人捉摸不定。在 2010 年到 2013 年期间，由于英国经济走出"大衰退"并步入复苏通道，再加上该公司新设的分支机构，福克斯顿的收入增长了 35%，但上升最终趋缓。政府对不动产税和非本土居民采取的不利政策，与抵押贷款机构的谨慎相互叠加，均对其收入和盈利能力产生了负面影响，如图 14.3 所示。这种不确定性和波动性最终反映在股价上，只不过市场用了两年才做出调整，并最终迫使福克斯顿在 2015 年 12 月退出"富时 250 指数"。

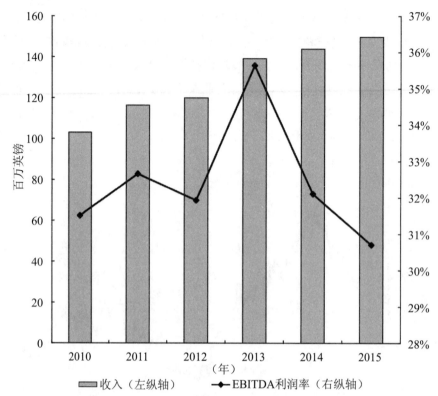

图 14.3　2010 年到 2015 年福克斯顿在 IPO 前后的收入和 EBITDA 利润率

资料来源：公司财务报告。

小鬼当家

到 2008 年之后，随着可使用信贷规模的大面积收缩，BC 投资在内部进行了重组，并着手缩小海外业务网络，关闭设在米兰和日内瓦的办事处。和其他很多同行一样，BC 投资也失去了很多在泡沫高位期或鼎盛期取得的投资控制权。2009 年 9 月，通过债务重组，瑞典的 Dometic（4 年前由瑞典投资集团 EQT 进行二次收购后转变而来的公司）被日本银行瑞穗（这家银行明显热衷于和 BC 投资进行合作）牵头的贷款财团接管，起因就是这家迷你酒吧柜、冰柜供应商无法偿还 8 亿美元的贷款。[53] 就在同一年，也就是我们在第十二章所看到的，当公司的贷款方要求股东注入新股权资金时，BC 投资选择退出其投资的意大利电信黄页集团。在这笔投资中，BC 投资的巨额股份被挥霍一空。

英国健身连锁店 Fitness First 拥有 1.3 万名员工，并在全球各地拥有 120 万名会员。2012 年初，贷款方以 5.5 亿英镑债转股和公司自愿安排的方式，接管该公司的控制权。通过破产管理程序，这家公司解除了对债权人的一小部分债务，并关闭了其在英国的 140 家健身房中的一半。7 年前，BC 投资的竞争对手胜峰投资以外部管理层收购的方式取得 Fitness First 的控股权，当时的收购价为 8.35 亿英镑。而在 7 年之后的 2011 年，由于未能成功登陆新加坡证券交易所，导致 BC 投资在与不良资产投资机构橡树基金的竞争中落败，拱手将全球最大健身俱乐部运营商的控制权让给橡树基金。同样是按照罗斯柴尔德的建议，就在当年的 2 月份，BC 投资清洗高管层，解雇了公司董事长、首席执行官、财务总监和负责英国业务的董事总经理，但撤换高层头目的行动为时已晚，又一笔外部管理层收购以失败而告终。

尽管失败确实显而易见，但 BC 投资还是设法筹集到了新的年份基金。2012 年初，它以 65 亿欧元的出资承诺完成了第九只基金的筹集，比之前的基金规模扩大了 13%。[54] 但杠杆收购公司的部分现有有限合伙人——如华盛顿州投资委员会，已选择退出基金，或许是"BC 欧洲投资 VIII 号"基金在 2005 年到 2011 年期间的 5.7% 净内部收益率未能引起它们的兴趣。但这也说明，尽管福克斯顿这笔投资的规模确实太小，以至于没有给基金带来什么影响（而且最终还是带来盈利），但其他被投资公司的失败却让它们付出了代价。[55] 如果有限合伙人将资金投资于"富时 100 指数"，那么，它们在这 7 年中所能获得的无杠杆年均收益率将为 5.9%，此外，它们还可以坐享公开市场高流动性带来的额外好处。同样，投资于"中型富时 250 指数"的年均收益率将达到 8.4%。因此，华盛顿州投资委员会的决定不难理解。即便如此，BC 投资第八只基金的拙劣表现也未能阻止其他有限合伙人，美国第二大养老基金加州 CalSTRS 愉快地向"BC 欧洲投资 IX 号"基金承诺出资 2.8 亿美元，尽管这一数额明显少于对之前基金投入的 6.1 亿美元。[56] CalSTRS 或许相信这样一句格言：过去的表现并不代表未来。乐观的态度才是福克斯顿的公众投资者们最愿意看到的。

第八部分

资产剥离:现代版的创造性破坏

  如果没有关于资产剥离这一传统行业实践的案例研究，就不能说掌握了 PE 基金管理人的全部工具箱。虽然存有争议，但卖出集团的某个部门或业务，有时也是健康重组的一个有机组成部分。在阅读第六章之后，读者很少会质疑，音乐行业的巨人百代集团确实已经落伍了。当泰丰资本登上舞台时，它的竞争对手环球和华纳早已经历了这个过程。不过，我们在第八部分讨论的资产剥离类交易，更多的是源于金融投资者不可规避的选择，而不是因为被收购公司的内在弱点。尽管支持自由市场的活动家会声称，大批剥离业务或解雇员工，带来的不仅仅是运营效率问题。还需要从道德角度看待这种企业和财务管理方法。

  杠杆收购公司作为资产剥离者的代名词，最早可以追溯到 20 世纪 80 年代，在那个企业掠夺者盛行的时代，"善意"收购还有可能成为让公众尴尬的根源。当时，企业更擅长让自己成为被收购方的敌人，KKR 在 1985 年收购 Beatrice 公司以及在 1988 年收购食品烟草巨头 RJR 纳比斯科时采取的刀耕火种策略，通过媒体的发酵，已成为人们思维中的收购定式。在那个时代，每当大型企业集团分崩离析时，往往是最有可能让金融投资者有机可乘的时候，这给企业从大规模、业务高度分散的低效集团中剥离出来提供了机会。当被 KKR 接管时，Beatrice 的业务涉及乳制品生产、箱包制造、水处理、饮料制作、灌装操作乃至汽车租赁等诸多相关性很低的活动。KKR 花了数年时间，才逐渐将 Beatrice 的这些业务厘清处置完毕。

  如今，这种难见成果的企业重组并不多见。因此，正如我们将在下一个案例研究——美国凯撒娱乐集团中所看到的那样，杠杆收购爱好者必须学会更加精细而巧妙。

第十五章
美国凯撒娱乐集团——PE版的脱衣扑克赛

来到内华达州里诺的游客，偶尔都会参加体育运动。这座城市坐落在内华达山脚下的高海拔沙漠中，吸引了大批高水平滑雪者和热衷于登山的人。很多当地居民都是户外活动爱好者，他们喜欢骑自行车、徒步旅行、钓鱼或打猎。每一位自称为狂热铁人三项运动的人都会知道，在位于里诺以南38英里处，有一个海拔近1 900米的淡水湖泊，这里是世界上最具挑战性的铁人三项全能运动圣地之一。

内华达州并不是一个以追求健康户外运动而闻名的地方。与该州所有主要城市一样，里诺更以赌场而闻名。在20世纪30年代，著名的赌博企业哈拉娱乐（Harrah's）就是在这里创建的。1937年10月30日，公司创始人威廉·哈拉（William Harrah）还只有26岁，他的赌博王国最初是在加利福尼亚州的威尼斯海滩开始的，后来，他在里诺开设了一家宾果厅。6年前，内华达州刚刚批准赌场赌博的合法化，而加利福尼亚州还视赌博游戏为非法活动。在更欢迎赌博行业的司法管辖区内开设赌场显然是更合乎逻辑的步骤。虽然在里诺开设的第一家赌场只运营了几个星期，但哈拉的成功从第二年起便一发而不可收。当时，他在城市主要赌场的附近开设了另一家赌博室。很快，哈拉的眼光转向了赌场，1946年，他开设了第一家哈拉俱乐部。"大萧条"时期对于所有人来说都是非常艰难的，为吸引赌客，哈拉在客户服务方面采用了非常新颖的方法——永远不敲诈赌客，而且还鼓励他们经常来自己的赌场。至少在赌场运营商中，这种做法是不常见的。哈拉的生意逐渐红火起来。1955年，哈拉在太浩湖南岸开设了一个赌场，吸引了来自加利福尼亚的赌客，这样，就可以确保通常仅限于滑雪的冬季也能维持足够的生意。

哈拉并不是最有原则性的企业管理者，他经常拿走赌场的资金为自己的奢侈生活方式埋单。由于亟须资金，哈拉的公司在1971年公开上市，两年后，公司股票进入纽约证券交易所交易。比尔·哈拉于1978年6月去世，在他离世18个月之后，公司被出售给著名的酒店运营商假日酒店。1995年，这家公司重新从假日酒店中独立出来，哈拉娱乐集团开始进入有机扩张时期，通过不断收购进入新的地域，拉斯维加斯成为哈拉娱乐集团随后 10 年的发展焦点。

2004 年中旬，哈拉娱乐集团宣布，以 94 亿美元的价格收购竞争对手凯撒娱乐集团，并由此打造出全球规模最大的赌博公司。这笔交易于 2005 年 6 月 13 日成交，收购资金主要来自哈拉娱乐的普通股以及额外的 19 亿美元现金，收购完成之后，被收购公司让哈拉娱乐原有的 20 个赌场又增加了 15 个。[1] 如果把故事局限到哈拉娱乐的发迹史，那当然只是整个故事的一半。在与凯撒合并的几年之后，这家赌博集团已声称，它是全球地域分布最广的赌场娱乐公司。集团有 6.8 万名员工，每年有超过 1 亿次的赌客流量，净利润达到 85 亿美元，在全球拥有超过 5.6 万台老虎机和 3 500 个桌面游戏，毫无疑问，哈拉娱乐已成为赌博领域最重要的参与者。考虑到人们对赌博成瘾的担忧，因此，在这样一个永远不缺少批评的行业中获得如此巨大的影响力，确属不易。当然，公司还特别关注自身对周围社区的影响。多年来，公司管理层一直在不遗余力地强调博彩企业的社会责任的重要性，并在公司内部制定"责任书"，阐述公司在员工培训和合法等方面的基本政策。

物以类聚

除了经常被记录在案的与有组织犯罪、洗钱及卖淫等行为联系在一起之外，赌场还以具有现金牛特征而著称，它们是最典型的暴利型企业。事实上，很少有哪个行业能比博彩业具有更高的可预测性、更稳定的经常性现金流。博彩企业之所以拥有超强的资产收益率，一个重要原因就在于快速的客户更换率（一个典型的赌客从带着现金走进赌场到离开，一般也就几小时，而后马上就会有新赌客进来）和设备的高使用率（赌场通常全年 365 天、每天 24 小时全天候营业）。此外，赌场运营商比其他场地运营商拥有巨大的优势：它们持有许可证，在互联网开始破坏现状之前，许可证成为它们拒绝新企业进入市场的最大壁垒。其他行业可能拥有赌场商业模式的一两个特征。但很少有哪个行业具备它们的全部特征。比如说，飞机也属于持续运转的设备，因而可以说，西南航空和瑞安航空等廉价航空公司的设备使用率也非常高。但遗憾的是，航空公司不能在航班途中更换乘客，并且由于环境和安全等方面的规定，飞机无法保证全天候飞行。同样，零售商店也会受益于顾客的高光顾率，但同样无法做到全天候运营。

现代赌场企业最有价值的一个方面，或许就是它们几乎是强制性地使用信息管理工具。运营商早已经开始在赌场内收集客户体验的各方面数据。它们可以跟踪下注者的赌博偏好、饮食模式、入场人数和入住房间的数量等信息。在零售商或大多数航空公司推出这种跟踪技术之前，积分卡早就已经成为赌场集团管理客户关系流程的核心。考虑到客户流失率很高——毕竟，很多赌客都是偶尔为之的消费者，因此，确定"常客"是一项至关重要的技术。数据挖掘技术有助于确定客户未来的现金流和终身价值。换句话说，赌场可以利用这些数据，确定应在每个赌客身上花多少钱。哈拉娱乐在这个领域的营销策略，是通过"总奖励"卡（Total Rewards）而实施的客户忠诚度计划。正是这种激励性措施，让哈拉娱乐在2006年的赌博游戏收入达到当年收入总额的71.5%（其余收入来自住宿、娱乐、食品和饮料），而其竞争对手米高梅幻影（MGM Mirage）的这个比例仅有40%。[2] 凭借在当地拥有的寡头垄断地位、强大的现金生成能力、丰富的客户知识以及丰厚的资产收益率，赌场可以为所有者带来巨大的投资回报。这也可以解释，为什么它们经常会成为杠杆收购的主要目标，我们已经在第二章提到了这一点。

在2005年的大部分时间里，哈拉和凯撒两家娱乐集团都在解决它们的合并细节。2005年3月11日，双方在获得各自股东的批准后，进入了全面整合的阶段。两家公司每年均能创造40亿美元的收入，而且在2004年均实现了两位数的增长。尽管如此，哈拉娱乐实现了17%的营业利润率，还是远远高于凯撒娱乐的10%。正是出于这个原因，哈拉娱乐的首席执行官加里·勒夫曼（Gary Loveman）才成为合并后集团的董事长。至于到底是谁收购谁，这个问题一点也不含糊。[3] 在交易方面，合并后的实体当然不太可能长期停滞。这个时代本身就有利于并购。美国经济正处于信贷泡沫之中。债务成本低廉，随时随地都可以获得，而且附加条件也越来越少。勒夫曼当然愿意用借来的钱为整合战略融资。2005年12月23日，他通过收购拉斯维加斯的皇宫赌场，领导自己的企业进行快速扩张，这笔交易的金额高达3.7亿美元。毋庸置疑，这是改变游戏规则的最完美方式。

但债务气球不只是推动了企业活动。它还为杠杆收购这个微生境提供了动力。在过去的3年中，PE公司筹集的资金数量达到了前所未有的规模。仅在2005年，整个行业就已经在全球筹集了超过3 500亿美元。同年，在全球范围内完成了价值高达3 000亿美元的收购。次年，杠杆收购交易价值将进一步达到7 000亿美元。[4] 至此，已很少有哪家公司能真正置身于PE范围之外。最近几个月，美国玩具业巨头反斗城（Toys "R" Us）、汽车租赁运营商赫兹租车（见第三章）以及电影制片厂米高梅等家喻户晓的品牌，纷纷遭遇数十亿美元的并购。没有任何一个目标是不能被收购的，尤其是像哈拉娱乐这样本身不打算领导整合游戏的企业。在杠杆收购大师看来，这种态度恰恰表明，他们在潜心搜索。

鉴于在公众中引发的轰动，哈拉-凯撒组合引发了PE界的兴趣。最终，不可避免的事情发生了。一些杠杆收购专业投资机构，如阿波罗和得克萨斯太平洋集团，开始与勒夫曼展开对话，为他出谋划策。考虑到哈拉娱乐的杠杆率只有45%，因此，只要继续举债，让杠杆率远远高于这个低得可怜的45%，他或将实现更高的目标。勒夫曼本人也在寻找提高这家赌博集团内在价值的途径，在他看来，与酒店管理等其他拥有大量不动产的行业相比，哈拉娱乐的价值并没有得到充分体现。[5]

经过数月的沟通，2006年10月2日，阿波罗和得州太平洋分别给出每股81美元、合计151亿美元的报价，让哈拉娱乐在纽约证券交易所退市。这个报价比最近的市场交易价格高出了21%，但每个人都知道，哈拉娱乐和凯撒娱乐仍处于合并过程中，因此，股票价格尚未考虑到有可能出现的协同效应。经过短暂的实地调查，9天之后，两位潜在买家将它们的报价提高到每股83.50美元。[6] 在接下来的几个月里，媒体不断传出消息，称其他投资者也在关注这笔资产。位于宾夕法尼亚州的宾州国家游戏集团是美国的第三大赌场运营商，与量化对冲基金巨头D.E. Shaw联手，也开始主动接洽哈拉-凯撒集团。这迫使阿波罗及其合作伙伴再次提高价格。在12月初，它们审查了估值模型，并最终确定了每股87美元的价格收购。但其他潜在买家仍没有被彻底吓倒。于是，2006年12月19日，两家PE机构推出了171亿美元的报价，相当于每股90美元——比哈拉娱乐在9月29日的收盘价高出了35%。此外，双方还提出承受约107亿美元的债务。[7] 在得到公司董事长兼首席执行官勒夫曼的赞同之后，这笔交易被提交股东大会。不过，由于提议已被哈拉娱乐董事会提交表决，因此，阿波罗和得州太平洋需要在目标公司运营归属地的每个州申请赌博营业许可证，这是一个可能需要长达18个月的时间的艰苦过程。

可以预见的是，在一个缺乏灵感而且完全依赖复制的商业世界中，当管理层决定向阿波罗和得州太平洋出售公司后不久，一大批竞标者蜂拥而来。2007年6月，PE基金城堡投资（Fortress）和中桥投资以61亿美元的价格收购宾州国家游戏集团。两个月后，迪拜政府控股的迪拜世界同意出资52亿美元，收购美国第二大赌场运营商米高梅幻影，获得该集团9.5%的股份，并取得米高梅城市中心项目的一半股权，该项目位于拉斯维加斯，是一个占地76英亩的酒店、公寓和零售商场开发项目，项目将于2009年开业。在2007年上半年的某个时候，坊间甚至传出消息，称已经陷入困境的赌博集团、特朗普娱乐公司也在准备参与竞标。[8]

* * *

到准备收购哈拉娱乐时，阿波罗和得州太平洋已成为PE界的精英成员。它们以投资风格简洁清晰而著称。两家公司进行杠杆收购交易的总购买力超过250亿美元。这种巨大的影响力带来了一种无敌的感觉。阿波罗创建于1990年，创始人是哈佛商学院的毕业生莱昂·布莱克（Leon Black），他曾负责德崇证券（Drexel Burnham Lambert）的并购团队，在20世纪80年代后期，这个机构曾创造了一系列令人瞠目结舌的业绩。与当时其他大多数投资银行不同的是，德崇证券始终是一家以敢于进取而著称的贷款机构，它随时准备为客户的敌意收购提供投资建议和资金，尤其是所谓的"垃圾债券"。比如说，德崇证券曾经与号称"交易机器"的KKR并肩作战。1988年，它提供数十亿美元帮助后者收购了RJR纳比斯科。1990年2月，德崇证券因几名员工进行内幕交易而遭到起诉，而后陷入破产，肇事者当中就包括垃圾债券大王迈克尔·米尔肯（Michael Milken）和董事总经理丹尼斯·莱文（Dennis Levine）。丹尼斯·莱文也是布莱克的并购部门同事之一。于是，这家投行的员工别无选择，只能另寻出路。拥有大量杠杆收购项目顾问经验的布莱克，最终选择进入投资界，同年，他与前德崇证券的同事约什·哈里斯（Josh Harris）和马克·罗恩（Marc Rowan）共同创办了对冲基金阿波罗股权投资公司。就在2006年年底考虑哈拉娱乐的退市交易时，阿波罗旗下管理的资金已达到245亿美元。就在前一年，它刚刚筹建了自己的第六只杠杆收购基金，该基金最终筹集资金101亿美元。

布莱克的阿波罗位于全球并购行业的首都——纽约市，而得克萨斯太平洋集团则不无豪迈地为自己选择了一个不寻常的基地（至少在金融服务方面，得克萨斯不是一个中心），而且还把这个地名写进公司的名称。此后，尽管公司名称被缩写为"TPG"，但毫无疑问的是，这家总部位于沃思堡的投资公司明显不具有东海岸企业的风格，毕竟，这是一个以石油勘探和畜牧业而闻名的州。这个事实似乎为它迎来了一份特殊的风采。从一开始，这家公司所涉足的交易类型，就深受主要联合创始人、哈佛大学法学院毕业生大卫·邦德曼（David Bonderman）的影响。在创建得州太平洋之前，邦德曼曾就职于华盛顿特区律师事务所Arnold&Porter，他是负责破产和反垄断案件的律师。和其他两位联合创始人詹姆斯·科特尔（James Coulter）以及比尔·普莱斯（Bill Price）一样，邦德曼也曾在大型公司担任运营职务，这样的资历在PE基金领域很少见，毕竟，在这个领域，所谓专业人士的含义就是交易者。

创建得克萨斯太平洋集团的一个重要催化剂，是在1993年4月作出的一个决定：廉价收购已经破产的美国大陆航空公司，并让这个航空公司重新运转起来。得克萨斯太平洋始终关注复杂的交易、持续性行业变革、不良资产重整以及公司重组等业务，这也让它在业内独树一帜，并经常成为媒体关注的焦点。不过，得州太平洋偶尔也会参与传统收购，哈拉娱乐的退市交易就是其中之一。就在宣布联合竞购赌场巨头5周之后，得州太平洋刚刚终止它迄今为止规模最大的一只旗舰型收购基金——一个总价值高达154亿美元的巨无霸式的投资基金。和阿波罗一样，得州太平洋也准备动用自己的强大火力了。

摆脱困境

2008年1月28日，在成功清除了监管和许可证等障碍之后，这笔有史以来全球第四大杠杆收购案正式拉开帷幕。对哈拉娱乐的收购采取全现金交易的方式，交易的价值总额高达307亿美元，其中，收购方需承担哈拉娱乐的124亿美元的债务，并支付10亿美元的收购成本。哈拉娱乐的公司股东已在上一年4月5日的特殊股东大会上批准了这笔交易，申请赌博许可确实花费了很多时间，但这毕竟是在意料之中的事情。自2007年年中以来，信贷危机已使一些曾备受瞩目的杠杆收购交易无疾而终，但由于采取了现金交易方式，因此，收购哈拉娱乐的交易并不会受到融资环境的影响。也就是说，在两家基金报价的时候，负责承销的银行就已在2006年12月签署了承销协议，只要在经济上不会出现严重亏损或是遭到司法诉讼，它是不会退出交易。而事实上，这家赌场运营商在2007年的表现异常出色，收入增长了12%，不动产的EBITDA利润率超过26%①。哈拉娱乐的管理层一直忙于出售不良资产或非核心资产，这显然有助于他们进一步提高盈利能力。在这种情况下，公司的债务总额与EBITDA之间的比率也非常健康，仅为4.4倍。[9]

但是在进行杠杆收购的情况下，没有任何事情会一成不变。按目标公司300亿美元的企业价值计算，这个数值相当于过去12个月不动产EBITDA的10.5倍，相当于营业利润的14.8倍。但负债比率同样稳居高位。按收购方案设计的结构，包括公司现有的72.5亿美元定期贷款、20亿美元的循环周转额度以及65亿美元的CMBS（商业抵押贷款支持证券，一种有担保的债务），此前，还有67.5亿美元的无担保债券（收益率为10.75%），因此，哈拉娱乐现有债务为EBITDA的8.2倍，相当于营业收益的11.5倍。[10]但由于此次收购需要注入60亿美元的股权资金——阿波罗和得州太平洋分别出资13.55亿美元，其他资金由联合投资者投入，因此杠杆率有所下降，但仍高达80%。[11]由于当时正处于信贷泡沫期，因此，融资结构在某种程度上并不非常清晰。它涉及的债务工具太多，我们在这里就不一一列举，其中包括了设有不同息差和到期日的多笔定期贷款，还有2016年到期的优先票据和2018年到期的优先级PIK票据（PIK toggle notes②）。除之前讨论的利率4.2%且在2013年到期的CMBS之外，哈拉娱乐还发行了超过10个级别的无担保优先票据和次级优先票据，这些票据分别安排了不同的利率，而且到期日分布在2009年到2017年之间。PE股东们当然不想失去定期收益，因此，他们的优先股可按15%的年股息率收取股息。

---

① 不动产的EBITDA是不动产企业及其他拥有大量不动产的企业常用的盈利标准。
② "可切换"的含义是，在需要释放流动资金的时候，哈拉娱乐有权选择推迟支付任何利息，但代价是同意在未来支付更多的利息。

不出意外的是，穆迪和标准普尔对这些债务均给出了投机级的评级，因此，为这笔交易提供融资的银行意识到，要让目标公司承担这些总额超过 200 亿美元的债务，确实很难做到。为此，阿波罗和得州太平洋聘请了多家承销商，包括德意志银行、美国银行、摩根大通和瑞士信贷，通过在全国多个城市进行的投资者路演吸引融资。但市场对这笔交易的兴趣有限。由于对交易的风险状况担忧，因此，高收益债券在交易时段内下跌了 10%。可见，从第一天开始，债务市场就在质疑这笔交易的融资结构。

图 15.1 显示了这笔交易不同寻常的融资结构——尽管这种结构在涉及大量资产的交易中较为常见。在维持目标公司的同时，收购方专门成立了一家财产公司，用于持有目标公司的部分赌场。作为重组内容的一部分，哈拉娱乐运营的八家主要赌场——包括：设在拉斯维加斯的哈拉娱乐、锐澳和弗拉明戈三家赌场，设在太浩湖的哈拉娱乐、哈维和比尔斯三家赌场，以及设在大西洋城的哈拉娱乐和演艺船赌场两家赌场；被划归给这家财产公司，用作 CMBS 提供担保。从图中可以看出，目标公司和财产公司之间不存在直接的现金来往关系。设立两家并行公司的目的，就是让它们实现独立运营，互相之间不存在交易，并直接面对控股公司——哈拉娱乐集团。在实践中，它意味着，两家公司有各自的赌场，争取各自的赌客。[12]

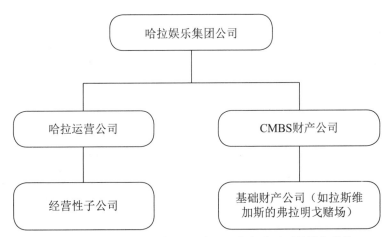

图 15.1 哈拉娱乐集团在 2008 年 1 月杠杆收购时的股权结构

资料来源：公司文件。

在股权结构方面，哈拉娱乐的布局恰到好处。集团所有有投票权的股票均由哈姆雷特控股公司（Hamlet Holding）持有，该公司由阿波罗和得州太平洋派出的代表控制。两家收购公司分别派出三名高级管理人员，并分别持有哈姆雷特 17% 左右的股份。而这些高管也不是等闲人士，阿波罗方面派出的是三位联合创始人：莱昂·布莱克、约书亚·哈里斯（Joshua Harris）和马克·罗万（Marc Rowan），而得州太平洋方面的两位联合创始人大卫·邦德曼和詹姆斯·科特尔（James Coulter）以及他们的另一位资深合伙人乔纳森·科斯莱特（Jonathan Coslet）。有这么多天才投资者亲自打理这笔投资，怎么可能出错呢？

* * *

实际上，债务的联合发行并没有按计划进行。2008年2月，媒体报道传出一系列的坏消息。在全部债务计划中，超过一半（准确地说是140亿美元）的债务尚未找到足够多的买家，这迫使承销商不得不推迟这一过程。[13] 进入5月，在2008年第一季度业绩公布后，承销商仍试图为大部分贷款找到买家。数据显示，目标公司的收入和EBITDA分别下降了6%和7%，运营公司的业绩大幅落后于预算目标。一方面，财产公司因持有的赌场质量较高而取得了较好业绩，但哈拉娱乐旗下的运营公司却在接下来的几个季度持续表现不佳，导致次级债务融资无法实现。

此时，消费者已开始感受到信贷危机带来的寒意，在面对难以预料的经济形势时，他们只能缩减赌场支出这样的非必需开支。在哈拉娱乐业务所处的各个司法管辖区——伦敦、英格兰、大西洋城和伊利诺伊州，早在一年前推出的吸烟禁令严重破坏了它的财务业绩。整个2008年的收入呈现出加速下降的趋势，对集团的信用质量造成了恶劣影响。截至当年第四季度，评级机构已将哈拉娱乐下调为"重大风险"。仅仅在收购后的第10个月，运营公司的部分优先级债券的交易价格就已经降至票面价值的30%以下。而高收益债券已全面陷入泥潭。

于是，两家PE股东采取了它们应该做的事情：开始向债券持有人施加压力，迫使其接受非公开交换，将原有的债务转换为新债务，而新债务的价值仅有原来的一半，且到期日向后推迟。作为条件，贷款人获得一笔名义上的现金支付。由于置换条件毫无吸引力，因此，在2010年和2011年票据的持有人当中，只有少数持有者接受置换：2008年12月，仅有22亿美元的运营公司旧贷款完成置换，让目标公司的债务总额减少了约9亿美元，或者说，杠杆率下降了一半。这显然给公司的前景带来了实质性提升。一个月后，这家赌博集团遭遇了第一场官司，但这只不过是一系列诉讼的开端。当时，两家债券持有机构声称，强制性债务置换给它们的权利造成了不当伤害。[14] 无论如何，一年的终点即将到来，人们最期待看到的，还是集团的年度业绩。

打好一手烂牌

当哈拉娱乐 2008 年的合并数字出炉时，人们看到的并不是好消息——数据显示，收入大幅减少（-6%），而不动产 EBITDA 则下降了 15%。而且公司业绩在下半年出现了明显恶化的趋势。在杠杆收购后的这段时间里——也就是从 1 月 28 日至 12 月 31 日，集团总共计提了 55 亿美元的商誉及其他无形资产减值损失。[15] 在杠杆收购完成一周年之际，阿波罗及其联合投资者面临的困境，已不再是如何让哈拉娱乐成为一笔给它们带来两倍回报的投资，而是如何避免债务违约。哈拉娱乐的债务净额已增加到不动产 EBITDA 的 9.5 倍以上，相当于营业利润的 13.4 倍（自然，这个数字不考虑非正常项目）。

哈拉娱乐的形势令人震惊。此外，由于信贷狂潮已彻底结束，因此，阿波罗和得州太平洋在其他投资项目上也遭受了一定程度的损失。比如说，家居用品零售商 Linens'n Things 是阿波罗在 2006 年初完成退市的公司，该公司已于 2008 年 5 月申请破产，成为信贷危机的首批受害者之一。受债务压力的影响，得州太平洋投资的德国爱励铝业公司（Aleris）在 2008 年的销量下跌了 40%，2009 年 2 月，该公司已别无选择，唯有提出破产保护，此时距离被得克萨斯 PE 集团退市收购还不到 3 年。具有讽刺意味的是，这笔交易还将另一家债务投资者拉入泥潭：与得州太平洋合谋对哈拉娱乐进行杠杆收购的合伙——阿波罗。事实上，金融危机对得州太平洋来说是冷酷无情的。2008 年 9 月下旬，随着联邦管理机构查封华盛顿互惠银行（Washington Mutual），并将该银行强行划归摩根大通，得州太平洋对这家银行的投资正式结束——给它带来的损失高达 13.5 亿美元。[16]

两家杠杆收购集团对赌场的这场赌博似乎也不会带来回报。为了近乎枯竭的流动性问题，2009 年 3 月，哈拉娱乐启动了另一轮要约收购，旨在以新债务替换剩余的旧债券。这一次的要约收购显然更加成功。原本不情愿接受的债券持有人已经意识到，在公司已经严重缺少流动性来源的情况下，赌场运营商这样做已经非常客气了，因为事实表明，哈拉娱乐已无法在未来两年偿还到期债务。哈拉娱乐成功置换了 2010 年和 2018 年到期的 36.5 亿美元现有债务；新债券的总额为 55 亿美元，利率 10%，是享有第二优先偿还权的优先级担保债券，于 2018 年到期。这两笔债务置换，帮助公司对 2/3 的现有债券进行了条款修订和展期操作。[17]

但这些举措并没有让很多贷款人对公司感到满意。然而，债权人的处境还将进一步恶化。仅仅在 3 个月之后，哈拉娱乐的运营公司发行了一笔 2017 年到期、利率为 11.25% 的优先担保债券，发行金额接近 14 亿美元。发行所得款项用于支付运营公司的部分未偿还贷款和循环周转贷款。此外,这笔交易也给哈拉娱乐提供了另一个延长债务期限的机会。在2009年上半年,通过债券置换以及发行新债券,集团长期债务总额成功地减少了16%以上,降至193亿美元。[18]但危机还远远没有解除,进入9月份,公司发行了另一笔利率为11.25%、2017年到期的优先级担保债券,这一次的发行总额为7.2亿美元。令人不可思议的是,这两笔新发行的债券并没有被纳入到优先级债务契约的计算,这意味着,这些债券的持有人不受债务契约的保护。一个月之后,为了争取更多的时间,哈拉娱乐对2010年和2011年到期的部分现有债券又一次进行了收购要约。结果似乎令人惊讶:贷款人需要放弃部分本金,并接受到期日推迟且不受契约束缚的新条款。至于贷款人为什么会接受如此貌似吃亏的方案,答案就在于哈拉娱乐的经营业绩。

到2009年年初,经历了这一代人最糟糕的经济环境之后,正如营销人员所说的那样,到赌场消费已不再"前卫"。对消费者而言,赌博消费往往属于他们可自由支配的开支,赌博像其他所有娱乐活动一样:当形势变得艰难时,人们就会克制这种消费。除了真正的瘾君子,在面对失业的前景时,几乎没人敢去玩赌轮盘。该来的一定会来,在忙忙碌碌之后,这些经营赌场博彩业的集团开始像飞蛾一样纷纷落下。2009年7月28日,驿站赌场集团(Station Casinos)申请破产保护,集团的控股方为柯罗尼资本(Colony Capital),这家总部位于内华达州拉斯维加斯的基金是全球最大的房地产投资基金之一。作为2007年11月88亿美元退市交易的一部分,这家赌场运营商承担了巨大的资产负债表风险,它需要继续降低超高的杠杆率。然而,这部公司大剧捎带了一个悲壮的尾声,在申请破产保护后还不到一个月,驿站赌场的创始人小弗兰克·佛蒂塔(Frank Fertitta Jr.)死于心脏并发症。而在6个月之前,位于大西洋城的特朗普娱乐公司(Trump Entertainment)提出了历史上的第三次破产申请,并导致公司创始人兼董事长唐纳德·特朗普(Donald Trump)辞职。实际上,特朗普也不过是踩着别人的脚印跟来的,就在一年之前,规模稍小一点的拉斯维加斯Tropicana赌场刚刚申请破产保护。[19]

事实证明,博彩业不是一个具有抵御经济衰退能力的产业。压抑的经济环境必然给赌场的客流量带来毁灭性打击。2009年,美国的国内生产总值下降了2.8%。因此,经济衰退也让哈拉娱乐的努力前功尽弃,让它当年的收入减少了12%。在过去的12个月中,管理层实施了一项重组计划,将营业房间的数量减少14%,从而将每个房间的占用率提高15%,以达到提高效率的目的。尽管如此,调整后的EBITDA在第四季度仍下降了23%,全年下降9%。为此,勒夫曼和他的团队投入了一整年时间,试图理清过于臃肿的资产负债表。考虑到债券置换和新债发行,这家赌场运营集团通过提前终止债务获得了50亿美元的税前收益。[20]

总而言之，对于持有运营公司债券的人来说，他们之所以接受将 2010 年和 2011 年到期的债券置换为到期日推迟的债券，原因很简单：因为公司将无法偿还短期债务，因此，他们已别无选择。一旦公司发生债务违约，定期贷款的持有人将首先获得偿付，而次级贷款人只能等到进一步资产清算后才有可能获得清偿，但能否获得偿付，还取决于是否存在剩余资产。他们确实没有必要冒这样的风险。

当运营公司业绩不佳的时候，财产公司也好不到哪里去，它面临的是严重的财务压力。由于财产公司 2009 年的 EBITDA 下降了 20%，因此，65 亿美元的 CMBS 部分预计将导致杠杆率超过 10.7 倍（而 2008 年第一季度的杠杆率则是 7.3 倍）。根据预测，11 月，管理层将以 2.37 亿美元现金的价格在二级市场上回购部分 CMBS，这个价格相当于票面价值的 25%。按剩余的 55.5 亿美元 CMBS 计算，财产公司在年终的债务与 EBITDA 比率将降至仅为合理的 9.2 倍，但这样的水平仍令人担忧。在运营方面，公司在截至 2009 年 12 月 31 日的期间遭受了沉重打击，此时，管理层已别无选择，只能在合并报表上（即运营公司和财产公司的合并结果）确认 16 亿美元的商誉减值和其他无形资产减值，此外，还减计了一笔 1.12 亿美元的税前费用。这一年注定是多事之秋，为了挽救颓势，哈拉娱乐的管理层已绞尽脑汁，他们一直在不遗余力地减少债务和削减成本——1.1 万名员工已经被解聘。[21] 不过，他们还有很多机会展示自己的重组能力。

如果说，环境给这家债台高筑的集团带来了挑战，那么环境也给它创造了机会。管理层选择以新的收购开启振兴之路。次年 2 月 19 日，哈拉娱乐宣布，它已完成了对拉斯维加斯好莱坞星球集团（Planet Hollywood）的收购，这家集团在拉斯维加斯大道东侧拥有七个连成一排的娱乐度假村。和其他很多经营赌场的集团一样，好莱坞星球的目标，就是走出上一年夏天的破产环境。由于哈拉娱乐将按深度折扣价购买好莱坞星球 3.60 亿美元的债务，并承担剩余的 5.54 亿美元债务，因此，作为当地的监管机构，内华达州游戏控制委员会批准了哈拉娱乐的收购报价。在完成这笔收购之后，哈拉娱乐的资产负债表上又增加了 5 亿美元的贷款。仅仅在 3 个月后，也就是 2010 年 5 月 25 日，这家开足马力、大举扩张的集团便签订了又一项新协议，收购位于俄亥俄州克里夫兰市的纯种马赛道——Thistledown 跑马场。[22] 这两笔交易似乎表明，管理层希望能利用行业周期的低谷，获得廉价优质资产，并在周期逆转时通过资产升值而受益。

* * *

面对这个以低价购买哈拉娱乐公司债务的大好机会，多方机构积极参与，其中就包括事件驱动型对冲基金管理机构保尔森公司（Paulson）。保尔森的策略就是迅速将收购的债券转换为股权,这样,在和这两家善变的 PE 股东打交道时,它就可以拥有更多的讨价还价能力。而且,保尔森的立足点不同寻常,它更愿意拥有股权(在发生违约时,偿还顺序排在所有债务工具之后),而不是持有无担保的优先级债券。2010 年 8 月,哈拉娱乐宣布,就对冲基金管理机构持有的股票进行登记,就此结束从 6 月开始的债转股交易。作为代价,债权人注销了大约 11 亿美元的债务,从而使这家赌博集团进一步改善了资产负债状况,在债转股完成之后,保尔森获得 9.9% 的股权,股权价值约为 4.7 亿美元。[23]

与此同时,在过去两年的大部分时间里,哈拉娱乐的两家 PE 控股股东也没有坐等,他们一直忙于在二级市场上收购目标公司的第二留置权债务。2009 年年初,他们以超低折扣价收购了面值 20 亿美元的贷款。显然,得州太平洋已在这个过程中对哈利娱乐失去了兴趣,但即便是在这年的晚些时候,阿波罗依旧认为,这家赌场运营商终将实现复苏。在保尔森忙于将债务转换为股权的同时,为巩固控股地位,阿波罗和得州太平洋也将 4.08 亿美元的债券转换为 5.6% 的股权。[24]

凭借约 47 亿美元的股权价值(这个价值是按保尔森股权价值作出的估值,而且明显偏高),2010 年 10 月,这家赌场运营商宣布,它计划上市并筹集 5.75 亿美元。此外,公司还在一个月后提交了招股说明书,以帮助保尔森在必要的情况下处置其持有的股份。根据公司的年度报告,这家对冲基金管理公司的债转股涉及三笔此前收购的债券:2015 年到期、利率为 5.625% 的优先级债券 8.35 亿美元,2016 年到期、利率为 6.5% 的非优先级债券,2017 年到期、利率为 5.75% 的优先级债券,三笔债券的合计金额为 2.83 亿美元,按每 1 000 美元债券可转换为 10 股普通股的比例进行转换。在上市时,哈拉娱乐集团的估值比阿波罗和得州太平洋最初收购时的价格低 10%。其隐含的企业价值为 270 亿美元,相当于 EBITDA 的 14 倍,这个市盈率通常可划入"较高"区间,尤其是和杠杆收购时支付的 10.5 倍相比,有了明显提高。对比一下哈拉娱乐的主要竞争对手米高梅国际——股票价格同期下跌幅度高达 85%,因此,哈拉娱乐拟定的公开发行价格确实太过于疯狂了。显而易见的是,最初投入的 60 亿美元股权价值至少已经贬值 25%。到 11 月底,这场不切实际的 IPO 胎死腹中。[25]

但是,哈拉娱乐的管理层对估值过高并未给出任何理由,只是称集团业务的奢侈品特征,并以此作为溢价的理由。于是,在同一个月——11 月,哈拉娱乐以非常严肃的态度进行了更名——从现在开始,公司正式更名为"凯撒",这确实是一个高大上的名称。就在管理层一直忙于收购以及毫无意义的更名时,这家博彩集团的债务问题仍悬而未决。在整个一年中,它都在和贷款方进行谈判。2010 年 3 月 5 日,财产公司与 CMBS 贷款人达成协议,在修改融资条款的同时,将贷款到期期限延长两年,推迟到 2015 年 2 月,与此同时,使用由 8 家 CMBS 交易实体（由集团划转的 8 家赌场）的超额现金流回购债务，回购价格为票面价值的 30% 到 50%。9 月份，集团以 3 700 万美元的价格回购票面价值为 1.24 亿美元的 CMBS 贷款；12 月份，再次按 1.96 亿美元的价格回购了票面价值为 1.91 亿美元的债务。经过这一轮操作，集团将未偿还的 CMBS 债务余额减少到 52 亿美元。同年 4 月，运营公司发行总额为 7.5 亿美元的优先级担保债券——票面利率为 12.20%、2018 年到期，并将发行所得收入用于赎回现有债券。这一轮发行使该集团再次减少了 2.17 亿美元的短期债务。[26] 但这条路已经难以为继。

通过资产负债表重组和债务的条款修订/展期操作，集团对短期流动性进行了梳理，但是在 2015 年，集团将迎来最严重的债务危机：一半以上的债务将在这一年到期。不过，当务之急还是解决经营业绩的问题。随着公司最新数据的发布，违约似乎已成为不可避免的现实。2010 年全年数据显示，EBITDA 再次下跌至 19 亿美元，较上一年下降了 14%。尽管管理层还一直竭尽全力解决债务问题，但此时的总杠杆率依然超过 12 倍。不过，在最近几个季度，随着酒店入住人数、赌场访客人数以及会议室预订量的增加，集团收入有所增加。因此，希望之光再次出现：通过为休闲型游客和商务旅行者提供更优质的服务，凯撒娱乐或将在 2011 年迎来更强有力的收入数据。无疑，时机到了：从 2007 年到 2010 年，集团的酒店日平均价格从每间 109 美元降至 86 美元，每位客户的平均消费额从 191 美元降至 158.27 美元。[27]

凯撒的厄运

如果说生意有所改善，那么，事实只能证明，这种改善是微不足道的。2011 年第一季度，虽然集团在拉斯维加斯的业务出现了转机，但在路易斯安那州、密西西比州、爱荷华州、密苏里州、伊利诺伊州和印第安纳州等偏远地区的运营收入仍然继续恶化。由于高负债仍是集团面临的最大危机，因此，5 月它再次启动一轮债务条款修订和展期流程，目标是将 2015 年到期的定期贷款推迟到 2018 年到期，而代价就是提高息差 1.25%。与之前的修正持续一样，管理层和 PE 股东要求贷款人谅解集团业绩不佳和流动性紧张的现状。然而，这次单方面的鲁莽行为未能得到大多数债权人的接受。在 2015 年到期的 58 亿美元定期贷款中，只有 8.15 亿美元贷款的持有者同意将到期日延长到 2018 年。至于 CMBS 贷款的压力，2011 年 3 月和 4 月，集团在二级市场上进行了贷款回购，但最终只完成了 1.58 亿美元贷款的回购额，由于提前偿付债务，集团确认了 4 800 万美元的收益。[28]

为了让该集团维持成长轨道，管理层确实已经尽了最大努力，2011年3月，凯撒娱乐收购了位于波士顿的赛马跑道运营商斯特林·萨福克赛马场（Sterling Suffolk Racecourse），在两个月之后，它又收购了以色列的一家社交游戏开发商。拉斯维加斯的生意在整个年度均显示出良好的增长态势，但这还不足以弥补集团其他业务需求疲软带来的损失。尤其是在8月份，东海岸业务的业绩受飓风"艾琳（Irene）"的影响严重，这场飓风甚至迫使大西洋城赌场在不能得到保险的情况下停业，这也导致该地区第三季度的收入再度下降8%。实际上，在各地业务遭受挫折的同时，集团的总体业绩在被收购以来呈现出大面积的下跌趋势，而且趋势非常明显。面对消费者紧缩开支，在过去的4个财政年度中，集团的年度经营现金流持续减少，从2008年的5.3亿美元下降到2011年的1.2亿美元左右。集团业绩下滑的状况，看不到任何缓解的迹象。

与此同时，凯撒娱乐仅有的维护性契约（优先担保债务比）持续承受压力，截至2011年底，在扣除超过24亿美元其他债务工具的情况下，该比率仍然提高到4.32倍，逐渐逼近4.75倍的约定高限。实际上，其他三个契约性指标已被突破。根据债务协议约定的其他三个契约指标分别为：固定费用覆盖率（EBITDA/固定费用），必须相当于或是超过2倍；第一顺位优先级担保债务杠杆率（第一顺位担保债务/EBITDA），必须保持低于或等于4.5倍；总杠杆率（总债务/EBITDA）必须低于或等于7.25倍。然而，截至2011年12月31日，第一顺位担保杠杆率和总杠杆率已分别达到5.80和11.15倍，而盈利则不足以支付固定费用（即固定费用覆盖率低于1）。由于这三个比率不属于维护性契约，因此，突破比率约定范围不构成违约，但这足以表明（而且肯定会有人质疑），这家赌场运营商的债务是不可持续的。

但形势还在继续恶化：截至2011年12月31日，凯撒娱乐承担的111亿美元贷款按计划将在2015年到期。需要偿还的债务高得离谱。此外，年度报告还提到，尽管公司在资产负债表中仅披露了198亿美元的长期债务，但全部负债，包括估计的81亿美元利息支出，远远超过当年资产负债表上披露的305亿美元。[29] 但PE股东和管理层似乎并没有为此而沮丧。随着控股的第四个年头即将结束，坊间再度传出消息称，凯撒娱乐已在瞄准IPO，还有它的第四次条款修订和展期。如果你最初没有成功的话，或许还有机会。

2012年2月7日，赌博集团向证监会提起申请，计划公开发售180万股股票。此时，两家PE股东合计持有70.1%的股权。两家机构接受了9个月的股权锁定期，但保尔森可以自由处置其持有的股份。对于保尔森来说，IPO可以为它的债转股提供流动性。[30] 如果按预期发行价格区间的最高限或者说每股9美元计算，凯撒娱乐公司的市值为200亿美元，约为过去12个月EBITDA的10倍，这个市盈率基本处于合理水平。然而，我们不能忽略这样一个事实，和风险相对较小的同行米高梅娱乐相比，这家债台高筑的赌场运营商的定价似乎有点过于夸张。截至 2011 年 12 月 31 日，凯撒娱乐的债务净额为 185 亿美元，因此，股东测算，公司的股权价值为 15 亿美元，比账面价值低 2/3。[31] 而发行价格也比 14 个月前提出的 270 亿美元低了 1/4。在不遗余力地放大资本结构的过程中，管理层、阿波罗和得州太平洋已开始不断下调它们的期望。集团的资本结构（见图 15.2）在上市前就已经进行了调整，将在线业务凯撒互动娱乐等子公司从其他运营公司（凯撒娱乐运营公司，或 CEOC）中剥离出来。不过，剥离的资产结构似乎与原来的哈拉娱乐没有太大区别。

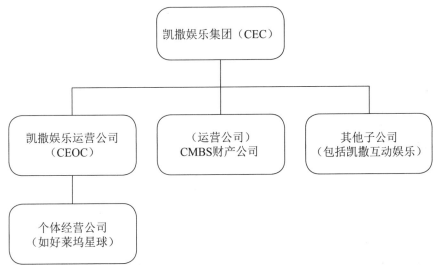

图 15.2 凯撒娱乐集团在凯撒娱乐运营公司（CEOC）上市后的组织结构（2012 年 2 月）
资料来源：公司披露文件。

在这场股票市场历史上最离奇的交易中，一家估值 200 亿美元的企业居然只公开发行了 1 600 万美元的股票。由于发行收入太少，因此，IPO 对公司的财务状况没有什么影响。当天，只有占总股份 2% 的股票公开发行，此外，还有 17% 的普通股（由高盛、德意志银行和保尔森持有的股票）在集团开始公开交易后允许转让。在纳斯达克亮相的第一天中，凯撒娱乐公司的股价上涨了 71%，公司市值也顺势超过 19 亿美元。[32] 但以这么少的股份上市流通，其实并没有什么实际意义。有限的流动性以及巨额债务压力造成的前景飘忽不定，使得投资这只股票变成一次高风险赌博。中西部和墨西哥湾沿岸地区业务的疲弱，已对整个集团造成拖累。因此，随着未来几年新市场开发空间的减少，现有市场的竞争必将进一步加剧。

但 IPO 招股说明书也指出了股价上行的可能性，这无疑有助于杜撰一个生动有趣的成长故事。首先，在线游戏可能会合法化。在 2006 年出台《非法互联网赌博执法法案》以及随后的网络赌博禁令之前，有专家估计，美国在线扑克行业每年可创造 15 亿美元的收入。作为集团的一项业务，凯撒互动娱乐平台拥有"世界扑克系列赛"这一网络游戏，因此，管理层相信，一旦在线扑克游戏合法化，公司就会成为占有领导地位的在线游戏平台。只不过，何时开放这项禁令还不得而知。在此之前，管理层的主要策略，就是加强集团在拉斯维加斯业务的领导地位，毕竟，这种领导地位早在 2011 年和 2012 年年初就已经形成，而且一直在持续巩固当中。为弥补其他地区缺乏发展前景的问题，高管团队建议，关闭业绩差的资产（在过去的两年里，集团已经清算了位于伦敦俱乐部的一处营业厅，并关闭了位于太浩湖的比尔赌场），此外，还实施了提高运营效率和节约成本等计划。然而，如果不能在赌场客流量方面有所改善，凯撒娱乐的流动性问题就无法解决。根据美国经济局的分析，从 2008 年年初到 2010 年年初，消费者在赌场博彩方面的支出下降了 10%。[33] 由于"大衰退"，从 2007 年第一季度到 2012 年同期，内华达老虎机在美国的营业收入总额下滑了 20% 到 25%。[34]

尽管公司 IPO 算是一个利好消息，但是在 2012 年 3 月 26 日，评级机构穆迪还是下调了凯撒娱乐 115 亿美元债券的评级。[35] 这当然有理有据。毕竟，集团的业绩趋势没有得到任何改善。为扭转持续低迷的生意状况，在 2012 年的大部分时间里，管理层都在采取措施，偿还现有债务，尽可能地改善流动性，具体包括（但不限于）如下措施。

- 集团以位于切斯特唐斯的物业为担保发行 3.3 亿美元的优先级担保债券，到期日为 2020 年，利率为 9.25%，并以部分发行收入偿还现有的定期贷款。
- 将 38 亿美元定期贷款的到期日从 2015 年延长到 2018 年，将 2015 年到期债务的账面价值从 50 亿美元降至 10 亿美元。
- 以 2.99 亿美元的价格回购票面价值为 3.67 亿美元的 CMBS 贷款，取得收益 1.35 亿美元。
- 由凯撒娱乐运营公司发行两笔债券：一笔为总额 12.5 亿美元、利率为 8.5% 的优先级担保债券，另一笔为总额 15 亿美元、利率为 9% 的优先级担保债券，两笔债券均在 2020 年到期。
- 将哈拉娱乐旗下的圣路易斯赌场以 6.1 亿美元的价格出售给宾州国家博彩集团。

经过两年的温和复苏，即使凯撒娱乐的管理层认为厄运还没有到来，也不会有人去责怪他们。但一个不争的事实是，阿波罗和得州太平洋在最初确实支付了过高的收购价格。这一点在 2012 年的年度报告显露无遗。这一年，集团计提了 11 亿美元的减值损失，其中包括 1.95 亿美元的商誉减值、2.09 亿美元的商标减值、3 300 万美元的游戏使用权减值以及先前密西西比州比洛克西开发项目的1.8亿美元损失。或许用一个比喻解释这件事更恰当：飓风"桑迪（Sandy）"严重破坏了凯撒娱乐第四季度的生意，这场风暴在10月袭击了东海岸，并给大西洋城的赌场带来了4.5亿美元的损失。经过两年的盈利之后，这个集团再次出现亏损，根据集团披露的数据，2012年亏损3.2亿美元。

随着2015年债务到期日的逐渐逼近，凯撒娱乐的状况已岌岌可危。由于管理层在整个年度都在实施资产负债表重组，到期债务中的很大一部分已被推迟到3年之后的2018年。因此，到2018年，到期债务将超过90亿美元。相关各方几乎一致认为，到了那个时候，凯撒娱乐很难在超过200亿美元的债务重压下继续运营。截至2012年12月31日，凯撒娱乐运营公司（上市公司）仅需遵守一项维持性契约，即优先级担保杠杆率，公司此时的这一比例已达到4.44，已非常接近上限4.75。[36]

但总杠杆率仍超过90%，而且已达到EBITDA的10.6倍。[37] 幸运的是，该比率不受贷款契约限制。

剥离凯撒娱乐

至此，我们完全有理由假设，2013年将成为2012年的再版，运营业绩继续低迷，再加上不计其数的再融资项目，在当时的情况下已经在所难免。但对于这家赌博集团的贷款人来说，形势即将让他们难以接受。在这样一个以高度自律而著称的行业中，PE股东毫无顾忌的强压和天马行空般的创造性，已演化成一种恶毒的透支。

首先，从2013年开始，将另一笔循环信贷额度转换为2018年到期的定期贷款。由于这笔交易仅涉及价值1.34亿美元的贷款，因而不会明显改变集团的财务状况。但对贷款人而言，最重要的一件事，就是在2012年年底成立的一家新公司——凯撒成长创业投资公司（Caesars Growth Venture Partners）。用管理层的话来说，凯撒成长将成为"一个以成长为导向的投资载体，专注于与凯撒娱乐公司现有房产业务构成互补的项目"。成立该公司的目的，是为了"改善集团的流动性和信用状况，强化分销网络，并为潜在的新项目提供额外的支持"。或许是这样吧，经历了连续多年业绩糟糕的情况，再加上反反复复的债务条款修订及展期，阿波罗和得州太平洋还有什么方法疏通这家赌场运营商的财务瓶颈呢？

几乎没有！所有的PE管理者都曾考虑过资产转移，其中最有可能的标的包括：好莱坞星球（Planet Hollywood）、一笔被用于马里兰州巴尔的摩市的赌场开发项目的投资、在线业务部门凯撒互动娱乐的股份，还有约11亿美元的优先级债券。但是按净值看，它对集团的运营业绩不可能带来什么实质性影响。正如某些人所言,它就像是被重新安装到泰坦尼克号上的躺椅。但是,整体集团的资产和负债确实过于分散,以至于无形中削弱了债券持有人的权力。当然,我们也可以从另一方面看,在与贷款方不可避免的下一轮谈判中,这种状况让杠杆收购投资者获得了更大的掌控力。在某种程度上,债权人的这种积极态度有些过于天真。他们真的认为,贷款会赋予自己某种权力。而两位 PE 投资者将会向他们证明,事实并非如此。

最终,凯撒成长创业投资公司(CGVP)名称中的"创业"被删除,留下了更顺口的新名称"凯撒成长投资公司(CGP)",但与此同时,公司又成立了另一个实体,以确保金融投资者维持对公司的控制权,并淡化运营公司的公众股东及债权人的影响力。凯撒娱乐收购公司(CAC)于 2013 年 2 月 25 日成立,尽管仅持有凯撒成长投资公司的少数股权,但却拥有该公司 100% 的投票权。反过来,凯撒娱乐收购公司的大部分普通股由阿波罗和得州太平洋拥有,剩余股份将在纳斯达克上市,与凯撒娱乐运营公司(上市公司)并行交易。这意味着,两家 PE 股东将通过凯撒娱乐收购公司控制凯撒成长投资公司,尽管他们在这家新奇的成长型企业中仅持有少数股权。凯撒娱乐收购公司的唯一目的,就是持有凯撒成长 100% 的投票权。这家实体没有任何其他目的。显而易见,两家 PE 公司此举是为了控制凯撒成长的行为。一旦将资产(和负债)从凯撒娱乐运营公司转移到凯撒成长,那么,在凯撒娱乐运营公司对贷款违约并申请破产的情况下,集团的贷款人就无法对这些资产行使权力。

我们还可以进一步澄清这个问题:由于所有被转移资产均不得为集团现有贷款提供担保,因此,至少在原则上可以认为,金融投资者可以将这些不受限制的资产从运营公司中转移出来。但这背后的潜台词可以这样解读,尽管负债的运营公司正在减轻流动性风险,但也预示着未来现金流的流出。直言不讳地说,当公众股东在 2012 年 2 月的 IPO 中购买股票时,他们就已经犯了错,因为他们轻信了管理层和 PE 投资者给他们描绘的美好愿景:凯撒正处于一种非常理想的状态之中,他们必将受益于即将到来的互联网赌博合法化。然而,由于新成立的凯撒娱乐收购公司(公众投资者不持有该公司的股票)通过关联企业凯撒成长投资公司持有凯撒互动娱乐 42% 的股份,因此,公众投资者所持有的在线业务凯撒互动娱乐的股权已被严重稀释。所有这些都假设,公众投资者完全有能力对形势作出判断。

债权人已不再是集团进行资产洗牌的唯一受害者。按照对好莱坞星球及巴尔的摩赌场开发项目(马蹄铁赌场)持有的股权以及按 50% 比例收取的管理费计算,两笔资产的估值合计约为 3.6 亿美元,此外,还要承担与好莱坞星球相关的 5.13 亿美元未偿还担保贷款。由于凯撒成长投资公司的投资价值为 13 亿美元,经过微小调整后,可以得到凯撒互动娱乐公司的估值为 5.25 亿美元。[38] 任何人都不能指责两家控股股东的冷酷无情。它们授权凯撒娱乐集团在三年后回购凯撒成长投资公司的股权。如果凯撒集团能达到某些最低流动性门槛，那么，它可以行使权利，从而确保阿波罗和得州太平洋可实现的最低内部收益率为 10.5%，最高可达到 25%。[39] 这是多么巧妙的构思啊。凯撒娱乐的最新组织结构如图 15.3 所示。

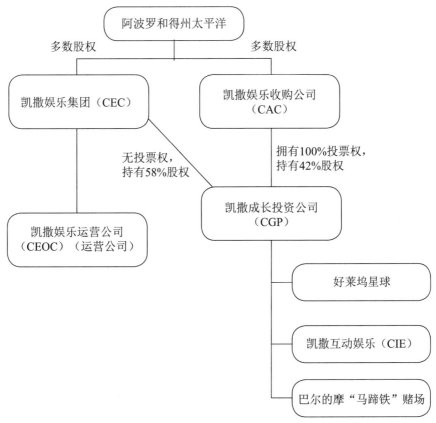

图 15.3　凯撒娱乐集团在 2013 年 2 月的组织架构

资料来源：公司披露文件。

这家赌场运营商还在继续回购 CMBS 贷款（这也是唯一在 2015 年到期的大额债务），为此，它在 2013 年第二季度前支出了超过 2.5 亿美元。但管理层还有更大的计划。恕我言多，但还是有必要补充一下，2013 年 9 月，集团的组织架构再次变得更复杂：凯撒娱乐度假村（CERP）成立，以承担 CMBS 贷款，并负责为旧贷款进行再融资和发行三笔新债券：2020 年到期的 10 亿美元第一顺位优先级担保票据，利率为 8%；2021 年到期的 11.5 亿美元第二顺位优先级担保票据，利率为 11%；以优先级担保定期贷款形式发行的 25 亿美元第一留置权债券。随后,凯撒又采取按折扣价回购的形式,将 CMBS 贷款的账面价值再次减少 5 亿美元。随着这些操作尘埃落定,截至 2013 年 12 月 31 日,集团的流动性和到期结构得到了很大改善。

由于在融资和结构方面采取了积极措施,因此,人们很容易会忘记,管理层的职责本应该是经营企业。但可悲的是,2013 年并不是期待已久的赌徒回归年。数据显示,当年收入与上一年同期持平,不动产 EBITDA 继续下降 6%。尽管第三季度的趋势出现逆转,实现了盈利,但仍无法弥补受恶劣天气影响的第一季度的重大损失。

时间到了年底,2013 年 12 月 31 日,这家在泥潭中跋涉的赌场集团不得不接受损失:计提的资产减值损失合计达到 31 亿美元。由于客户访问量持续低迷,大西洋沿岸地区的减值达到 24 亿美元,主要原因就是该地区的市场竞争激烈。经营性现金流似乎已经变成了一件被遗忘的东西:从 2012 年的 3 000 万美元开始,如今已经变成了负数,一年后更是减少到 -1.1 亿美元。业绩的急剧下滑引发了担心:凯撒的崩溃或许已指日可待。尽管有权威人士指出,在这些神秘莫测、迂回蜿蜒的重组过程中,阿波罗和得州的终极目标无非是避免破产,但截至 2013 年 12 月 31 日,凯撒娱乐运营公司的优先级担保杠杆比率已上升至 4.52 倍。只不过具有强制力的维护性契约仍低于 4.75 倍的最高限。但是要兑现这个壮举是有条件的:贷款人必须同意修改债务比率的计算,在计算时剔除 2013 年 2 月发行的 15 亿美元票据,以确保债务比率不会超过维持性契约确定的最高限。[40]

分而治之

有两家在纳斯达克独立上市的公司(凯撒娱乐集团在 2012 年 2 月上市,凯撒娱乐收购公司于 2013 年 11 月上市),又多出了两家新的子公司(凯撒娱乐度假村和凯撒成长投资公司)管理主营业务以外的房地产,合并资产负债表列示了 31 笔独立的债务——进入 2014 年,凯撒集团已经让外界彻底看不清了:它的复杂程度不仅仅令专业媒体迷惑不解,也让市场对 PE 投资者提出的经济价值发出质疑声。尽管它们是全球排名第三和第五的另类投资公司阿波罗和得州太平洋,但这样的估值恐怕连它们自己都看不懂。与凯撒债权人的谈判始终处在一触即发的崩溃边缘。这家赌博集团已失去了保持市场领导地位的能力,更无法为所在社区做出任何贡献(尽管这一直是公司网站上引以为荣的说法)。只不过它的 PE 投资者从不缺乏创意,它们巧妙地设计出一个又一个更新颖的计划,但唯一目的是保住企业的财产,而管理层的唯一使命,似乎就是帮助它们实现这一目标。在外界看来,最大的风险在于，这个过程有可能会导致凯撒娱乐的现金型资产被吸出体外，最终只剩下一个没有生机的外壳。

为了进一步对这家集团实施重组，阿波罗和得州太平洋于2014年2月聘请拉扎德投资银行。有传言称，引入这家银行的目的是向凯撒成长投资公司的控股方凯撒娱乐收购公司提供咨询。[41] 一个月之后，这轮操作的脉络逐渐变得清晰。通过创建一个名为"凯撒成长财产控股公司（Caesars Growth Properties Holdings，CGPH）"的新的实体，凯撒成长投资公司将从凯撒娱乐运营公司（上市公司）拥有的四家赌场获得总价值22亿美元（包括债务）以及所有赌场管理费所对应的财务收益权。粗略估计，对这些资产支付的收购价格相当于EBITDA倍数的8.2倍，应该说，这个价格非常便宜。此外，好莱坞星球赌场正被纳入这家财产控股公司。为这笔交易提供融资的是两种新的债务工具的发行：2021年到期的11亿美元定期贷款和2022年到期的6.75亿美元高收益债券。新凯撒成长投资公司的杠杆率约为6倍，与凯撒娱乐运营公司（上市公司）的17.5倍相比，这样的杠杆率确实很低。[42]

由于运营公司的各项债务保障比率预期将会继续恶化，因此，在3月下旬，信贷评级机构穆迪承受了巨大压力，不得不再次下调凯撒娱乐运营公司（上市公司）的评级——给出了"负面"的前景评级。[43] 由于预测运营公司可能会面临日益严重的流动性问题，2014年5月，管理层和两家杠杆收购投资者设计了另一种保护方式，以维持他们在凯撒娱乐度假村和凯撒成长投资公司中持有的股权：设立一家新公司（也是15个月里成立的第五家新公司），名为"凯撒企业服务公司（Caesars Enterprise Services，CES）"。由凯撒娱乐运营公司授权，这家新公司以"非排他性、不可撤销且不收取任何特许权使用费的方式，在全球范围内享有凯撒娱乐运营公司及其他部门拥有或使用的全部知识产权"。实际上，该公司的目的就是代管集团的知识产权（IP）。总之，这次企业再造工作意味着，凯撒娱乐集团及其主要业务凯撒娱乐运营公司将全部许可证和知识产权让渡给这家新公司。新公司的股权由凯撒娱乐度假村和凯撒成长投资公司拥有，而这两家实体也才在上一年从凯撒娱乐公司（Caesars Entertainment Corporation）剥离出来。现在，它们摇身一变，便将集团优质资产的管理权和许可权置于自己的手中。

由于金融投资者仍在采取不利于债权人的行动（这种说法或许有点婉转），因此，就在同一个月——5月，这家赌博集团遭到贷款人的起诉，被指控"以欺诈手段转移资产"，这个法律术语的字面意思就是：完全以凯撒成长投资公司利益为出发点而精心策划的资产转让是非法的。考虑到上述做法对次级贷款人权益造成的负面影响，凯撒娱乐运营公司的第二留置权债券开始按票面价值的40%到45%进行处置。[44] 正当债权人和公司在整个夏天都在为是否已出现违约事件而争执不休时，更大的危机已降临到这家公司的头顶——违反维持性契约似乎已近在眼前。在运营公司的贷款协议中，唯一重要的维持性契约就是前面提及的优先级担保债务契约，该契约要求债务净额不得超过 EBITDA 的 4.75 倍。由于公司在计算这个比率时允许剔除一些贷款（主要是第一留置权债券以及 2009 年筹集的两笔担保票据），才确保公司一直没有违约。如果当初的杠杆收购协议不是在债务泡沫鼎盛期签署的，那么，也就不可能在信贷协议中采用这种低门槛契约，这样一来，无论是原来的哈拉，还是现在的凯撒，早就已经违约了。按严格标准计算，这个比率在 2014 年第一季度就已经达到 4.6，而管理层估计的比率则是 3.73。[45] 看来，有些事情迟早都是要发生的。

为逃避原本不可避免的违规，进入 7 月份，凯撒修订了信贷额度，从而对维护性契约进行了调整，将最高限比率从 4.75 倍提高到 7.25 倍。同样，为了给自己留出足够的操作空间，在计算这个比率时，集团将 2014 年 3 月 31 日之后发生的全部增量定期贷款排除在外。为了增加迷惑性，让轨迹更加难寻，管理层随后开始为每个部门设定不同的比率。其中，为凯撒娱乐度假村设定的最高限为 8 倍，而这家公司在 2014 年 12 月 31 日的计算结果为 6.3 倍；对凯撒成长财产控股公司设定的维持性契约为不超过 6 倍，而它在 2014 年 12 月 31 日的计算结果只有 3.1 倍。其他个别财产，如巴尔的摩马蹄铁赌场和克伦威尔赌场，也分别按各自的贷款协议设定相应的维持性契约。[46] 凯撒娱乐运营公司面对的维持性契约注定会在年底前被突破，但具体数字已无法监控。这纯粹是 PE 投资者的天赋。

债券持有人很清楚，他们的违约指控可能需要数月才能得到裁定。于是，他们决定敦促州监管机构，驳回凯撒娱乐将资产从运营公司（上市的凯撒娱乐运营公司）向凯撒成长财产控股公司转移的申请。但他们的请求遭到州政府拒绝，因为在州政府官员看来，将本地拥有的赌场所有权分散到多个法律实体，是一种合理合法的有效方式，可以避免部分资产因某个母公司破产而不能运作。由于凯撒娱乐运营公司陷入财务危机已成为众所周知的事情，因此，债券持有人找不到其他证据。由于未能说服监管机构，债券持有人的手里只有最后一件武器——法律诉讼。

2014 年 8 月 4 日，威尔明顿储蓄基金协会以其第二顺位优先级担保票据（即第二留置权债券）契约受托人的身份，对公司及其董事提起诉讼，指控其"违反合同，有组织地蓄意进行欺诈性资产转移，违反公司信托义务，协助和教唆违反信托义务，浪费公司资产。"这些极不寻常的资产转移，最终带来的结果就是创造出事实上的"好凯撒"和"坏凯撒"。这家银行代表了 50% 以上债权人的利益——其中包括大名鼎鼎的对冲基金管理机构阿帕鲁萨（Appaloosa）、大峡谷基金（Canyon Partners）和橡树基金等，因此，银行的诉求不只是寻求赔偿。它还要求法院裁定某些交易（最早可追溯到 2010 年）无效，并由资产的接收者将资产返还给凯撒娱乐运营公司（上市公司）。此外，银行还在起诉中称，母公司迫使某些运营公司放弃部分最有价值的资产时，实际上已导致这些运营公司陷入破产状态，它特别提到了凯撒集团旗下的互动赌博部门、拉斯维加斯的好莱坞星球赌场以及哈拉娱乐的新奥尔良赌场。按照债权人的说法，母公司的行为属违约行为。由于公司未能在债权人发出通知后的60天内消除违约事实，因此，诉讼已成为合乎逻辑的下一步。[47]

* * *

为了证明自己不会在这场浪费法律费的游戏中落在后面，两天后，凯撒娱乐也对30多个债券持有人——包括阿帕鲁萨基金、大峡谷基金、橡树基金和重组大师艾利奥特基金（Elliott），提起诉讼，指责他们阻止该公司的债务重组。赌场运营商声称，部分贷款人"在游戏监管机构面前歪曲事实"，发出"毫无事实依据的违约通知"，并指责他们别有用心地采取手段，刻意将集团引入违约，丝毫不顾及企业的生存。[48] 凯撒的股东和债权人正式开启了一场以相互恫吓为目的的口水战，但公司管理层并没有停手，他们仍在不遗余力地推进资本重组——再次发行一笔2018年到期的贷款（总额为17亿美元）。

对于凯撒来说，最可怕的事情是，威尔明顿储蓄基金协会的诉讼被其他债权人效仿。2014年9月3日，持有2015年和2016年到期的优先票据的一组贷款人，包括对冲基金MeehanCombs、芝加哥基本面（Chicago Fundamental）咨询公司以及PE管理机构Trilogy Capital等发起诉讼，称它们的权利因凯撒和部分债券持有人之间的后台交易而受到侵犯。就在一个月前，这家赌博集团确实向部分（而不是全部）票据持有人按票面金额偿付了1.55亿美元。但这笔资金已超过对应债券现行市场价格的两倍多。凯撒娱乐运营公司的母公司为这些债券本金和利息支付提供了担保，在这笔私下交易中，作为交换条件，双方在债务文件中取消了母公司对剩余债券持有者的担保。如果能取得至少51%的债券持有人同意，那么，就可以对债券条款进行修订，而凯撒取得的投资者支持率已接近这个比例。[49]

至此，相关各方都已经认识到，凯撒娱乐运营公司（上市公司）的资本结构已不可持续。它的大部分债务都被留在上市公司体内，而不受限制的优质资产则被抽走。2014年11月11日，《彭博》发表的一篇文章，披露了凯撒娱乐和优先留置权债权人之间的秘密安排，按这种安排，运营公司（上市公司）早在2015年1月14日就应该申请破产保护。[50] 面对不可避免的破产结局，集团又等来了第三起司法诉讼，这一次起诉由UMB银行在当年11月25日提起，该银行既是契约受托人，也是凯撒娱乐运营公司2020年到期、利率8.5%的优先级担保票据持有者。在这份长达207页的起诉书中，UMB银行指责公司及其董事会成员"以令人匪夷所思的方式无耻地掠夺公司财务并滥用公司权力"。此外，原告还声称，公司以"没有任何合法商业理由"的欺诈性资产转移行为，掠夺了运营公司（上市公司）"超过40亿美元价值的财产"；而且就在公司管理层和PE投资者道貌岸然地将这一系列手法杜撰为无休无止的去杠杆化行为时，在他们的操纵下，凯撒娱乐运营公司的杠杆率实际已大幅增加。在请求判决少数资产转移行为的同时，UMB银行提请法院裁定运营公司破产，并要求任命破产接收人。[51] 在提起诉讼之前的4天，急于和集团股东及管理层解决纠纷的UMB银行，已向凯撒娱乐运营公司提交了针对12.5亿美元债券的违约通知书。

在和第二留置权债券持有人（由威尔明顿银行代理的贷款人）展开的漫长谈判中，为了进一步给债权人施加压力，凯撒娱乐运营公司决定停止支付12月15日到期的2.25亿美元债券利息。在引发违约事件之前，债务人仍有30天的支付期，如在30日之后仍未能支付，则导致立即破产。由于正在进行的诉讼以及凯撒娱乐运营公司的技术性破产，因此，管理层认为，支付该日期到期的利息反而将阻碍重组工作。或许该到了清算的时候。在令人难忘的一年结束之际，凯撒娱乐运营公司等到的消息，就是它的债券再次被穆迪下调评级，至该评级机构第二差标准的投机级Ca。[52]

尽管总体形势已混乱不堪，但最令人惊讶的决定尚未到来。为了尽可能地拖延这场游戏——而且这很可能就是它们的目的，公司管理层、阿波罗和得州太平洋提议，合并凯撒娱乐集团和凯撒娱乐收购公司。看清楚，这可不是打错了字。2013年创建凯撒娱乐收购公司之后，为了获得凯撒娱乐运营公司（上市公司，凯撒娱乐集团旗下主要运营公司，如图15.3所示）的资产，并且通过凯撒成长投资公司把握成长的机会，它可以想到的最好办法，就是让这两个在18个月内通过现金-资产置换而剥离的实体再度结合。由此完全可以得出这样的结论：这家集团从起点出发，如今又再次回到原点。但不要忘记，在这个过程中，两家PE所有者做了两件事：让自己取得对凯撒成长投资公司战略决策的独家投票权，并将拥有现金创造能力的资产从凯撒娱乐运营公司转移到独立的凯撒成长投资，让优质资产远离运营公司债权人的控制范围。但不管多美好的企业重组计划，都无法掩盖残酷的运营现状。经历了令人失望的2013年之后，在截至2014年12月31日的年度中，等来的依旧是乏善可陈的数据：集团的EBITDA因收入持平而下跌了10%；公司再次计提10亿美元的减值损失，而且仅商誉减值总额就达到6.95亿美元。毕竟，破产或许会成为这家赌博集团唯一的救赎。[53]

木已成舟

在刚刚进入2015年的时候，坊间就传出消息称，已走到绝境的凯撒娱乐运营公司即将破产。有人预测，在 12 月的时候，运营公司的第一留置权票据持有人就已经和凯撒娱乐运营公司的多笔优先级担保债券持有人达成协议，同意进行重组，将公司分拆为两个独立的企业——首先是房地产投资信托（因为将大部分利润分配给股东，因此，房地产投资信托基金支付很少或不支付企业所得税），其次是一家经营不动产的管理公司。按这种安排，阿波罗和得州太平洋将失去所有权，被扫地出门；同时，由债权人免除运营公司 184 亿美元债务中的 100 亿美元，并将年度利息支出减少 75%。[54] 自 2008 年 1 月实施杠杆收购以来，运营公司每年超过 20 亿美元的利息费用，已成为拖累集团财务状况的最大羁绊，因此，削减这么多的年度债务费用，将为企业带来赖以生存的利润。

这还远远不够，还需要对公司进行全面的资本重组，因此，根据该第一留置权协议，凯撒娱乐已同意，在 1 月 20 日之前宣布凯撒娱乐运营公司破产。股东和债权人花费了几个月的时间斗智斗勇，但最终只有一个受害者。在逆境中难以自拔的凯撒娱乐已别无选择，2015 年 1 月 15 日，凯撒娱乐的运营公司（上市公司）向伊利诺伊州芝加哥法院提出破产保护申请，并开始实施破产重组，贷款人和 PE 股东们陷入毫无理性的自相残杀时，也寄希望于管理层有时间找到自我救赎的方案。而现实是，正式提交的这个决定并不像外界所想象的那样，是相关各方的真实意愿。在此之前的三天，一群被拖欠超过 40 亿美元的第二留置权债权人——其中包括阿帕鲁萨基金、大峡谷基金、橡树基金，就已经发起了一场强制性破产申请，要求特拉华州威尔明顿法院对凯撒娱乐运营公司实施强制破产。[55] 由于伊利诺伊州和特拉华州对破产申请有不同的规定，因此，这有可能会影响到凯撒娱乐贷款人行使各种诉讼权的能力。

而赌场运营商则在"自愿"破产申请书中表示，它已获得超过 80% 的第一留置权票据持有人的支持。这一迹象表明，最安全的债权人更愿意让集团获得重组的机会，并作出保证，他们对凯撒娱乐运营公司资产拥有的权利仍然有效。[56] 而两家 PE 股东则下定决心，站在中间与管理层和债权人对抗到底。按照提议的破产重组方案，第一留置权债权人可以收回贷款的 92%，而次级贷款人持有的 52.4 亿美元第二留置权债券，可收回金额也不低于 5.49 亿美元。[57] 但第二顺位的优先贷款人很清楚，将这么多资产重新分配给凯撒娱乐收购公司内的各独立实体，等待他们的结果远没那么简单，只要看看最新的组织结构图（见图 15.4），这一点便一目了然。

但如果凯撒的管理层和 PE 股东们认为，给予凯撒娱乐运营公司的破产保护也适用于他们，那么，他们就可以坐享意外惊喜了。毕竟，财务重组的成功取决于能否获得凯撒娱乐运营公司母公司（在纳斯达克上市的凯撒娱乐集团）的支持，以及母公司是否有能力维持其他未受牵连业务的正常运转。在提出破产保护事情的 10 天后，另一组债权人——包括全球最大的资产管理公司黑岩集团（BlackRock）旗下的银点资本，以及全球最大私募机构黑石集团的信贷管理部门GSO，要求法官禁止赌博公司以付费方式为重组拉票。

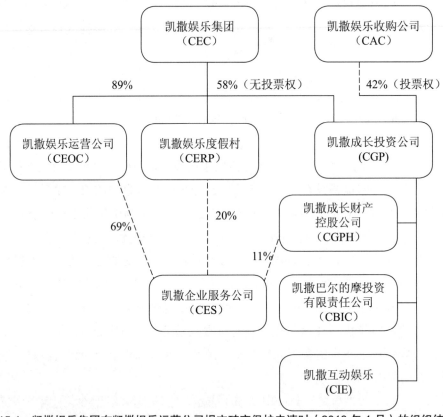

图15.4　凯撒娱乐集团在凯撒娱乐运营公司提交破产保护申请时（2013年1月）的组织结构图
资料来源：公司披露文件。

原告声称，他们已获得1.5亿美元的同意费，作为条件，需支持凯撒娱乐运营公司的再融资提议，而且有机会向更健康的母公司（凯撒娱乐集团）购买新发行的1.5亿美元的可转换债券，并从运营公司破产中获得现金分配。[58] 在凯撒提交破产申请之前，阿帕鲁萨基金已经对这笔总额为2.06亿美元的诱导性同意费提出类似指控。[59] 各债权人群体纷纷提起法律诉讼，目的就是阻止凯撒娱乐运营公司实施重组，因为他们很清楚，如果允许公司进行重组，那么他们的债权价值将会大打折扣——比如说，次级债券的价值可能只有票面价值的14%左右。但是，就在5天之前，他们迎来一个令人振奋的好消息，一位法官作出裁定，凯撒近年来在集团内部实施的资产转移行为违反了联邦法律。[60]

2015年2月4日，凯撒娱乐宣布，饱受折磨的首席执行官勒夫曼将在夏季辞职，但仍将继续担任凯撒娱乐集团和凯撒娱乐运营公司的董事长。[61] 勒夫曼已在集团任职 17 年，其中有 7 年负责杠杆收购事务，在长期负责资产负债表重组的过程中承受了巨大压力。既然凯撒娱乐运营公司已进入破产保护阶段，勒夫曼渴望好好休息一阵子。他的接班人是马克·弗里索拉（Mark Frissora），马克此前曾在赫兹租车度过了 8 年，对管理过度负债的企业深有体会（见第三章）。而仅仅在 12 个月之前，勒夫曼还曾自信地宣称，破产并不是一种选择，因为集团在 2018 年之前还没有任何重大债务到期。[62] 然而，债权人早已经失去了耐心。在过去 3 年中的大部分时间里，无数精心策划的重组诡计让他们终于明白，在凯撒娱乐，根本就没有人在考虑他们的利益。而通过各种诉讼推动破产，是他们阻止优质资产被进一步剥离的唯一选择。

在提交破产申请之后的几个月里，凯撒娱乐运营公司度过了一段波澜起伏的日子，一群"顽固不化"的债券持有者坚决反对和解。在压力之下，2 月 15 日，凯撒娱乐终于同意向法官提出一项议案，指定检查员对公司破产前的内幕交易进行调查，实际上，阿帕鲁萨基金早在 1 月 12 日就已经提出类似请求。这项任命于 3 月 23 日生效，前 Weil Gotshal 律师事务所合伙人及"水门事件"的公诉人理查德·戴维斯（Richard Davis）接下了这项苦差事。[63] 6 月中旬，UMB 银行向凯撒提出 63 亿美元的赔偿诉讼，这笔赔偿金相当于未偿还债权的本金和利息，但更重要的目的是阻止集团实施重组。[64] 经过 3 年几乎无休无止的企业重组，现在，凯撒娱乐管理层花在法庭上的时间似乎已经远多于在办公室。

但是，凯撒娱乐命运的决定权，已经落到好战的金融投资者和债权人手中。后来，这场奋战被《福布斯》杂志戏称为"亿万富翁的战场"。[65] 他们之间的口角以及破产律师和法官的调查，确实引人注目，而且也是这些渴望交易的杠杆收购管理者和贷款人的典型写照，但这显然不是我们想讨论的事情。资产剥离，才是我们最关心的问题。

深度解析：与凯撒命运休戚相关的阿波罗

在凯撒娱乐倒闭前的几年里，PE 股东们已经用尽他们的所有招数——他们当然有自己的技术，他们唯一的目的就是推迟破产，这样，他们就可以等到经济复苏的到来，等来赌场客流量的增加。为了维持对投资的控制权，他们心无旁骛，或者更确切地说，已陷入痴迷的境界。而评论人士和提起诉讼的贷款人指责说，阿波罗和得州太平洋的唯一目标，就是转移（他们使用的词汇是"掠夺"）凯撒娱乐运营公司最有价值的资产。凯撒娱乐集团的 2014 年财务报表（转载为表 15.1）及其各实体披露的 EBITDA 数据，或许更有助于阐述它的观点。

表 15.1　凯撒集团各实体的 EBITDA

	截至 2014 年 12 月 31 日的财政年度			变动率	
	2014	2013	2012	2014/2013	2013/2012
	百万美元	百万美元	百万美元	%	%
凯撒娱乐运营公司（CEOC）	816	1 063	1 310	-23.20	-18.90
凯撒娱乐度假村（CERP）	520	530	517	-1.90	2.50
凯撒成长投资公司—赌场	265	248	260	6.90	-4.60
凯撒互动娱乐（CIE）	84	62	46	35.50	34.80
母公司 / 其他	4	-26	-105	115.40	75.20
总计	1 689	1 877	2 028	-10.00	-7.40

资料来源：凯撒娱乐集团。截至 2014 年 12 月 31 日财政年度的"10-K"表格。

凯撒娱乐运营公司不仅被抽走了盈利丰厚的赌场，而且它的贷款在整个集团内的分配同样有利于股权所有者以及新成立的凯撒成长投资公司。根据集团年度报告公布的数据，截至 2014 年 12 月 31 日，凯撒娱乐运营公司的负债为 EBITDA 的 19.7 倍，凯撒娱乐度假村的杠杆率为 9.2 倍，而凯撒成长投资公司的杠杆率仅为 6.7 倍。难怪债券持有人将此事告上法庭。这些交易本应有助于重新恢复集团内部的公平性，但实际上却明显有违公平原则。PE 股东们似乎对公司债权人缺乏应有的尊重，由于他们的不公正行为，使得债权人对集团实体（凯撒娱乐运营公司）转让给其他子公司的资产丧失了全部求偿权，债权人原本通过各种担保和质押部分控制这些资产，但是这些资产被转移进了债权人没有任何影响力的实体。与此同时，大部分债务却被凯撒娱乐运营公司留下了，如表 15.2 所示。由于凯撒娱乐度假村和凯撒成长投资公司均没有申请破产，因此，在这两个貌似健康、持续增长并且拥有盈利能力和合理杠杆率的实体中，阿波罗和得州太平洋维持着一定的股权。

表 15.2　凯撒娱乐集团——按融资结构划分的债务数据（单位：百万美元）

	面值	账面价值	账面价值
	2014 年 12 月 31 日		2013 年 12 月 31 日
凯撒娱乐运营公司（CEOC）	18 371	16 100	15 783
凯撒娱乐度假村（CERP）	4 832	4 774	4 611
凯撒成长投资公司—赌场	2 386	2 326	721
凯撒互动娱乐（CIE）	13	13	—
债务总额	25 602	23 213	21 115
长期债务中当期到期的部分	-18 049	-15 779	-197
长期债务	7 553	7 434	20 918

资料来源：凯撒娱乐集团。截至 2014 年 12 月 31 日财政年度的"10-K"表格。

就在凯撒娱乐慢条斯理地走向违约（和最终破产）的过程中，阿波罗和得州太平洋的态度让很多评论人士感到困惑不解。但是，建立一个"好公司"，帮助公司生存下去的想法，显然不是只有新手才会有的概念。它是所有重组爱好者"工具包"的一部分：这是一种将资产剥离伪装成保护的方式，在让集团部分业务维持持续运营的同时，让业绩最差的业务走向破产深渊。实际上，这种"好公司"/"坏公司"的概念，和很多政府在2008年金融危机期间救助金融机构时使用的方法并无不同。美国政府就在雷曼兄弟内部设立了一家"好银行"和一家"坏银行"；英国政府也以同样手法对该国第三大银行北岩银行进行了重组，从而在2007年9月对这家银行进行了救助。

既然政府可以用这种方式干预企业，那么PE投资者为什么就不能采用同样的方式呢？一个重要的原因是：为了限制这些大型金融机构失败带来的系统性风险，在金融危机期间，政府的干预势在必行，而且雷曼兄弟和北岩银行债权人不太可能提出争议，这已经成为当时的共识。在这种情况下，寻求债权人的同意是多余的，因为重组是为全体公众投资者进行的。但阿波罗和得州太平洋显然不能用相同的逻辑对待凯撒娱乐运营公司的债权人，于是，它们通过强制性重组为自己扫清了道路。

令人遗憾的是，在这个案例中，PE投资者采取的做法，似乎只强调通过金融工程来产生回报，而且在这个过程中，阿波罗和得州太平洋也把公司高管拖入危险的泥潭。在负责日常运营的同时，首席执行官勒夫曼及其团队投入了巨大的精力，对集团的资本结构进行梳理和调整。"大衰退"的发生以及随之而来的经济停滞，导致赌场客流量持续减少，凯撒娱乐已无法通过成长来改善资本结构。在这种情况下，PE投资者的傲慢回应，其实只是为了抽走有价值和盈利能力的资产，从而保护他们自身的利益，至于他们对凯撒娱乐及其债权人的义务，早已被抛到九霄云外。

集团与债权人签订的各种信贷协议到底是如何表述的，我们当然不得而知，但是，如果真像起诉方所指控的那样，将危机公司的主要资产按"低于公允价值"的价格转让给股权控制集团手中的其他关联企业，并以牺牲债权人的利益为代价，那么这显然不是一种符合常规的做法。原因很简单，这在法律上往往是被禁止的。在公司破产时，空手而归的往往是股东，除非公司在全额偿还全体债权人的款项之后仍有剩余资产。但是，通过设立独立的、超出债权人控制范围的子公司，这两家PE投资者就可以将主要资产按有利于它们的原则进行转移。

按照一些人的估计，到申请破产保护时，凯撒娱乐实际上已丧失了一半的企业价值。债权人在诉讼中对真实账目的转述，或许有助于我们深入了解当今杠杆收购基金管理者赚取价值的常用手段，这些伎俩确实足够恶毒，甚至可以说，几乎到了不择手段的地步。在它们各自的诉讼中，威尔明顿（Wilmington）和 UMB 银行对所称的各种违法行为表达了强烈的不满。它们罗列的罪行包括（但不限于）如下方面：2010 年 8 月的商标转让；2011 年，凯撒娱乐运营公司向凯撒娱乐集团转让了互动博彩业务，接收方支付的对价很少甚至根本就没有对价（两年后，接收方凯撒娱乐集团的估值已高达 7.79 亿美元）；2013 年 9 月，凯撒娱乐运营公司将位于拉斯维加斯的两个赌场转移给凯撒娱乐度假村；正如媒体报道所披露的那样，2013 年 10 月，好莱坞星球和巴尔的摩赌场开发项目被转移到凯撒成长投资公司；随后，凯撒娱乐运营公司又在 2014 年 3 月将另外四家赌场转让给同一接收方。而"抢劫"行为所指的则是知识产权，对包括"全收益"客户忠诚度计划在内的无形资产，在无对价的情况下进行转让。此外，UMB 银行还指责称，在 2014 年 5 月发行 17.5 亿美元新定期贷款时，所设计的结构就是"要求凯撒娱乐运营公司使用 1/4 的发行收入向凯撒成长投资公司购买 4.27 亿美元的未到期、无担保债券，而收购价格则超过票面价值的 100%，由于收购溢价太大，以至于给凯撒娱乐运营公司带来的收益率是负数。"集团的组织结构已经被折腾得面目全非，令人难以解释。2014 年 5 月，凯撒娱乐运营公司甚至将 5% 的股权出售给未披露的关联方，如图 15.5 所示。[66]

事实证明，在赚取价值的手段上，阿波罗和得州太平洋展示了它们丰富的想象力，也为经济学家约瑟夫·熊彼特（Joseph Schumpeter）提出的"创造性破坏（creative destruction）"概念提供了新的定义。但任何阴谋迟早都会大白于天下，如这个案例研究所示，它从诸多角度为我们带来启发，为监管机构、立法者、投资者和债权人提供了可从中汲取的宝贵教训。

- 绝对不要指望 PE 投资者会尊重对债权人的合同义务。金融投资者只会对他们的有限合伙人负责（这也是阿波罗公开阐述的原则）。这自然会引发我们提到一个意义深远的问题：自 20 世纪 30 年代以来最严重的金融危机之后，我们到底需要一种什么类型的资本主义。

- 有限合伙人完全有能力自行确定，他们的资本是否得到了正确管理。如果他们是出于支持经济和社会凝聚力的初衷而投资 PE，那么，像哈拉娱乐这样的收购交易不可能帮助他们达成这一目标。

- 一旦尘埃落定，凯撒娱乐运营公司将进入破产保护，并接受法庭的裁决，那么，阿波罗及其帮凶得州太平洋的行为，既有可能被某些人看作一种精明绝伦的赚钱术（因为它们保住了股权），也有可能被当作欺诈债权人的肮脏手段，永远被钉在耻辱墙上。在后一种情况下，它可能在监管领域引发一场比金融危机更深远的变革。

- 最后，鉴于在凯撒娱乐辉煌的重组时期，它对待债权人和公众投资者的方式，杠杆收购贷款人必须思考：现在投资次级债务是不是太危险，是不是应该要求更高的收益率，是否值得承担与收购基金管理者为伍的风险，或是应该另有选择，刻意规避那些有前科的PE集团。

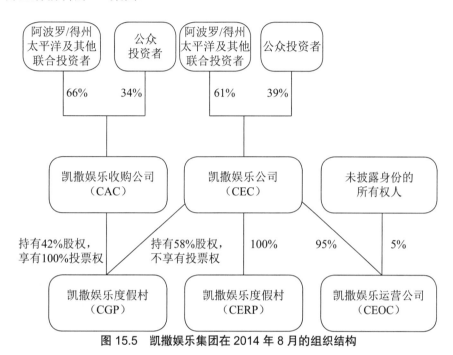

图 15.5　凯撒娱乐集团在 2014 年 8 月的组织结构

资料来源：威尔明顿储蓄基金协会在 2014 年 8 月 4 日提交的诉讼书。

凯撒娱乐的堕落

凯撒娱乐管理层、阿波罗和得州太平洋为等待博彩大众的回归而付出的努力是徒劳的。在 2007 年到 2013 年期间，凯撒娱乐在本土市场内华达州获得的赌博收入从 68 亿美元下降至 65 亿美元，但最大的变卦则来自其他业务较大的两个州——排在集团业务总额的第二位和第三位：新泽西州和密西西比州的收入贡献比最高点曾分别达到 43% 和 25%。在经历了巨大的经济衰退之后，凯撒娱乐迎来了持久的低迷。

赌场在全国各地的激增，严重损害了像凯撒娱乐这样的老牌企业，这种变迁导致老牌运营商的市场份额被逐渐蚕食。即使在整体经济依旧乏善可陈的情况下，这种野蛮成长也会造成市场饱和问题。在某些州，地方政府为了增加税收收入可以不择手段，不加选择地开放赌博业务：马里兰州和俄亥俄州分别在 2008 年和 2009 年批准了建立了本地的第一家赌场，而马萨诸塞州和纽约州也分别在 2011 年和 2013 年开放了赌场业务。⁶⁷ 在这样的大背景下，虽然两家金融投资者也曾屡次尝试在二级市场上按折扣价格回购债务，但集团的长期债务仍不可逆转地大幅上升（如图 15.6 所示），究其根源，还是因为凯撒娱乐的财务业绩始终未能完成预算目标。在这笔杠杆收购的大部分交易中，凯撒娱乐的负债规模始终比资产高出了 1/4 到 1/3，如此庞大的债务规模，不仅仅来自合计高达 200 亿美元的长期贷款，还有历史积累起来的合同债务：在 2008 年到 2013 年期间，大部分年度的资本化利息支出接近甚至超过 100 亿美元。

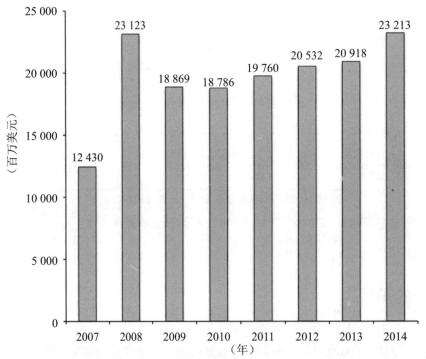

图 15.6　凯撒娱乐集团 2007 年至 2014 年的长期合并债务

资料来源：凯撒娱乐公司年报。

注：因为 158 亿美元的长期贷款将在一年内到期，因此，在公司的资产负债表上，截至 2014 年 12 月 31 日的长期债务余额显示为 74 亿美元。由于凯撒娱乐运营公司已申请破产，因此，公司承担的全部债务均在当期到期。

早在 2005 年年中，当哈拉娱乐狼吞虎咽地吞下凯撒娱乐时，它支付了 8 倍于 EBITDA 的收购对价。考虑到当时的 42 亿美元债务，在凯撒娱乐的资本结构中，负债比例并没有超过 45%。[68] 在合并时点，这两家公司合计雇用了 9.5 万名员工。而在杠杆收购完成 10 年之后，公司的员工人数已减少了 1/3。尽管它在拉斯维加斯最具战略意义的地段拥有 9 家赌场，在拉斯维加斯大道 2009 年收入总额中的份额达到了 29%，而且也是美国地域分布最具分散性特征的赌博运营商，因此，人们完全有理由相信，它应该更有机会熬过经济衰退的折磨，然而，高达 11.5 倍营业利润并占据总资本 80% 的负债，让这家赌博集团直接从一开始就变成了一个"残疾人"。[69]

由于贷款偿还压力不断累积，凯撒娱乐在几个月之后便变成了僵尸企业。更糟糕的是，到凯撒娱乐运营公司于 2006 年申请破产保护的时候，凯撒集团已不再是斯维加斯大道上最值钱的企业，拉斯维加斯金沙集团（Las Vegas Sands，拥有惊人的 550 亿美元的企业价值）、米高梅娱乐集团（230 亿美元）和永利度假村（Wynn Resorts，220 亿美元）已将它碾压在身下。凯撒集团当时的企业价值 150 亿美元。尽管这三个主要竞争对手也难免受到国内市场疲软的影响，但它们还是利用海外业务弥补了国内业务低迷造成的损失，更重要的是，它们始终保持着低于 50% 的杠杆率。中国澳门是亚洲地区最大的赌博市场，凯撒集团的三个主要美国竞争对手均在这里开展运营，为美国很多地区遭遇的需求不畅提供了有力支持。尤其是拉斯维加斯金沙集团，它控制了世界上最大的赌场：占地面积多达 54.6 万平方英尺的中国"澳门威尼斯人"度假村，它是澳门金沙度假区最知名的酒店度假村之一，场内经营了 3 000 台游戏机、870 张游戏桌子和扑克游戏台、24 家餐厅和酒吧以及 3 000 间酒店客房。米高梅最大的赌场也设在澳门——占地面积 22.2 万平方英尺的澳门大酒店。这是全球第七大赌场，为股东近年的盈利增长提供了强大的支持。它也是米高梅娱乐集团最主要的利润来源，在美国国内全部赌场均呈现出收益下降的同时，中国的澳门大酒店凭一己之力，帮助米高梅集团在 2012 年第一季度实现了 62% 的 EBITDA 增长率。永利度假村在中国澳门的赌场规模相对较小，拥有 1 270 台游戏机和 600 间客房，占地面积为 10 万平方英尺，但它也是永利度假村最重要的营业利润贡献者。[70]

由于当地政府的反对，凯撒娱乐始终未能在中国的这座赌城获得营业牌照。直到 2012 年 10 月，凯撒娱乐最终选择放弃努力，并在次年 11 月卖出在澳门拥有的土地特许权。[71] 由于来自国内的竞争，集团缺乏足够强大的战略野心，而新进入者又加剧了它的衰落，两个方面的挤压，最终迫使它开始处置业绩最差的资产。2012 年 11 月，集团卖掉了原属于哈拉娱乐旗下的圣路易赌场；2014 年 2 月，继续清理了克拉里奇酒店大厦；并在 2014 年夏季关闭了位于大西洋城的演艺船赌场。

我来了，我看到了，我交出了所有权

对这两家 PE 投资者来说，这笔交易有望带来一些有意义的变化。两家投资者有理由为它们坚守立场而做出的能力感到自豪，这也是阿波罗在 2011 年 3 月上市招股说明书中所提出的要求，而得州太平洋也在自己的官方网站上阐述了这样的投资理念。在对哈拉娱乐的收购中，它们的格格不入确实有悖常理。此外，它们确实应该遵守目标公司的《行为准则》。但不同于得州太平洋的同行，在这家赌博运营商破产后，阿波罗的高管并没有回避风头，他们在报刊上发表了大量的声明，阐述他们的信托义务仅限于自己的投资者（即他们的有限合伙人），而不是其他任何人。如前所述，阿波罗的联合创始人之一、沃顿商学院的校友马克·罗万（Marc Rowan）在重组方面始终身先士卒。他是凯撒娱乐集团和凯撒娱乐收购公司的董事会成员，2015 年 6 月《财富》杂志的一篇报道曾援引他的话说："我永远不回避金融工程"，而后继续称"人们可以喜欢阿波罗，也可以选择不喜欢阿波罗，但我们必须坚持自己的立场……我们一直在深入研究，并试图解决所有问题。"[72] 正像凯撒大帝曾经说的那样："人总是喜欢一厢情愿"。[73] 但有些贷款人坚称，这些问题的罪魁祸首就是 PE 投资者。

有证据表明，在对集团内部交易出现严重争议的一段时间里，得州太平洋曾采取了回避的态度。相比之下，阿波罗的方法则是在积极寻求更有创造性的解决方案，以维护股权价值。要解释阿波罗为什么会在 2010 年到 2014 年重组过程中始终坚持不妥协的立场，一条有价值的线索是，这家 PE 集团本身就是一家经验丰富、善于应对不良资产的投资机构。在它自己的 2011 年 IPO 招股说明书中，阿波罗就曾不无夸张地宣称它"在处理较少受维护性契约约束的长期债务、为客户设计高度弹性的资本结构"方面，拥有"独特的技能"。阿波罗的高管们也习惯于在收购中将债务融资发挥到极致，在他们看来，债务提供者更像是站在投资者身后的长期股权支持者。他们不是传统的资本来源，而是身处最底层的渔民。遭遇危机的凯撒娱乐显然更适合他们的投资风格。因为他们的思维更适合于以增量调整转移价值，而不是通过宏观扩张计划创造价值。

正是出于这个原因，当贷款以大幅折扣开始交易时，阿波罗（和得州太平洋）便开始对凯撒娱乐的债务做文章。到 2014 年年初，信用分析师已开始猜测，在纳斯达克上市的凯撒娱乐集团或凯撒娱乐运营公司本身，可能会对凯撒娱乐运营公司债券持有人进行债转股操作，从而解决这部分债务的偿还问题。但 PE 股东们显然无意放弃其持有的任何股权，自然也不愿以债转股的方式解决债务问题。因为这样做，只会放出他们服软的信号。更糟糕的是，这有可能让他们背上违背有限合伙人利益的罪名，对任何一个自信的杠杆收购基金管理人来说，这无异于一种侮辱。在凯撒娱乐运营公司自愿申请破产保护之前的10天，《华尔街日报》援引阿波罗派驻的代表查尔斯·泽伦（Charles Zehren）的话称：

> "大规模的复杂交易必然要涉及艰难的谈判，阿波罗高度重视对资金的信托责任，因此，我们必须极力维护我们的投资，并动用我们可拥有的一切手段保护我们的公司，这也是我们与同行的一个重要区别。"[74]

长期以来，债权人始终在寻求公正的交易，但阿波罗和得州太平洋并不这么看。在这方面，"UMB银行诉凯撒娱乐案"以及"威尔明顿诉凯撒娱乐案"的判决结果已带来了广泛的示范性效应，其影响力得到普遍认可。毕竟，赌场运营商采取的这些积极而有创造性的金融工程，在技术上确实值得称叹，但也有可能会鼓励其他PE集团无视杠杆贷款人的权利，反过来，会影响到金融投资者与银行的未来关系，并对未来的交易结构方式造成负面诱导。

一则有趣的故事或许可以说明，PE股东更关心自身利益，而不是被他们当作借钱工具的被投资公司的福祉。2012年11月17日，星期六，得州太平洋的联合创始人大卫·邦德曼（David Bonderman）在拉斯维加斯举办他的70岁生日狂欢，其实，我们可以把这个片段当做本书的一个"附录A"。这件事最早由《纽约时报》报道，庆祝活动在位于拉斯维加斯的永利酒店进行。从凯撒宫、巴黎拉斯维加斯、火烈鸟和哈拉拉斯维加斯等其他高端赌场（均属于已陷入困境的凯撒集团）出发，只需乘坐出租车5分钟即可到达。根据《财富》杂志的报道，媒体不无道理地推测：邦德曼为什么把大把钞票花在被投资公司的主要竞争对手身上，有传闻称，这次聚会的开销在700万美元到800万美元之间，而此时的凯撒集团已经到了精打细算到每一分钱的地步。[75] 或许赌场运营商和这家得克萨斯州的老板已经闹翻，只有这才能解释凯撒集团高管在《财富》杂志同一篇报道中的说法："对于在凯撒集团工作的所有人来说，我们的控股股东将这样一次大型活动选择在其他地方举办，这是一种极大的刺激和伤害。"难道这位亿万富翁只是不想让凯撒集团的人员亲眼目睹这个国家上层阶级的堕落吗？当然，也有可能是因为就像永利度假村在官方网站上吹嘘的那样：只有它才能提供世界上顶级的派对。

从其他方面看，阿波罗和得州太平洋还算是中规中矩的金融投资者。提到股票的股息收益率，它们还是对每年拿到15%的收益感到非常开心的，如此年复一年的"收入"，谁会不喜欢呢？不过，随着优先股息的不断累积，凯撒娱乐已无力承受如此巨大的现金支出压力，截至2008年12月，这部分股息已累计达到3亿美元，而次年年底则增加到6.5亿美元，到 2010 年 2 月，更是达到了 7.17 亿美元。此时，两位投资者最终决定，豁免所有应计的股息，并将其持有的优先股转换为普通股。[76]

很自然，在 2008 年金融危机过后多年，凯撒娱乐的 PE 投资者决定筹集后续基金。的确，阿波罗为自身利益而在扭转凯撒娱乐困境中展示出强大的战斗力，这也被媒体所广泛报道。这些宣传在某种程度上提振了投资者的信心，2014 年 1 月，阿波罗宣布完成了第八只投资基金的筹集，外部投资者投资 175 亿美元，内部员工出资 8.8 亿美元资金。[77] 公司让它的投资者们相信，阿波罗的投资方式可以为他们带来合理的风险收益率。而在三年前，阿波罗甚至还设法完成了自己的 IPO。相比之下，得州太平洋的募资就没那么顺利了。在 2014 年初启动募资活动之后，直到 2016 年春季，资金规模才达到 100 亿美元的硬上限，[78] 这倒不是因为对哈拉娱乐的投资造成的（尽管这笔投资确实没有给它带好什么好处），而是因为得州太平洋在其他方面的一系列拖累：包括第五章案例研究中的得州电力以及前面提到的投资德国爱励铝业和华盛顿互惠银行的失败——仅在得州太平洋投资后的第 6 个月，这家西海岸银行就通过政府救助而被接管。

两家基金公司为什么会得到有限合伙人截然不同的对待呢？看看两位主角的业绩表现，或许可以给我们带来一些价值连城的启发。阿波罗和得州太平洋均通过各种的年份基金投资于哈拉娱乐，两者都因为这笔投资而受到连累。截至 2014 年 12 月 31 日，这两只成立于 2006 年的投资工具——"阿波罗投资Ⅵ号"基金和"得州太平洋投资Ⅴ号"基金，分别获得了 9.5% 和 3.5% 的净内部收益率。但无论和 8% 的最低目标收益率相比，还是和同期（2007 年 1 月到 2014 年 12 月）7% 的标普 500 指数收益率（包括股息再投资）相比，这样的业绩都难以恭维。[79] 在这两只基金之间，阿波罗基金的表现明显更胜一筹。

事实上，这样的比较并不全面，还应该考虑到两家公司在二级市场上购买凯撒债券获得的收益。比如说，在 2009 年，它们均以 37% 的折扣价购买了第二留置权债券。[80] 此外，在 2008 年，两家基金均筹集到远超过以前年份的基金："阿波罗Ⅶ号"基金和"得州太平洋投资Ⅵ号"基金，分别获得了 147 亿美元和 198 亿美元的出资承诺。截至 2015 年 3 月 31 日，"阿波罗Ⅶ号"基金的净内部收益率为 25%，而"得州太平洋投资Ⅵ号"基金只有 11%，被远远地抛在身后。如果它们的有限合伙人投资于 2009 年 1 月 1 日到 2015 年 3 月 31 日期间的标准普尔 500 指数，那么，每年即可获得 17.7%（包括股息再投资）的收益率；如果使用 50% 的杠杆，这个收益率将达到 26%。引用莎士比亚的话："命运无罪，自己有责。"[81]

第九部分

不给糖，就捣乱——我是幽灵

后记

治安官和牛仔

> "不可否认的是:自由企业是我们这个社会的引擎,似乎没有任何其他体系能和基于市场经济的自由社会相提并论,但也没有什么可以摧毁这个系统——除非领导和管理变得自私或懒惰。"[1]
>
> ——萨姆·沃尔顿(Sam Walton)沃尔玛创始人

PE 的未来是光明的,但它需要与时俱进。最初,杠杆收购曾赢得无数喝彩,因为它确实在清理经济生活中业绩不佳的企业活动中扮演了重要角色:剥离非核心资产,削减管理费用,并重新调整企业的战略。但随着一系列令人不安的模式浮出水面,人们对私募股权的迷恋已江河日下。每隔一段时间,这个行业就会忘乎所以,因为在构建收购时缺乏适当的风险管理或常识而引来的诟病。在 PE 交易中,使用杠杆无异于服用毒品。事实一再证明,一旦沾染了债务,就很难彻底摆脱。即使瘾君子意志坚定,也要依赖康复中心,实际上,改变恶习往往需要社会工作者的干预。而杠杆收购的情况,则需要第三方介入,限制行业中的某些(而不是全部)恶意违法者恣意挑衅社会底线。

到底是不是僵尸:这就是问题

并购在 20 世纪 70 年代出现时,便立即成为美国企业重组最重要的驱动因素之一,并逐步在欧洲得到普及。有些人将私募股权视为传统企业文化与后现代资本主义终极阶段之间的桥梁:前者强调家族拥有,并经常被描述为财务管理模式的遗风;而后者则强调不达目的誓不罢休和狗咬狗精神的进化论方式,这也是金融危机前 10 年的流行模式。但随着时间的推移,正如本书案例研究所揭示的那样,PE 公司在金融工程、价值萃取和过渡性重组等方面采取的咄咄逼人的方法，也带来了致命的副作用，严重削弱了企业的自我特征。从分析案例研究和表 A 的总结中，我们可以得出一个具有普遍性的结论：在 PE 参与的重组中，普遍存在杠杆滥用的情况，债务通常会超过资本总额的 2/3，这对很多企业来说并不合适。

表 A　案例研究的资本结构参数

目标公司	杠杆率：债务净额/企业价值总额	评　述
凯撒娱乐集团	2008 年为 80%	在完成杠杆收购后马上就达到 90%，直到 2015 年申请破产保护，才开始下降
塞拉尼斯化工集团	2005 年退市时为 83%	公司上市后，通过贷款条款修订及展期程序进行管理
德本汉姆百货公司	2003 年退市时为 70%	在 2006 年 IPO 时，杠杆率降至 40%，而后，在 2008 年超过 80% 之后开始下降
英国 DX 快递集团	2006 年退市时为 2/3	在公开上市时，杠杆率不再是问题
eDreams	在 2010 年被璞米资本进行外部管理层收购时达到 3/4	在 2014 年 4 月进行 IPO，杠杆率降至 30%，但随后开始提高，截至 2014 年年底，杠杆率再次回升至 2/3
百代唱片公司	2007 年退市时为超过 3/4	其股权在杠杆收购后不久就已经彻底失去价值，而花旗银行在 2011 年获得全部股权时，即证实了这一点
福克斯顿房地产经纪公司	2007 年进行杠杆收购时为 2/3	在公开上市时，杠杆率不再是问题
弗朗斯·邦霍姆管业集团	2005 年进行第四次收购时为 3/4	在 2007 年进行股息重整之后超过 75%
加拉·科洛尔博彩集团	2005 年进行第四次收购时为 2/3	在 2009 年璞米资本和康多富投资的有限合伙人认为其股权无价值之后，杠杆率迅速上升至接近 100%
赫兹租车集团	2005 年退市时为 84%	杠杆率在完成 IPO 后低于 70%，然后，在 2008 年年底回升至 86%，此后逐渐下跌
法国黄页集团	2011 年因实施 PIPE 而低于 50%	到 2006 年，杠杆率超过 80%。最终被债权人接管
PHS 卫生服务公司	2005 年退市时为 2/3	在 2007 年进行再融资时，杠杆率达到 75%
意大利电信黄页集团	2004 年为 60%	杠杆率在 2009 年达到 90%，2011 年和 2013 年均为 98%
得州电力集团	2007 年退市时为 79%	到 2011 年，其股权价值已缩水 90%，因此，杠杆率达到 98%。直到 2014 年提交破产保护申请，杠杆率才开始下降

进入新千年的这波杠杆收购热潮，最终因其主动新颖猎奇的招数而被人们所铭记。然而，杠杆收购期间积累起来的高负债，也带来了一个意想不到的后果和不可忽略的遗物——僵尸企业的出现，这也是 PE 投资带来的致命弊病之一。物极必反的道理在这里同样适用，

如果长期依赖杠杆收购，更有可能出现弊大于利的后果。在我们的案例研究中，每个主角无不是全球知名的行业领导者。有些公司已名存实亡，在投资者和债权人争夺尸体控制权的博弈中，成为被争夺的对象。凯撒娱乐、塞拉尼斯化工、百代唱片和得州电力的交易表明，杠杆收购机构和金融投资者经常把他们对基础资产拥有的合约权利，作为在法庭上打击对手的武器，丝毫不考虑漫长而痛苦的法律纠纷会给负债企业带来怎样的影响。

有些好奇的人可能想知道，当债权人和PE股东在争夺你多年辛苦打拼创下的企业资产，而公司高管像跛脚鸭一样坐在他们身边时，是什么感觉。或许可以听听尼尔·古尔登（Neil Goulden）是怎样说的，在这个时候，他仍是英国最大赌博运营商加拉·科洛尔博彩集团的董事长：

> "有的时候，贷款人指责我被PE投资者蒙在鼓里。优先级贷款人骂我是一只好吃懒做的卷毛狮子狗。PE投资者批评我和优先级贷款人走得太近。对此，我的看法就是，我必须正确地处理这件事，因为似乎每个人都讨厌我。"[2]

仇恨可以让一个人精神分裂。在这些被投资公司中，相当一部分因为投资者和债权人的多年纷争而成为摆设。当然，有业内人士会说，这些案例仍然只是极端情况，但本书之所以提及英国DX快递、eDreams、福克斯顿房地产经纪、弗朗斯·邦霍姆管业和PHS等这些中型规模的收购案，就是为了证明一个有悖常理的论点：这个行业的奢侈品，不是仅限于那些"巨无霸"式的交易。有一种观点未必会让人感到意外：并非经营并购基金的人都接受过正规培训。相反，他们希望在工作中学习，但这种试错法已经在2008年显示了它的局限性。正如得州太平洋的联合创始人大卫·邦德曼曾经说过的那样，PE的投资理念可以被描述为"竭尽所能，不择手段"。[3] 可见，得州太平洋的行事风格也是如此。

今天，杠杆已成为华尔街传说中不可或缺的一部分。它已成为基金管理人以最小的个人风险赚取最大回报的基本模式。在信贷危机之前和之后的几年里，债务的弥漫性运营是导致大批公众对自由市场模式丧失信心的一个重要因素。由于私募股权行业和整个资本主义体系深受债务的影响，所以，参与者之间能够分享的长期价值少之又少。PE投资者对杠杆的痴迷，出于他们对短期利益近乎疯狂的追求。他们的聪明才智或许令人钦佩，但这种实践带来的影响却值得商榷。因此，在必要的情况下，必须以更严格的监管方式控制债务的使用。

我希望，本书提到的这些案例研究不仅提供了一次杠杆收购世界的奇妙之旅，也能让读者深刻体会到，在你管理一个价值数十亿美元的基金时，尽管你可以不择手段，但还是应做到，有所为有所不为。归根结底，我们还是应该对道德底线有所敬畏，因为华尔街所推崇的手段一旦和无所顾忌的贪婪、冷酷与漠不关心掺杂在一起，等待我们的很可能是毁灭性混乱。为了追求股息而不计后果地从一家经营良好的企业身上汲取剩余现金，以迎合少数投资者的利益，这种行为在道德上是卑劣和丑陋的。它可能会自以为是地断言，任何行为，无论在第三方（贷款方、雇员、供应商或税务机关）看来是多么的卑鄙，只要符合有限合伙人（当然还有一般合伙人）的利益，就是可以接受的——这毕竟是一个鲜有共赢的世界，更常见的情况是以多数人利益为代价来服务于少数特权阶级。激励公司高管为追求短期收益而削减成本和减员是不道德的，因为这只会对负债累累的被投资公司造成长期损害。为了追求超额收益，而无节制地让一家经营良好、现金充裕的企业负债，让好好的企业遭受伤害甚至灭亡，这是负责任的做法吗？

烧热监管熔炉

正如我们在这些案例研究中所看到的一样，过去，私人股本的运作相对缺乏制衡。但是在金融危机过后多年，一个始终未能回答的主要问题，就是政府和监管机构应采取怎样的行动。

自2008年以来，随着对金融服务和银行业的监管压力和政治压力不断聚集，自由企业的倡导者也开始在这个问题上发生动摇。有些人散布末世预言，称这些监管旨在扼杀企业家精神。任何限制创业、创新和商业融资的规则都是违背效率原则的，但如果这些金融工程或有毒产品被用来榨取他人钱财，并带来更广泛的社会、经济和政治问题，那么，就必须对它们加以禁止。支持自由企业是一回事，让金融奇才拿人民的储蓄和退休金做赌注则是另一回事。正如我们在这些案例中看到的那样，通过快速变现和股息重组，很多PE股东的意图并不是为目标公司的发展提供融资。相反，他们的终极目标往往是榨取被投资公司的每一分闲钱，然后再毫不迟疑地重新分配给他们的有限合伙人（不要忘记，在这个过程当中，PE基金要收取费用）。

同样，如果中央银行和其他机构任由影子贷款和股权投资无序滋生，那么，强化商业银行和投资银行的监管框架也就没有什么意义。在后金融危机时代，美国监管机构曾发布监管原则，试图劝阻美国银行不要为负债超过EBITDA 6倍的收购案安排贷款。但是到了2014年年初，已有40%的杠杆收购案超过了这个标准。[4] 这就是指导方针本身的问题了，因为它们并没有成为必须遵守的准则。有趣的是，甚至对非银行贷款人也没有设置这种限制。

2010 年之后，美国商业银行也需要接受"沃尔克规则（Volcker Rule）"[1] 的管辖：必须退出大部分自营性的投机活动，如对冲基金和私募股权投资。这是一次值得称赞的进步，因为它有利于保护商业银行免受风险投资的影响。但不幸的是，依赖自我监管的私募债务基金数量却如雨后春笋般涌现。这些基金可以规避很多新出的规则。不难理解，这些基金的市场份额已经大大提高，并且预计还会继续增长。有些机构甚至将私募债务和私募股权业务纳入同一屋檐下，并因而引发利益冲突。随着规模的扩大，另类资产管理行业正在带来越来越多的道德风险，给银行业造成长期困扰。从上面的表 A 可以看到，按照美国监管机构建议的那样，限制杠杆倍数似乎是一种避免过度冒险的方法。因此，如果监管机构的改革态度是严肃的，那么，就应该将杠杆限制原则以法律形式确定下来，不管限制标准采用收益倍数还是总资本的某个百分比（60% 似乎是一个合理的折中）。

此外，所有证据都表明，私募股权基金和私人债务基金管理者不会主动披露更多信息。2007 年，随着信贷泡沫的消退，第一批杠杆收购机构初现疲态，英国的大卫·沃克尔（David Walker）爵士接受业界委托，制定了披露和透明度指引。有些建议指出，私募基金必须披露全部被投资公司的业绩及其发展前景。但业内的很多大公司，如 CVC 和 BC 两家私募股权基金，从未打算按沃克尔指南的建议发布年度报告。璞米资本和安佰深也在 2012 年停止发布这些信息。相反，它们甚至认为公司官网发布的信息已足够多了。既然如此，璞米资本为什么在官网的投资业绩栏对加拉·科洛尔博彩和意大利电信黄页的投资只字未提呢？毕竟，它们是当年的英国第二大杠杆收购案和意大利的第一大杠杆收购案。这样的透明度当然难以服众。我们也看到，查特豪斯的策略如出一辙：它在公开发布的投资业绩中，完全忽略了对 PHS 和 Vivart 的投资，似乎它们从未发生过。在宣传业绩时，它们会有选择性地漏掉失败的投资。在这种情况下，外界看到的，显然不是它们真实能力的写照。因此，必须引入更严格的信息披露规则。

可以说，21 世纪初资本主义正在面临的最大挑战，就是如何保持全球金融体系的流动性稳定，在对市场经济提供合理支持的同时，确保这些流动性不会以不合理的比例流向"1%"的最富裕人群的金库，而这种情况也是杠杆收购泡沫时期的一个重要特征。一个合理的开端应该是禁止掠夺性利率，比如说，某些金融投资者收取的利率已超过 15%（见凯撒娱乐、PHS 和得州电力集团等案例）。在收取超高利息的时候，PE 公司实际上已不再承担股权风险，宁愿让自己变成次级贷款人。另一个证据表明，这些 PE 基金已变成了寻租者。对一个关心长期经济发展能力的人，你不能指望他会接受一个强调"不择手段"的行业的主流规则——

---

[1] 由奥巴马政府的经济复苏顾问委员会主席保罗·沃尔克提出，内容以禁止银行业自营交易为主，将自营交易与商业银行业务分离，即禁止银行利用参加联邦存款保险的存款，进行自营交易、投资对冲基金或者私募基金。——译者注

为了极少数人的利益，可以损害绝大多数人的利益。但是从实质上说，这恰恰就是现代资本主义遵循的规则，而 PE 无疑是其中最典型的代表。

脱媒运动

在资本主义的范例中，如果说存在一个常数，那么，这个常数就是：每个时代都会涌现出很多收购大师。20 世纪 90 年代见证了全能信托的出现，20 世纪 20 年代和 30 年代迎来了纵向一体化的潮流时尚，而企业集团则在 20 世纪 60 年代和 70 年代成为无处不在的概念。进入 20 世纪 80 年代以来，杠杆收购的地位日益提升，并成为当代最有效的盈利方法之一。在北美和一些欧洲国家，杠杆收购已达到年度并购交易的一半甚至更多。

但很多 PE 公司的业绩并不令人信服，这些信息或许表明，它们已开始偏离传统杠杆收购的脉络，将利益让渡给其他投资者。近期趋势显示，收购机构正在失去某些利润超级丰厚的交易，很多交易开始采用 PE 公司在过去 30 年中曾经使用过的金融工程技术。大型有限合伙人已摆脱中介，直接参与投资流程。传统意义上的普通合伙人依赖于高收费，如今，他们的市场份额在悄然无声间流向了家族理财室（Family offices）和养老基金。在新兴市场，主权财富基金正在选择本地化解决方案，在减少传统基金管理人收费的同时，对投资决策过程实施积极控制。通过金融投资者进行投资已成为一种奢侈，因此，有限合伙人将逐渐取代普通合伙人，并蚕食后者的市场份额和利润。有些有限合伙人对一般合伙人制定非常严格的监管标准；有些采取和一般合伙人进行联合投资的模式；而最后一种投资者，则是在积累自我投资能力的基础上，进行直接投资。

企业高管的"DIY"倾向

对于现代杠杆收购专业机构能为企业带来的价值，PE 公司的高管往往会直言不讳。在评论查特豪斯基金对博彩连锁企业加拉·科洛尔进行的二次收购时，基金的财务总监米克·玛丽斯科蒂（Mick Mariscotti）认为：

> "这个问题的答案，并不在于查特豪斯认为它给企业带来了什么，而是在于管理层如何看待收购。查特豪斯（管理层）已经看了我们的商业计划，他们支持这个计划。"[5]

展望未来，在和金融投资者打交道时，高管团队中的首席执行官或是其他成员可能会更加谨慎，原因很简单：在 PE 股东控制的公司中，越来越多的高管正在遭受折磨，成为运营和财务业绩不佳的罪魁祸首，并最终被驱逐。但实际上，他们只是替罪羊，因为真正的原因在于，这些 PE 股东让资产负债表承担了太多的负债，最终让企业积重难返。在杠杆收购的羽翼下，管理层需要随时满足债务的契约测试，频繁调整预算，还要积极采取成本削减策略，编制特殊的现金流预测，为满足 PE 股东收益而评估进行特殊股息重整的可能性。对财务总监而言，他们几乎没有时间去思考适合公司的财务策略。

有传言称，在 PE 基金持股期间，多达 3/4 的高管人员在杠杆收购开始时即被取代。首席执行官和首席财务官的位置尤其危险，在德本汉姆百货、百代唱片、法国黄页集团和意大利电信黄页的案例中，这一点展示得尤为淋漓尽致。因此，对于企业高管来说，他们有必要回答这样简单的问题：他们能否在完成 MBO 的过程中不引火烧身，也不会为了应付咄咄逼人、过度自信和贪得无厌的 PE 投资者而怒火中烧。毕竟，后者只关心一件事：在尽可能短的时间内，从目标公司汲取他们所能想象到的价值（你或许会说，他们的想象力似乎是无限的），而无需关注企业的长期发展。

有些人可能会提出质疑：在复杂的杠杆收购交易中，贷款人更愿意直接与企业客户打交道。在这个问题上，不妨想想 PE 公司在金融危机期间对待贷款人的方式——它不仅会起诉贷款人（百代唱片），甚至干脆违反合同义务（凯撒娱乐），因此，债务提供者还是应该直接和公司建立密切关系，尤其是那些具有长期成长力、而不是只追求短期投机的企业。

门口的债权人

由于更严格的内部监控和更严格的监管规则（合规部门已成为普遍趋势），因此，银行及其他传统贷款机构也遭遇了流动性紧缩。如上所述，这种趋势的后果，就是非银行贷款机构的出现。如果不考虑 PE 集团内部的私人债务部门，那么，独立的信贷专业机构（很多是没有时间开展关系银行业务的积极型对冲基金）就有可能扮演"监管"角色，对过度使用杠杆的行为进行处罚。独立的债务基金管理机构也不会接受频繁的债务条款修订及展期——因为这就让借款人有机会调整债务到期结构，并最终控制和经营僵尸企业。相反，它可能更喜欢以高收益债券形式进行临时再融资，尤其是在可以实施债转股的情况下，作为积极型投资者，更愿意直接控制资产。

正如我们在几个案例研究中看到的那样，收购经常由贷款方主导。在百代唱片公司、加拉·科洛尔博彩、法国黄页和意大利电信黄页的案例中，现有贷款方直接将债务持有权转换为股权。而在其他案例中，比如弗朗斯·邦霍姆管业的案例，激进的贷款人直接在二级市场上以折扣价收购了不良贷款，从而增强了他们在谈判桌上的话语权。中桥资本和安吉洛·高登资产管理公司从贷款抵押债券（CLO）持有者手中买下"给自己的贷款"，然后再把胜峰投资挤到小股东的行列。对得州电力和得州电力传输而言，这也是几家私募债务和对冲基金管理机构采取的方法。和政府干预或是由法官、调解员和专门受托人当裁判或调解人相比，这种以市场为导向的监管往往更有力度。但是在某些情况下，最大的问题在于，如果公司业绩持续低迷，那么，传统贷款人似乎非常满足于让 PE 公司拥有资产的控制权。当然，在未来，债权人还需要介入，但前提是避免让凯撒娱乐式的崩盘成为常态。显而易见，有些金融投资者就是愿意让自己凌驾于债权人之上，为取悦有限合伙人而去赚取原本不属于他们的利益。

新的起点

总览本书，我们可以得出的一个主要结论是，并非所有业务都适用杠杆收购。从传统上说，PE 投资始终排斥那些具有高投机性、过度波动或是过度监管的行业。但遗憾的是，有些 PE 习惯于盲目自信，在某些尽人皆知的周期性行业（包括零售业和房地产经纪）或是许可规则变化无常的行业（如赌博运营）中使用高杠杆。百代唱片公司、法国黄页和意大利电信黄页的案例揭示出，杠杆收购管理者必须学会尽早识别颠覆性创新带来的风险。遗憾的是，他们中的大多数人没有这个能力。

当然，并购行业的独特卖点还将继续为参与者带来竞争优势，或是为其提供另类方案——如企业买家和公开市场。凭借唾手可得的现金，与主要贷款方建立的长期关系网，以及在尽职调查和财务结构等方面的强大专业知识，PE 股权公司可以快速交易并迅速成交。此外，与企业合并不同的是，金融投资者的收购往往不需要接受冗长的反垄断审查。正是出于这个原因，寻求即时性和确定性的卖家（如赫兹租车和百代唱片），应该会接受基金管理机构在不考虑协同效应情况下的稍低报价。从原则上说，私有化同样有利于被投资公司为跨年项目提供融资，而不必过度关注季度业绩。尽管这些观点永远适用，但是在这些案例研究中，PE 投资者所采取的破坏性实践是不可持续的，或者说，有必要加以禁止。

除了本章开头引用的那句话之外，沃尔玛的创始人萨姆·沃尔顿（Sam Walton）还说过这样一句话：

"未来，自由企业注定会更好——这意味着，它会造福于员工、股东、社区，当然还有管理层，但前提是管理者必须接受仆人式领导的理念。"

正如本书序言中所提到的，很多行业权威人士都曾经断言，PE 是经济价值的净创造者，也是社会进步的忠实支持者。但我们的案例研究则表明，它也有可能是有害的，甚至是致命的，经常让被投资公司随波逐流，最终找不到自己的停泊港湾。在被错误使用的时候，高度的杠杆效应会让 PE 变成残酷的杀手。如果债务规模控制不当，错误的成本往往是丧失部分或全部所有权，而最大的受害者通常是债权人。有的时候，它甚至会把公司引入破产境地，给被投资方带来难以估量的损失。

在这些案例研究中，有一些主谋是行业的顶级高管，这说明，没有人能保证自己永远不会犯错。如果以他们的近期投资业绩作为评判标准，那么，即便是最有影响力的杠杆收购领导者，也注定无法通过"萨姆·沃尔顿测试"。他们似乎永远都不能从自己的错误中汲取适当的教训。如果按照自由竞争的规则来判断，那么，我们就可以认为，这些失败案例的主角是不及格的，因为他们的投资技巧缺乏稳定性，而且已经过时，他们需要重新接受训练，或是被彻底抛弃。但现实并没有这么单纯：即便亲手让公司误入歧途，很多年之后，很多大人物依旧是大人物，依旧风光不减。

没人知道，这些 21 世纪的金融大咖们还能否找回昔日在业内的威望，让那些曾经把钱交给他们做投资的有限合伙人再次信任他们，让那些为创造超额收益而必须合作的企业高管重新接受他们。如果杠杆收购领域的专业人士不能证明，他们有能力进行自我学习、自我治疗和自我完善，不能有效克制人性中最荒谬的本性，那么，其他市场参与者和公职人员就有必要给予干预，否则，资本主义社会的基本架构就会自我毁灭。

一种极有可能的结果是：最终由市场找到一种解决普通合伙人滥用权力的方案。因为有一件事是可以肯定的：如果贷款人、有限合伙人、公司高管、立法者和监管机构拒绝担负起业界治安管理者的责任，那么，金融投资者就会继续像牛仔一样优哉游哉。资本主义是一个庞大的系统，它属于这个系统中的每个人，而不是某个人，当然，更不属于少数人——不管这些人有多么的富有和强大。当下，我们的经济体系已经被一小群一心只为钱的金融家们绑架，由于没有能够约束其非理性行为的制度，因此，他们正在成为一种日渐发酵的系统性风险。如果我们防范丧失灵魂而又不受到约束的贪婪，那么，影子资本主义迟早会走向另一次危机——正如银行业在 2008 年所遭受的那场危机一样。

缩写和词汇

贷款条款修订及展期流程（A&E，Amend and Extend）：杠杆公司的贷款人同意修改贷款协议的相关条款，并延长债务期限，以避免杠杆公司出现违约。作为交换，贷款人通常可以取得较高的贷款息差和一笔同意费。

基点（bp，Basis point）：百分之一点。

一次性还本贷款（Bullet loan）：在到期日一次性偿还全部本金，有的时候是本金和利息均一次性支付。

附带收益（Carried interest）：基金收益中分配给普通合伙人的部分。

抵押贷款债务（CLO）：由不同期限、优先性、票面利率和风险特征贷款池组成的证券。

票面利率（Coupon）：债券支付的利率（占债券票面价值的百分比）。

债务置换（Debt exchange）：发行人/借款人将现有债券置换为新债券的过程，以便于延长贷款期限、减少未偿还债务总额或是将债务转换为股权。

债转股（Debt-for-equity swap）：将债务转为股权。

债务转移（Debt push-down）：将杠杆收购贷款在集团结构中向下游企业转移的过程，以便于取得杠杆收购贷款利息的避税收益。

债务与权益比率（Debt-to-Equity ratio）：或称杠杆率。这是一种更严格定义的杠杆率，是负债/资本之比，其中，资本＝债务＋权益。

息税折旧及摊销前利润（EBITDA）：未计利息、税项、折旧及摊销前的盈利。

资本化（Equitisation）：债务转为股权。

欧洲同业拆借利率（Euribor）：适用于杠杆收购贷款的一种主要基准利率。

企业价值（EV）：股权（上市公司的市值）和债务之和，再扣除现金净额。

第一留置权（First lien）：在出现违约或清算的情况下，第一留置权贷款的持有人有权优先取得作为贷款抵押品的资产。由于贷款受益的安全性最高，因此，第一留置权贷款的收益低于其他贷款。

第一损失便利（First-loss facility）：在结构性融资交易中处于最低层级的部分。作为债务结构的一部分，如果出现违约，这种信贷最先遭受损失。

普通合伙人（GP）：也称为私募股权基金管理人、杠杆收购公司或金融投资者，在杠杆交易中，负责管理作为股权投资的公司。

高收益债券（High-yield bond）：也称为垃圾债券，通常属于最初级或次级债务工具。

内部收益率（IRR）：投资的年化复合收益率，也是私募股权基金管理人的关键绩效考核标准。在计算 IRR 时，可能需要扣除支付给基金管理人的净费用或总费用。

初级债务（Junior debt）：也称次级贷款，如夹层债务和高收益债券，通常没有资产做担保。

伦敦同业拆借利率（Libor）：在伦敦银行同业之间使用的利率，也是杠杆收购贷款采用的主要基准利率。

有限合伙人（LP）：为 GP 提供资金的机构投资者或富裕的个人投资者。

其他人的钱（OPM）：在私募股权基金术语中，它是一般合伙人可以承受损失的资金。

实物支付债券（PIK，payment-in-kind）：PIK 工具的发行人有权在偿还本金时按累积方式支付利息。

贷款 PIK 置换（To PIK a loan）：停止支付贷款的现金利息，并将现金利息转换为一次性支付。

价格弹性（Price flex）：银团贷款的利差或息差的变化。如果需求低于预期，贷款的息差就会增加，以刺激需求。当贷款超额认购时，则会发生反向弹性。

退市（PTP）：让公开上市交易的公司退市。

重复性回购（RBO）：私募股权公司购买以前退出的被投资公司。

资本结构重组（Recapitalisation）：对资产负债表进行重组，以股权替代债务，或是以债务替代股权。

循环周转贷款（Revolver）：或称循环信贷设施或营运资金贷款，用于为短期现金需求提供融资。

二级收购（SBO）：进一步延伸，还可以有三级收购、四级收购以及五级收购，总之，包括所有在金融投资者之间进行的股权收购。

第二留置权（Second lien）：第二留置权贷款人有权在第一留置权贷款持有人之后获得抵押资产的偿付。

优先级债务（Senior debt）：属于优先级更高的留置权贷款，如果发行人违约或清算，会首先得到偿还。

优先级 PIK 票据（Toggle PIK note）：这种债券的发行人有权选择推迟支付任何利息，但代价是同意在未来支付更多的利息。

担保夹层贷款（Warranted mezzanine）：这种夹层贷款的持有者有权取得认股权证。权证也是一种证券，持有人有权购买公司的股票。

收益率（Yield）：凭借贷款赚取的利率（占其市场价值的百分比）。如果贷款以折扣价交易，那么，其收益率将高于票面利率。反之，如果贷款按溢价交易，则收益率将低于票面利率。

僵尸公司（Zombie company）：是指无法按约定偿还债务但仍由私募股权基金控制的被投资公司，这种投资往往会长期持有。

僵尸基金（Zombie fund）：一般合伙人无法筹集后续基金，但为了让员工继续赚取管理费而维持存续（顺便提一下，管理费主要来自尚未退出的被投资公司）。

参考文献

前言

1. *The Life of Reason*, Volume 1, by George Santayana (1905).
2. *Why are Buyouts Levered? The Financial Structure of Private Equity Funds*, U. Axelson, P. Strömberg, M.S. Weisbach.
3. *Private Equity International* magazine, September 2015; *Global Private Equity Report 2016*, Bain & Co.
4. As expertly analysed by Eileen Appelbaum and Rosemary Batt in their book *Private Equity at Work* (2014).
5. *Financial Intermediaries in the United States: Development and Impact on Firms and Employment Relations*, E. Appelbaum, R. Batt, and J.E. Lee, Center for Economic and Policy Research, Working Paper, August 2012; *Implications of Financial Capitalism for Employment Relations Research: Evidence from Breach of Trust and Implicit Contracts in Private Equity Buyouts*, E. Appelbaum, R. Batt, I. Clark, Center for Economic and Policy Research, July 2012; *A Primer on Private Equity at Work: Management, Employment, and Sustainability*, E. Appelbaum, R. Batt, Center for Economic and Policy Research, February 2012; Private Equity Performance and Liquidity Risk, F. Franzoni, E. Nowak and L. Phalippou, Swiss Finance Institute, 17 June 2010; Private Equity, Public Loss?, P. Morris, Centre for the Study of Financial Innovation, July 2010; Ownership matters: private equity and the political division of ownership; Erturk et al., Organization, 2010; The Buyout of America: How Private Equity Will Cause the Next Great Credit Crisis, Josh Kosnan, November 2009; The growing crisis in private equity: binding regulation and an action plan are needed, Sigurt Vitols, ETUI Policy Brief, Issue 3/2009; Data collection study on the impact of private equity, hedge and sovereign funds on industrial change in Europe, Eckhard Voss, Sig Vitols, Peter Wilke, Jakob Haves, European Economic and Social Committee, Hamburg, June 2009; Labour and the Locusts: Private Equity's Impact on the Economy and the Labour Market, British German Trades Union Forum, Conference Report, 2008; Losing the battles but winning the war: the case of UK Private Equity Industry and mediated scandal of summer 2007; J. Montgomerie, A. Leaver, and A. Nilsson, CRESC, The University of Manchester, August 2008.

第一章

1. Academy of Achievement-Stephen Schwarzman interview, 20 June 1999.
2. S&P Capital IQ Leveraged Commentary and Data, Sober Look, 12 September 2014; Pitchbook, US Middle Market Report 2015 Annual.
3. Thomson Reuters, Dealogic data from Les Echos, 8 December 2014; S&P Capital IQ Leveraged Commentary and Data from *Financial Times* article, 4 May 2015.

第一部分

1. Pitchbook, PE Exits and Company Inventory, 1H15.
2. Preqin, 20 December 2013.
3. *Daily Telegraph*, 8 Februrary 2003.

第二章

1. *news.bbc.co.uk*
2. *Financial Times*, 19 September 1996; *Sunday Times*, 8 December 1996; *Guardian*, 7 February 1997.
3. *Times*, 1 December 1997.
4. The National Archives, UK Government.
5. *CityAM*, 11 October 2012.
6. Wikipedia.

7. *Telegraph*, 1 November 2005.
8. *Independent*, 24 September 1998.
9. *Times*, 24 October 1980 and 10 January 1981.
10. *Daily Telegraph*, 5 December 1996 and 16 October 2012; *Independent*, 23 September 2006.
11. *Financial Times*, 3 January 1998.
12. *Independent*, 24 September 1998.
13. *Financial Times*, 23 December 1998.
14. *Financial Times*, 7 July 1998.
15. *Times*, 13 March 2000; *Independent*, 13 March 2000.
16. *Times*, 10 November 2001.
17. *Evening Standard*, 26 March 2002.
18. *Independent*, 16 July 2001; *Daily Telegraph*, 18 July 2001.
19. *Times*, 13 July 2002.
20. *Times*, 3 December 2002.
21. *Sunday Times*, 2 February 2003.
22. *Daily Telegraph*, 24 January 2003.
23. *Times*, 23 January 2003.
24. *Times*, 25 January 2003; *Daily Telegraph*, 8 February 2003.
25. *Times*, 8 February 2003.
26. *Birmingham Post*, 8 February 2003.
27. *Independent*, 29 July 2003; *Times*, 6 September 2003.
28. *Daily Telegraph*, 15 June 2004.
29. *Financial Times*, 17 December 2004.
30. Permira press release, 1 August 2005.
31. *Sunday Times*, 17 and 31 October 2004.
32. *GlobalCapital*, 28 February 2003; Candover Investment Plc, Annual Report 2004; *International Financing Review* 1571-19 to 25 February 2005.
33. Candover Investments Plc, Annual Report 2005.
34. *Times*, 26 May 2000.
35. *Sunday Telegraph*, 14 January 2001.
36. *Independent*, 28 January 2001; *Sunday Telegraph*, 4 Februrary 2001.
37. *Financial Times*, 13 July 2001.
38. *Scotsman*, 30 May 2002.
39. *Guardian*, 3 August 2002; *Sunday Times*, 27 April 2008.
40. *Sunday Times*, 27 June 2004; *Mail on Sunday*, 18 July 2004.
41. *Evening Standard*, 5 February 2004; *Financial Times*, 1 December 2004.
42. *Journal*, 12 November 2003.
43. *Sunday Times*, 26 June 2005.
44. *Financial Times*, 1 December 2004.
45. *Daily Telegraph*, 1 August 2005; *Financial Times*, 1 August 2005.
46. *Times*, 1 August 2005.
47. *Sunday Times*, 26 June 2005.
48. *news.bbc.co.uk*, 22 December 1998.
49. *Sunday Times*, 2 July 2006.
50. *thisismoney.co.uk*, 7 October 2005; *Sunday Times*, 27 April 2008 and 26 April 2009.
51. Gala Coral Group Limited-Annual Report 2006.
52. Gala Coral Group Limited-Annual Report 2007.
53. *Guardian*, 10 November 2007.
54. *Times*, 8 February 2008.
55. *Daily Mail*, 15 December 2007.
56. *Sunday Times*, 2 March 2008.
57. *Daily Telegraph*, 12 September 2008; Gala Coral Group Limited-Annual Report 2008.
58. *International Financing Review* 1794-1 to 7 August 2009.
59. Gala Electric Casinos Limited-Annual Report 2009.
60. *Daily Telegraph*, 15 June 2009; *Daily Mail*, 16 June 2009.
61. *Observer*, 26 July 2009.
62. *Sunday Times*, 4 October 2009.
63. *Daily Telegraph*, 21 November 2009; *Sunday Telegraph*, 6 December 2009.
64. *Times*, 13 March 2010; *Daily Telegraph*, 22 June and 19 July 2010.
65. Gala Electric Casinos Limited-Annual Report 2009.
66. Moody's Investors Service, 12 July 2010.
67. Gala Coral Group Limited-Annual Report 2010.
68. *Financial Times*, 29 January 2009.
69. *Daily Telegraph*, 19 July 2010.
70. Written evidence submitted by the Gala Coral Group-Culture, Media and Sport Committee-Select Committee Publications, *www.parliament.uk*
71. Moody's Investors Service, 2 December 2011.
72. *CityAM*, 11 October 2012.

73. *Times*, 14 December 2013.
74. *Times*, 24 March and 5 April 2014.
75. M&G Investments-Press release 22 December 2014.
76. *Evening Standard*, 18 November 2015.
77. Moody's Investors Service, 27 March 2015; *Financial Times*, 24 July 2015; *CreditSights*, 27 July 2015.
78. Sky News, 26 October 2015.
79. *Guardian*, 17 May and 28 June 1990.
80. *Times*, 16 December 1997.
81. *Financial Times*, 5 March 2009.
82. Washington State Investment Board-Portfolio Overview by Strategy as of 31 December 2012.
83. CalPERS-Private Equity Program Fund Performance Review as of 31 December 2013.
84. Based on EBIT of £309.9 million and EBITDA of £401.8 million. Source: Gala Coral Annual Report 2007.
85. *Journal*, 7 December 2004.
86. Based on EBIT of £40 million. Source: *The Belfast News Letter*, 23 December 1998.

第二部分

1. For information on the post-IPO performance of LBOs involved in quick flips, see *The Oxford Handbook of Private Equity*, by Douglas Cumming, 2012; *EDHEC-Risk Institute-Giants at the Gate: On the Cross-Section of Private Equity Investment Returns*, F. Lopez-de-Silanes, L. Phalippou, O. Gottschalg, January 2011; NBER-*The Performance of Reverse LBOs*, J. Cao and J. Lerner, October 2006.
2. *Are buyout sponsors market timers of RLBOs?*, J. Cao, August 2007.

第三章

1. *Auto Rental News*, Fact Book 2015.
2. Hertz website; *Los Angeles Times*, 8 February 1985; *Chicago Tribune*, 10 February 1985; *Automotive Fleet*, March 1985; *Times*, 15 July 2006.
3. *New York Times*, 18 June 1985.
4. *Los Angeles Times*, 3 October 1987 and 3 May 1989; *The Spokesman-Review*, 23 June 1988; *Chicago Tribune*, 9 August 1988.
5. *New York Times*, 15 February 1994 and 15 April 1994.

6. The Hertz Corporation-Form 10-K for the fiscal year ended 31 December 2004.
7. *Motortrader.com*, 21 April 2005; *Times*, 21 April 2005.
8. *USA Today*, 4 January 2005; *Autoweek.com*, 4 January 2006.
9. *Buyouts Magazine* data used in Bank of America presentation, 2007; Dealogic data from *Washington Post* article, 21 December 2011.
10. The Hertz Corporation-Forms 10-K for the fiscal years ended 31 December 2003 and 31 December 2004.
11. *Wall Street Journal*, 6 May 2005.
12. *Times*, 26 July 2005.
13. *New York Times*, 9 September 2005; *Wall Street Journal*, 13 September 2005; Hertz Global Holdings, Inc.-Form 10-K for the fiscal year ended 31 December 2006.
14. The Carlyle Group L.P.-Form S-1, 10 January 2012.
15. *Financial Times*, 15 December 2015.
16. *International Financing Review* 1601– 17 to 23 September 2005, and 1609-12 to 18 November 2005; Hertz Global Holdings, Inc.-Form 10-K for the fiscal year ended 31 December 2006.
17. *Washington Post*, 7 November 2005.
18. Hertz Global Holdings, Inc.-Form S-1, As filed with the Securities and Exchange Commission on July 14, 2006; *New York Times Dealbook*, 14 July 2006.
19. Hertz Global Holdings, Inc.-Form S-1, As filed with the Securities and Exchange Commission on July 14, 2006; *Financial Times*, 14 July 2006.
20. MarketWatch, 15 November 2006; *Times*, 17 November 2006; Hertz Global Holdings, Inc.-Form 10-K for the fiscal year ended 31 December 2006.
21. Hertz Global Holdings, Inc.-Form 10-K for the fiscal year ended 31 December 2006.
22. *Financial Times*, 29 December 2006.
23. *BusinessWeek*, 6 August 2006.
24. MarketWatch, 15 November 2006.
25. Hertz Global Holdings, Inc.-Forms 10-Q for the periods ended 31 March, 30 June and 30 September 2006.
26. Hertz Global Holdings, Inc.-Form 10-K for the fiscal year ended 31 December 2006; Avis Budget Group-Form 10-K for the fiscal year ended 31 December 2006.
27. Hertz Global Holdings, Inc.-Form 10-K for the fiscal

year ended 31 December 2007.
28. Service Employees International Union-Behind the Buyouts, Inside the world of private equity, April 2007.
29. Hertz Global Holdings, Inc.-Form 10-K for the fiscal year ended 31 December 2007.
30. *Financial Times*, 30 March 2007; Enterprise Rent-A-Car press release, 1 August 2007.
31. *Washington Post*, 31 October 2007; *Financial Times*, 1 November 2007.
32. Hertz Global Holdings, Inc.-Form 10-K for the fiscal year ended 31 December 2007.
33. *Ibid*.
34. Hertz Global Holdings, Inc.-Analyst meeting presentation, 28 May 2008.
35. Hertz Global Holdings, Inc.-Form 10-Q for the period ended 30 September 2008.
36. OECD quarterly national accounts data.
37. Avis Budget Group-Form 10-K for the fiscal year ended 31 December 2008.
38. Hertz Global Holdings, Inc.-Form 10-K for the fiscal year ended 31 December 2008.
39. Avis Budget Group-Form 10-K for the fiscal year ended 31 December 2008; Avis Budget Group-Letter to shareholders, 21 April 2009.
40. The Hertz Corporation-Form 10-Q for the quarterly period ended 31 March 2009.
41. *Edmunds.com*, 5 January 2009; CNN, 1 June 2009; *Guardian*, 2 June 2009; *The Economist*, 4 June 2009.
42. *International Financing Review* 1784-23 to 29 May 2009.
43. Hertz Global Holdings, Inc.-Form 10-K for the fiscal year ended 31 December 2009.
44. The Hertz Corporation-Form 10-Q for the quarterly period ended 30 June 2009.
45. World Bank data.
46. International Air Transport Association press release, 27 January 2010.
47. Hertz Global Holdings, Inc.-Form 10-K for the fiscal year ended 31 December 2009.
48. *International Financing Review* 1804-10 to 16 October 2009.
49. Avis Budget Group-Letter to shareholders, 1 April 2010.
50. Hertz press release, 9 April 2009.
51. PEHub, 8 April 2009; Hertz press release, 17 August 2009.
52. Hertz Global Holdings, Inc.-Form 10-K for the fiscal year ended 31 December 2009.
53. Reuters, 28 July 2010; *International Financing Review*, 7 October 2010; *Wall Street Journal*, 22 August 2011; Bloomberg, 7 October 2010 and 27 August 2012.
54. Hertz Global Holdings, Inc.-Form S-1, As filed with the Securities and Exchange Commission on 14 July 2006 and Form 10-K for the fiscal year ended 31 December 2010.
55. Hertz Global Holdings, Inc.-Form 10-K for the fiscal year ended 31 December 2010.
56. Hertz Global Holdings, Inc.-Form 10-K for the fiscal year ended 31 December 2011.
57. Hertz Global Holdings, Inc.-Form 10-Q for the quarterly period ended 31 March 2011.
58. *Wall Street Journal*, 22 August 2011.
59. *International Financing Review* 1902-24 to 30 September 2011; Bloomberg, 27 August 2012.
60. *New York Times*, 17 July 2011.
61. Hertz Global Holdings, Inc.-Form 10-Q for the quarterly period ended 30 June 2012.
62. *International Financing Review* 1923-3 to 9 March 2012.
63. Dollar Thrifty Automotive Group, Inc.-Form 10-K for the fiscal year ended 31 December 2011; Bloomberg, 27 August 2012; Hertz Global Holdings, Inc.-Form 10-K for the fiscal year ended 31 December 2012.
64. Hertz Global Holdings, Inc.-Form 10-K for the fiscal year ended 31 December 2012.
65. Bureau of Transportation Statistics press release, 4 April 2013; National Bureau of Economic Research, US Business Cycle Expansions and Contractions.
66. World Bank data.
67. Hertz Global Holdings, Inc.-Form 10-K for the fiscal year ended 31 December 2012.
68. *International Financing Review* 1974-9 to 15 March 2013.
69. Reuters, 7 May 2013; Clayton, Dubilier & Rice press

release, 9 May 2013.

70. Hertz Global Holdings, Inc. press release, 16 April 2013; MarketWatch, 17 April 2013.

71. Hertz Global Holdings, Inc.-Form 10-K for the fiscal year ended 31 December 2013.

72. *Ibid.*

73. The Hertz Corporation-Form 10-K for the fiscal year ended 31 December 2004; Hertz Global Holdings, Inc.-Form 10-K for the fiscal year ended 31 December 2014.

74. Hertz Global Holdings, Inc.-Form 10-K for the fiscal year ended 31 December 2011.

75. Hertz Global Holdings, Inc.-Form 10-K for the fiscal year ended 31 December 2006.

76. *Sunday Times*, 2 July 2006.

77. Bloomberg, 27 August 2012.

78. *New York Times*, 7 January 2013.

79. Hertz Global Holdings, Inc.-Forms 10-K for the fiscal years ended 31 December 2007 and 2009.

80. *Financial Times*, 3 January 2006 ; *zonebourse.com*, 9 March 2006.

81. Europcar Groupe-Prospectus visé par l'Autorité des marchés financiers, note d'opération, 24 June 2015; market capitalisation from Boursorama website.

82. Europcar press release, 13 November 2006.

83. The Hertz Corporation-Form 10-K for the fiscal year ended 31 December 2004; Hertz Global Holdings, Inc.-Form 10-K for the fiscal year ended 31 December 2014.

84. Hertz Global Holdings, Inc.-Form 10-K for the fiscal years ended 31 December 2007 to 2014.

85. *International Financing Review* 2025-22 to 28 March 2014.

86. Reuters, 7 June and 8 September 2014; *Financial Times*, 20 August 2014.

87. Hertz Global Holdings, Inc.-Form 10-K for the fiscal year ended 31 December 2014.

88. Hertz Global Holdings, Inc.-Form 10-Q for the quarterly period ended 30 September 2015.

89. MarketWatch data.

90. Return multiple based on cash outflows of $2.3 billion invested at the outset and $200 million of common stock acquired in May 2009.

91. Bloomberg, 15 May 2014.

92. CalSTRS-Private Equity Portfolio Performance as of 31 December 2014.

93. CalPERS-Private Equity Program Fund Performance Review as of 31 December 2014.

94. MarketWatch, 17 March 2005; *Financial Times*, 17 March 2005.

95. *International Financing Review* 1553-2 to 9 October 2004.

96. *International Financing Review*, 5 February 2005.

第四章

1. Blackstone press release, 16 December 2003; *Independent*, 17 December 2003; *ICIS Chemical Business*, 19 December 2003; *Manager Magazin*, 2 April 2004.

2. Celanese website; Celanese Corporation-Form 10-K for the fiscal year ended 31 December 2011.

3. Celanese AG Prospectus, 25 October 1999; *International Financing Review* 1307-30 October to 6 November 1999.

4. *International Financing Review* 1515-10 to 16 January 2004; *International Financing Review* 1525-20 to 26 March 2004; *International Financing Review* 1533-15 to 21 May 2004.

5. The Blackstone Group-IPO prospectus dated 21 June 2007.

6. Bloomberg, 8 December 2003; Blackstone press releases, 19 November 2002, 4 September 2003 and 16 December 2003.

7. *Manager Magazin*, 14 March 2004; Blackstone press release, 1 April 2004.

8. *International Financing Review* 1534-22 to 28 May 2004.

9. Blackstone press release, 3 August 2004.

10. ICIS News, 28 June 2004; *International Financing Review* 1540-3 to 9 July 2004.

11. *International Financing Review* 1540-3 to 9 July 2004; *International Financing Review* 1552-25 September to 1 October 2004; Celanese Corporation-Form 10-K for the fiscal year ended 31 December 2006.

12. Celanese website; Blackstone press release, 23 November 2004.

13. *ICIS Chemical Business*, 19 December 2003.

14. *Financial Times*, 5 November 2004; *Manager Magazin*, 5 November 2004.
15. Celanese Corporation-IPO prospectus dated 26 January 2005; *Forbes*, 11 February 2005; *Fortune*, 13 June 2005; Celanese Corporation-Form 10-K for the fiscal year ended 31 December 2006.
16. Blackstone press release, 16 December 2003.
17. *International Financing Review* 1565-8 to 14 January 2005; Celanese Corporation-Form 10-K for the fiscal year ended 31 December 2006.
18. Blackstone press release, 3 January 2005.
19. Paulson & Co. Inc.-Counter-Resolution for Celanese AG Annual General Meeting on May 19, 2005 in Oberhausen; *ICIS Chemical Business*, 20 May 2005; *Manager Magazin*, 22 May 2005; *Forbes*, 20 June 2005.
20. Celanese Corporation-Form 10-K for the fiscal year ended 31 December 2006.
21. *Dallas Business Journal*, 19 and 22 August 2005.
22. *International Financing Review* 1609-12 to 18 November 2005; *International Financing Review* 1610-19 to 25 November 2005; Blackstone press release, 15 December 2005; *International Financing Review* 1614-17 December 2005 to 6 January 2006.
23. *International Financing Review* 1633-13 to 19 May 2006; Celanese Corporation-Form 10-K for the fiscal year ended 31 December 2006.
24. *International Financing Review* 1659-11 to 17 November 2006.
25. Celanese Corporation-Form 10-K for the fiscal year ended 31 December 2007.
26. Celanese Corporation-Form S-1 Prospectus dated November 3, 2005; Celanese Corporation-Form 10-K for the fiscal year ended 31 December 2006.
27. Celanese Corporation-Prospectus supplement dated May 15, 2007; *International Financing Review* 1674-10 to 16 March 2007 and 1684-19 to 25 May 2007.
28. *Financial Times*, 17 December 2003.
29. *Forbes*, 20 June 2005.
30. Blackstone press release, 13 July 2005.
31. *Forbes*, 11 February 2005.
32. *International Financing Review* 1536-5 to 11 June 2004.
33. Paulson & Co. Inc.-Counter-Resolution for Celanese AG Annual General Meeting on May 19, 2005 in Oberhausen; Celanese Corporation-Form 10-K for the fiscal year ended 31 December 2006.
34. *Forbes*, 11 February 2005; *Fortune*, 13 June 2005.
35. *Manager Magazin*, 26 February 2004; *International Financing Review* 1565-8 to 14 January 2005.
36. Celanese Corporation, 2006 Annual Report.
37. Celanese Corporation-Prospectus dated 20 January 2005; Celanese Corporation-Form 10-K for the fiscal year ended 31 December 2005.
38. Paulson & Co. Inc.-Counter-Resolution for Celanese AG Annual General Meeting on 19 May 2005 in Oberhausen.
39. *International Financing Review* 1610-19 to 25 November 2005.
40. Celanese Corporation-Form 10-K for the fiscal years ended 31 December 2006 to 2014.
41. Spiegel Online, 12 June 2007.
42. Translated from SPD Tradition und Fortschritt, Start der Programmdebatte, January 2005: "Wir müssen denjenigen Unternehmern, die die Zukunftsfähigkeit ihrer Unternehmen und die Interessen ihrer Arbeitnehmer im Blick haben, helfen gegen die verantwortungslosen Heuschreckenschwärme, die im Vierteljahrestakt Erfolg messen, Substanz absaugen und Unternehmen kaputtgehen lassen, wenn sie sie abgefressen haben."
43. CalPERS-Private Equity Program Fund Performance Review as of 31 December 2014.

第三部分

1. *Guardian*, 24 March 2015. Source: Bureau of Aircraft Accident Archives (BAAA).

第五章

1. Based on State Electricity Profiles 2006, Energy Information Administration, 21 November 2007, and on TXU Corp.-Form 10-K for the fiscal years ended 31 December 2004 to 2006.
2. *Times*, 26 January 2006.
3. TXU Merger Investor Presentation, Executive Summary, August 2007.

4. Bloomberg, 21 July 2004; *New York Times*, 3 October 2005; MarketWatch, 3 October 2005; *Wall Street Journal*, 3 October 2005.
5. Goldman Sachs 1999 IPO prospectus and 2007 Annual Report.
6. *Wall Street Journal*, 31 October 2006.
7. KKR press release, 26 February 2007; Bloomberg, 26 February 2007; Reuters, 26 February 2007; KKR & CO. L.P.-Form S-1 filed on 3 July 2007.
8. Energy Information Administration.
9. TXU Merger Investor Presentation, Executive Summary, August 2007.
10. *Financial Times*, 1 March 2007.
11. Reuters, 1 May 2007; TXU Merger Investor Presentation, Executive Summary, August 2007.
12. *International Financing Review* 1708-3 to 9 November 2007.
13. *International Financing Review* 1707-27 October to 2 November 2007.
14. CNBC, 3 December 2007; *New York Times*, 3 December 2007.
15. TXU Merger Investor Presentation-Executive Summary, August 2007; Energy Future Holdings, Q4 08 Investor Call, 3 March 2009.
16. Energy Future Holdings Corp.-Form 10-K for the fiscal year ended 31 December 2007.
17. *Ibid*.
18. Energy Future Holdings Corp.-Form 10-Q for the quarterly period ended 30 June 2008; Energy Future Holdings Corp.-Form 10-K for the fiscal year ended 31 December 2007.
19. Bloomberg, 6 May 2008.
20. Energy Future Competitive Holdings Company-Form 10-K for the fiscal year ended 31 December 2008.
21. Energy Future Holdings Corp.-Form 10-K for the fiscal year ended 31 December 2008.
22. US Bureau of Economic Analysis.
23. US Energy Information Administration.
24. *International Financing Review* 1757-25 to 31 October 2008.
25. Moody's Investors Service, 3 August 2009.
26. CreditSights, 6 October 2009; Energy Future Holdings Corp.-Form 10-K for the fiscal year ended 31 December 2009; KKR & Co. L.P.-Form 10-K for the fiscal year ended 31 December 2010.
27. Moody's Investors Service, 11 October 2010.
28. Bloomberg, 26 August 2010; KKR & Co. L.P.-Form 10-K for the fiscal year ended 31 December 2010.
29. Moody's Investors Service, 27 February 2011; *International Financing Review* 1873-5 to 11 March 2011; CreditSights, 3 April 2011.
30. *International Financing Review* 1879-16 to 22 April 2011; Energy Future Competitive Holdings Company-Form 10-K for the fiscal year ended 31 December 2011.
31. Potomac Economics-2011 State of the Market Report for the ERCOT Wholesale Electricity Markets, July 2012.
32. Energy Information Administration, Annual Energy Review 2011.
33. *Historic Opportunities from the Shale Gas Revolution*, KKR Report, November 2012.
34. KKR press release, 25 January 2011; *Oil & Gas Financial Journal*, January 2012.
35. *New York Times*, 28 February 2012.
36. Bloomberg, 19 January 2012.
37. *New York Times*, 28 February 2012.
38. Oncor Electric Delivery Company LLC-Form 10-Q for the quarterly period ended 31 March 2012.
39. Moody's Investors Service, 9 August 2012.
40. Energy Future Competitive Holdings Company-Form 10-K for the fiscal year ended 31 December 2012.
41. Bloomberg, 25 February 2013.
42. Energy Future Competitive Holdings Company-Form 10-K for the fiscal year ended 31 December 2012.
43. Energy Future Holdings Corp. and Energy Future Competitive Holdings-Form 8-K dated 4 January 2013.
44. Energy Future Competitive Holdings-Forms 10-Q and 10-K for the fiscal year ended 31 December 2013.
45. CreditSights, 5 November 2013.
46. *Forbes*, 15 October 2013; *International Financing Review* 2006–19 to 25 October 2013.
47. Moody's Investors Service, 28 August 2013.
48. *Financial Times*, 24 April 2014.
49. *Financial Times*, 12 March 2014.
50. *International Financing Review* 2027-5 to 11 April

2014; *Financial Times*, 24 April 2014.

51. *International Financing Review* 1937-9 to 15 June 2012.

52. TXU Annual Reports 2002 and 2006; Energy Future Competitive Holdings Company LLC–Form 10-K for the fiscal year ended 31 December 2013.

53. Oncor Electric Delivery Company LLC-Forms 10-K for the fiscal years ended 31 December 2008 to 31 December 2014; Energy Future Holdings Corp.-Form 10-K for the fiscal year ended 31 December 2008.

54. Oncor Electric Delivery Company LLC-Form 10-K for the fiscal year ended 31 December 2008.

55. Berkshire Hathaway Inc.-Shareholder letters 25 February 2012 and 28 February 2014.

56. Natural Gas Year-In-Review 2007, Energy Information Administration, Office Of Oil and Gas, March 2008.

57. TXU Corp.-Form 10-Q for the quarterly period ended 31 March 2007.

58. TXU Merger Investor Presentation, Executive Summary, August 2007.

59. CreditSights, 20 August 2008.

60. TXU Corp.-Form 10-K for the fiscal year ended 31 December 2003.

61. *International Financing Review* 1873-5 to 11 March 2011.

62. *International Financing Review* 2001-14 to 20 September 2013.

63. Reuters, 16 May 2014.

64. *International Financing Review* 2039-28 June to 4 July 2014.

65. TXU Merger Investor Presentation, Executive Summary, August 2007.

66. For more detail on the LTCM story, read *Hedge Funds and the Collapse of Long-Term Capital Management*, Franklin R. Edwards, Journal of Economic Perspectives, Volume 13, Number 2, Spring 1999; *Lessons from the collapse of hedge fund Long-Term Capital Management*, David Shirreff, 2000; *When Genius Failed: The Rise and Fall of Long-Term Capital Management*, by Roger Lowenstein (2001).

67. *The Economist*, 4 August 2012.

68. CalPERS-Private Equity Program Fund Performance Review as of 31 December 2014; Oregon Public Employees Retirement Fund-Private Equity Portfolio as of 31 March 2015.

69. Samson Resources Corporation-Form 10-K for the fiscal year ended 31 December 2014; *Wall Street Journal*, 17 December 2014, 26 February 2015 and 14 August 2015; SamsonResources, Year-end 2014 Conference Call presentation, Supplemental Materials, 1 April 2015; *New York Post*, 1 June 2015.

70. Goldman Sachs 2014 Annual Report.

第六章

1. Recording Industry Association of America (RIAA).

2. Digital Music Reports, IFPI-2004.

3. *New York Times*, 26 November 2008; Recording Industry Association of America (RIAA); Wikipedia.

4. CNNMoney, 25 April 2013.

5. *Guardian*, 24 April 2007.

6. *New York Times*, 10 January 2010; *Daily Telegraph*, 28 September 2010.

7. *news.bbc.co.uk*, 19 November 2003.

8. *news.bbc.co.uk*, 3 May 2006; *Sunday Telegraph*, 7 May 2006; *Times*, 29 June 2006.

9. IFPI 2005 Annual Report.

10. *Guardian*, 7 February 2005; *Birmingham Post*, 29 June 2006; *Guardian*, 15 December 2006; *Daily Telegraph*, 15 February 2007; *Times*, 3 March 2007; *Birmingham Post*, 19 July 2007.

11. *Sunday Times*, 6 May 2007.

12. *International Financing Review* 1682-5 to 11 May 2007.

13. *Daily Telegraph*, 7 May 2001.

14. *Guardian*, 1 February 2011.

15. Terra Firma website.

16. Based on EBITA of £150.5 million and EBITDA of £174 million in financial year ended 31 March 2007-Source: EMI Annual Report 2007; *Financial Times*, 21 May 2007.

17. Terra Firma Annual Review 2007.

18. Dow Jones International News, 14 July 2008.

19. Musicweek, 14 Sept 2007; *Guy Hands, Citigroup and the fight for EMI*, Reuters, 11 June 2010.

20. *Daily Telegraph*, 3 August 2007.
21. *Guardian*, 2 August 2007.
22. Maltby Capital Limited, Directors' report and consolidated financial statements for the year ended 31 March 2008.
23. *Times*, 7 August 2007.
24. *Guardian*, 18 August 2007.
25. *Financial Times*, 29 August 2007.
26. *Guardian*, 29 August 2007; *Financial Times*, 13 November 2007.
27. *New York Post*, 29 October 2007; *Daily Telegraph*, 30 October 2007; *Financial Times*, 29 November 2007; *Daily Telegraph*, 15 January 2008.
28. *thisismoney.co.uk*, 15 October 2001; *Guardian*, 13 January 2007; *Daily Telegraph*, 15 February 2007; *Guardian*, 30 August 2007 and 3 November 2007; *Times*, 29 November 2007; *Independent*, 30 November 2007.
29. *Daily Telegraph*, 9 January 2008; Wadsworth profile from *musictank.co.uk*; *Evening Standard*, 11 January 2008; *Times*, 16 January 2008; *Birmingham Post*, 1 February 2008; *Financial Times*, 24 April 2009.
30. Maltby Capital Limited, Directors' report and consolidated financial statements for the year ended 31 March 2008.
31. *Sunday Times*, 13 January 2008; *Independent*, 15 January 2008; *Sunday Telegraph*, 18 May 2008; *Financial Times*, 25 October 2008.
32. BBC News, 15 January 2008.
33. CNET, 1 April 2008; *Financial Times*, 2 April 2008 and 16 April 2008; *Hypebot.com*, 16 April 2008.
34. *Financial Times*, 3 December 2008; Maltby Capital Limited-Directors' report and consolidated financial statements for the year ended 31 March 2009.
35. *Daily Telegraph*, 17 January 2009.
36. *Financial Times*, 4 February 2010.
37. *Financial Times*, 17 March 2009.
38. The other investee company was reported to be Irish aircraft leasing company AWAS. Terra Firma-Annual Review 2008; *Financial Times*, 2 March 2009; Reuters, 3 March 2009; *Wall Street Journal*, 4 March 2009.
39. *Financial Times*, 16 July 2009; *International Financing Review* 1792-18 to 24 July 2009.
40. *Financial Times*, 16 November 2009; Terra Firma-Annual Review 2009.
41. *Sunday Telegraph*, 13 December 2009; *Independent*, 14 December 2009.
42. *Daily Telegraph*, 17 November 2009; *Financial Times*, 17 and 18 December 2009; *Guardian*, 20 December 2009; *Sunday Times*, 21 March 2010; *Financial Times*, 31 March 2010.
43. Maltby Capital Limited-Consolidated financial statements, 31 March 2009 and 31 March 2010.
44. *Ibid*.
45. *Financial Times*, 10 March 2010.
46. *Sunday Times*, 11 and 18 April 2010; *Times*, 21 April 2010 and 8 May 2010.
47. *Guardian*, 12 May 2010; *International Financing Review* 1833-15 to 21 May 2010.
48. *Financial Times*, 18 June 2010; Maltby Capital Limited-Directors' report and consolidated financial statements for the 18-month period ended 30 September 2011.
49. *Financial Times*, 17 August 2010.
50. *Independent*, 14 December 2009; *MoneyWeek*, 24 December 2009; *Daily Telegraph*, 19 October 2010; *Guardian*, 4 and 5 November 2010; *Wall Street Journal*, 5 November 2010; *International Financing Review* 1858-6 to 12 November 2010.
51. *Financial Times*, 1 February 2011 and 17 March 2011; *Independent*, 2 February 2011; *Sunday Times*, 6 February 2011; *International Financing Review* 1870-12 to 18 February 2011; Terra Firma-Annual Review 2010.
52. *Financial Times*, 11 January 2011.
53. *Daily Telegraph*, 12 November 2011; *Washington Post*, 29 June 2012; *New York Times*, 29 June 2012; *Guardian*, 21 September 2012; *New York Times*, 21 September 2012 and 7 February 2013; Warmer Music Group, 1 July 2013 press release; *Financial Times*, 9 July 2013; Vivendi Annual Report 2014.
54. *Daily Telegraph*, 1 December 2007.
55. *Sunday Times*, 27 May 2007; Maltby Capital-Consolidated financial statements for year to 31 March 2010.
56. Recording Industry Association of America (RIAA).

57. International Federation of the Phonographic Industry (IFPI).
58. Valuation at time of IPO stated in *The Rise and Fall of EMI Records*, Brian Southall (2012).
59. Vivendi Universal Annual Report 2003; Vivendi Annual Report 2007; Universal Music Group website; Warner Music-Forms 10-K for the fiscal years ended 30 September 2005 and 2007.
60. EBITA multiple calculated on the basis of £2.1 billion of net debt upon acquisition and an EBITA for the year ended 31 March 2007 of £150 million (source: EMI Annual Report 2007).
61. Vivendi Annual Report for the year ended 31 December 2007; Universal Music Group investor presentation, June 2008 (Vivendi website).
62. *universalmusic.com*
63. Tech Guru Daily, 31 July 2007.
64. *data.worldbank.org*
65. *Sunday Times* and *Sunday Telegraph*, 7 October 2007; *Business Insider*, 10 October 2007; *Times*, 1 and 14 December 2007; *Observer*, 2 December 2007.
66. *Financial Times*, 7 July 2008.
67. Recording Industry Association of America (RIAA) website.
68. CNNMoney, 25 April 2013.
69. International Federation of the Phonographic Industry (IFPI)-Digital Music Report 2009.
70. *Variety*, 7 September 2010.
71. *Guardian*, 11 November 2011.
72. *Guardian*, 22 April 2010; BBC News, 9 November 2010; *Financial Times*, 21 October 2011.
73. *Sunday Times*, 16 July 2006; *Daily Telegraph*, 22 May 2007; *Irish Times*, 15 January 2008; *Financial Times*, 3 December 2008 and 18 December 2009; *Independent*, 28 September 2010; *GQ Magazine*, 2 February 2011.
74. *Completemusicupdate.com*, 6 March 2013.
75. Oregon Public Employees Retirement Fund-Private Equity Portfolio as of 31 March 2015.
76. EMI Annual Reports for the years ended 31 March 2002, 2003 and 2004; Vivendi Universal, 2003 Consolidated Financial Results; *Times*, 18 September 2009.
77. Bloomberg BusinessWeek, 18 December 2009.
78. Digital Music Nation, BPI-2013; Digital Music Reports, IFPI-2013 and 2015.
79. *Guardian*, 10 June 2008; *Allthingsd.com*, 23 March 2009; *hypebot.com*, 9 August 2009.
80. *Financial Times*, 24 March 2009.
81. *Daily Telegraph*, 28 February 2008; *Financial Times*, 8 December 2008, 8 September 2010 and 23 September 2011.
82. *Forbes*, 6 June 2005; Service Employees International Union-Behind the Buyouts, Inside the world of private equity, April 2007.
83. World Entertainment News Network, 21 April 2008.
84. HgCapital website; *Financial Times*, 15 April 2008; *Times*, 17 April 2008.
85. *Sunday Telegraph*, 18 May 2008; *Financial Times*, 7 September 2010.
86. *Los Angeles Times*, 26 January 2010; *Financial Times*, 6 November 2013 and 11 and 23 June 2015; *Business Insider*, 10 April 2015; The Street, 13 April 2015; Reuters, 22 September 2015; Billboard, 16 October 2015.

第七章

1. *Times*, 30 October 1995; PHS website.
2. *Financial Times*, 10 July 1999; *Times*, 30 October 1995 and 10 July 1999.
3. *Times*, 27 October 1999; PHS website.
4. *Independent*, 28 June 2001 and 13 June 2002; *Financial Times*, 28 June 2001, 2 January 2002 and 6 June 2003; *Western Mail*, 10 April 2002; *Daily Telegraph*, 16 June 2004.
5. *Financial Times*, 4 April 2003 and 9 October 2004.
6. *Financial Times*, 18 May 2005; *Times*, 18 May 2005.
7. *Financial Times*, 15 June 2005; *Times*, 15 June 2005.
8. Multiple based on an EBITDA of c. £70 million in financial year ended 31 March 2005; *Financial Times*, 8 July 2005; *Daily Telegraph*, 8 July 2005; PHS Group Holdings Limited-Full year results 2013.
9. *Sunday Times*, 29 July 2007.
10. *Financial Times*, 29 October 2007.
11. PHS Group Holdings Limited-Annual Report for the year ended 31 March 2008.

12. *Sunday Telegraph*, 23 January 2011.
13. *Sunday Telegraph*, 15 January 2012.
14. *Sunday Telegraph*, 13 May 2012; PHS Group Holdings-Annual Report for the year ended 31 March 2012.
15. *Western Mail*, 16 February 2011.
16. *Western Mail*, 17 May 2012.
17. BBC Radio 4, 9 May 2012; BBC News, 11 May 2012.
18. PHS Group Holdings Limited-Full year results 2013.
19. PHS Group Holdings Limited-Annual Report for the year ended 31 March 2013.
20. PHS Group Limited-Annual Report for the year ended 31 March 2014.
21. *Western Mail*, 19 June 2013.
22. PHS Group Limited-Annual Report for the year ended 31 March 2014; *Daily Telegraph*, 7 July 2014; *Sunday Times*, 7 September 2014.
23. *Western Mail*, 18 June 2013.
24. *Independent*, 28 June 2001.
25. *Daily Telegraph*, 1 June 2005.
26. *Daily Telegraph*, 16 June 2004.
27. *Sunday Times*, 18 July 2004.
28. *Daily Telegraph*, 30 March 2005; *Times*, 8 July 2005; *Investors Chronicle*, 15 July 2005.
29. PHS Group-Annual Review and Audited Financial Statements 2013.
30. *Financial Times*, 4 April 2003; PHS Group Holdings Limited-Annual Report for the year ended 31 March 2008.
31. *Daily Telegraph*, 16 June 2004; PHS Group Holdings Limited-Full year results 2013.
32. CalSTRS-Private Equity Portfolio Performance as of 31 March 2015.
33. Waterlogic press release, 13 January 2016.

第八章

1. *Le Monde*, 30 September 1989; Frans Bonhomme-Annual Report 2008.
2. *Libération*, 22 December 1994; *Le Monde*, 23 December 1994.
3. *International Financing Review* 1063-7 to 14 January 1995; Intermediate Capital Group PLC-Annual Report for the year to 31 January 1995; *Acquisitions Monthly*, 1 July 2003; *Le Monde*, 24 October 2005.
4. BNP Paribas press release, 1 February 2000; *GlobalCapital*, 17 March 2000; *The Treasurer*, September 2000.
5. Equistone website, December 2003; *Le Monde*, 24 October 2005; Bonhom Management prospectus, 5 June 2006 ; Frans Bonhomme-Annual Report 2008; Cinven-Annual Review 2011.
6. *International Financing Review* 1514-13 December 2003 to 9 January 2004; *GlobalCapital*, 27 June 2004; *Acquisitions Monthly*, 1 January and 1 March 2004; Bonhom Management prospectus, 5 June 2006.
7. *Financial News*, 26 June 2003.
8. *International Financing Review* 1500-6 to 12 September 2003.
9. AltAssets, 13 December 2004; *GlobalCapital*, 17 December 2004; *International Financing Review* 1563-11 to 17 December 2004; Quilvest-Annual Report 2004; Bonhom Management prospectus, 5 June 2006.
10. *Le Monde*, 21 October 2005; AltAssets, 21 October 2005; Equistone website, December 2005.
11. Bonhom Management prospectus, 5 June 2006.
12. *EuroWeek*, 27 January 2006.
13. *Acquisitions Monthly*, 1 February 2006.
14. *GlobalCapital*, 27 January 2006; *International Financing Review* 1618-28 January to 3 February 2006; Bonhom Management prospectus, 5 June 2006.
15. *Les Echos*, 22 February 2006.
16. Bonhom Management prospectus, 5 June 2006.
17. *Ibid*.
18. *Les Echos Capital Finance*, 24 October 2006.
19. Bonhom Management prospectus, 5 June 2006.
20. Frans Bonhomme-Annual Report 2008.
21. Bonhom Management prospectus, 5 June 2006.
22. *Private Equity Magazine*, June 2007; Euromezzanine website; Bloomberg, 7 June 2013.
23. Based on data from LSTA/Thomson Reuters Mark-to-Market Pricing-The Week's Biggest Winners, 22 November 2013.
24. Frans Bonhomme-Annual Report 2008.
25. Cinven-Annual Review 2007.
26. OECD quarterly national accounts data.

27. Frans Bonhomme-Annual Report 2008.
28. Insee-Tableaux de l'Economie Française, édition 2010, Industrie-Construction.
29. World Bank data; Insee data.
30. Frans Bonhomme-Annual Report 2009.
31. *Ibid*.
32. *Le Monde*, 7 February 2006.
33. Cinven-Annual Review 2010.
34. Frans Bonhomme-Annual Reports 2008 and 2009; *Les Echos*, 23 March 2010.
35. Commissariat Général du Développement Durable-Observation et Statistiques, Construction de Logements, February 2014.
36. Frans Bonhomme-Annual Report 2010.
37. Insee data.
38. Bonhom Management prospectus, 5 June 2006.
39. Frans Bonhomme-Annual Report 2010.
40. *International Financing Review* 1902-24 to 30 September 2011.
41. Frans Bonhomme-Annual Report 2011.
42. World Bank data; Insee data.
43. Frans Bonhomme-Annual Reports 2008 and 2011.
44. *La Tribune*, 8 September 2011; *L'Express*, 5 October 2011; *Le Monde*, 21 October 2011; Francetvinfo, 27 October 2011; *Le Figaro*, 3 October 2012.
45. OECD quarterly national accounts data.
46. Standard & Poor's LCD Daily-Europe, 14 May 2013; Bloomberg, 7 June 2013.
47. Insee-Tableaux de l'Economie Française, édition 2014, Industrie-Construction.
48. Frans Bonhomme-Annual Report 2012.
49. Frans Bonhomme-Annual Reports 2008 and 2012.
50. Commissariat Général du Développement Durable-Observation et Statistiques, Construction de Logements, February 2014.
51. Standard & Poor's LCD Daily-Europe, 14 May 2013; *International Financing Review* 1984-18 to 24 May 2013; Bloomberg, 7 June 2013; Reuters, 26 July 2013.
52. Standard & Poor's LCD Daily-Europe, 14 May 2013; Bloomberg, 7 June 2013; *International Financing Review* 1992-13 to 19 July 2013; Reuters, 26 July 2013.
53. LSTA/Thomson Reuters Mark-to-Market Pricing-The Week's Biggest Winners, 22 November 2013.
54. *Les Echos*, 9 December 2013; Willkie Farr & Gallagher press release, 17 December 2013; *Magazine des Affaires*, edition 2013.
55. *Financial Times*, 29 December 2013.
56. World Bank data; Euler Hermes Economic Research, 26 March 2014.
57. Oloryn Partners presentation document, 2014.
58. Bonhom Management prospectus, Autorité des Marchés Financiers, 5 June 2006.
59. Cinven website.
60. Reuters, 25 May 2012; Cinven-Annual Review 2013; *Les Echos*, 4 August 2014; Bloomberg, 12 December 2014.
61. *Batiactu.com*, 13 January 2015.
62. Les Echos bilans.
63. LSTA/Thomson Reuters Mark-to-Market Pricing-The Week's Biggest Winners, 13 February 2015, 13 March 2015 and 31 July 2015.
64. PUM Plastiques website.
65. Bonhom Management prospectus, Autorité des Marchés Financiers, 5 June 2006.
66. Cinven-Annual Reviews 2008 and 2010.
67. Frans Bonhomme-Annual Reports 2009 and 2012.
68. Cinven press release, 29 February 2012 and Annual Review 2011.
69. Translated from *Le Monde*, 24 October 2005: "C'est une perle rare. Avec elle, on pourrait enchaîner les LBO sans fin."
70. Cinven-Annual Review 2011.
71. *Ibid*.
72. Washington State Investment Board-Portfolio Overview by Strategy as of 31 December 2014.
73. AltAssets, 3 December 2004; Cinven press releases, 29 November 2005 and 5 December 2006; RWB Newsportal, 5 December 2006.
74. Cinven-Annual Review 2011.
75. Unquote, 14 July 2005.
76. Bonhom Management prospectus, Autorité des Marchés Financiers, 5 June 2006.

第五部分

1. *The Globe* and *Mail*, 27 April 2007.
2. PitchBook, 24 July 2015.

第九章

1. *Sunday Times*, 2 August 2009.
2. *Independent*, 3 September 1996.
3. *Independent*, 19 March 2002.
4. *Times*, 1 June 2002.
5. *Financial Times*, 11 December 2003; *Times*, 8 September 2004.
6. *Guardian*, 5 March 2003 and 31 August 2003.
7. *Guardian*, 30 October 2003.
8. *Financial Times*, 11 December 2003.
9. *Daily Telegraph*, 2 November 2004.
10. *Sunday Times*, 6 June 2004; *Guardian*, 12 August 2004.
11. *Guardian*, 4 June 2004; *Sunday Times*, 6 June 2004; *Independent*, 21 September 2004.
12. *Financial Times*, 28 October 2004; *Western Daily Press*, 31 December 2005.
13. *Times*, 2 November 2004.
14. *Times*, 9 March 2005; *Financial Times*, 16 May 2005.
15. *Independent*, 17 August 2005; *Investors Chronicle*, 16 September 2005; *Daily Telegraph*, 12 November 2005.
16. *Financial Times*, 7 January 2006; *Guardian*, 7 January 2006.
17. *Investors Chronicle*, 13 January and 10 March 2006.
18. *Daily Telegraph*, 7 July 2006.
19. *Express*, 7 July 2006.
20. *Financial Times*, 7 July 2006.
21. *Secondarylink.com*, 12 September 2006.
22. *Financial Times*, 7 and 8 June 2007 and 5 October 2007; *Scotsman*, 20 June 2007; *Guardian*, 29 June and 16 July 2007; *Sunday Telegraph*, 14 October 2007.
23. *Sunday Times*, 11 October 2009.
24. *Independent on Sunday*, 29 March 2009.
25. Candover Investments plc-Report and accounts 2008; *Sunday Times*, 2 August 2009.
26. DX Group Limited-Report and financial statements for the year ended 30 June 2009.
27. *Daily Telegraph*, 13 April 2010; *Financial Times*, 14 April 2010.
28. Candover Investments plc-Report and accounts 2010; DX Group Limited-Report and financial statements for the year ended 30 June 2010; DX (Group) plc-Admission to AIM prospectus, 21 February 2014.
29. *Independent on Sunday*, 3 January 2010; *Financial Times*, 19 February 2010.
30. DX (Group) plc-Admission to AIM prospectus, 21 February 2014.
31. BBC News, 27 March 2012; *Independent*, 14 November 2012.
32. *Independent*, 12 October 2013.
33. Multiples based on net debt, EBITDA and revenue figures provided by DX (Group) plc's Full Year Results Presentation for the year ended 30 June 2014.
34. The IPO was priced at £1 a share, for 200.5 million shares, plus net debt of £12, according to DX (Group) plc's Full Year Results Presentation for the year ended 30 June 2014; Royal Mail plc IPO prospectus and Annual Report and Financial Statements 2013-14; *Independent*, 24 February 2014; *Times*, 28 February 2014.
35. *Times*, 22 February 2014.
36. *Investegate.co.uk* RNS, 24 March 2014.
37. *Investegate.co.uk* RNS, 29 September 2014.
38. DX (Group) plc-Preliminary results for the year to 30 June 2015, 21 September 2015.
39. DX (Group) plc-Trading Update, 13 November 2015.
40. DX (Group) plc-Admission to AIM prospectus, 21 February 2014.
41. *Financial Times*, 21 April 2005.
42. *Herald* and *Sunday Herald*, 8 January 2006.
43. *Financial Times*, 16 May 2005; *Times*, 31 May 2006; Richard Hooper's reports-Modernise or decline, December 2008-Saving the Royal Mail's universal postal service in the digital age, September 2010; Royal Mail plc-IPO prospectus, 27 September 2013.
44. Royal Mail plc-IPO prospectus, 27 September 2013; *Investors Chronicle*, 11 April 2014.
45. *Western Daily Press*, 31 December 2005.
46. The outlook for UK mail volumes to 2023-PwC, 15 July 2013.

47. DX Group Limited-Reports and financial statements for the years ended 30 June 2008 and 2010; *Times*, 14 October 2005 and 15 November 2005; Hargreaves Lansdown chart performance.

第六部分

第十章

1. *Financial Times*, 20 June 2014.
2. *Times*, 8 June 1985, and 5 and 13 July 1985.
3. *Times*, 13 May 1985.
4. *Times*, 14 November 1984.
5. Historical facts were taken from various sources, including Debenhams's website and Annual Reports, the *debenham.org.uk* and Arcadia Group websites, and *housefraserarchive.ac.uk*, to name a few.
6. *Financial Times*, 23 January 1998.
7. BBC News, 13 September 2000.
8. *Guardian*, 16 April 2003.
9. *Evening Mail*, 12 May 2003; *Financial Times*, 13 and 14 May 2003.
10. *Times*, 30 July 2003.
11. *Independent*, 29 July 2003.
12. *Birmingham Post*, 28 August 2003; *Financial Times*, 3 and 12 September 2003.
13. *Daily Telegraph*, 21 October 2003.
14. *Sunday Telegraph*, 5 October 2003; *Financial Times*, 24 October 2003.
15. *International Financing Review* 1508-1 to 7 November 2003.
16. *Times*, 5 December 2003.
17. *International Financing Review* 1529-17 to 23 April 2004; *GlobalCapital*, 21 May 2004; *Daily Telegraph*, 28 July 2004; *International Financing Review* 1544-31 July to 6 August 2004.
18. *International Financing Review* 1582-7 to 14 May 2005.
19. *Financial Times*, 6 August 2007.
20. Debenhams plc-IPO prospectus, May 2006.
21. *Sunday Telegraph*, 23 April 2006.
22. *Sunday Times*, 22 January 2006.
23. *Herald*, 21 April 2006; *Independent*, 4 May 2006; *GlobalCapital*, 5 May 2006; *Financial Times*, 6 August 2007.
24. *Financial Times*, 6 August 2007.
25. *GlobalCapital*, 5 May 2006.
26. Debenhams plc press release, 8 August 2006; *Management Today*, 1 February 2007; Debenhams Annual Report 2007.
27. *International Financing Review* 1640-1 to 7 July 2006; *Sunday Telegraph*, 21 January 2007.
28. *Daily Telegraph*, 18 April 2007.
29. *Financial Times*, 6 August 2007.
30. GDP data from the World Bank.
31. Debenhams plc-Annual Reports 2005, 2006, 2007 and 2008.
32. Debenhams plc-Annual Report 2009.
33. *Daily Telegraph*, 5 June 2009.
34. *Guardian*, 5 June 2009.
35. *Observer*, 4 January 2009.
36. *Times*, 27 March 2008.
37. *GlobalCapital*, 5 June 2009; Debenhams plc-Annual Report 2009.
38. *Times*, 28 October 2009; *Real Deals*, 19 November 2009.
39. Debenhams plc-Annual Report 2010.
40. *Independent*, 5 August 2010.
41. The company entered a sale-and-lease agreement during its 2011 fiscal year, retaining virtually no freehold on its books (based on Annual Reports of 2011 to 2014).
42. *Financial Times*, 2 January 2014; *Independent*, 2 January 2014.
43. Debenhams plc-IPO prospectus, May 2006; Debenhams plc-Annual Report 2013.
44. *Observer*, 4 January 2009.
45. Debenhams plc-Annual Report 2015.
46. Debenhams plc-IPO prospectus, May 2006; Debenhams plc-Annual Report 2015.
47. Debenhams plc-IPO prospectus, May 2006.
48. *Financial Times*, 6 August 2007.
49. CalPERS-Private Equity Program Fund Performance Review as of 31 December 2014; FTSE Group-FTSE 100 index and FTSE Europe ex UK index, 30 September 2015.
50. CalPERS-Private Equity Program Fund Performance

Review as of 31 December 2014.
51. *Fortune*, 2 March 2015; Bloomberg, 9 May 2016.
52. *Guardian*, 18 April 2007.

第十一章

1. *Independent*, 31 July 1999; *Daily Telegraph*, 2 August 2000.
2. 3i Case Studies 2005; *Daily Telegraph*, 16 May 2005; Bloomberg, 14 October 2005; 3i Investor lunch presentation, New York-3 March 2006.
3. *Sunday Times*, 24 April 2005.
4. PagesJaunes Groupe results, document de référence 2004.
5. PagesJaunes S.A.-IPO prospectus, international edition dated 7 July 2004; PagesJaunes Groupe-Analyst presentation for 2006 annual results, 16 February 2007.
6. PagesJaunes Groupe-Document de référence 2004, data compiled by market expert France Pub.
7. PagesJaunes Groupe-Assemblée générale mixte, 19 April 2006.
8. PagesJaunes Groupe-Consolidated financial statements as at 31 December 2005; *Financial Times*, 7 June 2006.
9. *Guardian*, 16 June 2006; *Sunday Telegraph*, 18 June 2006; *International Financing Review* 1639-24 to 30 June 2006.
10. *Times*, 29 June 2006.
11. *Financial Times*, 18 July 2006.
12. *Financial Times*, 21 July 2006; *Times*, 21 July 2006.
13. *Financial Times*, 24 and 25 July 2006; *International Financing Review* 1644-29 July to 4 August 2006.
14. *International Financing Review* 1647-19 to 25 August 2006.
15. PagesJaunes Groupe-Document de référence 2004.
16. *Birmingham Post*, 6 April 2001; *Financial Times*, 12 June 2003.
17. PagesJaunes Groupe-Document de référence 2006.
18. *International Financing Review* 1666-13 to 19 January 2007.
19. KKR & CO. L.P.-Form S-1 filed on 3 July 2007.
20. PagesJaunes Groupe-Document de référence 2006.
21. PagesJaunes Groupe-Analyst presentation for 2006 annual results, 16 February 2007.
22. PagesJaunes Groupe-Report on Operations, Consolidated Financial Statements as at 31 December 2006 and Annual Financial Report at 31 December 2007.
23. PagesJaunes Groupe-Analyst presentation for 2006 annual results, 16 February 2007.
24. OECD quarterly national accounts data.
25. PagesJaunes Groupe-Document de référence 2008.
26. *Financial Times*, 2 December 2008.
27. PagesJaunes Groupe-Consolidated financial information at 31 December 2008; KKR Private Equity Investors, L.P.-Final transcript of earnings conference call, 2 March 2009.
28. Value Investors Club, 9 April 2009.
29. *Le Figaro*, 19 May 2009.
30. PagesJaunes Groupe-Half-year financial report as at 30 June 2009, Board of directors 23 July 2009.
31. IREP/France Pub-Le Marché Publicitaire Français en 2009; Groningen Growth and Development Centre, University of Groningen-GDP database.
32. Goldman Sachs-Europe Media: Publishing, 6 January 2010.
33. PagesJaunes Groupe-Consolidated financial information at 31 December 2009.
34. PagesJaunes Groupe-Analyst presentation for 2009 annual results, 19 February 2010.
35. PagesJaunes Groupe-Documents de référence 2009 and 2010.
36. IREP/France Pub-Le Marché Publicitaire Français en 2010.
37. PagesJaunes Groupe-Annual results 2010-Analyst presentation, 9 February 2011.
38. *International Financing Review* 1874-12 to 18 March 2011; *GlobalCapital*, 25 March 2011.
39. *International Financing Review* 1878-9 to 15 April 2011; *GlobalCapital*, 15 April 2011 and 9 May 2011; *International Financing Review* 1882-7 to 13 May 2011.
40. PagesJaunes Groupe-Half-year financial report as at 30 June 2011, Board of directors 26 July 2011.
41. *Financial Times*, 5 July 2011; Google share data.
42. PagesJaunes Groupe-Consolidated financial information as at 31 December 2011.
43. Bloomberg, 15 February 2012; PagesJaunes Groupe-

Analyst presentation for 2011 annual results, 15 February 2012; *International Financing Review*, 15 February 2012.

44. *Le Monde*, 29 May 2012.

45. *International Financing Review*, 28 May 2012.

46. *International Financing Review* 1943-21 to 27 July 2012.

47. *International Financing Review*, 17 July 2012; *GlobalCapital*, 17 and 27 July 2012.

48. *GlobalCapital*, 17 and 28 September 2012; International Financing Review, 1952-22 to 28 September 2012 and *International Financing Review*, 26 September 2012; *GlobalCapital*, 13 November 2012.

49. Moody's Investors Service, 20 September 2012; *International Financing Review* 1955-13 to 19 October 2012.

50. Reuters, 13 November 2012; *International Financing Review* 1962-1 to 7 December 2012.

51. Standard & Poor's LCD Daily-Europe, 12 December 2012; *International Financing Review*, 12 December 2012; *GlobalCapital*, 12 and 14 December 2012; *International Financing Review* 1967-19 to 25 January 2013.

52. IREP/France Pub-Le Marché Publicitaire Français en 2013; IREP/France Pub-Le Marché Publicitaire Français en 2011.

53. PagesJaunes Groupe-Document de référence 2012.

54. PagesJaunes Groupe-Consolidated financial information as of 31 December 2012.

55. PagesJaunes Groupe-Analyst presentation for 2012 annual results, 13 February 2013; LCD Daily-Europe, 13 February 2013; Dow Jones, 20 February 2013; Reuters, 20 February 2013.

56. *Financial Times*, 3 March 2013 and 5 December 2013.

57. Investir, 5 June 2013; Solocal Group-Document de référence 2013.

58. Reuters, 13 May 2013.

59. Dow Jones, 15 May 2013, 6 and 7 June 2013; *L'Opinion*, 28 and 30 May 2013; Reuters, 5 June 2013.

60. *Les Echos*, 30 August 2013.

61. *Le Figaro*, 25 September 2013; Reuters, 25 September 2013.

62. *Le Figaro*, 13 November 2013; Dow Jones, 13 November 2013.

63. Moody's Investors Service, 23 December 2013; Dow Jones, 23 December 2013.

64. Solocal Group-Document de référence 2013.

65. KKR & Co. L.P.-Form 10-K for the fiscal year ended 31 December 2013.

66. Solocal Group-Analyst presentation for 2013 annual results, 13 February 2014.

67. Reuters, 14 February 2014; *GlobalCapital*, 14 February 2014 and 14 May 2014; *International Financing Review* 2020-15 to 21 February 2014; *International Financing Review* 2033-17 to 23 May 2014.

68. Dow Jones, 4 March 2013; *International Financing Review* 2023-8 to 14 March 2014.

69. Reuters, 9 and 23 April 2014; Dow Jones, 25 March and 23 April 2014; *Les Echos*, 2 June 2014; *International Financing Review* 2037-14 to 20 June 2014; *Le Revenue*, 14 January 2015.

70. Based on net debt and EBITDA data in Solocal Group-Document de référence 2014.

71. Dow Jones, 23 May 2014; Solocal Group press release, 19 November 2014.

72. Solocal Group press release, 20 June 2014; Solocal Group-Consolidated financial information as at 31 December 2014; IREP/France Pub-Le Marché Publicitaire Français en 2014.

73. Solocal Group-Analyst presentation for 2014 annual results, 10 February 2015.

74. PagesJaunes Groupe-Document de référence 2007.

75. ZDNet, 26 September 2005.

76. Verizon Directories Disposition Corporation-Form 10-K dated 7 July 2006.

77. PagesJaunes Groupe-Analyst presentation for 2006 annual results, 16 February 2007.

78. Weeko Etude PagesJaunes, February 2010.

79. *Time*, 20 June 2005.

80. eBay 2006 Annual Report.

81. PagesJaunes Groupe-Documents de référence 2011 and 2012.

82. *Daily Telegraph*, 25 July 2013; *Financial Times*, 25 July 2013; *Guardian*, 25 July 2013.

83. PagesJaunes Groupe-Consolidated financial statements as at 31 December 2004 and 2005.

84. PagesJaunes Groupe-Document de référence 2007; Solocal Group-Consolidated financial information as at 31 December 2015.
85. *Searchengineland.com*-Data from the Wireline Competition Bureau of the Federal Communications Commission; *emarketer.com*-Data from Citigroup Investment Research, March 2006 and eMarketer calculations.
86. Google Inc.-IPO prospectus dated 29 April 2004 and Forms 10-K for the fiscal years ended 31 December 2005 and 2006.
87. Google Annual Report 2005; *Commentcamarche.fr*, 5 May 2009.
88. Dow Jones, 30 September 2013.
89. CalPERS, Private Equity Program Fund Performance Review, as of 31 December 2014.
90. Amundi ETF CAC 40 UCITS; FTSE Group, FTSE 100 index, 30 September 2015.
91. Bloomberg, 4 November 2014.
92. *International Financing Review* 1647-19 to 25 August 2006; Investir, 24 February-2 March 2007.
93. *Les Echos*, 4 August 2014.

第十二章

1. Deutsche Bank, Seat broker's note, 1 August 2003.
2. Presentation by Lorenzo Pellicioli, President and CEO of Seat, Welcome to the Yellow Economy, Università degli Studi di Torino, 8 June 2001; Il Fatto Quotidiano, 5 February 2013.
3. *Wall Street Journal*, 27 December 1999; Intermonte Securities, Seat/Tin.It broker's note, 7 March 2000.
4. Seat Pagine Gialle website.
5. Intermonte Securities, Seat/Tin.It broker's note, 7 March 2000; *Financial Times*, 21 March 2000.
6. *Financial Times*, 12 February 2000 and 9 June 2000; *Wall Street Journal*, 15 March 2000.
7. *Sunday Times*, 28 May 2000; *Financial Times*, 6 July and 14 August 2000; *Daily Telegraph*, 2 August 2000; *Guardian*, 11 August 2000.
8. *Financial Times*, 24 May 2000 and 5 January 2001.
9. *La Republicca*, 6 August 2012; Bloomberg, 6 August 2012.
10. *Financial Times*, 13 September 2001.
11. Corriere della Sera, 13 June 2003; Deutsche Bank-Seat broker's note, 1 August 2003; Seat Pagine Gialle-Annual Report 2003; Mediobanca, Seat broker's note, 31 July 2003; Seat Pagine Gialle-Presentation to the Financial Community, 29 March 2004.
12. *Financial Times*, 12 June 2003.
13. Mediobanca, Seat broker's note, 2 September 2003; Seat Pagine Gialle-Annual Report 2003.
14. Corriere della Sera, 12 June 2003.
15. *Wall Street Italia*, 9 August 2003.
16. Seat Pagine Gialle-Presentation to the Financial Community, 29 March 2004.
17. Seat Pagine Gialle-Annual Report 2003.
18. Banca Akros, Seat broker's note, 3 December 2003; Lehman Brothers, Seat broker's note, 27 January 2004; Caboto, Seat broker's note, 8 April 2004.
19. Banca Akros, Seat broker's note, 22 October 2003.
20. Caboto, Seat broker's note, 8 April 2004.
21. Banca Akros, Seat broker's note, 21 May 2004.
22. Seat Pagine Gialle-Annual Report 2003.
23. Seat Pagine Gialle-Quarterly report as of 31 March 2004.
24. Seat Pagine Gialle-First-half report as of 31 March 2004.
25. Seat Pagine Gialle-Annual Report 2003; Seat Pagine Gialle-First-half report as of 30 March 2004.
26. Total Telecom, 7, 14 and 20 April 2004.
27. Seat Pagine Gialle-Strategic Plan 2005-2007, 29 November 2004.
28. Seat Pagine Gialle-Annual Report 2004; Seat Pagine Gialle-Investor presentation, 16 March 2005.
29. Seat Pagine Gialle-Strategic Plan 2005-2007, 29 November 2004.
30. World Bank data.
31. Lehman Brothers, Seat broker's note, 12 May 2005.
32. Seat Pagine Gialle-Annual Report 2005; Seat Pagine Gialle-Investor presentation, 22 March 2006.
33. Seat Pagine Gialle-3Q 2004 Results investor presentation, 9 November 2004.
34. Seat Pagine Gialle-Annual Report 2005; Seat Pagine Gialle-Investor presentation, 22 March 2006.

35. Cazenove, Seat broker's note, 21 February 2006.
36. Euromobiliare, Seat broker's note, 1 February 2006.
37. Seat Pagine Gialle-Investor presentation, 22 March 2006.
38. Seat Pagine Gialle-1st Quarter 2006 Results investor presentation, 12 May 2006.
39. Seat Pagine Gialle-Annual Results 2006 investor presentation, 13 March 2007.
40. Lehman Brothers, Seat broker's note, 14 March 2007; Goldman Sachs, Seat broker's note, 14 March 2007.
41. Seat Pagine Gialle-Annual Report 2006.
42. Bear Stearns, Seat broker's note, 5 October 2007.
43. World Bank data.
44. UBS, Seat broker's note, 16 March 2005; CA Cheuvreux, Seat broker's note, 19 October 2006.
45. Seat Pagine Gialle-Annual Results 2006 investor presentation, 13 March 2007.
46. Seat Pagine Gialle-Strategic Plan 2008-2010, 11 May 2007.
47. Kepler, Seat broker's note, 24 May 2007.
48. Banca Akros, Seat broker's note, 22 May 2007; Goldman Sachs, Seat broker's note, 1 June 2007.
49. *Financial Times*, 27 May 2007 and 5 February 2010.
50. Associazione Italiana del Private Equity e Venture Capital (AIFI)-The Italian Private Equity and Venture Capital market, first semester 2007.
51. Banca Akros, Seat broker's note, 22 May 2007.
52. *Wall Street Journal*, 20 June 2007.
53. *Financial Times*, 2 December 2008.
54. Seat Pagine Gialle-Annual Report 2007.
55. SVG Capital plc-Annual Report 2007.
56. Seat Pagine Gialle-Annual Results 2007 and Outlook 2008 investor presentation, 19 March 2008.
57. Seat Pagine Gialle-Annual Report 2007; Citi, Seat broker's note, 7 April 2008.
58. Massimo Cristofori LinkedIn account.
59. *Financial Times*, 2 December 2008; Seat Pagine Gialle-Press release, 23 December 2008.
60. Seat Pagine Gialle-Annual Report 2008.
61. SVG Capital plc-Interim report 2008 and Annual Report 2008; *Financial Times*, 2 December 2008.
62. Seat Pagine Gialle-Press release, 23 December 2008.
63. Moody's Investors Service, 13 January 2009.
64. Seat Pagine Gialle-Annual Report 2009.
65. Seat Pagine Gialle-Press release, 9 February 2009.
66. Seat Pagine Gialle-Annual Report 2008.
67. Seat Pagine Gialle-First Half 2009 Results investor presentation, 5 August 2009.
68. Seat Pagine Gialle-Annual Report 2009; *Handbook on International Corporate Governance: Country Analyses*, edited by Christine Mallin (2011).
69. CreditSights, 17 January 2010.
70. *Financial Times*, 5 February 2010.
71. World Bank data.
72. Seat Pagine Gialle-Annual Report 2009; Seat Pagine Gialle-Annual Results 2009 and Outlook 2010 investor presentation, 16 March 2010.
73. SVG Capital plc-Annual Reports 2008 and 2009.
74. CreditSights, 24 January 2010.
75. Seat Pagine Gialle-First Half 2010 Results investor presentation, 4 August 2010.
76. CreditSights, 4 August and 10 November 2010.
77. Moody's Investors Services, 29 November 2010.
78. CreditSights, 12 December 2010.
79. Seat Pagine Gialle-Annual Report 2010.
80. *Financial Times*, 17 May 2010; *Sunday Times*, 4 July 2010; *Times*, 20 September 2010.
81. Seat Pagine Gialle-Nine months 2010 results, 10 November 2010; Seat Pagine Gialle-First Half 2011 Results, 30 August 2011.
82. Il Sole 24 Ore, 1 May 2011; *Financial Times*, 24 May 2011; Seat Pagine Gialle-Annual Report 2011.
83. Il Sole 24 Ore, 1 May 2011; CreditSights, 25 October 2011.
84. Moody's Investors Service, Global Credit Research, 2 December 2011.
85. Seat Pagine Gialle-Annual Results 2011 investor presentation, 2 May 2012.
86. CreditSights, 9 November 11.
87. CreditSights, 30 November 2011; *Financial Times*, 8 December 2011.
88. CreditSights, 20 January 2012.
89. Seat Pagine Gialle-Strategic Guidelines 2011-2013 and 2015 Projections Update, 18 January 2012.

90. Standard & Poor's-Global Credit Portal, RatingsDirect, 7 February 2012.
91. Seat Pagine Gialle-Annual Report 2011.
92. Seat Pagine Gialle-Annual Results 2011 investor presentation, 2 May 2012, and Annual Report 2011.
93. Seat Pagine Gialle-Annual Report 2011.
94. CreditSights, 17 April and 24 August 2012.
95. Reuters, 25 March 2012.
96. Seat Pagine Gialle-Annual Report 2011.
97. *Financial Times*, 8 April 2009.
98. AltAssets, 5 March 2010; Paul Hastings presentation-*Italian restructurings, distressed debt and M&A opportunities*, 24 June 2010.
99. Seat Pagine Gialle-Press release, 6 September 2012.
100. Seat Pagine Gialle-Annual Report 2012.
101. Seat Pagine Gialle-Press release, 26 October 2012; Vincenzo Santelia LinkedIn account.
102. World Bank data.
103. Seat Pagine Gialle-Full-Year 2010, 2011 and 2012 Results investor presentations.
104. Seat Pagine Gialle-Annual Reports 2009 and 2012.
105. Seat Pagine Gialle-Annual Report 2012.
106. Seat Pagine Gialle-Press release, 28 January 2013.
107. Moody's Investors Service, 30 January 2013; *Financial Times*, 5 February 2013; Standard & Poor's, LCD Daily Europe, 13 February 2013; *International Financing Review*, 20 February 2013.
108. Moody's Investors Service, 7 February 2013.
109. *Il Fatto Quotidiano*, 5 February 2013; *Il Sole 24 Ore*, 9 February 2013.
110. CreditSights, 15 March 2013.
111. Seat Pagine Gialle-Annual Report 2012.
112. Seat Pagine Gialle-Press release, 3 July 2013; PricewaterhouseCoopers, letter to the shareholders of Seat Pagine Gialle, 3 July 2013.
113. Seat Pagine Gialle-Press release, 19 August 2013.
114. BBC News, 27 November 2013.
115. Seat Pagine Gialle-Annual Report 2013.
116. Andrea Servo LinkedIn profile.
117. Moody's Investors Service, 2 December 2013.
118. Seat Pagine Gialle-Full year 2013 results and first outlook on 2014 investor presentation, 1 April 2014.
119. Seat Pagine Gialle-Annual Reports 2009, 2012 and 2013.
120. Seat Pagine Gialle-Strategic Guidelines 2011-2013 and 2015 Projections Update, 18 January 2012.
121. Seat Pagine Gialle-Annual Reports 2007 and 2013.
122. Seat Pagine Gialle-Full year 2013 results and first outlook on 2014 investor presentation, 1 April 2014.
123. Seat Pagine Gialle-Report on Corporate Governance, 1 April 2014 and press release, 7 April 2014.
124. Seat Pagine Gialle-Annual Report 2014.
125. Reuters, 8 May 2014 and 30 September 2015.
126. Corriere della Sera, 10 June 2014.
127. Seat Pagine Gialle-Press releases, 20 May 2014 and 12 June 2014.
128. Seat Pagine Gialle-First Half 2015 Results investor presentation, 5 August 2015.
129. Seat Pagine Gialle-Annual Reports 2006 and 2014.
130. Seat Pagine Gialle-Press release, 17 December 2014.
131. *Il Sole 24 Ore*, 3 October 2014 and 23 December 2014; *Corriere della Sera*, 26 December 2014; Seat Pagine Gialle-Annual Report 2014.
132. *Il Fatto Quotidiano*, 5 July 2014; Seat Pagine Gialle-Press releases, 26 November and 22 December 2014; *Corriere della Sera*, 26 December 2014 and 20 February 2015; *Il Sole 24 Ore*, 4 January 2015; *La Repubblica*, 4 January 2015.
133. Seat Pagine Gialle-Press release, 2 January 2015; *La Repubblica*, 4 January 2015; *Il Sole 24 Ore*, 4 January 2015.
134. *Il Sole 24 Ore*, 4 January 2015.
135. *Il Fatto Quotidiano*, 5 July 2014; Reuters, 27 January and 10 February 2015; *Corriere della Sera*, 20 February 2015.
136. Seat Pagine Gialle-Press release, 26 May 2015; First Half 2015 Results presentation, 5 August 2015.
137. Intermonte-Dmail broker's note, 25 April 2012; Dmail Group S.p.A. Half-year Report at 30 June 2012, 27 August 2012; Reuters, 17 and 24 June 2015 and 30 September 2015.
138. Reuters, 24 September 2015.
139. Seat Pagine Gialle-Press release, 8 October 2015; Reuters, 8 October 2015.

140. Seat Pagine Gialle-Strategic Plan 2008-2010 investor presentation, 11 May 2007; report *I nuovi padroni della pubblicità*, Libertà di Stampa, Diritto all'informazione, March 2014.
141. Alexa, December 2004 and 24October 2015.
142. *Il Sole 24 Ore*, 20 February 2015.
143. Google Trends: *Yellow Pages Will Be Toast In Four Years*, Chris Silver Smith, Search Engine Land, 24 September 2007.
144. World Bank data.
145. Netindex; Wikipedia.
146. ZDNet, 23 September 2013.
147. Istat, Citizens and the ICTs, 18 December 2014; United States Census Bureau, Computer and Internet Access in the United States: 2013, Issued November 2014.
148. Seat Pagine Gialle-Annual Reports 2004 to 2011.
149. Seat website.
150. Seat Pagine Gialle-Annual Reports 2006 and 2007.
151. Cazenove, Seat broker's note, 21 February 2006.
152. *La Repubblica*, 4 January 2015.
153. Bloomberg, 6 August 2012; La Repubblica, 6 August 2012.
154. *Financial Times*, 13 April 2004.
155. Il Sole 24 Ore, 21 July 2011; *Financial Times*, 1 November 2011.
156. Investitori Associati website; Breakingviews, *Permutation*, Quentin Webb 26 April 2013.
157. California State Teachers' Retirement System-Private Equity Portfolio Performance as of 31 March 2015.
158. *Financial Times*, 28 January 2008; Bloomberg, 29 January 2008.
159. California State Teachers' Retirement System-Private Equity Portfolio Performance as of 31 March 2015; FTSE Group-FTSE 100 index, 30 September 2015 and FTSE Europe ex UK index, 30 September 2015.
160. Permira website, 15 October 2015.
161. CalPERS-Private Equity Program Fund Performance Review as of 31 December 2014.
162. *Corriere della Sera*, 20 February and 10 November 2015.

第七部分

1. PitchBook, PE Exits and Company Inventory, 1H15.
2. PitchBook, US PE Breakdown, 2Q15.
3. Centre for Management Buyout Research.
4. On the argument that postulates PE-backed IPOs' underperformance, read *Underpricing and Long-Term Performance of Private-Equity Backed IPOs compared to Non-Private-Equity Backed IPOs*, by Sylvain Bourra and Guillaume Wolff, June 2013; and *Private Equity IPOs Are Being Beaten by Others* in *Wall Street Journal*, 3 June 2014. On the opposite side of the argument, asserting that PE-backed IPOs offer better returns, read *The Performance of Private Equity-backed IPOs*, by Mario Levis, December 2010.

第十三章

1. *Expansión*, 10 February 2010; *Sunday Times*, 11 June 2000 and 2 July 2000; *Financial Times*, 14 November 2000; Expedia website.
2. LinkedIn website; *Times*, 2 August 2000.
3. *Expansión*, 10 February 2010.
4. World Bank data.
5. Breaking Travel News, 27 November 2000.
6. *Expansión*, 18 October 2004.
7. *Real Deals*, 16 November 2006; *Financial Times*, 18 October 2007; *Expansión*, 19 October 2007 and 19 February 2008.
8. *Expansión*, 8 November 2007 and 13 August 2009.
9. *Expansión*, 19 February 2008 and 13 August 2008.
10. *Financial Times*, 18 October 2007; *GlobalCapital*, 26 October 2007.
11. *Expansión*, 13 August 2009.
12. Carlyle press release, 28 January 2008.
13. *Expansión*, 11-14 and 23 August 2008; *Times*, 13 August 2008; *Edinburgh Evening News*, 26 August 2008; *Birmingham Post*, 27 August 2008 and 3 September 2008.
14. *Expansión*, 10 February 2010; Geo Travel Finance S.C.A. € 175,000,000 10.375% Senior Notes due 2019 offering circular, 28 June 2011.
15. *Expansión*, 13 August 2009 and 20 April 2010.
16. OECD quarterly national accounts data; Instituto

Nacional de Estadística-Encuesta de Población Activa (EPA), 24 April 2014.
17. *Expansión*, 24 November 2009.
18. *Expansión*, 20 April 2010.
19. Geo Travel Finance S.C.A. € 175,000,000 10.375% Senior Notes due 2019 offering circular, 28 June 2011.
20. *Expansión*, 4 January 2010.
21. *Financial Times*, 27 July 2010; *Expansión*, 27 and 29 July 2010; *International Financing Review* 1859-13 to 19 November 2010.
22. *Financial Times*, 18 May 2010.
23. Permira, Annual review 2010.
24. Instituto Nacional de Estadística-Encuesta de Población Activa (EPA), 24 April 2014; World Bank data.
25. World Bank data.
26. *Expansión*, 29 June 2011; Geo Travel Finance S.C.A. € 175,000,000 10.375% Senior Notes due 2019 offering circular, 28 June 2011.
27. *Expansión*, 8 August 2011.
28. *Expansión*, 24 March 2011.
29. Permira, Annual review 2010.
30. Permira, Annual review 2010; *Expansión*, 9 February 2011 and 21 May 2012; *Times*, 10 February 2011; *GlobalCapital*, 11 April 2011; Moody's Investors Service, 12 April 2011 and 17 January 2012; eDreams press kit, July 2013; eDreams ODIGEO press kit, 2015.
31. Geo Travel Finance S.C.A. € 175,000,000 10.375% Senior Notes due 2019 offering circular, 28 June 2011.
32. *GlobalCapital*, 11 and 18 April 2011; *International Financing Review* 1879-16 to 22 April 2011; Geo Travel Finance S.C.A. € 175,000,000 10.375% Senior Notes due 2019 offering circular, 28 June 2011; Geo Travel Finance S.C.A. and Subsidiaries-Consolidated financial statements and notes for the year ended 31 March 2012.
33. *Expansión*, 1 December 2011.
34. Instituto Nacional de Estadística-Encuesta de Población Activa (EPA), 24 April 2014 ; World Bank data.
35. eDreams ODIGEO offering memorandum, 3 April 2014.
36. centreforaviation.com
37. OECD quarterly national accounts data; Trading Economics; Instituto Nacional de Estadística-Encuesta de Población Activa (EPA), 24 April 2014.
38. eDreams ODIGEO offering memorandum dated 3 April 2014.
39. *Expansión*, 24 January 2013; *GlobalCapital*, 25 January 2013.
40. eDreams ODIGEO offering memorandum, 3 April 2014; eDreams ODIGEO, consolidated financial statements for 31 March 2014.
41. Standard & Poor's, 21 January 2013.
42. *GlobalCapital*, 25 January 2013; eDreams ODIGEO, consolidated financial statements for 31 March 2014.
43. Eurostat; Instituto Nacional de Estadística; www.spanishpropertyinsight.com.
44. *Financial Times*, 14 January 2014; Bloomberg, 14 January 2014.
45. *International Financing Review* 2023-8 to 14 March 2014; eDreams ODIGEO offering memorandum, 3 April 2014.
46. *Expansión*, 7 and 8 April 2014.
47. Standard & Poor's Ratings Services, 20 March 2014; *GlobalCapital*, 3 April 2014.
48. Reuters, 2 April 2014; eDreams ODIGEO offering memorandum, 3 April 2014; *Agence France Press*, 8 April 2014; *International Financing Review* 2028-12 to 18 April 2014.
49. eDreams ODIGEO press release, 30 April 2014.
50. *Expansión*, 14 May 2014.
51. eDreams ODIGEO investor presentation for the year ended 31 March 2014.
52. *Expansión*, 23 and 24 June 2014; eDreams ODIGEO press release, 24 June 2014.
53. *Travelmole.com*, 31 July 2014; *Argophilia.com*, 1 August 2014.
54. *Expansión* website.
55. eDreams ODIGEO-Condensed Interim Consolidated Financial Statements for the threemonth period ended 30 June 2014; eDreams ODIGEO results presentation for the period ended 30 June 2014.
56. *Expansión* website.
57. Standard & Poor's Ratings Services report on Geo Travel Finance SCA Luxembourg, 5 September 2014; Moody's Investors Service, 5 September 2014.

58. *Wall Street Journal*, 24 October 2014; *Expansión*, 24 October 2014.
59. *Bolsamania.com*, 24 and 27 October 2014; *Expansión*, 25 October 2014; Bloomberg, 21 November 2014.
60. *Expansión*, 28 October 2014.
61. *Expansión* website.
62. eDreams ODIGEO investor presentation for the period ended 30 September 2014; *Expansión*, 25 November 2014; Moody's Investors Service, 1 December 2014.
63. *Independent.ie*, 8 January 2015; *Irish Times*, 8 January 2015.
64. *Expansión*, 26 January 2015.
65. eDreams ODIGEO investor presentations for period to 31 December 2014 and year to 31 March 2015.
66. Geo Debt Finance and Geo Travel Finance-Consent solicitation announcements, 24 February and 10 March 2015; *Expansión*, 11 March 2015; eDreams ODIGEO investor presentation for the year ended 31 March 2015.
67. eDreams ODIGEO investor presentation for the year ended 31 March 2015; *CityAM*, 23 June 2015.
68. eDreams ODIGEO Annual Report for the year ended 31 March 2015.
69. *Expansión* website.
70. *Expansión*, 1 December 2011.
71. Geo Travel Finance S.C.A.-Annual Report 2012.
72. *Financial Times*, 18 October 2007.
73. eDreams press kit, July 2013.
74. *Trimetric.net*-Travel Analytics Blog, Metasearch-Threat or Opportunity for Travel Suppliers?
75. *eyefortravel.com*, 7 July 2014.
76. *Telegraph*, 5 June 2013; *Expansión*, 9 August 2013; *roadwarriorvoices.com*, 20 May 2015.
77. *Wall Street Journal*, 28 January 2015.
78. Bloomberg, 7 March 2014.
79. *Wall Street Journal*, 28 January 2015.
80. eDreams ODIGEO investor presentation, first half results as of 30 September 2014.
81. Number of routes and airlines taken from *Expansión* article dated 26 May 2015.
82. Based on data in Bravofly Rumbo Group intention to float press release dated 19 March 2014 and on Bravofly Rumbo Group 2013 Annual Report; Bloomberg, 15 April 2014.
83. Bravofly Rumbo Group 2014 consolidated financial statements.
84. *The Economist*, 30 June 2011; *Financial Times*, 25 May 2012; *Expansión*, 25 May 2012.
85. Based on data in eDreams ODIGEO offering memorandum, 3 April 2014.
86. *Expansión*, 17 August 2010; *El Confidencial*, 10 October 2012; Reuters, 6 November 2012; *economiadigital.es*, 20 February 2013; *Cinco Días*, 24 December 2014; *El Mundo*, 5 January 2015; *Hosteltur.com*, 23 July 2010 and 6 February 2015.

第十四章

1. *Evening Standard*, 22 May 2007.
2. BBC News, 21 March 2006.
3. House Price Index, Land Registry, December 2014.
4. Companies House filings.
5. *Daily Telegraph*, 8 March 2007.
6. BC Partners website.
7. House Price Index, Land Registry, December 2014.
8. Thomson Reuters.
9. Bloomberg 9 August 2007; *Financial Times*, 9 August 2007.
10. *International Financing Review* 1691-7 to 13 July 2007; *Financial Times*, 25 August 2007.
11. *Evening Standard*, 7 December 2007.
12. Federal Financial Institutions Examination Council-Press release, 26 July 2004.
13. Statista; Financial Crisis Inquiry Commission-The Financial Crisis Inquiry report, 25 February 2011.
14. *Financial Times*, 14 June, 2008-Source: Land Registry.
15. *Times*, 25 March 2008.
16. *Sunday Telegraph*, 15 June 2008; *Daily Telegraph*, 6 August 2008.
17. *Financial Times*, 12 September 2008.
18. *Evening Standard*, 11 Februrary 2009; *Financial Times*, 14 June 2008.
19. *International Financing Review* 1765-10 to 16 January 2009; *Evening Standard*, 20 September 2013.
20. Case-Shiller Home Price Index.
21. *The Economist*; Office for National Statistics; Reuters,

20 September 2013. Source: Land Registry.
22. *Evening Standard*, 16 April 2009.
23. HMRC, National Statistics-Annual UK Property Transaction Statistics; Foxtons IPO prospectus.
24. *Daily Telegraph*, 9 January 2010; *Sunday Times*, 4 September 2011; *International Financing Review* 24 September 2013.
25. *Mail on Sunday*, 29 November 2009.
26. *Financial Times*, 21 September 2007.
27. Bloomberg, 27 September 2007.
28. Land Registry.
29. *Times*, 24 January 2010; *CityAM*, 13 September 2010; *Sunday Times*, 4 September 2011.
30. Companies House filings.
31. *Sunday Times*, 18 March 2012.
32. Land Registry-House Price Index, December 2014.
33. Land Registry and Office for National Statistics.
34. *Financial Times*, 3 August 2013; British Property Federation-*Who buys new homes in London and why?*, February 2014.
35. *Financial Times*, 19 February 2010.
36. Foxtons IPO prospectus; Foxtons Interim Report for the six months to 30 June 2014.
37. *Financial Times*, 6 June 2013.
38. *International Financing Review*, 24 September 2013.
39. *Independent on Sunday*, 1 September 2013.
40. *Daily Telegraph*, 20 September 13; *International Financing Review* 2001-14 to 20 September 2013.
41. *Independent*, 27 August 2013.
42. *Guardian*, 3 June and 20 August 2014; Reuters 20 September 2013 and 7 April 2014.
43. *Financial Times*, 11 March and 27 August 2014.
44. *Financial Times*, 22 March 2013.
45. *Interactive Investor*, 7 March 2014.
46. Reuters, 1 May 2014; *Times*, 2 May 2014.
47. *Financial Times*, 5 September 2014; *Evening Standard*, 5 September 2014.
48. *Times*, 24 October 2014; *thisismoney.co.uk*, 23 October 2014.
49. *thisismoney.co.uk*, 27 January 2015.
50. Foxtons Group plc-Interim results for the half year ended 30 June 2015.

51. Property Industry Eye, 5 June 2015.
52. Foxtons Group plc-Third quarter of 2015 trading update, 22 October 2015.
53. *GlobalCapital*, 11 September 2009.
54. BC Partners press release, 21 February 2012.
55. Washington State Investment Board-Portfolio Overview by Strategy as of 31 December 2011.
56. CalSTRS-Private Equity Portfolio Performance as of 30 September 2013.

第十五章

1. *Gambling in America: An Encyclopedia of History, Issues, and Society*, William N. Thompson (2001); *Wall Street Journal*, 15 January 2015; CNN Money, 15 July 2004; NBC News, 15 July 2004; Harrah's Entertainment, Inc.-SEC filing, 19 July 2004; Harrah's Entertainment, Inc.-Form 10-K for the year ended 31 December 2005.
2. *Integrated marketing communications strategy: An examination of Harrah's Entertainment, Inc.*, Michael Mehling, University of Nevada, Las Vegas (Fall 2007).
3. Harrah's Entertainment, Inc.-Form S-4 dated 24 January 2005.
4. Bain & Company-Global Private Equity Report, 2012.
5. *Fortune*, 15 June 2015.
6. *Financial Times*, 3 October 2006; CreditSights, 12 October 2006; Bloomberg, 19 December 2006.
7. *Financial Times*, 29 November 2006; *Wall Street Journal*, 15 December 2006; Bloomberg, 19 December 2006; Harrah's Entertainment, Inc.-Form 10-K for the fiscal year ended 31 December 2006.
8. *USA Today*, 15 June 2007; MarketWatch, 2 July 2007; Reuters, 22 August 2007.
9. Harrah's Entertainment, Inc.-Form 10-K for the fiscal years ended 31 December 2007 and 2008.
10. Including c. $4 billion of legacy senior unsecured but excluding $2 billion undrawn revolver. Based on full-year 2007 earnings figures.
11. Harrah's Entertainment, Inc.-Form 10-K for the fiscal year ended 31 December 2008; *Wall Street Journal*, 25 October 2010.
12. *Las Vegas Review Journal*, 29 January 2008; CreditSights, 1 February 2008; Harrah's Entertainment,

Inc.-Form 10-K for the fiscal year ended 31 December 2008.

13. *Financial Times*, 4 February 2008.

14. Harrah's Entertainment, Inc.-Forms 10-Q and 10-K for the fiscal year ended 31 December 2008; Moody's Investors Service, 20 November 2008.

15. Harrah's Entertainment, Inc.-Form 10-K for the fiscal year ended 31 December 2008.

16. Bloomberg, 2 May 2008 and 13 February 2009; *New York Times Dealbook*, 9 April 2008, 29 September 2008 and 2 March 2009; *Wall Street Journal*, 26 September 2008; Aleris website.

17. Harrah's Entertainment, Inc.-Form 10-K for the fiscal year ended 31 December 2009.

18. Bloomberg, 23 October 2009; Harrah's Entertainment, Inc.-Form 10-K for the fiscal year ended 31 December 2009.

19. *Wall Street Journal*, 29 July 2009; *International Financing Review* 1794-1 to 7 August 2009.

20. GDP data from World Bank; Harrah's Entertainment, Inc.-Form 10-K for the year fiscal ended 31 December 2009; Harrah's 2010 Investor Presentation.

21. Harrah's Entertainment, Inc.-Form 10-K for the fiscal year ended 31 December 2009.

22. Harrah's Entertainment, Inc.-Form 10-K for the fiscal year ended 31 December 2009; *Las Vegas Sun*, 3 February 2010.

23. *International Financing Review* 1856-23 to 29 October 2010; *Wall Street Journal*, 25 October 2010.

24. New York Post, 4 November 2009; Bloomberg 4 June 2010.

25. CreditSights, 19 October 2010; *Wall Street Journal*, 25 October 2010; Harrah's/Caesars Placement prospectus-SEC filing amendment No 4 to form S-1, 22 November 2010; Caesars Entertainment Corporation-Form 10-K for the fiscal year ended 31 December 2010.

26. Caesars Entertainment Corporation-Form 10-K for the fiscal year ended 31 December 2010.

27. Caesars placement prospectus-SEC filing amendment No 4 to form S-1, 22 November 2010; Caesars Entertainment Corp.-Form 10-K for the fiscal year ended 31 December 2010; CreditSights, 28 February 2011.

28. Caesars Entertainment Corporation-Form 10-K for the fiscal year ended 31 December 2011.

29. *Ibid*.

30. *International Financing Review* 1919-4 to 10 February 2012.

31. Breakingviews, 7 February 2012.

32. Bloomberg, 8 February 2012.

33. *Bloombergbriefs.com*

34. Gaming and the Great Recession, An Overview of Gambling Trends and the Oregon Lottery Outlook, Josh Lehner, State of Oregon, 27 February 2013.

35. Moody's Investors Service, 26 March 2012.

36. Caesars Entertainment Corporation-Form 10-K for the fiscal year ended 31 December 2012.

37. *International Financing Review* 1981-27 April to 3 May 2013.

38. Caesars Acquisition Company-Form 8-K filed on October 24, 2013 and Form 10-K for the fiscal year ended 31 December 2013.

39. *International Financing Review* 1981-27 April to 3 May 2013.

40. Caesars Entertainment Corporation-Forms 10-K for the fiscal years ended 31 December 2013 and 2014.

41. *Las Vegas Review Journal*, 11 February 2014.

42. CreditSights, 27 March 2014; Internal Financing Review, 30 April 2014; Caesars Entertainment Corporation-Form 10-K for the fiscal year ended 31 December 2014; Caesars Acquisition Company-Form 10-K for the fiscal year ended 31 December 2014.

43. Moody's Investors Service, 28 March 2014.

44. *International Financing Review* 2032-10 to 16 May 2014.

45. CreditSights, 11 May 2014.

46. Caesars Entertainment Corporation-Form 10-K for the fiscal year ended 31 December 2014.

47. *New York Post*, 17 June 2014; Wilmington Savings Fund Society, FSB lawsuit document filed in the court of Chancery of the state of Delaware, 4 August 2014; Caesars Entertainment Corporation-Form 10-K for the fiscal year ended 31 December 2014.

48. *Las Vegas Review Journal*, 5 August 2014; Bloomberg, 6 August 2014; Law360, 3 September 2014.

49. Law360, 3 September 2014 and 4 December 2014; *New York Times*, 13 September 2014.
50. Bloomberg, 11 November 2014.
51. UMB lawsuit document filed in the court of Chancery of the state of Delaware, 25 November 2014.
52. Moody's Investors Service, 16 December 2014; *International Financing Review*, 17 December 2014; Bloomberg, 12 January 2015.
53. Caesars Entertainment Corporation-Form 10-K for the fiscal year ended 31 December 2014.
54. Law360, 13 January 2015; *Wall Street Journal*, 15 January 2015.
55. Bloomberg, 12 and 13 January 2015.
56. Caesars Entertainment Operating Co.-Press release, 15 January 2015.
57. Bloomberg, 19 January 2015.
58. Law360, 23 January 2015; Bloomberg, 24 January 2015.
59. Bloomberg, 13 January 2015.
60. Bloomberg, 19 January 2015.
61. Caesars Entertainment Corporation-Form 8-K, 4 February 2015.
62. *Las Vegas Review Journal*, 11 February 2014.
63. Bloomberg, 12 January 2015; CreditSights, 15 February 2015; *Wall Street Journal*, 23 March 2015.
64. Reuters, 16 June 2015; Bloomberg, 16 June 2015.
65. *Forbes*, 22 July 2015.
66. Wilmington Savings Fund Society, FSB lawsuit document filed in the court of Chancery of the state of Delaware, 4 August 2014; UMB lawsuit document filed in the court of Chancery of the state of Delaware, 25 November 2014.
67. *Bloomberg Businessweek*, 3 April 2014.
68. CNN Money, 15 July 2004.
69. Harrah's 2010 Investor Presentation.
70. Market Watch data; Market Watch, 30 July 2012; Bloomberg, the 20 biggest casinos.
71. Bloomberg, 3 October 2012; *Wall Street Journal*, 30 October 2012; Caesars Entertainment Corporation-Form 10-K for the fiscal year ended 31 December 2013.
72. *Fortune*, 15 June 2015 magazine issue.
73. *The Gallic Wars*, Book III, Chapter 18, Julius Caesar.
74. *Wall Street Journal*, 5 January 2015.
75. *New York Times*, 19 November 2012; *Fortune*, 5 June 2015.
76. Harrah's Entertainment, Inc.-Form 10-K for the fiscal year ended 31 December 2008; Caesars Entertainment Corporation-Form 10-K for the fiscal year ended 31 December 2010.
77. Apollo Global Management press release, 9 January 2014.
78. Bloomberg, 9 May 2016.
79. CalPERS PE performance reports as of 31 December 2010 and 31 December 2014.
80. *Private Equity at Work: When Wall Street Manages Main Street*, Eileen Appelbaum, Rosemary Batt (2014).
81. William Shakespeare, *Julius Caesar*.

后记

1. *Sam Walton: Made in America*, by Sam Walton with John Huey (1993).
2. *Daily Telegraph*, 19 July 2010.
3. *The Harbus*, 2 February 2004.
4. *Wall Street Journal*, 20 May 2014; *Financial Times*, 22 June 2015.
5. *Guardian*, 3 August 2002.